海の富豪の資本主義

北前船と日本の産業化

Satoru Nakanishi
中西 聡――著

名古屋大学出版会

海の富豪の資本主義　目　次

凡　例

一、原史料・活字資料の表題は、「　」で示した。また、活字資料の引用は原文のままとし、原史料の引用では基本的に原文に即しつつ必要に応じて句読点を補って記したが、難しい旧字体は、新かな遣いや新字体に改めた。

二、出所の表記にあたって、公刊書と雑誌の書・誌名は『　』で、これらに収録された論文・資料等の表題は「　」で示し、いずれも適宜新字体に改めた。また、政府・地方自治体・会社・諸団体発行の公刊書や社史等で、その名称を冠するものは発行所および再掲の際の編者名を省略した。なお、著者が整理作業に参加した伊藤家文書（伊藤家蔵）・宮林家文書（宮林家蔵）については、出所表記の際に文書整理番号を付した。

三、表の数値は、注で明記する場合を除き、表記されない下位の桁のうち最上位を四捨五入して示し、空欄はデータのないことを示す。

四、船主・商家の表記は、近世期は屋号のあったものは屋号で示し、必要に応じて姓を付し、近代期は原則として姓で示した。屋号・姓名については、現在も人名でよく用いられる「澤・嶋・廣」等を除き新字体に改めた。

五、年代の表記は西暦で行い、原則として元号ごとに各節（項があれば項）で初出の場合のみ和暦を括弧書きで付した。和暦の変わり目は、月日にこだわらない限り、変更後の元号を示し、旧暦が使用された一八七二（明治五）年までの月日は、和暦の月日を示した。

六、地域区分は、基本的に近世期は旧国名、近代期は府県名で本文中は統一し、府県区分の変化の激しかった近代初頭は適宜その両方を使い分けた。なお、現在の北海道域は、近世期も含めて便宜的に北海道を用いた。また、大阪は、近世期は大坂・近代期は大阪、函館は、近世期は箱館・近代期は函館でそれぞれ表記を統一し、その他の地名は、現在使われている字体表記に改めた。よって会社名などに使われた「満洲」は、満州と表記した。港は、近世期は湊・近代期は港、出入港は、近世期は出入津・近代期は出入港で表記を統一した。

七、鯡（鰊）・鰯（鰮）の表記は、引用の際は原表記を活かし、それ以外は鯡・鰯で統一した。魚肥の重量の石への換算は、四〇貫匁（重量）＝一石とする。また、魚肥の鯡〆粕・鰯〆粕は、鯡粕・鰯粕と略す場合がある。

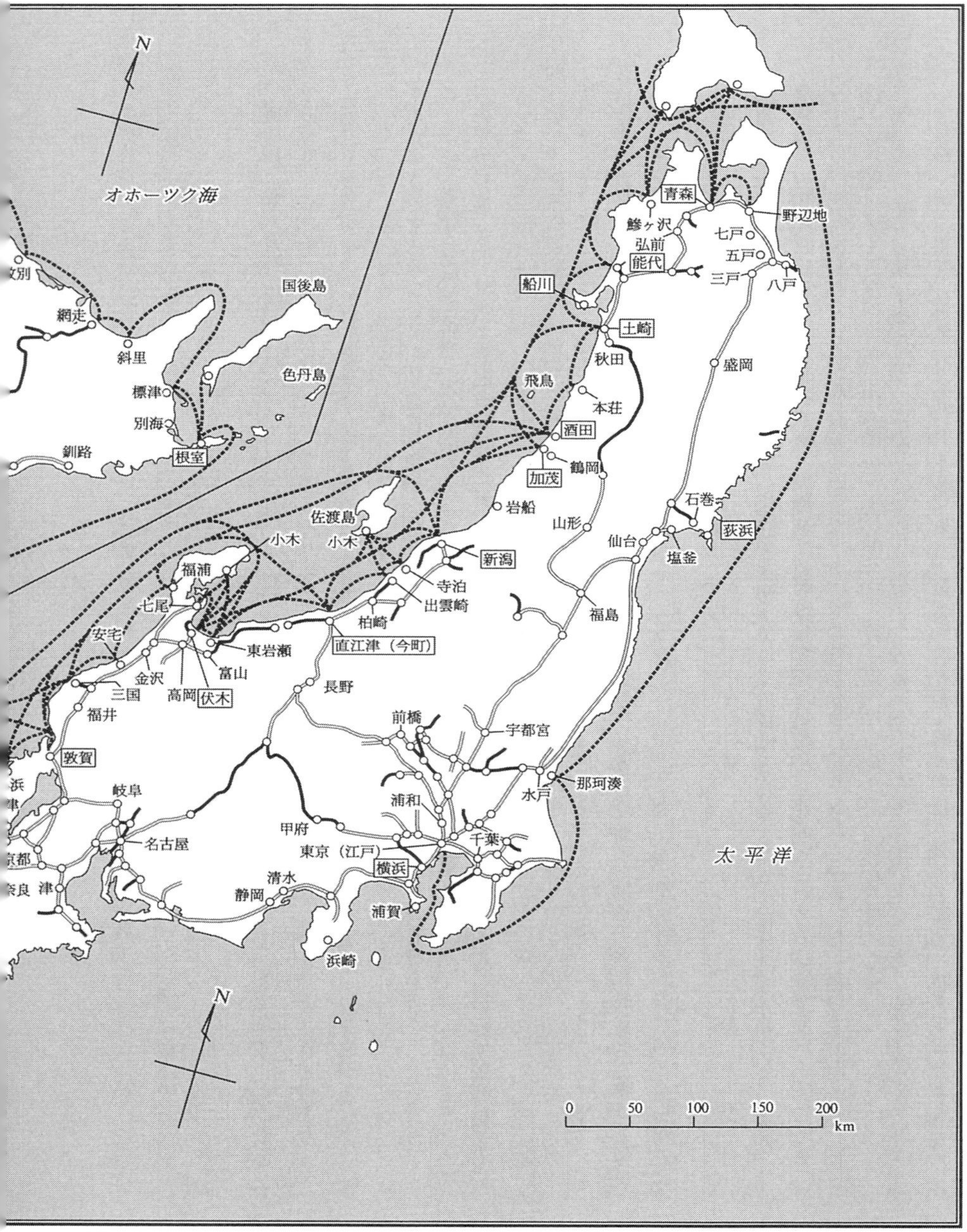
N
オホーツク海
網走
斜里
標津
別海
釧路
根室
国後島
色丹島
青森
鯵ヶ沢
弘前
七戸
五戸
野辺地
能代
三戸
八戸
船川
土崎
秋田
盛岡
飛島
本荘
酒田
鶴岡
加茂
岩船
佐渡島
山形
石巻
荻浜
小木
小木
仙台
塩釜
新潟
福浦
寺泊
出雲崎
七尾
柏崎
福島
安宅
直江津（今町）
東岩瀬
金沢
富山
三国
高岡
伏木
長野
福井
前橋
宇都宮
敦賀
那珂湊
水戸
岐阜
浦和
甲府
名古屋
千葉
東京（江戸）
横浜
太平洋
清水
静岡
浦賀
津
浜崎
N
0 50 100 150 200
km

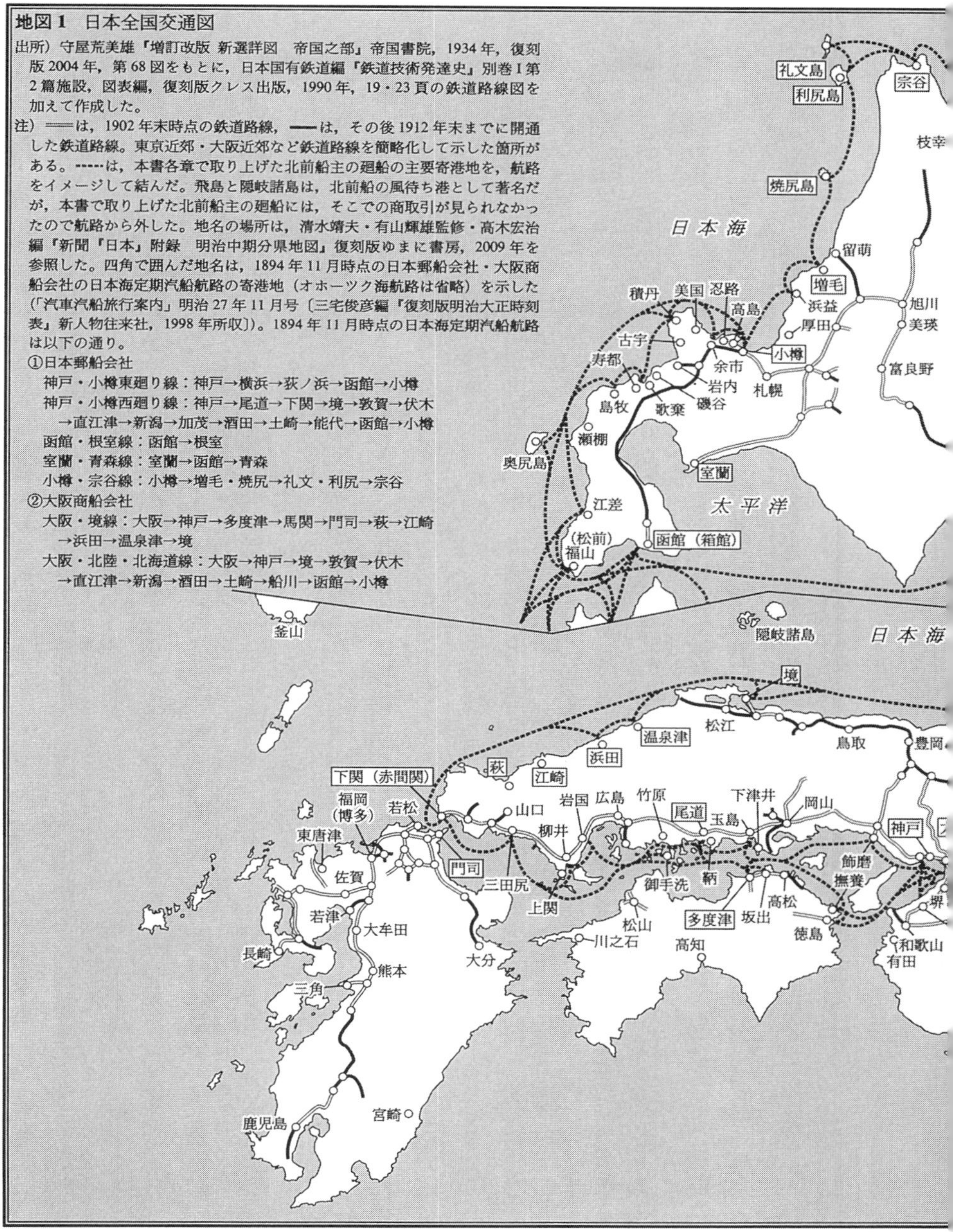

地図 1　日本全国交通図

出所）守屋荒美雄『増訂改版 新選詳図　帝国之部』帝国書院，1934 年，復刻版 2004 年，第 68 図をもとに，日本国有鉄道編『鉄道技術発達史』別巻 I 第 2 篇施設，図表編，復刻版クレス出版，1990 年，19・23 頁の鉄道路線図を加えて作成した。

注）═══は，1902 年末時点の鉄道路線，━━は，その後 1912 年末までに開通した鉄道路線。東京近郊・大阪近郊など鉄道路線を簡略化して示した箇所がある。-----は，本書各章で取り上げた北前船主の廻船の主要寄港地を，航路をイメージして結んだ。飛島と隠岐諸島は，北前船の風待ち港として著名だが，本書で取り上げた北前船主の廻船には，そこでの商取引が見られなかったので航路から外した。地名の場所は，清水靖夫・有山輝雄監修・高木宏治編『新聞『日本』附録　明治中期分県地図』復刻版ゆまに書房，2009 年を参照した。四角で囲んだ地名は，1894 年 11 月時点の日本郵船会社・大阪商船会社の日本海定期汽船航路の寄港地（オホーツク海航路は省略）を示した（「汽車汽船旅行案内」明治 27 年 11 月号〔三宅俊彦編『復刻版明治大正時刻表』新人物往来社，1998 年所収〕）。1894 年 11 月時点の日本海定期汽船航路は以下の通り。

①日本郵船会社

神戸・小樽東廻り線：神戸→横浜→荻ノ浜→函館→小樽

神戸・小樽西廻り線：神戸→尾道→下関→境→敦賀→伏木→直江津→新潟→加茂→酒田→土崎→能代→函館→小樽

函館・根室線：函館→根室

室蘭・青森線：室蘭→函館→青森

小樽・宗谷線：小樽→増毛・焼尻→礼文・利尻→宗谷

②大阪商船会社

大阪・境線：大阪→神戸→多度津→馬関→門司→萩→江崎→浜田→温泉津→境

大阪・北陸・北海道線：大阪→神戸→境→敦賀→伏木→直江津→新潟→酒田→土崎→船川→函館→小樽

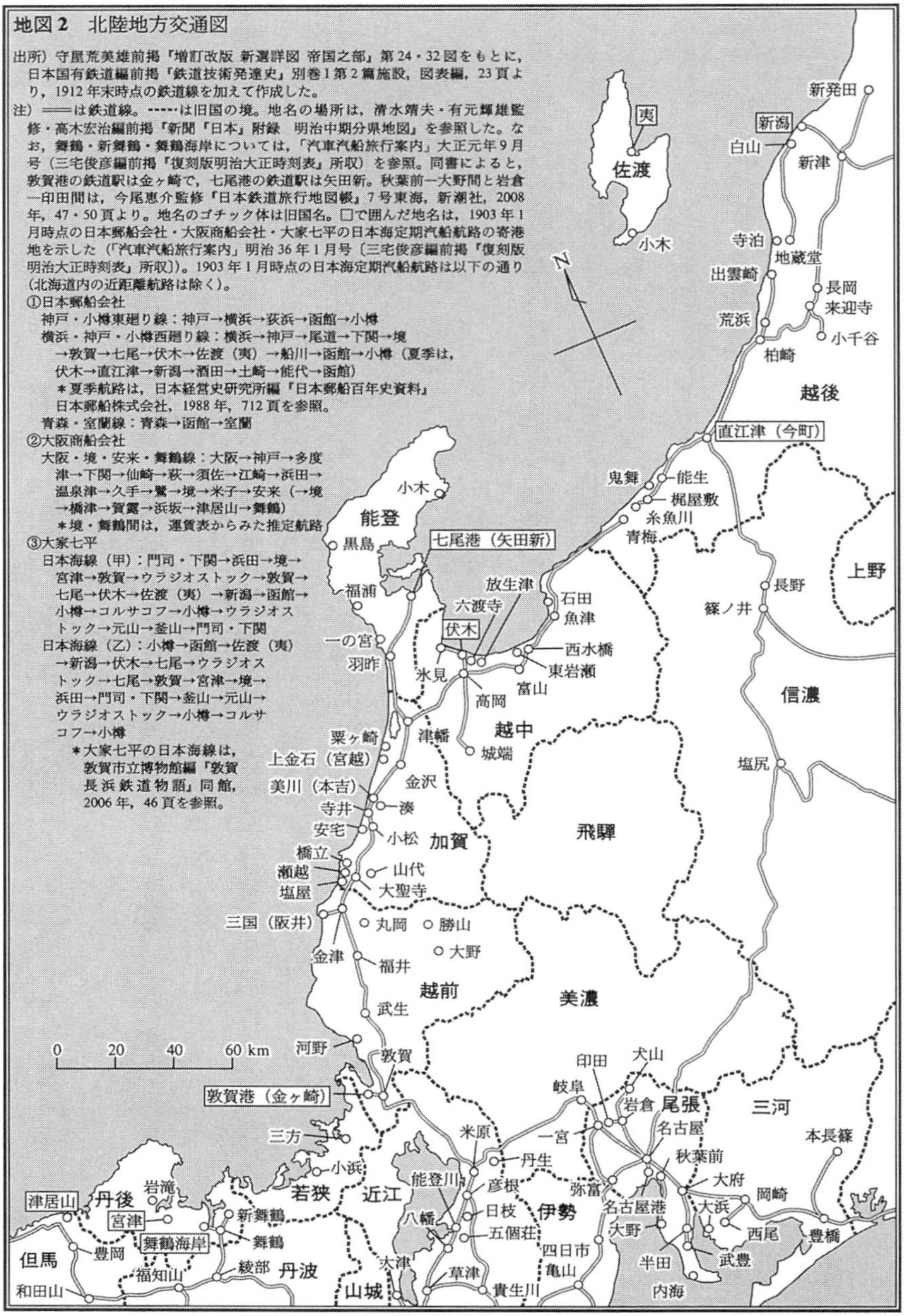

地図2　北陸地方交通図

出所）守屋荒美雄前掲『増訂改版 新選詳図 帝国之部』第24・32図をもとに，日本国有鉄道編前掲『鉄道技術発達史』別巻1第2篇施設，図表編，23頁より，1912年末時点の鉄道線を加えて作成した。

注）═══は鉄道線。-----は旧国の境。地名の場所は，清水靖夫・有元輝雄監修・高木宏治編前掲『新聞『日本』附録　明治中期分県地図』を参照した。なお，舞鶴・新舞鶴・舞鶴海岸については，「汽車汽船旅行案内」大正元年9月号（三宅俊彦編前掲『復刻版明治大正時刻表』所収）を参照。同書によると，敦賀港の鉄道駅は金ヶ崎で，七尾港の鉄道駅は矢田新。秋葉前―大野間と岩倉―印田間は，今尾恵介監修『日本鉄道旅行地図帳』7号東海，新潮社，2008年，47・50頁より。地名のゴチック体は旧国名。□で囲んだ地名は，1903年1月時点の日本郵船会社・大阪商船会社・大家七平の日本海定期汽船航路の寄港地を示した（「汽車汽船旅行案内」明治36年1月号〔三宅俊彦編前掲『復刻版明治大正時刻表』所収〕）。1903年1月時点の日本海定期汽船航路は以下の通り（北海道内の近距離航路は除く）。

①日本郵船会社

神戸・小樽東廻り線：神戸→横浜→荻浜→函館→小樽

横浜・神戸・小樽西廻り線：横浜→神戸→尾道→下関→境→敦賀→七尾→伏木→佐渡（夷）→船川→函館→小樽（夏季は，伏木→直江津→新潟→酒田→土崎→能代→函館）

＊夏季航路は，日本経営史研究所編『日本郵船百年史資料』日本郵船株式会社，1988年，712頁を参照。

青森・室蘭線：青森→函館→室蘭

②大阪商船会社

大阪・境・安来・舞鶴線：大阪→神戸→多度津→下関→仙崎→萩→須佐→江崎→浜田→温泉津→久手→鷺→境→米子→安来（→境→橋津→賀露→浜坂→津居山→舞鶴）

＊境・舞鶴間は，運賃表からみた推定航路

③大家七平

日本海線（甲）：門司・下関→浜田→境→宮津→敦賀→ウラジオストック→敦賀→七尾→伏木→佐渡（夷）→新潟→函館→小樽→コルサコフ→小樽→ウラジオストック→元山→釜山→門司・下関

日本海線（乙）：小樽→函館→佐渡（夷）→新潟→伏木→七尾→ウラジオストック→七尾→敦賀→宮津→境→浜田→門司・下関→釜山→元山→ウラジオストック→小樽→コルサコフ→小樽

＊大家七平の日本海線は，敦賀市立博物館編『敦賀長浜鉄道物語』同館，2006年，46頁を参照。

地図3　中国・四国地方交通図

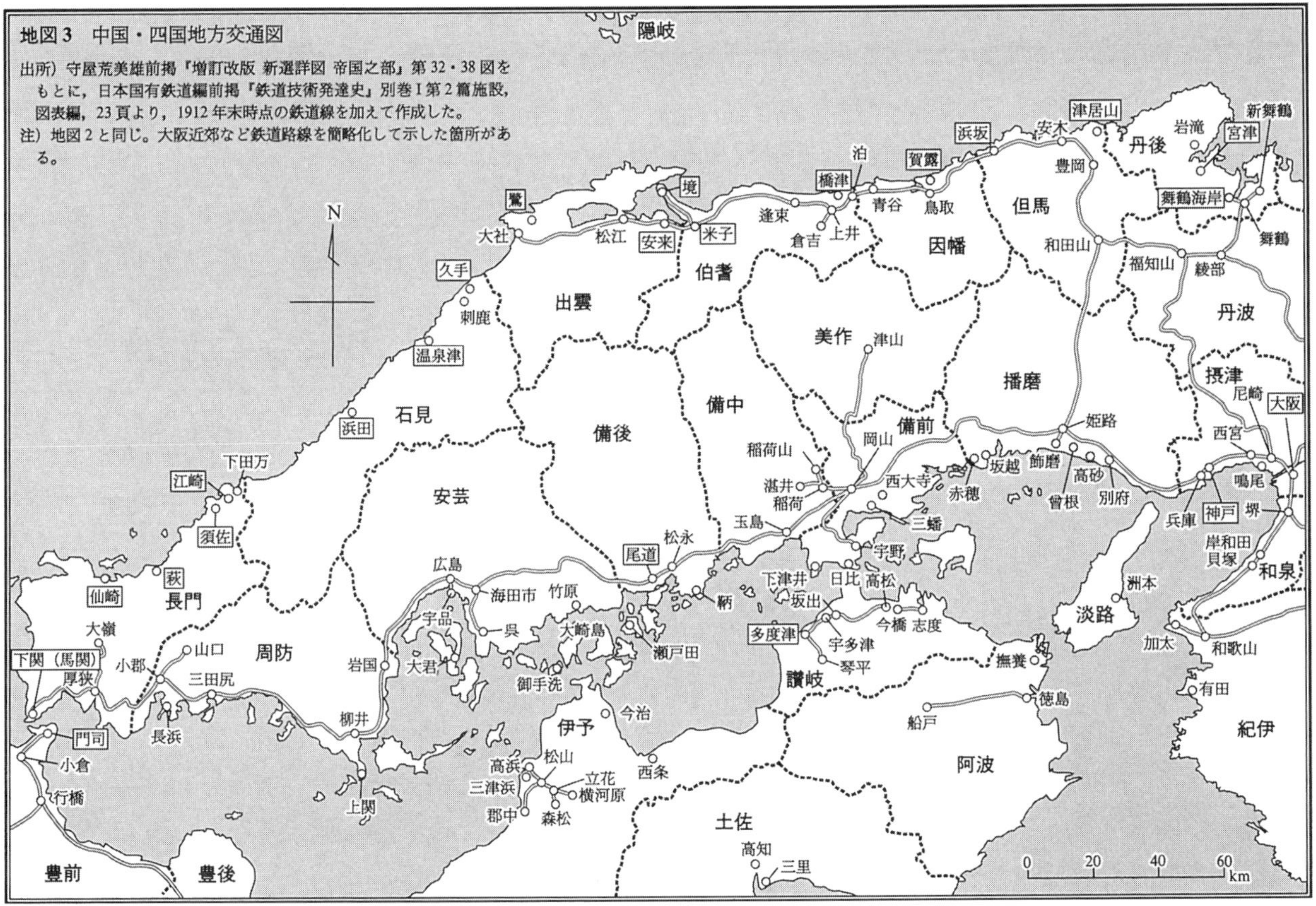

出所）守屋荒美雄前掲『増訂改版 新選詳図 帝国之部』第32・38図をもとに，日本国有鉄道編前掲『鉄道技術発達史』別巻Ⅰ第2篇施設，図表編，23頁より，1912年末時点の鉄道線を加えて作成した。

注）地図2と同じ。大阪近郊など鉄道路線を簡略化して示した箇所がある。

序章　海の富豪からみた近代日本

はじめに──海の豊かさと陸の産業化

経済の歴史を繙くと、海が人々の富の源泉であったことが痛感される。海からは様々な水産物を獲得できるだけでなく、様々な商品を海上輸送で運んで遠隔地間取引を行い、人々は莫大な富を蓄積してきた。地球上の大陸は大海により分断され、飛行機が登場した現代でも、遠隔地間市場の拡大は、大量輸送に適した海上輸送に負う面が強い。そうした海の豊かさに着目して、歴史研究でも多くの論者が海を分析枠組みとして人間の経済活動を論じてきた。[1]本書も海の豊かさを重視する。ただし、経済面で海の重要性のみを強調するのも一面的であり、生産過程では、主要産業である農業・林業・鉱工業は陸上で行われ、近代以降の産業化の過程では、陸の重要性が増した。日本でも、近世期は農業国で「鎖国」＝貿易統制体制が採られて海外貿易量が少なかったため、陸が富の源泉と考えられがちであるが、国内の遠隔地間輸送は海上輸送に負っており、船持商人が多大の利益を上げて富豪となった。[2]それが近代に入り、鉄道網が形成され、農業の産業化＝商品生産化や工業化が進展するなかで、船持商人の富が陸に投下されて産業化が促進された。

本書は、こうした海からの富の蓄積と陸での資本主義化の関連を解明することを主題とする。日本では、一八六八（明治元）年の明治維新による近世的身分制の解体がビジネス・チャンスを拡大させ、地方の企業家・資産家らを活気付け、近代期に各地で活発に進んだ会社設立の動きが、資本主義化全体の流れを支えた。そして各地で会社経営者・株主となった地方の富豪＝有力資産家の経営展開・投資行動が、その地域の産業化の特徴を規定した[3]。その結果、二〇世紀初頭には地域間の工業化格差が生じるに至ったので、本書では、地方有力資産家の事例研究を通してそうした社会全体の構造変化を論じ、経営史的分析から経済史的課題を解明することを目指す。そして、地方有力資産家の経営が、前近代から近代への社会体制の転換のなかでどのように展開し、それが近代資本主義社会での経営・投資行動にどのような影響を与えたかを検討すべく、資本主義生成期を一九世紀中葉～一九二〇年代とやや広く取り、その間に有力資産家として継続し得た家を分析対象として選ぶ。

近世日本では主要産業は農業であったが[4]、封建貢租が土地利用による収穫物に高率で掛けられたため、農業経営で資金蓄積を進めるのは困難であった。その一方現物納の封建貢租を支配者側が換金する必要から、市場経済が部分的に高度に発達し、市場経済に関与した商人が、資金蓄積を進める機会を得た。ただし、近世日本では幕藩体制による諸規制のなかで、封建貢租の大部分を占めた米の市場を除けば、地域分断的な市場構造となり、地域間価格差はかなり残された。それゆえ、近世日本で資金蓄積を顕著に進めたのは、三貨制度という近世日本の独特な通貨システムのゆえに発達した両替商か、もしくは地域間価格差を活かして高利潤を獲得した遠隔地間商人であったと考えられる。

特に、近世後期の大規模遠隔地間商人には船を持ち、取扱商品を自前で輸送したものが多く、一九世紀前半に版行された資産家番付では、有力資産家の資産内容として土地と船が主に記された[5]。そこで本書では、一九世紀全体にわたり船持遠隔地間商人として活躍し、近代以降も地方有力資産家として地域社会に一定の経済的影響力を持ち続けた家を取り上げることとし、以下、必要な範囲で従来の研究史を押さえつつ分析対象の絞り込みを行う。その場合、本書で取り上げた地方有力資産家が土地を所有した範囲や経営を担った会社が所在した範囲は、その家の居住郡内およびその隣接郡・隣接市域であったことが多かったので、本書でいう「地域」の範囲として、分析対象の家の居住郡およびその隣接郡・隣接市域を想定する。

なお、分析対象の絞り込みを行う上で、次の二点に着目したい。第一に、取り上げる家の経営志向性としての専業志向と兼業志向の関係に着目する。本書で取り上げるような大規模な船持遠隔地間商人で顕著な資金蓄積を進めた家は、多かれ少なかれ多角的な経営展開を遂げており、蓄積した資金を、事業の他に土地・有価証券など多面的に運用したと考えられる。その場合、特定の業種とそれに関連する部門のみに展開するか、相互には直接に関連のない多様な部門に展開するかは、それらの資産家の居住した地域社会の産業構成に大きく関わることとなった。ヨーロッパの産業化が、専業化した諸経営の分業のもとに進行したのに対し、日本の産業化は、農家副業など諸経営の兼業志向が強かったとの指摘があるが[6]、専業志向か兼業志向かは、生産の担い手の問題のみでなく、近代資本主義が成立する際に必要な投資家の経営志向とも大きく関わる問題であろう。

第二に、支配権力および地域社会との距離の取り方に着目する。近世期の身分制社会では、支配階層でない商人には、自由な活動が保障されたとは言えず、経営規模が大きくなるほど支配権力による行動の制約を受けた。御用という支配階層の仕事を請け負うことで事業を拡大する機会が得られた一方で、営業権を確保するために支配権力の御用金要求などに応ずる必要もあり、支配権力との距離の取り方は、その家の経営展開に大きな影響を与えた[7]。近代に入り、身分制が解体されると、営業の自由はある程度法的に保障されたが、今度はその家が居住する地域社会から地域振興への様々な期待を受け、地域社会の期待にどこまで応えるかが、その家の経営展開に大きな影響を与えることとなった[8]。その意味で、支配権力・地域社会との関係はその家の経営に無視し得ない要素である。

この二つの点を考慮に入れると、地方有力資産家の経営志向性は、展開範囲、展開目的、展開方法の三つの軸から特徴付けられる。すなわち、展開範囲では、一方の極に特定の地域に根付く地域志向性の強い地方資産家が存在し、もう一方の極に複数の拠点を広範囲に設け、広域志向性の強い地方資産家が存在した。展開目的では、一方の極に家業の発展や家産の維持に強い関心を示す家業・家産志向性の強い地方資産家が存在し、もう一方の極に地域社会の期待や地域社会の発展に関心を示す社会志向性の強い地方資産家が存在した。そして、展開方法では、蓄積重視かリスク回避重視かで大きく分かれ、低リスクで高蓄積な事業機会はほとんど望めないため、一方の極に高リスクを恐れず高蓄積を目指す高蓄積志向性の強い地方資産家が存在し、もう一方の極に低蓄積であってもリスクを低めることを目指す低リスク志向性の強い地方資産家が存在した。そして、各地方資産家の経営志向性は、これらの線上のいずれかの位置付けの複合として構成される。

一　船持遠隔地間商人と地方資産家

(1) 遠隔地間商人の研究史

前述のように、近世後期日本で顕著な資産形成を行った商人として、三都（江戸・京都・大坂）の両替商や遠隔地間商人が存在したが、中央と地方の関係を地方の視点から捉える本書の立場からは、中央と地方あるいは地方間の遠隔地間取引を行っていた商人に着目する必要があり、まず近世後期の遠隔地間商人の事例研究の流れを確認する。

遠隔地間商人の事例研究は、その出身地との関係、店舗を展開した地域との関係、支配権力との関係、活躍時期との関係など、様々な要素から分類されつつ進められてきた。

例えば、出身地との関係では、近江国（現滋賀県）・伊勢国（現三重県北部）出身の商人が、三都や各地に店舗を展開して活躍したため、「近江商人」「伊勢商人」と分類されてその特質が検討された。特に近江商人研究が進展し、三都に拠点を置いた小林吟右衛門家・西川甚五郎家・外村宇兵衛家の研究、各地に多数の店舗を開設した中井源左衛門家・小野善助家の研究、松前藩領や小田原藩領など三都以外の特定の地域に進出した西川伝右衛門家・山中兵右衛門家の研究などが行われた(9)。これらの個別事例研究を踏まえて、近江商人の近世来の広域志向性を強調し、それが近代以降の近江系企業の活力の真髄であったとして近江商人から近江系企業への連続した流れを評価する見方と、近江商人の本性を近江国に本拠をおく他国稼商人であることに求め、近世社会の制約下に最も適合的な経営システムを近江商人は作り上げたが、そのシステムは近代社会になると桎梏となり、近江商人も変わらざるを得なかったとして、近世期の近江商人と近代以降のそれとの断絶性を評価する見方に見解が分かれた(10)。本書でも、船持近江商人の事例を取り上げて、近江商人の地域経済との関連を検討したい。

店舗を展開した地域との関係では、主に三都に店舗を構えて京都・大坂と江戸との物流を担った三都商人と、各藩の城下町や主要湊町に店舗を構えて各藩領域と大坂や江戸との物流を担った地方有力商人が研究史では取り上げられ、伊勢商人など地方の呉服商人が三都に進出して、一八世紀に三都で組織化が進んだ株仲間の中核となったこと(11)、また各藩領域から大坂への年貢米輸送は、一八世紀は大坂・兵庫の船持廻船問屋に担われたが、一九世紀以降は、船を所有して経営規模を拡大した地方主要湊町商人が、各藩領域から大坂への年貢米輸送などを担うことで大坂・兵庫の船持商人への依存から自立し、地方でも三都商人に匹敵する大規模船持商人が登場するに至ったことなどが解明された(12)。そのような地方の大規模船持商人が近代以降の産業化に果たした役割を本書では検討する。

支配権力との関係では、幕府や藩の御用商人の事例研究が行われたが、幕府の流通統制との関連で成長した幕府御用商人や、幕府の流通統制への対抗から、藩自身が流通過程へ進出する試みのなかで成長した藩御用商人が興味深く、前者については、一八世紀末〜一九世紀初頭の幕府の蝦夷地直轄との関連で幕府御用船持商人として成長した高田屋の研究など[13]、後者については、徳島藩の特産物であった藍の江戸への販売を藩が支援するなかで徳島―江戸間の藩公金為替を引き受けつつ藍取引で成長した藍屋三木家の研究などがある[14]。むろん、支配権力との距離の近さは、多額の御用金負担という負の側面もあり、本書では支配権力との距離が近代以降の経営展開に与えた影響を検討する。

そして活躍時期との関係では、一八三〇年代の株仲間解散や五〇年代の開港で新たなビジネス・チャンスを得た新興商人の事例研究が行われ、例えば、船を所有して自ら買い付けた商品を遠隔地に運んで販売することで、地域間価格差を活かしつつ急速に資金蓄積を進めた買積船主の経営展開が解明された[15]。ただし、多様な商品を扱って多様な湊で取引した買積船主と、特定の商品を扱って特定の湊で取引した買積船主ではその経営の志向性が異なるため、本書では買積船主として一括するのではなく、その経営志向性から分類して、それぞれの経営展開の特徴が、近代以降の地域の産業化に与えた影響を検討する。

(2) 海運業者の研究史

前述のように、遠隔地間商人は自ら船を所有することが多く、その事例研究は海運業者の研究とも密接に関連する。そこで次に、海運業者の事例研究の流れを確認する。

近代日本の海運史研究は、政策史的視点に始まり、経営史的視点へ展開して、市場論的視点が加味され、技術論的視点へと発展して今日に至っている[16]。その中では、「海運の近代化」が主に論じられ、海運業では、大筋では、商人が船主で積荷の売買と輸送を両方行う買積の段階から、荷主と船主が分離して輸送業を専門的に担う運賃積船主が一般的になった段階へと転換したと考えられてきた[17]。そして汽船運賃積を行う近代的海運業者の代表例として三菱が検討され、それと対抗する汽船会社としての共同運輸や、三菱と共同運輸との競争の後に、三菱の海運部門と共同運輸が合併して設立された日本郵船の研究が進められた[18]。また、日本郵船以外の近代的海運業者として、日本郵船とともに政府の命令航路を受注した大阪商船・東洋汽船など社船三社の研究や、その三社以外の大規模汽船海運業者として三井物産船舶部の研究や、その他個人汽船船主の研究なども行われた[19]。

ただし、運賃積形態は、近世日本でも大坂―江戸間の菱垣廻船や諸藩の年貢米輸送の廻船で行われており、近世後期にはそれへの対抗として買積形態をとる新興船主が登場したとされ、運賃積形態から買積形態への転換が、近世日本の海運研究では指摘された[20]。このことは、運賃積か買積かは、海運市場の状況に応じて弾力的に使い分けられ、歴史的段階として画定できるものではないことを示す。実際、近代期の国内汽船網の整備と並行して、例えば山陰地方では大型汽船の寄港地と周辺諸港を結ぶ買積船主が新たに登場した[21]。

一方、近世日本の買積船（商人船主）の典型とされた北前船を研究した牧野隆信は、北前船を一八世紀後半から一九世紀に日本海航路で活躍した北陸船主の買積船と位置付け、買積を当該期の日本海海運を特徴付ける輸送形態とした[22]。それに対し、柚木学は、山陰地方の買積船主の存在を指摘し、北前船主の範囲を北陸地方に限定せずに広げるべきと主張した[23]。また中西聡は、北前船を日本経済の全体的枠組みの中で位置付けるには、船主の出身地よりも航路・積荷・輸送形態から考えるべきで、一九世紀の日本海航路では、北海道（近世期は蝦夷島）から瀬戸内・畿内への航海の利益が大きく、その際の取扱商品が北海道産魚肥であったので、魚肥を生産しつつ船主として商業活動を行った北海道の場所請負商人の手船も含め、荷主と船主が分離した他人荷物積ではなく、荷主と船主が同一の自分荷物積を主体として、一九世紀の日本海海運で活躍した船主を北前船主と位置付けた[24]。

北前船主の事例研究では、前述の牧野が、加賀国（現石川県中南部）橋立の北前船主の経営の諸特徴を総合的に検討し、高瀬保は加賀（金沢）藩領域の海運の諸問題を多面的に検討して加賀藩の海運は一九世紀初頭まで大坂・兵庫の船主に依存したが、その後、地元廻船の発達とともに大坂・兵庫の船主への依存から脱却したとした[25]。さらに津川正幸が但馬国（現兵庫県北部）安木の北前船主宮下家を分析し、同家が商業利益を土地に投資して地主化したことを解明した[26]。そして近年では、木部和昭が長門国（現山口県北西部）下田万の船持商人の事例を分析し、長門・石見廻船が長門・石見地域の特産品（半紙・蠟・鉄）を北国で販売して北国米を長門・石見地域に持ち込んだことを解明し、深井甚三が、特権的流通機構の桎梏を打ち破ろうとする北陸の北前船主の「抜荷」活動を詳細に論じた[27]。

以上の海運史研究の流れからみて、資本主義生成期において地域間価格差を活かして顕著な資産形成を行った船持遠隔地間商人を取り上げる本書では、一九世紀に北海道と畿内の地域間価格差が大きく、また日本海沿岸地域では船持遠隔地間商人を多数輩出したことから、日本海海運で活躍した船持遠隔地間商人を素材として取り上げるべきと考えられる。なお、日本海海運で活躍した船持商人は北前船として研究史上で位置付けられてきたが、前述のように北前船を買積船の典型とする従来の認識では、その多様な経営展開を見失わせることとなるため、本書各章の検討を踏まえ、終章で北前船の捉え方について再考する。

（3）地方資産家の研究史

船持遠隔地間商人は資金蓄積を顕著に進めた結果、近代前期には地方有力資産家となったが、その資産が諸産業に投入される過程の解明が次の課題となる。そこでは、各家の資産運用の特質を比較する必要があり、最後に地方資産家の事例研究の流れを確認する。

従来、産業革命期の企業への資金供給の経路に関し、第一次世界大戦以前の日本では資本市場の展開が遅れ、主に銀行からの借入金に基づく間接金融で、企業は運転資金や設備投資資金を賄ったことが指摘され[28]、銀行を媒介する間接金融の資金源泉の中心が、国家資金にあるか民間資金にあるかが論点になった[29]。また資本市場の展開が遅れたとはいえ、企業勃興から産業革命期（一八九〇年代～一九〇〇年代）に各地で広範に会社設立が行われ、それらへリスクを負って投資した地方資産家の重要性が強調され[30]、都市部の会社の株主層における商人の比重の高さを論拠として商人的蓄積の産業資本への転化が論じられた。[31]

これらの研究で、有価証券投資の担い手としての地方資産家や商人の比重の高さは明確になったが、それらが有価証券投資を行った（あるいは行わなかった）内的誘因や、投資家として得た果実の個別具体的解明が課題として残されている。また前述の研究は、企業設立に際してのリスク引き受けの担い手や、資本蓄積が未成熟な段階での工業化資金の源泉への関心から、企業社会の成立期が研究対象とされたが、企業社会の成立が人々の生活様式も含めて社会全体の変容につながったのは、第一次世界大戦以降の重化学工業化・都市化を経てからと考えられ、第一次世界大戦前後の変化まで視野に入れるべきである。

その場合、産業革命期の株主層における商人層の重要性の指摘との関連では、地方資産家のなかでも特に商人の資産運用の分析を実証的に深める必要がある。しかし一八九〇年代〜一九二〇年代の長期にわたるその詳細な先行研究は乏しく、むしろ第一次世界大戦後の地主制の動揺との関連で、地主の資産運用のあり方が論じられた。表序-1をみよう。当該期の主要資産・収入の内訳が解明された地主の多くは、いずれも第一次世界大戦（一九一〇年代後半）を境に、資産の中心が土地・貸金から有価証券へ、また収益の中心が小作料収入から配当収入へ大きく転換した。この表に挙げなかった巨大地主の場合も、最大の収益源泉は一貫して小作料収入であったが、一九二〇年代には配当収入の比重が高まった。[32]また当該期の商人の資産運用が判明する数少ない事例として、表序-1で大阪府貝塚町の肥料商の廣海家を挙げたが、同家は一八九〇年代後半以降一貫して配当収入が収益源泉の中心で、地主層の動向とかなり異なった。なお、地方の商人層は、巨大地主や地方財閥のような大資産家は少なく、本書では、二〇世紀初頭に数十万円程度の資産規模で、資産運用如何で地域経済に主体的な影響を与え得るものを地方資産家として想定する。[33]

また、資産運用の方向の決定要因として、（期待）収益率・リスクの度合・本業や地域社会との関連を考慮する。（期待）収益率とリスクの度合は、一般的に高収益なら高リスク、低リスクなら低収益の関係にあり、両者のバラン

表序-1　1890年代～1930年代前半における地方資産家の主要資産・主要収入構成の動向

家　名	奥山家	服部和一郎家	桜井家	T家	猪田家	廣海家
住　所	山梨県春日居村	岡山県牛窓町	宮城県登米町	岐阜県楡俣村	滋賀県北五個荘村	大阪府貝塚町
主な職業	地　主	地　主	貸金業・地主	地　主	地　主	商　業
1916年資産	約44万円	約107万円	[20万円][1]			[35万円][2] (1915)
1933年資産	約84万円（1922）	約352万円	約78万円		[230万円][3]	[200万円][3]
1910年代土地	約45町歩	約175町歩	約82町歩	約63町歩（1907）	約110町歩	約14町歩
1890年代前半	土地↑(>)貸金↑	貸金↑>土地↑>株式↑	貸金↑>証券↑>現預金	土地↑>利息>配当↑		商業>配当↑⇔田畑
1890年代後半	土地↑(>)貸金↑	土地↑>貸金↑>株式↑	貸金>証券>現預金	土地↑>利息>配当↑	土地>株式>酒造↑	配当>田畑>商業↓
1900年代前半	土地>貸金↓>預金↑	土地↑⇔貸金↑>株式	貸金↑>証券↑>現預金	土地>配当↑>利息	土地↑>株式⇔預金	配当>商業>(田畑)
1900年代後半	土地>株式↑>貸金↑	土地↑>貸金↓>株式	貸金↑>証券>現預金	土地↑>配当↑>利息↓	土地>株式↑⇔預金↑	配当↑>田畑>商業↓
1910年代前半	株式↑>土地>貸金	土地>公社債↑>株式	貸金↑>証券↑>現預金↑	土地↓>配当↑>利息↑	土地>株式↑>預金↑	配当↑>田畑>商業↑
1910年代後半	株式↑>土地>預金↑	証券↑⇔土地>貸金	貸金↑>証券↑>現預金↑	配当↑>土地↓>利息↓	土地>株式↑>預金↑	配当↑>証券↑>田畑↑
1920年代前半	株式↑>土地↑>預金	証券↑>貸金↑>土地↓	証券>貸金>現預金	配当>土地↓>利息↑	土地>株式↑>預金	配当↓>商業>(報酬↓)
1920年代後半		証券↑>貸金↑>土地↓	貸金>証券↓>現預金↑	配当>土地>利息	株式↓>土地↓>公債	配当↓>報酬>土地
1930年代前半		証券↑>貸金↑>土地	貸金>現預金>証券↓		株式>土地↑>公債↓	配当↓>報酬>土地

出所）奥山家は，永原慶二・中村政則・西田美昭・松元宏『日本地主制の構成と段階』東京大学出版会，1972年，第2章，服部和一郎家は，大石嘉一郎編『近代日本における地主経営の展開』御茶の水書房，1985年，第2章，桜井家は，澁谷隆一『高利貸金融の展開構造』日本図書センター，2000年，第III部1章，T家は，坂井好郎『日本地主制史研究序説』御茶の水書房，1978年，序章，猪田家は，森武麿「近畿地方における地主経営の展開」（『史艸（日本女子大学）』第20号，1979年）第4・9表，廣海家は，石井寛治・中西聡編『産業化と商家経営』名古屋大学出版会，2006年，第1章より作成。

注記）奥山・服部・桜井家は主要資産内訳，T・猪田・廣海家は主要収入内訳を示した。桜井家の連年の不動産資産額は不明のため除いたが，土地所有規模から考えて，最大の資産は土地であった。資産・土地欄はそれぞれ資産額と土地所有面積（山林を除く）を示し，表示と異なる年次の場合は括弧書きでその年次を示した。[　]は，資産番付等による推定値。>は左側が右側より多いこと，⇔は左側と右側がほぼ同じことを示し，↑は資産・収入額が総じて増加，↓は資産・収入額が総じて減少を示す。構成欄の括弧内は推定。服部・桜井家の証券は有価証券保有額。廣海家の証券は有価証券売買収入。T家の利息は貸金・預金利息を含み，猪田家の株式は株式配当収入，預金は銀行・信用組合への預金利息収入，公債は公債利息収入。廣海家の報酬は給与・賞与。

注1）「宮城県内金三万円以上資産家調」（渋谷隆一編『都道府県別資産家地主総覧』宮城編，日本図書センター，1995年）184頁より。
　2）「大阪資産家名鑑」（渋谷隆一編前掲『都道府県別資産家地主総覧』大阪編I，1991年）315頁より。
　3）「五十万円以上全国金満家大番附」（渋谷隆一編『大正昭和日本全国資産家地主資料集成』第1巻，柏書房，1985年）112-113頁より。

スが重要となる。リスクには、期待した収益が上がらないリスクと資産減価のリスクがあるが、特に動産運用では両者の関連が強く、また期待収益が低くても、本業や地域社会との関連などの要因から資産運用が行われる場合もあり、地方資産家の資産運用に経済計算以外の要因が影響を与えたことも留意する。

二　一九世紀の主要船主と商品市場の概観

(1) 近世後期の主要船主

本節では、本書で取り上げる船持遠隔地間商人の対象を絞り込む前提として、資本主義生成期日本の主要船主の推移を概観する[34]。まず、近世後期の主要和船船主を検討する。近世日本では、一七世紀末の河村瑞賢による東廻り航路・西廻り航路の整備により、全国的海運網が整えられたとされ、大坂―江戸間の航路を中心に、日本海側から津軽海峡を経て、太平洋岸を江戸に達する東廻り航路と、北海道から日本海岸を辿って下関から瀬戸内海に入り、畿内に至る西廻り航路とを併せ、日本一周の航路が形成された[35]。

近世後期の大坂―江戸間の航路は[36]、菱垣廻船問屋が自己所有船や雇船で廻船を仕建て、積み込み荷物の集荷と差配を行った。主に大坂から江戸へ商品が輸送され、大坂の菱垣廻船問屋が江戸荷主の注文を受けて廻船を仕建てて積荷も決定した。そのため、海上輸送を一任された廻船問屋と船頭との結び付きが強く、江戸荷主が不当な損害を被ることが多かったため、江戸荷主は一七世紀末に江戸十組問屋を結成し、難破した際の積荷処分の損害を荷主と船主で分担する原則を確立させた。その後一七三〇（享保一五）年に酒問屋は、江戸十組問屋から離脱し、独自に酒輸送の廻船を開始した。菱垣廻船は様々な種類の荷物を混載したが、酒荷は他の商品との混載の不都合が大きく、伊丹などの江戸積酒造家の支援を受けて酒造家荷主の送り荷物を江戸へ輸送する樽廻船が、菱垣廻船と併存することとなった。

この樽廻船は、酒荷を下積荷物としたが、酒以外の商品も上積荷物として扱うようになったため、樽廻船と菱垣廻船の熾烈な競争が生じた。樽廻船は、もともと酒が腐り易い商品であり、速力も早く荷役も迅速に行われ、運賃も菱垣廻船より低廉であったため、両者の競争は樽廻船に有利に運び、一九世紀に入ると菱垣廻船数はかなり減少した。

樽廻船は、一八世紀は紀伊国や大坂・兵庫の船主の船を中心として運用されたが、一九世紀に入ると西宮や灘の酒造家自身が船を所有してそれが樽廻船の主力をなすようになった。その代表例が辰馬家で、西宮や鳴尾で酒造を行った辰馬一族は、一八六〇年代前半には一族で九隻の和船を所有し、近代期も酒輸送のために汽船経営に転換した。[37]

また、一九世紀には、大坂―江戸間航路に尾張国（現愛知県西部）知多半島の廻船が買積形態で積極的に参入するようになり、その代表例が内海の内田佐七家で、[38]同家は一八二〇（文政三）年頃より船を所有して遠隔地間交易に乗り出し、五〇年代中葉には六隻の船を所有しつつ瀬戸内・畿内と江戸の間の諸湊の多様な商品の買積経営を行った。ただし、大阪―東京間は近代初頭から三菱などにより急速に定期航路が発達したため、内田家は一八八〇年代までに持船の大部分を売却し、また地元の会社設立に積極的に参加したわけではなかった。

一方、東廻り航路では、一九世紀に入ると弘前藩・盛岡藩の特産物である魚肥・大豆などの江戸・大坂への輸送、江戸からは木綿・古手などの北東北への移入が行われたが、廻船として発達したのは、仙台藩の年貢米の江戸廻送に従事した石巻穀船であった。[39]石巻は東北太平洋岸の流通拠点として近代初頭には石巻商社が設立され、年貢米の徴収請負業務を行ったが、中央資本の三井組の傘下に組み入れられて消滅し、海運も一八七〇年代に三菱が東北太平洋岸に汽船航路を開設すると、帆船輸送は衰退した。

それに対し、西廻り航路は一九世紀に飛躍的に発達した。ただし西廻り航路は畿内から下関までの瀬戸内海海運と下関から北海道までの日本海海運に大きく分けられるので、まず瀬戸内海の主要船主を検討する。西廻り航路が整備された後に、最初に奥羽・北陸方面の年貢米の廻米を担ったのは、讃岐国（現香川県）塩飽《しわく》諸島の船であった。[40] もともと塩飽諸島の船乗りは豊臣政権の時代から御用を引き受け、近世期もそれが受け継がれて幕府の御城米御用船として雇われた。しかし、諸藩の年貢米の海上輸送が盛んになると、それを契機に各地の廻船が台頭し、塩飽諸島の独占的な地位が揺らぎ、一八世紀に入ると塩飽廻船数も減少した。

一方、一八世紀に瀬戸内諸藩では特産物生産が拡大し、それと結びついて、特産物を輸送する廻船が発達した。例えば、西宮・灘の酒造業の発達に支えられた樽廻船の興隆は、樽廻船として雇われた紀伊廻船の発展につながったが、紀伊廻船は酒輸送のみでなく、地元紀伊国（現和歌山県・三重県南部）有田の特産物である蜜柑の江戸輸送にも携わった。[41] また播磨国（現兵庫県南部）赤穂では、塩業の発達から塩を専門的に扱う塩廻船が発達し、そのなかには奥藤家のように近代期に船数を増やして、一八九〇年代に和船七隻を所有し、地方有力資産家として地元銀行の頭取になる船主がいた。[42] そして阿波国（現徳島県）撫養《むや》では、藍業や塩業の発達から、藍作の肥料になる魚肥を含めて、藍・塩・魚肥輸送を担う廻船業者が発達した。特に、撫養の山西家は、一八六五（慶応元）年時点で和船七隻を所有するとともに、他の家との共同所有などで、別に和船七隻を山西家支配船とし、同家は二〇世紀初頭まで帆船を所有し、地方有力資産家として銀行経営にも加わった。[43] その他、瀬戸内諸地域では、安芸国（現広島県西部）瀬戸田の三原屋（堀内家）など、近世来の和船船主で、その地域の特産物輸送に携わり、近代期に所有船数を増大させ、地方有力資産家となる事例がいくつかみられ、[44] 瀬戸内海では、波が穏やかで、和船でも比較的安全であったこともあり、近代期も帆船輸送がかなり根強く残った。

日本海海運に関しては、表序-2をみよう。この表は石見国（現島根県西部）浜田湊の廻船問屋のうち三軒の「客船帳」に記された船名が延べ一〇隻以上の船主を示した。延数なので、同時期に実際に所有した船数はこれより少ないが、延船名数で数十隻に上る大規模船主が多数存在した。ただし船主の出身地は時期によって大きく異なり、一八

表序-2　近世期日本海海運有力船主一覧

出身地	屋号（姓）	延船数	帆船所有開始	帆船所有終了	出身地	屋号（姓）	延船数	帆船所有開始	帆船所有終了
加賀粟ヶ崎	木屋(木谷)	29	18世紀前半	1881年頃	丹後岩滝	山家屋(小室)	28	1815年頃	1870年頃
越前三国	室屋(内田)	14	18世紀前半	1885年	越前三国	戸口屋	25	1818年頃	1855年頃
筑前宮浦	津上家	10	1725年頃	1803年頃	但馬居組	油屋(西崎)	12	1820年頃	1881年頃
若狭小浜	古河屋(古河)	11	1727年	1880年	但馬竹野	湊屋(神田)	11	1820年頃	1887年頃
越前河野	右近家	11	1730年代	20世紀初頭	越中放生津	綿屋(宮林)	11	1817年頃	1885年頃
摂津神戸	木　屋	25	1748年頃	1838年頃	但馬竹野	榎本(大谷)	10	1820年頃	1896年頃
摂津神戸	俵　屋	20	1753年頃	1803年頃	但馬諸寄	瀬戸屋(日浦)	17	1821年頃	1881年頃
讃岐浜村	新　屋	12	1755年頃	1783年頃	越前崎浦	新　屋	15	1821年頃	1878年頃
蝦夷福山	阿部屋(村上)	22	1750年代	1790年代	但馬居組	酒屋(西垣)	12	1821年頃	1880年頃
摂津神戸	茶　屋	45	1756年頃	1804年頃	若狭小浜	木綿屋(志水)	20	1822年頃	1884年頃
摂津大坂	大津屋	10	1756年頃	1820年頃	越前三国	室屋平右衛門	15	1822年頃	1872年頃
備前しりみ	平野屋	20	1757年頃	1796年頃	越後早川	長門屋(長谷部)	13	1822年頃	1851年頃
摂津大坂	津の国屋	10	1757年頃	1789年頃	能登七尾	越中屋	13	1823年頃	1870年頃
摂津神戸	柴　屋	12	1765年頃	1813年頃	越前三国	小針屋	12	1824年頃	1844年頃
摂津大坂	とま屋	29	1767年頃	1777年頃	但馬安木	宮下家	11	1824年頃	1888年頃
摂津神戸	井筒屋	12	1771年頃	1817年頃	加賀本吉	紺　屋	12	19世紀前半	1872年頃
紀伊比井	小山屋	18	1775年頃	1801年頃	越後今町	福山家	10	1827年頃	1879年頃
讃岐浜村	木　屋	10	1781年頃	1834年頃	越中六渡寺	湊屋(朽木)	18	1829年頃	1891年頃
摂津大坂	大和屋	11	1789年頃	1844年頃	加賀宮越	湊　屋	14	1829年頃	1878年頃
丹後由良	新屋(中西)	13	1790年頃	1889年頃	越前三国	木屋(長谷川)	28	1832年頃	1862年頃
丹後湊	小西家	16	1794年頃	1865年頃	越中東岩瀬	道正屋(馬場)	19	1829年頃	1890年
蝦夷江差	岸田屋(岸田)	12	1790年代	1870年前後	越中放生津	菊屋(中瀬)	11	1834年頃	1884年頃
摂津兵庫	高田屋	38	1795年	1833年	加賀瀬越	大家家	13	1835年頃	20世紀初頭
摂津西宮	松　屋	10	1795年頃	1852年頃	越前三国	宮越屋	12	1835年頃	1869年頃
近江日枝	柏屋(藤野)	20	19世紀初頭	20世紀初頭	加賀宮越	輪島屋(野崎)	10	1838年頃	1886年頃
加賀大野	丸　屋	12	19世紀初頭	1870年前後	但馬瀬戸	米屋(後藤)	15	1839年頃	1891年頃
摂津大坂	綿　屋	10	19世紀初頭	1869年頃	越前三国	茶屋(津田)	11	1839年頃	1897年頃
但馬竹野	伊藤家	15	1805年頃	1897年頃	越中放生津	八嶋屋(南嶋)	10	1842年頃	20世紀初頭
但馬竹野	福田家	21	1808年頃	1896年頃	越前三国	森田家	22	1848年頃	1883年頃
丹後由良	米屋(大森)	26	1811年頃	1882年頃	近　江	西澤家	12	1854年頃	1883年頃
加賀宮越	銭　屋	15	1811年	1852年	但馬豊岡	津(居)山屋(瀧田)	10	1863年頃	1885年頃
但馬柴山	吉津家	11	1811年頃	1897年頃	加賀宮越	菓子屋(岡田)	10	1866年頃	1887年頃

出所）柚木学編『諸国御客船帳』（上・下）清文堂出版，1977年，柚木学編『近代海運史料』清文堂出版，1992年，「諸国御客帳」（住田正一編『海事史料叢書』第4巻，1929年），より作成。

注記）出所資料の3冊の「客船帳」に，近世期から記載された船主のうち，延船名数が10隻以上のものを挙げ，それに後掲表序-11より近世期に帆船10隻以上所有していることが判明したものを加えた。延船名数なので，同時にそれだけの船を所有したわけではない。帆船所有開始・終了欄は，「客船帳」に登場した期間を示したが，表序-11などより開始・終了時期が判明したものはそのデータを補った。出身地の前半は旧国名（北海道は蝦夷とした）を示した。神戸は，神戸二ッ茶屋と史料では分類。

世紀中葉に日本海海運で活躍したのは、主に摂津国（現大阪府北部・兵庫県東南部）大坂・神戸の船主で、日本海沿岸地域には加賀粟ヶ崎の木屋を除き、それほど大きな船主は存在しなかった。一七九〇年代〜一八二〇年代は、丹後（現京都府北部）・但馬国の大規模船主が登場し、これらの多くは近代期まで帆船所有を続けたが、大多数は一八八〇年代までに海運業から撤退し、近代以降の資産・所得状況は不明である。丹後・但馬国地域は、近代期の企業勃興があまり盛んでなく、但馬国安木《やすぎ》の宮下家や但馬国豊岡の瀧田家が近代期に地元銀行の経営に加わった程度で、近代以降に資産家として残ったものは地主化したとされる。(45)

一八二〇年代以降は越前国（現福井県北部）・加賀国・越中国（現富山県）の大規模船主が輩出し、越前国では三国、加賀国では宮越《みやのこし》、越中国では放生津《ほうじょうづ》が大規模北前船主の主要な出身地となった。加賀国瀬越・橋立の船主は、幕末・近代前期に発達して大規模船主となったが（後掲表序-11を参照）、近世期にはそこまで経営規模は大きくなく、むしろ小浜・三国・宮越・放生津など大藩の年貢米移出湊に大規模北前船主が存在した。(46)しかしそれらの船主は、いずれも一八八〇年代までに帆船経営から撤退し、近代期の北前船主の中核を占めることはできなかった。

その意味で、北前船主の多くは家として近世から近代に連続していたが、経営規模では近世期と近代期で大きく転換があり、また摂津兵庫の高田屋や加賀宮越の銭屋のように、支配権力との結び付きが強すぎると、政敵らの動きで明治維新を待たずに、取り潰された場合もあった。(47)それ以外の大規模北前船主も、かなりの御用金を負担しており、(48)近世期の大規模北前船主が、商業的蓄積を進める場合の制約も大きかった。

(2) 近代前期の主要個人船主

近代日本の船主を把握する資料として「船名録」がある。「船名録」は、政府に登録された船舶の一覧を、一八八一（明治一四）・八二年は民間人が、八七年以降は逓信省がほぼ逐年刊行したもので、中大型船舶はほぼ網羅し、船名と併せて船体規模・所有者・船籍等も記載された。[49] ただし一八九〇年代までの「船名録」は西洋型船舶のみの記載で、改良和船であったいわゆる「合ノ子船」は含まれず、網羅する船舶はそれほど多くなかった。[50] しかし一八九八年より、船舶検査法施行によって「模擬合ノ子船」を漸次西洋型帆船に編入したため、西洋型船舶の数が飛躍的に増加し、同時に二〇〇石積以上の和船も「船名録」に記載された。[51] そこで「模擬合ノ子船」の西洋型帆船への編入がほぼ完了したと思われる一九〇一年末での「船名録」を取り上げ、そこに記載された船主を検討する。

そのうち本書では、地方有力資産家の経営展開を分析対象とし、法人ではなく個人船主を検討する必要があるが、個人船主は多様な船種・多様な船体規模を組み合わせて所有していた。表序-3をみよう。西洋型船舶と和船を組み合わせる一応の目安として登簿トン数五〇トン（およその換算積石数五〇〇石）を置き、それ以上の登簿船を汽船・西洋型船舶・和船併せて四隻以上所有したものを主要個人船主として挙げた。したがってこの表には、登簿トン数五〇トン（積石数五〇〇石）を下回る小型船を多数所有したものや、巨大船を所有したが、それらが三隻以下の船主は出てこない。ただし西洋型帆船で二〇〇トンを越える船や和船で一、五〇〇石を越える船はほとんどなく、汽船については所有汽船の延トン数が二、〇〇〇トン以上の個人船主で表序-3に出てこなかった船主は表注に付記した。

表序-3をみると東京・大阪に主要船籍を置く個人船主がほとんどいなかったことに気づく。むろん緒明菊三郎や尼崎伊三郎のように大海運会社に匹敵するほど多数の汽船を所有し、回漕業を専業で行った船主は品川・大阪に拠点を置いたが、それ以外の個人船主で回漕業を専業で行った船主は少なく、店舗をもって商業を兼業したか、北前船主のように買積経営を行ったものが多かった。そして汽船のみを所有した個人船主は少なく、右近権左衛門・廣海二三郎・大家七平のように北前船主から汽船経営に展開したものも、依然として西洋型帆船（改良和船）や和船を所有していた。右近・廣海・大家ともに一八九〇年代から汽船を所有し、その時点では汽船の船籍を東京・大阪・神戸に置いた。[52] その後、彼らは所有汽船の大型化を図りつつ、同時に所有和船の改良や西洋型帆船の購入も進め、一九〇一年

表序-3　1901年末の主要個人船主一覧

船　主	主要船籍	汽船	帆船	和船	換算トン	本　業	船　主	主要船籍	汽船	帆船	和船	換算トン	本　業
緒明菊三郎	武蔵品川	9	0	0	7,179	回漕業	橋本庄次郎	土佐三里	0	4	0	454	紙　商
右近権左衛門	敦　賀	4	1	1	5,434	北前船主	東茂七	紀伊長島	0	4	0	453	材木商
廣海二三郎	敦　賀	3	7	0	4,939	北前船主	福井福太郎	筑後大牟田	0	5	0	446	醬油醸造業
尼崎伊三郎	大　阪	23	0	0	3,626	回漕業	森澤潤相	土佐三里	0	4	0	440	運送業
大家七平	敦　賀	2	5	0	3,233	北前船主	原剛一	肥前西山代	0	6	0	438	
中村三之丞	敦　賀	0	5	1	1,344	北前船主	田代三吉	新　潟	0	5	0	435	海産物商
原田十次郎	大　阪	3	1	0	1,244	造船業	真野房蔵	駿河揚原	0	4	0	430	運送業
奥藤研造	播磨坂越	0	6	0	1,120	酒造業	小西助七	備後尾道	0	4	0	427	米塩肥料石炭商
山本久右衛門	渡島福山	1	1	2	1,109	漁　業	永井正三郎	加賀美川	0	1	4	418	北前船主
西村忠左衛門	能登一の宮	0	3	4	905	北前船主	藤田常作	敦　賀	0	3	1	417	漁　業
浜田又平	筑後大牟田	0	11	0	857		久保彦兵衛	敦　賀	0	2	2	407	北前船主
臼井鹿太郎	土佐三里	0	6	0	833	米穀商	坂本金弥	備前日比	0	4	0	397	
村山金十郎	函　館	0	5	0	813	呉服太物商	五百井長平	神　戸	0	4	0	391	貿易商
野口忠太郎	筑後大牟田	0	9	0	809	船舶業	小阪七右衛門	越前三国	0	4	0	387	運送業
緒方武平	伊予興居島	0	5	0	728		中村佐市	筑前若松	0	5	0	382	
藤山要吉	小　樽	4	0	0	722	廻船問屋	中西七太郎	備前下津井	0	2	2	380	炭鉱業兼肥料商
田中寅松	伊豆浜崎	0	5	0	687	運送業	熊田源太郎	加賀湊	0	3	1	378	北前船主
小松龍太郎	土佐三里	0	5	0	664	石灰製造業	三山近六	肥前時津	5	0	0	376	呉服太物商
横山久太郎	陸中釜石	0	4	0	661	呉服太物商	千葉伊三郎	阿波撫養	0	3	1	350	
西出孫左衛門	函　館	2	2	1	657	北前船主	宮城彦次郎	越中東岩瀬	0	1	4	349	北前船主
臼井ミチ	相模浦賀	0	3	1	654		石崎兵太郎	伊予三津浜	0	4	0	337	紡績糸商
板谷吉左衛門	敦　賀	0	4	0	615	北前船主	恣田清三郎	神　戸	1	4	0	332	
堀内調右衛門	安芸瀬戸田	0	5	0	604	塩　商	黒田亥之助	筑後大牟田	0	4	0	332	船舶業
酒谷長平	函　館	0	4	0	574	北前船主	馬越幸助	長　崎	0	4	0	312	貿易商
森正太郎	越中東岩瀬	1	2	2	573	北前船主	渡辺市兵衛	大　阪	0	4	0	306	株式仲買商
能登善吉	函　館	4	0	0	563	回漕業	長浜仁平	安芸大崎中野	0	4	0	302	
土屋伝兵衛	伊豆浜崎	0	4	0	533	運送業	古賀祐一	長　崎	0	3	1	287	
丹保佐吉郎	渡島福山	0	5	0	520	北前船主	小熊幸吉	函　館	0	3	1	277	北前船主
山崎喜平治	肥前佐々	0	4	0	511		城賀本幾太郎	伊予関前	0	5	0	270	
服部半左衛門	函　館	5	0	0	503	海産物商	小林只之助	安芸大崎中野	0	4	0	264	醬油・酒造業
西元彦左衛門	周防和田	0	5	0	498		原田新蔵	筑後大牟田	0	4	0	264	船舶業
片桐寅吉	新　潟	0	5	1	495	荒物商	浜松与八郎	越中石田	0	0	4	253	
入交栄治	土佐三里	0	5	0	481	石灰製造業	宮崎元吉	越中石田	0	0	4	246	
弓場定松	備後土生	0	2	4	471		岡本宮平	安芸大崎中野	0	4	0	243	醬油醸造業
竹村仁平	尾張常滑	0	3	1	466	米肥陶器商	土屋大次郎	相模真鶴	0	3	1	222	土木請負業

出所）明治35年「日本船名録」（国立公文書館蔵）より作成。

注記）「日本船名録」の登簿船で，登簿トン数50トン以上の汽船もしくは西洋型帆船および積石数500石以上の和船を船主別に集計し，合計で4隻以上所有していた個人船主について，その所有船数と集計換算トン数を示した。主要船籍欄は，各船主の個々の船の船籍（市町村）で最も多かった場所を示し，開港場以外は所在地名にその場所の旧国名を補った。帆船欄は西洋型帆船所有隻数。換算トン欄は和船10石＝1トンで換算した合計登簿トン数を示した。本業欄は，その家の史料で判明するものはそれを示し，それ以外は，明治31年版もしくは明治40・41年版『日本全国商工人名録』に記載された業種を示した。日本海航路で買積経営を行うことを本業とした家は北前船主とした。なお，この表に出てこないが，以下の個人船主は所有汽船の延トン数が2,000トン以上である（括弧内は，船籍，所有汽船数，延トン数）。岸本五兵衛（敦賀，3隻，3,442トン），山本とし（大阪，2隻，2,811トン），南嶋間作（越中新湊，2隻，2,390トン），牧野惟雄（神戸，2隻，2,163トン），尾城満友（相模浦賀，1隻，2,137トン）。

末では、所有汽船・帆船ともに主要船籍を敦賀に置くに至った。つまり彼らは緒明や尼崎のような道を選ばずに、社船三社による定期航路網の整備を受けて、太平洋沿岸航路から撤退し、多様な船種（輸送形態）を組み合わせて日本海航路で活動する道を選んだと言える。

こうした北前船主による所有船の多様化は、西出孫左衛門や森正太郎にもみられ、近世来の海運業者の海運近代化への対応の一つのタイプを示すに至った。むろん近世来の北前船主の中で汽船船主へ展開できたのはごく一部で、多くは和船の改良化に止まったが、全体として西洋型帆船・和船の主要個人船主のかなりの部分を北前船主が占め、近世後期から近代前期にかけての海運の担い手の連続性がある程度みられた。

一方、もともと本業の商業で扱った自己荷物を輸送するために主に西洋型帆船（改良和船）を所有するに至ったタイプをもう一つ想定し得る。その場合の本業として、米穀商・海産物商・呉服太物商のような商家が比較的多かったが、製造業から船主へ展開したタイプとして酒造・醤油・石灰製造業者の船主化が多くみられた。酒・醤油・石灰は重量品の割には価格が安く、汽船運賃積で運んだ場合輸送コストが高くつくため[53]、固定資本が比較的安くて安全性もある程度あった西洋型帆船（改良和船）を所有して自己荷物輸送を行うに至ったと考えられる。これら船主化した酒造・醤油・石灰製造業者はいずれもそれぞれの業界の主要産地から外れた地域におり[54]、主要産地でまとまった量の輸送品が確保できた地域では、産地関係者がまとまって汽船会社を設立して輸送することが指向されたが[55]、主要産地ではなかった地域では、製造業者が個々に船を所有して対応した。

なお西洋型帆船所有者にも、野口忠太郎・田中寅松・土屋伝兵衛・森澤潤相・真野房蔵・小阪七右衛門・黒田亥之助・原田新蔵のように回漕業を専門に行った船主がみられたが、伊豆国（現静岡県東部）浜崎・土佐国（現高知県）三里《みさと》・筑後国（現福岡県南部）大牟田といった限られた地域に集中しており、浜崎・三里はいずれも一九〇一年末では鉄道が未開通なため地域内の海運が盛んであり[56]、大牟田は後背地に大炭鉱地帯をひかえ、いずれもまとまった量の輸送品が確保できたため回漕業を専業で行う船主が多くみられたのであろう。

表序-3では、登簿トン数五〇トン（積石数五〇〇石）で線引きをしたため、西洋型帆船に関してはかなり把握できたものの、和船に関してはあまり把握できなかった。そこで和船の主要船主を表序-4で挙げた。この表で、一九〇一年末の「船名録」に収録された和船（台湾に船籍のあるものを除く）一、三五五隻を船主別に集計して、所有和船の延積石数が一、五〇〇石以上もしくは和船三隻以上所有した個人船主を挙げた。表序-4でも、北陸地方に船籍を置く船主が多かったが、表序-3で多くみられた敦賀ではなく、越中国の東岩瀬・水橋・石田といった特定の地域に集中していた。富山県の富山から新潟県の直江津までは一九〇〇年代は鉄道が開通しておらず、その間の富山県東部の沿岸では地廻りの和船輸送が活発であった[57]。そのためこの地域に和船船主が集中してみられた。

表序-4では、東京・横浜・名古屋に船籍を置く和船船主も多くみられた。彼らの所有船はいずれも三〇〇石積以下と比較的小型で、東京湾内や伊勢湾内の近距離輸送を担ったと考えられる。なかには日比安左衛門のように一〇隻を所有して貸船業を営むものもいた。

主要和船船主の本業をみると、表序-3と同様に商業が多かったが、特に材木商が多く、酒・醤油・石灰の場合と同様に運賃コスト低減のための重量品の自己輸送という側面がみられた。そのため材木の産地であった紀伊国や日向国（現宮崎県）に和船船主が輩出していた[58]。その一方越中国では近世後期から買積形態の和船による米穀・肥料取引が盛んで[59]、この時点の和船船主も廻船問屋や米穀肥料商が多かった。

このように海運の担い手については、特に北前船主の和船改良化＝西洋型帆船の所有という形で、西洋型帆船・和船のレベルで近世後期と近代前期の連続性がみられた。しかも北前船主には、汽船と帆船を併用したものも多く、汽船船主として大成しつつも帆船経営も継続して行った。こうした多様な展開をとげた帆船船主の多くが商業（あるいは製造業）を兼業し、帆船による自己荷物輸送の傾向は二〇世紀初頭でもかなり根強かったと思われる。北前船主の

表序-4 1901年末の主要和船船主一覧

船　主	主要船籍	大	小	延石数	本　業	船　主	主要船籍	大	小	延石数	本　業
西村忠左衛門	能登一の宮	4	0	4,745	北前船主	邑井喜良久	越中新湊	2	0	1,576	北前船主
橋本利助	越前三国	2	0	3,074	酒造業	松江武二郎	紀伊新宮	1	1	1,573	材木商
浜松与八郎	越中石田	4	1	3,018		今井庄兵衛	大　阪	2	1	1,571	船舶売買兼船具商
弓場定松	備後土生	4	0	2,979		鈴木房之助	播磨坂越	1	0	1,571	
日比安左衛門	東　京	0	10	2,938	貸船業	中西七太郎	備前下津井	2	0	1,567	炭鉱業兼肥料商
宮城彦次郎	越中東岩瀬	4	1	2,836	北前船主	鈴木庄三	東　京	0	4	1,565	
永井正三郎	加賀美川	4	0	2,777	北前船主	植松新十郎	紀伊新宮	2	2	1,558	材木商
宮崎元吉	越中石田	4	0	2,459		松浦袈裟治	日向岩脇	2	1	1,556	木炭材木商
山口利兵衛	神　戸	2	2	2,223	材木問屋	石金長四郎	越中西水橋	1	2	1,535	米穀商
谷仲吉	日向東海	3	0	2,185	材木商	河野留作	備後大浜	2	0	1,530	
浜松与三左衛門	越中石田	3	0	2,113		高川定十郎	播磨坂越	1	0	1,512	
宮下仙五郎	但馬口々津	3	0	2,112	北前船主	相澤勘次郎	越中東水橋	1	2	1,483	米穀肥料商
山本久右衛門	渡島福山	2	0	2,042	漁　業	古川林蔵	名古屋	1	2	1,476	運送業
廣瀬三郎	加賀上金石	1	2	1,839	材木卸商	高木七五郎	横　浜	0	5	1,363	回漕業
佐渡伝二	越中東岩瀬	3	0	1,836	廻船問屋	三原武三郎	大　阪	0	3	1,351	
太宰熊太郎	横　浜	0	6	1,827		西部伊三郎	東　京	0	5	1,344	
磯部久松	尾張大井	3	0	1,814		今寺正造	東　京	0	5	1,331	
瀬戸又七	加賀安宅	2	0	1,810	船荷卸商	宮崎栄吉	越中石田	0	3	1,326	
糸井勘助	丹後宮津	2	1	1,791	北前船主	村山捨吉	横　浜	0	4	1,098	石炭商
井上市四郎	摂津津守	3	0	1,789	材木商兼炭問屋	星野元五郎	横　浜	0	4	1,016	回漕業
麓政太郎	備後大浜	2	0	1,774		吉田喜七	名古屋	0	3	980	材木商
山本平作	東　京	0	6	1,773		鈴木勘助	名古屋	0	3	944	材木商
米田サト	越中東岩瀬	2	1	1,756	廻船問屋	井田一平	東　京	0	4	876	米穀問屋兼肥料商
三本六右衛門	紀伊日置	1	2	1,706		鈴木きせ	東　京	0	3	854	
角川与三右衛門	越中東岩瀬	3	0	1,660	米穀肥料商	田野元次郎	東　京	0	3	818	
小川直太郎	播磨坂越	1	0	1,660		星野昇治	横　浜	0	3	816	
板倉松右衛門	越中石田	2	0	1,640	船荷卸商	鈴木みつ	名古屋	0	3	786	
臼井ミチ	相模浦賀	1	0	1,630		中島弥惣	千　葉	0	3	754	
小島藤蔵	新　潟	2	1	1,617	回漕業	渡辺権太郎	東　京	0	3	704	
佐藤与三松	越中東岩瀬	2	1	1,584	廻船問屋	鈴木幸治郎	東　京	0	3	682	運搬業

出所）明治35年「日本船名録」（国立公文書館蔵）より作成。

注記）主要和船船主として，所有登簿和船延積石数が1,500石以上もしくは登簿和船3隻以上所有した個人船主について和船部分のみを集計して示した。主要船籍欄は，各船主の個々の船の船籍（市町村）で最も多かった場所を示し，府県庁所在地以外の地名に旧国名を補った。大は積石数500石以上の所有船数，小は積石数500石未満の所有船数。本業欄は，その家の史料で判明するものはそれを示し，それ以外は明治31年版もしくは明治40・41年版『日本全国商工人名録』に記載された業種を示した。日本海航路で買積経営を行うことを本業とした家は北前船主とした。

ようなもともとの買積船主は別として、帆船船主の多くが兼業していた商業や製造業は、米穀・魚肥・酒・醤油・石灰・木材等価格の割には重い貨物を対象とし、汽船で運ぶ運賃コストが割高であったため、これらを扱う商人・製造業者にとって帆船による自己荷物輸送には経済的合理性が存在していたと言える。

(3) 商品流通範囲の拡大

続いて北前船主の活動に密接に関連する西廻り航路での商品流通を概観する。日本海海運に関する総合的な共同研究の成果が一九六七（昭和四二）年に刊行され[60]、それ以後、日本海沿岸各地の商品流通に関する研究が進められた。

小村弌は、越後国（現新潟県）出雲崎の廻船問屋の幕末・維新期の「客船帳」を分析し、出雲崎には塩・砂糖・魚類・鉄・織物・蠟・綿・紙類など多様な商品が移入されたことを解明した[61]。そして上村雅洋は、石見国銀山領と越後国の城米輸送を分析し、幕末期に山陰・北陸地方の中規模廻船が石見国銀山領の城米輸送の担い手として登場したこと、越後国の城米輸送は、津軽海峡から太平洋へ出て江戸に至る東廻り航路では東国の廻船が、下関から瀬戸内海に入って大坂へ至る西廻り航路では大坂・瀬戸内の廻船が担い手となったことを示した[62]。また、中西聡が、新潟県出雲崎・島根県浜田・広島県鞆《とも》の廻船問屋の「客船帳」や商取引関係帳簿を分析して西廻り航路の担い手の変化を論じ[63]、斎藤善之は新潟県岩船港の「出入港記録」を分析し、新潟から酒田・加茂地域を範囲とする地域市場圏の存在を指摘して日本海海運市場の重層性を主張した[64]。北海道と日本海沿岸との交易では、榎森進が、北海道に進出した近江商人に雇われた荷所船主が、一八世紀末に近江商人から自立して買積経営を行った過程を解明し[65]、和泉清司は、北海道―東北地方間の商品流通の様相を分析し、近世期の北海道へ奥羽地方から飯米が移入されていたことを示した[66]。

これらの先行研究により、近世後期から維新期の西廻り航路では、北海道と瀬戸内・畿内を結ぶ北海道産物の流れに加え、瀬戸内産の塩・砂糖、山陰地方産の紙・蠟・鉄・綿、北陸・出羽地方産の米など、西廻り航路沿いの多様な特産物の交易が盛んに行われたことが解明された。それを踏まえて、西廻り航路での主要輸送品のうち、米・肥料・綿・木綿類・塩・砂糖・蠟について、物流の全体像がある程度把握できる一八八〇（明治一三）年前後と一九〇六年前後の二時点の流通範囲・流通経路の動向を確認する。表序-5をみよう。一八八〇年前後は物流の大部分が海運によっており、主要港湾の移出入額で全体像を把握する。

まず米を検討する。近世期の諸藩・幕府の三都への廻米体制が、一八七一年の廃藩置県とともに崩れ、さらに地租改正で租税が物納から金納に一本化されたため、米の商品化が米の各産地で行われ、地域的米穀市場が発達した。(67)その結果、北海道・東海地方・赤間関（下関）・撫養など三都以外にも米が集散され、それら地域での商品生産の飯米需要に対応した。米の移出も各港湾から満遍なくみられ、近世期のような集権的な廻米の様相はかげを潜めた。

肥料の移出は、北海道がかなり多く、ほぼ全てが北海道以外の地域に運ばれたが、表序-5から明らかなように、運ばれたのは大阪・兵庫および瀬戸内・東海・北陸地方に限られていた。瀬戸内・東海地方では主に農業商品作物へ、北陸地方は主に米作への肥料供給として行われた。ただし東海地方への移入は、北海道から直接ではなく大阪・兵庫を経由しており、基本的には北海道から日本海海運でまず北陸・瀬戸内・畿内に運ばれるという近世後期の物流構造をそのまま踏襲していた。また北海道産魚肥は、東北・関東・九州地方へほとんど流入しておらず、肥料市場の地域分断性は色濃く残っていた。

綿関係として、史料では一八八〇年前後の綿糸流通があまり多くないので、表序-5では繰綿を主に取り上げた。一八八〇年前後では東海・畿内・山陽地方や境が綿の主要移出地であり、東北・北陸・九州地方が主要移入地であった。これら綿の移出地は同時に木綿産地でもあり、また九州地方での綿の移入は、久留米など一八七〇・八〇年代に急発展した木綿産地への綿供給が背景にあり、(68)東北地方での綿の移入は、主に農家の綿布自家生産の原料用であったと考えられる。全体として九州地方での綿の移入を除き、基本的には近世後期の綿流通の様相をそのまま踏襲してお

表序-5　1880年前後の日本海航路主要輸送品港湾移出入額一覧

（単位：千円）

港湾名	道府県	年	米		肥料		綿		木綿類		塩		砂糖		蠟	
			移出	移入	移出	移入	移出	移入	移出	移入	移出	移入	移出	移入	移出	移入
小樽・函館	北海道	1879	21	1,080	1,027	21	4	52	101	1,097	13	126	11	76	2	28
青　森	青　森	1879	185	4	3	0		32		82		21		47	0	3
野辺地	青　森	1879		25	21		1	2	1	67		8		3		1
鮫・湊	青　森	1879	1		91	0		4	1	336				23		1
石巻・寒風沢	宮　城	1879	1,374		22	6		235	0	1,514[1]		19		168		35
土　崎	秋　田	1879	688		52	1		97		70		140		67		76
酒　田	山　形	1879	650					78		23		51		22		2
新　潟	新　潟	1879	2,132		3	5		127	1	282	1	137		235	6	77
直江津	新　潟	1879	330		4			12	3	31		84	1	25	0	31
伏　木	富　山	1878	995	48	65	490	87	348	87	52	13	35	14	123	14	73
七　尾	石　川	1878	171	215	31	59	19	30	11	36	11	22	18	40	5	11
阪井・敦賀	福　井	1878	201	4		196		5				47		55	13	32
神奈川・浦賀	神奈川	1880	23	1,039							170	440		26		
清　水	静　岡	1880	17	60	3	55	4	4	54[2]	283[2]	62	73	136	103		4
半田・大浜	愛　知	1882	1,585	1,815	487	512	656	226	1,595	116			29	64		
納屋河岸	愛　知	1882	42	168	60	431	72		209	170		46	70	561		
桑名・四日市	三　重	1879	5,288	6,286	215	404	22	24	1,848	1,602	22	35	368	382		2
和歌山・大崎	和歌山	1882	94	106	75	96			94					13	10	1
堺・岸和田	大　阪	1882		351	33	117	348	334	170			26				
兵　庫	兵　庫	1882	3,762	4,037	1,364	1,580	54	73		174			14	65		11
飾　磨	兵　庫	1879	76		147	318	10			202		6		12	1	
岡山・玉島	岡　山	1879	50	26	13	505	116	9	54	8	2	0	9	27	9	18
尾道・広島	広　島	1879	194	929		475	121		221	671	129	26	16	177	7	164
赤間関	山　口	1880	1,755	2,135	388	388					110	37	112	139	423	441
撫　養	徳　島	1879		1,083		1,643					179		136			
坂　出	香　川	1879	106			201	46				250		582			0
境	鳥　取	1878	239	302		306	195		200			6				
出雲国諸港	島　根	1882	38	27	88	83	20	13	12	37	11	22	12	30	5	
若　津	福　岡	1879	717	241		171	77	299		7	103	112	16	18	81	23
長　崎	長　崎	1879	20	291	15		14	10	18	5	0	1	95	20	14	3
熊本県諸港	熊　本	1881	762	45	3	0	0	70	28	698	6	26	16	24	81	0
鹿児島県諸港	鹿児島	1881	379		13		2	111		1,161	4	34	105	87	11	0

出所）大蔵省編『開拓使事業報告』第3編，1885年，復刻版北海道出版企画センター，1983年，「二府四県采覧報文」・「東北諸港報告書」（商品流通史研究会編『近代日本商品流通史資料』第1巻，日本経済評論社，1979年），「西南諸港報告書」（前掲『近代日本商品流通史資料』第2巻，1979年），前掲『近代日本商品流通史資料』第3・4巻（府県統計書1・2），1979年，より作成。

注記）1880年前後の国内諸港との品目別移出入額が判明する主要港湾について，当時日本海航路で輸送されていた主要品目の移出入額を示した。1879年を基点とし，79年が不明の港は78年か80年，それも不明の港は81年か82年を示した。数値は100円の位を四捨五入し，表中の0円は500円未満を示す。空欄は数値が資料に記載されていない場合。道府県は現在の道府県区分で示した。小樽・函館港の移出入額は，道外の諸港との移出入額で道内諸港との移出入分は除く。綿は，繰綿・実綿・大判綿・篠巻綿など，木綿類は，木綿・金巾・反物・太物・古着・古手など，砂糖は，白砂糖・黒砂糖・玉砂糖・太白・焚込・唐砂糖など，蠟は，生蠟・晒蠟・蠟燭などを集計した。

注1）呉服を含むためやや過大な数値となっている。2）織物としての数値。

り、綿関係品の物流が大きく変容したのは、木綿産地間の競争により産地の盛衰がかなり明確になった一八八〇年代後半以降と考えられる[69]。

塩は、近世期から瀬戸内地方が圧倒的な産地で、一八八〇年前後でもやはり瀬戸内地方が圧倒的な産地であり、表序-5によると瀬戸内地方産の塩が北海道・関東・北陸・九州へ主に運ばれた。ただし同じ瀬戸内地方でも産地により塩の品質に違いがあり、兵庫県赤穂や徳島県の塩が主に関東地方へ、広島県東部の塩が主に北陸地方へ、広島県西部と山口県の塩が主に北海道・東北地方へと、産地とその移出先がかなり固定的であった。塩の隔地間流通は一八八〇年代までは、主に船主が積荷の商業（売買）活動も行う買積形態の廻船に担われ、廻船集団ごとの単線ルートの複合体にすぎず、地域分断性が色濃く残っていた。ただし一八八〇年代後半から、産地塩問屋が直接消費地問屋と契約して海運業者（特に汽船船主）が輸送のみを担う運賃積輸送を利用するに至り、産地から販路拡大の動きが生じた[70]。

砂糖は、近世期から讃岐国が産地であったが、幕末開港により砂糖輸入が増大したため、輸入糖と国産糖の競争状況にあった[71]。ただし、輸入砂糖は主に横浜港に輸入されたため、砂糖の移入港は本州各地に満遍なく分布していたが、太平洋岸の諸港は横浜から転送される輸入砂糖が、日本海岸の諸港へは香川県から主に北前船で運ばれた国産糖が移入されたと考えられる。実際、表序-5の出所資料に記載された砂糖の種類では、日本海沿岸諸港では白砂糖が多く、唐砂糖（輸入砂糖）はほとんどみられなかった。

蠟は、九州が産地で九州から移出された蠟がいったん下関に移入され、そこで北前船に販売されて、北前船によって北陸・北海道へ運ばれたと考えられる。詳しい流通経路は不明だが、近代前期も明かり取りのために蠟燭は重要で、北陸地域には満遍なく移入されていた。ただし、内容は生蠟が多く、消費地で蠟燭に加工されたと考えられる。

次に一九〇六年前後の各商品の流通状況を確認する[72]。一九〇六年以降日本全国の港湾統計がまとめられ、表序-6・7で、〇六年時点の各商品の移出入額の上位港湾を示した。なお、日本海海運での綿の重要性は低下し、綿糸が織物業の原料移入として重要となったため、綿糸を取り上げ、砂糖も輸入糖との競争に押されて重要性は低下し、蠟も明かり取りとしての重要性が低下したため、同時点では、米・肥料・綿糸・塩の四商品を取り上げる。

表序-6をみよう。移出額も移入額も多い港湾を中継港とすると、米では、主要移出港が伏木・三津浜・新潟・三角《み》《すみ》、主要中継港が下関・四日市・境・函館、主要移入港が東京・横浜・小樽と宮城県諸港（荻浜《おぎのはま》・塩釜・石巻）であった。大阪・神戸港は統計上では不明だが、他の港湾の仕向地から判断して主要な米移入港であった。主要移出港のうち伏木・新潟・三角はそれぞれ後背地が主要米作地帯であり、伏木から主に北海道・東北（日本海沿岸）、三角から主に香川県・神戸・下関・東京・長崎へ移出され、三津浜からは広島県や神戸・大阪へ移出された。中継港のうち下関では、山口県や九州から移入された米が東京・大阪へ移出され、四日市では愛知県や台湾から移入された米が東京・横浜へ移出され、境では地元島根県東部から集荷された米が神戸・大阪と北海道へ移出され、函館では日本海沿岸主要港から移入された米が北海道各地へ移出された。

主要移入港のうち東京に三角と四日市、横浜に四日市、小樽に日本海沿岸主要港から米が移入され、宮城県諸港には主に東京・横浜から特に外国米が移入された。一九〇六年頃は鉄道網もかなり整備され、〇四年時点の鉄道での比較的大きな輸送をそれに組み合わせると、(73) 伏木・三津浜に鉄道で近在から米が集荷され、直江津に移入された米が鉄道で長野県に運ばれ、宮城県産米が東京、福岡・佐賀・熊本県産米が門司へそれぞれ鉄道で運ばれた。

一八八〇年前後から米穀市場は地域分断性を克服していたが、一九〇六年前後になると外国米の輸入が国内米の遠隔地市場への移出を促進し、工業地帯の形成や開拓の進展で米穀消費が拡大した関東・関西・北海道市場の地位がさらに強まった。すなわち宮城県に海運で東京・横浜から大量に外国米が移入され、かわりに鉄道で宮城県産米が大量に関東に移出、徳島へも神戸から大量に外国米が移入され、かわりに徳島県産米が大量に大阪・神戸へ移出された。そして土崎・新潟へ神戸から大量に外国米が移入され、それら両港から北海道へ秋田・新潟県産米が移出された。

表序-6　1906年の主要港湾米・肥料移出入額一覧

（単位：千円）

港湾	道府県	米移出	港湾	道府県	米移入	港湾	道府県	肥料移出	港湾	道府県	肥料移入
伏木	富山	5,668	横浜	神奈川	8,793	函館	北海道	4,363	四日市	三重	3,806
下関	山口	5,615	小樽	北海道	7,842	小樽	北海道	3,534	函館	北海道	3,534
四日市	三重	5,555	下関	山口	6,551	別府	兵庫	3,399	玉島	岡山	3,040
境	鳥取	4,794	函館	北海道	5,337	四日市	三重	1,714	徳島	徳島	2,200
三津浜	愛媛	4,668	三角	熊本	4,402	三角	熊本	1,667	小樽	北海道	2,060
新潟	新潟	3,901	境	鳥取	4,371	下関	山口	1,619	敦賀	福井	1,935
三角	熊本	3,714	大船渡	岩手	1,914	三島	愛媛	1,325	三角	熊本	1,586
函館	北海道	3,035	徳島	徳島	1,892	半田	愛知	1,230	下関	山口	1,584
鹿児島	鹿児島	2,492	四日市	三重	1,507	糸崎	広島	918	鹿児島	鹿児島	1,584
西宮	兵庫	2,385	直江津	新潟	1,493	根室	北海道	638	直江津	新潟	1,432
酒田	山形	2,312	荻浜	宮城	1,352	長崎	長崎	536	宇多津	香川	1,262
若津	福岡	2,253	塩釜	宮城	1,337	浜益	北海道	441	半田	愛知	1,205
明石	兵庫	1,935	石巻	宮城	1,272	寿都	北海道	438	福島三蟠	岡山	975
小樽	北海道	1,934	若津	福岡	1,219	岩内	北海道	422	尾道	広島	817
横浜	神奈川	1,530	呉	広島	968	香深	北海道	353	津	三重	740
赤江	宮崎	1,519	須崎	高知	960	霧多布	北海道	334	三津浜	愛媛	706
諸富	佐賀	1,436	舞鶴	京都	908	小串	岡山	320	柳井	山口	670
徳島	徳島	1,400	釧路	北海道	904	亀崎	愛知	313	東水橋	富山	662
西大寺	岡山	1,076	浦戸	高知	900	苫前	北海道	309	高須	鹿児島	544
安来	島根	1,046	根室	北海道	813	尼崎	兵庫	308	多度津	香川	539
大分	大分	1,030	土崎	秋田	791	美国	北海道	302	豊橋	愛知	470
青森	青森	884	松江	島根	790	留萌	北海道	282	高砂	兵庫	464
九蟠	岡山	846	三島	愛媛	784	鬼脇	北海道	280	東岩瀬	富山	460
臼杵	大分	840	浦賀	神奈川	743	新川	愛知	263	伏木	富山	403
島原	長崎	760	江差	北海道	728	余市	北海道	243	清水	静岡	392
長洲	大分	756	門司	福岡	689	塩津	和歌山	230	新湊	富山	340
松江	島根	745	室蘭	北海道	664	尾道	広島	221	笠岡	岡山	324
土崎	秋田	742	岩内	北海道	644	鷲津	静岡	214	郡中	愛媛	304
魚津	富山	737	長崎	長崎	633	下津井	岡山	190	有田	和歌山	293
米子	鳥取	711	佐世保	長崎	619	境	鳥取	190	大崎	和歌山	288

出所）明治39年「日本帝国港湾統計」（前掲『近代日本商品流通史資料』第9巻，1978年）より作成。

注記）明治39年「日本帝国港湾統計」に記載されている港湾の国内諸港との移出入額でそれぞれ多い30港湾を示した。東京・大阪・神戸港の記載はなかったが，東京港については数量のみ記載があり，穀類移出58,406トン，穀類移入288,502トン，肥料移出28,498トン，肥料移入103,037トンであった。福島三蟠は，隣接していた福島港と三蟠港の合計で，両港間の移出入額を除いて示した。

肥料では、主要移出港は、北海道産魚肥を移出した北海道諸港と多木製肥所産の人造肥料を移出した別府《べふ》であった。主要中継港に四日市・三角・下関が挙げられ、主要移入港は、東京・玉島・徳島・敦賀・鹿児島・直江津・宇多津・半田と、他の港湾の仕向地から判断した大阪・神戸であった。北海道産魚肥は、従来の北陸・瀬戸内地方や大阪・神戸に加え、東海地方へも直接北海道から移入されるようになり、直江津や和歌山県諸港などにも移入され、特に直江津から鉄道で長野県など内陸部まで運ばれ、消費市場が広がった。

一方、一八七九年時点で北海道産魚肥の主要移入地であった徳島県へ、北海道ではなく大阪・神戸から肥料が移入され、これらは人造肥料か中国東北部から神戸に輸入された大豆粕肥料が中心であったと考えられる。また下関に大量に移入された大豆粕が九州・中国地方に移出、三角でも大阪から移入された大豆粕が熊本・福岡県諸港へ移出され、四国・中国・北九州地方では肥料として大豆粕が主に利用された。東京では一九〇〇年代以降過燐酸石灰肥料の製造も大規模に行われ、それらは北海道産魚肥があまり利用されなかった北関東地方で主に利用された。こうして一八八〇年前後には、北海道産魚肥が大部分を占め、地域分断性を強く残した商品肥料市場は、一九〇六年前後になると北海道産魚肥に加え、人造肥料・大豆粕が国内各地で利用され、肥料全体として満遍なく消費市場が広がった(74)。

表序-7をみよう。綿関係では、棉花―綿糸―綿布関連の中核を担う綿糸流通の動向を確認する。綿糸の主要移出入港には、紡績会社のあった地域の港が主要移出港、織物産地を後背地に控える港が主要移入港として並んだ。それらは必ずしも直接に結び付いておらず、大君《おおきみ》・坂出は大阪・神戸、尼崎・川之石は大阪、四日市は東京、岸和田・洲本・西宮は神戸、半田は東京・大阪・神戸・横浜、西大寺は三蟠《さんばん》が主要移出先であり、今治・西条・三津浜・鹿児島は大阪、徳島は大阪・中国・九州、大浜は大阪・名古屋・横浜・四日市、大野は桑名・名古屋、三蟠は西大寺、四日市は名古屋・大阪、半田は東京・大阪・神戸・横浜が主要移入先であった。この動向は紡績会社の原料棉花の流通とも関わり、四日市は横浜から棉花を移入して東京へ綿糸を移出、洲本は神戸から繰綿を移入して神戸へ綿糸を移出、

表序-7　1906年の主要港湾綿糸・塩移出入額一覧

（単位：千円）

港湾	府県	綿糸移出	港湾	府県	綿糸移入	港湾	道府県	塩移出	港湾	道府県	塩移入
大君	広島	6,626	新潟	新潟	4,191	撫養	徳島	1,009	函館	北海道	1,262
尼崎	兵庫	3,843	今治	愛媛	2,680	函館	北海道	715	唐津東	佐賀	1,224
四日市	三重	2,693	徳島	徳島	1,435	新浜	兵庫	625	曾根	兵庫	753
岸和田	大阪	2,150	西条	愛媛	1,028	坂出	香川	600	新潟	新潟	708
半田	愛知	1,414	大浜	愛知	1,000	塩屋	兵庫	500	直江津	新潟	532
洲本	兵庫	1,204	大野	愛知	729	竹原	広島	470	小樽	北海道	438
坂出	香川	1,091	三津浜	愛媛	684	日比	岡山	445	豊橋	愛知	354
川之石	愛媛	947	福島三蟠	岡山	644	曾根	兵庫	418	若津	福岡	350
西宮	兵庫	844	四日市	三重	456	西浦	山口	393	能代	秋田	315
西大寺	岡山	644	半田	愛知	423	味野	岡山	347	酒田	山形	302
味野	岡山	638	浦戸	高知	417	若津	福岡	321	土崎	秋田	293
大浜	愛知	625	鹿児島	鹿児島	363	下松	山口	319	八代	熊本	253
堺	大阪	416	三島	愛媛	355	糸崎	広島	316	船形那古	千葉	240
名古屋	愛知	325	田ノ口	岡山	354	多喜浜	愛媛	310	八幡浜	愛媛	239
三島	愛媛	260	常滑	愛知	325	木場	兵庫	300	竹原	広島	217
中津	大分	216	唐津東	佐賀	300	宇多津	香川	286	北條館山	千葉	200
伏木	富山	161	岸ノ下	山口	284	水揚	山口	274	東岩瀬	富山	195
徳島	徳島	122	直江津	新潟	275	小樽	北海道	253	羽口	岡山	192
八幡浜	愛媛	104	宇和島	愛媛	228	半田	愛知	250	浦賀	神奈川	184
境	鳥取	88	川之江	愛媛	228 1)	宇野	岡山	209	堺	大阪	179

出所）前掲明治39年「日本帝国港湾統計」より作成。

注記）明治39年「日本帝国港湾統計」に記載されている港湾の国内諸港との移出入額で多い20港湾を示した。東京・大阪・神戸港の記載はなかったが，東京港については数量のみ記載があり，綿糸移出1,952トン，綿糸移入6,445トン，塩移出954トン，塩移入118,029トンであった。福島三蟠は，隣接していた福島港と三蟠港の合計で，両港間の移出入額を除いて示した。船形那古は船形港と那古港が，北條館山は北條港と館山港が統計上あわせて示されていた。また，函館は網・綿糸移出として1,205,506円，網・綿糸移入として2,507,826円，舞鶴は綿糸布移出として712,448円，綿糸布移出として134,880円を挙げた。

注1）糸として。

川之石は大阪から棉花を移入して大阪へ綿糸を移出、西大寺は三蟠から棉花を移入して三蟠へ綿糸を移出した。紡績会社の原料棉花が東京・横浜・大阪・神戸から供給される輸入棉花であったため、その対価として製品綿糸も東京・横浜・大阪・神戸へ集荷され、そこから輸出されたり国内木綿産地へ供給された。ただし一八八〇年前後と比べ国内木綿産地はかなり変容し、富山・鳥取・島根県の産地では輸入綿糸導入が行われず、一八八〇年代には衰退したため、富山・鳥取・島根県への国産綿糸移入は少なかった。

かくして綿関係の流通は、国内木綿産地への原料綿糸輸入の増大と、輸入綿糸に対抗すべく一八九〇年代に進んだ輸入棉花を利用する国内紡績業の確立とともに、国内の棉花生産が衰退し、地方間の流通がかなり進展した綿流通から、東京・横浜と大阪・神戸を二大拠点とする中央集中的な輸入棉花と国産紡績糸の流通へと大きく変容した[75]。

一九〇六年時点でも塩の主要移出港は瀬戸内地方がほぼ全てを占め、主要移入港は東京・北海道・北九州・新潟県の諸港であり、大阪も統計上は不明だが、他の港湾の仕向地からみて主要な塩移入港であった。瀬戸内地方の主要移出港の主要移出先は、撫養が東京・三重県・大阪・和歌山県・高知県、新浜が東京・大阪・神戸、坂出が東京・北海道、塩屋が東京・大阪・北海道・北陸、竹原が新潟県・東京、日比が桑名・大阪・静岡・名古屋・東京、曾根が大阪・神戸・四国・九州、と東京・大阪のいずれかを必ず含むそれぞれ特定の地域であった。主要移入港の主要移入先は、函館は神戸・大阪、唐津東が山口県・福岡県、直江津が尾道・竹原、小樽が坂出、豊橋が兵庫県・愛知県、新潟が神戸・大阪・横浜、若津が愛媛県・山口県、能代・酒田は山口県とこちらもそれぞれ特定の地域であった。

一九〇五年に塩の専売制が実施されたが、流通については当初は民間に任されており、商人間の特約により特定の産地と特定の消費地が結ばれていた[76]。ただし東京・大阪では、大都市化とともに増大した塩の需要を賄うために瀬戸内各地から満遍なく塩が集荷された。こうして東京に集荷された塩は、東京湾岸の千葉県諸港に再移出されたり、一九〇四年の隅田川駅の食塩発送量が五一、〇八二トンであったので、かなりの部分は鉄道で北関東地方へ運ばれ、直江津からも鉄道で長野県など内陸部へ大量に運ばれた。

日本海航路の主要輸送品は、一八八〇年前後と比べ、一九〇六年前後には、どの商品も大筋では流通経路が複雑化しつつ流通範囲もかなり広がった。しかし米・塩など生活日用品は、東京・大阪の大都市化に伴い、東京・大阪を二大中心中継点とする市場構造になりつつあり、同様の傾向は輸入棉花を原料として発達した綿紡績業製品の綿糸市場にもみられた。その一方、北海道産魚肥のように東京・大阪を経由せずに産地から直接各地の消費地に運ばれる傾向が、近代期を通してより強まった商品もあった。

（4）地域間価格差の推移

北前船主は、地域間価格差に基盤を置いて収益を確保したので、続いて、西廻り航路沿いの地域間価格差の推移を検討する。ここでは、一九世紀の日本海航路で主に取引された米・魚肥・塩・砂糖を取り上げ、比較する価格の種別や商品の銘柄を可能な限り揃えた。

まず、近世後期の米価と魚肥価格の関係を検討する。表序-8をみよう。もともと西廻り航路は、北陸・山陰地方の諸藩の年貢米を海路大坂に輸送することを目的として整備されたので、一八世紀における西廻り航路の最大の輸送品は北陸・山陰から下関を経由して瀬戸内・畿内に運ばれる米であったと考えられる。越中国の米価と大坂の加賀米米価を比較すると、一八世紀後半から一九世紀初頭は後者が前者の一・五倍程度で、一九世紀に入ると若干地域間価格差は減少して後者が前者の一・三倍程度になった。それに対し、一八世紀末になると畿内のみでなく北陸・瀬戸内でも北海道産魚肥が利用され始め、大坂・北陸の胴鯡（魚肥）価格は、一七七〇年代から九〇年代にかけて一・五倍以上に上昇した。一方、北海道ではアイヌからの収奪などにより安価な鯡魚肥を手に入れることができ[77]、一九世紀前半の北海道の胴鯡価格と北陸・大坂の胴鯡価格を比べると、後者が前者の二・五〜三倍程度になった。

そのため、米よりも北海道産魚肥を扱う方が、地域間価格差の面では有利となったが、畿内・瀬戸内・北陸の北海道産魚肥需要は、一九世紀中葉ではまだ従来の干鰯需要に代替するには至らず、北海道産魚肥の地域間価格差は、一九世紀中葉までは不安定であった。そのため、一八三四（天保五）年のように北海道産魚肥の地域間価格差が少なく、逆に米価の地域間価格差が拡大した年は、越中米価と大坂米価の価格差が、北海道産胴鯡価格と大坂胴鯡価格の価格差よりも比率で上回ることがあり、北海道から畿内に運ぶ輸送コストを考えると、一九世紀中葉までは、米より北海道産魚肥を扱った方が有利とは簡単には言えなかった。

しかし、幕末期になると、関東産干鰯に代わって北海道産魚肥が大坂に移入される代表的魚肥となった[78]。その大き

表序-8　近世後期米価・胴鯡価格の推移

（単位：1 石当たり銀匁）

年	大坂米価(a)	越中米価(b)	大坂胴鯡価格(c)	北陸胴鯡価格(d)	北海道胴鯡価格(e)	a/b	c/e	d/e
1770	62.2	40.5	56.0	54.0		1.54		
1772	61.3	49.5	64.0	54.0		1.24		
1782	63.5	44.0	60.0	51.6		1.44		
1788	71.2	55.0	96.0	91.2		1.29		
1790	57.5	36.0	90.0	104.0		1.60		
1794	60.9	50.0	84.0	80.0		1.22		
1795	64.0	45.3	80.0	84.0		1.41		
1796	73.5	59.8	90.6	86.0		1.23		
1797	70.5	56.8	101.6	68.0		1.24		
1798	65.0	57.3	86.0	83.2		1.13		
1802	63.6	47.2	88.0	86.0		1.35		
1803	58.4	38.5	77.0	72.0		1.52		
1805	53.0	36.5	86.0	73.0		1.45		
1806	55.9	37.5	84.0	62.8		1.49		
1807	62.9	52.6	90.0	77.2		1.20		
1808	69.6	55.7	97.0	90.0		1.25		
1815	64.9	45.1		46.0		1.44		
1816	59.7	48.8		65.2	31.9	1.22		2.04
1821	50.1	33.8	62.0			1.48		
1822	55.6	41.3			25.4	1.35		
1824	59.6	53.0		58.0		1.12		
1829	84.1	52.7			26.5	1.60		
1830	76.9	60.4	74.0		27.2	1.27	2.72	
1831	78.1	58.6	76.0		25.3	1.33	3.00	
1832	69.9	69.2	68.4	72.0	32.0	1.01	2.14	2.25
1833	93.2	80.3	94.0	84.0	30.4	1.16	3.09	2.76
1834	103.3	52.2	84.0	109.6	43.5	1.98	1.93	2.52
1835	77.4	61.8	94.0	112.0	41.5	1.25	2.27	2.70
1836	111.6	103.2	98.0		32.9	1.08	2.98	
1837	130.5	76.9	110.0	95.4		1.70		
1838	113.3	93.9	120.0	122.7	43.0	1.21	2.79	2.85
1839	90.1	75.3	102.0		51.0	1.20	2.00	
1840	65.6	50.2	82.0	124.0		1.31		
1843	69.1	51.7	82.0		31.2	1.34	2.63	
1846	89.2	67.1	106.0	114.0		1.33		
1849	93.1	68.8	94.0	106.4		1.35		
1860	143.4	99.0	146.0	140.0	62.8	1.45	2.32	2.23
1861	172.2	88.3	164.0		64.3	1.95	2.55	
1862	150.1	67.5	178.0	172.0	63.6	2.22	2.80	2.70
1863	151.4	79.5	264.0	188.7	70.2	1.90	3.76	2.69
1864	180.9	98.5	424.0	202.9	90.8	1.84	4.67	2.23
1865	348.5	158.0	600.0	380.0	131.9	2.21	4.55	2.88
1866	1,028.1	260.8	880.0	388.9	198.9	3.94	4.42	1.96
1867	969.5	288.0	720.0	410.0	239.7	3.37	3.00	1.71
1868	670.0		1,040.0	359.0	163.3		6.37	2.20

出所）大坂米価：三井文庫編『近世後期における主要物価の動態（増補改訂版）』東京大学出版会，1989 年。越中米価：高瀬保『加賀藩流通史の研究』桂書房，1990 年，951–968 頁。大坂胴鯡価格：鶴岡実枝子「近世近江地方の魚肥流入事情」（『史料館研究紀要』第 3 号，1970 年），平野茂之『大阪靱肥料市場沿革史』1941 年，宮本又次編『近世大阪の物価と利子』創文社，1963 年，第 36 表。北陸胴鯡価格：鶴岡実枝子前掲「近世近江地方の魚肥流入事情」，高瀬保『加賀藩海運史の研究』雄山閣出版，1979 年，445 頁。北海道胴鯡価格：文化 13・文政 5 年「蝦夷地勘定帳」（西川家文書，滋賀県立大学図書情報センター蔵），文政 12・天保 8 年「登仕切控帳」（酒谷長俊家文書，加賀市教育委員会蔵），安政 7 年「帆用帳」（佐藤家文書，北海道大学附属図書館北方資料室蔵）。

注記）大坂米価：加賀米年平均価格，1782～98 年は 2・9 月の肥後米平均価格，1770 年は前掲『近世大阪の物価と利子』69 頁より加賀米年平均価格。越中米価：1770・72・96～98 年は藩収納日払米価，1782～95・1802～49 年は福野町年平均米価，1860 年からは井波町米価（判明した月の平均米価）。大坂胴鯡価格：1821 年までは 1 月の相場，30 年からは 9 月の相場。北陸胴鯡価格：1808 年までと 16 年は敦賀の 1 月相場，1815 年と 24 年からは越中価格。北海道胴鯡価格：1816・22 年は忍路での住吉屋（西川家）販売価格，29～43 年は箱館での酒屋（酒谷家）買入価格，60～68 年は福山での升屋（佐藤家）取引価格，いずれも松前地の銀銭相場が不明のため銭貫文を前掲『近世大阪の物価と利子』第 1 表の 9 月の大坂の銀銭相場で，銀匁に換算した。1816・22 年は 1813 年 9 月の銀銭相場で換算した。

な要因は、大坂市場における関東産干鰯と北海道産魚肥の価格差の縮小で、関東産干鰯と北海道産魚肥の大坂市場での価格差は、一八三〇年代までは後者が前者の約一・五倍以上を示したが、四〇年代からは一・二倍以下に縮小した。[79] 畿内農村の商品生産の発達が肥料需要を増大させ、それがそれまでの代表的魚肥であった関東産干鰯価格の上昇をもたらし、北海道産魚肥との価格差が縮小したため、関東産干鰯に代わって北海道産魚肥が大規模に利用される価格面での条件が生まれた。

ただし、一八六〇年代後半には両者の価格差は再び広がった。前述のように、単位重量当たりの肥効では、関東産干鰯より北海道産魚肥の方が優れていたと考えられ、[80] 北海道産魚肥を使用した農家が、それ以後北海道産魚肥を選好したため、関東産干鰯の需要以上に北海道産魚肥需要が増大し、最幕末期のインフレ期に前者以上に後者の価格が高騰して価格差が広がったと考えられる。その結果、表序-8に戻ると、一八六〇年代には越中米価と大坂米価の価格差以上に、北海道の胴鯡価格と大坂の胴鯡価格の価格差は比率で拡大し、輸送コストの問題があるので、単純には比較できないが、一八六〇年代には、米を北陸から大坂まで運んで販売するよりも、胴鯡を北海道から大坂まで運んで販売した方が、高い利益率を見込めるようになったと考えられる。実際、一八三〇年代は大坂の胴鯡価格より北陸（越中）の胴鯡価格の方が高く、胴鯡を大坂へ運ぶよりも北陸で販売した方が有利であった。それゆえ、一九世紀前半は畿内の船主の北海道進出はそれほどみられなかった。[81] しかし一八六〇年代以降は、大坂の胴鯡価格が越中の胴鯡価格をはるかに上回るようになり、その結果畿内の船主の北海道進出が一八五〇年代後半以降に盛んとなった。[82]

なお、一八六〇年代になると北海道産魚肥の中心は、胴鯡から鯡〆粕に転換していたので、鯡〆粕価格でも価格差を確認する。図序-1をみよう。一八五〇年代までは北海道と大坂の鯡〆粕価格は、後者が前者の二倍前後であったが、一八六〇年代後半には後者が前者の四〜六倍へと拡大した。むろんこの時期の価格上昇は、開港後の金流出に伴う貨幣価値下落によるインフレの影響が強かったと考えられるが、表序-8に戻って米価の上昇度合をみると、一八

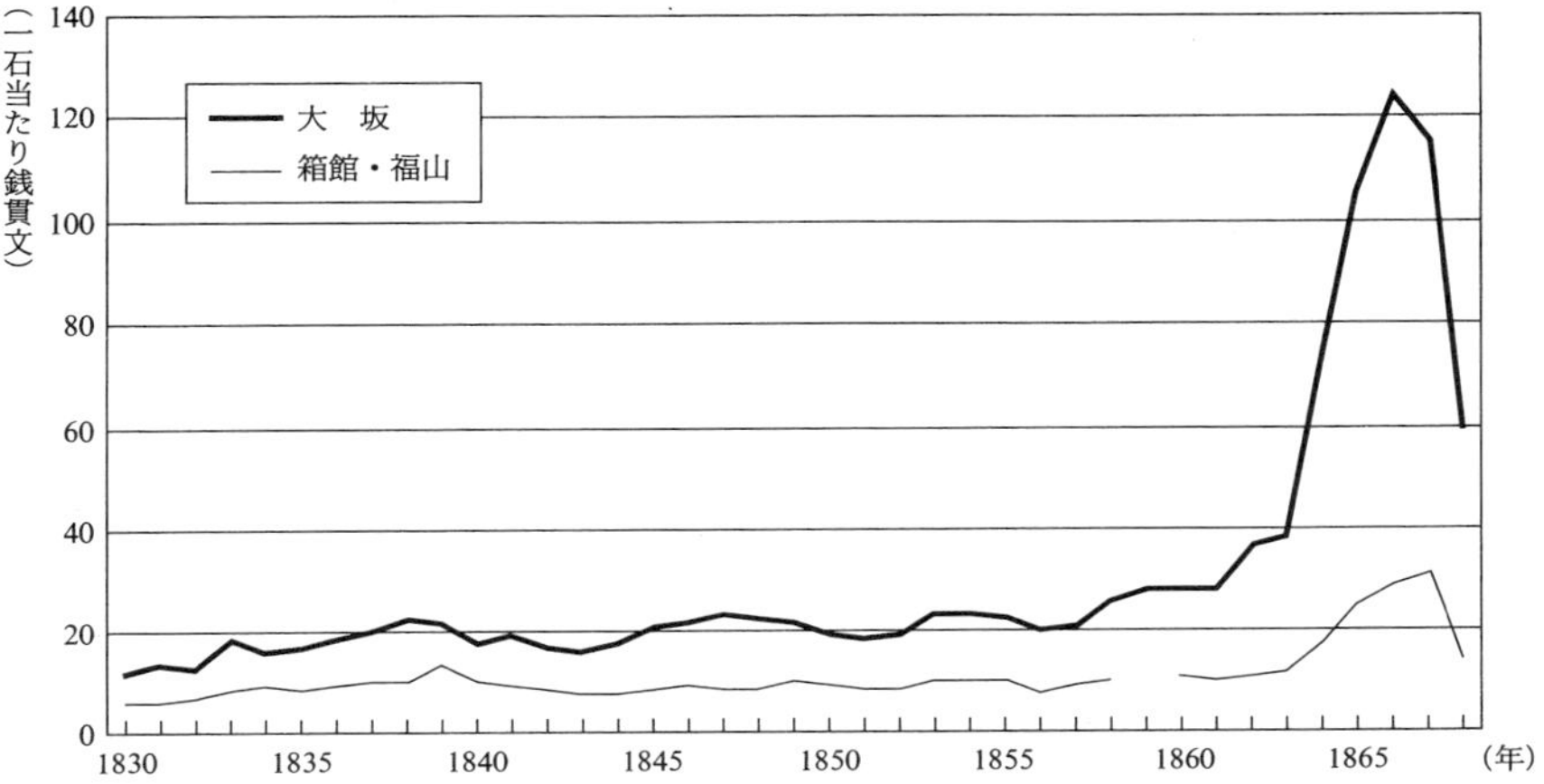

図序-1　近世後期鯡〆粕価格の推移

出所）宮本又次編前掲『近世大阪の物価と利子』第 37 表（1830 年は第 36 表），天保元～安政 3 年「登り仕切（控）帳」（酒屋長俊家文書，加賀市教育委員会蔵），安政 5・6 年「諸用留」，安政 7 年「帆用帳」（以上佐藤家文書，北海道大学附属図書館北方資料室蔵）より作成。

注記）大坂価格は 9 月の銀匁価格（9 月が不明ならば 10 月あるいは 11 月）を，前掲『近世大阪の物価と利子』第 1 表で銭貫文に換算。箱館・福山価格は，1856 年までは酒屋（酒谷家）の箱館・福山湊取引価格で，58 年からは升屋（佐藤家）の福山湊取引価格。なお北海道は銭貫文，大坂は銀匁で取引されており，北海道の銀銭相場が不明のため，大坂価格を銭貫文に換算して比較したが，北海道の金銭相場 1 両＝銭 6 貫 800 文に対して，大坂の金銭相場は，1830 年代が 1 両＝銭 9 貫文前後で次第に金高になり，最幕末期には 1 両＝銭 13～14 貫文になったので（前掲『近世大阪の物価と利子』第 1 表），両に換算して北海道と大坂の価格を比べると，金銭相場の違いにより，図より価格差は小さくなる。

六〇年代後半にやはり、越中米価と大坂米価の差は後者が前者の三～四倍へと拡大したが、価格差の拡大幅は米価よりも鯡〆粕価格の方が大きかった。

一八六八年の明治維新後の近代になると、一八七〇年代末から各地の物価が統計で明らかとなる。そこで、前掲表序-5からみて当時の日本海沿岸諸港のなかで最大の移出入額を上げたと思われる新潟港をめぐる地域間価格差の動向を表序-9で示した。一八八〇（明治一三）年前後の新潟港からの主要移出品は米であり、新潟港への主要移入品は塩・砂糖や食用の身欠鯡等であったが[83]、それらの地域間価格差をみると、米の場合は、それまでの主要な米の移出先であった大阪の北陸米価格が、一八八〇年代前半に新潟の米価を下回ることがあり、新潟県産米を畿内に運んでもあまり粗利益は上がらなくなっていた。一方、北海

表序-9　新潟をめぐる地域間価格差の動向

（単位：円）

年	新潟米価（1石当たり）	大阪米価（1石当たり）	小樽米価（1石当たり）	新潟塩価（1石当たり）	尾道塩価（1石当たり）	新潟砂糖価（1個〔樽〕当たり）	高松砂糖価（1挺当たり）	新潟（身欠）鯡価（1個当たり）	小樽身欠鯡価（1本当たり）	小樽鯡粕価（1石当たり）	大阪鯡粕価（1石当たり）
1877	3.44	5.10	3.69	0.98		6.30		1.74	1.03	2.65	6.08
1878	7.15		4.65	1.27	0.76	10.72	7.80	1.82	1.40	5.00	8.16
1879	6.31	5.60	6.25	1.95	0.80	10.34	8.45	1.91	1.78	6.79	9.80
1880	7.00	7.38	9.11	1.80	1.35	（以下100斤当たり）	7.50	2.98	2.53	8.21	12.44
1881	10.23	8.94	8.82	2.40	1.00		7.50	2.21	2.50	6.68	10.40
1882	10.58	7.68	8.53	2.00	0.85		9.30	3.22	（以下1石当たり） 9.08	5.69	9.20
1883	6.39	6.09	6.56	1.75	1.00		9.30	2.19	5.16	5.89	7.28
1884	4.39	4.76	5.74	1.49	1.10		9.50	1.41	3.92	3.61	6.04
1885	7.26	5.58	7.19	1.75	0.76	8.40			3.44	3.43	7.60
1886	5.85 → 4.45	5.05	5.28	1.48 → 1.23	0.63	8.70 → 5.45		2.11	4.18	3.81	6.00
1887	3.92	4.82	4.79	0.97	0.57	7.39		2.10	6.82	6.32	6.40
1888	3.93	4.31	4.30	0.83	0.44	8.85			4.34	5.05	7.48
1889	4.29	5.61	5.75	1.31	0.51	9.80	10.03		7.60	5.90	8.36
1890	7.41	8.41	8.29	1.72	0.59	8.19	9.85		9.20	7.00	9.04
1891	6.14	6.85	6.95	1.37	0.63	6.48	9.63		9.00	6.03	8.36

出所）前掲「東北諸港報告書」，前掲「西南諸港報告書」，宮本又次編前掲『近世大阪の物価と利子』第4表，大蔵省編前掲『開拓使事業報告』第3編，889・987頁，各年度『新潟県統計書』・『広島県統計書』・『愛媛県統計書』・『香川県統計書』・『北海道庁統計書』，明治15年度『札幌県統計概表』，明治16年度『札幌県統計書』，「北海産荷受問屋組合沿革史」（黒羽兵治郎編『大阪商業史料集成』第6輯，1940年，復刻版清文堂出版，1984年）443-463頁。大阪近代物価史研究会「明治期大阪卸売物価資料(1)」（『大阪大学経済学』第29巻1号，1979年），『小樽市史』第1巻，小樽市，1958年，533，538-539，549，567-568頁より作成。

注記）1877〜79年と鯡類については，各港の移出入統計より計算した移出入単価。1880〜91年は市街物価。ただし1877・79年の大阪米価は市街物価で，小樽米価の1880・81年は小樽港移入単価。1886年の新潟物価は，新潟県統計書の1886年度版のデータと87年度版の前年分データに明らかな相違があったため，前者を→の左側で，後者を→の右側で示した。大阪米価の，1877・79・80年は肥後米米価，81年は越後米米価で2〜8・12月の平均，82年は越後米米価，83年は越後米米価で1〜6月の平均，84年は越中米米価で1〜3・5〜7月の平均，85年は越中米米価で1〜3・5〜12月の平均，86年は越中米米価で1〜4・6月の平均，87年は肥後米米価で1・4〜12月の平均，88年は加越米米価で5〜12月の平均，89年は加越米米価で1〜4・6・8〜12月の平均，90年は越後米米価で1〜10月の平均，91年は中等米米価。小樽米価の1886年以降はいずれも中等米米価。新潟の米価と塩価の1877〜79年は1俵＝0.4石で1石当たりに換算し，米価は玄米米価。砂糖価は，いずれも国産白砂糖価。身欠鯡の単位の本と個は同じ内容を意味し，北海道の漁家の史料によると3本で約1石に相当する（佐藤家文書，北海道大学附属図書館北方資料室蔵）。1880〜87年の新潟身欠鯡は項目としては鯡で挙げられており，身欠鯡以外の鯡類も含まれたと考えられるが，その内訳は，「東北諸港報告書」の1877〜79年の動向から判断して身欠鯡が多かったと考えられる。小樽身欠鯡価および小樽鯡粕価の1878年は函館港身欠鯡・鯡粕移出単価。小樽身欠鯡価の1882年以降は1石当たりの価格で，それ以前の1本当たりの価格を3倍すると数値基準はおおよそ連続する。大阪鯡粕価は，大阪荷受問屋一番組扱い分の鯡粕価を示した。

道小樽の米価は、一八八三年からほぼ安定して新潟の米価を上回り、新潟—小樽間は新潟—大阪間よりもかなり距離が短く、輸送コストも相対的に安価なため、新潟県産米を畿内へ運んで販売するよりも小樽へ運んで販売する方が有利な状況となった。

また、下り荷として主に扱われた塩や砂糖の場合は、塩は新潟と産地の広島県尾道との間で、ある程度の価格差は残されたが、砂糖は産地の香川県高松の価格と新潟の価格にほとんど差がないか新潟より高松の価格が高い場合があり、幕末期ではそれなりの粗利益を得ることができた砂糖取引が、一八八〇年代には利益源泉になり得なくなった。(84) そして、北海道産の鯡は、胴鯡や鯡〆粕のような肥料もしくは食用の身欠鯡に加工されたが、食用の身欠鯡と肥料の鯡〆粕の地域間価格差を比べると、小樽・新潟間の身欠鯡の地域間価格差はそれほどなかったが、小樽・大阪間の鯡〆粕の地域間価格差は後者が前者の一・五倍程度存在したため、一八八〇年代の北前船経営では、北海道—瀬戸内・畿内間の魚肥取引、瀬戸内—新潟間の塩取引、新潟—小樽間の米取引に、輸送コストを考えても純利益を獲得できるような地域間価格差が残されたと考えられる。

これらのなかで、最も地域間価格差の残されていた北海道・大阪間の鯡〆粕価格のその後の経過をみておきたい。図序-2をみよう。前述のように一八六〇年代後半に北海道と大坂との価格差は急激に広がったが、近代に入ると近代的交通網の発達が地域間価格差を縮小させ、一八八〇年代には大阪の鯡〆粕価格は北海道のそれの一・五倍前後に落ち着き、九〇年代は後者が前者の一・二〜一・三倍程度になり、一九〇〇年代は後者が前者の一・一〜一・二倍程度になった。特に図序-2では、一九〇〇年代以降は大阪の荷受問屋全体の取扱量とその価額が不明のため、大阪の市中卸売相場を示したが、廻船の大阪荷受問屋との仕切価格は市中卸売相場より安かったと考えられ、廻船の取引レベルでは地域間価格差はより小さかったと推定される。

小樽までの定期汽船航路は、前述のように一八八〇年代前半の北海道航路をめぐる三菱と共同運輸との競争および

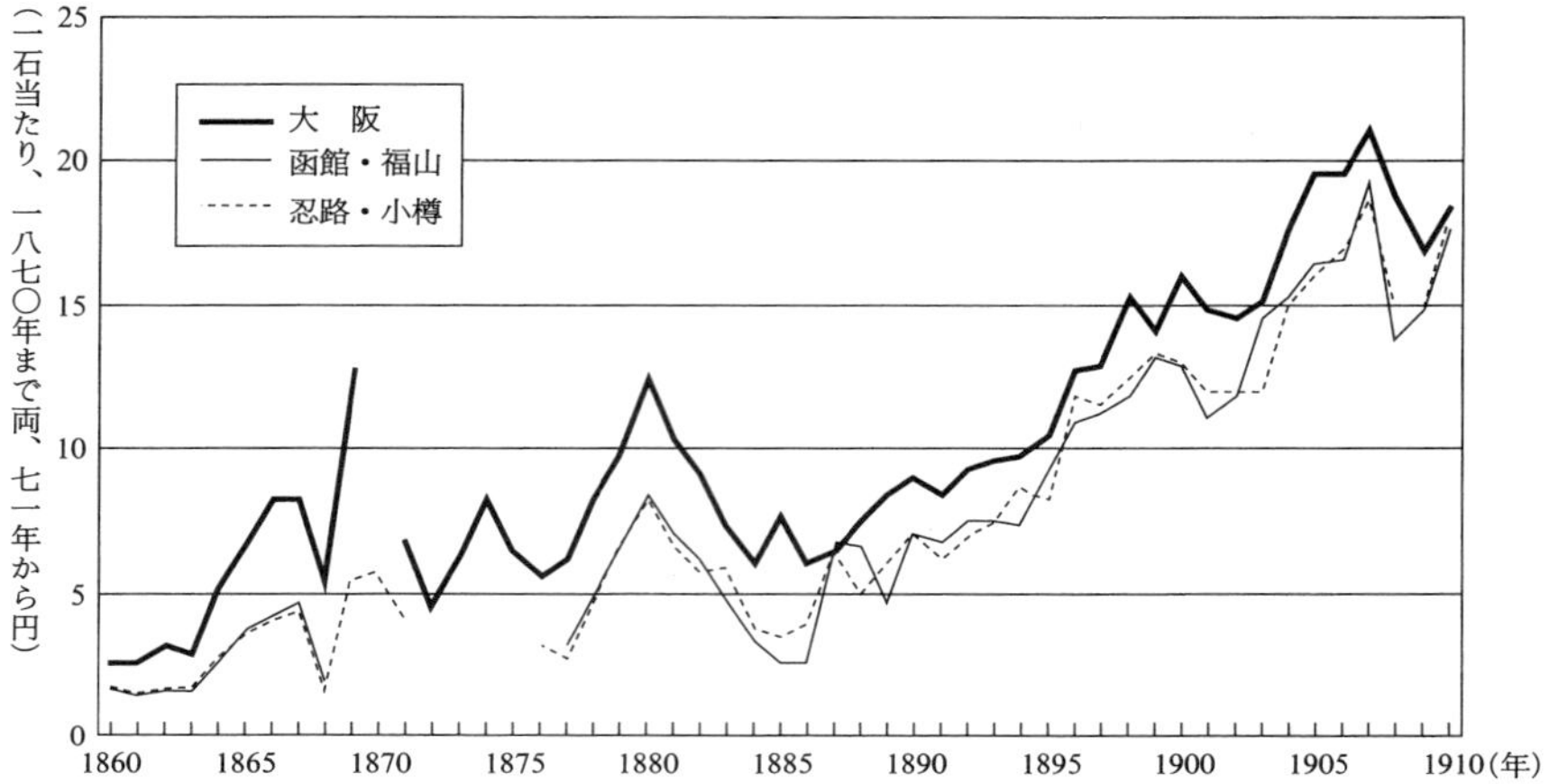

図序-2　近代前期鯡〆粕価格の推移

出所）宮本又次編前掲『近世大阪の物価と利子』第37表，前掲「北海産荷受問屋組合沿革史」443-463頁，安政7年「帆用帳」（佐藤家文書，北海道大学附属図書館北方資料室蔵），元治元～明治4年・明治11年「両場所勘定帳」（西川家文書，滋賀県立大学図書情報センター蔵），明治9年「仕切書」（宮本家文書，牧野隆信『北前船』柏書房，増補改訂版1972年，107-109頁），大蔵省編前掲『開拓使事業報告』第3編，889-987頁，明治15年度『札幌県統計概表』，明治15・16年度『函館県統計表』，明治16年度『札幌県統計表』，明治18年『統計摘要』北海道庁，明治19～26・29・30・39～43年度『北海道庁統計書』，明治27・28・33～38年度「北海道庁勧業年報」および明治31・32年度「北海道庁拓殖年報」（いずれも『明治後期産業発達史資料』第68～79巻，龍渓書舎，1991年所収），函館市史編さん室編『函館市史』統計史料編，1987年，662・674頁，前掲『小樽市史』第1巻，549頁より作成。

注記）1870年までの北海道価格は，銭貫文を，幕末期北海道の標準的換算値であった1両＝銭6貫800文で両に換算。1867年までの大阪価格は，銀匁を前掲『近世大阪の物価と利子』第1表の大阪の金銀相場で両に換算。1869年の大阪価格は大阪の金銀相場が不明のため，68年5月の金銀相場を援用して銀匁価格を両に置き換えて仮に示した。大阪価格の1864年は前掲『近世大阪の物価と利子』第36表より。大阪価格の，1875年までは9月の価格（9月が不明ならば10月あるいは11月）で，69年のみ7月の価格。大阪価格の1876～1900年は大阪北海産荷受問屋平均購入価格で，1901～10年は大阪での鯡〆粕卸売価格。函館・福山価格は，1868年までは佐藤家の福山湊取引価格，77年以降は函館港移出価格（1884・1906・07年は『函館市史』統計史料編より）で，1895・98・99年は函館での鯡〆粕相場。忍路・小樽価格は，1878年までは忍路での西川家販売価格，76年は小樽での宮本家廻船の買入価格。また，忍路・小樽価格の1877年以降は小樽港移出価格（1884年は『小樽市史』第1巻より）で，1895・98・99年は小樽での鯡〆粕相場。

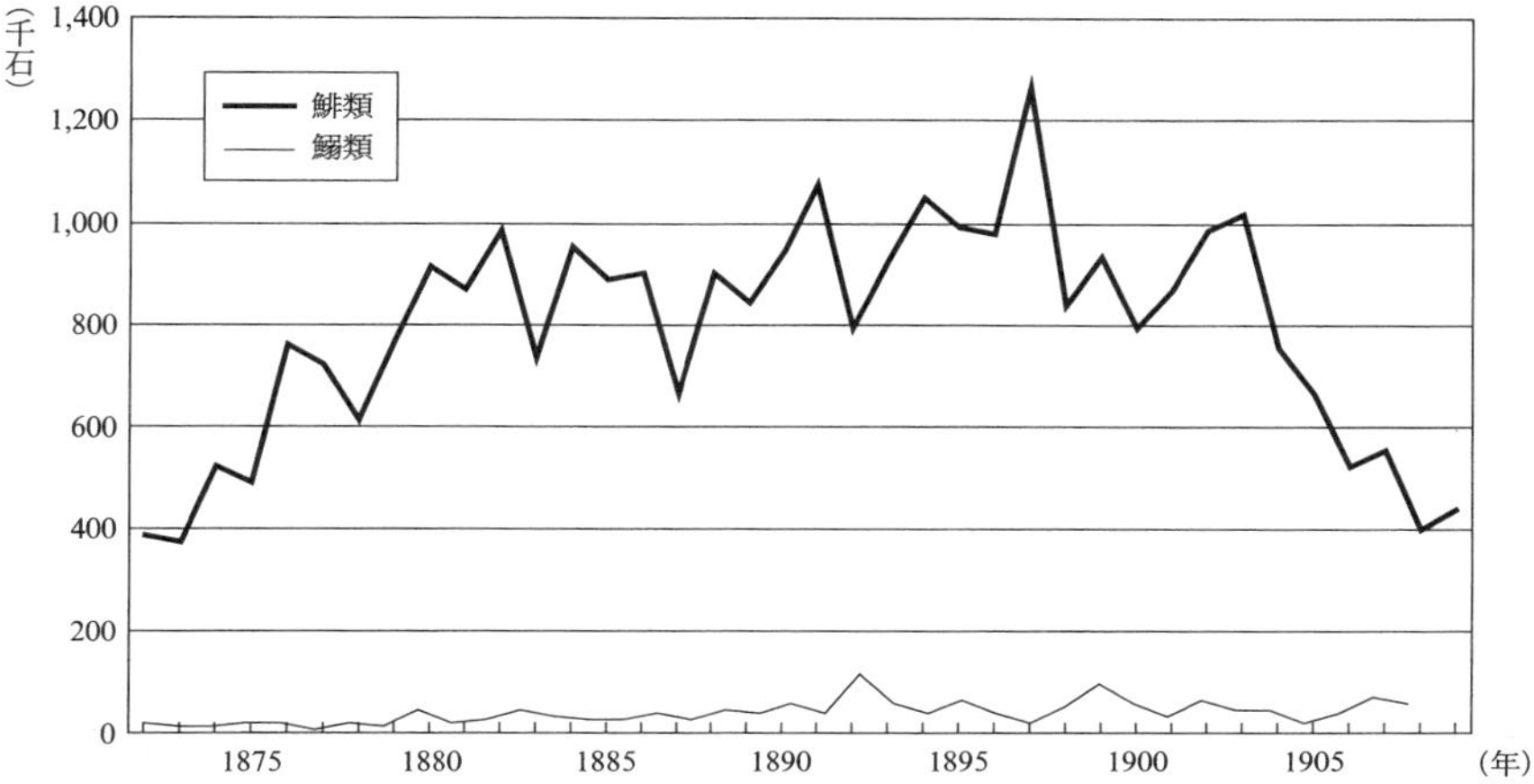

図序-3　北海道鯡類・鰯類生産量の推移

出所）北海道庁編『新撰北海道史』第7巻，1937年，復刻版清文堂出版，1990年，200-203頁より作成。
注記）肥料に加工されて販売されたものと，食用として販売されたものの両方を含む。鯡類・鰯類ともに大部分が肥料に加工され，代表的鯡肥料として，鯡〆粕，胴鯡，鯡白子，笹目鯡があり，鰯肥料は，本州では主に干鰯に加工されたが，北海道では鰯〆粕に加工された。胴鯡加工の際に，割かれた身の部分は身欠鯡として食用にされた。鰯は北海道ではほとんどが〆粕加工されたため，食用部分はほとんど残らなかった。

八五年の日本郵船の成立でかなり整備され、一九〇〇年代に小樽より奥地の天塩・北見地方との間にも北海道庁補助航路が開設されて定期汽船網が北海道全体をカバーした[85]。その一方、図序-3で示したように、北海道の鯡類生産量は一九〇〇年代後半にかなり減少し、北海道産物を扱う北前船経営は一九〇〇年代にかなり苦しくなったと思われる。その後北海道の鯡類漁獲量は、日露戦争後に南樺太が日本領となり、樺太漁業が発達して一九一〇年代に一〇〇〜二〇〇万石台に急増したが、その時点の北海道産魚肥取引の大部分は、北前船経由ではなく北海道商人と本州商人との汽船運賃積を利用した直接取引で行われた[86]。

本項の最後に一九〇〇年前後の地域間価格差と価格変化の連動性を確認する。表序-10をみよう。まず米価について銘柄を合わせて、小樽の越中米価格と金沢米価と大阪の加賀米価格を比較すると、一八九〇年代以降は三者ともに価格差の最大幅が一石当たり五〇銭程度と非常に小さくなった[87]。地域間の米価変化の連動性も、もともと米穀市場では価格変化の連動性が強

表序-10　各地の価格系列の対前年変化率系列間の相関係数

期間（年）	米　価	係　数
1883〜1890	熊本・大阪 I	＊ 0.983
同　上	金沢・小樽	＊ 0.91
1895〜1902	熊本・大阪 I	＊ 0.99
同　上	金沢・小樽	＊ 0.848
同　上	金沢・大阪 II	0.704
1903〜1910	熊本・大阪 I	＊ 0.986
同　上	金沢・小樽	＊ 0.969
同　上	金沢・大阪 II	＊ 0.962

期間（年）	塩　価	係　数
1887〜1895	徳島・東京	＊ 0.859
同　上	下関・小樽	＊ 0.714
1897〜1904	徳島・東京	＊ 0.743
同　上	下関・小樽	0.36
1906〜1914	徳島・東京	−0.87
1906〜1916	下関・小樽	0.327

期間（年）	鯡〆粕価	係　数
1887〜1896	小樽・大阪	＊ 0.634
同　上	小樽・東京	0.423
同　上	小樽・名古屋	0.14
同　上	小樽・富山	−0.18
1897〜1906	小樽・大阪	＊ 0.864
同　上	小樽・東京	＊ 0.882
同　上	小樽・名古屋	＊ 0.797
同　上	小樽・富山	0.184
1907〜1916	小樽・大阪	＊ 0.973
同　上	小樽・東京	＊ 0.974
同　上	小樽・名古屋	＊ 0.941
同　上	小樽・富山	＊ 0.876

期間（年）	紡績綿糸価	係　数
1899〜1906	高知・大阪III	＊ 0.735
1900〜1905	新潟・大阪IV	＊ 0.964
1906〜1911	新潟・大阪IV	＊ 0.941
1907〜1914	高知・大阪III	＊ 0.958

出所）中西聡「近代の商品市場」（桜井英治・中西聡編『新体系日本史 12　流通経済史』山川出版社，2002 年）300 頁の表 6 より作成。

注記）価格系列の求め方は，出所資料を参照。大阪 I は大阪肥後米価格，大阪 II は大阪加越米価格，大阪 III は大阪右撚 16 番手紡績綿糸価格，大阪IVは大阪左撚 20 番手紡績綿糸価格。塩価については，気候や専売制などの影響で極端に価格が変化した 1896・1905 年を除いてその前後でそれぞれ期間をとった。＊印は，正の相関係数のうち 5%水準で有意のもので，その 2 系列間に正の相関があると言える。塩価の 1906〜1916 年の欄は，1911・12 年が不明のため，それを除いて計算した。

かったが、一九〇〇年代には金沢・小樽、金沢・大阪間ともに連動性が極めて高まった。

塩価格について、産地に近い下関の三田尻産塩価格と、小樽の三田尻産塩価格を比べると、(88) 一九〇四年までは地域間価格差はある程度残り、製塩量が気候に左右されるため価格も激しく乱高下した。一九〇五年に塩専売制が施行され、政府収益分が価格に上乗せされ、しかも石炭価格の高騰で生産費が上昇した上に塩が不作だったため、塩価格は大幅に値上がりしたが、政策的に価格が決定され、産地価格はそれ以降比較的安定した。一九〇五年以降も価格の乱高下は時々みられたが、それ以外の時期の地域間価格差は相対的に縮小した。ただし地域間の塩価変化の連動性は、塩専売制による流通・価格統制で逆に相関係数が下がり、塩専売制で塩市場の機能が歪められたことが判る。それゆえ北前船による塩取引は、二〇世紀以降もかなり残った。

とはいえ、日本海航路で最大の利益源泉であった北海道産魚肥でも、前述のように地域間価格差が減少するとともに、地域間の価格変化の連動性は一九〇〇年代に急速に高まり、北前船経営の収益基盤はかなり弱まった。その結果二〇世紀に入ると、北前船主の多くは海運業から撤退し、海運業を継続したものも、汽船経営に転換したり、小樽より奥地に進出して、残された地域間価格差を最後まで追求するか、もしくは生産過程に進出して、自ら漁獲・加工した北海道産魚肥を瀬戸内・畿内などへ運んで販売することとなった（表序-11）。

三　主要北前船主の概観と本書の構成

（1）主要北前船主の分類

前節までの検討を踏まえ、北前船主を、資本主義生成期に遠隔地間取引で顕著な資金蓄積を進め、買積経営を継続して多様な経営展開をとげた有力地方資産家として想定できるので、ここで主要北前船主を概観しつつ分類し、本書で取り上げる北前船主を選択する。

表序-11をみよう。北前船主が主に活動したのは、畿内から瀬戸内を経由し、下関から日本海に回り、北陸を経由して北海道に至る「西廻り航路」であった。「西廻り航路」沿いの寄港地の廻船問屋は入港した船を「客船帳」もしくは「入船帳」などの帳簿に記載しており、それらより当該期の大規模船主の様相が判明する。[89]表で示したのは、「客船帳」や北前船主家の史料により、一九世紀において同時に六隻以上の帆船（商船）を所有したと考えられる船主で、越前・加賀・越中の三カ国に集中していたことが判明する。それゆえ、従来の北前船研究は、これら三カ国の船主の事例から進められた。しかし、この三カ国の船主の間でもかなり経営展開が異なり、三カ国以外の地域でも有

表序-11　19 世紀日本における西廻り航路大規模帆船船主一覧

出身地	屋号（姓）	名	帆船所有開始	帆船所有終了	近世期最多		近代期最多		他業種への転換
					隻	時　期	隻	時　期	
摂津兵庫	高田屋	嘉兵衛→金兵衛	1795 年	1833 年	38	1833 年			漁　業
播磨坂越	奥　藤	研　造	1831 年頃	1905 年頃	2	幕　末	7	1890 年代	地主・醤油醸造業・銀行頭取
備前下津井	高松屋(中西)	七平→七太郎		20 世紀初頭			12	1879 年	炭鉱業・銀行取締役
備中玉島	吉屋(山本)	治　八	1869 年頃	20 世紀初頭			6	1889 年	銀行取締役
安芸大崎島	因幡屋	清三郎	1867 年頃	1883 年頃			7	1883 年頃	
安芸瀬戸田	三原屋(堀内)	調右衛門	1825 年頃	1910 年頃			7	1889 年頃	地主・製塩業・銀行頭取
周防長浜	平　原	平右衛門	1867 年頃	1872 年頃			6	1871 年頃	
阿波撫養	山　西	庄五郎	1830 年代	20 世紀初頭	7	1865 年			酒造・醤油醸造業・銀行取締役
丹後岩滝	山家屋(小室)	徳　蔵	1815 年頃	1870 年頃	6	1860 年代			
若狭小浜	古　河	嘉太夫	1727 年	1880 年	11	1846 年	5	1870 年頃	酒造・醤油醸造業
近江八幡	住吉屋(西川)	伝右衛門→貞二郎	18 世紀	1890 年代	8	1866 年	9	1886 年	漁業・農場経営・銀行頭取
近江日枝	柏屋(藤野)	四郎兵衛	19 世紀初頭	20 世紀初頭	20	1847 年	10	1872 年	汽船所有・漁業・農牧業
越前河野	右　近	権左衛門	1730 年代	20 世紀初頭	10	1861 年	21	1886 年	汽船所有・銀行頭取・保険会社社長
越前河野	中　村	三之丞	1750 年代	1920 年代	3	1798 年	7	1890 年代	北洋漁業
越前三国	室屋(内田)	惣右衛門	18 世紀前半	1885 年	7	1810 年頃	12	1875 年頃	
越前三国	戸口屋	久四郎	1818 年頃	1855 年頃	6	1843 年頃			
越前三国	木屋(長谷川)	甚右衛門	1832 年頃	1862 年頃	12	1844 年			
越前三国	森　田	三郎右衛門	1848 年頃	1883 年頃	12	幕　末	16	1875 年頃	地主・酒造・醤油醸造業・銀行頭取
加賀塩屋	糸屋(浜中)	八三郎	1856 年頃	19 世紀末			9	1889 年	汽船所有・保険会社専務取締役
加賀瀬越	浜中屋(廣海)	二三郎	19 世紀初頭	20 世紀初頭	2	1853 年	11	1887 年頃	汽船所有・銀行取締役・保険会社社長
加賀瀬越	大　家	七　平	1835 年頃	20 世紀初頭	4	1861 年	9	1889 年	汽船所有・保険および電力会社取締役
加賀瀬越	角屋(角谷)	甚右衛門→甚太郎	1853 年頃	20 世紀初頭			7	1889 年	
加賀橋立	西　出	孫左衛門	17 世紀後半	20 世紀初頭	6	1864 年	8	1879 年	汽船所有・北洋漁業・銀行取締役
加賀橋立	小餅屋(久保)	彦　助	18 世紀末	20 世紀初頭			7	1878 年	北洋漁業・銀行および電力会社取締役
加賀橋立	酒屋(酒谷)	長　平	18 世紀後半	20 世紀初頭	4	1846 年頃	7	1891 年頃	
加賀橋立	桶屋(増田)	又右衛門→又七郎	18 世紀末	20 世紀初頭			6	1890 年	保険会社取締役・電力会社社長
加賀湊	熊田屋(熊田)	八郎兵衛	18 世紀末	19 世紀末			7	1876 年	
加賀湊	熊田屋(熊田)	源次郎→源太郎	幕　末	1910 年代	2	1850 年代	10	1876 年	地主・鉱山業・銀行頭取・電鉄会社取締役
加賀本吉	紺　屋	三郎兵衛	19 世紀前半	1872 年頃	12	1841 年			
加賀宮越	銭　屋	五兵衛	1811 年	1852 年	15	1852 年			新田開発
加賀粟ヶ崎	木屋(木谷)	藤右衛門	18 世紀前半	1881 年頃	22	1800 年	4	1869 年	地主・醤油醸造業・銀行頭取
加賀粟ヶ崎	木屋(木谷)	治　助	1844 年頃		6	1846 年			銀行取締役
能登大念寺	佐渡屋(岡部)	又三郎	1868 年頃	1879 年頃			6	1874 年	
能登一の宮	西村屋(西村)	忠兵衛→忠左衛門	1851 年	1910 年	4	1860 年代	8	1886 年	汽船所有・北洋漁業・銀行およびセメント会社取締役

能登七尾	越中屋	吉右衛門	1823年頃	1870年頃	6	1843年頃	5	1869年	
越中伏木	鶴屋(堀田)	善右衛門	18世紀前半	20世紀初頭	6	1866年	4	1881年	銀行頭取・肥料会社取締役
越中伏木	堀岡屋(堀川)	半左衛門	1830年代	1880年頃	3	1839年	9	1875年	
越中伏木	車屋(八阪)	半兵衛→金平	1830年代	1888年頃	4	1857年	7	1876年	銀行およびセメント会社取締役
越中伏木	一宮屋	権右衛門	1862年頃	1866年頃	6	1866年			
越中六渡寺	湊屋(朽木)	清次郎	1829年頃	1891年頃	6	1854年頃	5	1874年頃	銀行および汽船会社取締役
越中放生津	綿屋(宮林)	彦九郎	1817年頃	1885年頃	9	1858年頃	4	1876年頃	地主・銀行および電力会社取締役
越中放生津	八嶋屋(南嶋)	間右衛門→間作	1842年頃	20世紀初頭			6	1888年	汽船所有・銀行頭取・保険会社取締役
越中東岩瀬	道正屋(馬場)	久兵衛→道久	1820年代	1890年	4	1846年頃	14	1879年	汽船所有・地主・銀行頭取・汽船会社社長
越中東岩瀬	四十物屋(森)	仙右衛門→正太郎	1858年頃	1910年代			7	1877年頃	汽船所有・北洋漁業・銀行頭取・肥料会社社長
越中東岩瀬	宮　城	彦次郎	1879年頃	1910年代			6	1895年	北洋漁業・銀行取締役・汽船会社取締役
越後鬼舞	鞍屋(伊藤)	助右衛門	18世紀	1904年頃	9	1852年	9	1888年	汽船所有・農場経営
越後今町	木　南	源十郎	1865年頃	1881年頃			6	1875年	
陸奥野辺地	野村屋(野村)	治三郎	18世紀末	1894年頃	5	1840年代	6	1881年頃	地主・酒造業・銀行頭取・電力会社取締役
武蔵東京	栖　原	角兵衛	19世紀初頭	1895年頃			16	1885年頃	汽船所有・漁業
武蔵東京	伊　達	林右衛門	19世紀初頭	1879年頃			9	1875年	漁　業

出所）柚木学編前掲『諸国御客船帳』(上・下)，柚木学編前掲『近代海運史料』，前掲「諸国御客帳」，「間尺帳」(江差町史編集室編『江差町史』第1巻資料1，1977年)，佐渡屋「諸国客船帳」(富来町史編纂委員会編『富来町史』続資料編，1976年)，出雲崎町教育委員会編『出雲崎町史』海運資料集⑴～⑶，1995～97年，前掲「北海産荷受問屋組合沿革史」，西村通男『海商三代』中公新書37，中央公論社，1964年，角田直一『北前船と下津井港』手帖舎，1992年，木越隆三『銭屋五兵衛と北前船の時代』北國新聞社，2001年，牧野隆信『北前船の研究』法政大学出版局，1989年，牧野隆信『北前船の時代』教育社歴史新書95，教育社，1979年，高瀬保『加賀藩の海運史』成山堂書店，1997年，上村雅洋『近江商人の経営史』清文堂出版，2000年，上村雅洋『近世日本海運史の研究』吉川弘文館，1994年，田島佳也「北の海に向かった紀州商人」(『海と列島文化　第1巻　日本海と北国文化』小学館，1990年)，原喜覚『高田屋嘉兵衛と北方領土』ぎょうせい，1977年，斎藤善之「解題」(日本福祉大学知多半島総合研究所歴史・民俗部編『越前国南条郡河野浦・右近権左衛門家文書目録』河野村，1996年)，馬場汽船株式会社編『馬場海運史』1958年，清水隆久『木谷吉次郎翁』故木谷吉次郎翁顕彰会，1970年，古河嘉雄『海商古河屋』若狭学術振興会，1971年，佐々木誠治『日本海運業の近代化』海文堂，1961年，正和勝之助『越中伏木湊と海商百家』桂書房，1995年，刀禰勇太郎編『河野浦近世史料選』第1集，河野浦近世史料刊行会，1963年，由井常彦・浅野俊光編『日本全国諸会社役員録』全16巻，柏書房，1988・89年，「藤野家履歴」(北海道大学附属図書館北方資料室蔵)，網走市史編纂委員会編『網走市史』上・下巻，1958・71年，三国町史編纂委員会編『三国町史料』1970年，印牧邦雄編『三国町史』三国町教育委員会，1964年，橋立町史編集委員会編『橋立町史』1997年，瀬戸田町教育委員会編『瀬戸田町史』通史編，2004年，金沢市史編さん委員会編『金沢市史』資料編8近世6，1997年，野辺地町史編さん刊行委員会編『野辺地町史』資料編第6集，1992年，明治15・20・23・25・30年「船名録」および明治35・40年「日本船名録」(いずれも国立公文書館蔵)，伊藤家文書（伊藤家蔵)，熊田家文書（財団法人呉竹文庫蔵)，宮林家文書（宮林家蔵)，野村家文書（野村家蔵および野辺地町立歴史民俗資料館蔵)，伊達家文書（北海道立図書館北方資料室蔵)，藤野家文書（近江商人史料写本　滋賀大学経済学部附属史料館蔵)，関西学院大学図書館所蔵写真紙焼製本資料（「佐渡小木　蓮華峰寺文書」〔原史料蓮華峰寺蔵〕，「羽後飛鳥　御客船控帳」〔原史料山形大学附属博物館蔵〕，「間尺帳写」〔関川家文書，原史料旧檜山爾志郡役所蔵〕）より作成。

注記）日本海沿岸地域の「客船帳」等に登場する帆船船主のうち，19世紀に同時に6隻以上の帆船（商船）を所有したと考えられる船主を示した。出身地の前半は旧国名を示し，代替わりによる名前の変更は→で示した。船舶所有・終了時期は，その家の史料や「客船帳」・「船名録」等より判明する範囲で示したので，必ずしも正確ではない。「近世期最多」「近代期最多」は判る範囲でそれぞれ所有最多船数の数と時期を示した。

力北前船主は存在していた。

例えば、越前国では河野浦の右近・中村家が二〇世紀まで海運経営を継続し、近世後期よりも近代期に経営規模が拡大したが、三国湊の有力北前船主はいずれも幕末か一八八〇年代までに海運業から撤退しており、右近・中村家とは正反対の経営展開を遂げた。加賀国でも瀬越・橋立など南部の北前船主は二〇世紀初頭まで帆船経営を行い、汽船経営へ進出するものも多かったが、本吉《もとよし》・粟ヶ崎など北部の北前船主は一八八〇（明治一三）年前後までには海運業から撤退した。越中国でも同様に、近代期に海運業を拡大させた東岩瀬の有力北前船主と一八八〇年代に海運業から撤退した伏木の有力北前船主では正反対の経営展開を遂げた。

そして、三カ国以外の地域でも、若狭国（現福井県南部）小浜の古河家・近江国八幡の西川家・近江国日枝《ひえ》の藤野家・越後国鬼舞《きぶ》の伊藤家・武蔵国（現東京都・埼玉県）東京の栖原家と伊達家など、近世期から帆船を所有して最大で九隻以上の帆船を所有した大規模北前船主は存在していた。

そこで、本書では特定の地域に偏らずに、冒頭で留意点として挙げた経営志向性（専業志向・兼業志向）や支配権力および地域社会との距離の取り方を指標としつつ、有力北前船主を分類し、そのなかから分析対象を選ぶ。

表序-12をみよう。有力北前船主の経営志向性を把握するため、近代以降の資産・所得規模が比較的よく判明した船主の資産・所得規模とその内訳、そしてその家の当主が務めた会社役員を示した。表序-11には、幕末期に海運業から撤退した有力北前船主を含めたが、幕末期に海運業から撤退した北前船主の近代期の資産・所得規模はほとんど把握できなかったため、表序-12では表に載せる海運経営規模の最低ラインを緩め、一九世紀に同時に三隻以上所有した北前船主とし、近代期に資産・所得規模が判明した北前船主の大部分を示し、併せて日本海沿岸地域に居宅・店舗などの拠点を置いたものに限定した。地方有力資産家が産業化に果たした役割の解明という本書の目的からみて、表序-12に挙げられた北前船主から分析対象を選ぶこととなる。

専業・兼業の経営志向性からみて、表序-11と表序-12を突き合わせると、近代期の有力北前船主は、近代以降も海運関連部門に主に展開した家と、海運とは直接には関連しない部門に主に展開した家とに区分し得る。前者の代表的事例が、福井県河野、石川県瀬越・橋立の有力北前船主や石川県一の宮の西村家で、これらの家は北海道産物の買積経営という近世来の本業に関連する部門として北海道漁業・日本海海運での活動を重視し、汽船経営や北洋漁業に進出した。それ以外の地域の有力北前船主でも、北海道漁業を近代期の経営の中心においた滋賀県八幡・日枝の西川家・藤野家や東京の栖原家もこのタイプに含められる。

一方、後者の代表的事例が、土地取得を進めて地主経営に展開した北前船主で、兵庫県豊岡の瀧田家、福井県小浜(西津)の古河家、福井県敦賀の大和田家、福井県三国の森田家、石川県湊の熊田家、石川県粟ヶ崎の木谷家、富山県放生津の宮林家、富山県高岡の菅野家、富山県東岩瀬の諸船主、新潟県鬼舞の伊藤家、新潟県新潟の斎藤家、山形県加茂の秋野家、青森県野辺地《のへじ》の野村家を挙げることができる。表序-12の一九二四(大正一三)年の所得内訳を見ると、前者のタイプに属する右近・中村・廣海・大家・久保家が所得全体に占める田畑所得の比率はそれほど高くなかったのに対し、後者のタイプに属する熊田・宮林・秋野家はいずれも所得の大部分が田畑所得であり、瀧田・大和田・森田家は個人銀行を設立したことで、配当が多かったため田畑所得の比率が少なくなったが、その他後者のタイプに属する木谷・伊藤・斎藤・野村家はいずれも大規模に土地を所有し、資産額から考えて、資産の主要内容は海運とは直接に関係のない土地であったと考えられる。

後者のタイプには、醬油醸造業を行った古河・森田・木谷家、鉱山業を行った大和田・熊田家、酒造業を行った古河・森田・野村家など、鉱工業に展開した家も多く、大和田・森田・野村家は個人銀行を設立した。その意味で、後者のタイプは多様な業種を兼業する志向性があり、前者のタイプより地域経済とのつながりは深かったと言える。

ただし、支配権力との距離の取り方で、後者のタイプも大きく二つに区分できる。すなわち、古河・木谷・宮林家

船主の資産・所得規模

1888年	1924年 総計	内 田畑	内 貸家	内 商工業	内 配当	内 俸給	1890年代の主要会社役員
		[4,250]					美含銀行(頭),山陰物産(取)
	56,752	9,526	8,976	3,337	34,043	870	新栄銀行(主),山陰物産(取)
							八幡銀行(取)
	102,120	13,522	72,330		16,268		
							小浜貯蓄銀行(久太夫家)
	99,423	10,903	4,316	12,709	63,528		大和田銀行(主),久二貯金銀行(頭)
	171,399	30,270	48,766	2,000	80,558	9,630	四十二銀行(取),日本海上保険(取)
	91,311	5,993	632	30,747	50,074	3,350	
	98,313	13,496	6,995	6,734	65,867	5,137	森田銀行(主),三国貯金銀行(頭)
[8,960][19]	265,611	3,534	39,641	5,205	189,295	27,001	日本海上保険(社)
6,859	91,317	16,873	48,754		22,687	2,342	日本海上保険(取),大阪瓦斯(取)
2,430							函館銀行(取),小樽倉庫(取)
2,665	50,243	3,601	2,000		31,491	2,184	石川県農工銀行(取),八十四銀行(取)
2,310	50,340	182	5,471	23,980	14,353	3,650	
2,331							大阪火災保険(取)
990							
2,963	[22,839][16]	[17,179][16]	[322][16]	[4,263][16]	[105][16]	[968][16]	石川県農工銀行(取),能美銀行(取)
1,400							美川銀行(頭),石川県農工銀行(取)
3,000							
1,053							北陸セメント(取)
1,630							七尾銀行(頭)
							伏木銀行(頭)
[431][3]							富山県農工銀行(取)
	[6,416][11]	[5,065][11]			[972][11]		
							高岡漁業(社),高岡貯金銀行(取)
	52,718	17,216	2,011	3,046	17,252	11,345	高岡銀行(頭),高岡紡績(社),中越鉄道(取)
	434,953	40,414	4,015	29,653	360,781		高岡共立銀行(頭),越中商船(社)
	34,422	9,151	941		5,380	1,700	第四十七銀行(頭)
	102,760	6,180	62,660	2,310	34,905	350	
	56,711	24,090	750		29,226	2,585	
	50,752	21,530	918		22,575		
6,333							
11,261							柏崎銀行(頭),日本石油(取),直江津商会(取)
9,594							新潟商業銀行(専),越佐汽船(社),北越鉄道(取)
	106,070[17]	94,818[17]	423[17]		10,619[17]		鶴岡銀行(取)
							伊東商会(社),青森県農工銀行(取)
							百十三銀行(頭),函館汽船(社),北海道共同(取)

「間尺帳」，前掲佐渡屋「諸国客船帳」，出雲崎町教育委員会編前掲『出雲崎町史』海運資料集(1)～(3)，牧野隆
掲『近江商人の経営史』，田島佳也前掲「北の海に向かった紀州商人」，斎藤善之前掲「解題」，馬場汽船株式
前掲『日本海運業の近代化』，正和勝之助前掲『越中伏木湊と海商百家』，西村通男前掲『海商三代』，渋谷隆
料集成』全7巻，柏書房，1985年，渋谷隆一編『都道府県別資産家地主総覧』北海道編・東北編・青森編・新
刀禰勇太郎編前掲『河野浦近世史料選』第1集，津川正幸『近世日本海運の諸問題』関西大学出版部，1998
前掲『三国町史』，工藤定雄・秋野庸太郎編『加茂港史』加茂郷土史編纂委員会，1966年，「藤野家履歴」（北
本船名録」（いずれも国立公文書館蔵），伊藤家文書（伊藤家蔵），熊田家文書（財団法人呉竹文庫蔵），宮林家
民俗資料館蔵），藤野家文書（近江商人史料写本　滋賀大学経済学部附属史料館蔵），由井常彦・浅野俊光編前

したと考えられる船主のうち，近代以降の資産・所得規模が比較的よく判明したものを示した。出身地の前半
た。1890年代の主要会社役員欄の（頭）は頭取，（主）は銀行主，（社）は社長，（専）は専務取締役，（取）は
補える場合は，［　］で補った。宮林家の1907年の所得の配当は利子所得も含む。
年。8）1883年。9）1884年。10）1882年。11）1907年。12）1886年の大阪店分と92年の本家分の合計。

表序-12　近代期主要北前

氏名	出身地	帆船数	調査資料にみる資産額（単位：円） 1902年	1916年	1926年	1933年	調査資料にみる土地・株式所有規模 1898年所有地価・面積	1924年所有地価・面積	1919年所有株式数
宮下仙五郎	但馬安木	3					[20町9反][6]	10,112円[15]	
瀧田清兵衛	但馬豊岡	4		70万	80万[5]	70万	27,799円	62町9反	
西川貞二郎→吉之助	近江八幡	9	50万[1]					164町5反	
藤野四郎兵衛→隆三	近江日枝	20	80万	200万	200万	100万	30,100円[7]	69町8反[16]	1,464株
古河嘉太夫	若狭西津	11					[6町3反][8]		
大和田荘七	越前敦賀	3		125万	130万	500万	24,190円	70町3反	3,854株
右近権右衛門	越前河野	21	500万	500万	500万	1,000万			42,802株
中村三之丞	越前河野	7		100万	100万				1,057株[15]
内田惣右衛門	越前三国	12					[2町6反][9]		
森田三郎右衛門	越前三国	16	50万	80万	450万[5]	300万	23,336円	64町8反	1,146株
廣海二三郎	加賀瀬越	11	500万	1,000万	2,000万	1,200万	10,604円		97,889株
大家七平	加賀瀬越	9	100万	750万	1,000万	500万	[96町1反][10]		8,625株
西出孫左衛門	加賀橋立	8	100万	150万	250万	250万			
久保彦兵衛	加賀橋立	5	50万			150万			4,340株
久保彦助	加賀橋立	7		100万	100万				910株
増田又右衛門→又七郎	加賀橋立	6				70万			
酒谷長一郎→長作	加賀橋立	3				60万			
熊田源太郎	加賀湊	10			30万[5]		37,022円		
永井正三郎	加賀美川	5			80万[5]			53町3反	1,381株
木谷藤右衛門	加賀粟ヶ崎	22	50万				[32町4反][11]		
西村忠左衛門→忠吉	能登一ノ宮	8	[50万][2]				[12町歩][12]		
津田嘉一郎	能登七尾	4					21,735円		
堀田善右衛門	越中伏木	6							
藤井能三	越中伏木	4	[5万][3]				[13町2反][3]		
宮林彦九郎	越中放生津	9		[37万][4]	25万[5]		[43町1反][13]	[46町1反][4]	[2,232株][4]
平能五兵衛	越中高岡	5		50万			10,470円		
菅野伝右衛門	越中高岡	3	50万	70万	105万[5]		13,000円	168町歩	
馬場道久→大次郎	越中東岩瀬	14	200万	500万	1,000万	2,000万	48,536円	206町8反	109,445株
森正太郎	越中東岩瀬	7			70万[5]		11,652円		375株
米田元次郎→元吉郎	越中東岩瀬	3		70万		500万		252町1反	5,300株
畠山小兵衛	越中東岩瀬	3		50万	120万[5]	80万	11,811円	145町歩	920株[15]
宮城彦次郎	越中東岩瀬	6						125町歩	963株
伊藤助右衛門	越後鬼舞	9					[90町5反][14]	10,469円[17]	
牧口荘三郎	越後荒浜	4	300万				27,832円		
斎藤喜十郎→庫吉	越後新潟	4	100万	100万	200万[5]	1,000万	128,150円	472町6反	
秋野直吉→光広	羽前加茂	3	100万	150万	250万	500万	113,581円	356町1反	
野村治三郎	陸奥野辺地	6	60万	100万	100万		71,344円	373町歩	1,413株
山本久右衛門→厚三	渡島福山	3		70万		80万		210町3反	1,177株
田中正右衛門	渡島函館	4					9,339円[7]	219町9反[18]	
栖原角兵衛→忠雄	武蔵江戸	20	110万[1]			120万	6,479円[7]		350株

出所）柚木学編前掲『諸国御客船帳』（上・下），柚木学編前掲『近代海運史料』，前掲「諸国御客帳」，前掲信前掲『北前船の研究』，牧野隆信前掲『北前船の時代』，高瀬保前掲『加賀藩の海運史』，上村雅洋前会社編前掲『馬場海運史』，清水隆久前掲『木谷吉次郎翁』，古河嘉雄前掲『海商古河屋』，佐々木誠治一編前掲『明治期日本全国資産家地主資料集成』第4巻，渋谷隆一編『大正昭和日本全国資産家地主資潟編・富山編・石川編・近畿編，日本図書センター，1991～97年，前掲「北海産荷受問屋組合沿革史」，年，柏倉菊治『函館新繁昌記』上篇，1888年，三国町史編纂委員会編前掲『三国町史料』，印牧邦雄編海道大学附属図書館北方資料室蔵），明治15・20・23・25・30年「船名録」および明治35・40年「日文書（宮林家蔵），藤井家文書（高岡市立伏木図書館蔵），野村家文書（野村家蔵および野辺地町立歴史掲『日本全国諸会社役員録』1～4，より作成。

注記）日本海沿岸地域の「客船帳」等に登場する帆船船主で，19世紀に同時に3隻以上の帆船（商船）を所有は旧国名を示し，代替わりによる名前の変更は→で示した。帆船数は判る範囲で最多所有帆船数を示し取締役を示す。本表は，調査資料として活字になった資料の数値や内容を主に示したが，各家の史料で

注1）1888年。2）1905年，本家分を除く。3）1896年。4）1922年。5）1925年。6）1885年。7）1887 13）1902年。14）1894年。15）1916年。16）1920年。17）1928年。18）1911年。19）1889年。

は、近世後期に藩御用商人として年貢米輸送などに積極的に関与し、[90]近世後期の時点で大規模船主となったが、瀧田・大和田・森田・熊田・菅野・伊藤・野村家は、近世後期の御用輸送にはあまり関与せず、むしろ明治維新で近世期の様々な規制がなくなったことで近代期に海運経営を拡大させた。逆に、古河・木谷・宮林家は、御用輸送で大きな利益を得たものの、藩の御用金負担に応ずる必要があり、特に幕末期にその負担が重くなるとともに、廃藩置県で御用輸送がなくなった結果、近代前期に海運経営を発展させることはできなかった。ところが近代初頭の地域社会では、近世期における古河・木谷・宮林家の経済的地位の高さが住民の意識として残されており、新たな時代の下での地域経済の振興に彼らに多大な期待が寄せられた。その結果、近代前期の彼らは、支配権力とは離れたものの、地域社会とのつながりは深いまま継続した。

一方、前者のタイプと支配権力との距離を考えると、彼らの居住した石川県瀬越・橋立は、金沢藩支藩の大聖寺《だいしょうじ》藩に属し、藩の石高も少なく、年貢米の御用輸送にあまり経営的メリットはなかった。[91]しかし藩側は、藩領内に大規模な北前船主が居れば、御用金負担を求めるため、[92]彼らにとって藩の存在はデメリットが大きく、明治維新で御用金負担がなくなったことが彼らの海運経営の飛躍につながった。そして彼らが北海道での活動に重点を置くとともに、地元経済とのつながりも弱くなった。

かくして近代期に地方有力資産家として存続した北前船主は、北海道産物を中心に扱い、海運関連部門に進出したため出身地域経済との関係が弱かったタイプと、近世期に支配権力との距離は相対的に離れており、近代期には多様な業種に展開し、地域経済とのつながりが深かったタイプと、近世期に御用輸送と御用金負担を介して支配権力との距離が近く、明治維新による特権の喪失で近代前期の海運経営は停滞したものの、土地経営に主に展開しており、出身地域社会とのつながりが強かったタイプの三つに大別できる。

表序-13をみよう。これらの北前船主はいずれも資本主義生成期に相当数の船と相当額の資産を所有した「海の富

表序-13　20世紀初頭富山・石川・福井県主要資産家一覧

（資産額の単位：円）

① 富山県

氏　名	住　所	職　業	1902年	1916年
＊馬場道久	東岩瀬	農　業	200万	500万
高廣次平	福　岡	農　業	200万	120万
中田清兵衛	富　山	薬種商	200万	100万
＊菅野伝右衛門	高　岡	肥料商	50万	70万
清野仙吉			50万	
藤木金三郎			50万	
田邊貫一	富　山	会社員		150万
斎藤仁右衛門	滑　川	農　業		100万
橘清治郎	守　山	会社員		100万
＊米田元次郎	東岩瀬	商　業		70万
佐藤助九郎	柳　瀬	土木請負		70万
密田林蔵	富　山	売薬商		50万
＊畠山小兵衛	東岩瀬	農　業		50万
＊木津太郎平	高　岡	会社員		50万
＊平能五兵衛	高　岡	肥料商		50万
蓮沼安太郎	富　山	無　職		50万
米澤与三次	入　善	酒造業		50万

② 石川県

氏　名	住　所	職　業	1902年	1916年
＊大家七平	瀬　越	海運業	800万	750万
＊廣海二三郎	瀬　越	海運業	500万	1,000万
一木清左衛門			200万	
横山隆平(隆俊)	金　沢	男　爵	100万	200万
＊西出孫左衛門	橋　立	海運業	100万	150万
本多政以	金　沢	男　爵	100万	50万
中屋彦十郎			100万	
横山隆興(章)	金　沢	鉱　業	50万	150万
＊久保彦兵衛	橋　立		50万	
＊木谷藤右衛門	粟ヶ崎		50万	
海野利右衛門			50万	
＊久保彦助	橋　立	商　業		100万
村彦兵衛	金　沢	酒造業		100万
＊平出喜三郎	橋　立	海運業		70万
吉田茂平	山　島	銀行業		60万
＊忠谷久次郎	橋　立	漁　業		55万
＊米谷半平	安　宅	銀行業		50万
佐野久太郎	金　沢	貸金業		50万
松川藤右衛門	金　沢	呉服商		50万
田守太兵衛	金　沢	呉服商		50万
由雄元太郎	津　幡	農　業		50万

③ 福井県

氏　名	住　所	職　業	1902年	1916年
＊右近権左衛門	河　野	海運業	500万	500万
松平康荘	福　井	侯　爵	80万	1,000万
＊森田三郎右衛門	三　国	銀行業	50万	80万
松野正吉			50万	
山村半蔵			50万	
＊大和田荘七	敦　賀	銀行業		125万
＊中村三之丞	河　野	海運業		100万
山田猷	高　椋	農　業		65万
宇野三左衛門	敦　賀	石灰業		60万
喜多村謙吉	敦　賀	石灰商		60万
＊山本伝兵衛	敦　賀	農　業		50万
田中長次郎	小　浜	回漕業		50万
斎藤与次郎	鯖　江	農　業		50万
岩堀嘉三郎	神　山	農　業		50万

出所）渋谷隆一編前掲『明治期日本全国資産家地主資料集成』第4巻，渋谷隆一編前掲『大正昭和日本全国資産家地主資料集成』第1巻より作成。

注記）1902・16年ともに当時発行された資産家番付に掲載された家を示した。金額は資産家番付に示された資産額で職業もその番付に掲載された主な職業を示した。氏名の冒頭の＊印は北前船主を示す。住所は出身住所を示したが，大家七平・廣海二三郎・右近権左衛門は大阪，西出孫左衛門・久保彦助・平出喜三郎・忠谷久次郎は函館にそれぞれ拠点を移したので，資産家番付には，それぞれ大阪府・北海道の項目で記載された場合があった。氏名欄の括弧内は代替わりを示す。

豪」となり、特に北陸三県（富山・石川・福井県）域では、二〇世紀初頭においても地域の有力資産家のかなりの部分を北前船主が占めた。よってこれら「海の富豪」の経営展開が地域経済に与えた影響は大きく、本書の結論部分では、北陸三県の産業化の特徴を地域有力資産家の経営展開との関連で論ずることとする。

（2）本書の構成

前述の近代期の北前船主の三つのタイプを念頭において、本書は三部構成とし、分析対象を選ぶ際は、各タイプのなかで、一次史料を利用して実証的に分析可能な家を、各章の主要分析素材として選んだ。そしてその家と地域的あるいは経営展開の面で類似性のある家を各章の末尾で比較することで、事例の豊富化を図った。

第Ⅰ部は、北海道産物を中心に扱い、海運関連部門に進出した北前船主として、滋賀県八幡の西川家（第1章）と石川県橋立の酒谷家（第2章）を取り上げた。これらの家はいずれも一八世紀から北海道に進出したが、西川家は場所請負人として北海道漁業を行ったのに対し、酒谷家は専ら北海道産物の買積経営を行った。西川家は近世期に大坂に出店を設けて、生産・集散（消費）地への輸送・集散（消費）地での販売を一貫して行い、酒谷家は近代期に北海道奥地に漁場を所有し、北海道と大坂の両方に店を構えて、やはり生産・輸送・集散（消費）地での販売を一貫して行う方向を示した。その意味で、両家とも商品の流れに沿って上流（生産過程）・下流（集散〔消費〕地での販売）へ進出しており、垂直統合的な経営展開を遂げたと言える。そして西川家の比較対象として、北前船主兼場所請負人として北海道漁業に携わり、近代北海道で西川家と並ぶ大漁業家となった滋賀県日枝の藤野家を、酒谷家の比較対象として、北海道と大阪の両方に店を構えて大規模な垂直統合経営を展開した石川県一の宮の西村家を取り上げた。

このような垂直統合的な経営展開は、自己の経営の最大の利益基盤に専ら資金を投入する方法で、出身地元の多様な経済的期待に応えるのは難しく、地域経済とのつながりは薄かったと考えられる。ただし、収益獲得の循環がうまく機能すれば、高蓄積が期待でき、海運業撤退後に蓄積した資金の運用如何で、地域経済に止まらず日本全体の資本主義化に貢献し得る可能性もあった。垂直統合経営を遂げた北前船主の多くは、一八八七（明治二〇）年に北陸親議会という組合を結成して自らの商権の維持確保に努めたので、第I部補論では、北陸親議会加盟船主に焦点を合わせ、その中で特に経営規模の大きかった福井県河野の右近家の経営展開を取り上げ、第I部の事例を補足した。

第II部は、多種類の商品を扱い、多様な業種を兼営した北前船主として、青森県野辺地の野村家、新潟県鬼舞の伊藤家、石川県湊の熊田家を取り上げた。これらの家は、海運業の他に、野村家は土地経営と酒造業と銀行業、伊藤家は土地経営と金銭貸付、熊田家は土地経営と鉱山業と、海運経営とは直接には関係ない業種を兼営し、海運業での取扱商品も、北海道産物を専ら扱った第I部の北前船主に対し、北海道への進出が比較的遅かった第II部の北前船主は、北海道産物に加え、米・木綿・砂糖・蠟など多種類の商品を扱った。

第II部は地域経済との関連を重視するため、各家の比較対象に比較的地域的類似性のある家を選び、野村家の場合は同じ東北地方の北前船主として山形県加茂の秋野家を、伊藤家の場合は同じ新潟県の北前船主として新潟の斎藤家を、熊田家の場合は同家と同じように出身地元で土地経営と銀行経営を行った北前船主として兵庫県豊岡の瀧田家を取り上げた。瀧田家は熊田家と出身地域は離れていたが、山陰地方の北前船主の経営展開と地域経済の関連を視野に入れるべく第5章で取り上げることとした。

またそれらの家は、出身地元での土地経営を大規模に行ったこともあり、地域経済とのつながりは深かったが、地元会社設立への関与の程度は、地元銀行に深く関与した野村家、全く会社設立には関与しなかった伊藤家、家業を分割して複数の会社を設立した熊田家など対応は様々であった。そして北前船主を輩出した富山県では、東岩瀬・高岡の北前船主が出身地元で大規模に土地経営を行い、地域経済とのつながりが深かったので、第II部補論では、それらの経営展開と富山県経済の関係を考察して、第II部の事例を補足した。

第Ⅲ部は、近世期は御用輸送を主に担い、御用金負担の重さから、近代前期に海運経営を発展させられなかった北前船主のなかから、富山県放生津の宮林家と福井県小浜の古河家を取り上げた。宮林家と古河家は、いずれも金沢藩・小浜藩という大藩の主要湊町に居住し、放生津・小浜はいずれも年貢米の移出湊であった。それゆえ彼らには、御用輸送を担うメリットは大きく、御用金を負担しつつ近世期にそれらの藩を代表する大規模北前船主となった。そのため、明治維新による特権の喪失の打撃は大きく、近代前期の海運経営は停滞したものの、土地経営に主に展開したこともあり、出身地域社会とのつながりは強く、それが近代期の経営に大きな影響を与えた。各家の比較対象として、宮林家には出身地が近く同じ御用商人として宮林家以上に地域社会に関与した富山県伏木の藤井家を、古河家には同家と同じように出身地域が大藩の城下町に隣接した湊町で、御用商人として活動した石川県粟ヶ崎の木谷家を取り上げた。そして第Ⅲ部補論では、北陸三県（富山・石川・福井県）域でもう一つの大藩であった福井藩の年貢米主要移出湊であった三国湊、および小浜藩で城下と並ぶ年貢米移出湊であった敦賀湊の北前船主の御用との関係、およびそれが近代期の福井県経済・社会に与えた影響を考察して、第Ⅲ部の事例を補足した。

このように北前船主の三つのタイプに対応して、三部構成で各家の事例を比較し、終章では、①北前船主の経営展開の特質、②北前船主が日本の資本主義化に果たした役割、③北前船主の経営展開との関連で進展した北陸三県（富山・石川・福井県）域の産業化の特質、について以下の点に着目してまとめる。

①に関しては、北前船主の経営展開にみられた垂直統合経営と複合経営の関係、支配権力と地域との関係、そして北前船の捉え方が論点となる。そこでの論点の一つに御用の内容の質的な相違があり、近世期の有力北前船主は、多かれ少なかれ御用金を負担し、その対価として士分格に取り立てられたり御用を引き受けたりしたが、御用に依拠して経営を拡大した船主がいた反面、御用金負担が経営を圧迫した場合も多く、御用金負担がなくなったことを契機に、近代期に経営を拡大し得た北前船主も多かった。なお御用金には、支配権力への贈与である献（上）金もあれ

ば、支配権力が負担者から借り上げる調達金の場合は、調達金の場合は、支配権力から返済を受けることもあったが、返済されずに、最終的には負担者の献（上）金もしくは貸倒れとして処理された場合も多かった。よって本書では、献（上）金と調達金を含めて御用金と考える。

その点で、これまで研究史では、北前船は近世後期に活躍した廻船と想定されたが、本書は、近代期の北前船の活動を重視する。汽船網の整備によって帆船輸送は衰退したのではなく、汽船網の整備が新たな商品市場と海運需要を創出した側面もあり、汽船網と接続しつつ、近代期に帆船による買積経営がさらに活発化した。また、汽船網が定着し得るような定期的大量輸送需要が全ての地域で存在したわけではなく、汽船網が定着し得ない地域では、依然として帆船輸送が盛んで、近代期に帆船を所有して北前船経営へ進出した船主も多数存在した。本論と終章で詳述するが、二〇世紀初頭に北陸地方の北前船主が北洋漁業へ進出し、山陰地方の帆船船主が朝鮮半島との貿易に進出したため、日本海沿岸の帆船船主の活動範囲は、近代期に文字通りの「日本海」になった。実際、北前船主が急速に資産を蓄積したのは近代前期と考えられ、それがその後の会社設立・証券投資に活かされた。

②に関しては、冒頭で述べた地域間の工業化格差の視点を念頭におき、北前船主が関わった地域経済が主に日本海沿岸地域という「地方」であったので、それとの対比で近代日本の工業化の中心の一つとなった大阪の工業化に深く関わった商家系譜の有力地方資産家の事例を簡単に取り上げる。そして、一次史料から実証的に検討できる家として、大阪の田中市兵衛家、滋賀県能登川の阿部市太郎家、大阪府貝塚の廣海惣太郎家を取り上げる。

田中家は幕末期に大坂で肥料商を営み、一八八〇年代以降の大阪での会社設立に積極的に関わり、多くの会社を経営した。阿部家は近代期も能登川に織物商としての拠点を置き続けたが、一族が近代初頭に大阪に拠点を移し、大阪での会社設立に積極的に関わったことから、それとのつながりで積極的に多くの会社経営に関わることとなった。また廣海惣太郎家は、貝塚の肥料商で商業的蓄積をもとに一八九〇年代から地元貝塚の会社設立に積極的に投資し、その後も一貫して有価証券投資を資産運用の中心に置いた。

③に関しては、工業化と産業化の捉え方の違いが論点となる。一般に産業化は、[93] 商品経済の浸透により市場向け生産の比重が高まり、社会的分業の進展とともに様々な質の異なる就業機会が成立するに至った過程を意味するが、工業化は、社会全体の商品生産のうち工業生産の比重が高まることを意味しており、必ずしも産業化と同義ではない。むろん工業生産物は、農業に比べて付加価値分が多く、自家消費分より市場向け生産が圧倒的に多いため、市場向け生産の比重を高める意味で工業化は全体として産業化を促進する。しかし、それゆえ逆に工業化が工業生産以外の生産を減少させて他産業の産業化を押し止める場合もある。その点を念頭において、「工業特化」型産業化と「農工連関」型産業化を対置させ、北陸地域で進展した「農工連関」型産業化の特質を北前船主の経営展開・資産運用と組み合わせて再評価し、本書全体のまとめとする。

第I部

商品・資本市場と北前船主

小浜沖を帆走する北前船（明治期）。
（井田写真館蔵，『北前船と大阪』大阪市立博物館，1983 年）

はじめに——特定商品取扱と垂直統合経営

第Ⅰ部では、商品・資本市場の視点から、市場参加者の行動におけるリスクと収益の問題を考えたい。常識的に考えれば、リスクの大きい取引ほど単位量当たりの収益が大きくなると想定され、その逆と併せて、高リスク・高収益と低リスク・低収益のバランス関係のなかで、市場参加者は知恵を絞ることとなる。もともと北前船主の商取引の特徴である自分荷物積は、海難のリスクを自ら負って地域間価格差を享受することを目指す点で、高リスク・高収益の傾向はあり、北前船主の商品市場での戦略は、①高収益の維持、②リスクの可能な限りの低減、の二点に集約されることとなった。ただし、この二点を両方とも十分に実現するのは困難で、どちらかを優先せざるを得ない。第Ⅰ部で取り上げる北前船主は、①を優先させつつ、得た資金で所有船数を増大させることで、海難のリスクを分散させる方策をとった。

すなわち彼らは、一八世紀から北海道に進出し、地域間価格差の大きかった北海道産物を早くから取扱商品の中心におき、遠隔地間の輸送手段を所有した利点を最大限に活かして、産地の北海道と消費地に隣接する集散地の両方に拠点を設け、商品の流れに沿って上流（生産過程）から下流（集散〔消費〕地）まで垂直統合的な経営展開を遂げた。それにより、新規参入者の北海道産物市場への侵食を止めることにある程度成功して市場シェアを維持し続けた。その結果、彼らはかなりの商業的蓄積を獲得したが、商権の維持のためにその資金力を投入する必要があり、不動産投資・有価証券投資などは低調に推移した。

しかし、特定商品の取り扱いに専念することは、その商品の市場動向に経営全体が左右されるリスクを負うこととなる。特に交通網の近代化が、彼らの既存の取引形態に不利に働くようになると、垂直統合経営がその他の商品市場への弾力的な対応を困難にしたため、海運経営から撤退し、商業以外の分野に転身する必要が生じた。その際、漁業も行う場所請負商人として北海道へ進出した西川家（第1章）とあくまで廻船業者として北海道へ進出した酒谷家（第2章）では、商業以外への進出の方向性は異なり、西川家は北海道での漁業・農場経営を専ら行い、海運経営撤退後の酒谷家は、それと全く無関係に銀行預金や有価証券投資を通した資産運用を図った。

酒谷家のその局面では、資本市場におけるリスクと収益の関係が問題となる。商品市場の場合と同様に、資本市場でも評価額の変動率の大きい証券ほど、売買に成功した際の期待収益率は大きい。興味深いのは、商品市場で高リスクを負っても高収益を優先させた酒谷家が、資本市場に対しては、銀行預金・公社債・金銭信託を優先させて、高収益の可能性のある株式売買をあまり行わなかったことである。もちろん酒谷家は、地域間金利差を活かして、預金する銀行を分散させるなど、収益の確保にも努めたが、全体として商品市場での経験が学習効果となり、経営行動において、「収益優先・リスクのある程度の低減」戦略から「リスク低減優先・収益のある程度の確保」戦略へと大きく転換した。もっとも、酒谷家が地域間金利差を活かす戦略が採れた背景には、垂直統合経営のなかで、北海道と大阪の両方に拠点をもったことで、情報収集が容易であった面が考えられ、垂直統合戦略による多拠点性がその後の資産運用にも大きな影響を与えた。

ただし酒谷家が、地域経済のためにリスクを負って地元会社に株式投資する側面がみられなかったことは、北前船経営に専念していた時期も海運業撤退後も同様であり、海運業撤退後の西川家が、北海道での漁業・農業に専念し、出身の近江八幡の会社経営にほとんど関与しなかったことも併せ、第I部の北前船主は家業・家産志向性が強く、社会志向性は弱かったと考えられ、その点を念頭において以下の記述を進める。

第1章　場所請負商人から巨大漁業家へ

——近江国八幡・住吉屋西川家の事例——

はじめに

本章では、近江国（現滋賀県）八幡町の代表的商人で、一七世紀から北海道へ進出した住吉屋西川家を取り上げる。住吉屋の初代伝右衛門は、越後地方を中心に荒物を行商し、その後呉服や太物を扱うに至り、一六五〇（慶安三）年に北海道の松前城下（福山湊）に来たと言われる。(1) その後、寛文期（一六六一～七三年）に松前城下で開店して呉服・太物を商い、両浜組に加入した。二代伝右衛門時代の一七〇一（元禄一四）年に、城下の店を支店と位置付けて支配人を置くようになり、一八世紀前半に苗字帯刀を許され、三代伝右衛門時代の一八世紀中葉に商場請負（後の場所請負）に進出したと言われる。一七七九（安永八）年に船を四隻所有し、一九世紀前半に大坂に店を出したと考えられ、松前藩（正式には福山藩）の御用金を負担した。一八四三（天保一四）年に箱館店を開店し、こちらでは呉服を扱い、一八五九（安政六）年時点で和船六隻を所有した。このように、住吉屋西川家は近世後期の時点で、北海道と本州の両方に店を構えて、多くの手船（自己所有船）で遠隔地間を取引する大規模船持商人となっていた。

住吉屋は、北海道で請け負った場所で漁業を行い、その漁獲物を手船で本州に輸送して販売したので、研究史上で北前船の特徴とされた買積とは異なり、住吉屋を北前船主と位置づけるには留意が必要である。(2) 海運の輸送形態には荷主と船主が同じ自分荷物積と荷主と船主が別の他人荷物積があり、他人荷物積である運賃積では一般に海難のリスクをある程度荷主が負うため、船主のリスクは自分荷物積より小さいが、運賃が前もって決められ、船主の利益は限定される。自分荷物積には、船主が商人として港で商品を買い入れ、それを別の港へ運んで販売する買積と、生産者が船を所有して生産に必要な原材料や自らの生産物を運ぶ生産者手船輸送があり、後者は日本海海運では、生産者的性格をもった商場（場所）請負人の手船輸送として行われた。買積と生産者手船輸送には、海難の際の船主のリスクは大きいが、自ら商取引を行うため利益が大きいという共通点があった。

個々の海運業者は、運賃積と買積、あるいは運賃積と買積と生産者手船輸送などを併用して行うことが多かったが、主として行った輸送形態が海運業者の経営の性格を規定したと考えられる。北前船主の海運経営の特徴は、荷主と船主が同一で自ら海難のリスクを負って、地域間価格差を活かして高利益を得ることにあったので、その意味で買積と生産者手船輸送を同列に位置付けることは可能である。以上の視点から本書では、生産者手船輸送を主に行った住吉屋も北前船主と位置づけることとする。

最幕末期に当主となった貞二郎は伝右衛門を襲名せずに、近代以降も西川貞二郎を名乗ったが、一九世紀末の時点では、依然として西川貞二郎家は近江国八幡を代表する有力資産家であった。表1-1をみよう。滋賀県のなかで有力な近江商人を多数輩出した蒲生郡・神崎郡・愛知《えち》郡の有力資産家を示したが、西川貞二郎家は一八八八（明治二一）年時点では、当時を代表する有力資産家であった。しかし、二〇世紀に入ると、同じ滋賀県八幡出身の西川甚五郎家や森五郎兵衛家が急速に資産を拡大し、八幡以外にも五個荘《ごかしょう》の塚本諸家・外村諸家や市辺の西村重郎兵衛家など、日本を代表する有力資産家を滋賀県は輩出したなかで、住吉屋西川家は、資産額を十分に拡大させることはでき

郡・愛知郡有力資産家一覧

（税額・地価の単位：円）

1924年頃資産額	1924年頃国税総額	1924年所得金額合計と内訳						1930年頃資産額
		合計	田畑・山林	貸家・貸地	商工業	配当	給与・賞与	
1,500万円	2,274	85,870	4,755	8,393		66,558	4,670	200万円
100万円		102,120	13,522	72,330		16,268		
300万円		307,547	986	47,065	217,098	39,058		2,000万円
80万円	1,862							
100万円	15,459	119,041	2,512	272	88,717	25,026	1,156	400万円
350万円	7,727	171,070	4,689	2,766		119,445	10,250	2,500万円
120万円	10,732	85,003	2,962	1,303	66,214	13,416	200	200万円
250万円								
100万円	2,650	53,985	66	2,964		16,175	32,281	300万円
115万円	20,982	146,171	5,408	3,181	111,278	26,304		700万円
300万円	4,197	40,120	18,127	294		21,214	200	200万円
藤井彦四郎（北五個荘）		93,836	852	156	64,010	21,494	800	350万円1)
800万円	62,090	396,998	355	4,139	303,205	80,839	8,360	500万円
1,200万円	30,944	240,275	4,418	9,413	157,600	64,039	4,120	350万円
200万円	15,581	250,506	2,341	22,654	65,480	156,647	3,384	500万円
		34,795	641			34,154		150万円1)
野田六右衛門（日野）		83,843	2,040	377	72,958	8,073		180万円1)
塚本信三（南五個荘）		44,397	467	480		34,200	9,250	60万円1)
125万円	16,198	105,475	1,719	350	76,337	26,403	400	250万円
800万円	26,270	220,617	896	4	141,113	78,604		170万円
530万円	12,674	93,217	1,402	1,147	82,383	7,348	450	
		63,771	1,931	17,301		14,576	29,717	400万円
100万円	2,040	57,392	1,542	266	6,535	46,139	2,910	350万円
		32,514	16	7,883	20,258	4,357		70万円
950万円	23,309	141,387		1,059	138,240	2,088		
350万円	1,862							
78万円	7,257	69,131	1,780	2,142	46,547	16,275	790	200万円
		64,062	2,071	109	57,951	3,931		60万円
		63,191	8,681	3,203	43,800	3,036	2,400	
120万円	7,788	71,385	2,316	262	52,180	16,627		
200万円	14,183	99,970	21	26	94,756	4,029	600	100万円
850万円	14,183							
480万円	1,656							
300万円	4,435	53,410	483	221	35,408	11,298		120万円
850万円	2,966	108,133	394	25		107,714		500万円
800万円	1,471	55,207	3,123	1,041		45,224		150万円
200万円		58,183	365	13		57,805		250万円
		113,538	756	3,770	106,783	2,229		90万円

和日本全国資産家地主資料集成』第1・3巻，柏書房，1985年，渋谷隆一編『都道府県別資産家地主総覧』滋

以上，1910年所得等級特8以上，1916年頃資産額200万円以上，1924年頃資産額400万円以上，1924年所得
た。氏名欄の→は代替わりを示すが，前後関係より推定した場合もある。欄の途中の氏名の下の括弧書きは住
以上の階層となり，1級が10,000円以上で，その下が500円きざみで19級が1,000円以上の階層となり，その

表 1-1　滋賀県蒲生郡・神崎

氏　名	住　所	1888 年頃 資産額	1897 年頃 地租	1897 年頃 所得税	1898 年頃 所有地価	1910 年 所得等級	1916 年頃 資産額
小林吟右衛門	豊　椋	80 万円	525	457	17,386	23	200 万円
藤野四郎兵衛→隆三	八木荘	80 万円					100 万円
外村与左衛門	南五個荘	55 万円				特 6	300 万円
西川貞二郎→吉之助	八　幡	50 万円				3	
阿部市郎兵衛（シゲ）	能登川	30 万円			11,647	2	150 万円
塚本定次郎→定右衛門	南五個荘	20 万円				14	1,000 万円
山中兵右衛門	日　野	15 万円					
外村宇兵衛	南五個荘		1,252	128	38,700	10	130 万円
藤井善助	北五個荘		841	16		5	70 万円
鈴木忠右衛門	北比都佐		208	445		15	200 万円
猪田岩蔵	北五個荘				26,746	特 8	
堀江稲行	八　幡					特 1	
西川甚五郎	八　幡					特 2	200 万円
森五郎兵衛	八　幡					特 3	250 万円
西川庄六	八　幡					特 5	150 万円
矢尾喜兵衛→義	西桜谷					特 5	
山中安太郎	日　野					特 5	80 万円
石岡庄助	日　野					特 5	
堅田六左衛門	日　野					特 5	
高井作右衛門	日　野					特 6	100 万円
外村市郎兵衛	南五個荘					特 7	100 万円
藤崎惣兵衛	北比都佐					特 7	
阿部市太郎	能登川					特 8	200 万円
小泉新兵衛	旭					特 8	100 万円
原田四郎左衛門	八　幡					特 8	
鈴木忠兵衛→忠司	北比都佐					特 8	
小澤三右衛門	鏡　山					特 8	
岡宗一郎→直次郎	鎌　掛					特 8	
岡与右衛門→幸八	鎌　掛					特 8	
増田善兵衛	鎌　掛					特 8	
山中正吉	西大路					1	
伴伝兵衛	八　幡					3	
西村健治郎	市　辺					7	
岡伊右衛門	日　野					11	
塚本喜左衛門→金右衛門	南五個荘					13	
西村重郎兵衛	市　辺					19	500 万円
塚本粂右衛門	南五個荘					17	300 万円
稲本利右衛門	旭					21	200 万円
小泉重助	旭					22	

出所）渋谷隆一編『明治期日本全国資産家地主資料集成』第 3・4 巻，柏書房，1984年，渋谷隆一編『大正昭
賀・和歌山編，近畿編，日本図書センター，1991 年より作成。

注記）1888 年頃資産額・1897 年頃地租と所得税額が出所資料に掲載，あるいは 1898 年頃所有地価 20,000 円
額 50,000 円以上のいずれかの条件を満たしたものを取り上げ，それぞれについて表で挙げた項目を示し
所。1910 年の所得金額等級は，特 1 級が 50,000 円以上で，その下が 5,000 円きざみで特 8 級が 15,000 円
下が 100 円きざみで 25 級の 400 円以上の階層まで史料で示された。

注 1 ）1933 年頃の数値。

ず、資産家としての地位を低下させた。

二〇世紀に入り資産額を急増させた近江商人はいずれも、東京・大阪など大都市に店を構えて、家業を会社経営へと展開し、[3]一九二四（大正一三）年の所得内訳から判るように、家業の商業も大規模に行いつつ、配当収入もかなりあり、株式投資も積極的に展開した。一方、住吉屋西川家は近代以降も北海道に経営拠点を置き続けて、漁業経営を行った。このような近代以降の経営展開の相違が、近江商人のなかでの資産額の差異につながったことを念頭において、住吉屋西川家の経営展開の特徴を検討する。

また西川家と同様に近世来の北前船主兼場所請負人として近代以降も北海道で大規模に漁業経営を行ったのが柏屋藤野家で、藤野家も表1-1にみられるように一八八八年時点で滋賀県蒲生郡・神崎郡・愛知郡を代表する有力資産家であった。ただし、藤野家も資産額を十分に拡大し得ず、本章のまとめで藤野家の経営展開を西川家と比較する。

住吉屋西川家に関してはある程度先行研究があり、松前藩の場所請負制度に関しては、白山友正が場所請負制度全般をまとめ、場所請負人は、一般的に自ら大規模に漁業を行っていたことから、場所請負人を商人としてではなく漁業（産業）資本として位置付けた。[4]封建制下であり、産業資本という用語は違和感があり、大規模生産者と言うべきと思われるが、これに対して田端宏が住吉屋西川家の帳簿分析を行い、西川家の幕末期の北海道経営は封建的特権商人の性格が強かったとして白山批判を展開した。[5]

それを契機に場所請負人の経営の実証分析が進み、長谷川伸三が幕末期の西川家の高島場所の経営について分析した。[6]その中で長谷川は、幕末期には、アイヌ人労働力の減少や二八取漁民の成長、さらに雇傭労働の導入で経営を拡大した有力漁民の台頭により、西川家の高島場所経営は大きく動揺したとした。また、上村雅洋は、近江商人研究の一環として、住吉屋西川家の営業形態、会計帳簿、本家と支店との関係などを考察し、西川家の特徴を、他の近江商人の家と比較した。[7]上村の研究は現時点の住吉屋西川家研究の水準を示すもので、本章のまとめで触れたい。

一　場所請負商人としての経営

住吉屋は一七世紀に北海道に進出すると、両浜組に加入した[8]。近江国の八幡町・柳川村・薩摩村出身の商人が、近江商人のなかで最も早く一七世紀に北海道に進出したが、松前藩が本州との移出入湊を北海道南部の松前城下（福山）・箱館・江差の三湊に限定したため、彼らは松前城下や江差で店を開き、両浜組という仲間組織を設立した。八幡町・柳川村・薩摩村以外の近江国から北海道に進出した近江商人も存在したが、彼らは両浜組に加入せず、両浜組はあくまで八幡町・柳川村・薩摩村出身の近江商人の組合であった。

一八世紀の北海道において両浜組は大きな勢力を持ち、共同で荷所船と呼ばれる船を雇うと同時に、有力な両浜組商人は商場請負へも進出した。荷所船の船主は[9]、越前国河野・敦賀、あるいは加賀国橋立の船主が多く、両浜組商人は、北海道で集荷した漁獲物を、その荷所船で運ばせて、敦賀で荷降ろしさせた。敦賀には、敦賀問屋が四軒あり、敦賀から陸上を運び、琵琶湖を湖上輸送して、大津納屋と呼ばれる大津の問屋に引き渡した。大津から先は、おそらく京や大坂に運ばれ、または近江国で販売されたと考えられる。このように、北海道―敦賀―大津という流通ルートがあり、両浜組が何隻の船を雇ってどの船から順に荷物を積むかを決めることができた点で、荷所船主は両浜組の支配下にあったと考えられる。

両浜組が強い力を持つことができた背景として、両浜組が松前藩の御用金を負担しており、その代わりに松前藩は両浜組に対して、免税特権を与えたことがあった[10]。松前藩が無石大名と呼ばれるように、近世北海道では米を収穫できなかったので、流通課税が松前藩の大きな収益源で、松前藩は沖の口口銭と呼ばれる移出入口銭を松前城下など前述の三湊で徴収したが、両浜組の荷物に関しては沖の口口銭を徴収しないという特権を与えた。この沖の口口銭は、北海道奥地（蝦夷地）や本州方面から三湊に移入された積荷に売買高の二％、三湊から蝦夷地や本州方面へ移出された積荷に売買高の二％を課すもので、単純計算で蝦夷地から漁獲物を松前城下へ持ってきて、それを本州方面に積み出すのに、売買高の四％分が沖の口口銭として取られ、さらに沖の口口銭の徴収を代行した問屋へも沖の口口銭とは別に、売買高の二〜二・五％の問屋口銭を支払わなくてはならなかった。

その後、天明期（一七八一〜八九年）になると、幕府老中の田沼が北海道の開発を計画したこともあり、江戸系商人が松前城下に進出し始めた[11]。幕府は結局、一七九九〜一八二二（寛政一一〜文政五）年まで蝦夷地を直轄したが、江戸系商人の進出は、松前藩にとっては新たなスポンサーの登場を意味し、江戸系商人も、事業機会を得るために、御用金負担の対価として商場請負を望んだと思われる[12]。新たなスポンサーを得た松前藩は、両浜組に特権を与える必要がなくなり、両浜組の免税特権を廃止し、その結果、両浜組商人の経営が苦しくなった。

住吉屋西川家が商場請負（一九世紀以降は場所請負）に進出したのは一八世紀中葉と考えられるが、ここで商場請負について概説しておく[13]。近世北海道の封建領主であった松前藩は、和人の居住地である松前地（主に南部の渡島半島）とアイヌの居住地である蝦夷地（北海道奥地）に分け、松前地にある松前城下の福山湊、箱館湊、江差湊の三湊を北海道と本州方面との移出入を行う湊として限定した。蝦夷地でのアイヌとの交易は、松前藩が蝦夷地の海岸沿いに商場と呼ばれる拠点を設け、各商場でアイヌと和人が取引する方法をとり、松前藩はそれら商場での交易の権利を、松前城下や箱館湊に店を構える商人に与えた。商場を請け負った商人は、年に一回か二回、自分の船に商品を積んで商場へ赴き、積荷をアイヌに売却し、代わりにアイヌから商品を買い入れて、それを船で松前城下や箱館湊へ運んで取引した。

商場請負は、アイヌとの交易権に関してであったが、蝦夷地には優良な漁場があったため蝦夷地での漁業の操業希望が出され、蝦夷地の海岸線を区切って、その間で操業する権利を請け負う漁業請負が一八世紀は商場請負とともに並存した[14]。同じ区域の商場請負と漁業請負を同じ家が両方とも請け負う場合や、違う家が請け負う場合があったものの、一八世紀末に幕府が蝦夷地を直轄した際に、この両方を併せて場所請負とした。したがって一九世紀の場所請負人は、請け負った区域で漁業を行うとともに、運上家という拠点でアイヌとの交易も行った。むろん場所を請け負う代わりに運上金を藩（直轄期は幕府）に支払う必要があり、この運上金が高額なため、相当程度の資力のある商人でなければ、場所請負人になれなかった。一八世紀は、近江商人の中でも特に資力のあった者が、主に商場請負や漁業請負を行い、それに加えて一七八〇年代以降江戸系の商人も北海道に進出して場所請負人になった。また、松前城下や箱館湊の地元商人も比較的運上金の低額な場所を請け負った[15]。

ただし、蝦夷地での場所請負が盛んになるにつれ、鯡の群れの移動の下方にあたる松前地で鯡があまり獲れなくなり、前述のように江戸系商人の北海道への進出の結果として、両浜組の特権が削減されたこともあり、和人漁民が江差近在で獲った漁獲物を買い集めて、それを城下の福山湊や江差湊に運んで、荷所船に積んで本州方面に積み出していた中小の両浜組商人は経営が苦しくなり、多くが一八世紀末〜一九世紀初頭に北海道から撤退した[16]。結果的に、場所請負を行い、漁獲物を確保できた大規模な両浜組商人数軒が北海道に残り、その中で、最も大規模に場所請負を行っていた両浜組商人が住吉屋西川家であった。

住吉屋が請け負った場所は[17]、小樽に隣接した北西にある忍路《おしょろ》・高島という二つの場所が中心で、一八三〇・四〇年代には磯谷・歌棄《うたすつ》場所も請け負い、一八三七〜四四（天保八〜弘化元）年は、近江商人の柏屋藤野家と恵比須屋岡田家と共同で択捉《えとろふ》場所を請け負ったが、磯谷・歌棄場所の経営や択捉場所の共同経営は、あまり利益が上がらず、いずれも一八四〇年代に譲渡・返上したため、住吉屋の近代につながる場所請負は忍路・高島場所であった。

一方、両浜組商人の多くが北海道から撤退したことで、荷所船主は積荷の量が減って両浜組商人との雇用関係が不安定になり、荷所船主は両浜組の支配下から自立して、自ら買い入れた商品を輸送して販売する買積経営を行うようになった。[18] それに対し住吉屋は、自身も船を所有し、自分の船で場所産物を敦賀・大坂・兵庫に運んで取引し始めた。[19] これは、江戸系商人という新たな勢力への、既存の勢力の対抗と考えられる。

表1-2をみよう。一八四〇年代前半の住吉屋は、近江八幡の本家の他に、松前城下と箱館湊に支店を設けていたが、営業活動の中心は松前店で、松前店の利益の大部分が「為替金」として本家に納められたので、本家勘定の差引でみられる本家資産の増加分が、住吉屋の北海道経営の収支と深く関係した。[20] 一方、箱館店は呉服類を扱っており、漁業経営とは無関係なため損益は小さいが、一八四三年の開設当初の赤字から次第に資産が増大するようになった。一八四〇年代後半〜五〇年代の松前店の勘定は不明だが、その間の本家資産の内訳で有金銭が順調に増大しており、場所請負経営が順調に推移したことが予想される。ただし、本家資産の貸金も増大しており、その内容が金融部門の拡大ではなく、取引関係の残額や本州での買入品を松前店に渡した分の未払分や廻船への貸付であり、商業活動の活発化によることが先行研究で明らかにされている。[21]

一八四〇・五〇年代の住吉屋の場所経営は規模拡大とともに、収益も比較的順調に上がったと考えられる。その背景に、北海道産魚肥の需要が畿内周辺で拡大したことがあった。畿内周辺は、一九世紀前半は房総半島産の干鰯（肥料）が主に用いられたが、鯡魚肥の肥効の高さが次第に認識されたと考えられ（近代期の成分分析で、干鰯より鯡魚肥の方が肥料の効果が高いことが証明された）、鯡魚肥が干鰯に代わって畿内周辺で使われ始めた。[22] 需要拡大を背景に、住吉屋は当初請負場所のうち一部の優良漁場のみで操業していたが、操業場所を徐々に拡げ、さらに場所産物を自分の船で積み出し、大坂に出店を設けるなどして本州での販売も行い、垂直統合を進めつつ北海道経営を展開した。[23]

表1-3をみよう。住吉屋が場所産物をどのような種類の船で積み出したかを示したが、諸国廻船は、いわゆる北前船による場所積出分、手船は自分の船による積出分、松前地船は松前城下や江差の船主の船の運賃積による松前地への輸送分と考えられ、番船は、貿易品であった長崎俵物の分を示す。住吉屋の場所産物の場所積出額は、一九世紀

表 1-2　住吉屋西川家本家・松前（福山）店・箱館店勘定一覧

（単位：1874 年度までは両，77 年度は円）

年度	本家					松前（福山）店						
	元貸金他	有金銭	小　計	支　払	差　引	元貸金	有金銭	残　物	不動産	小　計	支　払	差　引
1841						28,834	44,475	4,873	6,458	84,640	8,786	75,854
1843						34,164	43,998	2,965	6,968	88,095	10,769	77,326
						箱館店						
1843						583	256	2,301		3,140	3,224	△ 83
1844						1,721	313	2,863		4,897	5,017	△ 120
1845						5,725	548	2,201		8,474	8,431	43
1846	11,849	11,303	23,152	1,203	21,949							
1847	15,083	12,189	27,273	1,037	26,236							
1848						1,310	2,356	1,854		5,520	5,060	460
1849	15,365	15,782	31,145	467	30,678	1,672	1,696	3,052		6,419	5,522	897
1850	17,865	18,074	35,939	1,805	34,134	2,344	1,331	3,255		6,931	5,563	1,368
1851	20,566	20,821	41,388	418	40,970							
1852	22,158	21,002	43,160	638	42,522							
1853	29,754	20,735	50,488	674	49,814							
1854	30,437	31,575	62,012	1,159	60,853							
1855	38,241	37,151	75,392	7,015	68,377							
1856	35,661	44,723	80,388	2,704	77,684							
1857	32,241	45,418	77,659	489	77,170							
1858	37,149	38,632	75,782	2,602	73,180	松前（福山）店						
1859	45,440	35,646	81,086	1,263	79,823	64,065	15,239	2,404	6,813	88,521	13,505	75,016
1860	69,095	35,575	104,669	4,238	100,431	63,684	6,719	2,650	6,573	79,626	20,295	59,331
1861	55,443	56,481	111,924	4,527	107,397	69,247	10,582	4,223	6,312	90,364	17,746	72,618
1862	49,715	7,107	56,822	9,597	47,225	63,393	14,567	5,578	6,312	89,850	18,751	71,099
1863	64,018	8,258	72,276	17,609	54,667	68,452	6,915	5,452	6,312	87,131	26,658	60,473
1864	69,511	4,954	74,466	7,069	67,397	83,365	10,188	8,121	5,587	107,261	32,015	75,246
1865						105,748	8,935	7,597	4,035	126,315	44,142	82,173
1866						114,160	6,512	30,147	4,035	154,854	47,867	106,987
1867						136,709	16,078	34,031	4,035	190,853	58,962	131,891
1870	33,050	36,997	70,047	8,896	61,151	158,154	18,469	10,415	4,035	191,073	53,864	137,209
1871	31,738	23,148	54,886	14,270	40,616							
1872	37,628	23,558	61,186	17,968	43,218							
1873	26,176	30,436	56,612	11,139	45,473							
1874	27,236	23,850	51,086	11,435	39,651							
1877						138,393	2,946	11,165	15,451	167,955	43,358	124,597

出所）各年度「（本家）勘定帳」「店勘定帳」「箱館店勘定帳」（西川家文書，滋賀県立大学図書情報センター蔵）より作成。

注記）本家欄の「元貸金他」の欄には，残物や不動産も含むが，いずれも元貸金に比べればかなり少ない数値であった。帳簿では，松前店から本家へ，松前店の利益が「為替金」として納められ，それが本家の松前店への負債として処理されたが，実情に鑑みて，それを負債として計上せずに，実質的な本家の資産増加傾向が判明するようにした。従って，松前店の勘定に含まれる為替金＝本家よりの債権の分も除いて，松前店の実質的な資産状況も判明するようにした。

表 1-3　住吉屋西川家場所産物積出額内訳（場所積出時点）

（単位：両）

年度	諸国廻船	手　船	松前地船	番　船（俵物）	計
1816	3,888			89	3,976
1822	1,765		1,460	161	3,386
1834	6,784	4,170	492	120	11,566
1841	6,008[1)]	4,448	338	13	10,807
1843	6,104[1)]	1,996	25		8,126
1859	0	11,428			11,428
1865	2,793	35,526			38,319
1871	4,868	20,671			25,539

出所）各年度「蝦夷地勘定帳」，「両場所勘定帳」（以上西川家文書，滋賀県立大学図書情報センター蔵）より作成。

注記）史料上の換算比率に基づき，銭貫文での取引分は，1 両＝銭 6 貫 800 文で両に換算。1834～43 年度は，忍路・高島・歌棄・磯谷の 4 場所よりの積出額。その他は，忍路・高島 2 場所よりの積出額。

注 1）うち 1841 年度は 1,450 両，43 年度は 474 両が，住吉屋西川家以外の場所請負人手船積出分。

前半に増大しており、操業場所を拡大したことが推測でき、一八一六（文化一三）・二二（文政五）年に手船での積出は全くなかったものの、その後手船での積出が増大したことが判明する。荷所船との契約が解消された後は、住吉屋はしばらくの間は北前船に販売していたが、一八三〇年代から次第に自分の船の数を増やし、一八五九（安政六）年には場所産物の全てを手船で積み出した。

なお、蝦夷地場所での交易権は原則としてその場所の請負人が独占的に認められ、北前船が勝手に蝦夷地場所に赴いて取引することは禁止されており、表1-3の諸国廻船は、当時広く行われた帆用取組によると考えられる。すなわち、帆用取組とは、諸国廻船が場所請負人の雇船となり、場所と松前地の三湊間の運賃積を行い、諸国廻船が三湊で自らが場所から輸送した積荷を三湊で場所請負人から買い入れる形態の取引で、諸国廻船側にはあらかじめ積荷を確保する意味があり、場所請負人側にはあらかじめ場所産物の販売先を確保する意味があったため、手船を未所有の場所請負人と北前船主との間で広く行われた[24]。

住吉屋も、手船を未所有、あるいは手船の輸送力が不十分な段階では、手船による積出と帆用取組による諸国廻船による場所積出を併用したが、手船所有数の増大とともに、場所産物の大部分を手船で積み出し、帆用取組は、手船の廻送が間に合わなかった際に必要に応じて行う位置づけになったと考えられる。

表1-4　住吉屋西川家廻船運航状況

年	船　名	積石数	航　路（寄港地）
1843	安全丸	862	大坂→福山→室津→下関→福山→[高島]→福山→敦賀
	金袋丸	不　明	大坂→敦賀→福山→[忍路]→福山→下関
	住徳丸	不　明	福山→酒田→福山→[高島]→福山→[高島]→石狩→留萌→福山
	善通丸	不　明	大坂→箱館→大坂→福山→[磯谷]→福山→大坂
1860	安全丸	995	大坂→福山→[忍路]→福山→敦賀→福山→[忍路]→福山→兵庫→大坂
	金袋丸	989	大坂→福山→[高島]→福山→敦賀→福山→兵庫→大坂
	至善丸	926	大坂→福山→[忍路]→福山→敦賀→福山→兵庫→大坂
	扇　丸	798	敦賀→福山→[高島]→福山→敦賀→下関→大坂
	住徳丸	702	江戸⇒福山→[忍路]→福山→加茂→福山→[高島]→福山
	中乗丸	637	那珂湊⇒福山→[高島]→福山→[忍路]→福山⇒江戸
1870	安全丸	978	(敦賀)→(福山)→[忍路]→[高島]→福山→敦賀→大阪
	勇　丸	960	大阪→下関→福山→[高島]→福山→大阪
	金袋丸	838	大阪→下関→敦賀→福山→[高島]→福山→上方
	中乗丸	767	下関→秋田→福山→[忍路]→福山→上方
	安吉丸	741	大阪→兵庫→福山→[忍路]→福山→上方
	明運丸	650	大阪→下関→福山→[忍路]→福山→下関

出所）各年度「手船（達）勘定帳」（西川家文書，滋賀県立大学図書情報センター蔵）より作成。
注記）積石数は素間尺で示し，安政4年「記録」，万延元年「諸用留」（以上西川伝右衛門家文書，真崎俊朗氏所有，滋賀大学経済学部附属史料館保管）より推定。⇒は太平洋航路。［　］で囲んだ場所は住吉屋西川家の請負場所。（　）内は推定。

表1-4をみよう。一八四三年に四隻であった住吉屋手船は、六〇年に六隻に増加し、船の規模も大型化した。一八四三年は、大坂と松前城下の福山を往復し、一年に一回程度忍路と高島へ赴いた。この時期は、磯谷・歌棄場所も請け負っており、善通丸が磯谷へ赴いたものの、四隻の手船で四場所の産物を回送するのは難しく、先ほどの表1-3のように、諸国廻船をかなり利用した。一八六〇（万延元）年時点では六隻の船で忍路・高島の二場所の産物を積み出せばよく、全ての手船が請負場所へ赴くとともに、大坂まで行かずに敦賀で折り返すことで北海道・本州間を二往復した。敦賀は、荷所船輸送の段階から重要な流通拠点で、敦賀に荷揚げされた積荷はそこから近江地方に運ばれて販売されたと考えられる。このようにして、一八六〇年には、忍路場所から延べ五回、高島場所から延べ四回の手船による積出が行われ、住吉屋の場所積出産物は大部分が手船によって積み出されることとなり、生産地での生産、生産地から集散地への輸送、集散地での販売を全て住吉屋が行う垂直統合経営が展開された。

表 1-5　住吉屋西川家手船・場所損益の推移
（単位：1871 年度まで両，78 年度から円）

年度	手船損益	手船数	1 隻当たり	場所損益
1859	1,639	6	273	847
1860 ＊	626	6	104	△ 2,773
1861	2,552	7	365	△ 743
1862	2,760	7	394	4,078
1863	4,205	7	601	3,646
1864	8,899	7	1,271	7,812
1865	7,448	7	1,064	9,304
1866 ＊	6,313	8	789	△ 8,546
1867 ＊	4,386 1)	8	548 1)	△ 2,171
1868	8,098 2)	5	1,620 2)	5,744
1869				10,224
1870	8,393	6	1,399	△ 10,659
1871 ＊	△ 20	6	△ 3	△ 3,603
1878	17,903	7	2,558	△ 6,414
1879 ＊	5,976	7	854	30,637
1880	7,064	7	1,009	78,377
1881 ＊	△ 6,064	7	△ 866	△ 16,250
1882	△ 2,681	6	△ 447	△ 9,680
1883	△ 4,249	7	△ 607	△ 31,075
1884 ＊	△ 4,994	7	△ 713	4,621
1885	1,468	7	210	△ 11,568
1886 ＊	2,346	9	261	△ 36,916
1887	2,921	8	365	△ 42,117
1888 ＊	△ 9,083	7	△ 1,298	35,676
1889	4,077	6	680	36,601

出所）安政 6〜明治 11 年「手船（達）勘定帳」，「両場所勘定帳」（以上西川家文書，滋賀県立大学図書情報センター蔵），明治 12 年「正算表」（西川伝右衛門家文書，真崎俊朗氏所有，滋賀大学経済学部附属史料館保管），明治 13〜22 年「正算表」・「勘定帳」（松前町史編集室編『松前町史』史料編第 3 編，1979 年，1432–1479 頁）より作成。

注記）＊の年は，破船した船の損失を計上した年。手船損益は，損益が計上された年で集計してあるため，1878 年までは積荷の売買が行われた年より部分的に 1 年ずれている。場所損益は，1879 年度以降は忍路支店と高島分店の損益の合計で示した。△の付いた年は損失。手船数の単位は隻。住吉屋西川家は，場所運上家が場所価格で手船と商品取引を行った形を帳簿上はとり，場所損益と手船損益を区別して計上していた。なお，1872〜77 年度は場所損益のみ判明し，1872 年度△ 12,601 円，73 年度 538 円，74 年度△ 10,101 円，75 年度 5,917 円，76 年度△ 5,907 円，77 年度△ 9,231 円であった。

注 1）明運丸分を除く。2）1867 年度の明運丸分および 1868・69 年度の合計。

一八六〇年の住吉屋手船は、江戸へも赴いたが、江戸は大消費地として食用の魚の需要が多く、鮭を塩漬にして、江戸にも運んで販売した[25]。もっとも一八六八（明治元）年の明治維新を経て近代に入ると、一八四三年と同様に、東京（江戸）との取引はなくなり、大阪から北海道の漁場に行き、また大阪に戻るという基本的な形に戻った。

住吉屋が垂直統合的戦略を採った背景に、手船経営の高利益があった。住吉屋は、場所から手船が積み出す際に、場所の運上家が手船と帆用取組を結ぶ形式をとり、場所での漁業・商業経営と日本海海運での廻船経営の各部門別収益が判明する帳簿体系を採った。表1-5をみよう。手船損益は一八六〇年代に順調に利益を計上したが、場所損益は全体として収益は上がったものの、損失を出す年も多かった。特に、一八六〇年代後半は開港に伴うインフレー

表 1-6　住吉屋西川家手船粗損益内訳の推移

（単位：1871 年度までは両，78 年度は円）

年　度	船　数	登り損益	下り損益	帆　用	運　賃	主要下り荷	差引損益
1841	4	421	82	454	73	塩，筵，縄，米	295
1843	4	1,280		288	96	塩，竹	820
1859	6	1,536	67	855	107	塩，筵，米，縄，酒	1,639
1860	6	1,246	54	889	191	筵，鰯釜，塩，酒	626
1861	7	3,074	148	1,279	180	筵，縄，塩，酒	2,552
1862	7	3,182	398	1,381	190	筵，塩，縄	2,760
1863	7	4,668	267	1,338	198	筵，塩，縄	4,205
1864	7	9,339	5	2,368	278	筵，塩，縄，米，蠟燭	8,899
1865	7	8,304	16	3,368	211	筵，塩，縄，綿類，酒，米	7,448
1866	8	8,737	155	2,702	369	筵，米，塩，縄，綿類，蠟燭	6,313
1867	7[1)]	7,145[1)]		1,633[1)]	127[1)]	米，筵，縄，塩，蠟燭，鉄	4,386[1)]
1868・69	5	9,852[2)]	1,180[2)]	3,901[2)]	315[2)]	米，塩，筵，蠟燭，酒	8,098[2)]
1870	6	10,269	2,159		852	米，塩，筵，綿類，酒，蠟燭	8,393
1871	6	2,641	563		772	米，酒，塩，筵，縄，綿類	△ 20
1878	7	22,216			546	塩，筵，縄，醤油	17,903

出所）各年度「手船（達）勘定帳」（西川家文書，滋賀県立大学図書情報センター蔵）より作成。
注記）各年度の廻船の粗損益の内訳を集計し，差引損益は，経費等を引いた純損益を示した。登りは，北海道から本州への航海で，下りは本州から北海道への航海を示す。帆用は，蝦夷地場所と城下の福山湊との輸送で広く行われた帆用取組による収益を示す。登り荷はほぼ全て場所産物と考えられるので，主要下り荷を取扱額の大きいと推定される順に示した。1868・69 年度のみ 2 年分の合計。
注 1）明運丸分を除く。2）1867 年度の明運丸分を含む。

ションで地域間価格差がかなり拡大しており（前掲表序-8）、手船経営の利益が急増し、破船による損失を計上した六六（慶応二）・六七年度ですらある程度の利益を計上した。

表1-6をみよう。手船経営の高利益の源泉は北海道から本州方面へ向かう登り荷の売買であり、地域間価格差が拡大した一八六〇年代後半は登り荷利益が急増したが、それ以前の時期は前述の帆用取組による運賃収入の比重も高かった。一方、畿内・瀬戸内・北陸から北海道方面への下り荷の売買ではあまり利益が上がっていないが、近世期の西川家廻船の下り荷は塩・筵などの漁獲物の加工原料や包装材料で、売買利益を上げることが目的ではなく、西川家漁場へそれらを運ぶことが目的であった。ただし、明治維新前後は、それまで主に松前藩が行っていた飯米の本州からの移入が停滞したため、西川家廻船も漁夫向けの米・酒を主に扱うようになり、下り荷の売買利益もそれなりに計上された。また、それらと別に西川家廻船は恒常的に運賃積輸送も行い、その収益も手船経営の安定した高収益に寄与していた。

表1-5に戻ろう。手船経営の高収益に対して、場所損益は乱高下しており不安定であった。そこで、住吉屋の一八六〇年代の場所経営の内実を検討する。北海道の鯡漁業には技術的に、差網段階から建網段階へ大きな飛躍があった。[26] 差網の場合は、一艘の船に漁師が一人乗って網を打つため、家族経営で可能な経営形態であるのに対し、一八五〇年代に発明されたと言われる建網は、定置網で網の規模も差網より格段に大きく、基本的には二艘の船を使って、魚の群れを網に追い込んで網を引き上げるため、漁師も二〇人程度必要であり、雇漁夫を多数雇う経営に成らざるを得なかった。住吉屋は一八五九年時点で、忍路場所で一二ヶ統、高島場所で六ヶ統の建網を所有しており、[27] 数百名の漁夫を雇って操業していたと考えられる。

なお、場所請負人が保持した漁業操業の独占的権利については、松前藩が一八四〇年代に松前地の和人漁民に蝦夷地への出稼ぎ漁を容認したため、五九年時点の忍路・高島場所に和人の出稼ぎ漁民が漁獲期には定住しており、住吉屋が操業していない海岸で操業していた。[28] ただし、場所請負人の漁業操業の独占的権利は維持され、出稼ぎ漁民は操業させてもらう対価として、場所請負人に漁獲量の一六〜二〇%を二八役として場所請負人に納める必要があった。したがって場所請負人は、場所経営において自らの漁場で操業し、出稼ぎ漁民から二八役を徴収し、さらに出稼ぎ漁民が自らの漁船で松前地に積み戻る以外の漁獲物を買い上げるという機能を果たしていた。[29]

表1-7をみよう。忍路場所で住吉屋が取り扱った漁獲物を、自らの漁場で漁獲した分（手漁）、二八役、出稼ぎ漁民からの買上に分類したが、建網での操業は資金がかなり必要で、出稼ぎ漁民で建網経営を行えるものは限られていたため、忍路場所漁獲量のうち半分近くは住吉屋が自ら漁獲していた。よって住吉屋取扱漁獲物のうち二八役や出稼ぎ漁民からの買上による部分は少なく、住吉屋漁場での豊漁か凶漁かが、場所経営の収益に直結した。序章の図序-3で示したように、一般に鯡漁獲量は自然条件によって豊漁と凶漁の差が激しく、一八六六年に住吉屋漁場で凶漁となり、手漁分が急減したことが、表1-5で示した六六年度の場所損益の大幅赤字につながったと考えられる。一方、

表 1-7　忍路場所（郡）住吉屋西川家取扱漁獲物内訳

（単位：石）

年度	手漁 (a)	二八役 (b)	買上 (c)	総計 (d)	手船数	手船積出量 (e)	場所全漁獲量 (f)	a/d (%)	a/f (%)	d/f (%)	e/d (%)
1859	3,668	74	0	3,741	6	3,741		98.0			100.0
1860	3,269	150	216	3,635	6	3,561		89.9			98.0
1861	4,473	310	206	4,989	7	4,954		89.7			99.3
1862	4,260	276	186	4,721	7	4,684		90.2			99.2
1863	4,991	535	188	5,714	7	4,427		87.3			77.5
1864	5,284	386	0	5,670	7	5,649	13,179	93.2	40.1	43.0	99.6
1865	5,484	240	0	5,724	7	5,310	12,622	95.8	43.4	45.3	92.8
1866	3,719	433	535	4,687	8	4,022	13,773	79.3	27.0	34.0	85.8
1867				7,330	8	3,497	14,594			50.2	47.7
1868	6,817	735	356	7,908	5	3,209	15,671	86.2	43.5	50.5	40.6
1869	3,307	781	957	5,044	5	3,784	23,794	65.6	13.9	21.2	75.0
1870	2,758		504	3,262	6	2,661	28,011	84.5	9.8	11.6	81.6
1871	4,768		305	5,073	6	3,975	28,503	94.0	16.7	17.8	78.4
1878	4,427		294	4,721	7	4,511	29,846	93.8	14.8	15.8	95.6
1882					6	6,558	38,439			17.1 1)	
1887	3,443				8		19,764		17.4		
1888	7,673				7		45,431		16.9		
1889	7,400				6		26,479		27.9		
1890	7,565		6,341	13,906			32,492	54.4	23.3	42.8	

出所）安政 6～明治 11 年「両場所勘定帳」，安政 6～明治 11 年「手船（達）勘定帳」（以上西川家文書，滋賀県立大学図書情報センター蔵），明治 15 年忍路支店「勘定帳」，明治 23 年「諸願伺届控」（以上西川家文書，小樽市総合博物館蔵），明治 20～22 年「忍路各漁場仕込表」（西川伝右衛門家文書，真崎俊朗氏所有，滋賀大学経済学部附属史料館保管），明治 4 年「忍路郡諸調」，「札幌管轄地産物出石並税金見込調」（以上北海道立文書館蔵），大蔵省編『開拓使事業報告』第 3 編，1885 年，復刻版北海道出版企画センター，1985 年，340-345 頁，明治 15 年度『札幌県統計概表』，『北海道庁統計綜覧』1986 年，446 頁より作成。

注記）史料の内訳で，若干「役物及買入物」のように両者にまたがって記載されたものがあったので，その場合はそれらを除いた他の割合に応じて推定分割した。1870 年度以降で，内訳が「元場所買入共」と記載された場合は，手漁分と買入分を各半分ずつとして推定分割した。この表では，内訳の未記載の漁獲物は手漁に含めたため，若干手漁が過大に評価されている。幕末期住吉屋西川家の忍路場所建網所有数は，12～13ヶ統であったので，住吉屋西川家の忍路場所手漁漁獲量は，4,000 石前後であったと考えられる。場所全漁獲量は，1878 年度以降は鯡類のみの合計を示した。1887～90 年度の西川家手漁は鯡類のみの合計を示し，身欠鯡 1 本＝0.35 石で換算した。

注 1）e/f で計算。

一八六八・六九年は松前藩がなくなった混乱期で、出稼ぎ漁民の蝦夷地進出が急増するとともに、建網経営を行う出稼ぎ漁民も増加した[30]。その結果、忍路場所でも二八役は急増したが、出稼ぎ漁民の建網経営との競合から、住吉屋漁場での漁獲量は減少し、明治維新後に北海道に設置された開拓使が一八六九年に場所請負制を廃止したため、場所請負人はいったん場所を返上して改めて開拓使から漁場を拝借して操業する

表 1-8　高島場所（郡）住吉屋西川家取扱漁獲物内訳

（単位：石）

年度	手漁 (a)	二八役 (b)	買上 (c)	総計 (d)	場所全漁獲量 (e)	a/d (%)	a/e (%)	d/e (%)
1859	3,039	331	405	3,775		80.5		
1860	2,482	61	99	2,642		93.9		
1861	3,443	179	680	4,302		80.0		
1862	4,156	213	250	4,619		90.0		
1863	3,337	90	407	3,834		87.0		
1864	3,496	281	666	4,443	9,172	78.7	38.1	48.4
1865	3,554	717	505	4,776	10,718	74.4	33.2	44.6
1866	2,677	359	777	3,812	6,228	70.2	43.0	61.2
1867	3,430	135	188	3,753	8,003	91.4	42.9	46.9
1868	3,705	779	70	4,555	4,821	81.4	76.9	94.5
1869	2,022	402	267	2,691	5,037	75.1	40.1	53.4
1870	1,808		613	2,420	12,594	74.7	14.4	19.2
1871	872		110	982	20,220	88.8	4.3	4.9

出所）各年度「タカシマ勘定帳」（西川家文書，滋賀県立大学図書情報センター蔵），「高島郡御請負中書調書上」（西川家文書，小樽市総合博物館蔵），「札幌管轄地産物出石税金見込調」（北海道立文書館蔵）より作成。

注記）史料の内訳で，若干「役物及買入物」のように両者にまたがって記載されたものがあったので，その場合はそれらを除いた他の割合に応じて推定分割した。1870年度以降で，内訳が「元場所買入共」と記載された場合は，手漁分と買入分を各半分ずつとして推定分割した。この表では，内訳の未記載の漁獲物は手漁に含めたため，若干手漁が過大に評価されている。

ことになり[31]、一時的に手漁の漁獲量が減少した。そして一八七〇年から二八役を取得できなくなったこともあり、七〇・七一年度と再び場所損益は大幅な赤字を計上した（表1‐5）。同様の状況を、表1‐8より高島場所でも確認すると、やはり一八六九～七一年度に、場所全漁獲量は増大したものの、住吉屋漁場での漁獲量は急減した。そのことと、二八役を取得できなくなったことが、場所損益の大幅赤字につながったと考えられる。

このような場所経営の動向を反映して、住吉屋西川家全体の資産は一八六〇年代には停滞的に推移した。表1‐2に戻ろう。一八四〇年代後半～五〇年代に順調に増大した住吉屋本家の資産は、六〇年代は一転して停滞した。本家資産と松前店資産を併せると、一八五九年度が約一五万五千円、六〇年度が約一六万円、六一（文久元）年度が約一八万円と増大したが、その内訳をみると元貸金の増加が大きく、六二年に有金銭で元貸金のうち不良債権を償却したと思われ、同年度の本家資産と松前店資産の合計は約一二万円に急減した。その後開港後のインフレーションのもとで、名目資産額が増大し、一八七〇年度には本家資産と松前店資産の合計は約二〇万円となったが、六三年から六七年にかけて鯡魚肥価格は、松前地の三湊および大坂でともに約三倍に上昇しており（前掲図序-1）、実質資産額でみれば、資産額は減少したと評価できる。

二　近代的諸勢力との対抗――生産面を中心に

前述のように、明治維新後の場所請負制廃止は、西川家の漁場経営に大きな打撃を与え、表1-5とその注にみられるように、一八七〇～七八（明治三～一一）年度の漁場損益は基本的に赤字基調で推移した。手船経営は、地域間価格差が大きければ場所請負制の有無に関係なく利益を上げられたため、漁場損益の赤字部分を手船損益の黒字でカバーしたのが、一八七〇年代の西川家の北海道経営であったと言える。ところがその後、三菱が北海道に進出したことで汽船網が整備された結果、[32]地域間価格差が次第に低下し、表1-9で示したように、売買粗利益率も、幕末期はおおよそ三〇%以上を恒常的に上げていたが、近代に入り、一八八〇年以降は、ほぼ二〇%前後になった。一八八五・八六年度は一時的に売買粗利益率が上昇したが、八〇年代後半になると一〇%台まで売買粗利益率が低下した。実際の地域間価格差も、前掲図序-2のように、一八八〇年代は、鯡魚肥大阪価格が函館価格の一・五倍前後であったが、九〇年代には、一・二～一・三倍程度になり、一九〇〇年代は一・一～一・二倍程度になった。

また、明治維新後に北海道開拓が進展して魚肥の産地あるいは米穀の消費地として北海道市場が重要となると、三菱のみでなく三井物産も北海道に支店を設けて進出し、[33]旧場所請負商人など北海道での商権を握っていた商人と競争するに至った。三菱や三井物産など近代的諸勢力の北海道への進出に対して西川家は大きく三つの対応を取った。

第一に、北海道での拠点を旧松前城下の福山港から旧請負場所の忍路へ一八七九年に移転した。[34]それまでは、漁獲物を漁場から支店のあった福山港にいったん運び、さらに福山から本州方面に運んでいたが、忍路に北海道の支店を

表 1-9　住吉屋西川家登り荷売買利益
（単位：1866 年度まで両，79 年度から円）

年度	買入額	販売額	差引利益	利益率（%）
1859	8,150		1,369	16.8
1860	8,868		1,874	21.1
1861	10,441		3,116	29.8
1862	11,596		3,423	29.5
1863	12,927		7,327	56.7
1864	18,845		6,729	35.7
1865	27,852		8,404	30.2
1866	13,619		5,133	37.7
1879	49,989	72,128	22,139	44.3
1880	64,088	80,209	16,121	25.2
1881	47,213	58,456	11,243	23.8
1882	39,632	45,903	6,271	15.8
1883	42,723	44,202	1,479	3.5
1884	33,573	40,794	7,221	21.5
1885	29,627	41,389	11,762	39.7
1886	37,622	52,115	14,493	38.5
1887	15,344	18,291	2,947	19.2
（中一送荷）			6,982	
1888	37,218	42,134	4,916	13.2
（中一送荷）			3,348	
1889	50,910	59,729	8,819	17.3

出所）安政 6～慶応 2 年「店勘定帳」，安政 6～慶応 3 年「手船（達）勘定帳」（以上西川家文書，滋賀県立大学図書情報センター蔵），明治 12 年「正算表」（西川伝右衛門家文書，真崎俊朗氏所有，滋賀大学経済学部附属史料館保管），前掲明治 13～22 年「正算表」「勘定帳」より作成。

注記）1859～66 年度の買入額としたのは，住吉屋西川家の松前店の勘定帳に手船への「中荷代かし」として出てきたもので，松前店が手船に渡した積荷を松前相場で計算したものである。また 1859～66 年度の差引利益は，手船の「勘定帳」に「中荷売立利分」として出てきたものである。ただし実際に福山湊から荷物が積み出された年次と「中荷売立利分」が記載された帳簿の年次は 1 年ずれることが多いので，荷物積み出しの年次に合わせて集計し直した。囲い荷物は，「中荷代かし」が記されていないので，その分の「中荷売立利分」も除いてそれぞれ集計した。1880 年度以降の買入額・販売額とも問屋への手数料等は差し引いていない。利益率＝差引利益額／買入額。また 1887・88 年度の中一商会への送り荷は運賃額であったので運賃収入を集計して示した。

移したことで、船が漁場から本州方面へ直行して、福山に立ち寄る必要がなくなり、輸送コストの削減につながった。例えば、一八八〇・八一年の西川家廻船はいずれも登り荷を忍路・高島で買い入れ、酒田・新潟・敦賀か畿内で販売したが、出港税を上納した場所は小樽か新潟以南の日本海沿岸（新潟・佐渡・能登福浦・敦賀・下関）に限られ、西川家廻船は福山・函館を経由せずに忍路・小樽と本州とを直航した[35]。これは函館に進出した三菱などの汽船会社に対し、より生産過程の近く（上流）へ拠点を移すことで漁獲物確保を目指したもので、従来の垂直統合的戦略をさらに進める対応であった。そして前掲表1-5で一八八〇年代の手船損益をみると、八一～八四年の物価下落期には、

表1-10　西川家漁場・手船損益内訳

（単位：円）

①漁場勘定	1884〜86年平均		1887年	1888年		1889年	
	忍　路	高　島	忍　路	忍　路	高　島	忍　路	高　島
漁獲高	38,569	15,526	38,568	46,111	23,871	43,344	18,921
地　租	178	69	178	270	75	270	74
町村費・営業税	391	115	400	649	146	414	129
漁具費	4,380	2,340	4,380	5,920	3,131	5,120	3,130
漁場借区税	4,347	1,853	1,580	1,685	972	1,685	971
製造・荷造費	6,020	2,067	6,020	8,262	1,329	5,261	1,328
営繕費	1,270	520	1,875	2,167	639	2,167	639
雇夫給料食料	15,550	10,111	15,550	18,265	9,324	18,265	9,323
店員給料食料	5,300	2,104	5,300	5,062	1,879	5,962	1,878
経費計	37,436	19,179	35,283	39,280	17,494	39,144	17,471
差引損益	1,133	△ 3,653	3,285	6,831	6,377	4,200	1,450

②手船勘定	1884〜86年平均
手船収入	14,591
船税・出港税	1,172
船中食料	2,590
修繕費	4,994
船員給料	1,635
経費計	10,391
手船損益	4,200

出所）明治20年「所得税書上留」（西川家文書，小樽市総合博物館蔵）より作成。
注記）所得税申告のための下調べとしての所得調べであり，やや不正確である。町村費・営業税には，1888年より漁業組合費を含む。漁場借区税は，1889年は水産税。

損失を計上したが、その後再び手船利益を計上し得た。なお、忍路に北海道の総支店を設けるとともに、高島旧運上家は忍路支店の高島分店とされ、小樽にも分店が設けられて小樽分店で漁業仕込品の買入や漁獲物の販売が行われた(36)。

第二に、売買利益率の低下を漁獲量の拡大で補った。西川家は、場所請負制廃止後に改めて漁場を開拓使から拝借した際に、次々と新規漁場の拝借を願い出て、忍路場所の範囲を引き継いだ忍路郡では、一八七一年に二三ヶ統の建網で操業した(37)。その後も一八七〇・八〇年代に次々と新規漁場を開設し、八七年頃に、忍路郡で三九ヶ統、高島場所の範囲を引き継いだ高島郡で一七ヶ統の建網で操業した(38)。その結果、前掲表1-7に示したように、一八八八〜九〇年度に忍路郡の西川家手漁の漁獲量は年間七千石台に増大し、忍路郡で一八八六〜八九年に約三四、〇〇〇円の漁場利益を上げた(39)。高島郡でも、表1-10で示したように、所得税申告のための下調べでありやや不正確だが、一八八四〜八六年の高島漁場漁獲高平均が一五、五二六円に対して、八八年は二三、八七一円、八九年は一八、九二一円と増加し、漁場損益も、高島漁場の損益は一八八四〜八六年平均は損失を計上したが、八八・八九年ともに利益を計上した。

西川家は漁獲量の拡大を背景に、一八八六年に中一商会を設立して近江地方の農民へ魚肥を直接販売した[40]。近江地方の農民に肥料購買組合を組織してもらい、彼らに肥料を販売する方式で行われ、一八八七年度に六、九八二円、八八年度に三、三四八円の中一商会向け登り荷の売買利益を計上した（前掲表1-9）。その後、購買組合内部で問題があり、中一商会は一八九二年に閉店したものの、忍路郡全体の漁獲量に占める西川家手漁のシェアは、場所請負制廃止後一時的に一〇%前後まで減少したが、一八八九・九〇年度は再び二〇%以上を占めた（前掲表1-7）。

第三に、西川家は一八八七年に北陸親議会へ加盟した。一八八〇年代前半の三菱と共同運輸による国内汽船路線をめぐる競争の結果として、八五年に三菱の海運部門と共同運輸が合併して巨大汽船会社の日本郵船が設立されたが[41]、日本郵船の日本海航路進出に対抗し、石川・福井県の北前船主が中心となって結成された船主の組合が北陸親議会である。北陸親議会は、内部的な統制の強化・情報交換と、主要取引相手であった大阪北海産荷受問屋（北海道産物を専門に扱う廻船問屋）に対する一致した交渉を目的とし、西川家は和船五隻・西洋型帆船一隻で創立時に加盟した[42]。

北陸親議会加盟北前船主を中核とした北海道共同商会（北前船の買入先）・大阪北海産荷受問屋組合（北前船の販売・荷揚げ先）など商品の流れに沿って各段階で形成された近世来の諸勢力の集団間の継続的取引関係は[43]、荷為替金融による委託販売と汽船運賃積を組み合わせた新たな取引形態で北海道市場に進出した三井物産や日本郵船など近代的諸勢力に対して対抗力を持ち得た。その結果三井物産は北海道魚肥市場から一九〇〇年前後に撤退したが、西川家は、北陸親議会のなかで指導力を発揮することなく、一八九〇年代に海運業から撤退した[44]。

その要因は、一八九〇年代前半に相次いだ西川家店舗の火災による打撃と思われ、九〇年に忍路で大火があり、新築の忍路支店や倉庫を焼失した[45]。西川貞二郎は、それを契機に支店を小樽に移し、忍路・高島の二分店は単なる漁場取締所とし、石狩国浜益《はまます》と北見国宗谷・枝幸《えさし》・紋別にそれぞれ出張所を置き、漁場を新規に開設した。しかしその小樽支店も一八九五年の火災で小樽店舗・倉庫・借家一切を焼失した。そのため同年に高島漁場を売却し、一八九八年には浜益・宗谷場所を売却して小樽支店を閉鎖し、忍路に再び移転した。

三　海運業撤退後の漁業経営

前述のように、西川家は一八九〇（明治二三）年に忍路から小樽に支店を移し、それ以降は北海道各地に漁場を開設して、巨大漁業家として展開した。当時鯡の群来が次第に北方へ移りつつあり、従来の忍路・高島の漁獲量が減少傾向にあったことへの対応から、今後漁獲量が増大するとの見込みで北方の漁場開発が展開されたと考えられ、新規に開設された漁場はいずれも北海道奥地にあった。すなわち、忍路・高島両郡の鯡漁獲量は一八八八年八一、五〇七石、八九年四八、一一三石、九〇年四七、一二九石、と推移したが、浜益郡の鯡漁獲量は八八年二八、三六九石、八九年三五、八二四石、九〇年三六、三三〇石と推移し、宗谷・枝幸・紋別郡の鯡漁獲量は八八年一八、二〇七石、八九年二八、三一九石、九〇年二五、六二〇石と推移した[46]。しかもオホーツク海沿岸の枝幸・紋別郡では、鯡のみでなく鮭・鱒も漁獲できるため将来有望であり、西川貞二郎は、一八九一年に自らオホーツク海沿岸地域を視察し、枝幸・紋別郡で鯡建網三三ヶ統と鮭・鱒建網一〇ヶ統という大規模な漁場を開設した。その他にも、浜益郡や宗谷郡で建網一〇数ヶ統を新設し、忍路・高島漁場も併せて、合計で建網一〇〇ヶ統規模を操業する巨大漁業家となった[47]。

表1-11をみよう。しかし、西川家の予想ほどには、収益は上がらなかったようで、一八九五年時点で、宗谷漁場は約五、〇〇〇円、浜益漁場は約一五、〇〇〇円程度の漁獲高に対し、一八九五・九六年の宗谷漁場の経費は合計四、一〇一円で、うち建築費が八三二円、商品運賃が七四四円、食料費が五九六円、給料が五九五円であり、また一八九六年九月〜九七年八月の一年間の浜益漁場の経費は合計六、七六七円で、うち商品運賃が一、二六五円、旅費が

表 1-11　西川家 1890 年代後半以降の各漁場漁獲高

（単位：円）

郡	漁場名	1895 年	1896 年	1897 年	1898 年	1899 年	1900 年	1910 年
宗　谷		5,195 (811 石)	10,376 (1,789 本)	14,485 (2,672 本)	忍路郡	5,718 (1,664 本)	5,011	
浜　益	床　丹	4,765 (1,173 本)		5,641 (1,050 本)			枝幸郡	3,246 (338 本)
	昆沙別	5,509 (1,266 本)		592 (106 本)				
	茂　生	4,379 (1,012 本)		紋別郡	6,069 (1,064 本)			

出所）明治 28 年「貸借勘定明細帳」（宗谷出張所），明治 28・29 年「仕込収穫明細帳」（浜益出張所），明治 31 年「貸借勘定帳」（忍路支店），明治 31 年「漁場貸借記入帳」（紋別出張所），明治 43 年「貸借損益勘定明細帳」（枝幸出張所），（以上いずれも西川家文書，小樽市総合博物館蔵）より作成。

注記）金額の下段の括弧内は，漁獲物のうち鯡粕の本数。浜益郡の 1897 年の茂生はなし。

一、〇四六円、倉庫費が五八〇円、食料費が四九五円、給料が四六六円であった。(48) 北海道奥地の漁場ゆえの運賃の高さや雇漁夫への多額の旅費支給などの経費が大きく、十分な利益を上げられずに、浜益漁場は一八九七年時点ですでにかなり縮小されており、宗谷漁場は九五〜九七年にかけて漁獲高は拡大したものの、九五年の小樽支店の焼失を契機として、負債の整理と漁場の経営改革が進められた。その結果、前述のように一八九五年に高島漁場、九八年に浜益・宗谷漁場の売却が行われた。

表1-12をみよう。この表は、小樽支店とその管轄下にあった忍路漁場取締所と高島漁場取締所の三ヶ所の勘定を併せたものだが、一八九五年前後の小樽支店の勘定の内訳をみると、小樽支店が焼失する前の一八九五年一月時点で、損益勘定の小樽支店に負債がすでにかなり計上されていたことが判る。その大きな要因は、忍路漁場への貸が累積して一八九五年一月時点で約三万円以上に上り、年賦金勘定も併せて小樽支店の資産がかなり不良債権化していたことが予想される。高島場所への貸は、一八九五年一月時点の一〇、五八〇円で以後全く変化がないことから、九五年に高島漁場が売却されて、それ以後は旧高島漁場への貸は凍結されたと考えられるが、忍路漁場への貸は一八九六年にかなり改善されて、忍路漁場から小樽支店への「入」となった。それにともない小樽支店の損益勘定も、資産が計上されるようになり、動産勘定では、一八

表1-12　西川家小樽支店勘定一覧

（単位：円）

年・月末	1894・1	1894・7	1895・1	1895・7	1896・1	1896・7	1897・1	1897・4
金銀勘定	6,400	7,947	309	538	433	375	550	1,023
商品勘定	30,870	20,659	10,813	21,009	17,653	97,581	119,936	120,999
不動産勘定	107,128	107,385	107,345	107,345	107,345	107,637	107,652	107,652
内　海産干場	33,260	33,260	33,260	33,260	33,260	33,260	33,260	33,260
内　建家・倉庫	42,725	43,049	43,049	43,049	43,049	43,349	43,344	43,344
動産勘定	22,913	23,776	23,918	24,978	24,950	32,238	31,426	31,426
内　漁具・器具	22,746	22,428	22,300	22,300	22,300	22,300	22,537	22,537
内　株券・公債	115	1,296	1,566	2,626	2,615	9,903	8,854	8,854
本家勘定	455	455	455	455	455	455	455	455
貸借勘定	△ 1,156	△ 6,938	17,668	27,006	14,567	△ 53,312	△ 86,958	△ 98,988
銀行勘定	△ 6,026	△ 23,169	△ 21,240	△ 21,240	△ 13,831	△ 13,831	△ 13,831	△ 13,831
年賦金勘定	49,618	49,068	45,824	45,789	45,652	49,102	48,346	48,346
支払手形勘定			△ 3,270	△ 3,270	△ 3,270	△ 2,833	△ 2,833	△ 2,833
漁場勘定	547	32,083	43,112	20,120	22,167	△ 5,942	3,755	11,197
内　忍路漁場	478	22,246	32,532	9,540	11,587	△ 16,522	△ 6,825	617
内　高島漁場	69	9,837	10,580	10,580	10,580	10,580	10,580	10,580
損益勘定	653	△ 323	△ 11,012	△ 8,863	△ 2,990	1,661	4,632	7,353
内　小樽支店	510	640	△ 10,333	△ 6,883	△ 1,398	4,392	6,269	8,832
内　忍路	114	△ 884	△ 739	△ 2,040	△ 1,652	△ 2,791	△ 1,697	△ 1,539
内　高島	29	△ 79	60	60	60	60	60	60
合　計	211,402	210,943	213,922	213,867	213,131	213,131	213,130	212,799

出所）明治27年「元帳」（小樽支店）（西川家文書，小樽市総合博物館蔵）より作成。
注記）無印は，小樽支店の資産，△印は小樽支店の負債。史料では，合計にあたる金額が資本主の項目名で，負債側に示されて，貸借バランスがとられていたが，本表ではそれが小樽支店の実際の資産額を示すと考えた。

九六年から若干ではあるが株式・公債所有も増加した。また、一八九六年から商品勘定が小樽支店の大幅な貸となり、貸借勘定が小樽支店の大幅な借りとなっており、商品を先に仕入れて代金が未払いのまま残されている状況が恒常的となっていた。

一八九八年には再度の経営改革が実施され、浜益・宗谷漁場が売却され、小樽支店も廃止されて忍路に拠点が再び移された。枝幸・紋別郡の漁場は残されたが、規模は大幅に縮小され、一八九八年の紋別漁場の漁獲高は約六、〇〇〇円で一九一〇年の枝幸漁場の漁獲高は約三、〇〇〇円であった（前掲表1-11）。一九一三（大正二）年時点で、紋別郡で鯡角網場一四ヶ所、鮭・鱒建網場八ヶ所を依然として西川家は所有していたが、一〇年代中葉に紋別郡の大部分の漁場を閉鎖もしくは売却した。[49] 枝幸郡では、一九二〇年代初頭にまだ鯡角網場六ヶ所を所有していたが、二〇年代中葉に枝幸郡の全ての漁場を閉鎖もしくは売却した(50)。北見国で残された漁場も大部分が他の漁民への貸付漁場で、一九一五年以降は全ての漁場が貸付となった(51)。北見漁場のうち最後に残された紋別郡の漁場が一九二〇年代末に売却され、その頃に忍路郡の鯡漁場も全て売却され、三〇年代に西川家の所有漁場は、忍路郡の鮭網場二ヶ所に限られた(52)。

その忍路郡の鯡漁場は、前述のように一八八七年に鯡建網場三九ヶ所を所有したのが最大で、その後経営改革の都度、漁場は整理され、九八年の経営改革後は鯡角網場一七ヶ統となり、その大部分が他の漁民に貸し付けられた(53)。表1-13をみよう。一九二〇年代の忍路支店の貸借内訳のうち、元漁場決算が忍路郡の漁場の決算で、雄武漁場が鯡角網場二ヶ所を所有していた紋別郡の漁場の決算にあたる。三井銀行を主要取引銀行としており、個人名で出てくるのは、地域の漁民と考えられ、漁具を販売したり漁獲物を買い入れたりしていた。

なお、音江農場は、西川家が一九〇二年の北海道未開地処分法に基づき付与を受けた畑作農場で、一二年末時点の調査では、主要農作物は裸麦で収穫量は年に三五〇石、土地面積は一〇一町八反であり、農地は小作に出して小作戸数は三五戸、投資額は一二、〇〇〇円とされた(54)。その後一九二四年六月の調査では、土地面積は田二四町一反、畑一四〇町三反、合計一六四町五反と増大し、小作戸数は四三戸となり(55)、二〇年代にこの農場から西川家は作徳米を得ており、米作が行われていた。また、音江農場の項目で拓銀年賦金の返済が行われており、この農場への投資は、北海道拓殖銀行からの借入金で行われたことが推測できる(56)。

西川家の漁業経営の展開では、缶詰事業と遠洋漁業への試みにも触れる必要がある。西川家は、一八八六年に地元の滋賀県八幡に缶詰製造所を建設し、各種の郷土食品の缶詰化を試み、八八年には小樽・忍路・高島に缶詰製造所の分工場をそれぞれ設け、北海道産物を材料とした各種の缶詰製造を手掛けた(57)。特に成功したのが、タラバ蟹の缶詰で、西川家が製造した缶詰はその後一八九五年の第四回勧業博覧会に出品して有効三等賞を取り、九七年にはイギリスのクロムウェル博物館にも出品された。ただし当時は、蟹の缶詰は贅沢品とされ、国内販売ルートの確保が難しく、西川家の経営改革のなかで、他の人に譲渡された。

また、一八八八年に北洋漁業の国家的事業として大日本帝国水産会社が設立されると、西川家は財閥家族の三井家

表 1-13　1920 年代前半西川家忍路支店勘定一覧

（単位：円）

項　目	所　在	1922 年末	1923 年末	1924 年末	1925 年末
本　店	八　幡	△ 268,882	△ 303,852	△ 313,952	△ 340,915
近松文三郎	八　幡	△ 7,301	△ 7,951		
元漁場決算	忍路郡	73,423	73,423	69,156	82,664
忍路大深網	忍路郡		△ 300	△ 300	△ 300
雄武漁場	紋別郡	463	3,182	4,492	6,337
音江農場	空知郡	582	824	4,176	6,977
鰈網貸付		△ 1,000			
漁夫前金		△ 380			△ 570
漁場改測定費			140	△ 33	
貸方附込			△ 4,636	△ 4,822	△ 4,958
三井銀行		△ 10,839	△ 3,138	△ 13,909	△ 15,238
定期預金					△ 6,000
預り金			500	3,000	
郷社仮払		△ 240			
小樽無尽勘定	小　樽				△ 162
内海幸次郎	忍路郡	10,000	10,000	10,000	10,000
塚原与惣吉		△ 5,258	△ 5,839	△ 6,149	△ 6,394
六橋幸太郎		4,300	7,300	7,000	
竹内良男（含別口）	忍路郡	1,712	1,712	1,712	1,712
佐藤東吉		△ 1,350			
北川直助	忍路郡	△ 1,000	△ 1,156	△ 1,156	△ 2,492
飛林治郎作		△ 683			
安田豊松		△ 500			
福田玉蔵	余市郡	△ 459	△ 1,019		
井戸唯吉	忍路郡	△ 432	△ 432	△ 432	△ 432
倉野与四蔵		△ 350			
板本孝助（含別口）	忍路郡	△ 200	2,951		
廣瀬分治		△ 175	△ 175	△ 175	△ 175
国谷忠次	余市郡	150			
平岡又太郎		33	△ 158		
久保田栄作	忍路郡		△ 480	△ 320	△ 250
石川松蔵				△ 5,211	△ 5,616
北川利一郎				△ 300	△ 600
近松商店	東　京			△ 166	△ 371
その他とも計		△ 208,486	△ 229,208	△ 242,266	△ 276,873

出所）大正 11～14 年「貸借元帳」（西川家文書，小樽市総合博物館蔵）。
注記）無印は西川家忍路支店の出，△印は西川家忍路支店の入。表で示した年末時点で，100 円以上の残貸あるいは残借を計上した相手について，表に示した年末の分を示した。所在は，出所資料の他に「免許漁業原簿 忍路郡」「免許漁業原簿 余市郡」（北海道立文書館蔵）を参照した。

とともに有力な出資者となり、西川家を代表して高田義甫が理事となった[58]。大日本帝国水産の目的は、外国密漁船の取り締まりを主とし、千島列島海域のラッコ捕獲、北海道・九州の捕鯨業、国内水産業振興のための金融機関の設立など多岐にわたり、三井家が同社の経営から手を引いた後も、西川家は高田義甫を立てて同社の経営改革を進めたものの、一八九三年に高田が死亡すると社運が傾き始め、西川家は結局九七年に大日本帝国水産との関係を解消した。実際西川家は、新漁場を開発した北見国の沖合で捕鯨業を行うことを考え、その準備を進めたが[59]、前述の一八九五年の小樽支店の大火で、捕鯨業の試みは頓挫した。

このように西川家は、近代以降も一九世紀末までは新規漁場の開設を進め、漁業を中心として北海道の有力資産家としての地位は、一九二〇年代まで維持し続けた。前掲表1-1では、一九二四年頃の資産額調査で西川家は八〇万円の資産額とされており、一八八〇年代までに比べれば、資産家としての地位は低下したものの、一九二〇年代でも北海道に約二〇ヶ統の角網場と約一六四町歩の農場を所有していた。ただし、西川本家のある滋賀県八幡とのつながりはこの時点では少なく、経営の力点はほぼ完全に北海道に移していたと言える。

おわりに――柏屋藤野家との比較

経営の力点を最終的に北海道に移した西川家であったが、その傾向は大規模な旧場所請負人で、近代期も大規模に漁業経営と生産者手船輸送を継続した柏屋藤野家にもみられた。本章のまとめにあたり、西川家と比較するために、柏屋藤野家の経営展開をまず概観する。表1-14をみよう。柏屋は近江国愛知郡下枝（日枝）村の出身で[60]、一八〇〇（寛政一二）年に福山湊に出店を設けて北海道産物の取引を始め、〇六（文化三）年に余市場所を請け負ったのを初めに、次々と蝦夷地奥地の各場所を請け負い、三〇年代に最大の運上金を納める場所請負人に成長した。柏屋は近江本家、大坂・京都・松前城下（福山湊）・箱館に出店を構えたが、両浜組を形成した八幡町・柳川・薩摩村出身の近江商人とは出身地が異なり、北海道への進出は両浜組商人より遅く、両浜組に参加しなかった。福山湊に進出してすぐに柏屋は手船を所有し始め、一八〇五年に和船七隻、三九（天保一〇）年に一四隻、五七（弘化四）年に二〇隻を所有し、近代に入り和船所有数は減少したが、西洋型帆船への転換を進め、一八八九（明治二二）年以降は汽船を所有した。

柏屋の近世期の経営の特徴は、大規模な場所請負経営と手船経営を組み合わせて大坂にも拠点を設けた垂直統合経営にあり、柏屋手船の積荷は、西川家と同様に、下り荷は塩・筵など漁獲物の加工原料や包装材料で、手船の運航経路からみて、下り荷はいずれも柏屋漁場に輸送され、登り荷は柏屋漁場の漁獲物であったと考えられる。[61] 登り荷の多くは、柏屋大坂店に運ばれたと推定され、同店は大坂の代表的北海道産物荷受問屋として活躍し、[62] その垂直統合経営を近代期も継続させ、一八八八年の機構改革の際に、大阪に本店が設けられた。むろん、住吉屋ら両浜組商人より北海道への進出が遅れた柏屋が急速に場所請負を拡大できた背景には、松前藩との密接なつながりがあり、表1-14にみられるように、幕末期には松前藩に多額の御用金を用立てた。近代期も北見国・根室国域など北海道奥地に漁場を所有し続け、開拓使から求められた北海道開拓への寄付金を負担しつつ北海道の権益を維持した。実際、北見四郡の藤野家の漁獲量は、一八七〇・八〇年代において同郡全体の漁獲量とほとんど変わらず、圧倒的地位を占めた。[63]

ただし、北海道奥地ゆえに漁業の着業資金がかなり負担となり、アイヌ人口の減少とともに、アイヌ漁民を低賃金で使役することが困難になると、[64] 豊漁・凶漁によって藤野家漁場損益が乱高下するようになった。幕末期に西川家漁場で生じた状況が一八八〇年代後半に藤野家漁場でも生じ、藤野家漁場損益は、八五年度一二、六九一円の損失、八六年度六二九円の利益、八七年度六一、二一五円の利益、八八年度二四、二二〇円の利益、八九年度三三、四三二円の

表 1-14　柏屋藤野家の経営動向

年	北見国 4 場所（郡）所有漁場			根室国 5 場所（郡）所有漁場			国後場所（郡）漁場	手船所有	店舗開設	御用金負担
	鯡	鱒	鮭	鯡	鱒・鮭	昆布				
1800									福山店	
1805								和船 7 隻		
1808	場所請負開始									
1817							請負開始			
1820							新 8ヶ所			
1823							新 5ヶ所			
1831										200 両
1832				場所請負開始						800 両
1833									箱館支店	
1839					新 3ヶ所			和船 14 隻		
1840				場所請負返上						
1847								和船 17 隻		
1849				場所請負再開						1,750 両
1850				新 3ヶ所	新 2ヶ所					
1852					新 2ヶ所					
1854				新 1ヶ所	新 1ヶ所					
1856					新 2ヶ所	新 2ヶ所				
1857				新 1ヶ所	新 1ヶ所	新 2ヶ所		和船 20 隻		
1858									箱館本店	1,000 両
1859										1,253 両
1860				新 2ヶ所	新 1ヶ所					1,000 両
1861										1,000 両
1862	網走場所以外請負返上									1,000 両
1863										1,000 両
1864										3,000 両
1865				新 1ヶ所		新 1ヶ所				12,000 両
1866						新 2ヶ所				7,000 両
1867										1,000 両
1868						新 7ヶ所				1,400 両
1869										250 両
1870							請負返上			
1871	漁場持（1876 年まで）			漁場持（1876 年まで）			漁場持			
1872	14ヶ所	14ヶ所	22ヶ所	37ヶ所	18ヶ所	26ヶ所		和船 10 隻	根室店	
1873	16ヶ所	14ヶ所	22ヶ所		新 2ヶ所	新 1ヶ所				

										寄付金
1874	18ヶ所	14ヶ所	22ヶ所							
1875	20ヶ所	14ヶ所	22ヶ所							200円
1876	24ヶ所	14ヶ所	22ヶ所		漁場持返上		漁場持返上			930円
1877	24ヶ所	14ヶ所	22ヶ所		全体で48ヶ所		9ヶ所	帆船・和船5隻	小樽店	100円
1878	25ヶ所	15ヶ所	35ヶ所							250円
1879	26ヶ所	15ヶ所	35ヶ所							375円
1880	29ヶ所	16ヶ所	36ヶ所						花咲分店	250円
1881	29ヶ所	17ヶ所	37ヶ所							20円
1882	29ヶ所	17ヶ所	38ヶ所							
1884									機構改革	
1887					別海缶詰所経営開始					
1889							牧場開設	汽船1隻		
1893							網走牧場			60円
1895					標津缶詰工場新設			汽船2隻		
1897								汽船3隻		
1898									機構改革	
1900				9ヶ所	21ヶ所		旭川牧場	汽船2隻		738円
1901							美瑛分場			70円
1904							釧路分場	汽船3隻		20円
1905							標津分場		藤野呉服店	115円
1912	34ヶ所	11ヶ所	30ヶ所							
1918	34ヶ所	10ヶ所	28ヶ所							
1924	24ヶ所	10ヶ所	18ヶ所							
1930	4ヶ所	8ヶ所	12ヶ所							

出所）明治 17 年「水産物功労人名事績調」（北海道立文書館蔵），北水協会編『北海道漁業志稿』附録：漁業家事績調，藤野喜兵衛の項，1935 年，国書刊行会，復刻版 1977 年，網走市史編纂委員会編『網走市史』下巻，1971 年，「藤野家履歴書」（渡辺茂編『根室市史』史料編，1968 年），「免許漁業原簿 紋別郡」「免許漁業原簿 常呂郡」「免許漁業原簿 網走郡」「免許漁業原簿 斜里郡」（以上，北海道立文書館蔵）より作成。

注記）漁場欄の「新 1ヶ所」とは，新たに 1ヶ所の漁場を新規開設したとの意味。1877 年の手船所有の内訳は，西洋型帆船 3 隻と和船 2 隻。1884 年の機構改革で，大阪本店の下に，漁業部函館本店と商業部根室本店が設置された。漁業部は函館本店の下に根室国・国後郡の漁場を担当する根室支店と，北見国の漁場を担当する網走支店が設置され，商業部は根室本店の下に，網走分店と紋別分店が設置された。漁業部は，根室支店の下に標津出張所と国後出張所，網走支店の下に斜里出張所と常呂出張所が設けられたが，これらの出張所は，1898〜99 年の機構改革で廃止されるとともに，商業部では根室本店の下に釧路分店が新たに設けられ，商業部根室本店は 1905 年に藤野呉服店と改称した。農牧部門は，1905 年に旭川に藤野牧場事務所が設けられてそこが統括した。なお漁場には，鯡・鮭など複数種類が漁獲される場所もあったが，それぞれを 0.5ヶ所ずつに区分して集計した。また御用金は近世北海道を支配した幕府・藩の御用金。北見 4 場所（郡）は，斜里・網走・常呂・紋別の 4 つ。根室国 5 場所（郡）は，根室・花咲・野付・標津・目梨の 5 つ。

利益、九〇年度八、六二八円の損失と推移した[65]。特に、一八九〇年代に入ると人件費の増大から漁場損失が膨らみ、九四年度の漁場損益は約六六、〇〇〇円の損失であった[66]。

そのなかで藤野家は経営多角化を進め、汽船経営の拡大と缶詰工業と農牧業への展開が図られた[67]。汽船経営では汽船三隻を所有して、函館を拠点として本州方面と道内各地に航路を開き、缶詰工業では一八八七年に官営工場の別海《べっかい》缶詰所の払い下げを受け、九五年には標津《しべつ》にも缶詰工場を建設した。そして農牧業は、一八九三年の網走牧場の開設に始まり、陸軍第七師団の北海道旭川への駐屯が決定したことを受けて、藤野家は旭川周辺を中心に大規模な牧場開設を進め、一九一一年時点の牧場面積は、網走が二、六六五町歩、美瑛《びえい》が一、四八八町歩、釧路が一、一四五町歩、標津が二、〇四五町歩、合計七、三四三町歩に達した。

しかし、農牧業の急速な拡大は、人件費・飼料費の急増をもたらし、藤野家に大きな負担となった。一九〇九年度の藤野家各事業の損益をみると[68]、本店（汽船経営・有価証券・土地経営・養魚場）二八、〇八九円の損失、函館店（倉庫業・商業）四、二三二円の利益、釧路店（商業）四六六円の利益、漁業部一一、六三九円の損失、牧場部一一一、八六八円の損失となっており、全体の差引で一四六、九〇〇円の損失であった。さらに一九一〇年に藤野家当主が亡くなり、次期当主が幼少であったため、藤野家の事業整理が行われ、所有汽船の売却や、漁場と牧場の整理縮小が進められた[69]。そして、藤野家の収益基盤は大阪の貸家経営となった（前掲表1-1）。

住吉屋西川家は一七世紀、柏屋藤野家は一八世紀末に北海道に進出し、両家とも商場（場所）請負を開始した後は、一貫して経営の中心を北海道に置き続けた。その経営展開の起動力は、北海道産物が本州との地域間価格差が大きいことに伴う遠隔地間取引の高い利益率にあった。そして、それを最も活かす多角的展開として、手船を増大させ、集散地の大坂に出店を設けるという垂直統合的戦略を採った。近代に入り、近世期の特権を失って北海道経営が一時的に苦しくなった際も、垂直統合的戦略に沿って新たな漁場を開拓して漁獲量を拡大することで、利益率と利益額の低下を補うことに努めた。

ところが高い売買利益率を源泉とした手船経営は、近代以降は、北海道・本州間の地域間価格差が縮小するとともに不安定になり、一八九〇年代に西川家は海運業から撤退し、藤野家は汽船経営に転換したが、それと並行して両家ともに北海道奥地の漁場開拓を進め、結果的に一九世紀末には北海道でも有数の大漁業家となった。ただし、北海道に特化した西川家・藤野家の経営展開は、両家の地元滋賀県の地域経済と両家の乖離を促すことになった。

特に藤野家は、一八八八年時点で滋賀県でも有数の資産家でありながら、滋賀県の会社設立に全く関与せず、大阪に本店を移して当主も大阪に居住した。それに比べると、西川家は八幡の地域経済にある程度関与し、結局不許可となったものの一八七八年の地元での国立銀行創立願の発起人の一人となり、八一年に資本金一〇万円の八幡銀行が設立された際には、最大の株主となり、八二年に創業となった同銀行の初代頭取となった。(70)

同じ一八八一年頃には、西川家は資本金一〇万円の大津・長浜間汽車連絡汽船に一万円を出資するとともに、八五年には滋賀県坂田郡上丹生《かみにゅう》に作られた養魚場の払下げを受けて丹生養魚場を開設した。(71)一八八四年の大阪商船会社の設立に際しては、北海道経営の関係で貸付金の担保として取得した汽船を船舶出資して上位三番目の株主となり、また近江商人が中心となって大阪府に設立され、二〇世紀初頭において日本を代表する紡績兼営織布会社となった金巾製織会社の設立発起人となり、創業時の八九年末時点の一二、〇〇〇株（払込資本金額三〇万円）のうち、一、七八五株を引き受けるなど、住吉屋西川家は、八〇年代には滋賀県・大阪府の企業勃興に比較的積極的に関与した。(72)しかし、西川家の収益の大部分は北海道経営に投入され、その漁場開拓の増加の勢いが早いため、一八九〇年代に新たな株式投資を行う資金的余裕はなかったと思われる。また、一八九〇年の忍路支店と九五年の小樽支店の火災の打撃も大きかったため、結果的に九〇年代末までに西川家は関与した諸会社との関係をほぼ全て断ち切ることになった。

例えば、西川家の役員参加で地域経済と最も関連したと考えられる八幡銀行との関係でも、八幡銀行が松方デフレ期に滞貸金が発生した際に、貞二郎が個人負担で滞貸金分を銀行に代償で払い込んで経営危機を乗り越えたが、西川家は二万円近くの負担を負ったと考えられ、貞二郎はその後一八九一年に副頭取、九三年に取締役と経営の実権を手放し、九七年に取締役も辞任した(73)。大阪の金巾製織会社との関係でも、設立時から一八九三年まで検査役として役員に加わったが、九八年時点でかなりの株式を売却して有力株主でなくなった(74)。その意味で、滋賀県・大阪府の企業勃興に西川家は十分な貢献を果たすことは出来なかった。

とはいえ、前掲表1-13で示したように、住吉屋西川家は、一九二〇年代においても滋賀県八幡に本店を置いており、八幡近隣の地域社会とすべて断ち切れたわけではなかった。研究史で紹介した上村雅洋は、住吉屋西川家の使用人の雇用形態を検討し、同家が近江商人家の近世期の使用人昇進システムとして一般的に採用された在所登り制度を、一八九三年時点でも維持する一方で、九一年時点の使用人は北海道・青森の出身者が大部分であり、近江国出身者をあまり抱えていないこと、それは西川家の経営が漁業活動に重点が置かれていたことによることを指摘した(75)。西川家の場合、北海道の漁業経営による漁獲物が本州向け魚肥であり、漁獲物販売を考えた場合は、滋賀県八幡に本店を置き続けたことは、消費地の情報確保のために意味はあったと考えられる。それゆえ、地元滋賀県出身者を本店で採用し、主に商業部門を担わせ、在所登り制度を利用しつつ全国市場の動向を学習させた使用人と、北海道・青森出身者を忍路（小樽）で採用し、主に漁業部門を担わせた使用人の二つのタイプの使用人を使い分けて、垂直統合的経営を円滑に進めようとしたと考えられる。

その点では、海運業撤退後も八幡に本店を置き続けた点で、西川家の商業的要素は残され、例えば北海道奥地への漁場開設にしても、収益の見込みが少なければ比較的早期に撤退したところや、二〇世紀に入ると漁場の大部分を漁民に貸し付けて、漁場賃貸料収入と貸し付けた漁民から漁獲物を買い入れ、それを販売することに経営の重点を移したことなどに、商家としての弾力的な経営対応をみてとれると言えよう。

第2章　買積船商人の多拠点化と資産運用
——加賀国橋立・酒屋酒谷家の事例——

はじめに

本章では、一八世紀から北海道に進出し、北海道産海産物を専ら取扱い、近代以降も北海道で積極的な経営展開を遂げた加賀国（現石川県中南部）橋立の酒屋酒谷家を取り上げる。序章の研究史でも触れたように、加賀国橋立は隣接の村々を併せ、近世から多数の北前船主を輩出した浦で、近代以降も巨大船主兼有力資産家として活躍した家が多く存在したため、橋立の船主の経営展開がこれまでの北前船主の代表例として取り上げられてきた。

橋立は近世期に金沢藩の支藩であった大聖寺藩領に属し、金沢から四〇キロメートル程南西で金沢平野のはずれに位置した城下の大聖寺から五キロメートル程離れた海岸沿いにあり、沿岸漁業が発達していた。近代期に大聖寺藩領域は石川県江沼郡となり、当初同郡の主産業は農業であったが、平野が少なく、石川県内で農業生産性は低い方で、力織機工場の普及で一九一〇年代には絹織物業が郡内最大の産業となり、著名な温泉郷もあった[1]。

ただし、加賀国は、橋立以外にも多数の北前船主兼有力資産家となった家を輩出した沿岸地域は多く、まず旧加賀

石川郡有力資産家一覧

（単位：円，土地面積は町歩）

1924年頃資産額	1924年頃国税納付	1924年所得額（合計と内訳）						1930年頃資産額
		合　計	田畑・山林	貸家・貸地	商工業	配　当	給与・賞与	
70万円	3,894							
6,000万円	9,706	265,611	3,534	39,641	5,205	189,295	27,001	1,500万円
4,000万円	9,317	91,317	16,873	48,754		22,687	2,342	500万円
100万円	2,714							
30万円	1,927							
40万円	1,508							
		50,243	3,601	2,000		31,491	2,184	80万円
250万円								250万円
								70万円
200万円	3,452	50,340	182	5,471	23,980	14,353	3,650	
50万円	1,334							
200万円	2,360	33,519	4,765	6,085	900	16,809	4,960	100万円[2]
30万円	1,119							
51万円	931							
250万円	4,157							60万円[2]
		41,084	122	3,342		30,621		120万円
135万円	5,795							70万円
	1,486							
60万円	1,552							
80万円	2,687							70万円
		52,822	622	110		51,460	630	
								70万円
70万円	1,441							80万円
40万円	1,672							
40万円	2,332							
53万円	1,519							
50万円	1,321							
50万円	955							

本全国資産家地主資料集成』第1・3・4巻，柏書房，1985年，渋谷隆一編『都道府県別資産家地主総覧』富

頃の資産額が30万円以上，1924年の所得額が40,000円以上のいずれかの条件を満たした資産家について，表
示した氏名の後の括弧書は住所を示す。1924年の所得額の内訳は一部のみ示した。

表 2-1　江沼・能美・

氏　名	住　所	1888年頃 所得額	1898年頃 所有地価	1910年頃 国税納付	1916年頃 資産額	1917年頃 国税納付	1924年頃 土地面積
横山隆平→章	西　尾	24,632			150万円		
廣海二三郎	瀬　越		10,604	5,035	1,000万円	17,951	
大家七平	瀬　越	6,859		3,657	750万円	64,304	
木谷藤右衛門	粟ヶ崎	3,000				寺田五三郎（額）	
熊田源太郎	湊	2,963	37,022			3,763	
浜中八三郎→又吉	塩　屋	2,956					
久保彦兵衛	橋　立	2,665					
西出孫左衛門	橋　立	2,430			150万円	5,900	
増田又右衛門	橋　立	2,331					
久保彦助	橋　立	2,310			100万円		
木谷孫六	粟ヶ崎	2,070				南初三郎（鞍月）	
米谷半平	安　宅	2,057	14,227	4,181	50万円	3,536	
酒谷長平	橋　立	2,056		1,446[1]			
角谷甚太郎	瀬　越	1,933				山下勇太郎（粟津）	
辻七兵衛	粟ヶ崎	1,800		1,299[1]			
酒井芳	寺　井	1,696	16,490	4,607		4,878	138.0
沖五平	安　宅	1,647				新家熊吉（山中）	
丸瀬清五郎	小　松	1,553					
吉田八郎右衛門→茂平	山　島	1,450	10,069	3,509	60万円	4,868	109.3
柴田甚四郎	小　松	1,420	11,118	1,249[1]			
邑井喜良久→文治	美　川	1,400	10,077	2,290			
永井正三郎	美　川	1,400		2,474		2,445	53.3
木谷吉次郎	粟ヶ崎	1,200					
酒谷長一郎→長作	橋　立	990		1,153[1]			
永井伊助	小　松	593		1,364[1]			
金谷太平→与平	松　任	550					
大田五右衛門→春二	福　留	500	11,163				57.3
小堀甚九郎	鶴　来	500					
小林庄兵衛→庄太郎	三　馬	500					
松浦重蔵	山　中	413					

出所）渋谷隆一編『明治期日本全国資産家地主資料集成』第4巻，柏書房，1984年，渋谷隆一編『大正昭和日
山・石川・福井編，日本図書センター，1997年より作成。

注記）出所資料において，1888年頃の所得額が1,500円以上，1910年頃の国税納付額が1,000円以上，1924年
の項目を示した。氏名欄の→は代替わりを示すが，資料の前後関係より推定した場合もある。欄の途中で

注1）1912年頃の数値。2）1933年頃の数値。

国沿岸部の有力資産家の動向を確認しておきたい。表2-1をみよう。近代以降の旧加賀国沿岸部は江沼・能美《のみ》・石川郡にそれぞれ編成されたが(2)、それら三郡の近代期の有力資産家を示した。一九世紀末において上位の資産家に挙げられた家は、横山隆平家を除きいずれも北前船主であった(3)。一九世紀末の同地域有力資産家三〇軒のうち橋立出身が六軒を占め、橋立以外にも、瀬越の廣海二三郎・大家七平家など二〇世紀前半には全国でみても有力な資産家となった北前船主も存在していた。本章で取り上げる酒谷両家（長平家・長一郎家）のうち、長一郎家は一九三〇年代まで有力資産家として存続しており、表2-1で挙げられた酒谷両家以外の橋立の有力北前船主も、いずれも一九二〇・三〇年代まで有力資産家として存続した。実際、一九二四（大正一三）年の資産額で三〇万円以上を示した二二軒のうち、一〇軒は旧北前船主であり(4)、本章では、海運業撤退後の資産運用も含めて、北前船主が日本資本主義に果たした役割を考察することとしたい。

なお、加賀国と同じ石川県域の能登国（現石川県北部）でも、大規模な北前船主が輩出したが、近代期まで海運業で活躍した北前船主は少なく、そのなかの代表例であった能登国一の宮出身の西村家は、北海道産物取引を専ら行った点で、橋立の北前船主と共通性があった。それゆえ、本章の最後に、西村家の経営展開を概観して、酒屋酒谷家の経営展開と比較する。

酒谷家は、近世期は酒屋と称し、一八世紀から荷所船主として海運経営を行っていた(5)。荷所船とは、前章で触れたように、一七世紀に北海道に進出した近江国薩摩村・柳川村・八幡町の商人が現地で結成した両浜組によって定雇された運賃積船のことで、敦賀と北海道の間を往復し、北海道へ向かう下り船では主に木綿や日用品を、北海道から敦賀へ向かう登り船では北海道産物の鮭や鯡魚肥を輸送した。また近世北海道では、既述のように福山・箱館・江差の三湊が、本州方面との移出入湊として藩によって定められ、両浜組商人が福山・江差湊に拠点を置いたため、荷所船は福山・江差湊で荷積み・荷揚げを行った。本州に運ばれ、敦賀に荷揚げされた北海道産物は、敦賀問屋の仲介で琵琶湖岸まで陸送され、湖上輸送で大津まで運ばれて大津納屋に販売された。荷所船として雇われた船主は、越前国敦賀・河野そして加賀国橋立出身者が大部分で、船主らは荷所船仲間を形成していた。

両浜組商人は[6]、免税等の「特権」を近世北海道の封建的領主であった松前藩から得ていたが、一八世紀後半以降それらの「特権」が削減され、また北海道南部の鯡漁獲量も減少したため、両浜組商人が次第に北海道から撤退するようになり、両浜組と荷所船仲間との定雇関係は崩れていった。そのため荷所船主は、従来の運賃積輸送から、自ら商業活動を行う買積経営へと転換するようになり、酒屋も一九世紀初頭までは運賃積を行ったと考えられるが、文政期（一八一八〜三〇）以降は買積経営に専念した[7]。

近代になると酒屋は酒谷姓を名乗るようになり、長平家と宗七（後の長一郎）家が有力な船主として残った。ただし、宗七家に残されている一八八〇年代後半〜九〇年代前半の資産帳簿には、酒谷両家の資産が記録されており、そのころの両家は共同経営の色彩が強かった。両家のなかでは、長平家が古く、宗七家初代の橋本宗七は[8]、天保期（一八三〇〜四四）頃に、酒屋長平家の娘と結婚して酒屋を名乗るようになったと推定され、その後宗七家は、二代長治郎、三代長一郎、四代長作と受け継がれた。宗七家には、長一郎が同じ橋立の北前船主であった久保彦助家から婿養子に入り、長作も久保彦助の娘と結婚するなど、久保家と姻戚関係が深く、一八九〇年代以降酒谷家の主要取引先として久保彦助家が重要になった。

一　買積船主としての経営

酒谷家の海運経営は、一八世紀から一九一〇年代にわたるが、まず近世後期の買積船経営を長平家の史料で検討す

表 2-2　酒屋長兵衛家廻船登り荷買入販売量一覧

（単位：量は石，額は両，利益率は%）

		1829年	1831年	1833年	1835年	1837年	1839年	1841年	1843年	1845年	1848年	1850年	1852年	1854年	1856年
買入先	箱館問屋	857	307	401	579	1,002	497	279	909	1,403	1,216	1,547	1,396	1,519	1,054
	内　大津屋	76	81	164	152	128	113	215	633	805	754	1,149	1,094	968	807
	長崎屋	152		5	62	182	8	3	170	144	63	26		322	112
	秋田屋	376	110	208	183	405	244	61				372	230	63	
	和賀屋	204	116	13	34	12			97	454	53			43	
	浜田屋	49			24	24	3				314			100	
	亀屋			11	111	18	129		9		32		71	23	135
	箱館小宿				53	38	14	13			263	83	346	404	265
	内　伊藤屋				53	2	14						89	368	
	三国屋					36		13			22	18	5		35
	越中屋										148	65	252	36	230
	能登屋										93				
	高田屋（箱館）	750	719	233											
	福山問屋		290				738		699						
	内　京屋		290				27								
	近江屋						711		699						
	その他	175	35[1)]	460	493	80	325[2)]	945[3)]	157[4)]	6	103		6	28	591
	買入量合計	1,782	1,352	1,093	1,125	1,120	1,575	1,237	1,765	1,409	1,582	1,630	1,748	1,951	1,910
	買入額	1,470	983	1,255	1,382	1,656	2,327	1,213	1,881	1,804	2,251	2,163	2,077	2,713	2,743
販売先	大坂商人	172	8	122	517	476	705		442	631	106	268	212	60	52
	内　伊丹屋	89		53	473		122		402	67					
	近江屋	51				8	9			490					
	布屋	32							9	68		239	161	29	14
	北風（兵庫）	667	948	894	577	464			411	671	1,383	1,252	996	1,675	918
	河崎屋	83	26	69	10	82	1		10	21		28	9		12
	敦賀商人	90			70		37	657	775						
	内　丸屋	44			65		1	311	426						
	廣海（貝塚）												431		
	その他		345[5)]		1	35							2	119	835

販売量合計	1,011	1,327	1,085	1,175	1,058	744	658	1,637	1,322	1,489	1,548	1,651	1,854	1,816
販売額	1,039	1,495	1,581	1,713	2,096	1,412	848	2,694	2,398	2,591	2,761	2,498	3,616	3,297
売買粗利益額		512	326	331	440			813	594	340	598	421	903	554
販売額粗利益率		34.2	20.6	19.3	21.0			30.2	24.8	13.1	21.7	16.9	25.0	16.8

出所）文政12・天保8・15・嘉永4・安政3年「登仕切（控）帳」（酒谷長俊家文書，加賀市教育委員会蔵）より作成。

注記）買入額・販売額ともに手数料を差し引きした最終的な取引金額を示した。販売額粗利益率は，売買粗利益額／販売額。取引額は史料上で銭貫文や銀貫匁を両に換算されたものを集計した。胴鯡・早割鯡で重量未記載の場合は，1束2貫匁（重量）で換算し，その他のものも併せて凡例の比率で石に換算した。なお買入先・販売先が廻船問屋の場合は，買入・販売を廻船問屋に委託して本当の買入先・販売先が別に存在した可能性もあるが，本章では，買仕切・売仕切を交わした相手を買入先・販売先とみなして表を作成した。以上，特に注記しない限り以下の各表とも同様。昆布のなかで重量未記載のものは除いた。買入先の括弧内は取引相手の店が存在した湊を示した。1829～43年は長兵衛の先代の長吉船の登り荷買入販売量。1829・39・41年は，販売時に揚げ置きされ，取引未完了のまま年度を越した取引が多く，売買粗利益額と販売額粗利益率は示さなかった。

注1）うち23石は福山湊買入分。2）うち93石は福山湊買入分。3）うち870石は江差湊買入分。4）うち148石は岩内場所買入分。5）うち221石は箱館で問屋に販売。

る。表2-2で、酒屋長兵衛船の登り荷買入先と販売先を一八二九（文政一二）～五六（安政三）年までほぼ隔年で示した。なお廻船問屋が売買を仲介するのみの場合もあり、廻船問屋を廻船の販売先・買入先とみなすことには留意が必要で、その点の処理は序章注(89)による。北前船の主要な航路は、大坂から下関経由で日本海沿岸を北上して北海道に至る西廻り航路であり、畿内・瀬戸内から北陸・北海道へ向かう下りと、北海道・北陸から瀬戸内・畿内に向かう登りを比べると、登り荷売買利益率がかなり高く、北前船経営にとって登り荷の取引が極めて重要であった[9]。

酒屋長兵衛船の場合、登り荷として鯡魚肥を中心とする北海道海産物を扱い、毎年北海道まで下り、一八三九（天保一〇）～四三年にかけて福山湊・江差湊での買入が見られたものの、基本的には箱館湊で買い入れていた。箱館湊の株仲間問屋一一軒中九軒及び箱館湊の小宿四軒と取引し、全体として箱館湊の「特権」商人と幅広く継続的に取引したと言える[10]。一八三一・三九・四三年にみられた福山湊での買入も、大部分を福山湊の株仲間問屋から買い入れた。一八三七～四〇年にかけては、大坂市場では鯡魚肥価格の下落以上に米価が下落しており（前掲表序-8）、米よりも鯡魚肥を取引する方が北前船主に有利になった時期で、米を取引していた北前船主の北海道進出が進んだ一時的市場流動期と考えられる。そのため酒屋も箱館湊だけでなく福山湊・江差湊でも取引し、新しい取引相手を開拓したが、価格が安定すると酒屋も再び箱館問屋・小宿との継続的な取引に専念するようになった。

また酒屋長兵衛船は、買い入れた登り荷を主に敦賀・兵庫・大坂で販売した。荷所船輸送の拠点が敦賀であったため酒屋と敦賀湊とのつながりは深く、敦賀での主要な販売先の丸屋は、もともと荷所船の船宿であった[11]。そのため酒屋船も一八四三年頃までは敦賀で販売したが、その後は兵庫・大坂の特定の問屋に継続的に販売するに至った。

このように酒屋は、箱館湊と兵庫・大坂を恒常的に結んだが、箱館の株仲間問屋や大坂・兵庫の廻船問屋の中でも、次第に複数の特定の相手との結び付きを強めた。例えば、酒屋の登り荷の買入は、一八四八（嘉永元）年頃までは複数の株仲間問屋から満遍なく行われたが、五〇年以降は大津屋からの買入の比重が高まり、登り荷の販売も、四八年以降は大部分を兵庫の北風家に行うようになった。また一八五二年以降は、和泉国貝塚浦の廣海家など兵庫・大坂以外の浦の廻船問屋への販売がみられ、鯡魚肥の販路の拡大を示した。

従来は、相場の状況により取扱商品・取引湊を多様に変化させて、短期的な利潤最大化を目指せる点が買積船経営の利点と指摘されてきた[12]。しかし酒屋の場合、取扱登り荷を北海道産物に限定し、特定の湊の「特権」商人と継続的に取引していた。とはいえ、年によって変動はあったが、一八三〇年代～五〇年代までほぼ一貫して、問屋への手数料を支払ってもまだ二〇%台の売買利益率を確保していた。なお酒屋長兵衛船は、一八二九・三〇年は北海道と本州間を三往復したが、それ以外は基本的に北海道と本州間を二往復した。船の買い替えは一八四五（弘化二）年と五三年に行われ、四五年に買い替えた幸長丸は七六五石積、五三年に買い替えた幸長丸は七一三石積であった[13]。

酒谷家は近代に入ると船の所有数をさらに増やし、西洋型帆船への転換も進めた。一八八〇（明治一三）年前後は、長平家が和船四隻、宗七（長治郎）家が和船二隻を所有したが、九〇年前後は、長平家が和船六隻・西洋型帆船

表 2-3 酒谷宗七・長一郎家廻船鯡魚肥買入販売量

（単位：石）

		1860 年	1863 年	1864 年	1865 年	1870 年	1882 年	1883 年	1897 年	1898 年	1899 年	1900 年	1901 年	1902 年	1903 年
買入先	関川屋（江差）	1,210													
	大津屋（箱館）		94	53	99	111									
	越中屋（箱館）			21											
	大場（忍路）								568						
	その他	23		22	53										
	不　明						479		1,418	1,312	335	1,421	426	706	
	買入量合計	1,232	94	96	152	111	479		1,986	1,312	335	1,421	426	706	
販売先	河崎屋他 2 軒	845	80												
	大阪問屋 7 軒			96			454	284	518	918	371	335		418	
	兵庫問屋 3 軒				152	111		195		446					
	尾道商人 3 軒								535		737		1,112		
	久住（徳島）								500						
	奈良原（下関）									438					
	安宅商人 3 軒										133				673
	景山（多度津）												243		
	買入量合計	845	80	96	152	111	454	479	1,553	1,802	1,241	335	1,355	418	673

出所）各年度「諸品留日記」，文久 4・明治 3 年「諸品留帳」（酒谷長蔵家文書，加賀市教育委員会蔵，文久 4 年「諸品留帳」は蔵六園蔵，以下酒谷長蔵家文書のうち蔵六園蔵のものは所蔵先を記し，加賀市教育委員会蔵のものは所蔵先を省略した）より作成。

注記）史料で判明した取引のみを集計したので，この表が全ての買入・販売量を示しているわけではない。重量の記載していない場合は，胴鯡 1 束＝2 貫匁（重量），鯡粕・鰯粕 1 本＝27 貫匁（重量），笹目鯡 1 本＝23 貫匁（重量）で換算し，凡例の比率で石に換算した。販売先は地域ごとにまとめて示した。取引先の括弧内は取引先の店の所在湊。1863・64 年は鰯粕の買入販売量。

表 2-4　1863〜1915 年度酒谷宗七・長一郎家損益内訳

（単位：1874 年度まで両，78 年度から円）

年度	預貸利息	証券配当・利息	売買損益	手船勘定	歩持船配当	経費	その他	計
1863	—	—		326[1)]	—	△ 66	3	263
1870	580	—		1,339[1)]	—	△ 666	△ 58	1,195
1874	1,001	—		1,589[1)]	—	△ 234	—	2,355
1878	1,276	—		4,935[1)]	—	△ 1,572	14	4,671
1884	5,325	—	1,639	3,031	—	△ 1,440	△ 1,289	7,266
1888	7,689	—	929	190	672	△ 2,372	—	7,108
1892	11,382	303	1,106	1,000	331	△ 2,172	—	11,950
1896	20,266	1,469	4,381	7,577	610	△ 2,752	318	31,869
1900	35,843	3,172	△ 660	3,355	1,769	△ 2,984	—	40,143
1903	38,463	3,172	795	1,112	1,740	△ 3,344	1,780	43,718
1906	36,839	5,479	—	△ 197	—	△ 4,449	2,067	39,739
1909	55,149	4,737	—	2,018	—	△ 4,725	1,463	58,642
1912	59,438	5,826	—	587	—	△ 5,248	397	61,000
1915	75,808	5,762	—	38	—	△ 5,835	1,430	77,203

出所）文久 3 年「諸品留日記」，明治 2 年「大宝栄」，明治 17 年度「大福帳」，明治 21 年度「有貨調」，明治 25 年度「調帳」，明治 29 年度「資産簿」，明治 33 年度「原帳」，明治 36・39・42・45 年度「諸品留日記」，大正 4 年度「諸品附込帳」（以上酒谷長蔵家文書）より作成。

注記）△印は損失。—はその項目の内訳がないもの。証券配当・利息欄には，平出汽船組合出資分の配当を含む。手船勘定は所有船の損益。歩持船配当は，共同出資した船舶の配当。

注 1）売買損益は，宗七・長一郎家が店として売買した損益と考えられるが，1863〜78 年は，出所資料で手船勘定と売買損益の区別が困難なため，まとめて手船勘定として示した。

二隻、長一郎家が和船二隻・西洋型帆船一隻を所有し、一九〇〇年前後は、長平家が和船一隻・西洋型帆船三隻、長一郎家が和船一隻・西洋型帆船二隻を所有するに至った[14]。また酒谷両家ともに、北前船主の組合で、一八八七年に結成された北陸親議会に加盟し[15]、典型的な海運専業志向の強い経営展開を遂げていった。

表2-3で、宗七・長一郎家の手船（自己所有船）の登り荷の買入先・販売先で判明した分のみ示したが、取引相手は近代初頭までは、長平家と同様に、箱館湊の株仲間問屋である大津屋と兵庫の北風家とが中心であった。また、宗七・長一郎家の損益状況を示した表2-4によると、一八六〇・七〇年代は基本的に廻船経営が利益の中心であり、登り荷の利益が下り荷の利益を上回っていた[16]。一八七一年までは、宗七自身が船の経営を担っていたが、七二年に長一郎を幸貴丸の船頭にすると、七三年から長一郎に幸貴丸の経営はまかせ、長一郎から毎年一、〇〇〇円（両）の利分を繰入、残りは長一郎の手取りと

した。[17] また、一八七六年には長平家より財産分与で和船（小福丸）を譲られ、和船二隻の経営となり、手船利益もかなり増大した。[18]

宗七家は、手船利益を取引相手に貸し付け、その利息収入も次第に増大した。表2-5で資産状況をみると、貸付金の部分が急増したことが分かるので、全体として一八六〇・七〇年代は、手船利益を順調に獲得し、それらを資金貸付に回し、貸付金もあまり滞貸にならずに利息とともに回収され、順調に総資産額を増大させていった。

表2-5　1867～1930年度酒谷宗七・長一郎家資産内訳

（単位：1874年まで両，78年から円）

年度末	1867	1870	1874	1878	1884	1888	1892	1896	1900	1915	1919	1923	1926	1930
通常貸付金	3,060	5,077	9,276	15,252	44,484	69,735	112,372	182,116	290,563	413,654	186,261	172,022	138,901	84,240
滞　貸	—	30	1,175	—	7,070	6,838	5,870	7,558	23,375	59,924	59,296	95,028	93,553	110,122
在庫等	124	1,782	2,600	9,781	12,542	11,606	13,289	25,449	23,257	—	—	—	—	—
銀行預金					—	8,817	8,500	11,876	30,693	636,378	923,918	1,140,169	914,673	730,534
株　式					1,200	2,285	5,225	10,614	20,190	43,659	87,423	141,101	177,416	183,656
公　債					400	400	400	2,258	2,357	13,918	231,281	375,288	163,644	176,089
金融債										7,551	7,521	7,441	37,068	55,579
一般の社債										—	—	36,259	561,726	496,635
金銭信託										—	—	—	194,495	801,763
不動産								200	1,921	16,725	16,224	3,580	2,596	12,367
積立・預り金					△ 122	△ 4,987	△ 4,695	△ 5,795	△ 6,120	△ 5,166	△ 5,173	△ 8,734	△ 1,412	△ 1,055
その他		336		3,543	2,168	719	933	2,191	718	13,566	18,746	1,382	799	4,068
合　計	3,185	7,226	13,052	28,578	67,742	95,413	141,895	236,469	386,953	1,200,209	1,525,497	1,963,536	2,283,460	2,653,998

出所）文久3年「諸品留日記」，明治2年「大宝栄」，明治17年度「大福帳」，明治21年度「有貨調」，明治25年度「調帳」，明治29年度「資産簿」，明治33年度「原帳」，大正4・8・12・15年度「諸品附込帳（諸事仕訳帳）」，昭和5年度「原簿」（酒谷長蔵家文書，昭和5年度「原簿」は蔵六園蔵）より作成。

注記）△印は負債。—はその項目の内訳がないもの。通常貸付金は滞貸を含めず。公債と金融債を併せて記された場合があり，内訳の多い方に分類した。社債には若干の慶應義塾債を含む。在庫等は，預け置き・延売などを集計した。通常貸付金のうち船舶関係は，船舶への貸付金や出資金。

二　近代的諸勢力との対抗——流通面を中心に

宗七家は、一八七九（明治一二）年に長治郎が相続し、八六年に長一郎が相続した時点で、同家所有和船は一隻であったが、長一郎は、共同出資で船を経営し、その利益金を出資割合に応じて分配する「歩持」形態で、所有船数を増大させた。[19] 例えば、一八八六年から栄徳丸、八七年から廣恵丸、八九年から正吉丸の歩持を行った。[20] 正吉丸の歩持では、出資金の半分を長一郎家が負担し、正吉丸の名義も長一郎になったようで、一八八九年の北陸親議会会員の持船名簿に、酒谷長一郎所有船として小福丸・正吉丸の二隻が挙げられた。[21] 以後、近代期の宗七家を長一郎家とする。

長一郎は、所有船の和船から西洋型船への転換も進め、一八九〇年から平出喜三郎所有汽船の歩持に参加し、九一年からは、西洋型帆船の太田丸の歩持（船の名義は長一郎）にも参加した。[22] 特に太田丸への出資は、九四年に増額出資して一〇〇％出資になったと考えられ、以後、配当金ではなく太田丸勘定として計上された。同年から登場した北生丸も西洋型帆船で、一八九〇年代後半は、和船一隻・西洋型帆船二隻（正吉丸は九一年に売却）を所有し、和船一隻と汽船一隻の歩持に参加した。[23] 所有船の増加に伴い、長一郎家の船勘定利益も増大したが、長一郎家は利益金を貸付金として運用し、そこから得られた利息収入をさらに貸付金として運用して、急速に資産額を増加させた。

表2-4に戻ろう。一八八〇年代後半〜九〇年代の長一郎家の商業関係利益はかなり変動したが、預貸利息収入が増大し、前掲表2-5の資産内訳からみて、その中心は貸付金利息であった。滞貸は少なく、貸付金の大部分は利息・元金ともに順調に返済を受け、そのことが貸付金中心の資金運用に傾斜させる要因でもあった。一方、土地取得や株式・公債購入は少なく、銀行預金も一八九〇年代後半にやや増大したが全体に占める比重は小さかった。

一八八四〜九二年の長一郎家の「資産簿」には、長平家と長一郎家が両方併せて記載されているので、酒谷両家の八〇年代後半〜九〇年代の魚肥取引の特徴を検討する。ただし、一八九三年以降は長一郎家のみの記載となり、長一郎家の動向を示す。酒谷両家は、雇船頭の小三郎を店主として一八九〇年に函館支店（酒谷商店）を設け[24]、「資産簿」記載の買入商品の前年度繰越分の買入先からみて、北海道産魚肥の大部分を函館支店か函館の海産物商または有力漁民から買い入れた。近代期の酒谷家は、生産地での集荷・輸送・集散地での販売を一貫して行う垂直統合経営を進めたと言える。表2-6で、「資産簿」記載の次年度繰越分の販売動向を示した。北海道産鯡魚肥は本州の諸港で主に秋に販売されるため、延売や預置の形で次年度繰越になったものも多く、この表でも全体的動向は把握できよう。

販売先は、一八九〇年代まで大部分が大阪・兵庫・徳島の荷受問屋で、酒谷家廻船は近世期と同様に、函館と大阪・兵庫・徳島を主に結んだ。一八九三年の「原簿」に書き上げられた七五軒の取引相手名の内訳は、大阪一一軒、徳島一一軒、函館九軒、小樽八軒、兵庫六軒、その他各地が三〇軒であった[25]。特に、一八八〇年代後半は、大阪・兵庫・徳島の複数の荷受問屋と年ごとに比重を変えつつ継続的に取引し、それ以外の相手への販売はほとんどみられなかった。その後、一八九〇年代には、大阪・兵庫の特定の荷受問屋以外に、玉島・多度津・尾道等の瀬戸内海諸港の廻船問屋への販売も行った。

酒谷両家と大阪・兵庫・徳島の複数の荷受問屋との取引は、一八九〇年代前半まで根強く継続されたが、こうした集団間の継続的な取引関係の連鎖が維持された大きな要因が、北前船主の資金力であった。表2-7で、酒谷両家の貸付金次期繰越額を主要貸付先別に示した。この表では、当年度の新規貸付のみを示したが、酒谷家の資金貸付先は、函館の海産物商、北前船主、大阪の北海産荷受問屋が多く、そのうち函館の海産物商では北海道共同商会の株主が多数を占め、また酒谷両家ともに北陸親議会に加盟しており、主要貸付先の北前船主は北陸親議会加盟船主にほぼ限られた。その他有力漁民の松村幸右衛門へは、鯡魚肥買入の約定金を前渡ししており、酒谷家は有力漁民と「青田」取引を行って登り荷の確保を図った。前掲表2-6で示した魚肥の延売・預置も、先に魚肥を渡して代金受け取

表 2-6　酒谷家魚肥販売次年度繰越額一覧

(単位：円)

港	販売先	1883年	1884年	1885年	1886年	1887年	1888年	1889年	1890年	1891年	1892年	1893年	1894年	1895年	1896年	1900年
大　阪	木谷七平	6,522	7,000	9,370	5,380	11,530	3,488	8,488	10,385	6,847	18,938	6,072	9,010			5,460
大　阪	久保支店	2,859	3,697	1,433	2,393	5,919		1,825	3,441	404	5,934	6,465	7,407	10,480	6,569	423
大　阪	藤野熊蔵	763	228	2,623	1,975		3,699	415								
大　阪	酒井新平	104	5,377	3,431	1,050	2,309										
大　阪	丹保佐吉郎	245	2,551	3,298	清水商会		3,923	1,825	3,618							
大　阪	今井勢兵衛	1,250					390									
大　阪	金澤仁兵衛				1,505	1,270	1,832									
大　阪	千成社・杉山				674	1,009		網盛支店		9,667	8,102	1,829				
兵　庫	網盛弥兵衛	1,904		1,726	2,741		4,608	2,227	8,067	5,942	6,294	5,776				
兵　庫	藤本安兵衛	1,892	1,467	2,284	3,065		1,251	1,212	1,805							
兵　庫	北風荘右衛門		892				天羽支店		3,717			12,662				
兵　庫	丹保支店								2,509	9,533	4,000	479			822	
徳　島	久住九平	1,867	3,874	3,650	2,617	4,048	3,420	1,061						5,799	5,509	
徳　島	天羽兵吉	8,035	8,369	11,282	4,998	8,339	5,811	23,522	6,414							
徳　島	山西庄五郎		1,810	1,352		4,014										
徳　島	森六郎						2,211	422								
玉　島	大西久右衛門				2,859				田中長八助		5,930	508				
多度津	景山甚右衛門												4,736	4,527		6,865
尾　道	渡橋善兵衛										3,603	4,077	4,533			
尾　道	橋本他2軒														5,597	15,036
下　関	河崎善七								480	3,576	3,555	4,743	奈良宗善助		4,752	
名古屋	三輪嘉兵衛									2,357	2,360					
	計	25,442	35,266	40,449	29,257	38,438	30,634	40,998	40,437	38,327	58,716	42,612	25,686	20,806	23,250	27,785

出所）各年度「資産簿（大福帳，有貨調，原簿，調帳，原帳）」（酒谷長蔵家文書，明治24年「資産簿」は蔵六園蔵）より作成。

注記）次年度繰越として延売（取引は成立したが代金が未収）と揚置（問屋に荷物を預けてあり取引が未成立）の2種類があり，それらの合計金額を示した。1893年までは長平家と長一郎家の合計で94年以降は長一郎家のみ。港欄は明治26年度「原簿」末尾の人名書上げを参照した。この表には，酒谷家が他の船主と共同出資して経営した歩持船の販売分は含めなかった。

表 2-7　酒谷家貸付金次年度繰越額主要貸付先別一覧

（単位：円）

貸付先	住所	1884 年	1888 年	1892 年	1896 年	1900 年	備　考
忠谷久五郎	橋立	13,300	6,000	11,170			北陸親議会会員，北海道共同商会株主
西川貞二郎	八幡	13,000	6,000				北陸親議会会員，旧場所請負人
木谷七平	大阪	7,500	16,000	17,000	5,000	5,000	大阪北海産荷受問屋
平出喜三郎	橋立	6,800	5,000	5,000	2,000	5,600	北陸親議会会員，北海道共同商会株主
田中正右衛門	函館	5,000			2,500		旧株仲間問屋，北海道共同商会頭取
上嶋安兵衛	和泉	3,100					
久保彦蔵	橋立	3,000	2,000	2,000	4,000	4,500	北陸親議会会員
丹保佐吉郎	大阪	3,000	1,000	9,500	3,500	5,000	北陸親議会会員，大阪北海産荷受問屋
脇坂平吉	函館	3,000	4,000	2,000			海産物商，北海道共同商会株主
町野清太郎	小樽	2,500	9,500	32,500	30,900	13,000	北陸親議会会員
藤野支店	函館	2,000	10,000	3,000	3,000	10,000	旧場所請負人，北海道共同商会株主
増谷平吉	橋立	2,000	7,307	4,500	3,250		北陸親議会会員
今井勢兵衛	大阪	2,000	5,000				大阪北海産荷受問屋
宅常三郎	堺	1,500	12,000	5,000	2,000		清酒醸造元
左納権一郎	貝塚	1,500	3,000	権四郎	4,000		清酒醸造元
西谷庄八	小樽	1,500		7,000			北陸親議会会員
遠上伊三郎		1,000	2,000			20,000	
藤野熊蔵	大阪	1,000	6,000				大阪北海産荷受問屋
高森忠蔵	函館	270	900	7,500	4,000	12,500	海産物商，北海道共同商会株主
松村幸右衛門	福山		6,700	6,000			有力漁民
廣谷源治	函館		5,000			3,000	海産物商兼有力漁民，函館汽船会社社長
廣谷順吉	小樽		1,500	10,000	5,000		海産物商兼有力漁民
函館汽船会社	函館			13,000			
宅徳平	堺			5,000	5,000	5,000	清酒醸造元
岩田貞次郎	留萌				23,000		汽船船主
能登善吉	函館				18,000		回漕業
久住九平	徳島				6,869		肥料問屋
久保支店	大阪				5,000	5,423	大阪北海産荷受問屋
角谷甚吉	瀬越				5,000		北陸親議会会員
岩田正蔵	小樽				4,000		回漕業
市田弥兵衛	大阪				3,000	11,000	諸材木商
増田又七郎	橋立					20,000	北陸親議会会員
片山和助	大阪					10,000	大阪北海産荷受問屋
中曽根治郎	山中					8,000	山中馬車鉄道会社専務取締役
駒井弥兵衛	函館					6,000	海産物商兼有力漁民
椿本荘助	大阪					6,000	藍商，大阪藍会社社長
その他とも計		90,507	144,433	193,843	174,919	214,281	

出所）明治 17 年度「大福帳」，明治 21 年度「有貨調」，明治 25 年度「調帳」，明治 29 年度「資産簿」明治 33 年度「原帳」（以上酒谷長蔵家文書）より作成。

注記）各年度中に貸し付けられたもので，年度末の調べで翌年度に繰り越されたものを集計した。したがって 1 年以上返済のない滞貸分は含んでいない。各年度で貸付残額の多いものから 10 軒選び，それらについて各年度を通して示した。住所欄の福山は，北海道の旧松前藩城下の湊。山中は酒谷家地元橋立近郊の村。備考欄は，明治 25・31 年度『日本全国商工人名録』，「北海産荷受問屋組合沿革史」（黒羽兵治郎編『大阪商業史料集成』第 6 輯，1934 年，清文堂出版，復刻版 1984 年）20–25 頁。小林真人「北海道共同商会について（上）」（『新しい道史』第 57 号，1973 年），北海道共同株式会社「第拾壱回実際報告書」（函館市中央図書館蔵），等を参照した。1884・88・92 年は長平家と長一郎家について，1896・1900 年は長一郎家についてのみを示した。

りが次期繰越となっており、荷受問屋に対する資金融通の意味合いをもった。

北海道共同商会は[26]、三井物産が一八八〇年代前半に北海道各地に進出し、有力漁民と委託販売契約を結んだため、取引相手を奪われた函館・福山の仕込商人（漁民への前貸を行い、漁獲物を集荷する商人）が、団結して資金力と信用力を増して三井物産ら新しい勢力に対抗しつつ、本州への北海道海産物の売り込みを図るために一八八四年に設立した商社で、北前船主の有力な北海道海産物の買入先であった。また前章で触れたように、三菱の海運部門と共同運輸が合併して日本郵船が一八八五年に設立され、三井物産と日本郵船所有汽船を利用した委託販売・汽船運賃積・荷受問屋を通さない仲買商への直接販売という新しい商品流通が盛んになったが、それに対抗して、近世来の取引形態である仕込商人→買積船→荷受問屋→仲買商という商品流通を維持するため、北前船主が団結したのが北陸親議会であった。そして北陸親議会加盟の北前船主には、北海道共同商会株主になったものも多かった[27]。

大阪の北海産荷受問屋も近世来の松前問屋（近世期に大坂で北海道産物を専門的に扱った荷受問屋）が多く、組合を結成して、大阪肥料仲買商組合との間で、大阪市場での仲間同士の排他的取引関係を結んだ[28]。ここには、近世来の取引網を維持しようとする北海道共同商会（函館・福山の仕込商人）と北陸親議会（北前船主）と大阪北海産荷受問屋組合の強固な結び付きがみられ、その核になったのが、北前船主の資金力であり、酒谷家は、北前船経営から得た利益をもとに全力を挙げて取引相手に資金融通し、函館・大阪・兵庫・徳島の取引相手と継続的な取引関係を維持し続けた。さらにその資金融通により、莫大な利息収入を得、それも取引相手への資金融通に運用することで、酒谷長一郎家は総資産額を順調に増大させた。前掲表2-4にみられるように、一八八四年度には、船の経営による利益四、六七〇円に対し、五、三二五円の預貸利息収入を得、九二年度には、歩持船配当も含めて船の経営による利益二、四三七円に対し、一一、三八二円の預貸利息収入を得、一九〇〇年度には、船の経営による利益四、四九四円をはるかに上回る三五、八四三円の預貸利息収入を得た。

このような北前船主の資金力を背景とした近世来の諸勢力の結び付きにより、一八九〇年代も北海道海産物のかなりの部分が、近世来の取引網を利用して取引され、結局三井物産は、一九〇〇年前後に北海道海産物市場から撤退するに至った[29]。むろん、前述のように利息・配当収入の大部分は、前掲表2-5の資産構成からみて貸付金利息収入で、貸付金額が増大した結果、総資産額も一八八四年度末の約七万円から一九〇〇年度末の約三九万円に急増した。貸付金の急増に比して滞貸額はそれほど増大しておらず、酒谷家は生産地・集散地の取引相手への貸付金の返済は順調に受けており、両者の間で支配従属関係があったとは言えないであろう。

一九〇〇年代になると、三井物産が北海道海産物市場から撤退したことで、近世来の諸勢力の強固な結び付きの誘因が小さくなり、また汽船網・電信網のより一層の発達により、汽船運賃積を利用して北海道の海産物商・有力漁民が直接本州や四国の肥料商と取引し始めたため、船持商人の買積経営は次第に困難になった[30]。そのため資力のある北前船主は、汽船を購入して運賃積経営を行ったり、自ら北海道・樺太に漁場を所有してその漁獲物を輸送して対応した。酒谷家も、日露戦後に南樺太が日本領になると、樺太漁場の漁業権を取得して経営を長作（後の四代当主）にまかせた[31]。また大阪・兵庫以外でも、石川県や瀬戸内海沿岸で魚肥を販売したが、その際、汽船網・電信網の発達による地域間価格差の縮小で買積経営が不利になったことに対し、産地では汽船網・電信網の未発達な奥地へ進出し、消費地に近い港へ直送することで対抗した。表2-3に戻ろう。一八九九年以降は、長一郎家持船の鯡魚肥買入先は不明だが、「樺太鰊〆粕」との記載になった。販売先も大阪・兵庫に止まらず、石川県安宅《あたか》・山口県下関・広島県尾道・香川県多度津など、各地で販売するようになった。

しかし、地域間価格差の縮小を補うのは容易でなく、表2-8にみられるように、一八九〇年代に比して、一九〇〇年代は商業関係の利益収入が減少し、手船所有も、一九〇〇年に西洋型帆船三隻に対し、一〇年代は西洋型帆船一隻に減少した[32]。その一方預貸利息収入は安定して入り、特に銀行預金利息収入が増大した。また酒谷家は証券・土地投資に消極的で、株式配当・公債利息・不動産収入の比重は少なかった。そしてその後平出所有汽船の歩持が一九一六（大正五）年に解散となり、酒谷家は一八年に所有船を売却して海運業から撤退し、一九年に函館支店を店主の酒谷小三郎を代表社員とする合資会社酒谷商店として分離した。(33)

表 2-8　1903～12 年度酒谷長一郎家損益内訳

（単位：円，括弧内は%）

年　度	1903	1906	1909	1912
預貸利息	38,463	36,839	55,149	59,438
内銀行預金利息	3,952	9,599	13,098	21,758
百十三銀行	1,817	93	1,528	1,655
	(7.0)	(当座)	(6.8)	(5.5)
浪速銀行	656	2,221	2,994	5,197
	(6.6)	(5.8)	(6.0)	(5.4)
第三銀行（函）	395	1,705	4,089	5,009
	(6.8)	(6.5)	(6.7)	(5.3)
住友銀行	356	2,732	788	3,104
	(当座)	(6.0)	(当座)	(5.2)
函館銀行	340	669	710	1,154
	(6.8)	(6.5)	(6.9)	(5.5)
八十四銀行	291	563	908	2,014
	(当座)	(6.9)	(6.5)	(5.3)
山口銀行	—	906	718	1,371
		(6.0)	(5.6)	(5.2)
証券配当・利息	3,172	5,479	4,737	5,826
内株式配当	2,502	3,782	3,007	3,781
伊予鉄道	600	750	885	818
	(8.0)	(10.0)	(10.0)	(9.0)
函館汽船	545	917		
	(12.0)	(17.0)		
日本海上保険	438	438	525	525
	(10.0)	(10.0)	(10.0)	(10.0)
百十三銀行	397	500	400	300
	(9.0)	(10.0)	(8.0)	(6.0)
函館銀行	333	315	306	219
	(9.0)	(10.0)	(7.0)	(5.0)
大阪電灯	93	112	245	478
	(20.0)	(13.5)	(16.0)	(12.0)
函館船具合資		700	600	1,200
売買・手船	1,907	△ 197	2,018	587
不動産	—	1,292	1,209	298
経　費	△ 3,344	△ 4,449	△ 4,725	△ 5,248
その他	3,520	775	254	99
計	43,718	39,739	58,642	61,000

出所）各年度「諸品留日記（諸品附込帳）」（酒谷長蔵家文書）より作成。

注記）△は損失。—はその項目がないもの。銀行預金利息欄の括弧内は，その年度に得た定期預金利息の年利換算で，当座は当座預金利息のみの場合を示す。1903 年度の利率は 5～6 月，06 年度の利率は 3～6 月，09 年度の利率は 10～12 月，12 年度の利率は 4～5 月に受け取った利息の年利を示した。第三銀行への預金は，利率と 1915 年以降の状況からみて第三銀行函館支店への預金と考えられ，第三銀行（函）とした。銀行預金利息欄は，それぞれ表で示した年のいずれかに 1,000 円以上の銀行預金利息収入があった銀行で，表で示した年のうち 2 カ年以上みられたものを示した。株式配当欄の括弧内は，この時期の長一郎家の株式資産額が不明のため，実収利回りでなく，その年度上半期の配当率の年利換算を示した。函館船具合資会社の配当率は不明。株式配当欄は，それぞれ表で示した年のいずれかに 300 円以上の株式配当収入があった会社で，表で示した年のうち 2 カ年以上みられたものを示した。平出汽船組合配当は，証券配当に分類したが株式投資には含めず。その他の内容は，1903 年度は歩持船配当，06 年度は公社債償還益 577 円と株式売買益 198 円，09・12 年度は小作米収入など。

三　海運業撤退後の資産運用

酒谷長一郎家は、二〇世紀に入り、海運業から次第に撤退し、それ以降貸金業や銀行預金・有価証券投資等の資産運用を積極的に行った。本節の酒谷家は長一郎家のことを示す。表2-5に戻ろう。酒谷家総資産額は、一九〇〇（明治三三）年度末の約三九万円から一五（大正四）年度末の約一二〇万円に増大し、内訳で特に、銀行預金が約三万円から約六四万円に急増し、一〇年代前半に酒谷家資産の中心は銀行預金となった。この背景には、貸付金のなかでの滞貸（不良債権）の比率が高まり、貸付金での資産運用のリスクが高まったことがあろう。通常貸付金に対する滞貸の比率は、一八八四年は松方デフレの影響で高かったものの、九〇年代は約五%前後に低下し、その後一九〇〇年に約九%、一五年に約一四%と上昇した。

表2-9をみよう。一九一〇年代後半は、酒谷家資産のうち貸付金が減少し、銀行預金が増大、一九年から公債が増大した。一九一九・二〇年の株式投資は公債投資より額は少なかったが、第一次世界大戦直後のブームにより株式配当率が高く、有価証券収入では公債利息・割引を株式配当が上回った。一九二〇年代になると、酒谷家資産のうち貸付金は引き続き減少し、銀行預金も二二年をピークに減少に転じた。それに代わり、一九二〇年代前半は公債所有、二〇年代後半は社債所有が急増し、二七（昭和二）年の金融恐慌後は金銭信託が急増した。酒谷家は、一九二〇年代を通して連年一〇万円前後の収入を得たが、二七年の金融恐慌と二九年の昭和恐慌に際し、資産評価損を計上し、三〇・三一年の収入は五万円強に止まった。収益内訳では、預貸利息収入の中心は銀行預金利息であったが、一九三〇年以降金銭信託配当収入が銀行預金収入を上回り、また二〇年代中葉を境に有価証券収入の中心が株式配当から社債利息へと転換した。なお酒谷家の帳簿では金銭信託配当は預貸利息収入に分類され、本章ではそれに従う。

長一郎家損益・資産内訳

（単位：円）

1923	1924	1925	1926	1927	1928	1929	1930	1931
112,414	80,474	74,584	80,242	71,111	69,521	74,969	76,227	77,496
17,660	19,217	16,798	13,727	10,891	11,447	8,380	7,940	6,556
83,076	61,197	55,558	54,730	42,332	33,350	37,520	32,870	32,022
11,678	60	25	51	—	307	137	—	136
—	—	2,203	11,734	17,888	24,374	28,889	35,345	38,658
—	—	—	—	—	43	43	72	124
31,311	59,604	69,474	64,282	76,978	77,228	69,024	64,317	53,619
21,198	21,639	20,611	16,202	20,509	18,205	19,718	18,520	15,113
9,206	26,876	19,177	9,945	10,803	9,785	10,166	9,473	9,263
365	404	1,394	2,317	2,343	1,950	3,163	3,124	3,759
542	10,685	28,292	35,818	43,323	47,288	35,977	32,200	25,484
7,885	448	—	△ 233	—	15,112	—	—	499
—	—	9,675	—	△ 19,543	△ 6,412	△ 7,500	△ 39,920	△ 40,594
157	775	1,825	3,499	3,271	9,573	4,798	894	162
754	721	713	661	758	413	665	823	965
△ 23,511	△ 46,658	△ 42,646	△ 45,006	△ 33,059	△ 40,348	△ 49,261	△ 51,608	△ 38,840
△ 43,894	7,490	—	—	—	153	588	1,007	54
85,115	102,854	113,624	103,445	99,516	125,240	93,283	51,738	53,361
172,022	159,700	134,666	138,901			98,570	84,240	
95,028	93,792	93,655	93,553			108,364	110,122	
1,140,169	900,404	853,008	914,673			725,811	730,534	
141,101	148,726	160,366	177,416			198,274	183,656	
375,288	446,709	312,911	163,644			178,305	176,089	
7,441	7,693	37,173	37,068			56,483	55,579	
36,259	305,431	428,812	561,726			526,165	496,635	
—	—	156,168	194,495			701,673	801,763	
3,580	3,580	3,580	2,596			12,596	12,367	
△ 8,734	△ 981	△ 1,310	△ 1,412			△ 725	△ 1,055	
1,382	1,336	987	799			△ 3,256	4,068	
1,963,536	2,066,390	2,180,015	2,283,460			2,602,260	2,653,998	

園蔵）より作成。
が株式配当に含めず。資産売却損益の 1920 年度は，土地売却益 54,391 円と株式売却益 4,100 円，
損 750 円，31 年度は公社債売却益。資産評価替損益の 1916・25 年度は株式評価替損益で，27～31 年
却△ 17,836 円。山田多吉事件費は，1916 年度から計上され，資産・負債欄のその他に含めたが，23
債を併せて記された場合があり，内訳の多い方に分類した。社債には若干の慶應義塾債を含む。

表 2-9　1915～31 年度酒谷

年度末		1915	1916	1917	1918	1919	1920	1921	1922
①損益の部	預貸利息配当	75,808	66,582	66,719	75,823	81,421	95,525	88,893	107,634
	内　貸付金	37,549	29,349	23,576	20,444	13,643	17,015	17,942	13,984
	銀行預金	38,259	37,233	43,143	55,379	63,046	68,241	66,918	83,885
	公社債割引	—	—	—	—	4,732	10,269	4,033	9,765
	金銭信託	—	—	—	—	—	—	—	—
	郵便貯金等	—	—	—	—	—	—	—	—
	証券配当利息	5,762	6,871	9,934	10,345	15,543	17,163	18,814	21,404
	内　株　式	4,249	5,421	8,428	8,322	12,212	14,404	14,971	17,134
	公　債	888	824	993	1,618	2,808	2,392	3,486	3,901
	金融債	377	626	461	405	453	367	357	369
	一般社債	—	—	—	—	—	—	—	—
	資産売却損益	—	9,085	—	253	—	58,491	738	—
	資産評価替損益	—	△ 866	—	—	—	—	—	—
	公社債償還	—	—	—	—	—	—	—	—
	不動産損益	1,430	1,785	1,821	1,940	1,984	417	622	717
	経　費	△ 5,835	△ 5,715	△ 6,589	△ 16,089	△ 12,632	△ 17,012	△ 20,731	△ 20,064
	その他	38	1,290	2,029	6,112	3,621	—	—	329
	差　引	77,203	79,032	73,913	78,384	89,938	154,584	88,336	110,020
②資産・負債の部	通常貸付金	413,654	340,831	316,413	226,480	186,261	211,263	202,971	185,475
	滞　貸	59,924	59,854	59,804	59,814	59,296	53,298	53,298	53,198
	銀行預金	636,378	776,526	868,957	1,014,061	923,918	1,083,137	1,261,770	1,289,232
	株　式	43,659	43,513	49,188	66,850	87,423	116,288	122,613	132,694
	公　債	13,918	13,003	13,003	31,751	231,281	192,961	104,553	195,238
	金融債	7,551	7,526	7,526	7,526	7,521	7,506	7,471	7,451
	一般社債	—	—	—	—	—	—	—	—
	金銭信託	—	—	—	—	—	—	—	—
	不動産	16,725	16,725	16,725	16,128	16,224	2,430	2,430	2,430
	積立・預り金	△ 5,166	△ 5,334	△ 5,168	△ 5,496	△ 5,173	△ 5,600	△ 5,801	△ 6,659
	その他	13,566	26,218	26,615	18,446	18,746	18,830	19,096	19,362
合　計		1,200,209	1,279,242	1,353,064	1,435,560	1,525,497	1,680,113	1,768,401	1,878,421

出所）各年度「諸品附込帳（諸事仕訳帳）」・「原帳（原簿）」（酒谷長蔵家文書，昭和4・5年度「原簿」は蔵六
注記）△印は損失もしくは負債。—はその項目の内訳がないもの。平出汽船組合配当は，証券配当に分類した
16・21・23・24・28 年度は株式売却益，18 年度は土地売却益，26 年度は土地売却益 517 円と株式売却
度は表 2-14 を参照。損益欄のその他の 1923 年度は，親族への財産分与△ 26,058 円と山田多吉事件費償
年度に償却され，同年度以降資産・負債欄のその他額が減少。通常貸付金は滞貸を含めず。公債と金融

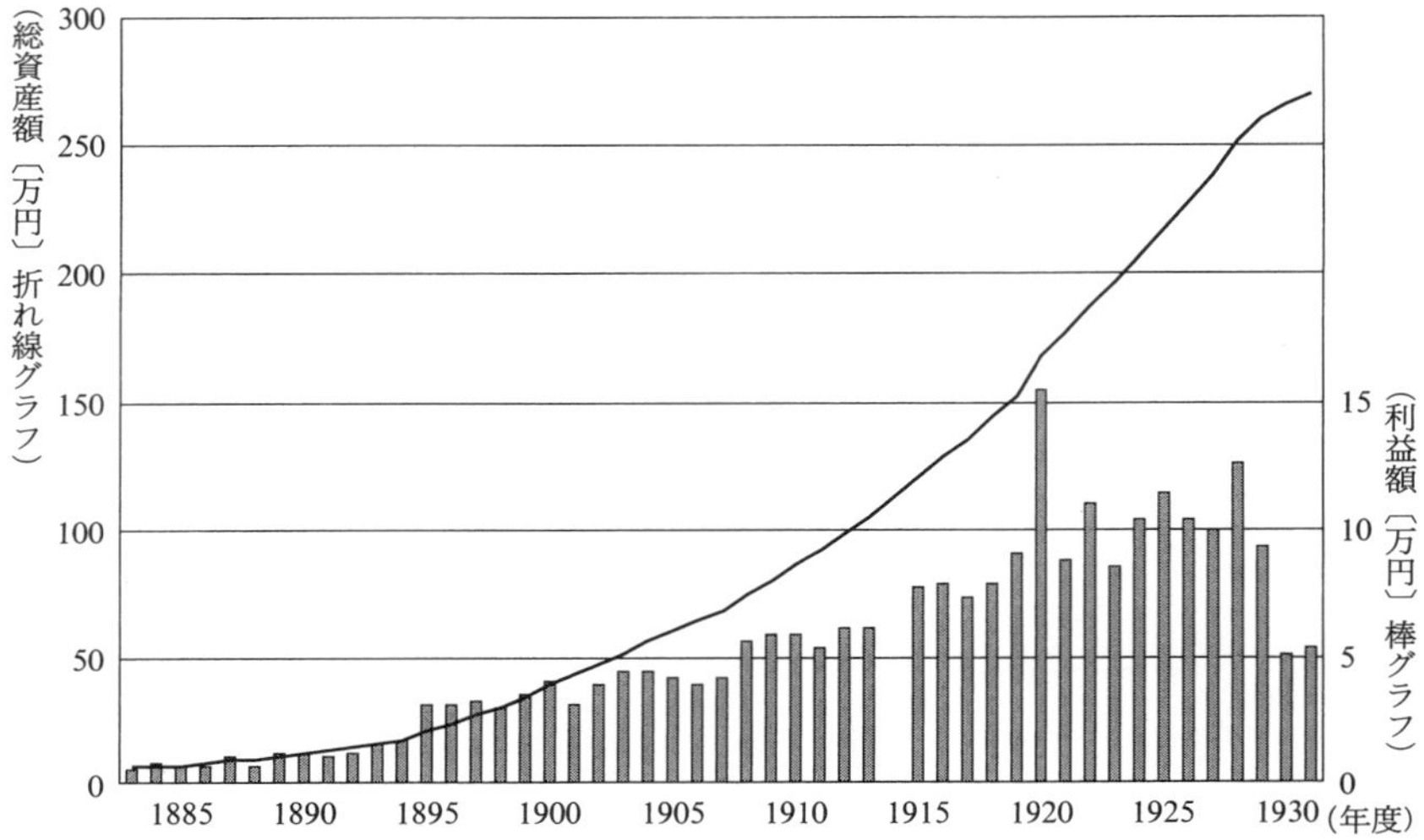

図 2-1　酒谷長一郎家の利益額・総資産額の推移

出所）明治 16～29・33・大正 4～15・昭和 4・5 年度「大福帳（有貨調・調帳・資産簿・原帳・原簿）」，明治 30～45・大正 2・4～15・昭和 2～6 年度「諸品留日記（諸品附込帳・諸事仕訳帳）」（酒谷長蔵家文書，昭和 4・5 年度「原簿」は蔵六園蔵）より作成。

注記）1897～99・1901～14・27・28・31 年の総資産額は，前後年の利益額による推定値。1914 年の利益額は不明。同じ目盛りで，総資産額は利益額の 10 倍なので，グラフ上で両者が重なった年の対前年総資産増加率は約 11.1%，グラフ上で利益額が総資産額の半分の位置にきた年の対前年総資産増加率は約 5.3%となる。

酒谷家の資産運用は、主に貸付金・銀行預金・有価証券投資・金銭信託として行われ、土地投資は一貫して少なく、一九〇〇年代までは貸付金、一〇年代・二〇年代前半は銀行預金、二〇年代後半は公社債投資、三〇年前後は金銭信託と弾力的にその中心を変化させ、図2-1のように順調に総資産額を増大させた。ただし総資産額の増加率（複利）は、一八八〇年代後半～九〇年代が年平均約一一・四％、一九〇〇年代～一〇年代前半が年平均約八％、一〇年代後半～二〇年代が年平均約六％と減少し、昭和恐慌下で総資産額の伸びは頭打ちになった。以下、酒谷家の資産運用を、貸付金・銀行預金・金銭信託・有価証券投資の項目ごとに分析する。

（1）利貸経営

酒谷家は、一八九八（明治三一）・一九一四（大正三）年版『日本全国商工人名録』に、そ

れぞれ北海道海産物商、運送業として挙げられたが、海運業撤退後の一九三三（昭和八）年版の「五十万円以上全国金満家大番附」には、貸金業として挙げられた[34]。海運業撤退後の酒谷家の主業は、貸金業と考えられ、まずその展開を検討する。

渋谷隆一は、高利貸資本を存立基盤（質的規定）と利子率（量的規定）から論じ[35]、それは小商品生産段階の小生産者と土地所有者に対する貸付を基盤とし、その利子率は、小生産者への貸付危険を反映して近代的貸付利率より概して高く、その保障のために土地担保貸付が主流となり、また利子決定は恣意的かつ偶然的に行われたとした。そして、信用制度の確立や政策的金融の増大により、高利貸資本の利子率が近代的貸付利率に規制され、それに包摂されると、高利貸資本が利子生み資本としての規定性を失い、高利貸貸付資金の定期性預金への転化が生じるとした。前掲表序-1の桜井家などこれまで研究された高利貸経営体の多くは大地主で、桜井家の資産内訳では、一九二〇年代に一般貸付金が横ばい状況のなかで、二〇年代後半に銀行預金がかなり増大した。

表2-10をみよう。前述のように一八八〇年代後半には既に貸付金が酒谷家資産の中心であったが、同家が買積経営を盛んに行った九七年時点の貸付先は、函館・小樽の海産物商、北前船主、大阪の北海産荷受問屋が多かった[36]。買積形態で主に北海道と畿内を結んだ近世来の北前船主と、荷為替金融と汽船運賃積形態を組み合わせた新たな取引形態で北海道産魚肥市場に参入した三井物産ら新興勢力とが、一八九〇年代には激しく競争しており、酒谷家は旧来の取引形態に基づく流通経路を維持するため、取引相手の函館・小樽の海産物商や大阪の廻船問屋そして同業者に全力を挙げて資金を融通した。酒谷家による北海道・大阪の取引相手や同業者への資金貸付は、商品取引に伴う一時的なもので、高利とはいえ、期間一年未満の無担保貸付が多かった。

酒谷家は貸付元金・利息ともに順調に返済を受け、資金循環はうまく機能したが、前掲図序-3のように一八九七年まで時には不漁の年はあったが傾向として増加し続けた北海道鯡漁獲量が九八年から急減し、一九〇〇年代に鯡漁

郎家貸付金利息収入相手先別一覧

（単位：円，年利は%）

1909年度					1915年度					
相手先	住所	金額	年利	備　考	相手先	住所	金額	年利	抵当等	備　考
太刀川善吉	函館	3,894	11.3	商業・船主	三原万之助	大阪	4,698	9.5	約手	造船業
日高汽船会社	函館	2,130	18.0	海運業	於勢真十郎	大阪	3,240	10.8	宅地	
東出長四郎	函館	1,990	21.9	酒造業	東出長四郎	函館	2,989		約手	酒造業
金星久兵衛		1,620	11.4		藤山要吉	小樽	2,565			商業・船主
岩崎岩次郎	函館	1,558	18.3	有力漁民	天野忠三郎	大阪	2,100	9.5	宅地	
三原万之助	大阪	1,496	10.8	造船業	木本栄吉		2,039	10.8	宅地	
中森角右衛門		1,350	10.8		市田弥兵衛	大阪	1,672	9.9	宅地	諸材木商
藤山要吉	小樽	1,285	12.8	商業・船主	矢田松太郎	地元	1,119	10.8	田畑	温泉宿
米林伊三郎	函館	1,256	21.9	運送業	小田亀次郎	大阪	1,091	9.5	宅地	
泉山吉兵衛		1,154	11.4		清水彦次郎	安宅	1,014	6.8	あり	船荷問屋
於勢半三郎	大阪	1,118	11.4		西原林次郎	函館	944	11.0	なし	米穀問屋
西原林次郎	函館	1,052	11.7	米穀問屋	田端半七	函館	880	12.0	漁場	海陸物産商
大庭彦平	函館	1,042	14.6	雑貨商	三谷伝次郎	地元	761	11.0	約手	温泉宿
市田弥兵衛	大阪	1,021	10.8	諸材木商	泉谷磯次郎		756	10.8	宅地	
南保与七郎	地元	828	10.8	温泉宿	武富平作	函館	600	12.0	宅地	地　主
山田重吉		798	11.4		南保与七郎	地元	597		約手	温泉宿
川上与左衛門	函館	739	14.6	海産物商	山口宗一	地元	519		約手	綿織物業
浜根岸太郎	函館	690	18.3	食塩問屋	久保田久与門	地元	482	10.8	田畑	米穀肥料商
湯出仁平	地元	660	11.4	温泉宿	久保彦次郎	敦賀	457	9.1	約手	海産物商
宮崎松太郎	函館	600	12.0	運送業	山城彦次郎	地元	413	11.4	なし	呉服太物商
その他	80軒	15,770	1軒当たり約197円		その他	74軒	8,613	1軒当たり約116円		
貸付先総数	100軒	42,051	1軒当たり約421円		貸付先総数	94軒	37,549	1軒当たり約399円		

それ以外のものはその他としてまとめた。住所・備考欄は，明治31・40年版『日本全国商工人名録』1898・2・北海道編2・富山・石川・福井編，1991・95・97年)，加賀市史編纂委員会編『加賀市史』通史下巻，1979にある。抵当等欄は，1897年は96年度末，1915年は15年度末時点の貸付金に付けられた抵当等を示した手形割引の年利欄は割引料率の年利換算を示した。貸付先が連名の貸付金は人数に応じて均等に配分し，また次郎への貸付は，抵当付だが抵当内容は不明。

獲量は低迷した。そのため一九〇〇年代以降は、北海道の海産物商や北前船主への貸付金の返済が滞り、酒谷家は、抵当品の引当、利率を変えて改貸、年賦返済に切り替えなどでその回収を進めたが(37)、無担保貸付が多く、回収に限界があり、結局一五年度末時点で、滞貸金は通常貸付金の一四%以上を占めた（前掲表2-9）。そこで酒谷家は従前の商品取引相手以外に、同家商業と無関係な函館有力商人や地元の温泉宿主・有力商人への利子取得が主目的の貸付を始め、一九一五年時点では函館・大阪・地元の有力者への約束手形割引と土地担保貸付を専ら行った（表2-10）。約束手形割引は、二・三カ月の短期であったが、貸し替えて事実上長期貸付となっていた。

酒谷家の貸金業は、表2-10のその

表 2-10　1897〜1915 年度酒谷長一

1897 年度						1903 年度				
相手先	住所	金額	年利	抵当等	備　考	相手先	住所	金額	年利	備　考
岩田正吉	留萌	3,491	13.2	汽船	有力漁民・船主	五百井(清)	大阪	3,024	11.2	米穀問屋・船主
町野清太郎	小樽	3,147	12.0	なし	海産物商・船主	市田弥兵衛	大阪	2,029	11.1	諸材木商
能登善吉	函館	2,955	15.6	船	回漕業・船主	飯田信三	函館	1,768	18.3	有力漁民
高森忠蔵	函館	1,043	12.0	なし	海産物商	駒井弥兵衛	函館	1,382	20.1	海産物商・漁民
小林熊吉	函館	890	16.4	株・船	海産物商・船主	太刀川善吉	函館	1,223	12.8	海産物商・船主
増谷平吉	橋立	867	13.2	宅地	北前船主	大野藤蔵	函館	1,124	20.1	運送業・船主
廣谷順吉	小樽	736	12.0	なし	海産物商・漁民	三谷伝次郎	地元	1,091	12.0	温泉宿・塗物商
太刀川善吉	函館	677	12.8	なし	海産物商・船主	今井勢兵衛	大阪	1,088	11.0	北海産荷受問屋
角谷甚吉	地元	671	14.6	なし	北前船主	宮崎松太郎	函館	1,071	12.0	運送業
角谷甚太郎	地元	662	12.8		北前船主	三原万之助	大阪	1,035	13.7	造船業
久保支店	大阪	573	11.7	なし	北海産荷受問屋	山本捨松		914	10.8	
成田嘉七	函館	539	18.0	建家	呉服太物商	遠上伊三郎	大阪	908	12.0	
市田弥兵衛	大阪	528	12.0	土地	諸材木商	武蔵野祐五郎	函館	804	18.1	
丹保佐吉郎	大阪	476	14.6	なし	北海産荷受問屋	於勢半三郎	大阪	798	11.4	
永野弥平	函館	458	14.4		北洋漁業・船主	椿本庄助	大阪	747	11.0	藍　商
忠谷久五郎	橋立	420	18.3		北前船主	貴田チウ		648	10.8	
小川弥四郎	函館	356	18.3		北洋漁業	能登善吉	函館	597	21.9	回漕業・汽船主
斎藤ヨシ	小樽	354	14.4	畑		丹保佐吉郎	大阪	566	10.8	北海産荷受問屋
田中正右衛門	函館	335	12.0	約手	海産物商	東出長四郎	函館	564	14.4	酒造業
町谷長七	橋立	329	12.8		北前船主	橋谷巳之吉	函館	543	11.3	酒問屋・雑貨商
その他	47軒	5,663	1 軒当たり約 120 円			その他	65軒	12,524	1 軒当たり約 193 円	
貸付先総数	67軒	25,170	1 軒当たり約 376 円			貸付先総数	85軒	34,511	1 軒当たり約 406 円	

出所）各年度「諸品留日記（諸品附込帳）」（酒谷長蔵家文書）より作成。
注記）長一郎家が，貸付金利息をその年度中に受け取った相手先の金額の多い上位 20 軒について名前を示し，1907 年，大正 3 年版「日本全国商工人名録」（渋谷隆一編前掲『都道府県別資産家地主総覧』大阪編年等を参照し，備考欄は主たる職業を示した。住所欄の地元は，橋立近隣の村々を示す。安宅は石川県（明治 29 年度「資産簿」・大正 4 年度「原帳」〔酒谷長蔵家文書〕より）。約手は約束手形の略で，約束相手先が判明したもののみ貸付相手総数に含めた。五百井（清）は五百井清右衛門。1915 年度の清水彦

他貸付先でも、一軒当たり平均利息収入が年一〇〇円以上（推定貸付金額一、〇〇〇円以上）あり、小生産者でなくリスクの少ない有力者への大口貸付中心で、利率も一八九〇年代の年利一二〜一八％から、銀行制度の整備で銀行貸付金利率に規定されると、一九一五年は大部分が年利一〇％前後になった。[38] 借り手の側も、江沼郡に有力な都市銀行支店はなく、銀行のなかで相対的高金利の地方銀行より、ある程度低金利であれば、顔のみえる個人資産家からの借入が有利で融通も利くとの判断が働いたと考えられる。

表2-11をみよう。一九二〇年代の酒谷家は、返済の確かな少数の有力者に貸付先を絞って貸付額全体を減らし、主要貸付先への貸付額合計が通常貸付金全体の八五％前後を占めた。酒

表2-11　1919～30年度末酒谷長一郎家主要貸付先一覧（滞貸を除く）

（単位：円，年利は%）

相手先	住所	備　考	1919年度末			1923年度末			1926年度末			1930年度末		
			貸付額	年　利	抵当等	貸付額	年　利	抵当等	貸付額	年　利	抵当等	貸付額	年　利	抵当等
三原万之助	大阪	造船業	48,000	9.9	約束手形	20,000	9.9	約束手形	20,000	9.9	約束手形			
土山清五郎	地元	絹織物業	11,734		宅地・工場	土地抵当引上，残り滞貸								
南出豊作	地元	材木商	8,000	10.8	宅地・建物	20,000	12.0	宅地・建物	19,000	10.8	宅地・建物	土地抵当引上，残り滞貸		
前田・井上	大阪		8,000	9.0	宅地・建物	1,300	9.0	宅地・建物	1,000	9.0	宅地・建物			
服部豊次郎	函館	酒・醤油商	7,217		年　賦			滞貸扱い						
久保田久与門	地元	米穀肥料商	7,000	10.8	田畑・建物	7,000	10.8	田畑・建物	4,000	10.8	田畑・建物	34,000	10.2	宅地・建物
石黒亀太郎	函館	酒・醤油商	6,487		年　賦			滞貸扱い						
増田・西出	地元		6,222	10.0	恩　給	502		恩　給	250	10.2	な　し	250	10.2	な　し
西原林次郎	函館	米穀問屋	5,268	20.7	年　賦				久保彦助		函　館	5,000		宅地・建物
林・西出	地元	絹織物業	5,210	10.0	恩　給	624	10.0	な　し						
久保彦次郎	敦賀	海産物商	5,000	10.2	な　し	5,000	11.0	約束手形	5,000	11.0	約束手形			
上木庄三郎	地元	呉服太物商	5,000		約束手形	2,500		約束手形	3,000		約束手形	1,500		約束手形
清水彦市	安宅	船荷問屋	3,000	8.4	な　し	6,000	9.5	な　し	8,000	8.8	な　し			
久保彦兵衛	橋立	旧北前船主				50,000	12.8	敦賀電灯株	30,000	11.0	約束手形	30,000	7.3	約束手形
天野他3名	大阪					30,000	10.8	宅地・建物	30,000	10.8	宅地・建物			
小　計			126,138	(67.7)		142,926	(83.1)		120,250	(86.6)		70,750	(84.0)	
その他とも通常貸付金総計			186,261			172,022			138,901			84,240		

出所）大正8・12・15・昭和5年度「原帳（原簿）」（酒谷長蔵家文書，昭和5年度「原簿」は蔵六園蔵）より作成。

注記）表で示したいずれかの年度末時点で，貸付額が5,000円以上の通常貸付先（滞貸を除く）を，表に示した年度末について示した。住所・備考欄は，前掲大正3年版「日本全国商工人名録」，昭和5年版「大日本商工録」（渋谷隆一編前掲『都道府県別資産家地主総覧』大阪編3・北海道編2・富山・石川・福井編）等を参照した。住所欄の地元は，橋立近隣の村々を示す。安宅は石川県，敦賀は福井県にある。小計欄の括弧内は，通常貸付金総計に占める比重で単位は%。増田・西出の1923年度以降は増田のみ。

谷家の貸付金年利は二〇年代も約一〇%を軸に上下二%程度の幅で、信用度に応じて貸付先ごとに利率を変えた。一九二三年に一五年以前の貸付金返済未納分の一部を編入したため滞貸額が増大したが（前掲表2-9）、安全な貸付先に限定したため新たな滞貸は一五年以降ほとんど生じず、昭和恐慌の影響で若干二九・三〇年に滞貸額が増大したが、総じて酒谷家の一九一〇・二〇年代の貸金業は安定的に推移した。ただし、貸付金利率を下げたため資産運用としての魅力は失われ、酒谷家は貸付金からよりリスクの少ない銀行預金へ、一九一〇年代に資産をシフトさせた。

（2）銀行預金・金銭信託

次に、酒谷家の銀行預金の内容を、それと密接に関連する金銭信託と併せて検討する。

日本では、一八七〇年代後半〜八〇年代前半に銀行が多数設立され、当初は資金調達に占める政府資金と資本金の割合が高く[39]、八五（明治一八）年頃から民間預金の比重が上昇し、特に一九〇〇年代以降定期預金が増大した。その要因として寺西重郎は、政策基調の移行による政府資金の減少、現金の預金への代替の進展、現金決済から手形・小切手決済への変化による派生預金の増加を指摘し[40]、朝倉孝吉は、小作争議や一九〇一年恐慌の影響で、土地購入や有価証券投資に向けられていた個人の資金が銀行定期預金に向けられたとした[41]。

酒谷家も一九〇〇年代以降銀行定期預金を増大させたが、本業＝商業で函館と大阪に拠点があり、函館と大阪の銀行へ主に預金した。表2-8に戻ると、一九〇〇年代後半に銀行預金利息収入が預貸利息収入全体の約四分の一を占め、その大部分が函館の銀行（百十三・第三銀行函館支店・函館）と大阪の銀行（浪速・住友・山口）への預金利息であった。その場合函館と大阪の銀行預金金利差が大きく、函館の銀行のうち都市銀行支店で相対的にリスクの少ない第三銀行函館支店への預金額が特に増大した。一九一二（大正元）年時点では、函館と大阪の銀行預金金利差が縮小し、大阪では主要都市銀行に分散して預金されていた[42]。酒谷家は地元の八十四銀行支店にも預金したが、同行は旧大聖寺藩士族を中心に一八七九年に国立銀行として開業し、八三年の大聖寺の大火で経営危機を迎え、酒谷長平・久保彦助を含む橋立の北前船主の資本で救済を受けた[43]。しかし同行は、一八八七年頃から再び業績が悪化して東京の酒問屋の中沢彦吉へ更生を依頼し、中沢は九〇年に東京に同行の本店を移した。

期預金・金銭信託額の推移

（単位：千円，金利・利回りは%）

1921	金利	1922	金利	1923	金利	1924	金利	1925	金利	1926	金利	1929	金利	1930	金利
115	5.7	125	6.2												
80	5.2	95	6.2	65	6.2	55	6.2	55	6.2	75	6.2	145	4.7	145	4.7
		安田（函館）		170	6.2	160	6.2	200	6.2	200	6.2				
70	5.6														
95	5.6	165	6.55	90	6.55	40	6.55	40	6.55	40	6.55				
85	5.6	85	6.55	90	6.55	95	6.55	95	6.55	95	6.55				
445		470		415		350		390		410		145		145	
		安田（堀江西）		143	6.0	133	6.0	93	6.0	20	6.0				
60	5.2	62	6.0	52	6.0	22	6.0	22	6.0	22	6.0	22	4.5	22	4.5
123	5.2	143	6.0												
50	5.2	35	6.0	25	6.0	15	6.0	15	6.0	15	6.0	2	4.5	2	4.5
36	5.2	41	6.0	28	6.0	28	6.0	28	6.0	28	6.0	28	4.5	28	4.5
45	5.2	45	6.0	45	6.0	30	6.0	30	6.0	30	6.0	20	4.5	70	4.5
30	5.2	40	6.0	40	6.0	40	6.0	40	6.0	40	6.0				
72	5.2	66	6.0	42	6.0	22	6.0	22	6.0	22	6.0				
416		432		375		290		250		177		72		122	
144	6.7	169	7.3	99	7.3	36	7.5	36	7.3	36	7.5				
										十二（大聖寺）		200	5.7	240	5.5
108	6.7	128	7.3	102	7.3	92	7.5	92	7.3	112	7.5	71	6.0	51	5.7
										73	6.8	30	5.3	10	5.3
										25	8.0	25	5.9	15	5.7
												31	6.2	31	6.2
252		296		200		127		127		245		357		347	
1,113		1,198		990		767		767		832		574		614	
								70	6.7	73	6.5	第　三		20	4.6
								31	6.6	65	6.2	220	4.8	251	4.6
								35	5.8	37	6.5	190	4.8	220	4.7
								20		20		20		27	5.1
												258	4.8	270	4.6
												13	5.3	14	5.0
								156		194		702		802	

の金額の右の欄は定期預金年利で，各年度後半に預けて翌年度前半に満期になった3ないし6カ月定期預金利
度末までの大阪の銀行に対しては，主に3カ月定期で預け，それ以外の時期の函館・大阪の銀行と石川県の銀
銀行と，函館銀行は22年に百十三銀行と，第三銀行は23年に安田銀行と合同。三菱銀行は1919年8月まで
は年7%以上の収益を保障してその後は実収によるとされた。金銭信託欄の第三は第三信託のこと。

表2-12をみよう。この表と前掲表2-9を比べると、酒谷家の銀行預金に占める定期預金の比重は一九一五～二六年度に九〇%以上であり、以下酒谷家による銀行を利用した資産運用を、定期預金に限定して検討する。酒谷家は、一九一〇年代後半～二〇年代に函館・大阪・大聖寺の銀行それぞれへの定期預金額を、金利と破綻リスクを判断して弾力的に変化させた。一九一五年度末は函館と大阪の定期預金金利差がかなり大きく、大聖寺の銀行ほどリスクは

表 2-12　1915〜30 年度末酒谷長一郎家銀行定

年度末		1915	金利	1916	金利	1917	金利	1918	金利	1919	金利	1920	金利
函館の銀行	第三（函館）	95	5.9	145	5.2	145	6.0	145	6.5	110	6.0	115	6.5
	第一（函館）	70	5.8	120	5.1	135	6.2	135	6.4	50	6.0	60	6.5
	北海道拓殖（函館）	45	6.0	45	5.0	45	6.0	45	6.3				
	函　館	33				20	6.2	20	6.5	50	6.3	70	6.8
	百十三	30	6.1	20	5.25	45	6.2	55	6.6	55	6.3	85	6.8
	十二（函館）			20	5.3			15	6.7	45	6.3	65	6.8
	小　計	273		350		390		415		310		395	
大阪の銀行	浪速（西）	104	4.9	114	5.1	94	5.7	104	6.35	77	6.0		
	山口（西）	45	4.6	65	5.0	55	5.7	55	6.25	40	6.0	52	6.5
	第三（堀江）	35	4.7	35	4.8	80	5.8	93	6.35	93	6.0	93	6.5
	三十四（堀江）	30	4.65	30	4.7	60	5.7	85	6.35	75	6.0	53	6.5
	住友（道頓堀）	25	4.5	25	4.5					30	6.0	58	6.5
	三菱（大阪）					40	5.5	60	6.0	60	6.0	50	6.5
	藤　田							15	6.0	15	6.0	30	6.5
	十五（西）											62	6.5
	小　計	239		269		329		412		390		398	
石川県の銀行	八十四（大聖寺）	44	6.5	53	5.5	53	6.0	53	6.5	89	7.0	94	7.5
	高岡共立（大聖寺）	34	6.7	50	5.5	57	6.3	64	6.5	77	7.0		
	高岡（大聖寺）											93	7.5
	安田（金沢）												
	加能合同（大聖寺）												
	小　松												
	小　計	78		103		110		117		165		186	
銀行定期預金合計		589		722		829		944		865		979	
金銭信託	共済信託（安田信託）												
	三井信託（東京・大阪）												
	住友信託												
	関西信託（大阪）												
	三菱信託（大阪）												
	共同信託												
金銭信託合計													

出所）大正 4〜昭和 5 年度「原帳（原簿）」（酒谷長蔵家文書，昭和 4・5 年度「原簿」は蔵六園蔵）より作成。
注記）年度末はいずれも翌年 1 月末で，それぞれその時点の金額を示した。銀行名の括弧内は支店名。銀行欄率を年利換算して示した。長一郎家の場合，1919〜26 年度末までの函館の銀行に対してと，15〜21 年行へは主に 6 カ月定期で預けた。なお，浪速銀行は 1920 年に十五銀行と，高岡共立銀行は 20 年に高岡は三菱合資会社銀行部。金銭信託欄の金額の右の欄は利回りで，金銭信託では概ね預けた最初の 1 年間

大きくないが金利がある程度高い函館の銀行を重視した。しかし第一次世界大戦期の好景気による大阪での資金需要増大から大阪の銀行の定期預金金利が上昇し、函館の定期預金金利との格差が縮まると、大阪の銀行への定期預金や、函館の銀行で相対的に信用力のある都市銀行支店の第三銀行支店や第一銀行支店への定期預金を増大させた。

その後都市金融市場での激しい預金獲得競争の結果、一九一八年末に東京・大阪等で都市銀行間の預金金利協定が結ば

れ、六大都市の都市銀行は定期預金金利を年利六％とした。(44) 函館の都市銀行支店も同じ年利六％となり、大阪の銀行や函館の都市銀行支店へ預ける動機付けが薄れて預金額は減少した。なお都市銀行と地方銀行とで別建て金利が認められ、函館の地方銀行は年利六・三％の定期預金金利で足並みを揃えたため、函館の地方銀行への預金額は増大した。また預金金利協定の拘束力が弱い大聖寺の銀行は、都市金融市場との預金獲得競争からさらに高い定期預金金利を設定し、(45) 大聖寺の銀行への預金額も増大した。

第一次世界大戦後の一九二〇年恐慌で定期預金金利は全国的に低落したが、大戦期に酒谷家が購入した臨時国庫証券が償還され、その資金が定期預金に回され、酒谷家の定期預金残額は二二年度末にピークを示した。なお一九二一年の定期預金金利の下落は、大阪・函館・大聖寺の順で大きく、同年の定期預金残額の増加は、大聖寺・函館・大阪の銀行の順で多かった。特に大聖寺の銀行と函館・大阪の銀行でそれぞれ一・一％と一・五％の金利差となり、相対的にリスクは大きいが期待収益率の高さから、大聖寺の銀行への定期預金が一九二一年に急増した。

その後一九二〇年代の酒谷家は公社債投資を進め、銀行定期預金は次第に減少したが、そこでも金利とリスクを判断しつつ函館と大阪と地元（石川県）で定期預金の比重を変化させた。この時期の銀行界の動きとして、一九二〇年の十五銀行と浪速銀行の合同と、二三年の安田系銀行の大合同があった。(46) これにより酒谷家の浪速銀行定期預金は十五銀行定期預金となり、最大の定期預金先銀行であった第三銀行は（新）安田銀行に吸収され、安田銀行の信用力は飛躍的に高まった。それを機に酒谷家は安田銀行への定期預金を増大させ、一九二二年度末と二三年度末で定期預金残額は、約一二〇万円から約九九万円へ減少したが、第三銀行（のち安田銀行）への定期預金額は、約二七万円から約三一万円へ増大した。安田銀行は支店ごとに異なる定期預金金利を設定し、酒谷家は一九二六年に同行堀江西支店より、七万三千円の定期預金を函館支店よりさらに金利の高い新設の金沢支店へ移した。

一九二〇年代中葉は恐慌と関東大震災の影響で金融逼迫が続き、定期預金金利は高位で安定した。一九二二年の定期預金金利上昇は、函館が大阪や大聖寺より大きく、酒谷家は二三年以降大阪の銀行への定期預金を減らしたが、函館の銀行へのそれは維持し、二五・二六（昭和元）年度末は、函館の銀行への定期預金残額が全体の約半分を占めた。特に安田・十二両銀行函館支店への定期預金が多く、函館の本店銀行への定期預金の比重はかなり減少した。

表2-9に戻ろう。一九二七年の金融恐慌は、酒谷家の資産運用に大きな影響を与え、二〇年代中葉にやや資産額を減少させつつも、一〇年代から酒谷家の最大の資産であった銀行定期預金が二七年以降かなり減少し、代わりに金銭信託が急増して三〇年度末には銀行定期預金額を上回った。損益でも、一九二七・二八年度は社債利息収入が銀行預金利息収入を上回り、その後社債利息収入は二九年の昭和恐慌以降は減少したが、代わりに金銭信託配当収入が増大し、三〇年度には銀行預金利息収入を上回り、酒谷家の最大の収益源となった。表2-12からみて、恐慌により酒谷家の銀行定期預金の地域間バランスが大きく崩れ、定期預金金利が急激に下がったなかで、函館と大阪の銀行への定期預金が大きく減った。大聖寺では金融恐慌で八十四銀行が破綻して昭和銀行に継承された後に、一九二八年に大聖寺支店を十二銀行が譲り受け、同行大聖寺支店が開設されたため[47]、酒谷家は十二銀行函館支店の定期預金を同行大聖寺支店に振り替え、さらに定期預金を追加し、十二銀行を最大の定期預金先とした。

十二銀行は富山に本店のある北陸地方最大の銀行で、一八七九年の創業以来毎期順調な業績を上げ、安定した配当を行い、金融恐慌後の一九二八年でも支払準備が要求払預金の一一二%に達する健全経営を採り、従来酒谷家が大聖寺で定期預金していた八十四・高岡（共立）・加能合同銀行より信用力は格段に勝った。また十二銀行大聖寺支店の定期預金金利は、高岡・加能合同・小松銀行のそれにかなり近い高金利で、安田銀行金沢支店のそれより高かった。その意味で、酒谷家が銀行預金の運用戦略の中心に位置付けたと考えられる「比較的低リスクを前提とし、その上である程度利回りが高い」銀行が十二銀行大聖寺支店で、結局一九二九・三〇年度末ともに定期預金額の三分の一以上を同支店への定期預金が占めた。

一方大阪では、酒谷家は金融恐慌で経営危機に陥った十五・藤田銀行への定期預金を引き上げ[48]、函館でも五大銀行の一つの第一銀行函館支店への定期預金に一本化した[49]。ただし資産保全の意味から、低金利の大阪・函館の銀行にもある程度定期預金を残した。

続いて一九二七年以降増大した金銭信託の検討を行う。信託財産に応じて信託は、金銭信託・有価証券信託・不動産信託などに分類されるが、金銭信託はその運用形態が比較的広いため、信託会社が受託した信託財産の大部分は金銭であった[50]。信託会社は一九一〇年代初頭から設立され始めたが、取締法規がなく、業態があいまいで、一〇年代後半から政府は本格的に信託業法の制定を進め、一九二三年一月に施行した。信託業法による業務の認可において資産内容と立地条件が重視されたため、既存信託会社のなかで脱落したものがかなり存在し、一方三井・三菱・住友・共済（安田系）という財閥資本系の各信託会社が新設された。

信託会社は、指定金銭信託合同運用（信託財産の具体的運用方法は受託者にまかされ、受託者は信託財産を分別管理せずに合同して運用）が認められ、金銭貸付や有価証券投資などを行い、金融機関と似た機能を果たした。そのため金銭信託と銀行定期預金が類似し、政府は銀行定期預金を金銭信託の蚕食から守るために、金銭信託に一口五〇〇円以上・期間二年以上の受入制限を設けた。その後一九二七年の金融恐慌前後に金銭信託が急増したが、これについて麻島昭一は、不良信託会社の淘汰を終え、恐慌に超然とした信託会社の信頼感が強まり、長期・大口預金と短期預金に分解した銀行定期預金のうち、長期・大口の銀行定期預金が金銭信託に預け替えされたとした[51]。実際、長期・大口の安定した金銭信託財産を運用したため、信託会社への信託財産の利回りは、銀行定期預金の利回りを上回った。

酒谷家も、前掲表2‐12のように一九二五年から金銭信託を始め、いずれも最初の一年間は年利七％以上の配当（史料では収益）を保証し、二年目以降は実収による内容であった。酒谷家の銀行定期預金はいずれも三カ月か六カ月間の大口で、預け換えが多く、現実には長期化し、同家帳簿では金銭信託配当も銀行預金と同じ預貸利息の項目で計上された。酒谷家は金銭信託と銀行定期預金を同じ範疇で理解し、金融恐慌後に、銀行定期預金から金銭信託への預け替えがかなり行われたと言える。酒谷家が信託をしたのは主に財閥系の大規模信託会社で、実収利回りは石川県の銀行定期預金年利より低かったが、大阪や函館の銀行定期預金年利を上回り、信頼性を考慮すれば、大阪や函館の銀行定期預金より資産運用として勝ったと言える。そのため酒谷家は、例えば一九二五年に安田銀行堀江西支店の定期預金から四万円を共済信託（二六年より安田信託）へ預け替えた。財閥系以外では、一九二五年度から関西信託に信託をしたが、同社は大阪の山口銀行の系列で[52]、酒谷家は二四年に山口銀行への定期預金額を減らし、その分を関西信託に預け替えたと思われる。

昭和恐慌下の一九二九・三〇年度は、金銭信託の利回りも下がったが、大阪の銀行定期預金利回りをやや上回り、金銭信託の有利性は維持された。そのため大阪の三十四銀行への定期預金額は、二六年度末と二九年度末を比べて一三、〇〇〇円減少し、それと同じ金額が三十四銀行系の共同信託に預けられた[53]。一九二九年度に三菱信託へ多額の金銭信託がされており、三〇年前後に金銭信託が資産内訳で銀行預金を上回り、酒谷家最大の資産となった。

（3）有価証券投資

一般に有価証券は、利回りが不確定な株式と確定利付の公債・社債に分類され[54]、また資金調達の主体では、政府や地方自治体が発行する公債と会社が発行する社債は意味が異なるので、以下株式投資、公債投資、社債投資の順で、酒谷家の有価証券投資を検討する。なお酒谷家帳簿では、購入価額で有価証券資産額が計上され、そのほとんどが発行時の購入のため、額面と資産額にそれほど差はなかった。ただし購入価格と時価との差が極端に広がった金融恐慌・昭和恐慌期には、評価替を行い、新たな評価で資産額を計上した。

酒谷家は、一八八〇年代から株式投資を行ったが投資額は少なく（前掲表2-5）、商取引の拠点のあった函館の会社への投資が大部分であった。[55] 一八九〇年代後半に株式投資額はある程度増大したが銀行預金額に及ばず、一九〇〇（明治三三）年度末で総資産に占める株式の比重は、約五％に止まった。酒谷家は、地元の企業勃興に無関心で、商業での蓄積の大部分を商取引の円滑化に投入し、株式は商取引人脈上の付き合い程度に投資したに過ぎなかった。

表2-13をみよう。一九〇〇年度末に酒谷家が主に投資していた会社のうち、[56] 函館汽船（資本金一五万円、一九〇〇年時点、以下同様）社長と函館銀行（資本金五〇万円）頭取で有力漁民の廣谷源治と、函館の百十三銀行（資本金五〇万円）頭取で海産物商の田中正右衛門は酒谷家の主要取引相手で、酒谷家は百十三銀行に当座預金口座を持ち、久保彦助（酒谷家の縁戚）・平出・西出など同郷の北前船主も函館銀行の役員であった。日本海上保険（資本金三〇〇万円）は、北前船主の資本を中心に設立された大阪の会社で、酒谷家商業にも関連した。

企業勃興期は、会社破綻のリスクが大きく、それをふまえて資金調達を行うため、株式配当率は高く設定されたが、一九〇七年恐慌後の不況で配当率は下がり、酒谷家の貸付金年利をかなり下回った（前掲表2-8・2-10）。そのため会社破綻のリスクを考慮し、酒谷家の株式投資は、総資産額の伸びに応じて追加する程度で、一九一五（大正四）年度末でも総資産に占める株式の比重は約四％であった（前掲表2-9）。ただしこの間に酒谷家は、函館の諸会社以外に、大阪電灯・伊予鉄道・大聖寺川水電など商業と無関係な会社への株式投資を始めた（表2-13）。

一八八九年開業の大阪電灯（開業時資本金四〇万円）は、都市化の進展による電力需要の増大のなかで、一九一〇年代前半まで好業績を上げて高利益率・高配当率を達成し、一七年末の電灯・電力収入で関西最大であった。[57] 一八八八年開業の伊予鉄道（開業時資本金一七万円）も、新たな交通需要を掘り起こして経営状態が良く、九四年に同社株が大阪株式取引所の建株として定期売買が開始された。[58] 大聖寺川水電（開業時資本金二〇万円）は、橋立の旧北前船主を中心に一九一一年に設立され、[59] そこへの投資は、地元の地域産業振興への協力の意味合いが強かった。第一次世界大戦末から直後のブーム期は、酒谷家の株式投資が増大したが、表2-13のように、最大の株式投資先の合資会社

表 2-13　1900〜30 年度末酒谷長一郎家主要株式・公債・金融債資産額

（単位：円，利回り％）

銘柄	1900年度末		1915年度末		1919年度末		1923年度末		1926年度末		1930年度末	
	資産額	利回り	資産額	利回り	資産額	利回り	資産額	利回り	資産額	利回り	資産額	利回り
函館汽船	3,810	30.7	酒谷商店合資		15,000	10.0	45,000	15.3	45,000	10.0	45,000	7.0
函館銀行	3,282	10.7	4,157	6.3	6,782	9.3	百十三銀行へ		北海道銀行		8,400	9.0
百十三銀行	3,125	10.0	5,000	6.0	5,000	9.0	11,782	7.1	11,782	7.6	北海道銀行へ	
日本海上保険	2,601	12.0	4,426	11.9	13,176	29.0	13,176	10.6	13,176	10.6	13,176	10.6
函館船具合資	2,000	25.0	4,000	30.0	12,000	20.0	15,500	19.4	21,500	4.5	22,500	5.0
函館馬車鉄道	1,211	9.0	八十四銀行		625	10.0	1,250	8.0	1,250	8.0	昭和銀行へ	
大阪電灯	967[1]	25.9	5,625	11.8	6,750	12.0	大阪市電気事業公債へ					
大阪製綿			1,461		1,025	15.0	京都電灯		11,580		29,600	10.3
伊予鉄道（電気）			9,750	8.5	13,470	10.0	24,570	14.3	36,045	11.2	38,490	10.2
大聖寺川水電			7,600	9.8	10,000	9.1	14,500	12.0	15,500	14.0		
函館水電			750	10.0	960	9.2	7,315	12.0	13,200	11.1[3]	19,300	9.5
朝鮮銀行			300	6.9	1,200	7.5	1,500	6.0	750	5.0	375	4.0
大同電力					1,125[2]		6,187	6.9	7,312	11.2	6,019	8.9
主要株式資産計	16,996		43,069		87,113		140,780		177,095		182,860	
国庫証券（通常）					8,748	5.2	52,325	5.2	90,511	5.5	112,747	5.3
国庫証券（臨時）					195,000	6.6	290,446	6.6	10,072	5.4		
五分利公債			9,733	5.3	13,348	5.3	15,028	5.4	15,291	5.4	15,291	5.4
大阪市電気事業							14,304	8.3	44,586	8.2	36,629	6.3
主要公債資産計			9,733		217,096		372,103		160,460		164,667	
勧業債券			6,866	5.2	7,056	5.2	7,383	5.2	7,518	5.3	6,064	5.6
興業・農工債券									29,550	7.1	49,515	6.1

出所）明治 33・大正 4・8・12・15・昭和 5 年度「原帳（原簿）」（酒谷長蔵家文書，昭和 5 年度「原簿」は蔵六園蔵）より作成。

注記）表で示したいずれかの年度末で株式投資資産額が 1,000 円以上，公債資産額が 15,000 円以上，金融債資産額が 7,000 円以上の銘柄につき，表で示した年度末の資産額を示した。興業・農工債券欄は，1926 年度末が興業債券，30 年度末が農工債券（愛知農工債券 29,805 円と大阪農工債券 19,710 円）。株式の利回り欄は，当該年度下半期の配当収入を帳簿上の資産額（おおむね購入価額）で除した実収利回りを年利換算で示した（明治 33・34・大正 4・5・8・9・12・13・15・昭和 2・5・6 年度「諸品留日記（諸品附込帳・諸事仕訳帳）」〔酒谷長蔵家文書〕より）。公債・金融債の利回り欄は，確定利率から算出した確定利息額を帳簿上の資産額（おおむね購入価額）で除した実収利回り（臨時国庫証券は代表的なものの保護預り銀行の割引率）を年利換算で示した。なお長一郎家は，株式の大部分を発行時に額面で購入したので，実収利回りと株式配当率はおおよそ一致した。大阪製綿は，1919 年度末は大阪綿業。伊予鉄道は，1916 年から伊予鉄道電気。函館水電は，1915 年度末は渡島水電。函館銀行は 1922 年に百十三銀行と対等合併。

注 1）大阪製綿と併せて 967 円。2）日本水力として（同社は，1921 年に木曽電気興業・大阪送電と合併して大同電力となる）。3）下半期のみ特別配当があり，それを含めると下半期利回りの年利換算は 22.2％となる。

酒谷商店を除くと一九一九年度末の総資産に占める株式の比重は約四・七％であり（前掲表2-9）、増加分の大部分が従来の投資先への追加投資であった。

一九二〇年代の酒谷家の株式投資額は微増で推移したが、電力会社への投資の比重が高く、大同電力・京都電灯への投資が新たにみられ、大聖寺川水電・函館水電への投資額も増大した（前掲表2-13）。一九二〇年代の日本は相対的不景気であったが、電力業は工場での電動機普及と都市化の進展に伴い活況を呈し、配当率はそれほど悪くなかった。[60] 大同電力は、電力需要の増大に対応するための電源開発を主目的として一九二一年に設立され、設備投資を積極的に進め、資金調達で株式・社債の大増発を行い、二〇年代後半に五大電力会社の一角を占めた。一八八九年開業の京都電灯は、一九一〇年代前半に電灯事業に乗り出した京都市との競争で、経営は一時的に苦しんだが、一五年に京都市と料金体系で合意でき、以後業績は回復し、二〇年代は内部資金で設備投資を進めたため利息支払負担がなく、他の関西の電力会社よりも相対的に高配当率を維持した。

なお大阪電灯は、電力需要の増大に対応するため無理な発電所建設を進め、一九一八年以降経営が悪化し、電灯事業に意欲を示した大阪市に二三年に買収され、その際酒谷家所有の大阪電灯株式は、大阪市電気事業公債に振り替えられた。また大聖寺川水電は織物業などの地元工場での電力需要、函館水電は函館市街の電灯需要に支えられて二〇年代の経営状態は順調で、そこへの投資は酒谷家の拠点地域での産業振興の意味もあった。

電力会社以外では、函館船具と伊予鉄道電気への株式投資が急増した。[61] 函館船具へは、酒谷商店との関係で継続的に追加出資されたと考えられ、一九二〇年代前半まで高配当であった。しかし一九二〇年代後半は不漁があり、同社株式配当率は、二六（昭和元）年度四・五％、二七年度一二％、二八・二九年度一五％、三〇年度五％と乱高下した。伊予鉄道電気は、伊予鉄道が伊予水力電気を合併して一九一六年に設立され、競争相手の電気事業会社を次々と合併し、愛媛県電気事業をほぼ独占して配当率は高かった。全体として酒谷家は、電力業を中心として配当率の高い優良会社を少数選び、そこに特化する株式投資戦略を採った。

ただし一九二〇年代の酒谷家総資産に占める株式の比重は、酒谷商店を含めて七%台で（前掲表2-9）、二〇年代後半の大電力会社間の料金値下げ競争（「電力戦」）と二九年の昭和恐慌で配当率が低下した京都電灯や大同電力、[62] 二七年の金融恐慌で破綻した八十四銀行、不良債権を抱えて二〇年代後半に利益率が急減した百十三銀行等の株式評価損を、表2-14のように酒谷家は計上したが、併せて約三万六千円程度に止まり、株式投資への同家の慎重な選択は功を奏した。百十三銀行は一九二八年に減資して北海道銀行に吸収合併され、百十三銀行株は減額されて北海道銀行

表2-14　1927～31年度酒谷長一郎家資産評価替損益
（単位：円，変化率は%）

内　容	評価損益	原　価	変化率
① 1927年度			
八十四銀行定期預金	△ 13,970	31,750	△ 44.0
八十四銀行当座預金	△ 573	1,303	△ 44.0
八十四銀行株式	△ 5,000	5,000	△ 100.0
計	△ 19,543	38,053	△ 51.4
② 1928年度			
百十三銀行株式	△ 3,382	11,782	△ 28.7
京都電灯株式	△ 3,030	49,030	△ 6.2
計	△ 6,412	60,812	△ 10.5
③ 1929年度			
京都電灯株式	△ 7,000	46,000	△ 15.2
朝鮮銀行株式	△ 375	750	△ 50.0
函館船渠株式	△ 125	250	△ 50.0
計	△ 7,500	47,000	△ 16.0
④ 1930年度			
国庫証券（通常）	416	102,168	0.4
四分・五分利公債	△ 315	10,500	△ 3.0
大阪市電気鉄道公債	△ 121	1,921	△ 6.3
勧業債券	△ 263	5,260	△ 5.0
川崎造船所社債	△ 20,319	77,989	△ 26.1
塩水港製糖社債	△ 2,220	9,720	△ 22.8
京都電灯株式	△ 13,900	43,500	△ 32.0
大同電力株式	△ 2,318	8,337	△ 27.8
時事新報社株式	△ 650	1,250	△ 52.0
土地・建物	△ 229	11,446	△ 2.0
計	△ 39,920	272,091	△ 14.7
⑤ 1931年度			
国庫証券（通常）	△ 4,695	95,025	△ 4.9
五分利公債	△ 1,220	24,391	△ 5.0
大阪市電気事業公債	807	36,629	2.2
名古屋市電気事業公債	△ 167	8,537	△ 2.0
勧業債券	△ 350	19,750	△ 1.8
愛知農工債券	△ 705	29,805	△ 2.4
大阪農工債券	△ 210	19,710	△ 1.1
川崎造船所社債	△ 23,700	57,670	△ 41.1
塩水港製糖社債	△ 1,500	7,500	△ 20.0
その他14社社債	△ 8,855	341,785	△ 2.6
計	△ 40,594	640,802	△ 6.3

出所）各年度「諸事仕訳帳」（酒谷長蔵家文書）より作成。
注記）変化率＝評価損益額÷原価。△印は損失もしくは減少。1931年度の社債評価損内訳は，表2-16を参照。

株に振り替えられ、大聖寺川水電も取引先の八十四銀行の破綻で約一七万円の預金を失って二八年に京都電灯の資本系列に入り、酒谷家は大聖寺川水電株を手放し、京都電灯株所有額を増やした（前掲表2-13）。

続いて公社債投資の検討に移る。近代初頭の日本では資本蓄積が乏しく、主に国債による払込資本金で開業した銀行が、日銀信用に頼りつつ企業への資金供給の担い手となり、こうした間接金融優位の機構の下では、社債金融は企業金融の中心に成り得なかった。債券発行の中心は当初は国債で、一九〇〇年前後から地方債発行が増大し、第一次世界大戦を契機に日本の重化学工業化が進展し、資本集中によって巨大企業が出現するに至り、ようやく公社債市場は本格的な展開をみせて社債発行が増大した[63]。なお日本全国の社債発行のうち、特別法により金融機関や植民地企業が発行し、政府保証等の特典のある金融債や特殊債の比重が一九一〇年代までは全体的に高く、二〇年代以降は一般会社社債発行が中心となった。

酒谷家も、一八八〇年代から国債投資、一九〇五年から金融債投資、二三年から一般会社社債投資（一九〇〇年代に若干みられた）を行ったが、一七年度末まで国債・金融債投資額は少なく、資産全体の二％弱であった（前掲表2-5・2-9）。酒谷家は一九一九年から臨時国庫証券の購入を大規模に行い、一八年末の預金金利協定の成立で、銀行定期預金の期待収益率が低下したことがその背景にあったと思われる[64]。臨時国庫証券は第一次世界大戦による輸出急増からくる為替決済や連合国への輸出軍需品代金の決済のために貸し付けるべく起債されたが、多くは不良貸付けとなり、後に通常の五分利国債に借り換えられた[65]。表2-13に戻ろう。臨時国庫証券は、銀行を通して割引率約六・六％で運用され、銀行定期預金の利回りより有利で、酒谷家は二〇年代前半も引き続き臨時国庫証券を購入し、酒谷家預貸利息収入のなかで国債割引収入が増大、公債が資産全体の約二〇％を占めた（前掲表2-9）。酒谷家は、その後臨時国庫証券を五分利国債に借り換えたり、償還したりして約一二万円を国債資産として残し、また地方債では、前述の経緯で酒谷家は大阪市電気事業公債を所有し、同公債は国債より利回りがよく、電気事業の進展に伴って追加投資され、大阪市は酒谷家の有力な投資先となった（前掲表2-13）。

また酒谷家は、一九〇五年から勧業債券を購入したが金額は少なく、二〇年代中葉に、相対的不況のなかで救済金融のため政策的要請から発行された興業債券を購入した。[66] 一九二七年の金融恐慌と二九年の昭和恐慌は、特殊銀行にも打撃を与えたが、不動産抵当金融を行った農工銀行は、抵当地の売却で順調に貸付金を回収し、「好収益」を維持し、[67] 酒谷家は興業債券から農工債券に乗り換えた。前掲表2-14からみて、政策的要請を受けた金融債は、国債や酒谷家所有の社債に比して、前述の地方債とともに、昭和恐慌時の評価損失率が少なかった。さらに酒谷家は、一般会社社債を主に大阪野村銀行証券部（二六年より野村証券）と藤本ビルブローカー銀行を介して購入し、その額は二〇年代中葉に急増した（前掲表2-9）。一九二〇年代は、重化学工業における相対的不況から株式市場は低迷し、重工業大企業の設備投資は概して低調であったが、事業整理資金を中心とする資金需要が多く、それらが社債金融に向かったため、市場全体として社債発行額は急増した。[68] 表2-15をみよう。一九二〇年代中葉に主に新規社債を発行したのは、工場への電動機の普及と都市化の進展に伴う電気需要拡大に支えられて積極的に設備投資を行った大規模電力会社であった。酒谷家がこの時期社債を購入した電力会社は、東邦電力・東京電灯・三重合同電気・信越電力・宇治川電気・鬼怒川水力電気などで、それらが一九二四〜二六年の酒谷家社債購入の約五七％を占めた。

東邦電力は、[69] 一九二一〜二二年に名古屋電灯と関西水力電気と九州電灯鉄道が合併して設立され、社債を発行して設備投資資金を調達し、二五年に子会社の東京電力を設立して、関東・中部・関西・九州に電力供給を行い、五大電力会社の一角を担った。東京電灯は、一八八六年に開業した日本最初の電気事業会社で、一九二〇年恐慌を契機に関東地方の有力電気事業会社を次々と合併し、関東地方最大の電気事業会社として五大電力会社の一角を担った。三重合同電気は、三重県の三電気事業会社が合併して一九二二年に設立され、二三年に徳島水力電気を合併し、事業規模が急拡大した。信越電力は、信濃川水系の電源開発のため、主に東京電灯が出資して一九一九年に設立され、東京電

表 2-15　1924〜26 年の社債（外債・金融債を除く）発行額・酒谷長一郎家購入額一覧

会社名	払込資本（万円）	発行額（万円）	購入額（千円）	利　率（%）
南満州鉄道	32,116	11,000	29.0	7.0〜6.0
東京電灯	26,696	8,500	78.1	8.0〜7.0
東洋拓殖	3,500	6,695		6.5〜7.0
日本電力	5,000	5,800	9.9	8.0〜7.0
川崎造船所	5,625	3,800	63.3	8.5〜7.5
東邦電力	10,220	3,750	117.3	8.5〜7.0
富士製紙	4,954	3,500	39.2	8.0〜7.0
宇治川電気	5,227	3,000	47.5	8.5〜7.0
東京電力	2,800	3,000	9.9	7.5〜7.0
大阪商船	6,250	2,650		8.5〜7.0
広島電気	2,700	2,620	3.9	8.5〜7.5
信越電力	3,200	2,500	48.9	8.0〜7.0
三重合同電気	2,283	2,250	53.9	8.5〜7.5
大同電力	11,296	2,000	9.7	8.0〜7.5
王子製紙	4,189	2,000	34.7	8.0〜7.0
樺太工業	1,555	2,000		7.5〜7.5
東信電気	1,100	1,700		8.5〜7.0
東京瓦斯	3,940	1,600		8.0〜7.0
北海道炭礦汽船	3,963	1,500		8.0〜7.0
京阪電気鉄道	3,877	1,500	48.7	8.0
浅野セメント	3,251	1,500	19.9	8.0〜7.5
台湾電力	2,820	1,500		7.0
鬼怒川水力電気	2,138	1,500	29.2	7.0
朝鮮鉄道	1,765	1,500		8.5〜8.0
塩水港製糖	1,813	1,000	9.7	7.0
大阪鉄工所	1,050	950	19.7	8.0〜8.0
三越呉服店	900	600	19.9	8.5〜7.0
伊予鉄道電気	2,106	300	29.7	7.5
その他 140 社		53,899		
計		134,114	722.1	

出所）日本興業銀行調査係『全国公債社債明細表』（第 27〜32 回），1924〜27 年，大正 13〜15 年「原簿」（酒谷長蔵家文書），大正 15 年版『日本全国諸会社役員録』商業興信所，1926 年より作成。

注記）1924〜26 年の 3 年間に合計 1,500 万円以上の社債（外債・金融債を除く）を発行した会社，および発行額は 1,500 万円未満だが，発行社債を長一郎家が購入した会社を示した。払込資本金は 1926 年時点。購入額は長一郎家の購入額で，長一郎家は所有社債のほぼ全てを発行時に購入しており，社債発行時は，額面より 1〜3% 割り引いて購入できたので，購入額に端数が出た。利率欄の左側は 1924・25 年，右側は 25・26 年の発行社債年利率。東京電灯の社債発行額には，同社に 1925 年に合併した富士水電・京浜電力と 26 年に合併した帝国電灯の社債分を含む。そのため長一郎家の東京電灯社債購入額には，1924 年に購入した富士水電社債 19,500 円分と京浜電力社債 9,950 円分を含む。

灯への電気卸売を事業とし、二八年に東京発電と改称したのち三一年に東京電灯に合併された。宇治川電気は、電力供給会社として一九〇六年に設立され、順調に供給量を伸ばして二四年度の電灯・電力収入で関西最大の電気事業会社となり、五大電力会社の一角を担った。鬼怒川水力電気は、東京市電気局を主な供給先として一九一三年に開業し、卸売電気会社としては関東最大であった。つまり酒谷家は日本電力も合わせ五大電力会社全てを含む大規模電力・電灯会社の有価証券を所有した。

電力・電灯会社以外では、酒谷家は造船業・鉄道業・製紙業など特定の業種の社債を主に所有し、川崎造船所・京阪電鉄・富士製紙・王子製紙・伊予鉄道電気・南満州鉄道・浅野セメント・大阪鉄工所の社債所有額が多かった。世界的な軍縮の流れのなかで、一九二〇年代に造船業は業績が悪化したが、川崎造船所は海運・製鋼・航空機部門へ多角化して積極経営を続けて社債発行を急増させ、大阪鉄工所も利益金の急減を補うために社債発行を急増させた[70]。藤本ビルブローカー銀行がこれら両社社債の募集に積極的に関わり、債券民衆化運動（債券知識の普及活動）を進め[71]、酒谷家は藤本を介して両社社債を購入した。

鉄道業は、都市化の進展で特に都市近郊電気鉄道の営業が好調で、特に電鉄会社の多くは、大量に電力を使用するため自家用発電所を持ち、電気事業も兼営した。京阪電鉄は、中小の電鉄会社・電力会社を一九二〇年代前半に次々と合併し、鉄道事業を京都・大阪府・滋賀・奈良県、電気事業を京都・大阪府・滋賀・和歌山県で展開し、資本金でみて関西最大手の電鉄会社で、当時成長途上にあった[72]。また伊予鉄道電気は、前述のように競争相手の電気事業会社を合併して愛媛県電気事業の統一を終え、一九二六年に設備投資資金と短期借入金返済に充てるため社債を発行した[73]。さらに南満州鉄道は、代表的な国策会社で、その社債は元利支払に対する政府保証があり（特殊債）、極めて安定した投資先であった[74]。

製紙業は、一九二〇年恐慌で一時的に市況が悪化したが、都市化の進展に伴う新聞用紙需要の増加で生産が回復し、王子製紙は新たに工場の拡張を急いだ[75]。そのため製紙会社の社債発行は増大し、酒谷家は富士・王子の二大製紙会社の社債を所有した。浅野セメントは、一九二三年の関東大震災で工場が災禍に遭って打撃を受けたが、その後の震災復興需要や海外輸出の増進により、酒谷家が同社社債を購入した二六年には、経営状況は良好であった[76]。

一九二〇年代中葉の酒谷家の社債投資先は、表2-15のように大規模に社債を発行し、払込資本金額が二千万円以上の大会社が多く、造船を除き、期待収益率が高い業種を選び、大会社でも払込資本金額以上に社債を発行した東洋拓殖・樺太工業・東信電気は破綻リスクを考えて酒谷家は購入しなかったと思われ、同家の社債投資先の選択に経済合理的根拠があった。しかし一九二七年の金融恐慌と二九年の昭和恐慌で酒谷家の社債投資もある程度の打撃を受けた。表2-14に戻ろう。川崎造船所は一九二〇年代の無理な積極経営で借入金が増大し、主要取引銀行の十五銀行が金融恐慌の影響で休業に追い込まれ深刻な打撃を受けた(77)。川崎造船所は大幅なリストラを行い経営再建に取り組んだが、昭和恐慌が追い打ちをかけ、船舶受注が途絶えて同社社債がデフォルト（債務不履行）状況となり、一九三〇・三一年度の二年間で酒谷家は同社社債の評価損を約四万四千円計上し、同家にとって最大の証券投資損失となった。

また金融恐慌で破綻した鈴木商店に日本国内の販売を委託していた台湾の塩水港製糖が打撃を受け、酒谷家はその社債評価損を計上したが(78)、それ以外は一九三一年度に小幅の評価損を計上したに止まり、全体として多額の評価損にはならなかった。昭和恐慌は、工場の操業短縮の結果、電力業界に深刻な打撃を与え、減配と株価の低落を招き(79)、酒谷家は、京都電灯株や大同電力株で原価の三〇%前後の株式評価損を計上した。しかし社債は利回りが確定しており、一九二〇年代中葉に購入した社債は、据置期間がいずれも三カ年以下で恐慌時に償還可能であり、東邦電力・東京電灯・三重合同電気・宇治川電気等の社債は償還を受けた。

表2-16をみよう。恐慌下で酒谷家は大部分の所有社債の償還を受け、社債を新規に購入したが、一九三〇年度末は、前掲表2-15と異なり、大規模に社債を発行した巨大会社でなく、払込資本金二千~四千万円規模の会社社債を主に所有した。特に電力会社社債の所有構成を変化させ、一九二〇年代中葉は五大電力会社中心であったが（前掲表2-15）、三〇年前後は鬼怒川水力電気・日本海電気・広島電気・九州水力電気・北海道電灯などを中心とし、これらは鬼怒川水力電気を除き「地方大電力」会社（電力市場で地方の一県をほぼ完全に支配するかもしくは一県の過半を制した上で隣接道府県で大きな地位を占めた企業）であった(80)。電力業界では一九二〇年代~三〇年代初頭に五大電力会社に

よる前述の「電力戦」が行われ、昭和恐慌の影響も併せ、三〇年前後から五大電力会社の経営状態は一時的に悪化した[81]。その一方、地方では中小規模の電力会社の統合・合併が進み、払込資本金二千万円以上の地方レベルでの独占的大企業が成立し、酒谷家は電力業界の動向を踏まえ、電力会社社債の所有を、五大電力会社から経営状態が比較的安定していた「地方大電力」会社中心へ転換した。

表 2-16　金融恐慌・昭和恐慌下の社債（外債・金融債を除く）発行額・酒谷長一郎家所有額一覧

会社名	払込資本（万円）	発行額（万円）	所有額（千円）	利率（%）	評価損（千円）
東京電灯	40,715	16,500	＊2.7	6.0	0.2
南満州鉄道	38,716	16,000		5.5	
東洋拓殖	3,500	8,581		6.0	
日本郵船	6,425	7,500		5.5	
東邦電力	13,000	6,400		5.5	
富士製紙	5,893	6,600		6.0	
宇治川電気	8,376	6,350	(19.9)	6.0	0.5
大同電力	13,097	5,491		5.0	
三重合同電気	5,403	5,200	19.8	6.0	0.4
広島電気	4,382	5,000	49.6	6.5	1.0
阪神急行電鉄	3,000	4,500	29.9	6.0	
京都電灯	4,588	4,200		6.0	
日本窒素肥料	4,500	4,500		6.0	
王子製紙	4,868	4,000	15.2	6.5	
日本電力	10,660	3,800	9.8	6.0	0.8
大阪商船	6,250	3,500		5.5	
大阪電気軌道	3,556	3,500		5.5	
九州水力電気	6,776	3,500	(29.4)	6.0	0.6
京阪電気鉄道	5,899	3,000	11.9	5.5	0.6
北海道電灯	3,440	2,500	19.9	7.0	
九州電気軌道	3,640	2,300	19.9	6.0	0.7
京成電気軌道	1,175	2,000	19.9	6.0	0.5
愛知電気鉄道	1,487	1,700	19.8	6.0	0.6
日本海電気	1,968	1,550	49.6	6.5	0.6
倉敷紡績	1,235	1,200	9.9	6.5	0.6
浅野セメント	5,399	1,000	[5.0]	7.5	
鬼怒川水電	2,767	600	63.7	7.0	
伊予鉄道電気	2,448	500	29.7	6.0	0.9
金澤電気軌道	525	＊220	＊49.8	6.3	0.8
温泉電軌	100	＊70	＊5.0	6.8	
川崎造船所	7,425	0	[57.7]	7.5	23.7
塩水港製糖	1,744	0	[7.5]	6.0	1.5

出所）日本興業銀行調査『全国公債社債明細表』（第33〜37回）東洋経済新報社，1927〜31年，昭和5年度「原簿（酒谷長蔵家文書，蔵六園蔵）」，昭和6年度「諸事仕訳帳」（酒谷長蔵家文書），昭和6年版『日本全国諸会社役員録』商業興信所，1931年より作成。

注記）金融恐慌勃発直後の1927年4月から30年に合計3,500万円以上の社債（外債・金融債を除く）を発行した会社，および長一郎家が30年度末に社債を所有した会社を示した。払込資本金額は1931年時点。発行額欄の＊印は担保付社債。東京電灯社債は一部担保付。所有額は1930年度末時点の長一郎家所有額で，［　］内および鬼怒川水電社債のうち29,190円分は，金融恐慌勃発以前で，それ以外は全て金融恐慌勃発後の購入分。所有額の（　）内は1931年末時点で＊印は担保付社債。利率欄は，長一郎家が購入した社債はその年利率を，それ以外は社債発行の多かった年の年利率を示した。評価損は長一郎家所有社債の1931年度分の評価損額を示した。

また酒谷家は、一九二〇年代に鉄道・電気・瓦斯事業へ多角化した金澤電気軌道、歌劇・住宅開発・百貨店などへ展開して沿線文化圏を作った阪神急行電鉄、二六年に成田まで開通し、上野乗入線を計画中（三三年完成）の京成電軌、二七年の神宮前―豊橋間全通で愛知県下最大の電鉄会社となった愛知電鉄など将来性のある電鉄会社社債を新たに購入した(82)。さらに恐慌前の酒谷家購入社債は、一九二四年購入の富士水電社債（一九、五〇〇円）を除きいずれも無担保であったが、二八・二九年購入の金澤電気軌道・温泉電軌・東京電灯社債は担保付で(83)、中小規模電鉄会社はリスクが高いため、担保付社債で相対的に利率の高いものを酒谷家は選んだ（前掲表2-16）。

一九二〇年代中葉の酒谷家は、大会社社債なら安全との認識が強かったが、恐慌を経験して投資先の業績や将来性をより慎重に判断するに至り、その上で新たな社債投資を行い、総資産に占める社債の比重は、二九・三〇年度末も依然二〇％前後を示した（前掲表2-9）。

おわりに――西村屋西村家との比較

冒頭で述べたように、酒谷家と同様に北海道産物を専ら扱った能登国一の宮の北前船主西村家の経営展開を検討し、それを酒谷家の経営展開と比較して本章のまとめとしたい。

西村屋忠兵衛は(84)、農家の出であったが、船乗りを志し、一八三四（天保五）年に能登一の宮出身の北前船主の綿屋喜兵衛家の水夫となった。一八四一年には雇船頭となり、五〇年代には自ら船を所有するようになったと考えられるが、当時は綿屋廻船と行動をともにしており、六二（文久二）年に大坂に問屋店を持ち、綿屋から完全に独立して、独自の廻船経営を行うようになった。その意味では、酒屋に比すればかなり海運経営の開始時期は遅いが、北海道の厚岸《あっけし》・箱館と阿波国撫養・大坂間を専ら往復し、北海道産魚肥で巨利を得た。そして和船所有数を急速に拡大し、一八六〇年代前半に手船四隻と雇船三隻を動かしていた。

西村屋は、近代以降は西村を姓とし、北海道と瀬戸内・畿内を専ら結んで北海道産物を扱う廻船経営は近代以降も継続され、島根県浜田港の廻船問屋の「客船帳」では、一八六八（明治元）～九六年に北海道・北陸方面からの西村家廻船の入港が一四回記載されたが、その全てが北海道を出発地とする入港であった。[85] そして手船所有数はさらに増大して一八七〇年代には一〇隻前後の和船を所有したと考えられる。それとともに、大阪店は大阪松前問屋一番組（後の北海産荷受問屋組合）に加入し、一八八九年には問屋組合の取締を務めるに至った。[86]

同時に西村家は、所有帆船の近代化も進め、一八八三年から西洋型帆船を二隻所有し、西洋型帆船は、夏期は日本海航路を運航して北海道産物を扱いつつ、冬期は畿内・宮崎県を結んで砂糖を扱うなど機動性を発揮した。[87] この間、西村家大阪店が扱った北海道産魚肥は、一八八〇～八一年の九カ月は約二、三〇〇石であったが、八六年秋～八七年六月は一万石近くに上ったと推定され、[88] この間に西村家の海運経営は急拡大した。一八八六年時点で西村家廻船八隻の合計純益は六、七四一円に上り、[89] こうした海運利益をもとに、西村家は八四年から有価証券投資も開始した。ただし、土地取得はあまり多くなく、収益の中心は廻船経営で、八六年度の西村家大阪店の収益は、所有船八隻の収益が約八、〇〇〇円、問屋口銭等が一、七五六円、利子収入が一、三八一円、株式配当が七六〇円、不動産収入が六〇〇円、合計一二、四九七円であった。[90]

西村家は、[91] 北海道稚内にも支店を設けて北海道と大阪の両方に拠点を設ける垂直統合経営を進めたが、同じく垂直統合経営を進めた石川県橋立の北前船主と異なり、北陸親議会には加盟せず、汽船会社と正面から競争するのではなく、定期汽船航路が整備されていない北海道奥地の稚内に拠点を設けたり、西洋型帆船を宮崎県・畿内間の砂糖取引に利用するなどの工夫をして、収益基盤を確保した。出身地元の能登一の宮での土地所有は約六町歩と少なかった

表 2-17　西村家会社役員の推移

（資本金の単位：万円）

会社名	資本金	所　在	1902 年	1908 年	1913 年	1919 年
廣業銀行	6.8	羽　咋	監査役[1]	取締役[2]	取締役[2]	
北陸セメント	2.0	七　尾	取締役[1]			
北洋汽船	20.0	七　尾		取締役[2]	取締役[2]	
能登倉庫	1.3	矢田郷			取締役[2]	
北陸漁業	3.3	七　尾			監査役[3]	
七尾瓦斯		七　尾				取締役[3]
日洋汽船		函　館				取締役[3]

出所）由井常彦・浅野俊光編『日本全国諸会社役員録』第6・12巻，柏書房，1988・89年，大正2・8年版『日本全国諸会社役員録』商業興信所，1913・19年より作成。

注記）各年の1月時点の状況を示すと思われる。資本金は1913年初頭の払込資本金額で，北陸セメントのみ1907年初頭の払込資本金額。

注1）忠左衛門。2）忠吉。3）忠一。

が、表2-17にみられるように、能登国七尾での北陸セメント会社の設立に参加して役員となり、西村家廻船でセメントを大阪へ運んで売却した。また、所有船の一部を利用して一九〇〇年前後にはカムチャッカ方面へ北洋漁業にも出かけており、北海道産物の延長線にあたる海産物取引を主要な収益基盤とし続けた。

しかし一九〇二年に西村家二代目当主忠左衛門が亡くなると、近代的交通網・電信網の整備による地域間価格差の縮小のもとで、三代目当主忠吉は北前船経営に見切りをつけ、大阪店と稚内支店の整理を進め、西洋型帆船四隻のみを残して郷里の一の宮に戻った。表2-17をみよう。その後西村家は、七尾を中心に能登地域の会社経営に携わり、地元経済と関係をもったが、いずれも長続きせず、海運経営のみを細々と続けた。そして忠左衛門の息子忠一が函館へ居を移し、北洋漁業や汽船会社に活路を見出そうとしたが、一九二〇（大正九）年恐慌で大打撃を受けて、事実上西村家の海運経営は終わりを告げた。

こうした西村家の経営展開と酒谷家の海運経営や資産運用の特徴を、歴史的地域性や期待収益率とリスクの関係、本業意識や地域社会との関わりに着目してまとめる。

酒谷家の出身地の加賀国橋立は、本章冒頭で述べたように、農業生産性はあまり高くなく、沿岸漁業が発達しており、大聖寺藩領域の浦々では、一八世紀から海運業に進出するものが登場し、彼らは当時北海道に進出していた近江商人が北海道産物を敦賀に運ぶ際の、北海道・敦賀間の輸送を荷所船として担った。橋立の船主が荷所船経営に展開したのは、早期から海の生業が発達した土地柄や敦賀との近接性が大きかったと考えられる。

その後、前述のように荷所船主らは、近江商人との定雇関係が不安定になると、一八世紀末より買積経営に転換し、彼らが海運経営で蓄積する大きな契機となった。とはいえ、近世期は彼らが資金蓄積を進めるには制約が大きく、近世北海道では松前藩の規制のもとに、取引湊は城下の福山湊と箱館湊・江差湊に限られ、北海道奥地に自由に赴くことはできなかった(92)。また、地元の大聖寺藩は小藩で年貢米輸送の需要も少なく、逆に藩が藩財政の悪化を藩内の有力船主からの御用金調達で補おうとしたため、多額の御用金負担が課せられ、藩内の有力船主にとって幕藩体制は経営展開と資金蓄積を束縛する側面が強かった(93)。

橋立の船主らは御用金負担の代償として士族格を取得し(94)、その意味では「特権」商人とも言えるが、明治維新による様々な封建的規制の撤廃は、逆に彼らにとって経営展開と資金蓄積の大きなチャンスとなり、酒谷家は近代以降に急速に資金蓄積を進めた。その蓄積源泉が、一八七〇年代にもかなり残された北海道・北陸と畿内との地域間価格差で、酒谷家は最も地域間価格差が残された北海道産魚肥を専ら扱うことで、多額の売買収益を上げた。

一方、西村家の海運経営への進出は遅く、藩権力との関係はほとんどなかったが、彼らが海運経営に進出した一八六〇年代は、北海道・畿内間の地域間価格差が急拡大した時期で、大聖寺藩領域以外の北陸地方の北前船主が一九世紀中葉に海運経営に進出して主に北陸産米を扱ったのに対し、西村家は米穀取引ではなく地域間価格差の拡大していた北海道産物を専ら扱うことで巨利を得た。一八六〇年代に海運経営に進出した北前船主には、そのパターンもかなりあったと考えられるが、西村家はそのなかでも北海道産物取引からより多くの利益を確保するため、北海道と大阪の両方に店を設けたことに特徴があり、急速に経営を拡大し得た。

北海道産物を海運経営の最初から主要な利益基盤とした点で酒谷家と西村家は共通性を持ったが、一八八〇年代に三井物産らの近代的諸勢力が北海道に進出して北前船主らと北海道産物の買付競争を繰り広げた際に、両家の経営展開は異なった。酒谷家は自らの商権を維持するために収益の大部分を本業維持のための資金融通に費やし、北海道函館に支店を設けるなど垂直統合経営を進めた。その時点では酒谷家の収益期待は専ら地域間価格差に依拠した遠隔地間商業に求められ、株式投資は商取引の人脈を重視して若干行われたのみで、そこに多大な収益期待は抱かれず、一九〇〇年前後までの酒谷家の資金運用は、商業＝本業との意識に強く縛られた。西村家も垂直統合経営を進めたが、近代的諸勢力と正面から買付競争を行わず、北海道の拠点を三井物産などの近代的諸勢力がまだ進出していない北海道奥地の稚内に設けて積荷を確保するとともに、後に北洋漁業へ進出する基地ともした。

しかし一九〇〇年代になると、酒谷家・西村家ともに本業（商業）からの収益が減少し始め、そこから離れて資産を運用する必要に迫られた。ただし一九〇〇年前後は企業勃興が一段落し、一九〇〇年代後半〜一〇年代前半は長期間にわたる不況で株式配当率も伸び悩み、酒谷家が株式投資を積極的に拡大する状況ではなかった。酒谷家はもともと本業関連の取引相手への貸付を行っており、本業関連の取引相手以外に貸付先を拡大し、貸金業での資産運用を拡大した。酒谷家の貸金業は、一般に高利貸資本が展開した小生産者への不動産担保の小口貸付ではなく、もともと北海道産海産物商への大口貸付で、新たな貸付先も函館や地元地域社会の有力層への大口貸付が多かった。海産物商や海運業者への大口貸付がリスクをあまり考慮せずに無担保で行われたため、北海道産魚肥市場の縮小とともに、それが回収不能な不良債権化し、それへの反省から以後の経営では何よりもリスク回避が重視され、新たな貸付先は返済確実な有力層に限定された。そのことが、酒谷家の貸金業の展開を制約し、有力層への貸付ゆえに高利を設定することは難しく、貸金業の期待収益率は減少した。

それに対し、西村家は垂直統合経営を廃し、出身地元に拠点を置いて地域の会社経営に関与することで経営転換を図った。しかし、一九〇〇年代後半〜一〇年代前半は不況期で、西村家が関与した会社も長続きせず、海運経営のみ継続したが、最終的に一九二〇年恐慌の打撃で、海運経営から撤退し、西村家独自の経営展開は終了した。

一方、貸金業の期待収益率に限界を生じた酒谷家は、資産を銀行預金へ転換し、一九一〇年代・二〇年代前半に銀行定期預金額が急増した。銀行定期預金は、信用力のある銀行に預ければ資産減価のリスクは少ないが、そうした銀行の預金金利は一般に低く、低リスク・低収益の資産運用に成り易い。実際、第一次世界大戦末から直後のブーム期は、株式配当率が銀行定期預金利率を平均して大きく上回り、酒谷家の株式投資も絶対額で増加したが、それ以上に比重でも絶対額でも銀行定期預金は増加し（前掲表2-9）、同家は期待収益率よりもリスク回避をより重視した。ただしそこでも、大聖寺と函館と大阪の預金金利差を活かし、ある程度はややリスクは高いが高収益を目指す部分を確保し、預金を地域間で分散し、かつ同一地域でも複数の銀行に分散し、総体として「比較的低リスクを前提とし、その上である程度利回りが高い」運用を酒谷家は目指した。その結果、同家の銀行定期預金の損失は、一九二七（昭和二）年の金融恐慌で破綻した八十四銀行への約一万四千円に止まった（前掲表2-14）。

一九二七年の金融恐慌で、利回りの低い大銀行定期預金以外の銀行商品の信用力がなくなると、酒谷家は大銀行定期預金並の信用力で、利回りがそれより若干高い財閥系信託会社の金銭信託に急激に資産を移し、やはり「比較的低リスクを前提とし、その上である程度利回りが高い」運用を貫いた。さらに酒谷家は、有価証券投資でも株式より安全な社債を重視し、第一次世界大戦期以後の工場への電動機の普及と都市化の進展で、目覚ましい発展を遂げた電気事業株が証券市場で注目されると、一九一〇年代後半～二〇年代前半に電力株や電鉄株を若干購入したが、二〇年代中葉に電気事業会社が設備投資資金調達のため社債を発行すると、それらを幅広く購入し、株式投資は少数の安全な銘柄に追加投資するに止まった。

一方、一九二〇年代中葉の電気事業会社の社債利率は、株式配当率よりも低かったが、確定利付きで期待収益を確保できないリスクは少なく、また酒谷家は発行時のため社債を額面より一～三％程度割り引きで購入しており、実際の社債利回りは確定利率を若干上回った。さらに国債より社債の方が利率が高く、酒谷家の運用戦略に社債は適合的であった。第一次世界大戦末発行の臨時国庫証券は、通常国債より利回りが高く、酒谷家は一時的に国債投資を急増させたが、それを低利の通常国債に切り替える一九二〇年代中葉には、臨時国庫証券を償還してその資金を社債投資へ振り向けた。社債投資においても、一九二〇年代中葉は大会社であれば安全との認識であったが、金融恐慌・昭和恐慌で京都電灯株式と川崎造船所社債の損失を被った後は、業績・将来性を慎重に考慮した社債投資を行い、全体として酒谷家は、大きな損失を被る事なく順調に総資産額を増大させた。そしてこのような安定した投資家の存在が、成長企業が社債発行で設備投資資金などを調達し続けることを支えた。

酒谷家は、公債が最もリスクが少なく、都市銀行預金、地方銀行預金、社債、貸付金、株式の順でそれが大きくなると認識したと考えられ、これらを全て組み合わせて資産運用した一九二〇年代中葉は、それぞれ年利回りが五〜六％の国庫証券、六％強の都市銀行定期預金、六・五〜七・三％の地方銀行定期預金、七・〇〜八・五％の社債、一〇％前後の貸付金、一〇％以上の株式を組み合わせて所有した。その上で年利六・二〜六・七％の銀行定期預金に預金を比較的集中し、株式よりも利回り七〜八％の社債を選好したことからみて、酒谷家は目標とする「ある程度の利回り」を年六〜八％においたと言える。前述のように同家の総資産増加率（複利）は、一八八四〜一九〇〇年度は年平均約一一・四％、一九〇〇〜一五年度は年平均約八％、一九一五〜二九年度は年平均約六％で、その意味で酒谷家は予定通りに資産運用の目標を達成した。

このような酒谷家の資産運用を、序章の表序-1で紹介した地方資産家の資産運用の先行研究と比較するといくつかの相違点がみられる。第一に、表序-1の地方資産家は、多かれ少なかれある程度の土地を集積したが、酒谷家の貸付金で滞貸になったのは商人・海運業者への無担保貸付で、土地担保の地元の有力者への貸付は滞貸にならず、酒谷家はほとんど土地を集積しなかった。同家は、貸付金担保の土地を取得した場合も、一九二〇年にそれを売却し

（前掲表2-9）、地元江沼郡の農業生産性が低かったこともあり、土地経営に関心を示さなかった。その意味で土地所有と利貸資本との関連は酒谷家には見出せなかった。

第二に、表序-1の地方資産家は、第一次世界大戦末から直後のブーム期に株式投資を急激に進めたが、酒谷家はその時期に銀行定期預金を急増させた。ブーム期は株式配当率が銀行定期預金金利をかなり上回り、収益の大部分を株式投資に投入すれば、一時的に巨額の収益を上げられたが、一九二〇年代は逆に巨額の損失を計上したであろう。酒谷家はその戦略を採らず、一貫してリスク回避を重視した。そのため一九二〇年代の恐慌期も大きな損失を被らず、前掲図2-1のように各年度末決算で一度も損失を計上せず、逆に極端な利益も計上せず、総資産額は一八八三〜一九三〇年に約六万円から約二六五万円に増加した。その間の卸売物価指数は、第一次世界大戦末の急上昇とその後の低落を経て約四倍となったが、酒谷家の名目資産額はそれ以上に急増し、実質ベースでもかなり増大した。[95]

そこで酒谷家がこのような資産運用行動を採った要因を考察する。商人が貸金業を兼営した場合、本業＝商業の性格が貸金業の経営形態に大きな影響を与えた。表序-1で示した廣海家は肥料商で、自ら多くの土地を購入したが、農民へ肥料前貸を行い、返済が滞った相手から担保品の土地を取得した分もあった。[96] しかし酒谷家は船持遠隔地間商人で、主に港の廻船問屋相手の大口取引を行い、しかも地元に商売上の拠点はなく、地元経済と利害関係は少なく、企業勃興期にリスクを背負って地元会社へ投資することは全くなかった。

一方酒谷家は、商売上の拠点のあった函館の地域社会と接点を持ち、一八九〇年代の株式投資は主に商売上の人脈に関連の深い函館の会社に行った。その後酒谷家は、本業から撤退しつつ利貸経営で地元有力層とのつながりが深まり、地元出身の同業者（北前船主）が関わった大聖寺川水電や八十四銀行の株式を所有した。その点で、地元地域社会と経済上の利害関係をもったが、出資した地元会社は比較的破綻リスクの少ないインフラ関連企業で、工業化に直接関わる製造会社への投資はなかった。しかも前述の廣海家当主は、一八九六年に廣海家地元の貝塚銀行が設立されて以来ほぼ一貫して同銀行頭取を務めたが、酒谷家が会社役員を務めた形跡は、一八九〇年代末の函館汽船会社監査役と一九一〇年代の株式会社函館塩専売所監査役にみられるのみであった[97]。酒谷家は、一九〇〇年前後までは本業維持の意識が強く、本業撤退後も併せて地域経済への関心は薄かったと考えられ、本業に無関係な部門への経営展開はみられなかった。その意味で酒谷家が投資家として日本経済の展開に寄与したのは、産業革命期ではなく一九二〇年代であり、それも地方の株式市場ではなく中央の社債発行市場が中心であった。

また酒谷家が隔地間に複数の拠点を持ったことは、その後の資産運用に大きな影響を与えたと言える。一九一〇年代後半〜二〇年代前半に酒谷家が、時流から離れて独自に銀行定期預金で「比較的低リスクを前提とし、その上である程度利回りが高い」運用を貫けたのは、大聖寺＝農村部、函館＝地方都市、大阪＝大都市という質の異なる三つの拠点をもったからで、当時は農村部・地方都市・大都市でレベルの異なる預金金利協定が結ばれ、一つの地域拠点しかない地方資産家は、リスク分散的で総体として低リスクかつ総体としてある程度利回りが高い運用を銀行定期預金で行うのは困難であった。一方、株式投資では配当率に地域差はなく、その点で隔地間複数拠点をもつ有利さはなかったが、酒谷家は複数の拠点を通して資本市場の多様な情報を入手でき、優良会社のなかで期待収益率の比較的高い会社に株式投資先を厳選し得た。一八九〇年の函館支店設置以降に酒谷家の函館での株式投資先が増え、同支店店主小三郎がその選択に大きな役割を果たしたと考えられる。また親族の八代酒谷長平が一九〇〇年代に大阪に本店を構え、酒谷家はそこから大阪の情報を得たと思われ、同家自身も函館の他に一〇年代に大阪に建家を所有した。そして橋立本宅と函館・大阪との意志疎通を、八代長平の義兄でかつ二代小三郎の後見人を務めた四代長作が担い、長作は一九〇〇〜二〇年代を通して連年本宅と北海道・大阪の間を往復した[98]。

酒谷家と西村家は、両方とも利益率の高い北海道産物を専ら扱うことで、高蓄積志向性を持ち、大規模な北前船主となる一方で不動産はあまり取得せず、海運から上がった利益をさらに海運に投下する傾向が強かった。しかし、そのため地域間価格差の縮小から北前船経営が打撃を受けて、海運経営から撤退した後は、低リスク志向へ転換した。ただし、その方向性は異なり、西村家が出身地域に戻り地域経済に関与したのに対し、酒谷家は出身地元の地域経済にはほとんど関与せず、北海道と大阪の拠点を残しつつ、地域間金利差を活かすために銀行定期預金へ向かった。江沼郡や福井県河野村には酒谷家と同等以上の資産額の北前船主が何軒もあったが、全体として彼らは地元の会社設立や経営に消極的であった。[99] そして、地域経済に関与した西村家も、その時期が企業勃興から産業革命への動きが一段落した後の長期不況期であり、会社経営は長続きしなかった。

第Ⅰ部補論　北陸親議会加盟北前船主の垂直統合経営と全国市場

はじめに

第Ⅰ部で取り上げた北前船主は、西川家・酒谷家ともに一八九〇年代に北陸親議会へ加盟し、垂直統合経営を進めた。前述のように北陸親議会は、三井・日本郵船ら近代的諸勢力の北海道進出に危機感を強めた石川県南部と福井県河野の北前船主らが、共同歩調をとることで近代的諸勢力に対して既存の商権を守ろうとする動きであり、そこへの加盟船主は、垂直統合経営を進めて北海道での生産過程まで展開するものが多かった。

第Ⅰ部補論では、北陸親議会加盟の主要北前船主の動向を概観し、そのなかで最大規模の北前船主であった右近家の経営動向を検討することで、垂直統合経営の事例研究を補足したい。表補Ⅰ-1をみよう。一八八七（明治二〇）年に結成された北陸親議会に加盟した船主は、当初六三家で船の総数は一七七隻であり、その後脱退と新加入があり、一九〇〇年時点では、加盟船主は五一家、船の総数は帆船が九六隻で汽船が一四隻であった(1)。そのうち一八八九年と一九〇〇年時点でそれぞれ三隻以上の船を所有もしくは二隻の船を所有して当主が一八九〇年代～一九一〇年代に会社主要役員になった三〇家を取り上げて、その経営動向を示した。

この三〇家の所有船は、一八八九年時点で帆船一二八隻、一九〇〇年時点で帆船が六四隻に汽船が一四隻であり、北陸親議会加盟船主の船の大部分を占めた。船主の出身は石川県橋立・瀬越が多く、その多くが北海道に漁場を所有し、一九一〇・二〇年代にはかなりの資産家となった。その一方、土地所有はあまり行われず、林清一家・西川貞二郎家のように大規模に土地所有した家も、出身地元ではなく、北海道で土地を開拓して農場経営を行った結果であった[2]。また、会社経営に関わった船主もいたが、出身地元の会社への関与は少なく、ほとんどが大阪か北海道の会社であり、酒谷両家や角谷両家のように、会社の主要役員にほとんど就かなかった船主もいた。また、一九〇〇年時点では、山本家のように北海道に本拠を置く大規模北前船主も加盟するようになり、より北海道色が強まった。

その意味で、北陸親議会加盟船主には、北海道と大阪の両方に拠点を置くものが多く、出身地元の経済とはあまり関係を持たず、北海道と畿内の遠隔地間の商取引に力を入れていたと言えよう。そして、北海道と大阪の企業勃興に関わった家もある程度存在したが、関与した会社の業種は、銀行・保険業がかなり多く、製造会社への関与は少なかった。全体として、北陸親議会加盟北前船主の経営は、地域志向性よりも広域志向性が強く、流通面を中心に商品市場・資本市場で全国的に活動したと考えられる。

その場合、第2章の酒谷家廻船で論じたように、北陸親議会加盟船主は、本州では主に大阪・兵庫・徳島の廻船問屋と継続的に取引した。大阪・兵庫の廻船問屋の体系的史料群が未発見のため、山西家の事例で北陸親議会加盟船主と徳島の廻船問屋との取引を検討する。山西家は[3]、鳴門海峡の湊町阿波国（現徳島県）撫養で廻船問屋を営み、主に地元産の塩や藍玉を廻船へ販売し、廻船から米と肥料などを預かって後背地の藍作地域へそれらを販売した。山西家も一八三〇年代には廻船を所有して、江戸・大坂・九州・日本海沿岸などと撫養を結ぶ廻船経営を行い、手船（自己所有船）でも藍玉・砂糖・塩・米・肥料などを扱い、手船数を次第に増大させ、支配船を除く純粋な自己所有船でも最幕末期に七隻を所有した（前掲表序-11）。

山西家は、海運関係以外に、土地を取得するとともに酒造・醤油醸造業など経営多角化を進め、近代前期には徳島県内でも上位の資産家であったと推定される。近代期の山西家は、撫養本店に加えて徳島に支店を設けて手船の運航よりも廻船問屋としての活動を拡大して肥料を主に扱い、それとともに北前船との取引関係が強まった。表補Ⅰ-2

力船主の経営動向

（資産額・土地所有面積の単位：万円・町歩）

1890年代 会社主要役員	1900年代 会社主要役員	1910年代 会社主要役員
小樽倉庫，函館銀行	小樽倉庫，函館銀行	函館銀行，大聖寺川水電（大聖寺）
日本海上保険（大阪），第七十九銀行（大阪）	第七十九銀行，北陸汽船合資（小樽）	
［魚菜］（函館），函館汽船		
加越能開耕（小樽）	加越能開耕	
八十四銀行（東京），石川県農工銀行（金沢）	八十四銀行，久保合名（大阪）	八十四銀行，久保合名，［大聖寺川水電］
	函館銀行，函館塩販売所	函館銀行，［千代盛商会］，大聖寺川水電
大阪火災保険	大阪火災保険	［大聖寺川水電］
函館銀行	函館銀行，［函館塩販売所］	［函館塩販売所］，奥尻鉱山（函館）
日本海上保険，大阪瓦斯	大家商船合資（大阪）	大聖寺川水電
［日本海上保険］		三十四銀行（大阪），共同火災保険，廣海商事
［東英航業］（大阪），［中央生命保険］（大阪） 日本海上保険，共立物産（大阪） 日本製綱（大阪），兵庫興業（神戸）	［関西潜水作業合資］（大阪）	［関西潜水作業合資］
		塩屋水産 ［岩内倉庫合資］
	［丹保コークス製造所合資］（大阪）	
［加越能開耕］（小樽），札幌精米	［加越能開耕］，札幌精米，共成（小樽）	［林商会合名］（小樽）
第四十二国立銀行（大阪），［大阪商業銀行］ 日本海上保険	［大阪商業銀行］，［大阪火災海上運送保険］ ［日本海上運送火災保険］（大阪）	［大阪火災海上運送保険］，日海興業（大阪） ［日本海上運送火災保険］，右近商事（大阪）
［大阪商業銀行］，［大阪融通］，［大阪割引］ 日韓貿易商社（大阪），日本紡績（大阪） ［岡崎鉄工所］（大阪），［日本製綿］（大阪） ［日清貿易］（大阪），大阪砂糖，［大阪製帽］	［大阪銀行］，［大阪製帽］	［大阪銀行］
		日海興業
八幡銀行（八幡）		
	［小樽倉庫］，［松前造林合資］（福山） 北海電気（札幌），札幌水力電気	［小樽倉庫］，［松前造林合資］，［小樽商船］ 札幌水力電気，北日本汽船（樺太）

年），渋谷隆一編『明治期日本全国資産家地主資料集成』第4巻，柏書房，1984年，渋谷隆一編『大正昭和日
録』全16巻，柏書房，1988～89年，大正2～8年版『日本全国諸会社役員録』商業興信所，1913～19年，北海

有して当主が1890年代～1910年代に会社主要役員になった家を示した。帆船欄は1889年時点の所有帆船数。
ず。出身地の橋立・瀬越・塩屋・小塩・大聖寺は石川県，河野は福井県，八幡は滋賀県，福山は北海道。北海
た土地面積を示した。会社主要役員欄は，主要役員となった会社名を示し，［　］は頭取・社長・専務に就任
弧書きで示した。なお，資産額は活字資料の数値を示したので，その家の実際の資産額とズレがある。

表補Ⅰ-1　北陸親議会加盟有

氏名（代替わり）	出　身	帆船	1900年船数 帆船	1900年船数 汽船	1902年頃資産額	1916年頃資産額	1930年頃資産額	北海道主要漁場	土地所有
西出孫左衛門	橋　立	5	3	2	100	150	250	紋　別	
西谷庄八	橋　立	2						樺　太	
忠谷久五郎（久蔵）	橋　立	3		1		55		奥尻・根室	
横山彦一	橋　立	4	1						
増谷平吉（祐二）	橋　立	2	1					宗　谷	
中西出権吉（はつ）	橋　立	4	1						
久保彦兵衛	橋　立	5	4		50		80		
久保彦助	橋　立	5	2			100	200[1)]		
増田又右衛門（又七郎）	橋　立	6	3				70		
小西出源右衛門	橋　立	3							
酒谷長平	橋　立	6	4					古宇・岩内	
酒谷長一郎（長作）	橋　立	2	3					樺太・網走	
平出喜三郎	橋　立			2		70		択　捉	
板谷吉五郎	瀬　越	2	3					礼　文	
板谷吉左衛門	瀬　越		3						
大家七平	瀬　越	9	5	2	800	750	500		
大家善六	瀬　越		3					札　幌	
角谷甚太郎	瀬　越	7	3						
角谷甚吉	瀬　越	4	1					積丹・浜益	
廣海二三郎	瀬　越	8	4	3	500	1,000	1,500		
浜中八三郎	塩　屋	9							
浜中小三郎	塩　屋	3	3						
浜中又吉	塩　屋	3	1				40[1)]	古宇・宗谷	
丹保佐吉郎	小　塩	4	4						
林清一	大聖寺	3	2					忍路・苫前	189[2)]
右近権左衛門	河　野	14	5	4	500	500	2,000	増毛・高島 小　樽	
岡崎栄次郎	河　野	5							
中村三之丞	河　野	4	2			100	800[1)]		
西川貞二郎	八　幡	6						忍路・浜益	164
山本久右衛門（厚三）	福　山		3			70	80	苫前・利尻 礼　文	210

出所）「北海産荷受問屋組合沿革史」（黒羽兵治郎編『大阪商業史料集成』第6輯，清文堂出版，復刻版1984
本全国資産家地主資料集成』第1巻，柏書房，1985年，由井常彦・浅野俊光編『日本全国諸会社役員
道各郡「免許漁業原簿」（北海道立文書館蔵）などより作成。

注記）北陸親議会加盟船主のうち，1899・1900年時点のいずれかで，船を3隻以上所有もしくは2隻以上所
会社主要役員とは，（副）頭取・（副）社長・専務・取締役をここでは意味し，監査役・相談役は含ま
道主要漁場欄は，北海道に主要漁場を所有した郡名を示し，土地所有欄は，1920年代に所有し
した会社。会社は取引所を除き，会社名から所在地が判明しない会社は最初に登場した際に所在地を括

注1）1925年時点。2）林商会として。

表補 I-2　19 世紀後半山西家北海産魚肥主要取引先別預り・買入額の動向

（買入額の単位：1860～64 年は両，82～85 年は円）

取引先	出　身	1860 年 7 月～61 年 6 月	1861 年 7 月～62 年 6 月	1862 年 7 月～63 年 6 月	1863 年 7 月～64 年 6 月	取引先	出　身	1882 年 7 月～83 年 6 月	1883 年 7 月～84 年 6 月	1884 年 7 月～85 年 6 月	1885 年 7 月～86 年 6 月
湊　屋	越中六渡寺	3,346		1,199		☆右近権左衛門	越前河野	6,368	5,853		296
西出孫左衛門	加賀橋立	3,154	5,699	4,273	4,209	☆浜中八三郎	加賀塩屋	1,786	2,981	2,370	6,295
川端屋五三郎	加賀大野	2,657	1,561			森田三郎右衛門	越前三国	1,596		1,567	4,089
西谷庄八	加賀橋立	2,454	2,552	2,608	2,861	☆中村三之丞	越前河野	1,338	1,081	500	
上光六三郎	越前新保	1,179	1,269			岩　田		1,272	1,600	621	401
福本市郎左衛門	近江川守	865			4,362	☆廣海二三郎	加賀瀬越	1,271	658	1,435	751
中嶋屋	能登穴水	835	1,221	1,743		☆増田又右衛門	加賀橋立	544	4,655	91	200
輪島屋与三兵衛	加賀宮越	594		3,067		☆西出孫右衛門	加賀橋立		4,811	581	1,906
室屋平右衛門	越前三国	384		1,413		㊥			2,083	2,469	736
小中屋与三郎	越前三国		2,932	1,897	4,869	☆西川貞二郎	近江八幡			975	1,860
室屋惣右衛門	越前三国		2,416	7,525	8,486	☆忠谷久五郎	加賀橋立				2,646
刀根小三郎	越前三国		2,390	2,575	2,702	吉田三郎右衛門	北海道福山				1,327
梶谷五三郎	加賀橋立		2,252			☆山本久右衛門	北海道福山				1,019
小西出源右衛門	加賀橋立		2,209			☆住谷治作	加賀橋立				971
新井権吉	加賀橋立		1,926	285		本根勘三郎					414
戸口屋久左衛門	越前三国		1,676								
時国友之助			1,143								
樋爪与之助			1,002								
津向屋嘉助	能登七尾			3,023							
糸屋八左衛門	加賀塩屋			2,481	2,964						
丸屋伝助	（加賀大野）			2,309							
三部長蔵	越前吉崎			1,906	598						
昆布屋伊兵衛				1,284	3,843						
酒谷彦八	越後今町			1,230		買入先船名のみの分		21,944	10,880	7,469	11,701

出所）（安政 6 年）「[仕切差引帳]」，（明治 15 年）「[肥物仕入帳]」より作成（山西家文書，徳島大学附属図書館蔵）より作成。

注記）山西家は，7 月～翌年 6 月を 1 年度としていたので，その期間で預り・買入額を主要取引先別に示した。山西家は廻船問屋なので，廻船より積荷を預り，それを肥料商に販売して手数料を得る仲介取引の分と，廻船より積荷を買い取る分があったが，その両方を合わせた仕切金額を示した。1860～64 年については，様々な商品の取引のうち，北海道・陸奥国産魚肥の分のみを選んで集計した。1882～86 年の欄の取引先の☆は，1887 年に結成された北陸親議会参加船主を示す。北陸親議会参加船主については，表補 I-1 の出所資料を参照。1882～86 年の出所資料では，船名のみの記載もあり船主が不明の分を最下段を集計して示した。出身欄の前半は旧国名で，括弧内は推定。1860～64 年は，1 年度の買入額が 1,000 両以上の買入先について，表で示した期間について示した。

をみよう。山西家の廻船との取引帳簿は、多様な商品をまとめて記載した仕切差引帳系列と商品群別にまとめられた「肥物仕入帳」「穀物仕入帳」などの系列があるが、「肥物仕入帳」が特定の年代しか残されていないため、「肥物仕入帳」と仕切差引帳系列を組み合わせて北海産魚肥取引を抽出し、取引相手別にまとめた。ただし、山西家手船からの仕入分は除いている。

一八六〇年代前半の最幕末期は、加賀国橋立や越前国三国の船主との取引が多かったが、越前三国の船主の多くが、松方デフレ期に海運業から撤退したなかで、八〇年代前半には、石川県橋立の船主に加え、福井県河野の右近家廻船との取引が増大し、第1章で取り上げた西川家や北海道福山の吉田・山本家など全体として北海道に拠点を置いた北前船主と専ら取引した。表補Ⅰ-3をみよう。一八九〇年代後半になると、山西家に北海産肥料を預けた北前船主は、石川県橋立・瀬越の船主にほぼ限られ、いずれも北陸親議会加盟船主であった。

第2章で論じたように、瀬戸内海における北陸親議会加盟船主の最大の取引相手が、大阪・兵庫・徳島の廻船問屋で、一八九三年に北陸親議会が大阪北海産荷受問屋組合に取引慣行の変更を求めた際には、大阪北海産荷受問屋組合は、兵庫・徳島の廻船問屋組合と共同歩調をとり、北陸親議会と大阪・兵庫・徳島の廻船問屋組合の四者で統一した取引慣行が結ばれた(4)。その後山西家は、北前船主との直接取引を次第に減少させ、北陸親議会との交渉で共同歩調をとった大阪・兵庫の廻船問屋（肥料問屋）から北海産魚肥を購入し、表補Ⅰ-3に含まれないが、肥料市場の中心が魚肥から大豆粕に転換した二〇世紀以降は、輸入大豆粕も大阪・兵庫の肥料問屋から買い入れるに至った(5)。

(1) 右近家の海運経営

北陸親議会加盟船主は、海運の経営規模は比較的大きく、なかでも越前国（現福井県北部）河野の右近権左衛門家は、最大の所有船数を示し、北海道に漁場を所有するとともに、大阪で銀行・保険業に関係して相当な資産蓄積に成

表補I-3 1895〜1906年山西家北海産魚肥主要取引先別買入額の動向

（単位：円）

取引先	出身	1895年7月〜96年6月	1896年7月〜97年6月	1897年7月〜98年6月	1898年7月〜99年6月	1899年7月〜1900年6月	1900年7月〜01年6月	1901年7月〜02年6月	1902年7月〜03年6月	1903年7月〜04年6月	1904年7月〜05年6月	1905年7月〜06年6月
☆板谷吉左衛門	加賀橋立	16,838	19,363	35,695	24,697	15,423	14,571			久々津米造（小樽）		11,782
☆西出孫左衛門	加賀橋立	14,708	5,068		川口平三郎（大阪）		3,131					570
☆波松宗太郎	加賀瀬越	11,634	7,663		10,783		柏木重吉（大阪）		1,960			
☆大家七平	加賀瀬越	10,873		久住九平（兵庫）		5,283						
伊藤祐太郎	越後鬼舞	9,021			吉崎久兵衛（兵庫）		2,154					
☆角谷甚太郎	加賀瀬越	3,798		14,584		（小樽店）	7,121					
今井嘉一郎	大阪		2,119	2,913			磯部隆太郎		1,431			
天羽兵二（兵吉）	兵庫			7,231		3,944		2,385	420			
木谷七平	大阪					5,510	238		216			
秦新五郎（新蔵）	大阪					4,267		2,398	2,125	2,820	667	110
森六郎支店	兵庫					2,319		4,777	1,148	1,559		
金澤仁兵衛	大阪						1,940	4,111	889	1,481	2,546	612
森六郎	徳島						789		42		2,202	1,045
金澤仁兵衛支店	徳島							1,600	2,502		2,777	1,098
吉田弁蔵	兵庫								7,162	15,981	1,378	1,039
天羽兵太郎	徳島								1,292			2,420

出所）（明治29年）「［仕切差引帳］」（山西家文書，徳島大学附属図書館蔵）より作成。

注記）山西家は，7月〜翌年6月を1年度としていたので，その期間で買入額を主要取引先別に示した。山西家は廻船との取引では，廻船より積荷を預り，それを仲買商に販売して手数料を得る仲介取引の分と，廻船より積荷を買い取る分があったが，大阪・兵庫・徳島の肥料商からは買い取りであったと考えられるので，買い取りと仲介の両方を合わせてこの表で買入額として示した。様々な商品の買い入れのうち，北海道・青森県産魚肥の分のみを選んで集計した。取引先の☆は，1887年に結成された北陸親議会参加船主を示す。北陸親議会参加船主については，表補I-1の出所資料を参照。表で示した各年度に買入額が1,000円以上の取引先について，表で示した期間の買入額を示した。出身欄の前半は旧国名。買入先の括弧内は代替わり。角谷甚太郎欄の（小樽店）以降は同家小樽店よりの買入額。伊藤祐太郎は，史料では伊藤裕太郎と記されたが，本書第4章で取り上げる伊藤家のことと考えられ，正式名の祐太郎とした。

功し，先ほどの山西家とも一八八〇年代にかなり取引した。右近家は，一七世紀末に初代が本家より分家独立した際に，船一艘を譲渡されたとされ，この頃より海運経営を行ったと推定される[6]。右近家の海運経営は一七三九（元文四）年以降に史料上で確認でき[7]，当時右近家廻船は北海道に進出した近江商人の定雇廻船の荷所船主として活動した。第1章で述べたが、北海道に進出した近江商人が両浜組という仲間組織を北海道の福山・江差湊で結成し、両浜組が扱った北海道産物＝荷所荷を運賃積で福山・江差から越前国敦賀まで輸送するために両浜組商人に雇われたのが荷所船であった。右近家の所在の河野は敦賀に近く、右近家以外にも河野の船主は荷所船として雇われた(8)。

このように、第2章で取り上げた加賀国橋立の酒谷家と同様に、右近家も荷所船経営を一八世紀は行ったが、既述のように、両浜組商人の北海道における特権が削減されて、両浜組と荷所船主の定雇関係が不安定になると、右近家も他の荷所船主と同様に、それまでの運賃積から、高リスクではあるが高収益を期待できる買積への転換を図り、以後船数を拡大して海運経営を拡大した。表補Ⅰ-4をみよう。荷所船経営時代の右近家手船（自己所有船）は一隻であったと考えられるが、買積経営への転換とともに一九世紀中葉から急速に手船数を増大させ、近代初頭には一二隻の和船を所有した。河野浦は、福井藩領域であったが、遠隔地間の商船が入津する湊ではなく、敦賀との小廻り運送が主に行われ(9)、右近家の海運活動への制約は比較的少なかったと思われる。しかも右近家は大規模船主となった時期が幕末で、福井藩の外湊として栄えた三国湊の廻船問屋や大規模船主が多額の御用金を負担させられたのに対し、右近家の御用金負担は相対的に少なかったと言える(10)。

右近家が急速に手船数を増大し得るほど高蓄積を行えた基盤は、買積経営としての商品売買利益で、特に北海道・北陸方面から瀬戸内・畿内方面へ運んだ登り荷の売買利益であった。そして、最幕末・維新期には、序章で述べたように北海道・北陸と畿内との米価・魚肥価格差が急拡大したため、登り荷の売買利益は急増した。ただし登り荷の売買利益額は、年によって差が激しく、逆に畿内・瀬戸内方面から北陸・北海道方面への下り荷の売買利益額が比較的安定しており、登り荷の売買利益が急減した年には、下り荷の売買利益がそれを補った。注目すべきは、荷所船経営を止めた後も、継続して運賃積を行っていたことである。むろんこれは両浜組との定雇関係ではなく、様々な運賃積需要に対応した結果であり、運賃収入が少なかった年もあるが、少なくとも一九世紀前半は、全体の粗利益に占める

損益内訳の推移

（単位：1874 年度まで両，75 年度から円）

経費	差引	年度	和船数	登り利	下り利	帆　用	運　賃	経　費	差　引
△ 217	306	1861	5	3,246	344	583	110	△ 965	1,719
△ 297	805	1862	5	4,304	1,125	456	17	△ 1,230	4,524
△ 388	220	1863	6	9,360	1,400	491	172	△ 1,657	9,939
△ 222	1,070	1864	6	11,801	985	716	232	△ 1,907	12,643
△ 466	427	1865	7	11,352	928	1,270	372	△ 2,765	9,001
△ 234	716	1866	8	17,141	1,294	974	443	△ 5,031[3)]	9,741
△ 393	543	1867	8	11,182	924	1,799	348	△ 5,994	6,991
△ 636	1,022	1868	7	16,198	1,103	449	129	△ 4,832	13,283
△ 736	546	1869	8	30,313	2,123	899	196	△ 5,611	27,784
△ 585	1,354	1870	11	4,143	2,287	287	630	△ 9,043	△ 2,520
△ 699	1,969	1871	11	11,037	2,695		207	△ 8,069	5,379
△ 756	134	1872	12	9,673	4,242		419	△ 6,644	8,620
△ 470	1,166	1874	11	26,005	5,551		219	△ 9,038	22,520
△ 505	1,772	1875	11	7,001	5,032		258	△ 8,750	5,115
△ 526	1,572	1876	12	10,673	5,265		155	△ 7,236	8,441
△ 731	935	1877	11	38,721	4,505		61	△ 9,255	40,845
△ 742	3,048	1878	14	66,139	4,990		115	△ 13,566	55,816
△ 721	2,406	1883	(15)	帆船数	汽船数				
△ 849	2,199	1888	13	1	0				
△ 1,139	3,042	1894	0	4	4				
△ 1,303	1,619	1910	0	1	5				

安政 6 年「手船勘定帳」（いずれも右近家文書，右近家蔵，南越前町立河野図書館保管）より作成。
数。経費欄は，船中雑用・飯米代・祝儀代（酒代）の合計。差引欄は，その他の差引も併せた廻船全体の損
の逆の下り航海での商品売買損益。1860 年代以降は，登りもしくは下り航海の粗損益がまとめて「運賃」の名
しくは下り利として集計した。帆用欄は，右近家廻船と北海道の場所請負商人による帆用取組による損益を示
「北海産荷受問屋組合沿革史」（黒羽兵治郎編『大阪商業史料集成』第 6 輯，1940 年，清文堂出版，復刻版
場」（日本福祉大学知多半島総合研究所編『北前船と日本海の時代』福井県河野村，1997 年）67 頁より。
なので，それを除いた 7 隻分を合計。

運賃収入の比重はかなり多く、買積経営と運賃積経営を併用したことに右近家廻船の特徴がみられた。

一九世紀中葉の右近家廻船の運航状況をみると[11]、敦賀湊を運航拠点に置き、北海道でも場所請負が行われていた奥地の小樽内や増毛まで赴くとともに、北海道と敦賀の間を年間で複数回往復していた。近世北海道では[12]、封建領主の松前藩の流通政策により、本州方面との移出入湊として城下の福山湊と江差・箱館湊の三湊が指定され、北前船主は原則として三湊で商取引を行っていた。場所請負制が行われた北海道奥地では、場所請負人が請負場所での交易独占権を保有しており、場所産物を場所請負人が三湊へ運んでそこで北前船主に販売していたが、大規模に船を所有していない場所請負人にとって場所産物を三湊に運ぶのは重要な問題で、三湊に来た北前船を雇って場

表補 I-4　右近家手船粗

年度	船数	売買利	運賃	経費	差引	年度	船数	登り利	下り利	帆用	運賃
1817	2	150	250	△ 242	134	1840	2	249	131		249
1818	2	169	135	△ 195	124	1841	2	999	107		138
1819	1	66	156	△ 156	126	1842	3	117	99		312
1820	1	71	64	△ 104	67	1843	2	660	75	260	301
1821	1	114	59	△ 108	106	1844	2	521	157		223
1822	2	375	252	△ 306	314	1845	2	544	246		104
1823	1	105	81	△ 101	103	1846	3	517	249	72	65
1825	2	274	217	△ 253	198	1847	4	1,091	216	205	207
1826	1	141	139	△ 194	63	1848	4	749	372	219	43
1827	2	129 1)	196	△ 172	292	1849	4	1,183	569		141
1828	2	335	208	△ 169	336	1850	4	1,747	368	227	303
1829	2	285	221	△ 212	293	1851	4	262	357	105	181
1830	2	529 2)		△ 218	257	1852	3	1,008	447	102	106
1832	2	198	215	△ 265	131	1853	3	1,674	338	112	107
1833	1	309	57	△ 117	238	1854	3	1,020	475	60	375
1834	2	164	236	△ 238	106	1855	4	965	614	211	137
1835	2	503	145	△ 348	235	1856	4	2,664	596	62	403
1836	2	540	135	△ 255	348	1857	4	2,106	688	185	143
1837	2	682	294	△ 318	611	1858	4	1,821	430	255	52
1838	2	1,014	156	△ 277	832	1859	5	2,969	669	295	15
1839	2	390 2)		△ 351	△ 18	1860	6	1,699	796	466	43

出所）文化 14・天保 2 年「歳々船手勘定帳」，弘化 2・嘉永 4・安政 3・文久 4・明治 5 年「船手勘定帳」，
注記）船数はいずれも右近家の所有数で，粗利益内訳欄ともに歩持船を除く。1817～60 年の船数欄は和船所有
益。登り利欄は，北海道方面から瀬戸内・畿内方面への登り航海での商品売買損益で，下り利欄は，そ
称で記された場合があったが，そのうち金額から考えて売買損益を含むと推定される場合は，登り利も
す。1883 年の和船数は推定。1888 年以降の帆船欄は，西洋型帆船。1888 年の右近家船舶所有数は，
1984 年）より。1894・1910 年の右近家船舶所有数は，斎藤善之「北前船主右近家の経営展開と全国市
注 1）2 隻のうち 1 隻分のみ判明したのでそれを示した。2）運賃収入も含む。3）8 隻のうち 1 隻分は不明

所から三湊まで運賃積を行わせ、その北前船に輸送させて場所産物をそのまま売却する帆用取組が行われた。

北前船主にとって帆用取組は場所産物をあらかじめ確保するメリットがあり、右近家廻船も帆用取組を行って北海道奥地へ赴いた。表補Ⅰ-4に戻ると、一八四三（天保一四）年以降は史料上で帆用取組による運賃収入がみられ、帆用取組以外の運賃収入が五〇年代以降減少するなかで、帆用取組による運賃収入は次第に増加して運賃収入の中心となった。帆用取組は、三湊で商品をみて買い入れるのではなく青田買いになるため、不良品を買うリスクも存在したが、三湊での取引期間を短縮するメリットが大きく、さらに下関を廻って畿内まで毎回運ぶのではなく、敦賀で折り返して年に複数回北海道と本州を往復することで、年間の利益額を増やす工夫を右近家廻船は

行った。この運航形態は、敦賀の近隣に位置し、荷所船主時代から敦賀を拠点としてきた河野浦の北前船主ならではの特徴であった。

（2）右近家の多角経営

近代に入り、一八七〇年代はインフレ期であり、前掲の表補I-4のように、右近家はさらに蓄積を進めて所有船数を増大させ、八〇年代前半の松方デフレ期にも所有船数を増大させた。序章で述べたように北海道産物の価格が下落傾向にあった松方デフレ期は、北海道から本州への輸送期間に本州での北海道産物価格が下落したため、買積経営に不利な時期であった。それに対し、表補I-5にみられるように、右近家廻船は北海道で産地の漁村に直接赴き、漁民や漁村の海産物商から買い入れることでより安価に北海道産物を買い入れた。

特に、北陸親議会に加盟後の一八八七（明治二〇）年以降は、小樽以北の浜益～留萌《るもい》・利尻・礼文郡の有力漁民と直接取引して、函館・小樽に進出した三井物産などの近代的諸勢力と対抗した。そして自らも、増毛《ましけ》郡に漁場や海産干場を所有して生産過程に直接関与するに至った。すなわち一八八〇年代前半に右近家は増毛郡に一一、六四五坪の海産干場（漁獲物の加工場）を所有し、八〇年代後半に増毛郡と小樽に約二、〇〇〇坪の宅地を取得した[13]。小樽の宅地は小樽港での右近家の拠点設置につながり、その後小樽に右近家倉庫が建設された。そして増毛郡で取得した海産干場をもとに、一八八九～九〇年に右近家は増毛郡で少なくとも鯡建網五ヶ統の操業届を増毛郡役所に届け出た[14]。

一方、本州の販売拠点として近世期の敦賀から近代期は徳島や大阪の重要性が高まり、兵庫県飾磨《しかま》に右近家の支店が設けられた。実際、右近家当主は一八八四年頃より大阪に常駐するようになり[15]、北陸親議会結成の時期に右近家の垂直統合経営は完成したと言える。

ただし、第2章で取り上げた酒谷家が買積経営にこだわり、資金的に全力を上げて買積経営の維持に努めたのに対

表補 I-5　右近家廻船魚肥地域別買入・販売量

（単位：石）

地　域		1878〜81年	1882・83年	1884年	1887年	1888年
買入地域	利尻・礼文郡	816	0	0	4,563	4,343
	留萌・増毛・浜益郡	3,867	1,501	4,429	6,587	6,280
	小樽港	0	1,656	0	105	5,695
	高島〜積丹郡	599	2,674	4,288	1,806	3,795
	古宇〜瀬棚郡	2,670	8,657	3,848	3,449	3,558
	江差港	5,011	1,209	1,900	2,065	0
	福山港	0	0	1,248	1,064	0
	鰺ヶ沢（青森県）	0	0	0	690	0
	右近家廻船	1,483	0	2,610	1,917	0
	不明分	0	3	26	175	0
	合　計	14,446	15,700	18,349	22,421	23,671
	集計廻船数	8隻	9隻	11隻	14隻	14隻
販売地域	敦賀（福井県）	639	145	0	1,396	2,413
	境（鳥取県）	0	0	0	1,369	0
	下関（山口県）	8	0	1,096	0	989
	尾道・松浜（広島県）	116	0	0	1,653	1,330
	玉島・笠岡（岡山県）	1,240	0	4,214	1,540	1,430
	多度津・高松（香川県）	0	0	765	0	698
	徳　島	0	3,644	2,502	4,429	6,681
	飾磨・岩見（兵庫県）	1,314	997	0	680	2,537
	兵　庫	0	0	0	159	0
	大　阪	298	1,128	3,749	8,065	5,838
	右近家廻船	0	0	390	0	0
	不明分	1,049	468	0	0	206
	合　計	4,664	6,382	12,716	19,291	22,122
	集計廻船数	3隻	5隻	8隻	14隻	15隻

出所）各年度各船「（万）買仕切帳」「（万）売仕切帳」（右近家文書，右近家蔵，南越前町立河野図書館保管）より作成。

注記）海産物のうち肥料のみを集計し，身欠鯡・数の子など食用海産物は含まない。胴鯡は，重量が示されない場合もあり，その時は1束＝2貫匁（重量）で換算し，凡例の比率で石に換算した。1878〜81年欄と82・83年欄は，その期間の各年の分を合計。地域欄の買入地域は，鰺ヶ沢以外は全て北海道。地域欄の右近家廻船は，他の右近家廻船と売買した量を示す。集計廻船数欄は，史料が残されていた廻船を集計したので，右近家の全ての所有廻船数を示すわけではない。

表補I-6　1922〜31年右近家所有鯡定置網漁場漁獲量一覧

（単位：石）

	免許番号	1922年	1923年	1924年	1925年	1926年	1927年	1929年	1931年
高島町	高鰊定65	26	160	4	75	0	0	1	0
	高鰊定77	36	300		320	0	105	18	184
	高鰊定78	0	0		0	230	0		
	高鰊定80	23	260		75	32	41		
	高鰊定81	30	280		285	210	97		
	小　計	115	1,000	4	755	472	243	19	184
高島町合計		6,539	22,821	9,366	18,778	12,661	8,241	5,661	15,828
操業1ヶ統当たり		119	415	191	341	234	154	120	377
小樽市	小鰊定1	120	140	20	520	120	260	25	250
小樽市合計		750	1,170	180	3,155	565	750	360	1,270
操業1ヶ統当たり		188	292	36	631	113	150	72	254

出所）田島佳也「北海道における北前船主・右近家，中村家の活躍と残像など」（福井県河野村編『北前船から見た地域史像』福井県河野村，2004年）87頁より作成。

注記）1928・30年は右近家所有漁場の漁獲量が不明のため省略した。操業1ヶ統当たりは，高島町・小樽市全体のその年に操業した1ヶ統当たり平均漁獲量を示す。

し、右近家は買積経営と併せて汽船による運賃積経営も行う柔軟性をみせた。表補I-4に戻ろう。前述のようにもともと右近家廻船は運賃積経営を継続して行うことで、登り荷の売買利益の不安定性を補ったが、一八九〇年代に右近家は所有和船の西洋型帆船への転換を進めるとともに多くの汽船も所有し、二〇世紀に入ると汽船運賃積に海運経営の中心を移した。右近家の所有した汽船はいずれも大型汽船で、一九〇二年時点の所有汽船四隻の登簿トン数は、合計で五、一〇二トンに上り、個人船主として日本有数の汽船船主であった[16]。

西洋型帆船による買積経営と大型汽船による運賃積経営の併存は、前掲表補I-1の大家七平家・廣海二三郎家などにもみられ、いずれも相当な資産家となり、彼らが大阪の銀行・保険業の発展に大きな貢献をした。例えば右近家当主は[17]、一八八四年頃に大阪に拠点を移すと、大阪の肥料仲買商の田中市兵衛の要請によって第四十二国立銀行の頭取となり、その後大阪商業銀行の頭取となった。また一八九二年の日本火災保険会社の設立に発起人として加わり、同社の大株主となり、九六年の日本海上保険会社の創業に際して取締役となり、九九年以降は右近家当主が長期にわたり同社の社長を務めた。日本海上保険会社は、北前船主が中心となって設立された保険会社であり、創立時の社長は廣海二三郎で、西谷庄八・大家七平・浜中八三郎など北陸親議会加盟船主が取締役となった（前掲表補Ⅰ-1）。

一方、北海道との関連では、小樽の右近家倉庫は利用され続け、右近家の漁業経営も増毛郡から小樽近郊に移りながら継続された。表補Ⅰ-6をみよう。一九二〇年代に右近家は小樽隣接の高島郡で五ヶ統、小樽市域で一ヶ統の鯡定置網場を所有していた。しかしそこでの漁獲高は不安定で、地域全体の一ヶ統当たり漁獲量に比べ、右近家漁場の漁獲量はかなり少なく、前掲表序-12にみられるように、一九二四（大正一三）年時点の右近家所得の大部分は配当・田畑・貸家収入で、二〇年代には北海道経営は右近家のなかでの比重は極めて小さかった。しかし一九三〇年代以降も右近家は北海道漁場を所有し続け、同家の広域志向性とともに北海道経営に残る家業意識が垣間みられた。

おわりに

北陸親議会加盟船主には、第2章で取り上げた酒谷家のように、買積経営の維持に資金を全面的に投入し、企業勃興期に株式投資や会社経営をほとんど行わなかった家と、右近家・大家家・廣海家のように、西洋型帆船による買積経営と大型汽船による運賃積経営を併せて行い、その蓄積を企業勃興期から株式投資や会社経営に向けた家が存在した。ただし、後者の株式投資や会社経営は出身地元ではなく、経営拠点のあった大阪の諸会社を対象とし、業種も大阪の企業勃興の中心となった綿紡績業ではなく、家業の海運経営に関連する金融業と保険業にほぼ限定された。

その意味では、右近家・大家家・廣海家ともに、酒谷家と同様に、社会志向性よりも家業・家産志向性が強く、高蓄積志向から得られた商業的蓄積を、家業関連部門に集中的に投入したと言える。したがって、彼らが日本経済に果たした役割として強調されるべきは、遠隔地間の商品流通を活発化することで、地域間価格差を縮小し、商品市場の近代化を進めたことであり、資本市場への貢献は、地域の面でも業種の面でも企業勃興期には限定的で、それが本格化するのは、彼らが買積経営から完全に撤退した一九二〇年代以降と考えられる。実際、一九一九（大正八）年時点で右近家は、四二、八〇二株を所有していたとされるが、そのうち三五、七二四株は日本海上火災株であり、その他三、三四八株が銀行・保険会社株であった[18]。

そして、彼らが最も貢献した商品市場の近代化は、地域間価格差の縮小を通して買積経営の収益基盤を掘り崩すことでもあり、買積経営はその意味で近代期に適合的な海運経営ではなかったと言える。その結果、近世期から北海道交易を主要な収益基盤としてきた彼らの経営展開は、北海道漁業あるいは北海道農業という生産過程か、中央の資本・金融市場を利用した資産運用へとたどり着き、出身地域経済とのつながりは薄いままで終わった。

むろん近世期の北前船主が、みな北海道交易を主要な収益基盤としたわけではない。出身地元に商業拠点を置いて、出身地元産物を主に扱った北前船主が各地で存在しており、彼らの経営展開は出身地域の経済と大きく関係した。その点は第II部で論ずることとする。

第II部 地域経済と北前船主

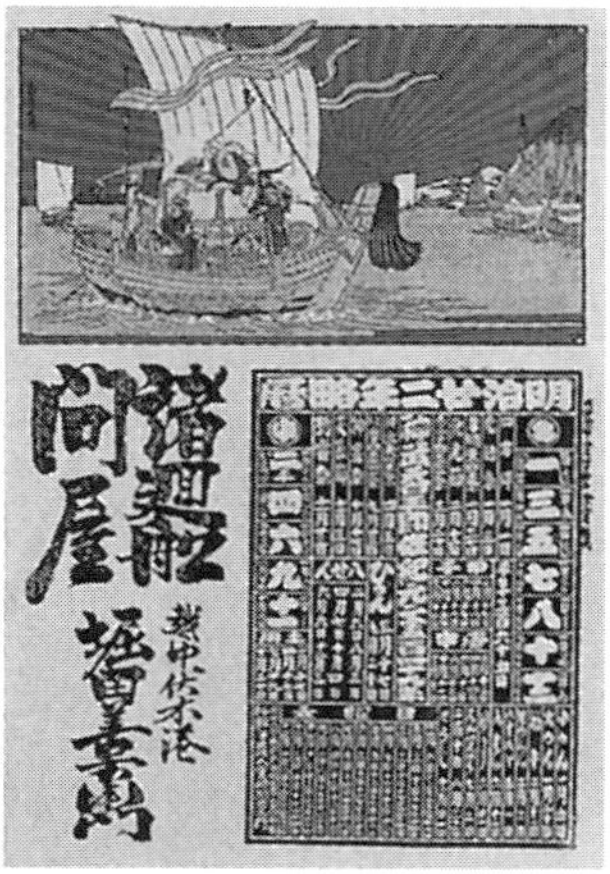

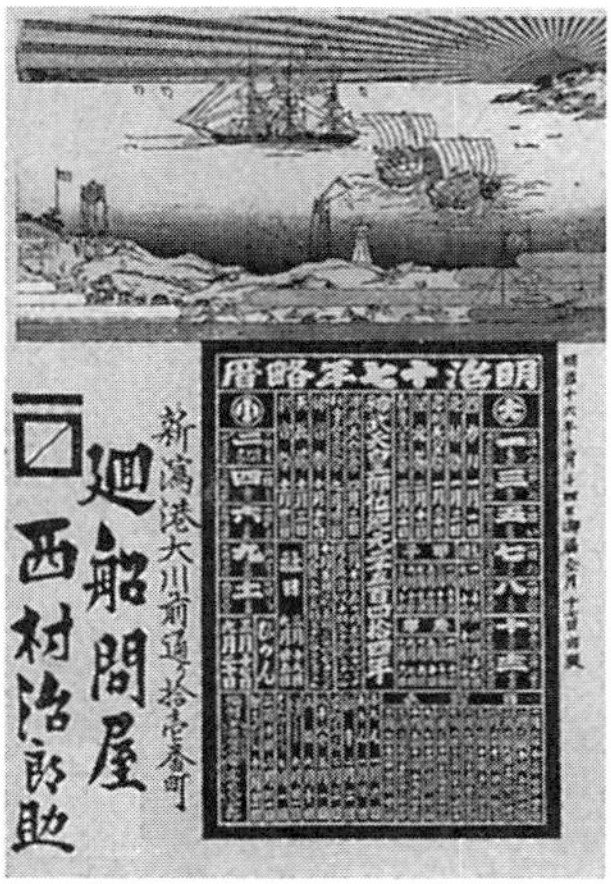

廻船問屋が広告として使用した暦付引札。
（加賀市北前船の里資料館提供）

はじめに——多種商品取扱と複合経営

第II部では、地域経済の視点から、地域の経済主体の経営活動と経済構造の関連を考えたい。それは、経営史分析で経済史の課題に迫る方法論の構築につながる。その場合、経営史分析では、新たな動きを主導した経営者や経営組織が着目されがちであるが、その動きが定着するには追随者や追随組織の存在が不可欠であろう。第I部の裏返しになるが、第I部で取り上げた北前船主が、特定商品を取り扱い、垂直統合化を進めながら、それ以外の部門に展開していなかったため、時代の変化に対して旧来の営業形態を維持する対応をとったのと比べ、出身地元産物も含めて多種類の商品を取り扱い、出身地元と北海道の両方に拠点を設け、商業以外に銀行業・農業・醸造業に展開していた第II部で取り上げる北前船主は、拠点や業種における複合性が彼らの経営展開の特徴で、それによって急激ではないものの安定した資産蓄積を長期間にわたって進めた。それゆえに時代の変化に弾力的に対応でき、家業をある程度継続しつつ、会社設立と経営参加などで地域経済への貢献も行えた。

実際、第II部で取り上げる野村家・伊藤家・熊田家のいずれも、一九世紀中葉から末までの長期間にわたり五〜七隻の大規模な海運経営を維持し続けた。ただし、その複合性は、それぞれの出身地元経済の特質によって現れ方が異なり、また彼らの対応への追随者・追随組織の有無が、それぞれの出身地元経済の展開をさらに特徴付けることとなった。特に彼らは、近世期から商業的蓄積を土地取得に向けており、ある程度土地保有を進めた結果、地域経済との結び付きが近世期から強かった。ただし、支配権力の御用を商業的蓄積の基盤とはしなかったため、御用金負担はそれほど多くはなく、地域社会での政治的要職を担うまでには至らなかった。彼らと地域社会との関係は、家業を媒介する経済的側面にある程度限定されていたと言える。それゆえ、近代期の彼らの経済活動は市場動向に応じて比較的柔軟に対応でき、それが各地域の産業化の方向性の相違に影響を与えた。

そこで第II部では地域別構成をとり、第3章で東北地方の青森県野辺地と山形県加茂の北前船主を比較し、第4章で新潟県域の農村部（鬼舞）と都市部（新潟）の北前船主を比較し、第5章で石川県の都市近郊（湊）と兵庫県北部の地方都市（豊岡）の北前船主を比較した。さらに補論では富山県東岩瀬・高岡地域の北前船主を取り上げて事例を豊富化した。彼らは出身地元で最大級の地主となったが、出身地元の会社設立への関与は大きく異なった。気候が厳しい野辺地や海岸に山が迫り平野に乏しい鬼舞では、銀行以外はほとんど主要会社が設立されず、野辺地の野村家は銀行経営に深く関与したが、鬼舞の伊藤家は会社経営に全く関与しなかった。一方、地方主要都市の金沢近郊の湊の熊田家は、流通関係の諸会社が展開した地域性を活かして、複合経営の家業を分割して運輸・倉庫業などの諸会社を設立した。

ただし、野村・熊田家に追随して、同地域の北前船主が共同で会社設立に動いた様相はあまりみられず、野村家は個人銀行設立、熊田家も家業の法人化に止まった。それに対し、富山県の東岩瀬から伏木までの臨海地域では、二〇世紀に入り、同地域の北前船主が共同で会社設立に向かい、工業化と農業の産業化が進んだ。

第II部で取り上げた北前船主は、経営志向性として家業・家産志向性と社会志向性のバランスがとれており、そのことが工業にも農業にも特化せず、両方の産業化を進めた北陸地方の特徴となって現れたと考えられるが、東北地方と近畿地方の日本海沿岸地域は、有力北前船主の会社経営への展開が、ほぼ銀行業に限定されたため、工業化の側面は弱く、日本海沿岸地域でも産業化の地域差が大きかったことを念頭において、以下の記述を進める。

第3章　青森県船主の海運・酒造・銀行経営
――陸奥国野辺地・野村屋野村家の事例――

はじめに

本章では、一八世紀後半から陸奥国（現青森県東部）野辺地湊で問屋業を開業し、一八世紀末には和船を所有して買積経営に乗り出し、一九世紀中葉から一九世紀末の長期にわたり和船五〜六隻を所有する大規模北前船主であった野村屋野村家を取り上げる。(1) 序章の研究史でも触れたように、北前船主を北陸地方の船主と考えるか、それに山陰地方の船主も含めるかが論点となり、北前船主の経営分析の先行研究として、北陸・山陰地方の北前船主の具体像が明らかになりつつある。しかし、北前船主を、出身地ではなく、航路・輸送形態などから位置付ける本書の立場に立てば、北陸・山陰地域の船主に限定せずに、幅広く日本海沿岸地域の船主の経営展開を検討すべきと考えられ、本章では、従来は北前船主としてほとんど検討されなかった東北地方の北前船主を取り上げる。前掲表序-11のように青森・秋田・山形県域では、青森県野辺地の野村屋治三郎家が最大の北前船主であり、本章では同家を取り上げ、それとの比較で羽前国（現山形県）加茂の北前船主秋野家をまとめて取り上げる。

野村屋が問屋業を開業したのは、四代治三郎の時代と考えられ、四代治三郎は酒造株も取得して酒造業を開業した。五代治三郎は船の所有数を増大させ、一八三二（天保三）年に盛岡（南部）藩御国産御用所の大坂廻送御用達を命ぜられるとともに、その後も、盛岡藩の御用金を負担して四〇年に苗字帯刀を許されて以後野村の姓を用い、四一年に大坂為御登大豆御用を引き受けた。そして六代治三郎の時代の一八五一（嘉永四）年に盛岡藩大坂御仕送御用達となり、幕末期には多額の御用金を負担して野辺地町の宿老を務めた。盛岡藩は、大豆・銅・魚粕などの藩内の特産物を藩が買い上げて大坂へ輸送して販売して収入を得ることを広く行い、藩内の有力商人を御用達に命じて資金を交付し、集荷業務を行わせた。こうして、野村家は問屋業・海運業での資金蓄積を進めたが、酒造業の方は、米の凶作で酒造米の調達がうまくいかなかったことが多く、近世後期は度々休業届を藩に提出していた。

近代に入り、三戸県が設置され、六代治三郎は一八七〇（明治三）年に三戸県用達と野辺地惣町取締兼宿老になり、幕末期と同様に地域社会で重きをなした。[3] その後一八七一年に青森県が設置され、野辺地は最終的に上北郡に属したが、六代治三郎は、地域の災害の際や小学校建設に多額の寄付をするとともに、七三年に陸運会社の頭取となった。近代期になると野村家の酒造業もようやく軌道にのり、また海運業での資金蓄積が一八七〇年代にかなり進み、その蓄積を活かして八〇年代前半に野村家は土地取得を進めた（後述）。

表3-1をみよう。一八八〇年代前半の土地取得の結果、八九年時点で野村治三郎家は、青森県内第二位の国税多額納税者となり、九〇年に六代治三郎が貴族院議員に当選した。[4] 上北郡の主要産業は、大豆などの畑作、牧畜、漁業で、米作は、近代期に農事改良がある程度進展して、凶作の頻度は低くなった。また、一八九〇年代に野村家は、大規模な養蚕業の奨励活動を行ったものの、野辺地町で十分に養蚕・製糸業が発展するには至らなかった。[5]

そして、本論で触れるが、一八九〇年代になると地域間価格差の縮小から北前船経営は不利となり、野村家は海運業から撤退して、地域の企業勃興に積極的に関与するに至り、例えば、一八九八年に設立された青森県農工銀行の取

力資産家一覧

（単位：税額は円，面積は町歩）

1917年頃		1924年頃			1927年頃	1929年頃	1930年頃	1931年頃
地　租	所得税	土地面積	資産額	国税総額	所得税	所得税	所得税	所得税
	藤田謙一（弘前）		400万円	7,630				
3,522	2,399	482.9[2)]	150万円	6,519	2,701	998	512	149
6,760	5,586	647.3	600万円	27,769	24,048	16,901	14,727	8,334
2,356	874	170.5	160万円	6,566	4,888	3,639	3,168	2,044
		431.4	200万円	8,727	5,464	4,011		
	菊地長之（弘前）		100万円	2,000	2,698	2,337	2,017	2,051
		63.5	100万円	1,846	1,487	324	253	61
		136.5	100万円	3,989	2,448	1,896	1,587	866
		116.8	47万円	2,739	2,696	2,309	1,936	1,267
2,581	2,333	640.9	220万円	11,850	11,055	10,645	9,513	5,204
		133.3	120万円	5,473	3,922	2,964	2,490	1,287
		394.5	300万円	16,162	12,877	9,545	8,169	4,797
		65.5	60万円	2,159	2,049	1,712	1,494	1,038
2,545	1,749	187.8	250万円	8,566	10,193	9,351	8,266	6,457
2,164	697	149.0	160万円	6,744	4,889	3,669	1,033	1,807
		107.2			2,220	1,607	1,488	810
2,406	973	220.3			6,566	4,576	3,957	2,241
		99.2	100万円	3,514	2,580	1,522	1,354	482
		113.6	100万円	2,019	952	570	444	217
2,385	2,183	236.5			6,888	4,960	3,916	2,697
		205.3	100万円	4,542	4,093	2,236		1,212
1,418	2,538	128.4	200万円	4,063	6,417	5,645	5,360	3,498
		50.6	100万円	2,161	110	97	144	86
		88.0	100万円	2,878	3,410	3,132	2,770	2,251
2,818	1,484							
2,104	848		150万円	7,992	5,225	2,901	2,057	876
2,044	1,079	226.6	100万円	6,773	4,563	1,968	1,379	426
		163.9	90万円	4,759	5,745	4,500	3,587	2,005
		90.4			2,386	1,844	1,717	914
2,479	957	233.1	200万円	8,648	60			
2,122	1,632	100.0	150万円	6,841	4,510	3,023	184	125
			110万円	2,987	6,042	5,254	4,922	
		72.8	300万円	3,454	6,265	4,176	3,319	1,315
		173.7	120万円	3,547	2,953	1,647	1,336	
		208.2			2,834	2,112		775
		169.1	30万円	3,788	3,905	2,304	1,883	852
1,703	1,598	147.6	100万円	6,731	4,286	3,556	2,998	1,875
		325.5	30万円	2,293	1,808	347		

日本全国資産家地主資料集成』第1・3・4巻，柏書房，1985年，渋谷隆一編『都道府県別資産家地主総覧』

国税総額が1,000円以上，1924年頃の土地所有面積が150町歩以上，1924年頃の資産額と国税総額が，資
氏名欄の→は代替わりを示すが，前後の数値より推計した場合もある。住所は，出所資料による。途中の欄で

表3-1　青森県有

氏　名	住　所	1889年頃 国税総額	1897年頃 地　租	 所得税	1898年頃 所有地価	1913年頃 国税総額	1916年頃 資産額
佐々木喜太郎→嘉造	五所川原	2,262	2,925	131	66,584	1,545	
野村治三郎	野辺地	1,887	1,787	86	71,344	4,808	100万円
佐々木嘉太郎	五所川原	1,658	2,105	89	63,855	10,252	150万円
宇野清左衛門→勇作	六　郷	866	1,052[1]		33,077	2,885	65万円
三浦重吉→善蔵	五　戸	762	709	43	28,145	2,583	
北山彦作	浅瀬石	740			14,578	82	
市田利平→兵七・忠八・秀三	木　造	706			23,008	2,649	60万円
竹浪良太郎→繁造	板　柳	645	716	38	23,756	844	
宮本甚兵衛→健三	弘　前	637	815	48	11,934	326	
阿部賢吉→誠一郎	七　和	633	726	43	24,145		
盛田喜平治	七　戸	610	844	18	32,718	4,216	70万円
佐藤次郎左衛門→源蔵	田舎館	583			23,499	2,802	50万円
平山助六→又三郎	五所川原	547	1,078[1]		26,913	1,257	
北谷幸八	青　森	527	831	43	33,757	283	
大阪金助	青　森	508			13,213	2,585	50万円
加藤宇兵衛→誠一	黒　石		1,021	88	37,572	3,173	65万円
鳴海久兵衛→浜代	浅瀬石		924	31	18,293	1,932	
松木彦右衛門	弘　前		843	94	12,105	194	
津島惣助→源右衛門・文治	金　木		838	147	31,407	2,855	55万円
一戸虎三郎→宇三郎	中				23,983	1,350	50万円
原田豊太郎→豊次	森　田				20,209	1,570	
安田才助	板　柳				17,798	3,714	60万円
鳴海廉之助→康之助・周次郎	車　力				17,689	1,553	50万円
橋本八右衛門	八　戸				17,344	1,850	
上田幸兵衛	青　森				17,143		
宮城要三郎	内　湯				16,684	1,728	
鳴海文四郎	黒　石				15,344		
平山浪三郎	五所川原				13,443	4,731	80万円
山内佐五兵衛→佐四郎	柏				12,800	1,825	
原田佐治郎→藤次郎	森　田				12,238	2,691	60万円
古川豊三郎→市三郎・政孝	中　里				11,403	1,455	
田澤周助→信	田舎舘				10,984	1,428	
長谷川啓次郎→一郎	館　岡				10,969		
高谷豊之助→忠三郎	木　造					3,714	80万円
宮川久一郎	弘　前					2,993	65万円
石川巳濃次郎→健	三本木					2,001	
泉山喜兵衛→吉兵衛	八　戸					1,780	
川口要之助	百　石					1,663	
鎌田重助	青　森					1,432	
渋谷文太郎→文男	鶴　田					1,321	
吹田銈三郎	青　森					1,253	
宮川冨太郎	弘　前					1,233	
工藤轍郎→不二男・正六	七　戸						

出所）渋谷隆一編『明治期日本全国資産家地主資料集成』第4巻，柏書房，1984年，渋谷隆一編『大正昭和青森編，日本図書センター，1997年より作成。

注記）1889年頃と97年頃の出所資料に掲載のもの，および1898年頃の所有地価2,000円以上，1913年頃の産額100万円以上かつ国税総額が2,000円以上，のいずれかの条件を満たした資産家について示した。氏名を記した場合の後の括弧書きは住所。

注1）地租と所得税額の合計。

2）うち109.9町歩は，野村家の資産管理会社の立五一合名会社所有分。

締役となり、一九〇〇年に合資会社野村銀行を開業した[6]。地域の企業勃興への関与は、野村家分家の野村新八郎の力も大きく、野村新八郎家から治三郎家に養子に入った吉次郎が七代治三郎を継いだこともあり、七代治三郎の義弟に当たる三代野村新八郎は野村銀行の経営にも参画した[7]。また三代新八郎は、一八八〇年代前半と九〇年代に青森県会議員を務め、一八九六年に地元上北銀行が設立された際には頭取、一九〇〇年に野辺地町長となり、同年には三本木開墾株式会社社長にもなった[8]。

一方、治三郎家は、七代治三郎が病弱であったため、一九〇〇年にその子常太郎が八代治三郎を継ぎ、八代治三郎も様々な地元会社に関与するとともに、牧場経営を拡大した[9]。もともと野辺地地方では、古くから牧野として利用されてきた雲雀牧場が、近代に入って合資組織となり、一八八〇年時点では六代治三郎がその頭取となっていたが、八代治三郎は一九〇一年に個人で牧場を開設してサラブレッドの育成を行い、〇六年に私設野辺地競馬場を設置した。一九〇一年時点の野辺地産馬組合員のなかで野村治三郎家は、一〇四頭と最大の馬所有者で、前述の分家新八郎家も八七頭でそれに続く大規模馬所有者であった。新八郎はその時点で野辺地産牛組合長でもあり、八代治三郎はその後一九二〇年代中葉に野辺地産馬組合長を務めた。また八代治三郎は[10]、一九一三（大正二）年に野辺地電気株式会社の取締役、一四年に上北銀行の頭取となり、一六年に家業を法人化して立五一合名会社を設立してその代表社員となった。「立五一」は野村治三郎家の家印で、野村銀行も一九二四年に立五一銀行と改称した。そして八代治三郎は一九一五年に衆議院議員に当選して二七（昭和二）年まで務めた。

一　資産規模の推移と問屋業の展開

表3-2をみよう。本章は治三郎家を野村家として扱うが、野村家の総資産額は、本年仕込金合計額が示すように、一八一〇年代は五、〇〇〇両未満で、その後三〇年代はやや停滞したものの比較的順調に増大し、六一（文久元）年に六万両を越えた。一八六〇年代にも資産額は急増したが、幕末開港後のインフレの影響が大きく、実質資産は横ばいかやや停滞ぎみと考えられるが、近代に入っても資産額は急増し続け、松方デフレ下の一八八〇年代前半にも増大して八七（明治二〇）年に総資産額は五〇万円を越えた。そして一八九〇年代にも増加率は減少したものの着実に資産額は増大し、一九〇〇年に総資産額は六〇万円を越えた。

総資産の内訳は、貸付金・手船（自己所有船）仕込金・酒屋（酒造）仕込金・商品在庫・有金銭などから構成され、不動産や有価証券・銀行預金等は大福帳の項目に含まれた。近世期の野村家の資産内訳は、一八二〇（文政三）年頃まで貸金部分の比重が大きかったと考えられるが、二〇年代に問屋業の拡大とともに買物帳（期末繰越買付分）部分が増大し、三〇年代に手船仕込金（廻船への営業資金貸付）部分が増大し、営業規模の拡大が資産規模の拡大に繋がった。特に一八四〇年代に増大した上方預け口は、野村家廻船が上方（畿内）で木綿類を買い付けるため前もって買入資金を上方の商人に預けておいた部分で（後述）、この急増は野村家廻船の遠隔地間交易の活発化を示していた。その結果、一八四〇・五〇年代に有金銭が急増しており、廻船業と問屋業がこの時期の野村家の重要な収益基盤であったことが判る。その一方で、酒造業は、前述のように米の凶作で酒造米の調達がうまくいかなかったことが多く、近世後期は度々休業届を藩に提出しており、酒造仕込金も近世期を通して少額に留まっていた。

そこで重要な収益基盤となった廻船業と問屋業の内容を検討する必要があるが、廻船業については次節に譲り、こ

表 3-2　野村家総勘定一覧

（単位：1867 年度までは両，1877 年度以降は円）

年　度	一～三番帳貸金	大福帳貸　金	手　船仕込金	酒　屋仕込金	買物帳	店残物帳	有金銭	上　方預け口	その他とも本年仕込計	前年仕込金計	差　引損　益	その他とも損益計
1819	2,173	510		142	1,051	201	247		4,346	3,949	397	705
1820	2,184	1,007		162	1,060	298	203		4,913	4,275	638	803
1823	2,645	1,653	255	192	1,670	823	263	63	7,586	6,552	1,035	1,273
1824	2,757	1,881	1,323	208	1,779	533	336	109	8,718	7,633	1,085	1,425
1825	2,514	2,193	1,237	154	2,064	889	349	87	9,488	8,708	779	1,005
1826	2,656	2,196	1,033	269	2,267	584	577	187	9,733	9,486	247	
1827	2,651	2,292	1,064	262	2,638	1,098	303	239	10,556	9,705	851	1,136
1828	2,454	2,689	464	311	3,405	954	727	198	10,890	10,555	335	2,002
1829	2,577	2,836	623	305	2,682	766	2,184	256	12,284	10,809	1,475	1,721
1830	2,822	3,736	683	238	3,006	944	1,120	560	13,281	12,304	977	1,644
1831	2,773	4,100	1,952	272	3,997	661	946	△3	14,741	13,283	1,458	1,946
1832	3,075	5,194	1,595	340	2,608	777	2,117	246	16,003	14,741	1,262	1,768
1833	3,040	3,730	864		1,761	2,733	2,319	1,060	16,274	16,000	274	1,131
1834	3,836	4,949	2,481	209	936	961	3,120	640	16,466	16,274	192	1,539
1835	5,171	2,057	2,021		1,652	734	2,258	2,662	16,569	16,466	103	1,602
1836	5,433	2,140	3,373		445	3,936	1,477	237	17,039	16,569	470	1,579
1837	5,171	2,478	3,241		582	3,028	2,127	513	17,300	17,039	261	1,489
1838	4,755	2,340	4,629		435	2,278	1,298	2,367	18,101	17,300	801	2,069
1839	4,496	2,073	3,329		326	821	1,690	2,349	16,880	18,101	△1,221	△729
1840	4,127	1,797	4,176	240	1,955	420	952	6,049	18,415	17,287	1,128	
1843	2,941	2,624	3,912		3,575	4,413	3,632	2,181	22,983			
1844	2,086	417	4,631		4,193	2,708	7,654	4,865	25,782	(22,983)	(2,799)	
1845	1,603	162	1,760		4,462	5,151	6,579	8,072	27,785	(25,782)	(2,003)	
1846	1,360	64	2,722	207	5,219	3,053	7,704	9,743	30,072	27,788	2,285	
1847	1,133	217	1,762	141	3,279	5,943	11,349	7,881	31,706	30,072	1,634	
1848	1,007	79	4,591	254	4,518	2,534	11,252	8,807	33,039	31,706	1,333	
1849	754	292	4,423	151	5,172	1,862	9,399	12,793	34,835	33,039	1,796	
1851	482	300	3,797		2,834	1,758	15,040	14,898	39,109	37,712	1,397	
1852	846	645	2,674		2,846	1,771	15,437	17,379	41,187	39,109	2,078	
1853	940	804	5,276		4,799	3,098	14,603	13,713	43,231	41,187	2,044	
1854	1,158	1,029	3,735		3,692	1,632	19,762	14,097	45,078	43,231	1,847	
1855	1,473	1,859	4,643	277	3,710	2,934	18,670	13,728	47,294	45,078	2,216	
1856	2,316	2,526	2,371	192	2,709	4,148	20,961	13,507	48,730	47,294	1,436	
1857	3,391	1,172	7,113	303	2,484	1,860	23,783	11,098	51,204	48,730	2,474	
1858	2,957	2,794	4,630	318	4,948	1,641	21,065	14,786	53,209	51,204	2,005	

1859	2,384	2,947	8,646		4,665	2,666	20,898	12,226	54,433	51,313	3,120
1860	2,206	3,688	7,769		3,802	1,854	20,888	17,037	57,246	54,433	2,812
1861	3,408	2,534	7,287		3,730	1,970	25,253	16,077	60,266	57,246	3,020
1863	3,336	3,206	6,063	329	2,223	2,970	28,743	21,931	68,802	64,303	4,499
1864	3,163	3,405	9,379	357	8,630	1,865	29,249	21,445	77,493	68,795	8,698
1865	4,639	6,594	18,723	918	15,010	1,730	19,619	18,153	86,387	77,493	8,894
1866	6,269	9,115	18,420		12,411	5,220	19,985	24,755[1]	96,176	86,387	9,789
1867	7,301	18,643	23,928	1,559	9,962	3,540	25,881	13,668	104,536	96,176	8,360
						店卸帳		本方金			
1877	44,612	138,185	28,330	1,024	34,004	15,597	57,687	△53,095	266,344	247,287	19,057
1878	48,862	185,814	20,085	1,457	17,402	14,232	27,408		315,260	266,344	48,916
1879	39,669	214,371	55,526	2,323	35,413	11,801	62,521	△59,691	361,934	315,260	46,673
1881	68,154	242,150	55,622	2,681	46,184	8,313	76,773	△66,474	433,401	404,259	29,142
1882	69,082	278,845	55,518	1,931	35,465	12,631	69,986	△71,135	452,323	433,401	18,922
1883	55,085	301,378	54,563	948	52,031	9,753	57,420	△71,553	459,626	452,323	7,303
1884	65,676	331,561	59,709	976	27,354	13,615	61,237	△70,471	489,656	459,626	30,030
1885	52,435	367,226	43,502	1,071	11,042	8,787	76,741	△67,835	493,779	489,656	4,123
1886	61,829	372,706	42,957	1,701	20,270	8,941	53,496	△63,049	498,851	493,779	5,071
1887	47,374	396,517	35,165	2,216	44,527	5,998	39,221	△63,619	507,399	498,851	8,526
1888	40,855	413,578	45,170	2,083	21,183	2,386	48,282	△64,422	507,113	507,360	△247
1889	32,070	435,545	42,174	2,342	16,419	1,648	53,617	△66,882	516,933	507,113	9,820
1890	39,321	449,434	28,385	2,160	9,667	1,908	41,102	△56,224	515,752	516,933	△1,182
1891	47,472	461,538	13,422	2,012	8,064	1,186	39,965	△60,131	513,528	515,752	△2,224
1892	44,458	466,932	13,197	1,715	9,148	664	56,110	△64,559	527,704	513,528	14,176
1893	45,480	493,271	1,457	1,857	11,367	536	49,111	△68,521	534,557	527,704	6,853
1894	46,459	490,441	1,438	2,204	14,283	390	50,482	△71,356	534,339	534,557	△218
1895	39,497	523,874	1,438	1,950	14,578	384	52,492	△93,448	540,766	534,339	6,427
1896	67,238	528,741	1,438	2,604	11,222	381	39,432	△99,258	551,798	540,766	11,032
1897	56,998	573,640	1,438	3,601	25,812		24,097	△126,205	559,380	551,768	7,612
1898	38,295	593,184		1,988	21,252		21,689	△111,893	564,525	559,380	5,145
1899	43,472	603,173		2,692	21,633		27,469	△114,827	583,612	564,525	19,087
1900	64,273	618,491		2,638	23,343		15,321	△119,318	604,749	583,612	21,137

出所）各年度「総勘定目録（調帳）」「見世勘定目録（帳）」「酒屋勘定目録（造酒勘定帳）」（いずれも，野村家文書，野辺地町立歴史民俗資料館蔵，およびマイクロフィルム版『近世の廻漕史料』雄松堂アーカイブズ所収）より作成。

注記）無印は収入もしくは利益，△は支出もしくは損失。1867 年度までは，銭貫匁を史料上の換算比率で金に換算して集計。有金銭・惣仕込額・差引損益の内 1877 年度以降の銭単位の分は，史料上の換算に基づき銭 10 貫文＝1 円で円に換算して集計。本章では，表で示した年（度）が不連続の際に点線で仕切りを入れた場合がある。

注 1）うち 12,600 両の諸国荷物改帳を含む。

こでは問屋業の内容を検討する。表3-3をみよう。野村家は、野辺地に店を構えたが、そこでは廻船業者や他の商人と取引する卸売と消費者に直接販売する小売の両方を行った。また、販売にも信用取引の他に現金取引を卸売・小売ともに行い、それらのうち信用取引の卸売と現金取引の小売が中心であったと考えられる。ただし、表3-3は、各期末の勘定尻を示したもので、その期間全体の取引額を示したものではないため、取引規模の推移はこの表からは判明しない。ただし、前年勘定尻との差引から各期の店の損益はある程度把握でき、前述のように野村家が一八四一（天保一二）年に大坂為御登大豆御用を引き受け、藩から資金を交付されて、領内の大豆の集荷業務を行うようになると、店の営業規模がかなり大きくなり、差引利益が恒常的に一、〇〇〇両を上回るようになった。

なお、表3-3と表3-2の関係であるが、店の期末勘定尻のうち残物（在庫など）は、現物資産として表3-2の総勘定に項目が挙げられたが、それ以外の部分は売掛・買掛の分で、表3-2では貸金部分や買物帳部分に取引内容別に算入されたと考えられる。よって、例えば表3-2の一八二三年度の総勘定七、五八六両のうち、店関係の資産が四、六〇一両（表3-3）を占め、それ以外の部分が、営業とは関係ない純粋な貸金部分、廻船仕込金、酒造仕込金、有金銭、上方商人への預け金などから構成されたこととなる。全体の総資産のうち、店関係の資産が占めた比重は、一八二〇〜四〇年代は約半分で、五〇年代は有金銭がかなり大きな比重を占めたため、店関係の資産が占めた比重は、約五分の一に減少した。一八六〇年代は最幕末期のインフレに比して有金銭や上方預け口があまり増えなかったのに対し、店関係の名目資産額が増大したため、店関係の資産が総資産額に占めた比重は再び約半分となった。

野村家が店で取引した商品については、表3-4をみよう。表3-2に項目で挙げられた買物帳は、期末時点で買い付け繰越分として勘定が残されたものを示すと考えられ、その商品別内訳を表3-4で示した。期末繰越分であり、その年の全ての取引額を示したものではないが、内訳の比重から、主要取引商品の変化をある程度把握できる。

さて、一八二〇年代に野村家の店が扱った商品は大豆が中心であった。前述のように、盛岡藩は、御用銅を大坂へ

表3-3　近世後期野村家店勘定一覧

（単位：両）

年度	現金小売	現金卸売	店売帳	卸売帳	残物帳	小遣帳	その他とも計	前年勘定尻	差引損益
1823	693	96	521	2,084	823	26	4,601	4,007	594
1824	780	979	599	2,243	533	27	5,193	4,502	691
1825	689	364	621	1,990	889	28	4,593	4,080	513
1826	948	273	740	2,058	584	30	4,757	4,203	554
1827	1,033	365	802	1,785	1,098	38	5,137	4,715	422
1828	887	346	792	1,756	954	27	4,766	4,266	500
1829	1,053	147	840	1,708	766	24	4,557	4,030	527
1830	1,145	676	804	2,450	944	21	6,050	5,233	817
1831	960	158	808	1,919	661	36	4,543	3,951	592
1832	1,222	288	1,024	2,222	777	58	5,600	4,922	678
1833	901	52	378	548	2,734	46	4,658	4,498	160
1834	1,159	583	588	1,712	961	51	5,054	4,330	724
1835	1,452	583	639	2,316	733	43	5,766	4,991	775
1836	1,066	851	355	2,098	3,936	24	8,331	7,789	542
1837	960	768	301	2,105	3,028	31	7,191	6,504	687
1838	786	2,402	243	2,762	2,277	33	8,503	7,362	1,140
1839	618	1,096	154	1,625	821	40	4,354	3,756	598
1840	1,696	2,358	359	2,717	420	31	7,581	6,200	1,381
1843	2,756	2,136	1,044	5,944	4,412	70	16,359	14,383	1,975
1844	3,118	1,045	925	5,774	2,708	54	13,623	11,337	2,286
1845	2,527	364	1,065	4,910	5,150	29	14,057	12,320	1,737
1846	2,334	384	1,078	5,723	3,053	40	12,665	10,721	1,944
1847	1,787	148	786	2,967	5,943	38	11,668	10,762	961
1848	1,574	170	940 1)	2,710 2)	2,533	22	8,241	7,072	1,169
1849	1,632	309	827	3,635	1,862	23	8,289	7,269	1,020
1851	1,399	337	924	2,996	1,753	18	7,432	6,382	1,050
1852	1,288	304	1,124	3,873	1,770	21	8,442	7,368	1,075
1853	1,027	166	985	3,593	3,097	16	8,900	7,911	989
1854	1,512	300	1,121	4,611	1,604	23	9,171	7,897	1,275
1855	1,187	441	1,069	5,191	2,934	31	10,931	9,711	1,220
1856	1,202	220	949	5,185	4,148	20	12,081	10,820	1,261
1858	1,857	722	952	7,009	1,641	29	12,058	10,265	1,793
1859	1,847	801	790	7,496		22	13,624	11,838	1,786
1860	2,294	1,381	994	10,046	1,854	20	16,590	14,042	2,548
1861	2,369	2,289	1,009 銀35貫匁	12,204 銀80貫匁	1,970	31	19,926	17,191	2,735
1863	1,872	2,333	1,536 銀31貫匁	12,708 銀85貫匁	2,970	30	21,883	18,614	3,269
1864	2,231	1,758	2,141 銀25貫匁	16,643 銀84貫匁	1,865	32	24,496	19,986	4,512
1865	2,940	3,906	2,165 銀20貫匁	26,461 銀141貫匁	2,730	37	37,997	31,114	6,883
1866	2,207	1,197	1,507 銀5貫匁	28,184 銀131貫匁	5,220	60	50,668	44,455	6,213
1867	2,810	1,479	2,983 銀34貫匁	39,380 銀139貫匁	3,540	67	49,745	40,091	9,654

出所）各年度「見世勘定目録」（いずれも，野村家文書，野辺地町立歴史民俗資料館蔵，およびマイクロフィルム版『近世の廻漕史料』雄松堂アーカイブズ所収）より作成。

注記）1861～67年度の店売帳と卸売帳は，銀単位のものを含むためそれを，銀貫匁の単位で併記した。それ以外は，銭単位を史料上の換算比率で金（両）単位に換算して示した。

注1）この他に銀30貫638匁がある。2）この他に銀24貫270匁がある。

表3-4　野村家買物帳主要内訳一覧
（単位：1867年度まで両，1877年度から円）

年度	大豆	米	木柄（材木）	魚粕	下り物	諸品	その他とも計
1818	711	77	36				979
1819	749	170	18				1,051
1820	768	40	6				1,060
1823	1,321	61	7		8	152	1,670
1824	1,545	83	15		6	75	1,779
1825	1,350	124	16	497			2,064
1826	1,838	115	25			159	2,267
1827	2,186	47	62		54	133	2,638
1828	2,746	158	148			122	3,405
1829	2,265	25	98			49	2,682
1830	2,130	656	37		5	106	3,006
1831	2,023	1,362	70		26	393	3,997
1832	1,535	122	95		51	548	2,608
1833	20	109	100	1,262	38	99	1,761
1834	451	262	82	8	28	62	936
1835	706	37	85		84	533	1,652
1836	82	31	97		105	90	445
1837	60	25	103		22	303	582
1838	15	83	105		15	163	435
1839	25	21	90		49	53	326
1840	532	1,016	74		4	228	1,955
1843	951	2,286	96		16	15	3,626
1844	751	3,208	74		14	33	4,193
1845	1,538	2,436	115		25	42	4,462
1846	1,837	2,405	96		24	625	5,219
1847	232	2,616	78		53	39	3,279
1848	1,635	2,554	69		22	104	4,518
1849	1,341	3,467	97		31	66	5,172
1851	295	2,269	88		23	6	2,834
1852	249	2,143	109		45	14	2,846
1853	1,105	3,376	65		32	3	4,799
1854	498	2,289	107		7	620	3,692
1855	802	2,174	104		16	329	3,710
1856	404	1,821	131		32	6	2,709
1857	221	1,661	94		57	374	2,484
1858	179	3,350	99		30	1,188	4,948

廻送して売却したが、海難事故の増加などで、御用銅収益が思うように上がらず、御用銅の蔵元であった大坂商人への借財が積もり、野辺地湊の後背地にあたる三戸・五戸・七戸地域の大豆を買い上げて、野辺地湊に集荷して上方に送り、大豆を借財のあった大坂商人に販売して借財の引き当てとした。[11] この大豆買入を野辺地・七戸の有力商人に請け負わせており、野村家はこの大豆取引で商圏を伸ばしたと考えられる。

しかし、一八三二年に盛岡藩は産物改役所を設け直接大豆の集荷に乗り出したため、[12] 野村家が独自に大豆を集荷する余地は少なくなり、三〇年代になると野村家の期末の大豆買い付け繰越額は極端に減少した。その後、一八四〇年代に再び野村家の大豆買い付け繰越額は増大し、それ以上に米の買い付け繰越額が急増したと考えられるが、その契機は、同家が四一年に大坂為御登大豆御用を引き受けたことであった。[13] この時から藩は再び、野辺地の有力商人に大豆の集荷と御用船への大豆の積み入れの差配を行

1859	259	719	79		10	3,501	4,665
1860	423	1,789	56		10	1,386	3,802
1861	281	1,580	48		110	1,574	3,730
1863	1,266	164	57		94	562	2,223
1864	4,019	145	133		26	4,227	8,630
1865	532	3,501	150		1,177	9,542	15,010
1866	1,599	528	207	8,722	37	1,224	12,411
1867	3,029	713	619	4,862	48	622	9,962
1877	6,441	7,122	724	14,728	259	3,731	34,004
1878	2,548	2,365	495	7,894	226	2,839	17,402
1879	9,897	819	352	18,097	338	5,350	35,413
1881	10,747	3,160	1,444	24,005	539	4,704	46,184
1882	8,671	5,550	848	17,159	304	1,923	35,465
1883	6,106	2,835	1,078	38,831	153	2,082	52,031
1884	3,447	12,517	1,086	5,931	305	2,847	27,324
1885	1,693	1,668	1,096	2,366	130	3,269	11,042
1886	2,846	4,013	1,205	3,584	78	8,057	20,270
1887	1,287	2,974	1,081	33,973	521	3,299	44,527
1888	7,874	3,213	1,216	3,986	431	3,857	21,183
1889	662	1,250	1,322	4,050	446	8,000	16,419
1890	584	1,668	799	109	618	5,302	9,667
1891	1,447	2,341	518	17	143	2,943	8,064
1892	1,148	3,439	427	18	224	3,063	9,148
1893	1,262	3,361	420	307	227	5,171	11,367
1894	1,110	6,211	1,109	1,343	245	3,569	14,283
1895	722	9,526	814	528	53	1,968	14,578
1896	742	4,897	805	800	46	2,998	11,222
1897	897	2,694	792	691	46	478	25,812[1]
1898	436	5,510	838	572	36	497	21,252[2]
1899	1,140	4,995	528	971	39	722	21,633[3]
1900	978	5,476	744	2,011	38	754	23,343[4]

出所）各年度「惣勘定目録（調帳）」（いずれも，野村家文書，野辺地町立歴史民俗資料館蔵，およびマイクロフィルム版『近世の廻漕史料』雄松堂アーカイブズ所収）より作成。

注記）「惣勘定目録（調帳）」の［買物帳］の項目のうち，表で示した年度に，1回でも1,000両もしくは1,000円以上の金額を計上した項目について示した。空欄は，その項目の記載がなかったことを示す。山買入口として，1）19,483円，2）12,642円，3）12,542円，4）12,548円，を含む。

わせたと考えられ、野辺地から上方への御用輸送は大坂や越前・加賀の船主の船が雇われたが(14)、集荷された大豆の一部が野辺地で払い下げられたため、野村家はそれを買い入れて手船で上方に運んで売却した。むろん、大豆のみで船を満載するのは困難なため、地元米等も野村家の店から買い入れて併せて上方に運んで売却したため、野村家の店の期末の米買い付け繰越額も急増した。

一方、近代になると総資産額の内訳で、大福帳の部分が圧倒的比重を占めるようになり、詳しくは後述するが、大福帳の増加分の中心は不動産と有価証券であり、表3-5にみられるように、一八七七～八二年度は店勘定でかなりの利益を挙げていたため、商業利益を不動産・有価証券投資に向けることで、七七～八四年に野村家は資産を増大させたと考えられる。この時期の商業利益は、信用取引による卸売が中心であったが、主要取引商品は表3-4からみて、地元産魚粕と大豆であった。もともと野辺地湊近隣の海で鰯が獲れ、それは魚粕に加工されて

表 3-5　近代前期野村家店勘定一覧

（単位：円）

年　度	現金小売	現金卸売	店売帳	卸売帳	卸贈帳	残物帳	小遣帳	その他とも計	前年勘定	差引損益
1877	227	990	851	44,327	12,105	15,597	231	85,918	72,416	13,502
1878	357	663	1,041	54,608	12,452	14,232	307	95,141	79,824	15,317
1879	339	937	1,780	65,374	15,245	11,801	222	110,830	92,778	18,052
1881	325	1,164	14,167	90,632	(18,614)	8,313	398	131,301	109,176	22,125
1882	202	731	1,340	58,838	15,650	12,631	299	92,087	79,552	12,534
1883	176	302	1,729	24,196	8,929	9,753	389	47,838	44,889	2,950
1884	192	1,226	446	9,615	8,075	13,615	368	35,122	34,289	834
1885	82	545	361	4,462	3,954	8,787	214	19,943	19,876	76
1886	58	4,223	291	5,431	2,599	8,941	190	21,382	21,110	272
1887	11	8,099	106	1,093	1,229	5,998	157	16,659	16,411	248
1888	3	7,031		2,316	2,568		169	12,157	11,960	197
1889	49	1,841	1,800	1,648			136	5,475	5,266	209
1890	622	1,908	1,338				63	3,931	4,113	△182
1891	603		1,118	1,186			47	2,955	2,954	1
1892	33		1,510	664			9	2,216	2,314	△97

出所）各年度「見世勘定帳」（いずれも，野村家文書，野辺地町立歴史民俗資料館蔵，およびマイクロフィルム版『近世の廻漕史料』雄松堂アーカイブズ所収）より作成。
注記）差引損益欄の無印は利益，△は損失。

肥料として移出されたが[15]、盛岡藩は御用銅の蔵元への借財の補塡のために大豆だけでなく魚粕も集荷して大坂に廻送して販売し、野村家は一八五一（嘉永四）年に盛岡藩大坂御仕送御用達に命ぜられ[16]、大豆と魚粕の両方の野辺地湊での集荷を担うこととなった。そのため野村家も一八五一年以降は問屋として野辺地で積極的に地元産鰯魚肥（南部粕）を扱うようになり、特に六〇年代後半〜八〇年代前半は、南部粕が野村家の店の主力商品となった。

しかし、一八八〇年代前半の松方デフレの時期に野村家は廻船経営を縮小し（後述）、それとともに店の営業規模も縮小したと考えられ、商業利益もあまり上がらなくなった八四年以降は、野村家の総資産額の伸びも鈍化した。ただし、そのなかでも大福帳の資産は着実に増大し、特に一八九〇年代後半には有価証券と銀行預金資産が急増しており（後述）、商業的蓄積によらなくても有価証券と銀行預金が内部循環的に増大する構造になったと考えられる。

その後も野村家資産は比較的順調に増大したと考えられ（表3-1）、一九〇二年の資産家名簿で野村家の資産は約六〇万円と挙げられたが、一六（大正五）年の資産家名簿では資産額約一〇〇万円、二四年頃の資産調査では約一五〇万円とされた[17]。そして一九二四年頃の地主名簿では、野村家の土地所有面積は、立五一合名会社所有分も含めて約四八三町歩に上った[18]。ただし、この頃が野村家の資産規模のピークと考えられ、一九二七（昭和二）年からの金融恐慌で立五一銀行が大きな打撃を受け、銀行法の規制もあって三二年に立五一銀行は解散した。その頃より野村家の土地が処分されて資産規模は急減することとなり、治三郎家が納めた所得税額も一九二七年頃が約二、七〇〇円であったのが、三一年頃には約一五〇〇円まで減少した[19]。

二　綿製品重視から魚肥重視への海運経営

まず、盛岡藩領内での野辺地湊の位置付けを確認する[20]。野辺地は下北半島の付け根に位置し、陸奥湾に面した。一七世紀中葉に盛岡藩が領内の主要湊を書き上げた絵図に野辺地湊は記されており、この時期から野辺地は湊町として存在し、一七世紀後半には、材木・米・大豆などが野辺地から積み出された。また、一七六五（明和二）年に盛岡藩が尾去沢鉱山を藩の直営とし、六六年からその鉱山で採掘された御用銅を主に野辺地湊から大坂に向けて積み出し始め、御用銅を輸送した船が併せて領内の大豆や海産物も積み出したことで、野辺地は湊町として急速に発展した。野村家の一八世紀末の「勘定帳」に手船が記され、こうしたなかで一八世紀末に野村家も船を所有したと考えられる[21]。その頃は一隻の船の所有に止まったが、一九世紀に入り、徐々に船の所有数を増大させた。

表3-6をみよう。野村家は一八二〇年代中葉〜三〇年代には三隻の船を所有した。前述のように、一八三二（天保三）年に野村家は、盛岡藩御国産御用所の大坂廻送御用達を引き受けており、遠隔地間交易に本格的に関わり始めたのもこの時期であった。そして、その蓄積をもとに一八三八年に船を二隻新たに所有して、合計五隻の船主となっ

表 3-6　近世後期野村家手船勘定一覧

（単位：両）

年　度	太神丸	廣貞丸	一葉丸	神通丸	合船代	その他とも計
1823					255	255
1824	915	112	179		116	1,322
1825	792	100	123		222	1,237
1826	546	正徳丸	110	336	41	1,033
1827	232	231	69	502	31	1,065
1828		83	△ 13	325	69	464
1829		280		281		561
1830		268		303	168	739
1831	1,582	263		101	41	1,987
1832	757	264		568	38	1,627
1833	1,238	△ 8		380		1,610
1834	869	224		722		1,815
1835	574	136		1,272	37	2,019
1836	1,910	65		1,397		3,372
1837	1,554	5	天神丸	1,680	靏寿丸	3,239
1838	2,418	35	14	1,803	359	4,629
1839	1,383	△ 28	14	452	1,508	3,329
1840	1,993	112	204	344	1,522	4,175
1843	1,391	197	800	54	1,470	3,912
1844	1,247[1)]	67	397	1,827[3)]	1,096[1)]	4,631[4)]
1845	100[2)]	52	384[1)]	118[1)]	510[1)]	1,760
1846	1,848	221	124	461	65	2,721
1847	1,300	244	60	449	△ 291	1,762
1848	2,528	118	117	1,767	61	4,591
1849	1,951	155	661	1,524[1)]	119	4,410[1)]
1851	1,686		1,016	480	614	3,796
1852	1,085		380	468	740	2,674
1853	1,566		675	2,242	792	5,276
1854	848	神力丸	477	1,774	635	3,734
1855	595	881	124	2,935	108	4,643
1856	786	712	126	746		2,370
1857	3,700	236	461	2,714		7,113
1858	2,723	193	129	1,585		4,630
1859	3,547	197	140	4,762		8,646
1860	2,587	150	184	4,793		7,769
1861	1,554	1,054	1,866	4,126		8,655
1863	422	1,288	884	3,413		6,063
1864	472	494	420	7,937	神栄丸	9,378
1865	754	2,864	556	12,475	2,020	18,723
1866	7,298	1,967	509	4,237	4,353	18,420
1867	2,667	2,066	2,350	8,595	8,254	23,928

出所）各年度「惣勘定目録」（いずれも，野村家文書，野辺地町立歴史民俗資料館蔵，およびマイクロフィルム版『近世の廻漕史料』雄松堂アーカイブズ所収）より作成。

注記）各年度「惣勘定目録」の船勘定の項目を示した。1832 年度まではそこで合船代（修理代）が合計して示されたが，それ以降はそれぞれの船勘定のなかに含まれると思われる。船勘定の項目のうち，滞貸分は除いた。無印は野村家の船への貸，△印は野村家の船からの借。その他として 1860～67 年度は，別家神徳丸口として各年度 55 両が計上された。

注 1）この他に銀単位を含むが，100 匁未満のため省略。2）この他に銀 38 貫 189 匁あり。3）この他に銀 280 匁あり。4）この他に銀 430 匁あり。

た。野村家の史料として船そのものの勘定帳は残されておらず、野村家と手船との貸借勘定しか判明しないため、野村家が手船に貸し付けた資金の額から廻船経営の動向を類推せざるを得ないが、野村家全体の総資産額が一八四〇年代は増大しており、廻船経営でも順調に収益を上げたと思われる。

一八五〇年代の船数は四隻に減少したが、野村家の各船への仕込金（商品買い付け資金の貸付）額は神通丸や太神丸で増大し、神通丸や太神丸を大型化させたと考えられる。(22) 一八五〇年代も野村家全体の総資産額が増大しており、安定した廻船収益を得ていたと思われるが、六〇年代は開港後のインフレのなかで、地域間価格差が急速に拡大し、野村家全体の総資産額は急増したものの、インフレを考慮に入れると実質資産は横ばいかやや減少した[23]。

前述のように買物帳の内訳で、一八二〇年代は大豆が圧倒的に多く、米がそれに続き、野村家廻船は主に大豆と米を野辺地から積み出した。その背景には、前述のように、盛岡藩が、野辺地湊の後背地にあたる地域の大豆を買い上げて野辺地湊に集荷する際に、大豆買入を野辺地・七戸の有力商人に請け負わせたことがあったが、一八三二年に盛岡藩は産物改役所を設け直接大豆の集荷に乗り出したため、野村家が独自に大豆を集荷する余地は少なくなり、三〇年代になると野村家の店の大豆在庫量は極端に減少した。

その後、野村家は一八四一年に大坂為御登大豆御用を引き受け、この時から藩は再び、野辺地の有力商人に大豆の集荷と御用船への大豆の積み入れの差配を行わせたと考えられ、四〇年代に再び野村家の店の大豆取扱量は増大し、それ以上に米の取扱量が急増したと推定される。前述のように、野辺地から上方への御用輸送は大坂や越前・加賀の船主の船が主に雇われたが、五〇年代には野村家廻船もある程度御用輸送を担った。表3-7をみよう。野村家廻船の運賃積の積荷は盛岡藩の御用輸送品である大豆と銅が中心であった。大豆の御用輸送に際し、船主は送り先の大坂問屋と野辺地の御用荷物廻送問屋に敷金を預け、海難時は船主が積荷の弁済を敷金で行った。送り荷到着時に敷金は返済されたと考えられるが、海難の際のリスク分担は、荷主は荷損、船主は敷金・運賃金損であった[24]。

ただし、野村家廻船のうち御用輸送に従事したのは一・二隻で、専ら買積経営を行う船もあった。その場合、集荷された大豆の一部が野辺地で払い下げられたため、野村家はそれを買い入れ、手船でそれを上方に運んで売却した。むろん、大豆のみで船を満載するのは困難なため、地元米なども買い入れて併せて上方に運んで売却した。

表3-8をみよう。一九世紀中葉の野村家廻船の買入先と積荷販売先（預け先）を主要買入・販売商品とともに示したが、この表の出所資料では野辺地での取引が不明のため、そこを推測すると、一九世紀中葉の野村家廻船は、野

表 3-7　野村家廻船運賃積の動向

（単位：両）

年	船　名	敷　金	積　荷	運　賃	積　荷
1848	神通丸			10	紫　根
1850	神通丸	415	紫根，大豆	122	大豆，銅
1851	神通丸	708	大　豆	319	大豆，銅
1852	神通丸，天神丸	576	大　豆	1,064[1)]	大豆，銅
1853	神通丸，天神丸	1,223	大　豆	735	大豆，銅
1854	神通丸	60	瀬戸物	35	瀬戸物，銅
1855	神通丸	430	大豆，紫根	139	大豆，紫根
1856	神通丸，天神丸，神力丸	894	紫根，大豆	1,135[1)]	大豆，紫根，銅
1857	神通丸，神力丸	576	大豆，紫根	628[1)]	大豆，銅，紫根
1858	神通丸，神力丸，太神丸	445	大豆，紫根	928[2)]	大豆，紫根，銅
1859	神通丸，神力丸	577	大豆，紫根	247	大豆，紫根，銅
1860	神通丸，神力丸	685	紫根，大豆	190	大豆，銅，紫根
1861	神通丸，神力丸	700	大豆，紫根	220	大豆，銅，紫根
1865	神通丸，神力丸，神栄丸	155	紫根，大豆	294[3)]	大豆，銅，紫根
1866	神通丸，神力丸			340[4)]	大豆，銅
1867	神通丸，天神丸			192[5)]	銅
1868	神通丸，神力丸，神栄丸			337	銅，材木
1869	神栄丸			120	米
1870	神通丸，神力丸			149	銅，瀬戸物
1871	神通丸，神力丸			809[6)]	銅

出所）弘化2・嘉永5・安政4・元治2・慶応4年「上方仕切帳」（野村家文書，野辺地町立歴史民俗資料館蔵）より作成。

注記）野村家廻船のうち，運賃積を行った廻船とその内容を示した。敷金は，船主が海難の際にそれで弁済するために問屋に預けた分。積荷は，金額の多いものから順に並べた。1862～64年は史料がないため不明。

注1）一部の大豆の敷金を含む。2）一部の大豆・紫根の敷金を含む。3）ほかに銀5貫400匁あり。4）ほかに銀27貫741匁あり。5）ほかに銀8貫400匁あり。6）ほかに銀7貫512匁あり。

辺地で買い入れた大豆、青森で買い入れた米、北海道の松前藩城下（福山湊）で買い入れた魚肥等を大坂・兵庫などの上方や赤間関（現下関）に運んで売却した。表3-8に大坂・兵庫の販売先（預け先）として挙げたのは、いずれも廻船が運んだ米穀・魚肥を扱う荷受問屋と考えられるが、荷受問屋は基本的には預かった積荷の仲買商への販売を仲介することが取引の中心で、[25]直ちに売買が完了するわけでなく、廻船は米穀・魚肥を荷受問屋に預け、代金は仲買商への売買が完了後に受け取ることとなる。もっとも、仲買商への売買が完了するまで廻船が大坂・兵庫に滞船する余裕はなく、廻船は荷受問屋に積荷を預けたまま別の湊に移動して帰り荷を買い入れ、帰路、大坂・兵庫に立ち寄って代金を受け取ったり、荷受問屋が廻船の積荷を買い取って、積荷を預かると同時に代金を支払うことも行われた。よって表3-8は、販売先もしくは積荷預け先とした。

表3-8で注目すべきは、上方で買い入れて地元へ持ち帰ったと考えられるのが、いずれも木綿・古手などの綿製

表3-8　19世紀中葉における野村家廻船買入・販売（積荷預け）先

年	買入先	所　在	商　品	年	販売（積荷預け）先	所　在	商　品
1846	河内屋仁兵衛	堺	木　綿	1847	薩摩屋三郎兵衛		棒鱈，数の子
	扇屋与兵衛	大　坂	木綿，古手，綿		北風荘右衛門	兵　庫	蔵米，鯡粕
	柳屋又八	大　坂	木　綿	1849	指　吸	堺	粕
	中屋甚兵衛	大　坂	木　綿		薩摩屋喜六	大　坂	棒鱈，数の子
	小橋屋四郎右衛門	大　坂	篠巻綿，古手		近江屋熊蔵	大　坂	白子，胴鯡
	伊丹屋四郎兵衛	大　坂	木綿，細物，小間物		彑	大　坂	鰯粕，数の子
1848	河内屋利兵衛	堺	木　綿		嶋　屋	（大坂）	鯡
	河内屋仁兵衛	堺	木綿，糸類		北風荘右衛門	兵　庫	身欠，小麦，胴鯡
	扇屋与兵衛	大　坂	木綿，古手		網屋三郎兵衛	赤間関	津軽米
	柳屋又八	大　坂	木　綿		塩越屋庄兵衛	松前城下	塩
1850	河内屋仁兵衛	堺	木綿，白木綿	1851	近江屋熊蔵	大　坂	鯡粕，玉粕
	扇屋与兵衛	大　坂	古手，綿類，木綿		大和屋嘉兵衛	（大坂）	玉粕，数の子
	柳屋又八	大　坂	木　綿		銭屋喜助	加　賀	大　豆
	中屋甚兵衛	大　坂	木　綿		北風荘右衛門	兵　庫	津軽米，鯡粕
	小橋屋四郎右衛門	大　坂	古　手		瀧屋善五郎	青　森	塩
	米屋半三郎	安芸竹原	塩		塩越屋庄兵衛	松前城下	塩
	津国屋	周防三田尻	塩				
1853	河内屋仁兵衛	堺	木　綿	1853	近江屋熊蔵	大　坂	粕
	河内屋利兵衛	堺	木綿，足袋		泉屋善兵衛	大　坂	身　欠
	扇屋与兵衛	大　坂	綿，木綿，古手		北風荘右衛門	兵　庫	米，笹目，鯡粕
	中屋甚兵衛	大　坂	木　綿		瀧屋善五郎	青　森	塩
	小橋屋四郎右衛門	大　坂	古　手		塩越屋庄兵衛	松前城下	塩
	升屋利兵衛	大　坂	綿				
	瀧屋善五郎	青　森	蔵　米				
1855	河内屋仁兵衛	堺	木綿，白木綿	1855	近江屋熊蔵	大　坂	身欠，鯡粕
	河内屋利兵衛	堺	木　綿		泉屋善兵衛	大　坂	数の子
	扇屋与兵衛	大　坂	木綿，古手，綿		布屋半兵衛	大　坂	棒　鱈
	柳屋又八	大　坂	古　手		北風荘右衛門	兵　庫	津軽米，大豆，胴鯡
	中屋甚兵衛	大　坂	木　綿		指吸長左衛門	堺	津軽米
	小橋屋四郎右衛門	大　坂	古手，篠巻綿		米屋半三郎	安芸竹原	津軽米
	升屋利兵衛	大　坂	綿		瀧屋善五郎	青　森	塩
	米屋半三郎	安芸竹原	塩		塩越屋庄兵衛	松前城下	塩
	糀屋喜三郎	越前敦賀	蠟				
	瀧屋善五郎	青　森	米				
1857	河内屋仁兵衛	堺	木綿，真田	1857	廣海惣太郎	和泉貝塚	米，大豆，粕
	扇屋与兵衛	大　坂	綿，木綿，古手		高松廣治		大　豆
	中屋甚兵衛	大　坂	木綿，細物		瀧屋善五郎	青　森	塩
	小橋屋四郎右衛門	大　坂	古手，篠巻綿		塩越屋庄兵衛	松前城下	塩
	仲屋保兵衛	安芸大島	塩				
	瀧屋善五郎	青　森	米				
1860	河内屋仁兵衛	堺	木　綿	1860	近江屋熊蔵	大　坂	鯡　粕
	河内屋利兵衛	堺	木　綿		布屋和助	大　坂	鯡　粕
	扇屋与兵衛	大　坂	綿，古手，木綿		若狭屋惣兵衛	大　坂	粕，大豆
	中屋甚兵衛	大　坂	木　綿		永屋長四郎	大　坂	身　欠
	小橋屋四郎右衛門	大　坂	古　手		廣海惣太郎	和泉貝塚	粕，大豆
	美濃屋宗次郎	江　戸	綿		北風荘右衛門	兵　庫	胴　鯡
	米屋半三郎	安芸竹原	塩		塩越屋庄兵衛	松前城下	津軽米

出所）弘化2・嘉永5・安政4「上方仕切帳」（野村家文書，野辺地町立歴史民俗資料館蔵）より作成。

注記）買入先・販売（積荷預け）先と買入・販売（積荷預け）商品の両方が判明した相手について示したので，仕切金額のみで，商品が不明の取引は除いており，取引の全体を示すわけではない。特に，野辺地での米・大豆・魚肥の買入と木綿・綿類の販売は，野村家からの買入や販売であったと考えられ，史料上は不明。また，近世北海道での，北海道産物の買入は，金額表示のみがほとんどで買入先は不明。所在欄は比較的知られていない地名は，地名の前に旧国名を示した。氏名欄や所在欄の括弧内は推定。青森米・黒石米も津軽米とした。所在欄は，1846（弘化3）〜61（文久元）年の各年度「大福帳」（いずれも，野村家文書，野辺地町立歴史民俗資料館蔵，およびマイクロフィルム版『近世の廻漕史料』雄松堂アーカイブズ所収）も参照した。

品であったことである。野辺地湊は盛岡城下への木綿移入の中継湊としての役割も重要で、上方の木綿の海路での盛岡藩への移入は、主に江戸を経由した太平洋航路ではなく日本海航路で野辺地を経由して移入された。北前船の下り荷（上方から北陸・北海道への積荷）として木綿・綿も重要な商品であったが、通常、北前船は多様な下り荷を混載して日本海沿岸の複数の湊で販売しながら航海しており[26]、野村家廻船のように、下り荷を上方で買い入れた木綿類に特化し、それを地元にほぼ全て持ち帰る廻船はあまり例がない。

つまり、野村家廻船にとって、上方の木綿類を買い付けてそれを野辺地に積み戻ることが主取引で、その帰り荷として地元産の大豆・米や近隣の北海道産魚肥を買い入れて上方へ運んだと言えよう。上方からの木綿買付に際し、野村家は前もって一定金額を上方の取引先に預けて置き、そして廻船が上方へ赴いて木綿類を買い入れた時の代金を精算した[27]。もっとも、野村家は地元や北海道で買い入れた大豆・米・海産物を大坂・兵庫で売却しており、その代金がすぐに手に入れば、それで木綿類を買い入れることが可能であったが、前述のように、荷受問屋に積荷を預けてすぐに代金が手に入らない場合も多かった。

野村家の場合は、米穀・魚肥を兵庫の北風荘右衛門に預けたことが多く、野村家廻船はまず兵庫で積荷を北風に預けた後、大坂・堺へ移動して木綿類を買い入れたと考えられ、その買入代金の精算のために前もって上方の木綿類仕入先に資金を預けておく必要があったと推定される。もちろん、精算によって上方の木綿類仕入先への預け金は減少するため、次年度の取引のために補充する必要があるが、それは米穀・魚肥の仲買商への販売が完了した後に兵庫・大坂の荷受問屋から受け取った代金が充てられたと考えられる。

一般に北前船主は、廻船が出帆する際に、商品の買付代金を仕込金として前渡しすることが多く[28]、野村家も手船が野辺地を出帆する際に、青森で米を買い入れたり、北海道で魚肥を買い入れるための仕込金を前渡しして、帰帆後に売買収益で仕込金を精算した。しかし、手船仕込金以上に、野村家では上方預け口の金額が大きく、同家にとっての上方での木綿類買付の重要性が判る。表3-2に戻ろう。一八二〇年代は、野村家の手船仕込金が年間一、〇〇〇両前後に対し、上方預け口は年間二〇〇両前後で、手船仕込金の方がはるかに多かったが、三〇年代は、手船仕込金が年間二、〇〇〇両前後〜三、〇〇〇両台に対し、上方預け口は年間一、〇〇〇両前後〜二、〇〇〇両台と上方預け口が徐々に増大し、四〇年代は手船仕込金が二、〇〇〇両前後〜四、〇〇〇両台に対し、上方預け口は二、〇〇〇両台〜八、〇〇〇両前後と手船仕込金を上回った。そして一八五〇年代は、手船仕込金が年間約三、〇〇〇両前後〜八、〇〇〇両前後に対し、上方預け口は約一二、〇〇〇両前後〜一七、〇〇〇両前後と、手船仕込金をはるかに上回った。

このことからみて、野村家廻船は、一八二〇年代は地元で集荷した大豆、三〇年代は青森や北海道で買い入れた米や魚肥を主に扱い、それらを上方に運んで売却した帰り荷として扱った上方の木綿類を、四〇年代以降は取扱商品の中心におき、五〇年代は上方での木綿類の買付に多額の資金を投入した。産地から集散地へ向けての登り荷として特定の商品を扱う北前船は多く[29]、越後国船主は、上方への登り荷として越後米を専ら扱い、また一八世紀に北海道に進出した越前・加賀国の船主は、上方への登り荷として北海道産魚肥を専ら扱ったが、野村家廻船の事例から、木綿類の下り荷を専ら扱った別のタイプの北前船を見出せる。

上方での木綿類買入を重視する野村家廻船の行動は、基本的に近代初頭まで変化しなかったが、それ以外の多様な取引が一八五〇年代以降みられた。例えば、一八五〇（嘉永三）年頃から、瀬戸内諸湊での塩の買付と青森や北海道の松前藩城下での塩の販売がみられ、表3-9のように、六〇年代後半には野辺地や青森で買い入れた米・大豆・魚肥が、大坂・兵庫だけでなく貝塚・下津井・鞆・讃岐国など瀬戸内・大坂湾岸諸湊で販売されるに至った。前述のように野村家は、一八五一年に盛岡藩大坂御仕送御用達に命ぜられ、大豆と魚粕の両方の野辺地湊での集荷を担うこととなり、四〇年代後半の野村家廻船は主に北海道産の鯡魚肥を北海道で買い入れて上方で販売していたが、五一年以降は野村家が問屋として野辺地で積極的に地元産鰯魚肥（南部粕）を扱うとともに、野村家廻船も鯡粕と南部粕の両

表 3-9　1865〜71 年における野村家廻船買入・販売（積荷預け）先

年	買入先	所　在	商　品	販売（積荷預け）先	所　在	商　品
1865	扇屋与兵衛	大　坂	古手，木綿，綿類	嶋屋重次郎	大　坂	津軽米，大豆
	小橋屋四郎右衛門	大　坂	古　手	布屋和助	大　坂	鯡粕，身欠
	中屋甚兵衛	大　坂	細物，木綿	永屋長四郎	大　坂	白子，身欠
	糸屋忠作	大　坂	木　綿	若狭屋惣兵衛	大　坂	津軽米，昆布
	米屋半兵衛	安芸竹原	塩	（大和屋重吉）	（大坂）	粕
	網屋三郎兵衛	赤間関	半　紙	北国屋長七	兵　庫	笹目，胴鯡
	瀧屋善五郎	青　森	津軽米	糸（屋）弥（兵衛）	兵　庫	胴　鯡
				廣海惣太郎	和泉貝塚	津軽米，大豆，南部粕
				西　屋	備前下津井	粕
				塩越屋庄兵衛	松前城下	津軽米
1867	扇屋与兵衛	大　坂	古手，木綿	嶋屋重次郎	大　坂	昆布，大豆
	柳屋又八	大　坂	古手，木綿	布屋和助	大　坂	鯡粕，身欠
	糸屋忠作	大　坂	木　綿	若狭屋惣兵衛	大　坂	津軽米，大豆，昆布
	小橋屋四郎右衛門	大　坂	綿　類	廣海惣太郎	和泉貝塚	南部粕
	田端屋治郎左衛門	江　戸	木　綿	泉屋又右衛門	讃　岐	大　豆
	仲屋保兵衛	安芸大島	塩	森利兵衛	能登福浦	身　欠
	瀧屋善五郎	青　森	蔵　米	瀧屋善五郎	青　森	塩
	蛭子屋	箱　館	鯡粕，鰯粕	塩越屋庄兵衛	松前城下	塩
				近藤（利兵衛）		鯡粕，鰯粕
1869	和泉屋九兵衛	堺	木綿，足袋	近江屋熊蔵	大　阪	鯡　粕
	扇屋与兵衛	大　阪	綿類，古手	永屋長四郎	大　阪	鯡粕，数の子
	糸屋忠作	大　阪	木　綿	加嶋屋武助	大　阪	大豆，昆布，南部粕
	福田屋友七	大　阪	蠟	嶋屋重次郎	大　阪	昆布，身欠
	大（坂屋）万（右衛門）	備後鞆	蔵米，肥後米，讃岐米	北国屋長七	兵　庫	鰯粕，鯡粕
	瀧屋善五郎	青　森	津軽米	廣海惣太郎	和泉貝塚	鯡粕，胴鯡，南部粕
				泉屋又右衛門	讃　岐	大豆，南部粕
				大（坂屋）万（右衛門）	備後鞆	大豆，粕
				網屋三郎兵衛	赤間関	干鱈，数の子
				豊後屋	備中玉島	鯡　粕
				瀧屋善五郎	青　森	塩
1871	扇屋与兵衛	大　阪	綿類，古手，木綿	指（吸）嘉	（堺）	大　豆
	糸屋忠作	大　阪	木　綿	加嶋屋武助	大　阪	昆　布
	忠屋善兵衛		木　綿	近江屋熊蔵	大　阪	鯡粕，胴鯡，白子
	松屋清右衛門	京　都	古　手	永屋長四郎	大　阪	鯡粕，胴鯡
	田屋徳太郎	讃岐坂出	古　手	布屋和助	大　阪	鯡粕
	泉屋又右衛門	讃　岐	塩	嶋屋重次郎	大　阪	鯡粕，大豆，昆布
	仲屋保兵衛	安芸大島	塩	薩摩（屋）喜（六）	（大阪）	昆　布
	網屋三郎兵衛	赤間関	半紙，蠟	讃（岐屋）嘉（兵衛）	（大阪）	干　鮑
				紙（屋）嘉（助）	（大阪）	粕
				北国屋長七	兵　庫	白子，鯡粕，胴鯡
				廣海惣太郎	和泉貝塚	南部粕，大豆
				泉屋又右衛門	讃　岐	鰯粕，大豆，身欠
				大（坂屋）万（右衛門）	備後鞆	昆　布
				網屋三郎兵衛	赤間関	昆　布
				飴屋治右衛門	越前敦賀	身　欠
				瀧屋善五郎	青　森	塩
				塩越屋庄兵衛	松前城下	塩

出所）元治 2・慶応 4 年「上方仕切帳」（野村家文書，野辺地町立歴史民俗資料館蔵）より作成。

注記）買入先・販売（積荷預け）先と買入・販売（積荷預け）商品の両方が判明した相手について示したので，仕切金額のみで商品が不明の取引は除いているため，取引の全体を示すわけではない。特に，野辺地での米・大豆・魚肥の買入と木綿・綿類の販売は，野村家からの買入や販売であったため史料上は不明。また，近世北海道での，北海道産物の買入は，金額表示のみがほとんどで買入先は不明。所在欄は比較的知られていない地名は，地名の前に旧国名を示した。氏名欄や所在欄の括弧内は推定。市川粕・田名部粕などを総称して南部粕とした。所在欄は，1865〜67（慶応元〜3）年の各年度「大福帳」（いずれも，野村家文書，野辺地町立歴史民俗資料館蔵，およびマイクロフィルム版『近世の廻漕史料』雄松堂アーカイブズ所収）も参照した。

方を扱うようになった（前掲表3-4・3-8）。そして、近代期に入ると、南部粕が野村家廻船の主力商品となった。表3-10をみよう。近代初頭の野村家の廻船への仕込金額は不明だが、一八八一（明治一四）～八四年末時点の貸付残額が急増した。その大きな要因は、一八八一年の松方デフレによる魚肥価格の急落で（前掲表序-9）、野村家廻船の収益が急減し、仕込金額を野村家に返済し得ずに残されたからと考えられる。その結果、一八八四年まで貸付残額は多いまま推移したが、魚肥価格が回復した八五年以降の貸付残額は減少した。松方デフレ下の苦しい時期に野村家も船の所有数を減らしており、一八八四年に瑞書丸、八六年に神力丸を手放した。

表3-10　近代前期野村家手船勘定一覧

（単位：円）

年度	太神丸	神力丸	天神丸	神通丸	福神丸	瑞書丸	鹿　野	その他とも計
1877	5,827	4,776	3,049	295	857		13,468	28,330
1878	2,224	6,476	2,766	434	208		8,789	20,954
1879	2,067	651	261	546		11,278	41,033	55,893
1881	14,413	4,936	6,876	824	3,652	9,657	15,549	55,964
1882	12,680	8,230	4,637	8,779	8,572	5,287	7,287	55,518
1883	13,549	5,687	8,705	8,529	10,691	5,270	2,075	54,563
1884	13,049	7,806	11,310	13,281	10,077	4,270	141	59,991
1885	10,113	1,588	2,613	8,393	5,434	4,290	11,026	43,512
1886	11,860	5,182	5,034	2,463	10,592	4,290	7,121	46,599
1887	12,843		5,734	4,685	9,735		2,112	35,165
1888	13,535		8,734	12,406	10,718		282	45,732
1889	12,135	△175	3,966	6,716	10,105		9,370	42,174
1890	13,948			11,125			4,253	29,384
1891	4,054			245			9,065	13,422
1892	13,280			△160			20	13,197
1893	1,385						14	1,457
1894	1,385						△5	1,438
1895	1,385						△5	1,438
1896	1,385						△5	1,438
1897	1,385						△5	1,438

出所）各年度「惣勘定調帳」（いずれも，野村家文書，野辺地町立歴史民俗資料館蔵，およびマイクロフィルム版『近世の廻漕史料』雄松堂アーカイブズ所収）より作成。

注記）各年度「惣勘定調帳」の船勘定の項目を示した。無印は野村家の船への貸，△印は野村家の船からの借。その他として各年度ともに別家神徳丸口として57両が計上された。「鹿野」欄は，大阪出張の鹿野専次郎の項で，1894年以降は「文左衛門口預り」となる。1889年の神力丸と91年の神通丸はいずれも梶売却代。船勘定の項目のうち滞貸分は除いた。1898年以降は太神丸への勘定も滞貸扱いとなり，船勘定の全てが，滞貸扱いとなった。

　この頃の野村家廻船は、地元産の魚肥（南部粕）と大豆を集中的に扱っていた。表3-4に戻ろう。野村家が地元で問屋業として扱った商品は、一八六六（慶応二）年以降地元産の魚肥が急増し、大豆の扱い額も近代に入って再び増大した結果、七九～八三年は取扱商品の期末在庫の大部分を魚肥と大豆が占めた。当時は、三菱が積極的に北海道と東京（横浜）・大阪（神戸）を結ぶ航路を開設した時期で、[30]三菱汽船の運賃積を利用して、三井物産も北海道産魚肥の取扱に乗り出した。そのなかで、北海道では魚肥買付競争が生じていたと考えられ、野村家は北海道産魚肥の取扱を避けて地元産魚肥と大豆を専ら扱うに至った。実際、一八七九年の野辺地港移出品移出額の内訳をみると、最大が大豆の約五万円で、その次が鰯〆粕（魚肥）の約二万円であり、この両者で野辺地港全移出額約一三万円の過半を占めた。[31]

むろん青森県では、近代期に青森港が整備され、三菱汽船が青森港に寄港し、青森を中心として近代的交通網が形成されたが、青森で開設された三菱の汽船航路は函館との間で、東京・大阪と直接結ぶ航路ではなかった。[32]そのため汽船運賃積による東京・大阪向けの魚肥の主要移出港は青森ではなく函館で、青森県産魚肥や大豆は、依然として主に北前船によって瀬戸内・畿内へ積み出されたと考えられる。特に、野村家廻船にとって、青森県産魚肥と大豆は問屋業を営む自店から仕入れたので、北海道で買い付けるより有利な条件での買い付けが可能であったと言える。

以上の点を、野村家廻船が魚肥と大豆を販売した大阪府貝塚の米穀肥料商の廣海惣太郎家の史料で確認する。[33]表3-11をみよう。野村家廻船と廣海家との取引は、一八五〇年代から始まったと推定され、六〇年代前半は、野村家廻船が地元産魚肥（南部粕）と大豆と米を廣海家に販売した。廣海家は廻船問屋で、形式的には廣海家が廻船の積荷を預かり、仲買商への販売を仲介して手数料を取得したが、前述のように廻船問屋が自ら廻船の積荷を買い取る場合があり、魚肥については、野村家廻船は廣海家に積荷を預けると同時に廣海家にその積荷のほとんどを販売した。[34]

当時の野村家廻船四隻のうち三隻が廣海家に積荷を販売し、野村家廻船にとって廣海家は主要な取引先であった。廣海家は一八六三（文久三）年に二〇反帆の大型和船を所有したが、それを野村家の手船神通丸庄兵衛に名前貸をしており、[35]廣海家自身の所有船の運航を野村家に委託したと考えられる。こうして、野村家は廣海家と単なる取引相手以上につながりを深め、一八六〇年代後半～七〇年代前半には所有船のほとんどが廣海家と取引するに至った。この

表 3-11　野村家と貝塚の廣海家との取引額一覧

年	取引額		廻船名	主要取引商品						船数
	両・円	銀貫匁		地元産粕	北海道産粕	羽　鯡	地元産大豆	地元産米	その他米	
1859	293	265	神通丸	3,392 本			1,293 俵	760 俵		4
1861	8,598	11	神通丸，神力丸，天神丸	10,034 本			569 俵	200 俵		4
1862	2,405	195	神通丸，神力丸，天神丸	4,995 本			292 俵			(4)
1863	4,909	324	神通丸，神力丸，天神丸	5,196 本			2,860 俵	608 俵		4
1864	9,281	78	神通丸，神力丸，天神丸	2,517 本	15 本		7,103 俵	1,791 俵		4
1865	13,086	1,134	神通丸，神力丸，天神丸，神栄丸	6,575 本	1,017 本	8,094 束	2,920 俵（叺）	988 俵	2,600 俵	5
1866	5,948	1,752	神通丸，神力丸，天神丸，神栄丸	5,019 本	1,159 本		4,574 俵（叺）		128 俵	5
1868	8,004	161	神通丸，神力丸，天神丸，神栄丸，太神丸	4,015 本	1,685 本	5,387 束	166 俵		722 俵	5
1871	11,462		神通丸，神力丸，天神丸，神栄丸	4,692 本	35 本		500 俵（叺）			
1872	8,314		神通丸，神力丸，天神丸，神栄丸	4,209 本	630 本	3,518 束	758 叺		12 俵	
1873	20,681		神通丸，神力丸，天神丸，神栄丸，太神丸	7,860 本	1,254 本	3,104 束	510 叺	496 俵	246 俵	
1874	13,081		神通丸，天神丸，太神丸	3,395 本	556 本		500 叺	290 俵		
1875	13,257		神通丸，神力丸，天神丸，太神丸	4,512 本	49 本		1,332 叺		587 俵	
1876	11,926		神通丸，天神丸，太神丸	5,813 本	541 本		202 叺			
1877	7,319		神通丸，天神丸，太神丸	3,244 本	500 本					5
1878	19,073		神通丸，神力丸，太神丸，福神丸	2,875 本	1,217 本		1,426 叺			5
1879	24,203		神通丸，神力丸	5,778 本			1,245 叺			5
1883	16,458		神通丸	6,020 本			845 叺		55 俵	6
1884	11,942		神通丸	5,030 本	1 本		603 叺			6
1887	1,153		神通丸	30 本			257 叺	95 俵	190 俵	4
1889	14,865		神通丸，天神丸，太神丸，福神丸	1,318 本	1,980 本	6,773 束				4
1890	9,274		神通丸，太神丸，福神丸		1,904 本	986 束				3
1891	17,493		神通丸，太神丸		3,963 本	1,200 束				2
1892	12,444		太神丸		2,631 本					1
1893	7,824		太神丸，汽船積	1,000 本	1,006 本					1
1894	597		汽船積	199 本						

出所）各年度「干鰯仕切帳」「穀物仕切帳」「仕切帳」，明治 27 年度「万買帳」（廣海家文書，廣海家蔵，貝塚市教育委員会保管）より作成。

注記）野村家廻船が，廣海家に荷揚げした商品の価額とその量を示した。取引額欄の両・円欄の 1872 年までの単位は両で，73 年から円。廣海家に仕切帳が残されている年を示したので，この表で示さなかった年にも野村家廻船が廣海家と取引した可能性はある。1868 年までの取引額は，両に換算したものは両，それ以外は銀貫匁で集計した。主要取引商品欄の地元産粕・大豆・米は，それぞれ青森県域産の鰯粕・大豆・米を示す。北海道産粕は，北海道産の鯡粕と鰯粕の合計だが，ほとんどが鯡粕。右端欄の船数は，野村家廻船所有数で，括弧内は推定。野村家の所有船数は，各年度「惣勘定目録」「惣勘定調帳」（野村家文書，野村家蔵，野辺地町立歴史民俗資料館蔵，およびマイクロフィルム版『近世の廻漕史料』雄松堂アーカイブズ所収）を参照した。

間、野村家廻船の廣海家への販売品は南部粕が多かったが、一八六〇年代後半〜七〇年代は大豆の販売量が減少し、代わりに北海道産魚肥の販売がみられた。それが、一八七九〜八七年は北海道産魚肥をほぼ全く扱わず、専ら青森県産の魚肥と大豆を廣海家に販売した。

その場合、近代期には野村家は元野村家廻船船頭であった鹿野専次郎を大阪に出張させ、畿内での取引を差配させた。表3-10に戻ると、鹿野は野村家から資金を供給され、畿内での積荷の買付や、廻船の積荷の販売先の確保などを行ったと考えられ、廣海家にも資金を融通した。(36) 特に、一八七九年度は船への仕込金が少なく、鹿野への資金貸付が多かったので、船の航海に先立ち、鹿野が各地商人からの積荷の買付を行ったと思われる。

野村家廻船は、登り荷では青森県産の魚肥と大豆を主に扱ったが、下り荷としての木綿の扱いは一八七〇年代末に急減したと考えられる。近代初頭の上方預け口の動向は、史料が残されておらず不明であるが、前掲表3-2のように一八七七年以降の「勘定帳」には上方預け口の項目がないため、近代以降は上方商人に資金を預け置き、木綿買い付けの精算をする取引方法は止めたと推定される。表3-12をみよう。近代期の「大福帳」には上方商人への貸付金残額が記載されたが、その金額は一八七九・八五・八六年末のみ一時的に数千円で、それ以外の年は数百円であった。近世期の主要な木綿類の買入先であった扇屋与兵衛の「大福帳」への記載も、一八七七〜七九年に貸付残額が次第に減少して、八一年以降は記載がなくなり、八〇年前後におそらく野村家廻船は木綿取引を終了したと思われる。

同表では、一八七八年末から正三への貸付残額が登場したが、九二年発行の『日本全国商工人名録』に函館の物産商として野村正三が挙げられ、(37) 店印が野村治三郎家と同じであり、治三郎家の函館支店と考えられ、七九年以降そことの取引が増大した。特に、三菱と共同運輸会社との汽船航路をめぐる競争後に、巨大汽船会社の日本郵船が一八八五年に設立され、八四年設立の大阪商船会社の設立とも合わせて日本国内汽船網の整備が進むと、序章で示したように八〇年代後半に次第に地域間価格差が縮小し、北前船経営に不利な状況となった。野村家廻船はそれに対し、日本海海運の主要商品のなかで最後まで地域間価格差が残された北海道産魚肥を専ら扱うことで、北前船経営を維持しようとした。表3-11に戻ろう。前述のように一八七九～八七年の野村家廻船は廣海家に北海道産魚肥をほとんど販売しなかったが、八九年以降は北海道産魚肥を専ら廣海家に販売し、逆に青森県産大豆を全く販売しなかった。

表3-4に戻ると、野辺地の野村家の店も一八八九年度以降は大豆・魚肥の取扱量は急減し、それに対し地元産米の取扱量が増加したと考えられる。当時、北海道開拓の進展で北海道への米の移入が急増しており[38]、北海道産魚肥を専ら扱った野村家廻船の動きと併せて、地元産米を野村家廻船で北海道へ運んで販売したと考えられる。

このように青森県産米の北海道での販売と北海道産魚肥の畿内での販売で、一八八〇年代後半も廻船経営を維持した野村家であったが、八九年に天神丸、九〇年に福神丸、九一年に神通丸を手放し、最後に残された太神丸を九三年に手放して海運経営から撤退した[39]。その際に、北前船経営に代わる新しい取引として、野辺地の野村家の店と貝塚の廣海家との直接取引が試みられ、廣海家店員が直接野辺地に出張して、野村家問屋店と売買契約が交わされ、汽船運賃積を利用した[40]。しかし、野辺地は定期汽船の寄港地でなく、汽船輸送のコストも高く、結局廣海家は汽船運賃積を利用しての魚肥の産地直接取引をその後は函館・小樽など定期汽船網が発達した港の肥料商と行うこととなり、野村家と廣海家との取引は、一八九四年を最後に終了した[41]。実際、野辺地港の出入港船数は、一八九五年に出港が九一隻、入港が九〇隻に過ぎず、九五年時点の同港は遠隔地間交易の拠点としての役割を終えていた[42]。

三　酒造経営の展開と金融業への進出

野辺地では、一七世紀から酒造が行われ、一八世紀には五～七軒程度の酒造業者が存在しており、それぞれ当番で

表3-12　近代前期野村家大福帳勘定内訳

(単位：円)

項　目	1877年末	1878年末	1879年末	1881年末	1882年末	1883年末	1884年末	1885年末	1886年末	1887年末	1888年末	1889年末
地方貸付	19,245	21,370	25,122	24,219	36,667	39,720	33,400	31,782	28,365	27,416	26,349	24,442
海辺貸付	25,042	29,030	27,788	26,310	36,404	36,221	35,905	29,629	33,901	26,674	29,149	34,738
岡通貸付	30,649	46,740	56,806	73,496	77,253	76,191	75,039	75,694	82,175	86,260	93,578	84,653
上方通貸付	433	839	4,044	215		168		6,332	3,662	1,186	1,203	983
伊東善五郎	19,986	17,609	13,067	15,498	13,647	14,212	12,590	9,598	7,000	7,262	8,862	9,262
分家（立五二）	13,200	11,500	9,700	12,750	13,418	9,718	9,718	9,708	9,708	9,708	9,575	9,575
（野村）正三		10,773	30,168	35,428	39,011	40,858	40,508	38,130	35,305	41,909	44,928	48,233
船橋清左衛門	2,276	3,500	2,700	1,701	500		2,806	5,700	6,386	7,185	11,895	1,453
一玉仲間	2,119		1,614	1,393	978	978	381	381	381	381	381	381
三輪嘉平	2,013	3,900	4,221	1,100	1,746	800	800	750	立五一質店		1,828	1,660
扇　与	1,423	1,259	499						三戸貸付		3,058	8,639
河内与三兵衛	1,400	1,470	1,120	1,120	1,120	1,120	1,120	1,120	1,000	1,000	1,100	1,000
河森利三郎	114	2,000	532		671	857	226	354				
泉谷九三郎	52	2,491	1,198	557	510	623	613	320	61			
地券口	18,685	23,125	23,541[1]	26,014[2]	31,433[3]	49,038	62,715	89,725	96,009	99,885	100,900	108,165
公債証書		7,337	14,171	14,481	14,481	19,329	34,898	34,938	32,938	32,845	31,325	38,333
牛馬口			1,441	2,057	2,229	2,536	2,818	3,003	2,917	4,755	4,735	4,920
銀行・株券				5,694	8,319	8,194	17,756	30,134	33,039	46,067	48,438	62,593
その他とも計	138,185	185,814	214,371	242,150		301,378	331,561	367,226	372,706	396,517	413,578	435,545

項　目	1890年末	1891年末	1892年末	1893年末	1894年末	1895年末	1896年末	1897年末	1898年末	1899年末	1900年末
地方貸付	27,617	29,146	29,009	28,817	30,668	29,029	30,377	14,021	31,324	29,636	25,157
海辺貸付	35,560	34,295	41,180	58,376	52,879	64,375	66,183	63,233	64,697	52,869	46,197
岡通貸付	86,297	93,445	86,690	84,992	83,301	112,753	107,163	112,575	92,849	74,825	71,478
上方通貸付	1,003	1,010	1,010	3,363	3,403	3,906	3,110	3,110	3,110	21,140	21,038
三戸貸付	8,735	9,556	9,700	9,933	10,681	10,631	10,236	10,155	10,061	10,061	10,061
立五一質店	1,430	918	8,384	6,703	9,179	8,542	10,367	10,879	11,003	9,314	8,643
分家（立五二）	10,075	10,225	10,275	10,275	10,975	10,975	10,975	10,275	10,275	10,275	11,475

(野村) 正三	50,312	50,039	49,023	47,808	45,367	43,973	43,973	43,466	43,996	63,520	47,796
家族口				857	633	557	1,419	27,788	32,685	17,296	19,897
伊東善五郎	9,262	9,462	13,262	17,373	16,223	16,223	16,223	16,223	16,223	16,223	17,023
船橋清左衛門	1,255	5,706	5,706	5,706	5,706	4,994	5,000	5,000	4,992	4,001	
一玉仲間	381	381	381					上北銀行	4,200	1,320	1,650
河内与三兵衛	1,000	1,000	1,000						銀行部	26,348	10,450
地券口	101,226	100,019	100,481	99,264	92,072	69,852	59,190	107,278	98,758	90,349	88,667
公債買入口	38,433	43,815	40,828	40,828	44,629	42,732	42,104	9,568	9,611		
牛馬口	4,562	4,392	4,377	5,129	3,715	3,234	3,125	2,386	1,939	2,034	1,947
銀行預金・株券	75,216	60,131	65,696	78,102	82,274	103,213	122,134	147,682	157,460	231,298	240,272
その他とも計	449,434	461,538	466,932	493,271	490,441	523,874	528,741	573,640	593,184	603,173	618,491

出所）各年度「惣勘定調帳」（いずれも，野村家文書，野辺地町立歴史民俗資料館蔵，およびマイクロフィルム版『近世の廻漕史料』雄松堂アーカイブス所収）より作成。

注記）「惣勘定帳」の「大福帳」の項に挙げられた項目のうち，表で示した年末時点で1,000円以上を計上した項目を示した。野村家が滞貨の処理をした分は除いた。立五一は野村家の屋印。立五二は野村家の分家。野村正三は野村家の函館支店と推定され，1894年末より野村新一。その他として，1893年末時点で三井銀行からの借入金2,570円が負債として計上された。

注1）うち耕地帳〆高7,745円を含む。2）うち耕地帳〆高5,451円を含む。3）うち耕地帳7,422円を含む。

年行事を務めていた(43)。野村家の史料では，一八一〇年代から「造酒勘定帳」が残され，野村家にとって酒造業は，問屋業・廻船業と並んで歴史ある営業部門であった。表3-13をみよう。前述のように野村家は酒造経営において近世期は，酒造米の確保に苦労しており，特に飢饉の際は確保することが困難なため，度々休業届が提出されていた。それは生産性が低く，飢饉が度々生じた東北農村の状況に規定された東北地方の酒造業に通ずる条件とも言えるが，野村家の酒造経営の米仕込量は，年によってかなり変動していた。とはいえ，醸造が行われた際の販売は比較的順調であり，販売額の内訳からみて現金販売が中心で，貸売と併せて比較的安定した販売額を上げた。そして前年勘定尻との差引からみた損益は，それほど多くはないものの着実に上げられた。

表 3-13　近世後期野村家酒造勘定一覧

（単位：米仕込量は石，その他は両）

年度	米仕込量	米代金	その他とも仕込額計	現金売	貸　売	その他とも販売額計	差引損益
1818		217	274	334	124	463	189
1819		196	256	297	126	423	168
1820	293.6	254	311	362	177	538	225
1823	302.4	274	356	312	210	522	166
1824	280.8	234	309	260	206	461	152
1825	258.4	255	333	232	214	446	113
1826	148.0	205	337	264	150	414	77
1827	286.4	317	457	358	255	613	155
1828	317.6	335	410	368	252	620	210
1829	319.2	348	429	386	239	637	209
1830	260.0	347	438	362	187	553	115
1831	223.2	316	389	332	169	506	117
1832	224.8	301	373	333	201	534	161
1833	205.6	393	468	463	128	591	124
1835	159.2	297	392	337	71	407	16
1847	268.8	304	516	458	257	715	199
1848		240	347	312	144	456	109
1849	363.0	292	318	324	206	530	212
1850	205.5	205	392	344	126	470	78
1858	262.8	339	459	461	146	607	148
1859	278.6	377	506	590	160	750	244
1864	336.0	502	568	749	253	921	353
1865	364.1	614	771	919	314	1,233	462
1866	260.4	1,051	1,236	1,214	750	1,964	728

出所）各年度「酒屋勘定目録（造酒勘定帳）」（いずれも，野村家文書，野辺地町立歴史民俗資料館蔵，およびマイクロフィルム版『近世の廻漕史料』雄松堂アーカイブズ所収）より作成。

注記）銭単位の数値も併記されていたが，史料上の換算比率で換算して金（両）に統一した。

続いて表3-14をみよう。近代になると農業生産性の上昇もあって飢饉の頻度も低くなり、安定して酒造米を手に入れられるようになり、野村家は休業なく毎年酒造りを行い、米仕込量は、近世期と同様におおよそ二〇〇石台であった。販売では近世期と同様に現金販売が中心で、貸売も近世期に比べれば多額であり、前年度勘定と当年度勘定の差引からみた損益は、一八七〇年代後半にはかなり計上された。しかし、一八八〇年代以降酒造税が増徴されたため、利益はあまり上がらなくなった。ただし、一八八六（明治一九）年度のみ赤字になったが、それ以外の年度は、多くの利益は期待できないものの安定した利益を計上しており、問屋業・廻船業撤退後は、野村家の営業活動の中心は酒造業となったと思われる。

一方、近代期には資産の大部分を大福帳項目が占めており（前掲表3-2）、大福帳の分析が必要となる。表3-12

表3-14　近代前期野村家酒造勘定一覧

（単位：米仕込量は石，その他は円）

年度	米仕込量	米代金	酒造税	その他とも仕込額計	現金売	貸　売	その他とも販売額計	差引損益
1877	276.0	999	195	1,494	1,510	732	2,242	748
1878	263.7	909		1,318	1,516	623	2,138	821
1879	243.3	1,499		1,856	1,862	1,402	3,264	1,408
1880	297.8	2,953	345	3,661	3,669	1,882	5,551	1,890
1882	233.4	2,255	592	3,716	2,198	1,911	4,109	393
1883	264.1	1,826	632	3,213	2,051	1,877	3,929	716
1884	184.5	736	811	2,011	1,597	1,179	2,776	765
1885	125.7	658	645	1,591	1,220	659	1,878	287
1886	172.5	870	792	1,953	1,249	622	1,871	△82
1887	264.1	1,339	1,257	3,213	1,127	2,168	3,295	81
1888	467.1	2,238	1,907	4,585	3,380	1,980	5,360	776
1889	366.6	1,882	1,668	3,933	3,411	1,387	4,798	865
1891	228.2	1,771	1,126	3,331	2,836	1,071	3,907	576
1892	252.1	1,810	1,271	3,478	2,695	150	3,939	461
1893	203.0	1,334	1,019	2,849	2,812	525	3,337	488
1896	206.5	1,727	1,012	3,135	3,110	829	3,938	803
1897	227.5	2,426	1,901	4,655	4,363	1,110	5,473	818
1898	226.0	3,446	1,900	5,834	4,579	1,426	6,005	171
1899	228.0	2,248	2,598	4,861	3,820	1,605	5,425	564
1900	228.2	2,470	3,246	6,159	5,887	1,396	7,283	1,124

出所）各年度「造酒勘定帳」（いずれも，野村家文書，野辺地町立歴史民俗資料館蔵，およびマイクロフィルム版『近世の廻漕史料』雄松堂アーカイブズ所収）より作成。
注記）差引損益の無印は利益，△印は損失。

に戻ろう。この表では、表で示した各期末時点で一、〇〇〇円以上を計上した項目を表の期間について示したが、大福帳の内訳は、貸付金、分家や支店への融資、不動産、有価証券、銀行預金などから構成された。貸付金は、近世期には商取引の相手先への貸付が多かったと考えられるが、問屋業・廻船業撤退後の一八九〇年代後半にも貸付金は増大しており、商業上の取引相手のみではなく、金銭貸付業として地元の資金需要者への利息取得目的の貸付が拡大したと考えられる。それに対し、廻船業と密接に関連した上方商人への貸付・預け金は、前述のように三輪嘉平や扇与など個人名で項目を立てられた大口の貸付・預け先も、上方通貸付欄に記載された小口の貸付・預け先もいずれも、一八八〇年代前半には金額が少なくなっており、野村家の金銭貸付先の中心は、盛岡から五戸・八戸など岩手県寄り（内陸部）を示す岡通りの貸付先や函館支店（野村正三）であった。

貸付金以外では、不動産（地券口）が一八七七年末時点の約二万円から一〇年後の八六年末時点では約一〇万円と急増しており、前述のように問屋業・廻船業で一八七七〜八二年に大きな収益を上げたと推定され（前掲表3-2・3-5）、その商業的蓄積で土地取得が進められたと言える。不動産は、一八八〇年代後半〜九〇年代は一〇万円前後でほとんど変化がなく、八〇年代前半には公債購入が、八〇年代後半からは株式購入と銀行預金が増大した。

一八九一年末時点の大福帳の内訳が判明するので、それを表3-15で示した。貸付口では、青森から盛岡の広範囲にわたって資金融通が行われ、その一方で、商業的つながりの深かった遠隔地の商人への貸付はほとんど行われておらず、商業とは離れて金銭貸付業が独立して野村家の収益源泉となっていた。不動産は、野辺地後背地の五戸や青森方面の土地を多く取得しており、公債は整理公債が購入され、日本銀行・横浜正金銀行・日本郵船など中央の大資本の株式が主に購入され、銀行預金先は函館銀行（本店函館）・第百十九国立銀行（本店東京）などであった[44]。その他で注目すべきは、牧場経営を意味する牛馬の所有で、また一八九一年末は金額が少なくて表3-15に記載されていないが、前掲表3-12をみると、八八年から野村家は質店の営業を始めており、九二年から大福帳での質店項目の金額が増大した。

こうした金銭貸付業や質店の営業が、その後本格的に野村家が銀行業に進出する前提となっており、表3-12に戻ると一八九九年に設立した野村銀行（開業は一九〇〇年）に対し、野村家は一八九九年末時点で二六、三四八円の預金をしていた。それと入れ替わりで公債関係の資産は、一八九七年末に急減し、九九年末以降はなくなっており、九七・九九年に公債の売却（償還）で得た資金を銀行預金としたり株式取得に充てたりしたと推測できる。

このように金融や有価証券投資に基盤を置いた野村家の資産運用は、その後も継続したと考えられ、表3-16で一九一九（大正八）年末時点の大福帳の内訳をみると、金銭貸付では、地元以外の遠隔地の事業体や個人に大口の貸付をしており、親族への貸付もかなりの金額に上った。不動産の資産額は不明だが、銀行との関係は預金額よりもむしろ借入額が多く、株式投資がかなり進んでおり、銀行借入金での株式投資の様相がみられる。株式投資の内容で注目すべきは、日本銀行・横浜正金銀行・日本勧業銀行など中央の大資本の株式の購入比率は依然として高いものの、青

表 3-15　1891 年末野村家大福帳主要項目一覧

（単位：円）

分　類	項　目	居所・内容	金　額
①町方利足貸付口	吉田七三郎		12,807
	西村金七郎		1,950
	野坂常吉	野辺地	1,841
	野坂與治兵衛	野辺地	1,800
	その他とも計		29,146
②海辺利足貸付口	辻武八郎	田名部	6,388
	侖市（竹内）	小　湊	3,650
	工藤庄兵衛	小　樽	2,400
	畠山六兵衛		2,300
	上田幸兵衛	青　森	2,160
	山本源六		2,100
	杉山才吉	田名部	2,025
	野口成元	元青森在	1,961
	飯塚丈助		1,100
	三井銀行	当　座	△ 2,000
	その他とも計		34,295
③岡通利足貸付口	藤　善	五　戸	11,300
	山田改一	七　戸	10,734
	三浦重吉	五　戸	7,430
	佐々木卯太郎	盛　岡	6,400
	三浦安兵衛	五　戸	6,158
	盛　喜		5,650
	中村正三	八　戸	3,200
	花田栄治郎	鹿　角	2,500
	苫米地金治郎	相　坂	2,430
	松尾藤平	三　戸	2,270
	盛　庄		2,179
	阿部豊作	八　戸	2,168
	田村伊助		2,046
	菊　万	五　戸	1,800
	矢幅三治郎	三　戸	1,800
	尾　形	田　子	1,445
	山本吉五郎	大藤瀬	1,000
	山内光武	八　戸	1,000
	今野専左衛門		1,000
	その他とも計		93,445
④諸　国	伊東善五郎	青　森	9,461
	船橋清左衛門	京　都	5,706
	河内与三兵衛	大　阪	1,000
	上方通附込計		1,010
⑤親　族	野村正三		50,039
	分家（新八郎家）		10,225
	市四郎		△ 71
	野村治三郎家質店		△ 1,599
⑥地券口	五戸通他		19,203
	青森通		16,526
	阿部豊作買		15,834
	大直買		14,861
	上北郡藤崎村他		10,372
	小湊道		8,586
	三戸通		6,284
	その他とも計		100,019
⑦公債	整理公債		32,068
	鉄道公債		9,005
	その他とも計		43,815
⑧銀行・株券	日本銀行	100 株	23,762
	函館銀行	預金	11,000
	第百十九国立銀行	預金	10,000
	横浜正金銀行	50 株	6,156
	大阪鉄道	100 株	5,000
	日本郵船	70 株	3,822
	東京木綿紡績	70 株	3,501
	第百五十国立銀行	110 株	2,540
	第九十国立銀行	100 株	2,515
	階上銀行	43 株	2,150
	北海道セメント	150 株	1,200
	その他とも計		68,131
⑨その他	牛馬口		4,392
	無尽口		3,428
	税金口		860
	印紙切手手数料		106
	総　計		461,538

出所）明治 25 年「大福帳」（野村家文書，野辺地町立歴史民俗資料館蔵）より作成。

注記）野村家が滞貸として処理した分は除く。無印は野村家の貸で，△印は野村家の借。金額が 1,000 円以上の項目を示した。分類は史料上の分類を活かしつつ，類似のものを集めて集計した。総計欄は表 3-12 より。山田改一は，海辺利足貸付口でも挙げられたが，岡通利足貸付口で統合処理がされたため合わせて示した。なお，出所資料では集計値に符丁が使われた箇所があったが，前後関係より計算して数値に直した。居所は，渋谷隆一編『都道府県別資産家地主総覧』青森編，日本図書センター，1995 年を参照。

表 3-16　1919 年末野村家大福帳主要項目一覧

（単位：円）

分　類	項　目	居　所	金　額
①御町口	野坂與次兵衛	野辺地	19,550
	浜方仕込金		11,926
	西村金七郎		2,280
	野坂勘左衛門	野辺地	2,000
	松本彦次郎		1,753
	飯田甘五郎他	野辺地	1,400
	野坂・成田		1,350
	横浜長次郎	横　浜	1,000
②海辺通	竹内与右衛門	小　湊	13,851
	辻武八郎	田名部	6,393
	山田改一		5,697
	畠山・小平		4,700
	伊東末治		4,478
	杉山才吉	田名部	3,980
	菊地喜一		2,500
	堺伊惣治		2,310
	平松与一郎		2,000
	野口成元		1,961
	北山一郎		1,800
	川口栄之進		1,583
	山本源吾		1,393
	飯塚重吉		1,228
③岡　通	藤　善	五　戸	7,656
	山田改一	七　戸	7,556
	盛　喜		2,450
	三浦道太郎	五　戸	2,090
	藤留（藤田留吉）		2,050
	苫米地金次郎	相　坂	1,360
	三浦・藤田		1,320
④諸　国	立花商之助		47,935
	相立製作所		25,000
	坂巻正太郎		18,576
	亘理胤正	東　京	2,000
⑤親　族	野村正三（新一）		47,541
	分家（新八郎家）		30,242
	家族口		20,082
	市三郎口		2,004

分　類	項　目	居所・内容	金　額
⑥地所部	青森方面		不　明
	小湊方面		不　明
	藤島方面		不　明
	五戸方面		不　明
	耕地整理	野辺地	不　明
⑦畜産部			不　明
⑧公　債	五分利公債		20,644
	その他		8,878
⑨銀　行	安田銀行	青森支店	△ 169,000
	日本勧業銀行		△ 50,293
	青森県農工銀行		△ 42,610
	上北銀行		△ 15,100
	第五十九銀行	青森支店	△ 15,000
	下北貯蓄銀行		△ 7,000
⑩株　式	野村銀行合資		100,000
	日本銀行	240 株	51,000
	日本勧業銀行	212 株	32,200
	横浜正金銀行	400 株	26,153
	野辺地電気	333 株	15,904
	青森県農工銀行	763 株	15,285
	七戸水電	410 株	11,645
	上北銀行	120 株	6,500
	大湊興業	500 株	6,250
	十和田軌道	106 株	3,053
	日の出セメント	200 株	2,500
	東北名石	100 株	2,500
	渡辺硝子	200 株	2,500
	陸奥電力	160 株	2,000
	浅野セメント	8 株	1,300
	五戸銀行	100 株	1,250
	集盛貯蓄銀行	100 株	1,250
⑪その他	無尽口		不　明
	町　税		13,872
	国　税		6,077
	県　税		4,486

出所）大正 9 年「大福帳」（野村家文書，野辺地町立歴史民俗資料館蔵）より作成。
注記）無印は野村家の貸で△印は野村家の借。金額が 1,000 円以上の項目を示した。分類は，史料上の分類を活かしつつ，類似のものを集めて集計した。税金は 1919～20 年にかけて支払った金額。

森県農工銀行・野辺地電気・七戸水電など地元会社・銀行への株式投資もある程度みられたことであり、家業として設立した野村銀行への投資額一〇万円を加えれば、株式投資の内訳で地元株が中央株を上回ることとなった。

おわりに――秋野家との比較

東北地方で有力な北前船主は少ないが、山形県加茂の秋野茂右衛門家は、一七世紀末から鶴岡藩の湊町加茂の問屋として活躍し、和船を所有して北海道産物を扱った[45]。表3-17をみよう。秋野家は、一九世紀中葉に三〜四隻の和船を所有したと考えられ、一八三〇年代は、手船清徳丸で北海道産鮭を北海道で買い付けて出雲崎湊に入津し、そこで船を越年させることがあり、清徳丸は北海道と越後国を往復して北海道産食用海産物を扱い、栄徳丸・千寿丸は、地元庄内地域産米を瀬戸内・畿内へ運んで販売する活動をしたと推定される。一八四〇年代以降の秋野家廻船には、出雲崎湊へ瀬戸内方面から塩を積んでの入津と考えられる船や、浜田湊へ北海道方面からの入津がみられ、北海道と瀬戸内・畿内を結び、下り荷は塩を、登り荷は北海道産魚肥を扱う活動へ展開した。それと同時に、地元庄内地域産米を瀬戸内・畿内へ運ぶ活動は継続され、一八八六（明治一九）年まで秋野家廻船の活動が確認された。

野村家と同様に秋野家も、土地集積を進めたがその時期は野村家よりかなり早く、一八四三（天保一四）年時点で、七六年時点の土地所有面積約二七三町歩に匹敵する土地を集積したと推定される[46]。秋野家の土地集積の特徴として阿部英樹は[47]、同じ庄内地域で日本最大の地主となった本間家が藩権力と結びついて藩法令の許容する形態で、組織的大規模かつ独占的に土地集積を行ったのに対し、秋野家は藩権力の後ろ盾を持たず、同家単独の土地金融に基づき、他の商人・高利貸と競合しつつ土地集積を進めたとした。そのため、本間家の土地集積が農民保護を第一義とす

表 3-17　秋野家廻船の動向

① 出雲崎湊への入津				② 浜田湊への入津			
年月日	船　名	反数	積　荷	年月日	船名	経路	備　考
1832.10.25	清徳丸	18	石狩鮭 30,000 匹，筋子 100 樽	1832. 9.21	栄徳丸	入　津	
1833. 1.14	清徳丸			1833. 5. 2	栄徳丸	入　津	
1833.10.10	(善五郎)		小樽内（鮭）	1833. 5.12	千寿丸	庄内登	生蠟買，米 50 俵売
1834. 1.25	(善五郎)						
1836. 6.29	清徳丸		択捉（鮭）				
1836.10. 8	清徳丸	18	石狩（鮭），[船囲い]				
1837. 8. 1	清徳丸	18	魚油 400 丁				
1837. 9.15	(紋右衛門)	15	石狩（鮭）				
1838.10.22	(善右衛門)	18	石狩場所登り				
1839.10. 6	清徳丸	18	石狩登り				
1841. 4.20	愛染丸	18	鮭 12,000 匹，筋子 30 樽，身欠				
1841. 9.26	栄徳丸		石狩登り，[船囲い]				
1842. 6. 7	清徳丸	18	塩 600 俵，綿 100 本	1844. 3.17	千寿丸	下入津	扱苧・生蠟買
1842. 7. 7	永徳丸	18	三田尻塩 400 俵，米 530 俵	1845. 3.16	栄徳丸	入　津	
1842.10.12	千寿丸	19	石狩（鮭），船囲い	1845. 4.21	愛染丸	庄内登	
1843.7 月	(太作)	19	綿，玉砂糖，クジラ，塩	1845. 8. 4	幸徳丸	松前登	扱苧買
1844. 3.11	相神丸	18	生蠟 30 叺，半紙 12 束	1846. 4.27	愛染丸	登入津	半紙・生蠟買
1844.10.23	(徳左衛門)	18	石狩（鮭）1,100 束，筋子 50 樽，[船囲い]	1847. 5. 5	幸徳丸	庄内登	米・酒売，生蠟買
1846. 4. 1	(徳左衛門)		塩 900 俵，クジラ 10 俵，半紙	1848. 3.22	幸寿丸	酒田登	大豆・小豆売，扱苧・半紙買
				1850. 7.19	春日丸	松前登	扱苧買
				1850. 9. 4	春日丸	下入津	生蠟・半紙買，白・黒砂糖売
1872. 7.17	(多作)	10	今町行	1878.11.21	幸暉丸	庄内登	
				1879. 7.18	幸暉丸	松前登	
				1886. 9. 7	幸暉丸	松前登	

出所）出雲崎町教育委員会編『出雲崎町史』海運資料編 (1)，1995 年，柚木学『近代海運史料』清文堂出版，1992 年より作成。

注記）船名の括弧書きは，船名が不明のため船頭名を示した。反数は船の帆の反数。表で示した他に，浜田湊に，1849 年 4 月 12 日（春日丸），49 年 7 月 2 日（春日丸），51 年 4 月 16 日（栄徳丸），54 年 3 月 18 日（栄徳丸），62 年 5 月 13 日（龍福丸），62 年 8 月 6 日（龍福丸），62 年 9 月 14 日（幸玉丸），63 年 5 月 2 日（幸玉丸・小松丸），63 年 8 月 1 日（小松丸），73 年 9 月 1 日（栄福丸），74 年 2 月 28 日（栄福丸），77 年 8 月 20 日（幸玉丸），79 年 10 月 2 日（幸暉丸）が入津したことが出所資料から判明する。経路欄の例えば「庄内登」とは，庄内を出発地として浜田湊に入津したことを示すと考えられる。[船囲い] は，入津した船がそのまま出雲崎湊で越年して，翌年に出津したことを示す。

る藩農政との関連のもとで進められて、土地経営に不利な田畑がかなり含まれたが、秋野家は譲渡地の詳細な吟味を通じて土地経営に有利な縄延び地を主に取得した。近代に入っても秋野家は土地取得を進めたが、近世期よりはそのペースは遅く、一九二四（大正一三）年時点で約三六八町歩を所有したのが最大となった。

　秋野家は、土地集積の際に藩権力の後ろ盾を持たなかったが、加茂湊では「金銀引替方」として特権を得る代わりに多額の御用金を負担した[48]。御用金負担額は、秋野家が鶴岡藩から一八二三（文政六）年に苗字、三一年に帯刀を認められてから増大し、三〇年代は四、一五〇両、四〇年代は約三、〇〇〇両、五〇年代は約八、〇〇〇両、六〇年代は六五（慶応元）年までで三、四五〇両であった。むろんその対価として扶持米が加増され、一八六四（元治元）年時点で三九人扶持になった。ただし、本間家に比べれば御用金額ははるかに少なく、一八五二（嘉永五）年に藩が地盤立直しの御用金を付加した際に、本間家負担額一万両に対し、秋野家負担額は二〇〇両で、六四年の御用金九、五〇〇両のうち本間家は五、〇〇〇両を負担し、秋野家は八〇〇両を負担した。

近代期の地域経済との関連では、一八八〇年に秋野家を主な出資者として貸金会社広益社が設立されたが、九〇年頃から滞貸が増大して経営難に陥り、九七年頃に解散された[49]。その後一八九八年に鶴岡で鶴岡銀行が設立され、その取締役となったが一九〇〇年に退任し[50]、それ以外の会社の経営には関与しなかった。秋野家は有価証券投資もある程度行ったが、第一次世界大戦後も土地経営が収益基盤の中心で、一九二四年時点の同家所得内訳で、所得合計約一一万円のうち、配当所得は約一万円、田畑所得は約一〇万円であった（前掲表序-12）。

このような秋野家の経営展開の事例も含めて、東北地方の北前船主の経営展開の特徴を考察する。北陸地方の北前船主の従来の事例研究では、下り荷よりも登り荷が注目され、北陸米の大坂・兵庫への輸送とその売買や、北海道産魚肥の瀬戸内・畿内への輸送とその売買の動向が主に解明されてきた[51]。それに対し、本章で取り上げた野村家廻船の特徴は、地元産大豆・魚肥の畿内での販売と、畿内で仕入れた木綿類の地元野辺地での販売にあった。特に、下り荷としての木綿類の輸送と売買は、幕末期の木綿国内市場の拡大を推し進める動きとして評価されるべきで、次章で触れる瀬戸内海産の塩や山陰地方産の綿を北陸地方に運んだ北前船の実績も併せて考えれば、特産物の国内消費市場拡大の側面で北前船は大きな役割を果たし、こうした北前船主の活動が、一九世紀日本における特産物生産の拡大を下支えしたと言える。一方、秋野家廻船は北海道産物と出身地元庄内産米を主に扱い、一九世紀前半は、北海道産物として食用鮭を主に扱い、廻船ごとに役割分担をしていたが、一九世紀中葉以降は、後述する越後・越中の北前船主と同様に、北海道産魚肥と地元産米を扱うようになり、米産地の北前船主として越後・越中の船主と共通性を示した。

また、藩権力と野村家・秋野家廻船経営との関係では、野村家は一八四一年に大坂為御登大豆御用を引き受けるなど、藩領域内の御用品の集荷において御用商人の側面を示し、御用輸送もある程度担ったが、それを経営の中心に置かず、前述のように御用大豆の輸送は、主に大坂や越前・加賀の船主の船が担った。野村家は野辺地で払い下げられた大豆を買い入れ、手船が上方に運んで売却し、下り荷としての木綿類の輸送も併せ、買積を廻船経営の中心に置いたと考えられる。その意味で、野村家と藩権力との距離は相対的に離れており、そのことが、藩の御用がなくなった近代以降も比較的大規模に野村家が一八九〇年代まで廻船経営を継続し得た要因と考えられる。秋野家廻船も藩の御用輸送を積極的に担った形跡はみられず、御用金負担額も本間家に比べればかなり少なく、藩権力との距離は相対的に離れており、野村家と同様に秋野家も近代以降も一八八〇年代までは廻船経営を継続し得た。

ただし、野村家がこだわって扱った木綿の流通に関しては、幕末開港後は、横浜港への輸入綿布の流入に加え、産地間競争のなかで勝ち残った産地の多くが輸入綿糸を利用するようになったため、綿製品の流通が開港場や東京・大阪のような大都市を中心に再編された(52)。そのため近代以降は、木綿類は開港場や大都市間の汽船網を利用して主に運ばれたと考えられ、北前船の主要扱い品ではなくなった。主要な下り荷がなくなるなかで、野村家廻船は地元産物の畿内への売り込みに活動の中心を移したが、地元の野辺地が定期汽船航路から外れたため、北前船経営の活動の余地は残されたものの、問屋業を活かした、汽船運賃積を利用しての大都市商人との直接取引はうまくいかず、最終的には地域間価格差の縮小とともに、廻船業は一八九三年、問屋業も九〇年代に撤退したと考えられる。

とはいえ、野村家は廻船業・問屋業で得た蓄積を他部門へ展開することで、野辺地経済に大きな影響を与え続けた。野村家は、それらの商業的蓄積を土地取得に向け、青森県下で最上層の地主となり、牧場経営も大規模に行って地元の牧畜業の発展に貢献した。酒造業は青森県米作の生産性の低さもあり、野村家は十分に発展させることはでき

表3-18　野村治三郎会社役員の推移

（資本金の単位：万円）

会社名	所　在	資本金	1893年	1897年	1902年	1907年	1912年	1916年	1922年	1926年	1931年
伊東商会	青　森		社　長								
上北銀行	野辺地	15.0		相談役			頭　取	取締役	頭　取	頭　取	
野村銀行	野辺地	10.0			頭　取	頭　取	頭　取	頭　取	頭　取	頭　取	頭　取1)
青森県農工銀行	青　森	80.0				頭　取	取締役	取締役	取締役		
野辺地電気	野辺地	3.3						取締役			
七戸水電	七　戸	8.0						取締役	取締役	取締役	
和田醤油	五　戸								取締役		
東奥製糸	三　戸									取締役	取締役

出所）由井常彦・浅野俊光編『日本全国諸会社役員録』第1・2・6・11・16巻，柏書房，1988・89年，および大正5・11・15・昭和6年版『日本全国諸会社役員録』商業興信所，1916・22・26・31年，より作成。
注記）各年1月頃のデータと考えられる。資本金は1916年初頭の払込資本金額。
注1）野村銀行は立五一銀行と改称したので，立五一銀行として。

ず、多様な収益基盤の一つの役割を担ったに止まったが、商業活動撤退後も、ある程度安定した収益基盤を持ち続けた点では、複合経営のメリットは存在したと考えられる。そして野村家は、一八八〇年代後半以降は商業的蓄積を株式投資へ向け、前述のように、九一年末時点の野村家の所有株式の内訳は、日本銀行や横浜正金銀行など中央の大銀行株が多かったが、その後青森県で設立された企業へも投資した。その結果、一九一九年末時点で最も投資額が多かったのは、野村家が設立した野村銀行（一〇万円）であったが、それを除き、日本銀行・横浜正金銀行・日本勧業銀行など中央の大銀行株合計約一三万円に続いて、青森県農工銀行・野辺地電気・七戸水電・上北銀行など青森県下の企業へも合計約八万円を投資していた（前掲表3-16）。

それゆえ、秋野家が鶴岡銀行以外は全く会社経営に関与しなかったのに対し、表3-18にみられるように、野村治三郎は一九一〇年代以降多くの地元会社・銀行の役員を兼任するようになった。例えば、一九一六年初頭の上北郡の銀行・会社は、上北銀行（払込資本金一五万円、以下同様）、三本木開墾（一〇五、六七五円）、野村銀行（一〇万円）、七戸水電（八万円）、野辺地電気（三三、九〇〇円）、十和田軌道（二五、〇〇〇円）の六社で、うち三本木開墾と十和田軌道以外はいずれも野村家が主要役員を務めた[53]。ただし、野村家が経営に関与した諸会社は銀行と電力会社が中心で、それゆえ青森県下の企業の株式所有もその大部分が銀行と電力会社に止まった。

実際、一九世紀末～二〇世紀初頭の企業勃興期の野村家の株式投資は中央の大銀行株が中心であり、また野村家にとって、会社設立の中心はやはり家業として設立した野村銀行のため、野村家は株式投資と経営参加を通して直接地元経済に関与するよりは、銀行を設立してその間接金融を通して地元経済に貢献する道を選択した。そのため、上北郡での会社設立は、前述のように一九一六年時点でも六社と少なく、野村（立五一）銀行が二七（昭和二）年の金融恐慌で大打撃を受けたことで、野村家の地元経済に与える影響力はかなり弱体化し、三二年に同銀行が解散したことで、野村家の事業展開はほぼ終了するに至った。

第4章　新潟県船主の海運・農業経営
――越後国鬼舞・鞍屋伊藤家の事例――

はじめに

本章では、一八世紀後半から廻船を所有し、一九世紀初頭に一時的に廻船経営規模が縮小したが、一九世紀中葉に急速に廻船数を増大させ、前掲表序-11から明らかなように越後国（現新潟県）では最大規模の帆船船主となった越後国鬼舞の鞍屋伊藤家を取り上げる。(1) 鬼舞は、越後国南部にあり、近世後期は高田藩領に属し、山が海に迫った地形により越後国のなかでは平野は乏しかった。しかし、近隣に高田藩の外港であった今町（近代期は直江津）があり、漁業や廻船業は一八世紀から盛んであった。(2) 近代になると西頸城《くびき》郡に編成されて鬼舞村となったが、西頸城郡の主要産業は農林水産業で、一九二〇（大正九）年時点でも、同郡の産業別生産額は、農業約三二六万円、蚕糸業約一八万円、畜産業約八万円、林業約一二〇万円、水産業約九五万円、工業約一二一万円、鉱業約一二万円であった。(3)

伊藤家は、近世期は鞍屋を称したが、幕末期から土地集積を進め、近代期には西頸城郡で最大規模の土地所有者となったと考えられる。それを西頸城郡の有力資産家をまとめた表4-1で確認する。表4-1は、所得規模・土地所有

表4-1　西頸城郡有力資産家一覧

（単位：円）

姓名	住所	1888年		1898年	1901年	1916年	1922年	1928年	備考
		所得	地価	地価	地価	地価	資産	地価	
伊藤助右衛門	鬼舞村	6,333	10,400		12,035	13,646		10,469	北前船主
竹田環	杉野瀬村	2,822	41,300	21,661	7,525				名立谷石油（取）
伊藤伊与吉（博治）	能生町村	2,022	6,400	4,408	6,494	6,250		5,390	能生銀行（頭）
大島和三郎（永憲・永朋）	梶屋敷村	1,417	17,800		12,064	17,149	20万	11,355	
井上半重郎（恒助）	梶屋敷村	1,151	9,400	4,322	8,258	13,181	15万	10,368	北前船主，積善銀行（専）
池原平十郎（円平）	糸魚川新田町	973	8,800	7,052	6,955	5,706		5,323	雑貨商
小野清太郎（惣司）	青梅村	951		2,637				3,320	
関澤清左衛門（清矩）	堀切村	867	7,000	8,506	7,834	13,349	23万[1)]	11,214	
澤田太郎吉（三郎吉）	瀬戸村	814		606					
岩崎栄七（栄助・徳五郎）	大和川村	805			6,900	11,590	20万	10,918	越後銀行（頭），大和川貯蓄銀行（取）
田原七郎右衛門（助蔵）	大和川村	767		980	7,240	15,280	15万	15,121	材木商，越後銀行（取），積善銀行（取）
寺崎至	糸魚川横町	764	7,400						北前船主
井合喜左衛門	糸魚川寺村	754	6,000	2,699					
田中九右衛門	鬼舞村	715		1,268					北前船主
相澤きよ（彦太郎・充太郎）	糸魚川大町	681	8,300		7,270			1,336	薬種商，糸魚川銀行（取）
斎藤仁平治（八朶）	上野村	662		1,924				1,085	
岡田卯三郎	東川原村	646							
多田せん（武治）	糸魚川寺村	633		1,803	5,234		3万	1,862	北前船主
富岡磯平	青梅村	632		2,160					河西銀行（取）
池原恒三郎（祐三）	糸魚川新田町	620		627				3,739	酒造業
小林与右衛門（栄一）	鬼舞村	615		1,936				1,616	北前船主，中浜漁業（取）
山本勘四郎	糸魚川横町	610		1,546					北前船主
吉澤繁右衛門（徳平）	糸魚川新田町	598		3,021		9,190	15万	7,184	越後銀行（取），大和川貯蓄銀行（取）
池亀整（弥平）	徳合村	594	7,600	7,759	6,915	9,130		8,752	金銭貸付業，1924年時点59町4反所有
金子甚助	竹ノ花村	584		2,078				3,110	大和川貯蓄銀行（頭），西頸城金融（取）
保坂誠一（茂之助）	大野村	495		3,796				3,365	糸魚川銀行（専）
中村美樹	押上村	494	5,200	5,003					糸魚川銀行（取）
松澤井平治（三太郎・親雄）	来海沢村	439		970		5,865	10万	5,400	

高野五郎平（政一）	筒石村	436		3,478				3,651	能生谷村村長
笠原弥惣太（彌）	平　村	432		5,127	5,068			2,752	越後銀行（取），大和川貯蓄銀行（取）
吉岡惣次郎（忠蔵）	田伏村	427		1,077			7 万	3,525	
杉本喜右衛門	寺島村	405	5,600	5,356					北前船主
伊藤藤一郎	槇　村	401		3,539					
歌川四郎右衛門	糸魚川横町	394	5,300	5,054					西頸城金融（取）
中野祐源太（祐智）	田野上村	392		3,312		5,170	10 万	1,496	
伊藤忠太郎（忠雄）	木浦村	387		2,486				3,024	
片桐喜一郎（整吾・省太郎）	田野上村	350		932				3,262	
小笠原与平太（喜久男）	槇　村	349		3,729				4,323	南能生村村会議員
山口惣一郎（寅之助・精一郎）	下出村	315		2,470				3,170	岩東銀行（取）
川原九右衛門	糸魚川寺村	303				8,109	7 万	5,291	海産物商
小林辰次郎（實）	名立小泊村	300		2,113			7 万	1,246	
榊久三郎（龍蔵）	田伏村			756				3,064	
村田喜与松	能生町			671			5 万		医師，能生銀行（取），能生運送（取）
高島順作	能生町						70 万[2)]	3,554	土木請負業，北陸銀行（取），公益銀行（取）

出所）渋谷隆一編『都道府県別資産家地主総覧』新潟編 1〜3，日本図書センター，1997 年，澁谷喜平編『富之越後』新潟新聞社，1903 年，より作成。

注記）住所は，1888 年時点のものを示し，それが不明の場合は表に示した時期の住所を示した。地価は所有地価のこと。刊行された調査資料のなかで，1888 年時点の所得が 600 円以上，1898 年時点の所有地価が 3,000 円以上，1922 年の資産額が 5 万円以上，1928 年時点の所有地価が 3,000 円以上のいずれかを満たす家について表に取り上げた。表以外に，1880 年時点の所得が 600 円以上のものとして，安田義順（840 円）・高橋定一（610 円）・生田有格（610 円）の 3 名が挙げられたが，いずれも「糸魚川横町寄留」となっており，西頸城郡の地方資産家とは言えないため，この表からは除いた。姓名欄の括弧内は代替わりを示すが，資料での数値から推定したため確実ではない。備考欄は，由井常彦・浅野俊光編『日本全国諸会社役員録』全 16 巻，柏書房，1988〜89 年，明治 40・41 年度『日本全国商工人名録』新潟県の部，出雲崎町教育委員会編『出雲崎町史』海運資料集 (1)〜(3)，1995〜97 年，株式会社第四銀行企画部（行史編集室）編『第四銀行百年史』株式会社第四銀行，1974 年，781・784・791–796 頁などより家業や 1890 年代・1900 年代に就任した主要会社役員を示した。会社名の後の（頭）は頭取，（専）は専務取締役，（取）は取締役を示す。

注 1）1924 年頃の数値。2）1932 年頃の数値。

規模・資産規模の三つから有力資産家を挙げたが，伊藤家は一八八八（明治二一）年の所得規模において西頸城郡のなかで群を抜いて多く，土地所有地価でも一八八八〜一九二八（昭和三）年まで通して郡内で最上位階層に位置した。伊藤家の資産規模は不明だが，伊藤家が小樽に本店を所有した一八九〇年代後半を想定すると，後述するよう

表 4-2　鞍屋伊藤家手船一覧

年	伊勢丸	伊徳丸	伊宝丸	伊栄丸	喜徳丸	伊福丸	伊久丸	伊吉丸	伊壽丸	隻数
1790	550 石積									1
1808	570 石積	○	○							3
1811			○							1
1823	○	○								2
1843	○	○	○	○	○					5
1852	○	○	○	○	○	○	○	○	○	9
1855	541 石積	525 石積	465 石積	500 石積	568 石積	252 石積	620 石積			7
1867	450 石積		350 石積	400 石積		300 石積				4
1869	450 石積		350 石積	400 石積	伊正丸	300 石積				4
1871	512 石積		528 石積	416 石積	416 石積	400 石積	672 石積	512 石積		7
1877	589 石積	359 石積	495 石積	383 石積	416 石積	509 石積	672 石積	512 石積	2 号伊勢丸	8
1887	○	○	○	○	○	○	○	○	○	9
1888	○	○	○	○	○	○	○	○	○	9
1889	○	○		○	○	○	○	○	○	8
1890	○（洋式）	○	3 号伊勢丸	○	○	○	○	○	○	8
1893	○（洋式）		○（洋式）	○		○	○	○		6
1894	○（洋式）		○（洋式）						○（洋式）	3
1896	○（洋式）		○（洋式）						○（洋式）	3

出所）寛政 2 年「船作事見舞覚帳」（史料番号 M-95），文化 3 年「万仕切扣覚帳」（史料番号 M-47），文化 4 年「大工頼入覚」（史料番号 M-122），文化 5 年「弁才船五百七拾石積注文」（史料番号 M-98），「歳々店落帳」（史料番号あ-2665），文化 12 年「廻船一件扣」（史料番号 I-19），嘉永 5 年「万掛物算立控帳」（史料番号 F-22），「船玉才石扣」（史料番号 N-235），文久元年「廻船一件扣」（史料番号 N-4），明治 10 年「記」（史料番号 M-33），明治 20 年度「[各船正味利益書上]」（史料番号あ-2515），明治 21 年「船玉勘定扣記」（史料番号 N-16），明治 22 年「[諸船口銭等勘定]（史料番号 T-62），明治 23 年の各船「仕切帳」（史料番号あ-2275，あ-2539-①～⑤），明治 26 年「諸払差引勘定簿」（史料番号 T-221），明治 27 年度「仕算表入」（史料番号あ-2874），明治 29 年「船舶決算表」（史料番号 D-59），（以上いずれも伊藤家文書，伊藤家蔵，以下伊藤家文書はいずれも伊藤家蔵なので所蔵先は省略），および明治 26 年「仕切帳」（廣海家文書，廣海家蔵，貝塚市教育委員会保管）より作成。

注記）積石数の判明する場合はそれを示し，不明の場合は所有している船について○印を付した。「（洋式）」は西洋型風帆船のこと。伊勢丸は 2 号伊勢丸所有後は 1 号伊勢丸と船名を変更した。1893 年の伊栄丸・伊久丸・伊吉丸の存在は，伊藤家の取引相手の大阪府貝塚の廣海家の史料より。

に、小樽本店の資産規模が四万円前後、地元の土地所有地価が一万円前後、八〇年の伊藤家大福帳で貸付金残額が約三六、〇〇〇円であり、[4] おそらく資産額一〇万円前後になったと考えられる。これは一九二二年時点の西頸城郡の最上位階層の資産額と比べても遜色はなく、資産額でみても伊藤家は西頸城郡で最上位階層に位置したと言える。

ただし、地方資産家による地域経済への貢献として、地元企業への出資や役員参加が指摘されるもの[5]の、伊藤家の場合は管見の限り会社役員には全くならなかった。もともと西頸城郡は、農林水産業が主要産業で、地元企業設立についても、「企業勃興」と呼ばれる会社設立ブームが、一八八〇年代後半と九〇年代後半の二回にわたり日本全国で生じたが[6]、西頸城郡の会社設立は、一九〇〇年でも低位に止まっていた。同じ新潟県では、新潟や石油産地で会社設立が進み、新潟での企業勃興を牽引した北前船主の斎藤家の経営展開を本章のおわりで検討して、伊藤家と比較しつつ新潟県域の北前船主の特徴を考察する。

伊藤家に所蔵された史料の作成者の変化や伊藤家の方々からの聞き取り調査によれば、一九世紀には伊藤家当主の交代が一九世紀初頭、一八八〇年前後、九〇年代前半、九七年にあったと考えられ、九〇年代前半の当主交代までは代々助右衛門が継承されたが、九一年頃から経営に携わるようになったと考えられる伊藤祐太郎は、その後その名前のまま当主となり、九七年に祐太郎が亡くなった後は、伊藤祐市が新当主となった[7]。

表4-2をみよう。鞍屋（伊藤家）の手船（自己所有船）数は、一九世紀初頭に三隻まで増大したが、その後一時的に手船数は一隻まで減少したものの、まもなく再び船数が増大し、一八五二（嘉永五）年には九隻を数えるまでになった。廻船の規模は、一八五五（安政二）年のデータによれば五〇〇石積台が多く、中規模より少し大きめで十分に遠距離の航海が可能であった。幕末期に手船数が一時的に減少したが、近代初頭に再び手船数を増やし、一八七〇年代後半から九〇年まで八～九隻で安定的に推移した。鞍屋は買積経営を中心としていたが、買積経営は利益も大きいものの海難や商取引のリスクが大きく、長期間にわたり多数の帆船を所有し続ける買積船主は少ないため、鞍屋はかなり有力な北前船主と位置付けられる。

一　米穀・塩・砂糖・綿重視の海運経営

鞍屋の廻船経営の実態が史料上で判明する最初の時期の一九世紀初頭の鞍屋廻船の取引状況を確認する。なお廻船が湊の廻船問屋と取引した際に、廻船問屋が売買を仲介するのみの場合もあり、廻船問屋を廻船の販売・買入先とみなすことには留意が必要で、その点の処理は序章注(89)による。表4-3をみよう。一八〇八（文化五）年は、柏崎・今町や鬼舞近隣の名立《なだち》・浜木浦《このうら》・能生《のう》・浦本の相手から蔵米や干鰯を主に買い入れ（販売先は不明）、一四年は蔵米の他に綿・塩を主に扱った。一八一四年の蔵米は高田藩の蔵米を今町で鞍屋廻船が買い入れたものと考えられ、その販売場所は不明だが、三月・六月に買い入れた蔵米をそれぞれ五月・七月に販売したので、遠隔地で販売したと考えられる。むろん、売買取引として挙げられ、年貢米の運賃積ではなく、地払いされた蔵米を鞍屋廻船が買い入れたのであろう。一八一四年の場合は、蔵米を七月八日に販売してそれほど間を置かずに七月一三日に綿と塩を買い入れており、綿・塩を遠隔地で買い入れて、それを今町に運んで販売したと考えられる。

一八一四年の事例では、三月に今町で買い入れて五月に遠隔地で販売したと考えられる蔵米取引で五六両の粗利益（販売額―買入額）が上がり、販売高粗利益率は約一一%であったが、六月に今町で買い入れて七月に遠隔地で販売したと考えられる蔵米取引で損失を計上した。遠隔地で買い入れたと考えられる綿・塩を今町まで運んで販売した取引では、綿で二五両、塩で約一四両の粗利益が上がり、販売高粗利益率は綿が約一一%、塩が約二五%であった。蔵米売買で損失を計上したことがあった一方で、綿や塩の取引でも相応の粗利益額を得た。

続いて、一九世紀中葉の鞍屋廻船の取引状況を確認する。表4-4をみよう。一八三九（天保一〇）年前後には鞍屋は数隻の帆船を所有していたと考えられるので、表4-4は鞍屋廻船取引の一部を示すに止まるが、越後国産の米を中心的に扱ったものの、それらは年貢米の地払米ではなく、地主の作徳米や農民が販売した商品米であり、買入地も今町ではなく新潟が中心になっていた。後背地に広大な越後平野を抱える新潟は越後国の商品米取引の中心で、鞍屋廻船は新潟で買い入れた米を兵庫や箱館に運んで販売しており、この時点での鞍屋は自家の属する高田藩領域とほ

表4-3　19世紀初頭鞍屋伊藤家帆船の商品売買

月　日	買入先	所　在	商　品	金　額	月　日	販売先	所 在	商　品	金　額
① 1808年の事例									
前年末	宮　川	柏　崎	蔵米2,400俵	617両					
前年末	石塚屋	今　町	蔵米175俵・干鰯184俵	250両					
	高橋庄助他	名　立	大豆365俵・小豆31俵	123両1分2朱	4月	不　明		同　左	133両2分
7～12・翌2月	儀左衛門／仁左衛門	浜木浦	干鰯705俵	83両1分2朱		不　明		同　左	91両1分
11～翌正月	伊左衛門	能　生	干鰯1,254俵	185両		不　明		同　左	189両2分
翌2月	中数五郎左衛門	浦　本	干鰯244俵	23両					
翌2月	中浜清五郎	浦　本	干鰯74俵	7両					
翌2月	間脇糸左衛門	浦　本	干鰯67俵	6両1分					
② 1814年の事例									
3月	石塚屋六三郎	今　町	蔵米1,290俵	465両3分	5月	浜島屋／清屋／他		同　左	521両3分
6月	石塚屋六三郎	今　町	蔵米1,250俵	495両	7月8日	嶋屋新兵衛		同　左	472両2分
7月13日	伊勢屋徳右衛門		塩850俵	41両		石塚屋六三郎	今　町	塩828俵	54両3分2朱
7月13日	伊勢屋徳右衛門		綿130本	205両3分	11～翌正月	石塚屋六三郎	今　町	綿132本	230両3分
7月	伊勢屋徳右衛門		鉄2束	1両		不　明		同　左	1両1分
7月	伊勢屋徳右衛門		生蠟1叺	1両3分	翌正月	石塚屋六三郎	今　町	同　左	2両

出所）文化5年「万仕切指引帳」（史料番号M-8），文化11年「仕切扣覚帳」（史料番号M-2），（以上いずれも伊藤家文書）より作成。

注記）取引には銀・銭単位も用いられたが，それは帳簿上で全て金（両・分・朱）に換算されているので，その金額を示し，金に換算された際に付記される端数（銭）の部分は省略した。金額欄は，諸掛を差し引いた最終的な仕切金額を示した。また，商品名には産地名等が付された場合が多かったが，本章では産地名等は省略して，大まかな商品名で示した。買入・販売先・所在の「／」は複数の取引を合算したことを示す。販売商品欄の「同左」は買入商品欄と同じことを示す。なお買入先・販売先が廻船問屋の場合は，買入や販売を廻船問屋に委託して本当の買入先・販売先が別に存在した可能性もあるが，本章では，買仕切・売仕切を交わした相手を買入先・販売先とみなして表を作成した。主要な航海（往路・復路）の境目を点線で示した。以上，いずれも以下の各表とも同じ。

表 4-4 1839 年鞍屋伊藤家帆船（伊栄丸）の商品売買

月 日	買入先	所 在	商 品	金 額	月 日	販売先	所 在	商 品	金 額
	不 明	名 立	小豆 10 俵・米 65 俵	46 両 3 分 1 朱	5.27	北風庄右衛門	（兵庫）	米 65 俵	40 両 1 分
3.27	石田屋勘太郎	今 町	小豆 43 俵	27 両 2 分 2 朱	5.27	北風庄右衛門	（兵庫）	小豆 53 俵	30 両 1 分
3.27	石田屋勘太郎	今 町	蔵米 150 俵	81 両 1 分	5.27	北風庄右衛門	（兵庫）	天領米 130 俵	76 両 2 分
4.8/4.21	石崎/酒屋	新潟/	米 1,104 俵	734 両	5.27	北風庄右衛門	（兵庫）	米 1,074 俵	650 両
5.24	伊勢屋茂助		綿 4 本	19 両 3 分	6.18	綿屋平右衛門	赤間関	綿 5 本	25 両 1 分
5.26	伊丹屋儀兵衛		綿 6 本	28 両	6.19	木嶋屋弥兵衛	赤間関	綿 1 本	5 両 1 分
5.27	北屋源兵衛		砂糖 5 箇	4 両	7.11	磯部屋惣右衛門	新 潟	綿 1 本	4 両 3 分
6.10	松永月代所	松 永	塩 20 俵	4 両 1 分 3 朱					
6.11	松永月代所	松 永	塩 1,000 俵	111 両 1 分 1 朱	7.19	下石崎		同 左	125 両 3 分
6.11	大南甚治郎		畳表 22 丸	3 両	7.11	磯部屋惣右衛門	新 潟	莨蓙他	8 両
6.12	武蔵屋佐助		砂糖 5 丁	16 両 3 分	7.12	磯部屋惣右衛門	新 潟	同 左	16 両 3 分
6.12	灰屋・大和屋	尾 道	砂糖 15 丁	61 両 2 分 3 朱	7.12/7.20	石崎／磯部屋	新 潟	同 左	58 両
6.18	綿屋平右衛門	赤間関	生蠟 16 叺	77 両 1 分	7.11・21	磯部屋惣右衛門	新 潟	生蠟 13 叺	62 両 2 分
6.19	木嶋屋弥兵衛	赤間関	晒蠟 5 俵	26 両 2 朱	7.12	石崎弥兵衛	新 潟	同 左	26 両 2 分 2 朱
6.19	綿屋平右衛門	赤間関	鰹節 3 叺	5 両 3 分 2 朱	7.12	石崎弥兵衛	新 潟	同 左	6 両 1 分
6.19	木嶋屋弥兵衛	赤間関	目近節 3 叺	2 両 3 分	7.12	石崎弥兵衛	新 潟	同 左	3 両 1 分
6.19	綿屋平右衛門	赤間関	大麦 15 俵	2 両 3 分 2 朱					
6.20	木嶋屋弥兵衛	赤間関	生蠟 7 叺	33 両 1 分 1 朱	7.12	石崎弥兵衛	新 潟	同 左	36 両 3 分
7.13	石崎弥兵衛	新 潟	米 1,000 俵	700 両	8.1	秋田屋／三国屋	（箱館）	同 左	451 両 1 朱
7.13	石崎弥兵衛	新 潟	米 230 俵	143 両 1 分 2 朱	8.1/8.3	秋田屋／岩城屋	（箱館）	米 160 俵・小麦 1 俵	96 両 1 分 1 朱
					8.27・末	三国屋忠兵衛	（箱館）	米 70 俵・大麦 14 俵	42 両 2 分 1 朱
8.16	三国屋忠兵衛	（箱館）	昆布 4,271 把	253 両 3 分	11.22	酢屋利兵衛	（堺）	昆布 460 把	122 両 3 分 1 朱
8.16	三国屋忠兵衛	（箱館）	鯡粕 83 本	82 両 1 朱	11.25・29	船屋清七		昆布 485 把	109 両 2 分
8.18	秋田屋喜左衛門	（箱館）	昆布 3,887 把・328 駄	270 両 1 分 2 朱	11.25	野田屋伝兵衛	大 坂	昆布 1,123 把	280 両 2 分 1 朱
8.18・26	秋田屋喜左衛門	（箱館）	鯡粕 25 本・鰯粕 10 本	43 両 1 分 2 朱					
8.27	湊屋久七	（箱館）	昆布 100 丸	8 両	11.25	野田屋伝兵衛	大 坂	昆布 157 丸	28 両 3 分 3 朱

出所）天保 10 年「仕切帳」（伊藤家文書，史料番号 N-58）より作成。
注記）所在のカッコ内は推定（以下の各表とも同じ）。

とんど無関係な遠隔地間交易を行っていた。兵庫で米を販売した帰りは、綿・砂糖・塩・蠟などを畿内・瀬戸内で買い入れて途中赤間関（現下関）で綿を売却したものの大部分は新潟やその近隣まで運んで販売しており、それから新潟で米を買い入れて、北海道の箱館まで運んで販売した。箱館では、昆布を大量に買い入れて堺・大坂などの畿内に運んで販売したが、北海道産魚肥の扱い量はそれほど多くなかった。

それぞれの取引の粗利益額をみると、三月～四月に今町・新潟で買い入れて五月に兵庫で販売した米の売買では、約八九両の損失を計上し、七月に新潟で買い入れて八月に箱館で販売した米の売買でも、二五〇両以上の損失を計上した。瀬戸内の産物では、松永で買い入れた塩を越後地域で販売した取引で約一四両の粗利益を挙げて販売高粗利益率約一一％を示したが、白砂糖の取引では損失を計上し、蠟の取引でもそれほど粗利益は上がらなかった。一方、北海道産物の昆布の売買では買い入れ時と販売時の単位が同じとすれば、かなりの粗利益が上がったこととなり、全体として越後国と瀬戸内・畿内との遠隔地間交易でこの年の前半にあまり利益を上げられなかったため、この年の後半に北海道へ赴いて北海道産昆布を扱ったと思われる。

その後最幕末・維新期も鞍屋（伊藤家）廻船の取扱品として北海道産物はあまりみられなかった。表4-5をみよう。廻船の取引状況の分析には、売買仕切の記録が最適であるが、現時点で伊藤家に残されている最幕末・維新期の廻船関係の帳簿には、売買仕切の記録されたものはなく、商品毎に粗利益金額をまとめた「仕切差引帳」がほとんどであった。そのうち一八五九（安政六）・六八（明治元）・七二・七四・七七・七八年の事例を示したが、北海道産物はあまりみられず、北海道産物のなかでは昆布が中心で、鞍屋（伊藤家）廻船の利益源泉は、塩・米・地元産干鰯・蠟・砂糖などであった(8)。塩は瀬戸内で買い入れて越後国で販売したもの、米は越後国で買い入れて畿内で販売したもの、蠟は赤間関等で買い入れて越後国で販売したもの、砂糖は瀬戸内で買い入れて越後国で販売したものと考えられるが、最幕末期には北海道産物のみでなく他の諸産物の地域間価格差も拡大していたと考えられ、鞍屋廻船は北海道

表 4-5　最幕末・維新期鞍屋伊藤家手船粗利益額扱い品別

商品	数量	粗利益額	商品	数量	粗利益額	商品	数量	粗利益額
① 1859 年喜徳丸の事例			③ 1872 年伊吉丸の事例			⑤ 1877 年伊徳丸の事例		
米	3,711 俵	119 両 3 分	（北海道産物）		707 両	砂糖	376 丁	558 円
塩	2,293 俵	45 両 1 分 2 朱	綿	250 本	429 両	塩	2,300 俵	257 円
砂糖	226 丁	26 両 3 分 3 朱	米	1,400 俵	111 両	生蠟	69 叺	222 円
綿	45 本	1 両 1 分 2 朱	酒	230 樽	88 両	米	2,780 俵	162 円
生蠟	19 叺	△ 1 両 1 分 2 朱	塩	2,350 俵	86 両	晒蠟	28 丸	63 円
晒蠟	4 丸	△ 2 両	生蠟	54 叺	58 両	鰹節	41 叺	28 円
			砂糖	26 丁	24 両	半切紙	30 丸	18 円
			鰹節	11 叺	14 両	椎茸	2 個	6 円
			晒蠟	5 丸	4 両	綿	30 本	△ 19 円
	合　計	190 両 1 朱		合　計	1,521 両		合　計	1,295 円
② 1868 年伊吉丸の事例			④ 1874 年伊徳丸の事例			⑥ 1878 年伊徳丸の事例		
塩	1,970 俵	409 両	米	3,086 俵	2,181 両	昆布	500 石	996 円
生蠟	116 叺	322 両	砂糖	360 丁	717 両	米	3,259 俵	810 円
干鰯	2,438 俵	296 両	塩	1,800 俵	201 両	綿	50 本	262 円
鰹節	29 叺	94 両	生蠟	63 叺	86 両	塩	1,576 俵	80 円
砂糖	129 丁	71 両	綿	195 本	26 両	生蠟	93 叺	38 円
塩鱈		66 両	畳表	60 枚	9 両	晒蠟	10 丸	22 円
米	140 俵	27 両	大豆	92 俵	7 両	砂糖	81 丁	8 円
			小豆	13 俵	5 両	大豆・小豆	2 俵	1 円
						鰹節	5 叺	△ 5 円
	合　計	1,285 両		合　計	3,232 両		合　計	2,212 円

出所）安政 6 年「仕切差引帳」（史料番号 R-66），慶応 4 年「仕切差引帳」（史料番号あ-39），明治 5 年「仕切差引帳」（史料番号あ-298），明治 7 年「売買勘定帳」（史料番号あ-2087），明治 10 年「伊徳丸諸勘定帳」（史料番号あ-2034），明治 11 年「寅年惣立込勘定帳」（史料番号あ-1651），（以上いずれも伊藤家文書）より作成。

注記）△は損失額を示す（以下の各表とも同じ）。1872 年伊吉丸は表で示した以外に運賃利益 9 両あり。1877・78 年の金額の円未満は四捨五入した。1872 年の米と酒の粗利益は，いずれも函館へ下った航海での売買粗利益で，その登りの航海の粗利益は，積荷種類が未記載のため，北海道産物と示した。

産物を扱わなくとも、最幕末期に塩・米・干鰯・蠟・砂糖などでかなりの粗利益を上げられた。

一八六八年の明治維新後に北海道では、開拓使が設置されて近世期に一部の特権商人に独占されていた北海道奥地（蝦夷地）での交易権と漁業権が開放され、多数の漁民の蝦夷地への定住が進み[9]、北海道産魚肥生産は急速に拡大した（前掲図序-3）。そのため、多くの北前船主は北海道へ赴き北海道産魚肥を扱ったが、伊藤家は近世期と同様に一八七〇年代は米・塩・綿・砂糖・蠟を主に扱い（表4-5）、北海道産物としては魚肥ではなく昆布を主に扱った。前掲表4-4で示したように、一九世紀中葉に伊藤家廻船が北海道に進出し始めた際も、北海道産魚肥ではなく主に昆布を扱ったが、近代初頭もその傾向は続いていた。その背景には、伊藤家廻船が米・綿・砂糖・昆布等で依然としてかなり大きな粗利益を上げていたことと、伊藤家廻船が交易の拠点とした新潟や直江津の後背地では、北海道産魚肥はあまり使用されず、北海道産物として食用の魚類が主に取引されていたことがある[10]。

このように、一八七〇年代までの伊藤家（鞍屋）廻船は、基本的に越後国と瀬戸内・畿内を結ぶ交易を行い、取扱商品の中心は越後産の米穀と瀬戸内産の塩・砂糖であったと言えよう。

二　魚肥重視の海運経営への転換

伊藤家の海運経営の傾向は一八八〇年代に大きく転換した。一八八〇年代前半は松方デフレの影響で一般に北前船経営が苦しい時期で、多くの北前船主が海運業から撤退した[11]。例えば、前掲表序-11のように、大規模な北前船主のなかでも越前三国の内田家・森田家、加賀粟ヶ崎の木谷家、越中伏木の堀川家、越後今町の木南家などは一八八〇年代前半に海運業から撤退したと考えられる。そのなかで伊藤家は所有船数を維持しつつ、北海道産魚肥取引に活路を見出した。表4-6で、一八八五（明治一八）年の伊宝丸と八六年の伊吉丸の金銭出入を示した。一八八六年には、ほとんどの伊藤家廻船が北海道産鯡魚肥を扱っており、八五年の伊宝丸は金銭の受渡しを寄港地で他の伊藤家廻船の船頭（桂作・助四郎・清太郎）と行ったが[12]、帳簿に挙げられた売買商品は伊宝丸が扱ったと考えられ、一八八六年の伊吉丸は他の伊藤家廻船と一緒に航海しており、伊吉丸の船頭が一緒に航海した他の伊藤家廻船の販売代金を受け取った。その場合、各船の貸借勘定を最後に精算して廻船全体の利益を計上したため、この帳簿では伊吉丸以外の伊藤家廻船の積荷も部分的に判明した。

表 4-6　1885・86 年伊藤家廻船金銭出入

（金額の単位：円）

入		出	
内　容	金額	内　容	金額
① 1885 年伊宝丸の事例			
塩 1,902 俵売代	1,161	鯡粕 818 石 7 斗 4 升買代	1,949
今町にて桂作より受取	600	船頭取替分支払	42
江差にて助四郎より受取	300	砂糖 36 丁買代	294
羽鯡 2,400 束売代	365	塩 1,500 俵買代	401
尾道揚置荷物為替金	700	生蠟 62 叺買代	771
金銭受取	500	新潟にて清太郎へ渡し	2,290
生蠟 62 叺売代	825	下り物買代	26
塩 1,500 俵売代	655	砂糖 50 丁仕切金清太郎へ渡し	360
砂糖 200 丁売代	1,335	船中雑用・その他	261
小　計	6,441	小　計	6,394
		差引繰越	47
② 1886 年伊吉丸の事例			
伊徳丸羽鯡 6,200 束川惣へ売代	1,294	伊栄丸へ渡し金	1,550
伊徳丸鯡粕 95 本川惣へ売代	306	伊勢丸へ渡し金	400
伊栄丸鯡粕 124 本川惣へ売代	343	伊久丸へ渡し金	300
伊吉丸堺揚げ鯡粕 115 本代	443	砂糖 35 丁川惣より買代	203
伊久丸阿波揚げ鯡粕 650 本代	2,721	大阪にて買代	125
伊栄丸前田嘉介揚げ鯡粕 172 本代	487	砂糖 23 丁買代	111
伊吉丸貝塚揚げ鯡粕 300 本代	1,081	伊徳丸差引尻渡し金	100
雑用金・途中金受取	130	伊栄丸差引尻渡し金	948
伊宝丸揚置羽鯡代引当金	666	伊勢丸差引尻渡し金	1,060
伊宝丸揚置鯡粕 229 本代	792	伊久丸差引尻渡し金	1,300
大阪にて損失引当金受取	1,600	伊吉丸塩 3,300 俵買代	1,195
伊栄丸より受取	1,000	砂糖 11 丁買代	63
		椎茸 1 把買代	16
		畳表 30 束買代	35
		砂糖 30 斤・粉椎茸 3 斤買代	3
		馬関にて伊栄丸生蠟代渡し金	225
		馬関にて伊勢丸生蠟代渡し金	130
		馬関にて伊久丸へ渡し金	120
		馬関にて伊徳丸へ渡し金	130
		鰹節 18 本買代	1
		生蠟 15 叺買代	187
		為替尻渡し金	80
		船中雑用・その他	181
小　計	10,863	小　計	8,463
		差引繰越	2,400

出所）明治 18 年「上下差引帳」（史料番号あ-212），明治 19 年「上下差引記」（史料番号あ-2265）（以上いずれも伊藤家文書）より作成。

注記）1885 年伊宝丸の事例では，史料上の差引には含まれていないが，入の部で砂糖 200 丁仕切金受取 1,263 円 56 銭が挙げられており，それを含めると差引繰越は 1,311 円となる。項目順は，基本的に史料の記載順に従い，船中雑用・その他のみ最後にまとめた。馬関は現在の下関にあたる。

両方の船ともに、北海道産魚肥以外に塩・砂糖・蠟等も取引したが、一八八五年の伊宝丸の事例では、塩一、五〇〇俵の売買で二五四円、蠟六二叺の売買で五四円の粗利益額で、砂糖二〇〇丁の販売代金が一、三三五円なので、砂糖三六丁の販売代金を約二四〇円とすると、砂糖三六丁の売買では損失を計上したことになろう。粗利益額でみても、北海道産魚肥がその中心になったと思われる。

一八八〇年代前半は、松方デフレ下であると同時に、巨大汽船会社の三菱汽船と共同運輸会社が国内海運市場をめぐり激しい運賃引き下げ競争を行った時期で、汽船による運賃積の利用者が増大し、地域間の価格裁定が前時代よりも速やかに行われ、地域間価格差は全体的に縮小傾向にあったと考えられる。[13] 新潟港からの主要な移出品は米で、新潟港への主要な移入品は、塩・砂糖・身欠鯡等であったが、前掲表序-9から米の地域間価格差をみると、それまで主要な米の移出先であった大阪の北陸米価格が、一八八〇年代前半に新潟の米価を下回ることがあり、新潟県産米を畿内に運んでもそれほど粗利益が上がらなくなっていた。一方、北海道小樽の米価は、一八八三年から安定して新潟の米価を上回り、新潟―小樽間は新潟―大阪間よりもはるかに距離が短く、輸送コストも相対的に安価なため、新潟県産米を畿内へ運んで販売するよりも、小樽へ運んで販売することが有利な状況となった。

また、米を畿内に運んだ帰り荷として主に扱われた塩や砂糖の地域間価格差をみると、塩は新潟と産地の尾道との間で、ある程度の価格差は残されたが、砂糖は産地の香川県高松と新潟の価格差はほとんどないか新潟より高松の価格が高い場合があり、砂糖取引は利益源泉になり得なくなっていた。[14] そして、新潟県産米を小樽に運んで販売した帰り荷として食用の身欠鯡か魚肥を選択する際に、小樽―新潟間の身欠鯡の地域間価格差はそれほどなく、小樽―大阪間の魚肥の価格差は前者が後者の一・五倍程度あったため、伊藤家廻船は地域間価格差がまだ残されていた北海道―瀬戸内・畿内間の魚肥取引、瀬戸内―新潟間の塩取引、新潟―小樽間の米取引に集中したと考えられる。

その結果、一八八八年に伊藤家廻船は表4-7の動きを示した。同年の一号伊勢丸は、二月に大阪で酒・綿等を買

表 4-7　1888 年伊藤家 1 号伊勢丸の商品売買

（金額・粗利益額の単位：円，粗利益率の単位：%）

月日	買入先	所　在	商　品	金額	月　日	販売先	所　在	商　品	金額	粗利益額	粗利益率
2. 4	前田嘉助	大　阪	酒 10 樽	58		山田芳吉	函　館	同　左	61	3	4.9
2.24	前田嘉助	大　阪	酒 90 樽	441	3.28/8.28	吉山／中西／山田／揚置	／函館／	同　左	461	20	4.3
2.22	前田嘉助	大　阪	砂糖 7 丁	44		中西弥吉・吉山寿一郎		同　左	47	3	6.4
2.22	前田嘉助	大　阪	綿 20 箇	339		高橋直治・中西弥吉		同　左	347	8	2.3
2.22	前田嘉助	大　阪	漬物 100 樽他	62	8.28	中西弥吉		同　左	66	4	6.1
2.24	前田嘉助	大　阪	四半 10 俵	66	5. 5	柳屋喜平	新　潟	同　左	69	3	4.3
2.25	網盛弥平	兵　庫	石油 100 函	201		吉山寿一郎・和泉屋清平		同　左	209	8	3.8
3. 3	松永塩商社	松　永	塩 2,000 俵	660	5. 8/8.22	西村治郎助／上村津三郎	新潟／	同　左	715	55	7.7
3. 3	野田源助		草鞋 8,700 足	20		板橋長蔵／小樽揚置		同　左	22	2	9.1
3. 5	中津屋源助		莫蓙 50 箇	101	5. 5	柳屋喜平	新　潟	同　左	110	9	8.2
	務中・神原	尾　道	砂糖 5 丁	28	5.23	柳屋喜平	新　潟	同　左	27	△ 1	△ 3.7
3. 6	務中・神原	尾　道	砂糖 40 樽	67	8.25	中西弥吉		同　左	69	2	2.9
3.18	池田／綿屋	下　関	生蠟 25 叺	296	5. 8	山本勘四郎	新　潟	同　左	297	1	0.3
3.18	池田源吉	下　関	紙 11 丸	78	7.12/	高橋直治／和泉屋清平		同　左	80	2	2.5
3.28	吉山寿一郎		椎茸 5 箱	111	5. 5	柳屋喜平	新　潟	同　左	104	△ 7	△ 6.7
4.18	上村津三郎		醬油 100 樽	82	7.12/8.25	高橋／中村／中西		同　左	92	10	10.9
5. 6	西村治郎助	新　潟	米 1,300 俵	2,185	6.30/8.25	田口／中村／中西	(小樽)	同　左	2,211	26	1.2
5. 6	西村治郎助	新　潟	小豆 21 俵	44	6.30	中村峰太郎・中西弥吉		同　左	45	1	2.2
5. 6	山口庄蔵	新　潟	白玉粉 70 箱	84	6.30/8.25	中村峰太郎／中西弥吉		同　左	90	6	6.7
5. 7	西村治郎助	新　潟	米 50 俵	120	8.25	田口梅太郎・中西弥吉	(小樽)	同　左	134	14	10.4
5. 7	宮澤文蔵	(新潟)	大豆 60 俵	111	8.25	中西弥吉		同　左	108	△ 3	△ 2.8
5. 8	山本勘四郎	新　潟	米 150 俵	274	6.30/8.28	中村峰太郎／中西弥吉		同　左	275	1	0.4
5.10	和泉屋清平		草鞋 297 箱	202		田口／中西／中村・伊藤／板橋	(小樽)	同　左	270	68	25.2
5.15	和泉屋清平		味噌 100 樽	97		中村峰太郎／中西弥吉		同　左	113	16	14.2
5.15	和泉屋清平		縄 250 丸	94	8.25/	中西弥吉／中村・中西		同　左	128	34	26.6
8.25	中西弥吉		鯡粕 1,007 本	2,962	10 月/11～12 月	東盛／清水／久賀	玉島／（大阪）	鯡粕 962 本	3,305	343	10.4
8.25	中西弥吉		子粕 361 本	850	10～11 月/11 月	東盛／清水／久賀	玉島／（大阪）	子粕 343 本	964	114	11.8
8.25	中西弥吉		羽鯡 981 束	185	10.25	東盛源蔵	玉島	同　左	218	33	15.1

出所）明治 21 年「売買仕切帳」（伊藤家文書，史料番号あ-1731）より作成。

注記）所在欄は，伊藤家文書の仕切状等も参考にして示した。月日・買入先・販売先の「／」は複数の取引を合算したことを示し，「・」は連名での取引を示す。販売量が，左欄の買入量より少なかった場合は，販売量に対する粗利益額を史料にしたがって示した。和泉屋清平は泉屋清平とされた場合もあったが同一の相手とみなした。粗利益額＝販売額－買入額。また本章で示した粗利益率は販売高粗利益率で，粗利益率（%）＝粗利益額÷販売額×100。以上，いずれも以下の各表とも同じ。

い入れ、三月に瀬戸内諸港で塩・莫蓙・砂糖・蠟等を買い入れ、それらを五月に新潟で売却し、五月に新潟で主に米穀を買い入れ、それを六月末〜八月に小樽で売却し、八月におそらく小樽で魚肥を買い入れて一〇〜一二月に玉島と大阪で売却した。つまり一八八八年の一号伊勢丸は、一年間で大阪―北海道間を一往復し、畿内・瀬戸内から新潟まで塩を中心として多様な商品を運び、新潟から小樽まで米を運び、小樽から瀬戸内・大阪まで魚肥を運んだ。

前述のように北海道では、開拓使による開拓政策のもとで北海道各地への漁民の定住が進み、開拓使廃止後の一八八〇年代にも北海道の人口は急速に増大し続けた。[15] そのため、大量の飯米需要が生じており、それをうけて伊藤家廻船などの北前船主による米穀の北海道販売が進展した。表4-8をみよう。伊藤家の畿内での主要な取引先であった大阪府貝塚の廣海家と伊藤家の取引動向をみると、一八七〇年代の伊藤家は多くの新潟県産米を廻船で大阪府貝塚に運んで廣海家に荷揚げしていたが、八〇年代に伊藤家は北海道産魚肥を廻船で大阪府貝塚に運んで廣海家に荷揚げするようになると、新潟県産米は全く廣海家に荷揚げしなくなった。伊藤家の北海道産魚肥取引への進出は、同時に新潟県産米の伊藤家廻船の販売先が畿内から北海道へ転換したことを意味していた。

ただし、松方デフレ後の新潟では一八八八年から米価が回復に向かったが、小樽では八八年が最低であったため(前掲表序-9)、八八年時点の新潟―小樽間の米価の価格差は少なく、表4-7に戻ると、新潟―小樽間の米穀売買の販売高粗利益率は一%前後に過ぎなかった。しかし、新潟―小樽間は畿内―北海道間に比べるとかなり距離が短く、新潟―小樽間は帆船でも年間数往復可能であり、北海道の米価の回復が進み、新潟―小樽間の米価の価格差が拡大するとともに、伊藤家廻船にとって新潟―北海道間の米穀売買が重要な意義をもつに至った。

そのことを伊藤家の所有船全八隻のうち六隻の売買取引が判明した一八九〇年の事例で示す。一号伊勢丸は、三月に七尾で魚肥梱包に必要な莚・縄を、新潟で米を買い入れ、それらを四月に小樽で販売し、小樽で石炭を買い入れて新潟に戻って販売し、五月に新潟で主に米を買い入れ、それらを六月に小樽で販売し、六月に小樽で魚肥を買い入

表 4-8　伊藤家と貝塚の廣海家との取引額一覧

(取引額の単位：円)

年	廻船	伊藤店	廻船名	販売商品
1874	3,812		佐次平	米 1,826 俵，大豆 92 俵，小豆 13 俵
1875	7,363		新次郎，四五右衛門，清左衛門	米 2,750 俵
1877	2,836		四五右衛門	米 1,494 俵
1878	2,664		伊正丸，清左衛門	米 1,400 俵
1879	6,873		伊久丸，四五右衛門	米 868 俵，鯡粕 552 本
1883	1,121		伊久丸，伊吉丸	鯡粕 230 本，羽鯡 316 束
1884	4,513		伊久丸，伊吉丸	鯡粕 882 本
1885	3,170		伊吉丸	鯡粕 806 本
1886	5,031		伊吉丸	鯡粕 1,414 本
1887	4,201		伊吉丸，伊久丸	鯡粕 1,053 本，鰯粕 25 本
1888	8,663		伊吉丸，伊久丸，伊徳丸	鯡粕 1,436 本，鰯粕 600 本
1889	3,800		伊徳丸	鯡粕 810 本
1890	9,093		伊徳丸，1 号伊勢丸，伊久丸，2 号伊勢丸	鯡粕 2,104 本，昆布 18 束
1891	12,114		1 号伊勢丸，伊久丸，2 号伊勢丸	鯡粕 2,900 本，身欠鯡 1 本
1892	10,300		1 号伊勢丸，伊久丸，伊吉丸，伊栄丸	鯡粕 2,176 本，羽鯡 1,335 束
1893	21,574		伊久丸，伊吉丸，伊栄丸，伊福丸	鯡粕 4,228 本，羽鯡 984 束，数の子 2 本
1894	3,540	8,758	伊吉丸，伊福丸	鯡粕 2,390 本
1895		1,029		鯡粕 174 本
1897		7,110		鯡粕 1,183 本
1899	9,134		伊勢丸	
1900		4,764		鯡粕 525 本

出所）各年度「仕切帳」「万買帳」(廣海家文書，廣海家蔵，貝塚市教育委員会保管）より作成。

注記）廻船欄は，伊藤家廻船が，伊藤店欄は小樽の伊藤本店が直接，廣海家と取引した額。廣海家の廻船との取引は廣海家が肥料商への販売を仲介するだけの場合もあったが，近代期にはほぼ全ていったん廣海家が買い取って肥料商へ販売していたので，取引額は伊藤家の廣海家への販売額を示すと言える。1882 年は「仕切帳」「万買帳」ともに残されていなかったため不明であるが，1876・80・81・96・98 年は，史料からみて伊藤家と廣海家の取引はなかったと考えられる。なお，1895・97・99 年は，それぞれの年度の「万覚帳」(廣海家文書，廣海家蔵，貝塚市教育委員会保管）から得られた数値を示した。数値はいずれも，諸掛を含む最終的な仕切額を合計し，船中・切出分も含む。船名ではなく船頭名が史料に記載されていた場合は，廻船名欄に船頭名を示した。1877 年の伊藤栄吉と 78 年の伊藤新介は，本章で取り上げた伊藤家とは別の家と思われるので除いた。販売商品には産地名が冠されることが多く，米は新潟県域産，魚肥は北海道産が大部分であった。

れ、それらを九月から翌年一月にかけて畿内諸港で販売した[16]。二号伊勢丸は、三月に新潟で主に米を買い入れ、それらを四月に北海道の寿都と小樽で販売し、直ちに新潟に戻って五月上旬に新潟で主に米を買い入れてそれらを小樽で販売した。その後、五月後半から六月にかけて小樽で魚肥を買い入れ、それを七月に下関で販売し、下関から新潟に戻り、新潟で米を買い入れて函館で販売し、八月に小樽で魚肥を買い入れ、それらを一一月から翌年一月にかけて貝塚で販売した[17]。

伊久丸は、三月に新潟で主に米を買い入れ、それらを三月末～四月に小樽で販売し、おそらく空船で新潟へ戻り、五月に新潟で主に米を買い入れ、それらを六月に小樽で販売し、七月におそらく北海道で魚肥を買い入れ、それらを九月から翌年一月にかけて瀬戸内・畿内諸港（下関・尾道・多度津・大阪・貝塚）で販売した[18]。伊吉丸は、三～四月に大阪で石油・砂糖等を、瀬戸内諸港で塩・砂糖等を買い入れ、五月にそれらの大部分を鬼舞の当主家や直江津・新潟で販売して米を買い入れ、それを六月に函館で販売し、六月に函館、八月に樺太で魚肥を買い入れ、それらを一一月に兵庫・大阪・多度津で販売した[19]。

さらに伊正丸は、新潟県・秋田県（本荘）と北海道の江差・函館の間を五往復して、新潟県から北海道へ主に米を、北海道から新潟県へ海産物を運んで売買した[20]。そして伊福丸も、新潟県と北海道の増毛・小樽の間を四往復して、やはり新潟県から北海道へ主に米を、北海道から新潟県へ魚肥や鮭を運んで売買した[21]。

一八九〇年の伊藤家各船は、船ごとにある程度の役割分担をしたと推測でき、前掲表4-2を参照すると、一号伊勢丸・二号伊勢丸・伊久丸のように伊藤家廻船のなかで相対的に大型と考えられる船がある程度一緒に行動しつつ新潟―小樽間の米の売買と小樽―瀬戸内・畿内間の魚肥の売買を専門的に扱い、伊正丸・伊福丸のように相対的に中型の船で新潟県と北海道各地との往復をこまめに何度も行い、伊吉丸は多様な商品を扱うと同時に一年間に西廻り航路を一往復した。一八八八年の一号伊勢丸（前掲表4-7）や九〇年の伊吉丸のように、畿内・瀬戸内で多様な商品を買い入れ、それを北陸で販売し、北陸で米を買い入れ、それを北海道で販売し、北海道で魚肥を買い入れ、それを瀬戸内・畿内で販売して、一年間に西廻り航路を一往復する道筋は、牧野隆信が石川県南部の北前船の事例をもとに紹介した北前船の代表的なコースとほぼ同一であるが[22]、伊藤家廻船は、北海道への本格的進出後もそのコースは少数で、多くの伊藤家廻船が新潟県と北海道の間を複数回往復していた。

実際、一八九〇年時点では北海道―瀬戸内・畿内間の魚肥売買はおおむね一〇％台・二〇％台の販売高粗利益率であったが、新潟・直江津―北海道間の米売買の多くは三〇％前後の高い販売高粗利益率を示し[23]、米と魚肥の取引が伊藤家廻船の利益源泉となっていたため、相対的に大型の船で米と魚肥の取引を専ら行ったのは、経営面からみて合理的選択と言える。ただし同時に、全ての船が米と魚肥の取引を専ら行ったわけではなく、伊正丸・伊福丸のように新潟県域の産物の販売と新潟県域の需要に対応するような活動を専ら行った船もあれば、伊吉丸のように当主家の多様な需要に対応すべく当主家が必要な多様な品物を畿内・瀬戸内で買い入れて当主家に販売する役割を担った船もいた。このように伊藤家廻船の活動は、ある程度地元新潟県域の市場動向と切り離せない側面があり、地元でほとんど取引せず、専ら北海道と瀬戸内・畿内で取引していた石川県南部の北前船主とは大きく異なっていた。

伊藤家は、一八八〇年代後半から新潟県産米の北海道販売と北海道産魚肥の瀬戸内・畿内販売に比重を移すことで北前船経営を維持し続けたが、各地の船持商人が北海道へ殺到したことと、九〇年代以降に汽船網・電信網がより一層整備されたことで、北海道と畿内間の魚肥の地域間価格差はさらに縮小し（前掲図序-2）、九〇年代に入ると北海道産魚肥取引からも北前船経営では安定した利益が見込めなくなったと考えられる。

そこで一八九〇年代前半に当主となった伊藤祐太郎が、前述のように九一年頃から経営に携わり始めると、伊藤家は新たな形態の取引を始めた[24]。一八九一年五月に小樽で伊藤家船頭伊太郎が小樽の田口梅太郎より鯡粕一、七八九九本を買い入れ、そのうち七四四本は尾道の食塩商会へ、一、〇三七本は下関の池田源吉へ販売することで合意し、田口から伊藤家が買い入れた鯡粕一、七八九本の代金約六、三〇〇円のうち、一、六〇〇円は五月二一日に食塩商会が荷為替金として銀行を介して伊藤家に支払ったものを、二、六〇〇円は池田源吉から荷為替金として後日銀行を介して伊藤家に支払われる予定のものが充てられることとなった。商品は日本郵船会社汽船で七四四本が尾道へ、一、〇三七本が下関へ送られたが、下関送りの一、〇三七本のうち二〇〇本は尾道の食塩商会への販売に付け替えられ、六月五日に尾道へ併せて九四四本が荷揚げされた。尾道では伊藤祐太郎が待機し、六月五日に残額が食塩商会から伊藤家に支払われて鯡粕九四四本の売買決済が完了した。下関経由の二〇〇本分の代金五〇〇円は食塩商会から下関の池田源吉へ送金され、前もって荷為替金として食塩商会が小樽に送った一、六〇〇円の他に一、〇〇〇円が食塩商会から新潟の伊藤家店員と思われる助治郎へ送金為替で送られた。

池田源吉は当初予定していた二、六〇〇円に食塩商会から送金された五〇〇円を加え、運賃・手数料等の差し引きも併せて、六月一四日に銀行を介して伊藤家に支払って池田源吉と伊藤家の売買決済が完了した。その後六月一九日に尾道の伊藤祐太郎が、伊太郎と伊藤家当主に決済報告を送っており、おそらくこの日に伊藤家から田口梅太郎へ仕切残額が支払われ、この取引全体の決済が完了したと言えよう。伊藤家が食塩商会や池田源吉に販売した鯡粕代金に汽船運賃・為替手数料等が含まれており、田口梅太郎―伊藤家―食塩商会・池田源吉間の売買取引は基本的に小樽で行われており、北海道―瀬戸内間の汽船運賃は、伊藤家が立て替えて払い、最終的に瀬戸内の買入先が負担することとなった。

このように一八九一年には伊藤家帆船による買積取引ではなく、銀行を介した手形送金と汽船運賃積を利用し、北海道商人と瀬戸内商人が、北海道で直接取引することを伊藤家は試みた。その後伊藤家は、一八九二年に小樽に店を建設して、九三年から小樽の店を本店とし[25]、北海道の米穀・海産物商として新潟の米穀商や本州各地の肥料商と米穀・肥料の直接取引を始めた。取引商品は北海道―本州間を運賃積で輸送することになったが、それに対応して、伊藤家は所有船数を削減するとともに、三隻の所有船は全て洋式帆船として帆走性能を高めて北海道―本州間を年に何往復も航海可能にした[26]。さらに短期間と考えられるが一八九五年製造の汽船奴奈川丸も所有して、自己所有船による運賃積の能力を増大させた[27]。

伊藤家の一八九三年のドラスティックな経営転換と時を同じくして伊藤家の主要な取引相手であった大阪府貝塚の廣海家も取引形態を転換した。表4-8に戻ろう。廣海家は伊藤家にとって一八九〇年代前半は最大の取引相手であったと考えられ、九二・九三年は、伊藤家所有船六隻のうち四隻が貝塚に寄港して廣海家に北海道産魚肥を荷揚げ

表 4-9 1894年伊藤家売買一覧

（金額の単位：円）

月日	買入先	所在	商品	金額	輸送船	月日	販売先	所在	商品	金額	輸送船
①小樽本店の売買											
4. 16	三井物産函館支店	函館	玉粕 91 本	365		5. 20	新美肥料店	亀崎	鰯粕 63 個	335	仙台丸
4. 11–17	吉田庄作	函館	鰯粕 146 本	707		5月	高松定一	名古屋	玉粕 126 俵	587	頼朝丸
4. 19	明下良蔵	函館	玉粕 346 本	1,599		6. 5〜7. 7	岡本八右衛門	大浜	鯡粕 988 本，鰯粕 311 本	6,621	
6. 3	水口政次郎	余市	鯡粕 683 個	2,760		6. 19	岡部利兵衛	兵庫	鯡粕 336 本	1,628	千代丸
6. 7	塩田本店	小樽	鯡粕 919 石 8 斗他	6,279		6. 19	有馬市太郎	兵庫	鯡粕 347 本	1,363	千代丸
6. 9	西村治郎助	新潟	鯨 32 樽	192	3 号伊勢丸	6月	新美肥料店	亀崎	鯡粕 315 本他	2,752	千代丸
6. 27	西村治郎助	新潟	米 300 俵	1,013		7月	小栗三郎	半田	鯡粕	939	千代丸
7. 26	西村治郎助	新潟	米 300 俵	1,020		7. 4	石川茂兵衛	兵庫	鯡粕 387 本	1,872	
7. 26	西村治郎助	新潟	鯨 120 樽	785	鯉洋丸	7. 5	岡部利兵衛	兵庫	鯡粕 379 本	1,831	
8. 8	西村治郎助	新潟	鯨 10 樽他	94	太平丸	7. 5	有馬市太郎	兵庫	鯡粕 378 本	1,854	
8. 14	畑中金次郎	利尻	鯡粕 2,154 本	8,006		7月	高松定一	名古屋	鰈粕	683	
9. 1	西村治郎助	新潟	帆立貝 8 箱	140	鯉洋丸	9. 15	石川茂兵衛	兵庫	鯡粕 737 俵他	3,729	
						10. 19	金澤仁兵衛	大阪	鯡粕 885 俵	4,588	千代丸・摂州丸
						10. 24	山西庄五郎	撫養	鯡粕 672 本	3,514	2 号伊勢丸
						10. 28	食塩商会	尾道	鯡粕 1,175 本	6,273	1 号伊勢丸
						10. 29	多田文平	徳島	鯡粕 193 俵	1,018	
						10. 29	美馬友七	徳島	鯡粕 193 俵	1,017	
						10月	金澤仁兵衛支店	徳島	鯡粕 641 俵	3,442	1 号伊勢丸
						10. 31	励商社	多度津	鯡粕 574 俵	2,859	
						10. 31	石川茂兵衛	兵庫	鯡粕 950 本	5,065	摂州丸
						10. 31	岡部利兵衛	兵庫	鯡粕 200 本	996	摂州丸
						11. 13	有馬市太郎	兵庫	鯡粕 200 本	1,057	
						11. 28	岡本八右衛門	大浜	鯡粕 497 俵	2,220	
						12. 15	石川茂兵衛	兵庫	棒鱈 330 個	882	
②1 号伊勢丸の売買											
7. 31	食塩商会	尾道	塩 2,810 俵	919		7. 28	励商社	多度津	鯡粕 575 俵	2,796	
8. 2	池田源吉	下関	生蠟 6 叺	62		8.10–11	伊藤家支店	鬼舞	塩 275 俵・生蠟 6 叺	195	
						8. 17	西村治郎助	新潟	塩 2,602 俵	1,081	

9. 21	食塩商会	尾　道	塩 2,800 俵	903		10. 17	西村治郎助	新　潟	塩 2,873 俵	1,551	
10月	満留八商店	小　樽	小豆 80 俵	213		10. 17	池田源吉	下　関	小豆 80 俵	297	
11. 5	食塩商会	尾　道	塩 5,500 俵	2,180	2 号伊勢丸分を含む	12. 2	鍵富支店	新　潟	塩 2,564 俵	1,263	
11. 10	務中佐助	尾　道	石油空缶 431 箱	130		12. 2	鍵富支店	新　潟	石油空缶 421 箱	183	
③ 2 号伊勢丸の売買											
9. 22	池田源吉	下　関	生蠟 7 叺	77		9. 28–10. 1	高橋松太郎	新　潟	生蠟 7 叺	81	
11. 1	田中熊次郎	大　阪	蜜柑 1,000 箱	350		11. 29	高橋松太郎	新　潟	蜜柑 900 箱	413	
11. 4	務中佐助	尾　道	石油空缶 295 箱	90		12. 2	鍵富支店	新　潟	石油空缶 295 箱	128	
						12. 2	鍵富支店	新　潟	塩 3,038 俵	1,488	
④ 3 号伊勢丸の売買											
10. 2	食塩商会	尾　道	塩 1,750 俵	490		11. 12	西村治郎助	新　潟	塩 1,795 俵	855	

出所）明治 27 年「仕切小目録刺」（伊藤家文書，史料番号あ-2881）より作成。
注記）当主名での仕切状を店の売買，廻船名（船頭名）での仕切状を廻船の売買と判断したが，廻船の売買取引でも当主名で行ったものもあったと考えられるので，前後関係から当主名での仕切状を廻船による取引とみなしたものがある。残された仕切状を示したので，この表が 1894 年の伊藤家の売買取引の全てを示すわけではない。輸送船欄は，仕切状に取引品を積む船名が明記されていたものを示した。鯡粕の単位の個・俵・本の内容は同じと考えられる。

した。廣海家の本業は廻船問屋で、貝塚に来航した北前船と主に取引したが、地域間価格差の縮小のなかで一八九〇年代に入ると貝塚に来航する北前船の数も減少したと考えられる。さらに、伊藤家廻船の買積から運賃積への転換も廣海家に少なからぬ打撃を与えたと思われ、廣海家は一八九三年から青森県、九四年から北海道の海産物商と直接魚肥の取引を開始した[28]。伊藤家がこれまで北海道で魚肥を買い入れていた海産物商と廣海家が伊藤家廻船を介さずに直接取引するに至り[29]、伊藤家自身も一八九四年以降は北海道の海産物商として廣海家に魚肥を販売した。

表4-9をみよう。小樽に本店設置後の一八九四年の伊藤家の売買は、小樽本店が新潟の商人から米穀を買い入れておそらく小樽の米穀商に販売し、函館の海産物商、北海道奥地の海産物商や漁民から魚肥を買い入れて、それを愛知県・瀬戸内・畿内の肥料商に販売するのを基本とし、その取引商品の輸送には、千代丸・摂州丸などの汽船や伊藤家所有洋式帆船の一号伊勢丸・二号伊勢丸などによる運賃積が利用された[30]。伊藤家廻船は、北海道―本州間の魚肥輸

送の運賃積を行い、その帰路は畿内・瀬戸内で塩・蜜柑等を買い入れて新潟で販売しており、小樽本店開設当初の伊藤家廻船は、運賃積と買積の両方を行っていた。

その後、一八九四〜九六年の小樽本店の貸借が判明するので、それを表4-10にまとめた。この表の出所資料は、明確な貸借対照表ではないが、帳尻を合わせており、おおよその資産規模を推定できる。一八九四年九月一五日時点で約七五、〇〇〇円であった小樽本店の貸方合計規模は、九五年九月六日時点で約一一万円、九六年七月末時点では約一五万円に増大した。伊藤家は、汽船奴奈川丸と洋式帆船第一〜三（号）伊勢丸を所有して新潟・兵庫・大阪等の廻船問屋や肥料商と取引するとともに、北海道産魚肥を獲得するため自ら北海道奥地の鬼鹿《おにしか》に漁場を所有したと考えられ、吉田三郎右衛門や白鳥永作のような大規模漁家とも直接取引していた(31)。金融面では、小樽に店舗を構え、本州の商人と遠隔地間の取引を行うに至って、第百十三国立銀行・第二十国立銀行・北海銀行など小樽に支店をもつ銀行を利用するようになった。資本部分は、一八九四年は資本金として一括計上されていたが、九五・九六年は内訳が若干示されるようになり、表の資本金から支店地所の項までを差引すると、九四年四六、一一七円の借、九五年三六、八八六円の借、九六年三五、七七一円の借となり、若干減少傾向であったが、手持品価額は増大しており、取扱規模は増加傾向にあったと思われ、利益もそれなりに計上し得た。

このように北海道商人としての伊藤家の経営が軌道に乗ると、伊藤家廻船は専ら運賃積に従事するに至り、当初は伊藤家小樽本店が扱った魚肥の輸送が中心であったと考えられるが、伊藤家本店が扱わない多様な商品の運賃積輸送も伊藤家廻船が行うようになった。表4-11をみよう。伊藤家廻船の運賃収入を積荷別にみると、一八九五年時点では北海道産魚肥が最も多く、新潟県—北海道間の玄米と小樽—新潟間の石炭がそれに続いた。一八九九年一月〜一九〇〇年六月には、新潟—小樽間の玄米が最も多く、小樽—瀬戸内・畿内間の魚肥が続いたが、小樽—新潟間の石炭輸送に加え、門司—直江津間のセメント・石粉輸送も行った。

表 4-10　1894～96 年度伊藤家本店貸借勘定

（単位：円）

項　目	備　考（住所）	1894 年 9 月 15 日時点		1895 年 9 月 6 日時点		1896 年（7 月末）時点	
		貸	借	貸	借	貸	借
伊藤祐太郎	伊藤家当主	285		320		392	
鬼舞支店	伊藤家支店	410			11,962		31
奴奈川丸	伊藤家所有汽船			20,621		1,249	
1 号伊勢丸	伊藤家所有風帆船	5,322			1,370		552
2 号伊勢丸	伊藤家所有風帆船	5,011	160		1,478		564
3 号伊勢丸	伊藤家所有風帆船	3,302			799		
葡萄園				175		301	
鬼鹿漁場					70		350
鍵富支店	新　潟		4,033		7,938		9,941
岸田忠五郎	新　潟	511		71		1	
久住合名会社	徳　島						1,300
有馬市太郎	兵　庫		2,737		7,191		3,450
岡部利兵衛	兵　庫	1,628					
石川茂兵衛	兵　庫				2,000		
鎌野忠五郎	大　阪		6,900	33			
金澤仁兵衛	大　阪		2,400		1,258		2,950
木下武兵衛	大　阪				2,091		
川口平三郎	大　阪				1,400		3,250
久保支店	大　阪						8,250
廣海惣太郎	貝　塚	2,602					3
岡本八右衛門	大　浜		6,289				
吉田三郎右衛門	松前漁民						5,002
高橋喜蔵	小　樽			403		320	
廣谷商店	小　樽					4,200	
白鳥永作	高島漁民					574	
登又八	増　毛			100		670	
三井弥三松	伊藤家雇船頭					404	
小杉栄吉		1,667					
平田浅蔵				1,452		4,219	
伊藤養造				1,050			
藤野弥三平				600			
高尾徳三郎				480			
中川倉吉							1,093
小林伊之吉						700	
各地出張	大阪・北海道			340		5,630	19,750
第二十国立銀行	東京（小樽支店あり）			754		9,677	
北海銀行	札幌（小樽支店あり）			41		5,663	
第百十三国立銀行	函館（小樽支店あり）			370			
資本金			46,117		26,856		
財　産				24,170			86,316
固定資本					24,170	6,642	
船舶資本						40,068	
利益積立					7,890		
船価償却					1,750		
大修繕積立					390		
支店地所						3,835	
運　賃		3,709		5,867		3,614	
諸経費		1,192		2,011		1,395	
利　息			61	851		735	
蔵　敷					392	53	
手　持		49,284		52,169		57,389	
金銀有高		128		167		17	
その他		345	2	1,280	271	1,119	232
損　益			6,699		14,047		5,837
合　計		75,399	75,399	113,324	113,324	148,871	148,871

出所）明治 27 年度「仕算表入」，明治 28 年 9 月 6 日「調査」，明治 29 年「第 7 回試算表」（以上伊藤家文書，史料番号あ-2874，T-369-②・⑦）より作成。

注記）いずれかの年月で 300 円以上の貸借残額があった項目を挙げ，それらについて，表に挙げた年月の数値を示した。それ以外の項目はその他にまとめた。1896 年 7 月末については 1896 年は各月末毎に試算表が作成されていたので，第 7 回を 7 月末とみなした。備考欄は，「［メモ帳］」（伊藤家文書，史料番号 T-471）や表 4-9 などより取引相手の職業や住所を示し，第二十国立・北海・第百十三国立銀行の所在地と各銀行に 1896 年時点で小樽支店があることは，由井常彦・浅野俊光編『日本全国諸会社役員録』第 2 巻，柏書房，1988 年，16・167 頁を参照。

表 4-11　伊藤家所有帆船運賃収入内訳

（収入金の単位：円）

期　間	積　荷	収入金	運送区間
1895 年	鯡肥料	3,483	利尻・稚内・増毛・小樽・積丹→新潟・尾道・玉島・撫養・徳島・大阪
	玄　米	2,902	鬼舞・新潟→積丹・小樽
	石　炭	1,710	小樽→新潟
	塩	807	尾道→鬼舞・新潟
	荒　荷	443	新潟→小樽
	計	9,345	
1899 年 1 月～1900 年 6 月	玄　米	2,190	新潟→小樽
	鯡肥料	1,882	小樽→尾道・玉島・大阪
	石　炭	673	小樽→新潟
	セメント・石粉	200	門司→直江津
	塩	150	尾道→鬼舞・新潟
	空　缶	140	兵庫→
	計	5,235	

出所）明治 29 年「船舶決算表」（史料番号 D-59），「年度総損益」（史料番号B-2）（以上いずれも伊藤家文書）より作成。

注記）1895 年は 3 隻（1～3 号伊勢丸），1899 年 1 月～1900 年 6 月は 2 隻（1～2 号伊勢丸）の船の運賃収入を合計した。鯡肥料には数の子・身欠鯡の運賃収入も若干含む。1895 年の石炭の欄は醬油粕の運賃収入も若干含む。

表 4-12　1899 年 1 月～1900 年 6 月伊藤家損益

（単位：円）

収入金	内　容		支払金	内　容	
78,231	本店収益金		66,983	本店営業費	
	内　米売買	27,575		内　運賃金	29,236
	魚類売買	49,402		利息金	18,393
	穀類売買	1,382		給　料	1,856
	塩売買	328		蔵敷料	1,018
				荷造賃	3,993
				艀仲士賃	2,556
				旅　費	1,810
				食　料	1,389
15,144	精米所収益金			印　税	2,831
2,550	精米所雑品手持		19,391	精米所雑用金	
5,235	船舶収益金		4,265	船舶雑用金	
			2,407	雑損益金	
101,160	合計収入		93,046	合計支出	
			8,114	差引利益金	

出所）「年度総損益」（伊藤家文書，史料番号 B-2）より作成。

注記）魚類売買には魚肥売買を含む。精米所雑用金は，精米所営業費差金を差引した金額を示した。

新潟―小樽間の玄米輸送の比重増大の背景には、伊藤家小樽本店が玄米取引に力を入れ、精米所を小樽に設置したことがある。伊藤家が精米所を小樽に設置した正確な時期は確認できないが、表4-10の出所資料に精米所は項目として挙げられない一方、表4-12の一八九九〜一九〇〇年の伊藤家損益計算書には精米所損益が計上されているので、精米所設置は一八九〇年代後半であったと考えられる。精米所建設の損益予想では、年間で搗賃を一石につき五銭の割合で合計二、一〇〇円、米を搗いた際に生じる糠・砕米等の販売で約八、五〇〇円、合計約一〇、六〇〇円の収入予測に対し、石炭など燃料代や人件費や馬車運賃などで支出予測は約五、八〇〇円とされ、差引で約四、八〇〇円の利益が年間上がるとの予測であった。[32] この予算書からみて、伊藤家の精米所は伊藤家が扱う玄米のみでなく、小樽の米穀商が搗賃を支払って玄米の白米への精製に利用することが想定され、小樽の米穀市場全体の利益を考えた計画であった。[33] しかし現実には精米所の利益はそれほど上がらず、表4-12のように、一八九九年一月～一九〇〇年六月の伊藤家損益勘定で、本店は約一一、〇〇〇円の純益を上げたが、精米所は約一、八〇〇円の損失を計上した。また船舶は約一、〇〇〇円の純益であり、雑損益を併せて全体で約八、〇〇〇円の純益を上げた。

その後の伊藤家の小樽での経営展開を示す史料は残されていない。なお一九〇一年末の「日本船名録」に伊藤家の所有船として洋式帆船が二隻登録されており、[34] その時期まで海運経営を行ったと考えられ、伊藤家の取引相手の廣海家の顧客名簿の小樽港の項に記された伊藤祐市本店の名前は、一九〇四年一〇月に移るとして消されており、[35] 伊藤家は〇四年に小樽を撤退して商業・海運業を廃業し、以後は鬼舞を拠点に近隣の地主経営を行ったと考えられる。

三　収益構造と農業経営

本節では伊藤家（鞍屋）が廻船経営で得た利益がどの程度の規模で、それをどのように他部門へ展開させたかを検討する。伊藤家（鞍屋）の資産額を直接示す史料は残されていないが、一八〇七～二四（文化四～文政七）年の各年初の店の資産規模が判明する。表4-13をみよう。前述のように一九世紀初頭に鞍屋手船は三隻まで増大したが、表4-13の別勘定をみると、一八〇八年に伊徳丸売代金として三五〇円が次年度に繰り越され、一一年に伊徳丸・伊勢

表 4-13　1807～24 年初鞍屋伊藤家店卸一覧

(単位：両)

年月	金銀帳	万年帳	当座帳	船入用	給金前金	諸品買付	諸品預置	商品手持	有　金	その他	合　計	別勘定	差　引
1807. 正	93			119		777	234			21	1,244	△ 120	1,124
1808. 3	95			△ 24		306	409	15		△ 68	733		
1809. 正	79			26		502	11	3	100	△ 9	712	350	1,062
1810 年	62			21			395	11	321	10	820	350	1,170
1811. 正	172			6			440	13	356	1	988	350	1,338
1812. 正	214		2	13		108	102	8	351	5	803	520	1,323
1813. 正	285		2	12	2	300	110	7	35	5	758	520	1,278
1814. 正	462		2	12	1		140	9	271	4	901	520	1,421
1815. 正	311		9	485		2		18	14	6	845	520	1,365
1816. 正	273	18		12	2		467	5	117	12	906	520	1,426
1817. 正	270	18		13	1		514	5	102	10	933	520	1,453
1818. 正	866	26	12	12	0	7		2	1	8	934	522	1,456
1819. 正	294	25	5	13	1	374	221	9	10	15	967	510	1,477
1820. 正	301	24	1	29	1	378	197	28	34	21	1,014	520	1,534
1821. 正	241	24		21		319	250	11	149	3	1,018	520	1,538
1822. 正	177	21		11	1	439	347	17	17	48	1,078	520	1,598
1823 年	297	21	1	12	1	582	141	9	4	58	1,126	520	1,646
1824. 正	255	21	2	375	1	477	283	14	60	9	1,497	△ 300	1,197

出所）「歳々店落帳」（伊藤家文書，史料番号あ-2665）より作成。

注記）△は，損失もしくは負債（以下の各表とも同じ）。金銀帳は貸金，万年帳は滞貸，当座帳は蠟の取引を示すと考えられる。船入用は，廻船への貸金や廻船からの受取金を含む。諸品買付は代金を，諸品預置は商品を取引相手に渡してある分。各項目の端数の銭単位は，その他に含まれる。別勘定は，船体の売買に伴う有金の増減で，1809～11 年初は伊徳丸売代金の繰越，1812～23 年初は伊徳丸・伊勢丸売代金の繰越，24 年初は船購入による有金減額を示す。1807～11 年初の金銀帳は，項目ごとの貸金額を集計して示した。

丸二隻分の売代金として約五二〇円が次年度に繰り越されたので、この時期鞍屋は手船二隻を売却して、一隻のみの廻船経営となり、経営規模を縮小させた。二隻分の船売却代金はそのまま別勘定として残され、それを用いて一八二三年に船の新造が行われた。表4-13の出所史料では、一八〇八年に鞍屋当主の交替があり、新当主が幼年のため、新当主が成人するまで、そのような対応で経営を維持したと考えられる。手船数を減少させたため、手船への前貸分は減少したが、一般の貸付金は増大し、貸付金の返済が滞った分は、一八一五年から万年帳に付け替えて店卸に計上された。別勘定を併せた店の資産総額は、一八一〇年代後半から少しずつ増加し、二三年に増加した資産分と船売却代金を別に蓄積した分を併せて船を新造した結果、店の資産総額は一八〇〇年代後半の水準に戻った。

店資産の内訳では、一八一〇年代に貸付金残額が増大したが、二〇年代に当主の成長とともに再び廻船経営に力を入れたと考えられ、諸品買付・預置による資産が増大し、二三年に船を新造したため船への貸金が増大した。

その後の店資産の動向は不明であるが、前掲表4-10によれば、伊藤家の小樽本店開設後の同店の貸借勘定で、資本部分の差引が一八九四（明治二七）～九六年頃で約四万円前後であり、店の資産規模は、一九世紀を通して、約一、〇〇〇両から約四万円になった。物価上昇を加味する必要はあるが[36]、資産規模はかなり増大したと言える。

資産規模増大の主要因は、廻船経営からの利益と思われるが、近世期の廻船からの純利益は史料上では不明である。近代期について判明した分を表4-14で示した。表では、基本的に売買粗利益から船中雑用を引いて廻船経営の純利益を示したが、一八七〇年代にかなりの純利益を上げていたことが判る。この間各船とも毎年およそ一、〇〇〇円以上は純利益を上げたと考えられ、一隻で年間五、〇〇〇円以上の純利益を計上した船もあった。前掲表4-2によれば、一八七〇年代には伊藤家は七～八隻の廻船を所有しており、単純計算しても、おそらく年間一万円以上の純利益を計上していたこととなろう。

しかし、一八八〇年代前半の松方デフレ期に売買粗利益が急減したと考えられ、一隻の年間純利益額は一〇〇円前

表 4-14　伊藤家手船純利益額の事例

（単位：1874 年度まで両，それ以降円）

年度	伊吉丸	伊福丸	伊宝丸	伊栄丸	伊徳丸	伊正丸	伊久丸	伊勢丸	2号伊勢丸
1868	922	68							
1869			1,622						
1870				1,079					
1872	945								
1874		1,828			2,428				
1875		4,999			1,025				
1876					1,877				
1878					5,720	3,792			
1879	2,010						3,968		
1880				768					
1882								104	
1884					145				
1885			47						
1886	2,401								
1888	504	(312)	222	△ 7	622	72	74	146	549
1889					94				

出所）慶応 4・明治 5 年「仕切差引帳」（史料番号あ-39，あ-298），慶応 4 年「差引勘定帳」（史料番号あ-336），明治 2 年「金銀差引勘定帳」（史料番号あ-513），明治 3 年「金銀差引帳」（史料番号あ-506），明治 7・8 年「上下指引勘定帳」（史料番号あ-616，あ-834），明治 7 年「売買勘定帳」（史料番号あ-2087），「伊徳丸亥年諸勘定帳」（史料番号あ-2041），明治 9・11 年「一番上下勘定帳」（史料番号あ-2039，あ-1652），明治 10 年「伊徳丸子年諸勘定帳」（史料番号あ-2034），明治 11 年「二番上下勘定帳」（史料番号あ-1652），明治 11 年「寅年惣立込勘定帳」（史料番号あ-1651），明治 11・12・卯・15・18・22 年「上下差引帳」（史料番号あ-1491，あ-1498，あ-32，あ-34，あ-1203，あ-1323，あ-212，あ-745），明治 13 年「上下金銀請払帳」（史料番号あ-1397），明治 15 年「春下り勘定帳」・「秋下り差引勘定帳」（史料番号あ-1323），明治 17 年「上下差引勘定帳」（史料番号あ-62），明治 19 年「上下差引記」（史料番号あ-2265），明治 21 年「船玉勘定控記」（史料番号 N-16），（いずれも伊藤家文書）より作成。

注記）いずれも粗利益から船中雑用等を引いた純利益額が判明したものについてのみ示した。1888 年の伊福丸は，史料では 89（明治 22）年と記されていたが前後関係より 88 年のことと考えられるので括弧書きで示した。

後まで減少した。その後、一八八〇年代後半に価格が回復したことを受けて、純利益額はある程度増大したが、前節で述べたように、新潟と瀬戸内・畿内の地域間価格差が縮小したため売買粗利益額は十分には回復せず、純利益額は七〇年代の水準までは回復しなかった。しかも、船ごとに純利益額にばらつきがあり、どの船も確実に純利益が上がる状況ではなく、一八八八年の場合、九隻で合計二、四九四円の純利益に止まり、一隻当たりでは約二七七円に過ぎなかった。その結果、一八九〇年代以降伊藤家は、手船数を減少させるとともに西洋型帆船へ大型化させ、小樽に本店を開設して、小樽本店が本州商人と直接取引するようになり、廻船経営はそれまでの買積経営主体から運賃積経営主体へ転換した（前節を参照）。

伊藤家（鞍屋）は、こうして得た利益を船の作事（改修や新造）に用いた。前掲表4-2からみて、同家は一九世紀中葉と一八七〇年代に手船数を拡大させた。船の作事には多額の資金がかかり、手船数を拡大し得た時期と廻船経営からかなり利益が上がった時期は対応していたと思われる。一九世紀中葉の伊藤家廻船の新造費用は約四〇〇両前後で、[37]一八四五（弘化二）年の伊久丸の新造費用は七五三両と高額であったが、表4-2からみてこの時に新造された伊久丸は六二〇石積と思われ、伊藤家廻船のなかでは大型船であり、四九（嘉永二）年の四九二石積の伊宝丸の新造費用四三八両よりかなり割高になったと考えられる。

近代に入り、伊藤家が西洋型帆船を新造するようになると作事費用がやや増大し、一八七七年の五三九石積和船の新造費用が一、七五七円であったのに対し、九三年の第一（号）伊勢丸（西洋型帆船）の新造費用は二、五〇三円であった。[38]もっとも、その間の物価上昇と船体規模の大きさを考慮すると、和船改良型の西洋型帆船の新造費用はそれほど割高でなかったと言える。第一伊勢丸は、それ以前の一八九〇年に西洋型帆船として新造され、九一年末時点の「船名録」によると、木造のスクーネルで総トン数約八五トンであった。[39]船舶のトン数を日本型帆船の石数に換算するのは難しいが、よく用いられる概算の換算比率である一トン≒一〇石を用いると総石数約八五〇石積となるので、[40]和船時代の伊勢丸より一回り大きくなった。むろん大きさからみて和船に西洋技術の帆装を導入した「合の子船」であったと考えられるが、内航船としての実用性では、「合の子船」の方が西洋型帆船を凌ぐところもあったとされている。[41]その後伊藤家は、前節で述べたように一八九五年に汽船奴奈川丸を所有したが、「船名録」によれば連成式ボイラーの総トン数二六四トンの汽船で、[42]先ほどの第一伊勢丸と比べるとかなり船体規模は大きくなった。

また、伊藤家による廻船業の関連分野への進出として、一八九〇年代後半から小樽で行われたと考えられる精米所経営が重要である。小樽本店開設後に、小樽で精米所を設立した背景として、小樽（米穀）取引所の解散の可能性が高まったことへの備えがあったことは前節の注(33)で触れたが、伊藤家小樽本店の店員の認識は左のようであった。[43]

精米営業ノ他ノ営利事業ニ比シテ利益ノ概算当ナルハ僅小組織ノ彼レ水車営業者ニ付テ知得スルノミナラス、大ニシテハ共成株式会社年度利益配当表ニ徴スルモ又然カリ、彼レ共成会社昨廿八年度第八回決算ノ如キ年三割弐分強ノ配当ヲナセリ、仮リニ水車精米所ヲ除キ蒸気精米所ノミニ付テ調査スルモ猶三割ノ配当ヲ為ス事ヲ得、然レドモ是皆過去ノ事実ニシテ将来ヲ事スルニ足ラストスルモ、目下奥沢水車後期ノ如キ弐ハ当道人口ノ日ニ増加スルカ如キ、一トシテ当起業ノ良因タラサルハナシ、況ンヤ当業ニハ多年ノ実歴ヲ有シ殊ニ各自好販路ヲモ有スル着実ノ団結ヲ於テヲヤ、焉ソ彼レ共成ノ利益配当割合ニ比シテ寧ロ優ルアルモ劣ルナキハ万疑ハサル処、猶且ツ況ンヤ当起業ハ追テ本店ノ一大進運ヲ促スニ足ル者アルニ於テヲヤ（句読点は引用者）。

史料に登場する共成株式会社は、[44]当時小樽で最大規模の精米所を持ち、沼田喜一郎が一八八二年に富山県から小樽に来て水車精米所を設けたことに始まり、九一年に精米業と海陸産物の委託売買を行う目的で設立された会社であった。この他に一八八八年に小樽精米会社が設立され、一日一〇〇石の米を精米したとされ、九〇年に高橋直治が、九一年に早川両三と板谷宮吉がそれぞれ精米所を設立し、渡邊兵四郎も九〇年に第一、九二年に第二と二つの精米所を設立した。このように伊藤家の精米所設立以前に、小樽の財界実力者が精米所を次々と設立しており、伊藤家が精米所を設立した一八九〇年代後半は、すでに精米業は過当競争気味となっていた。

また、伊藤家店員が危惧していた小樽（米穀）取引所の解散の気配はなく、一八九四年に米穀と鯡肥料を扱う取引所として営業を開始した小樽の取引所は、取扱品目を米穀・塩・砂糖・油・鯡肥料・各種有価証券と拡大し、一九〇二年の取引所規定改正の際に資本金五万円を一〇万円に増加して継続した。[45]

伊藤家史料では、精米所建設・開業費用として約一五、〇〇〇円が見込まれ、総資本金二五、〇〇〇円のうち、新設費用を支弁した残金の約一〇、〇〇〇円を流動資金として本社に備えて臨時の出費に供するとされていた。[46] おそらくこの概算計画に基づいて建設されたと思われるが、全体として、伊藤家の精米所経営の見通しは甘かったと考えられ、前節で述べたように一八九九年一月〜一九〇〇年六月の損益勘定では精米所損益で約一、八〇〇円の損失を計上した。そのことが、結果的には伊藤家が一九〇四年に小樽を撤退する一因となったと思われる。

一方伊藤家は、廻船経営から上がった収益で土地の取得も進めた。鬼舞は、[47] 一八八九年まで鬼舞村として存続したが、八九年に木浦村と合併して木浦村となり、木浦村は一九四二（昭和一七）年に隣接の浦本村の鬼伏《おにぶし》を編入した。その後、木浦村は、一九五四年に磯部村・能生谷村とともに能生町に編入され、この時点で能生町は、一八八九年時点の能生町・木浦村・鬼伏村・東能生村・南能生村・西能生村・中能生村・四ヶ所村・川崎村を含む地域となった。伊藤家が保有していた土地の範囲はこの拡大した能生町域一体に広がり、その他隣接の浦本村や早川地区にも及んでいた。表4-15をみよう。近世期の伊藤家の土地保有の推移は、保有地の年貢米納入量から推測できるが、一八四三（天保一四）年時点では、伊藤家の居住地であった鬼舞村に隣接した木浦村を中心とし、鬼伏・間脇・中浜・桂道《はしらみち》・大王など海岸沿いに主に土地を保有していた。[48] その後一八五〇年代に土地保有規模がかなり拡大したと考えられ、五一（嘉永四）年に約二六石の年貢を納入し、五九（安政六）年に約四五石の年貢を納入した。その拡大要因は、居住地の鬼舞村や隣接地の木浦村での土地保有の増大もあったが、平・大沢・藤後《とうご》など居宅よりやや離れた地域の土地を新たに保有したことが大きかった。

近代期には、地租改正により土地所有権が確定され、土地所有面積が明確になり、一八九四年時点で伊藤家は約九〇町五反の土地を所有するに至った。これは、当時鬼舞が属した西頸城郡の土地所有者で最大の土地所有規模であったと考えられる。[49] 内訳をみると、田が約三四町五反、畑が約九町七反、宅地が約一町四反、山が約四四町九反で、比較的多かった山は、木浦村で約一七町二反、能生町で約二四町九反、能生谷村で約一町四反を所有しており、[50] 近代期

表 4-15　鞍屋伊藤家土地所有（保有）の推移
（単位：1884・94・1900 年は反，それ以外は石）

年	鬼舞村	木浦村	能生町	鬼伏村	浦本村	能生谷地区	早川地区	合　計
1843		10.35		1.06	1.52	5.48		18.41
1847		12.11		1.07	1.52	5.53		20.23
1851		12.97		1.30	1.52	9.75		25.54
1855		13.71		1.94	1.52	5.95		23.12
1859	5.41	14.76		1.94	1.52	21.55	0.01	45.19
1863	5.64	15.66		1.92	1.52	20.88	0.01	45.63
1884	52.3		63.8	13.7		79.8		209.6
1894	66.6	320.3	330.4	17.2	6.7	99.3	64.5	905.0
1900	68.7	310.8	329.3	15.9	6.7	90.6	69.1	891.1
1896	21.77	133.40	65.18	6.38	8.99	84.83	80.27	400.82
1909	30.56	93.10	67.21	7.12	9.09	50.66	100.64	358.38
1916	23.50	123.99	23.16	4.50	9.15 1)	64.48	101.29 1)	(350.07)

出所）天保 14 年「御年貢目録帳」（史料番号 M-55），明治 17 年「各村地所仕訳合計」（史料番号あ-2408），明治 17 年「鬼舞村・鬼伏村反別地価合計簿」（史料番号あ-2466），明治 27 年「所有地々価合計帳」（史料番号 M-150），明治 33 年「土地合計簿」（史料番号別-23），明治 29 年「早川田小作米受領原簿」（史料番号 M-143），明治 29 年「小作米受領合計帳」（史料番号 M-137），明治 42 年度「小作取立原簿」（史料番号 D-66，D-67），大正 5 年度「小作米取立原簿」（史料番号 D-35），大正 6 年度「小作米金納取立簿」（史料番号 D-31），大正 6 年度「小作米取立原簿」（史料番号 D-33），（いずれも伊藤家文書）より作成。

注記）1843〜1863 年は，年貢のうち米収納量，84・94・1900 年は土地所有面積，1896・1909・16 年は作徳米取得量。作徳米取得は，大豆・金銭によるものは省略し，米によるもののみを示した。土地面積は荒地を除く。地域は，1890 年代の区分を示したが，近世期は，浦本のうち間脇と中浜に，西能生のうち大平寺・桂，東能生のうち桂道・大王，中能生のうち平・大沢，南能生のうち藤後に土地を保有しており，史料ではその分類で示された。桂道は冥加米も含む。また鬼舞村は 1889 年に木浦村と合併して木浦村に，鬼伏村は 1889 年に浦本村と合併して浦本村となった。能生谷地区は，1901 年までは，西能生村・東能生村・中能生村・南能生村に分かれており，伊藤家は 1840 年代に主に東能生村に土地を保有し，その後 50 年代前半に南能生村，60 年代に中能生村に土地保有を拡大した。1880 年代には西能生村にも土地を所有したが，これら 4 カ村は 1901 年に合併して能生谷村となった。早川地区は，1890 年代は北早川村・西早川村・南早川村・東早川村などに分かれており，伊藤家は西早川村の上覚，南早川村の五十原・東塚，東早川村の越などに土地を所有していた。

注 1）1917 年の数値。

になって木浦村や能生町の山間部で伊藤家はまとまった山林を所有するに至った。

土地所有規模は、一八九四年をピークに少しずつ減少したと考えられるが、二〇世紀に入っても、一八九六年の作徳米量が約四〇一石に対して、一九〇九年は約三五八石、一六（大正五）年は約三五〇石とそれなりの量を維持し、西頸城郡で有数の土地所有者であり続けたと言える。しかも、伊藤家の土地経営は、作徳米収入のみが目的でなく、自ら農業を実践する場でもあった。伊藤家の作徳米関係史料では、能生谷村の項の冒頭に伊藤農場との記載があり、そこには作徳米の記載がなく、伊藤家は伊藤農場で自作していたと考えられる。[51] 実際、『能生町史』に、「鬼舞の篤農家伊藤助右衛門は、能生谷小見の自家の田で、明治四二（一九〇九）年から農地解放されるまでの永年にわたり、稲の生育状況の観察記録を続けていた」とあり、この伊藤家の試験農場は、第二次世界大戦後に新潟県に譲られ、農村の子弟教育のための心田学園農場となった。[52] このように伊藤家の農業経営は、能生地域の農業に大きな貢献をしており、その意味で、伊藤家は一九〇四年に小樽から撤退した後は、地元での農業経営に最も力を入れたと考えられる。

おわりに――三国屋斎藤家との比較

本章冒頭で述べたように、新潟県域では新潟や石油産地を中心に企業勃興が進展し、[53] 新潟の北前船主であった斎藤家が、新潟の企業勃興に深く関与したため、その経営展開を検討して、それを伊藤家と比較して新潟県域の北前船主の経営展開の特徴をまとめる。

三国屋斎藤家は、幕末期に成長した新潟湊の新興廻船問屋で、明治維新期の制度転換の中で、株仲間の廃止とともに近世来の有力問屋が衰退したのに代わって、北前船経営で資産を蓄積し、近代初頭に新政府が新潟為替会社を設立するとその取扱問屋に任命された。[54] 斎藤家が北前船経営を本格化させたのは、一八七〇年代と考えられ、[55] 七〇（明治三）年には手船永寿丸と栄重丸が石見国浜田港に入港し、栄重丸は「柏崎登り御入船」とされ、また七六年五月に出雲崎港に入港した手船福寿丸も柏崎米を積荷としていた。ただし、一八七六年八月に出雲崎港に入港した福寿丸は北海道産の鰊を積荷とし、八一年に浜田港に入港した手船八幡丸は「松前登入津」とされたので、当初越後産米を瀬戸内・畿内方面へ運んで販売した斎藤家廻船が、七〇年代後半以降は北海道へ進出したと考えられる。浜田港の廻船問屋の「客船帳」では、斎藤家廻船が少なくとも一八八〇年代中葉まで活動していたことが判明する。

斎藤家は、所有和船の北海道進出とともに急速に資産を拡大したと考えられ、その資産で大規模に土地を取得した。斎藤家の所有地価は、一八八五年時点で約三万円であったが、八八年時点で約八万円、九二年時点で約一二万円と増大した[56]。また斎藤家は、一八八五年に佐渡の資産家と越佐汽船会社を設立し、その頃に北前船経営から汽船経営に転換したと考えられ、越佐汽船会社は佐渡航路から酒田・北海道航路へも進出し、汽船九隻を所有して一九一〇年前後にはシベリア航路へも進出した[57]。一八九〇年代前半までの斎藤家は、新潟の企業勃興との関係は越佐汽船会社のみであったが、九〇年代後半以降本格的に新潟の会社設立とその経営に関与した。

表4-16をみよう。一八七二年に新潟で最初に設立された銀行の第四国立銀行は[58]、蒲原平野の大地主が有力な出資者で、新潟町在住の株主は全体の一六%の株を占めるに過ぎず、設立当初は発行した兌換銀行券が金と兌換されることが多く、兌換準備金の減少から銀行券発行量を減らさざるを得ず、設立後まもなく経営は悪化した。その傾向は初期に設立された他の国立銀行も同様で、一八七六年の国立銀行条例改正で、国立銀行券の金兌換が廃止され、不換紙幣の発行が認められて国立銀行の経営改善が図られ、第四国立銀行も増資して再出発したが、新潟町在住の株主の持ち株比率は約七%程度で設立時よりもさらに低下した。しかも一八八一年からの松方デフレで資金需要が減少し、地主への貸付が増加して、逆に商業金融への貸出額は伸び悩んだ。一八九〇年代に新潟の企業勃興が進展するとともに民間への商業金融が増大し、第四国立銀行の新潟市在住の株主の所有比率も増大して九六年時点で約四〇%を占め、第四国立銀行は九六年に新潟銀行と改称して普通銀行に転換した。

近代初頭に第四国立銀行が設立されて以来、新潟では二〇年間にわたり新銀行設立がなかったが、日清戦後の第二次企業勃興期に多くの銀行が設立され、斎藤家がその担い手となった[59]。一八九五年に新潟市内の実業家団体の商話会が母体となって新潟貯蓄銀行が設立されると斎藤家当主はその専務取締役となり、また大地主主導の経営であった新

表 4-16　斎藤家会社役員の推移

（資本金の単位：万円）

会社名	資本金	1897年	1902年	1907年	1912年	1917年	1922年	1926年	1931年
新潟銀行		監査役2)							
新潟貯蓄銀行	10.0	専　務2)	取締役2)	取締役1)	取締役1)	取締役1)	取締役1)	取締役1)	取締役1)
越佐汽船	20.0	社　長2)	社　長2)	社　長1)	取締役1)	取締役1)			
新潟硫酸	27.5	取締役2)	取締役2)	取締役1)	取締役1)	取締役1)	取締役1)	社　長4)	社　長4)
北越鉄道		取締役1)	越後鉄道（67.5）		監査役1)	監査役1)	監査役1)	監査役1)	
新潟運送	5.0	監査役3)	監査役3)	監査役3)	監査役3)				
新潟商業銀行	12.5		専　務2)	専　務1)	専　務1)	専　務1)	頭　取1)	頭　取1)	頭　取1)
新潟曳船			取締役2)		新潟紡績	監査役1)		新潟信託	取締役1)
新潟艀船	11.0		監査役3)	監査役3)	取締役3)		新潟新聞社		監査役5)
新潟電燈			監査役1)		新潟醋酸	取締役5)			
海外貿易				取締役3)		イタリア軒	監査役5)	取締役5)	取締役5)
北越倉庫	1.5			監査役3)	監査役3)				
斎藤合資	10.0				社　員1)	社　員1)	斎藤	取締役1)	
新潟鉄工所	100.0				監査役1)	監査役4)			
新潟水力電気	90.0				監査役1)	監査役1)			
廻船問屋倉庫	3.3				監査役3)				
新潟興業貯蓄銀行							取締役1)	専　務5)	専　務5)
新潟汽船							取締役1)	取締役1)	社　長5)

出所）由井常彦・浅野俊光編『日本全国諸会社役員録』第2・6・11・16巻，柏書房，1988・89年，大正6・11・15・昭和6年度『日本全国諸会社役員録』商業興信所，1917・22・26・31年より作成。

注記）会社の所在は全て新潟。家族の複数が同一会社の役員になっていた場合は，最も重い役職の1名で代表した。新潟銀行は1917年より第四銀行，新潟商業銀行は18年より新潟銀行。資本金は，1912年初頭の払込資本金額，越後鉄道の後の括弧内は1912年初頭の払込資本金額。

注1）喜十郎。2）庫吉。3）庫造。4）庫之助。5）庫四郎。1907年以降の喜十郎は，庫吉が喜十郎を継いだと考えられる。

潟銀行の営業方針に不満をもつ新潟商人らが九七年に設立した新潟商業銀行でも専務取締役となった。新潟商業銀行は新潟銀行が一九一七（大正六）年に第四銀行と改称した後に、一八年に新潟銀行と改称したが、設立時から三〇年代まで斎藤家当主が専務取締役・頭取を占め、堅実な発展を遂げた。

銀行以外の工業諸会社の設立に関しても、[60]新潟県最大の鉱工業であった石油業に関連し、硫酸の需要が増大すると、一八九六年に新潟で硫酸を製造する会社が設立され（新潟硫酸）、斎藤家もその設立に積極的に関わり、取締役となった。新潟硫酸は、それを原料とした化学肥料製造へと進出し、一九〇五年に増資して〇六年に過燐酸製造工場を新設し、〇七年から化学肥料の生産を始めた。新潟硫酸は一九〇五年に従業員一七人、生産額約一三万円であったが、一六年には従業員一〇二人、生産額約五〇万円に成長した。

表 4-17　1900 年頃斎藤家株式所有額

所有株名	株　数	金　額（円）
① 中央株		
日本銀行	35	7,000
勧業銀行	59	2,950
第一銀行	266	13,300
日本鉄道	149	6,516
北海道炭礦鉄道	41	2,050
日本郵船	60	3,000
小　計	610	34,816
② 地元株		
新潟県農工銀行	170	1,700
新潟銀行	531	24,288
新潟商業銀行	1,746	87,300
北越鉄道	885	42,000
岩越鉄道	300	6,000
越佐汽船	1,591	23,865
日本石油	24	850
小　計	5,247	186,003
合　計	5,857	220,818

出所）澁谷喜平編前掲『富之越後』大株主の部，6-7 頁。
注記）喜十郎・庫吉・庫造・キイ・庫之助・庫四郎名義の合計を示した。

こうして斎藤家は、越佐汽船・新潟商業銀行・新潟硫酸を中心として新潟財界に重要な地位を占め、新潟県の会社設立の大部分を担った農村部の大地主と伍して、新潟県域では数少ない北前船主系譜の有力資産家となった。むろん、斎藤家は商業的蓄積を土地に投資して大地主となり、一九〇〇年頃の土地所有面積は約四六五町歩と、農村部の大地主にも匹敵したが、その時点の所有地価が約一四万円であったのに対し、所有株価は約二二万円であり、[61]一八九〇年代に積極的に有価証券投資を行い、新潟の企業勃興を支えた。

表4-17をみよう。一九〇〇年頃の斎藤家所有株式の内訳をみると、新潟商業銀行・北越鉄道を始め地元新潟の会社株の所有が大部分で、中央の資本市場で取引される中央株の比重は少なかった。ただし、新潟県域で広く設立された石油会社への投資は極めて少なく、表4-16と併せてみると、斎藤家は自ら会社役員を務めた会社株を集中的に所有したと言える。新潟県の企業勃興は、大地主資本による銀行と農村部の石油会社設立に代表されるが、斎藤家は新潟への地域志向性が強く、役員を務めた会社は全て新潟の会社であった。その結果、一九一二年初頭に新潟市で払込資本金額一〇万円以上の株式会社（銀行を含む）は一五社あったが、そのうち八社の役員を斎藤家が占めた。[62]

このような斎藤家と伊藤家の経営展開を組み合わせて、新潟県域の北前船主の経営の特徴をまとめる。一八世紀から二〇世紀初頭の長期にわたる伊藤家（鞍屋）の廻船経営のうち、その動向が史料的に確認できる一九世紀を通して、同家は地元越後国（新潟県）の今町（直江津）と新潟を交易の拠点とし続けた。そして一貫して越後国（新潟県）産米を主力商品として扱い、その販売先はいずれの時期も遠隔地であったが[63]、近世後期には農民的商品生産が発達して飯米需要が急速に拡大した畿内の諸港に運んで販売され、近代前期には開拓政策の進展で人口が急増したため飯米需要が急速に拡大した北海道の諸港に運んで販売された。

また、越後国では地元産干鰯がある程度生産された上に、米単作地帯であったため、畿内に比すれば北海道産魚肥の需要は少なく、今町・新潟等へは西廻り航路沿いの特産物であった塩・砂糖・蠟・綿・鉄などが主に移入された[64]。そのため、これまで北前船主の代表例とされた石川県南部の船持商人に比べると、鞍屋が北海道産魚肥を扱う時期はかなり遅れ、北海道産魚肥取引が西廻り航路沿いの特産物よりも粗利益率で明らかに上回るようになった一八八〇年代以降に、ようやく伊藤家は北海道産魚肥を本格的に扱った。さらに伊藤家は、北海道産魚肥を本格的に扱って以降も、新潟─北海道間の米穀取引も主要な利益源泉としており、北海道産魚肥取引に特化したわけではなかった。一八九三年に伊藤家は小樽に商業上の拠点を移したが、新潟に支店（支配部）を残して新潟県産米を小樽へ運ぶ拠点とし[65]、小樽でも精米所を設置するなど最後まで米穀取引に経営の力点を置き続けた。

その意味で、伊藤家の廻船経営は、北海道産魚肥市場の拡大よりも、近世後期から近代前期にかけての国内米穀市場の拡大により寄与したと考えられ、近世後期の畿内の飯米需要や近代前期の北海道の飯米需要に対応した伊藤家のような北前船主の活動が、一九世紀日本における特産物生産の拡大を下支えする重要な役割を果たしたと言える。

このような伊藤家の廻船経営の特徴は、越後国産米を主に扱った点と、北海道への進出が遅れた点で、斎藤家の廻船経営にも共通性はみられる。とはいえ、北海道進出後に北海道に本店を設けて北海道・新潟県間の北前船経営を発展させた伊藤家に比べ、斎藤家は松方デフレを契機に北前船経営に見切りをつけ、越佐汽船を設立して汽船経営に転換した。むろん、越佐汽船はその後北海道航路を開設し、北海道・新潟間の輸送を担った点で伊藤家と共通性はあるが、それを家の営業として行った伊藤家と会社形態を採用した斎藤家ではより斎藤家の方が社会志向性は強く、企業勃興への両家の関与に大きな差異が生じた。

その背景に西頸城郡と新潟市の立地条件の違いがあり、近世来の越後国の主要湊であった新潟に対して、西頸城郡は山が海岸に迫り、平野が少ないため、産業立地として不利であった。それゆえ一八九三〜一九一二年に存在したことが判明する西頸城郡の諸会社は、名称を大幅に変更したものを新会社としても三〇社に過ぎず、一九〇〇年までの企業勃興期に設立されたのはほとんどが金融会社であった[66]。しかもその資本金額が非常に少ない会社が多く、その三〇社のうち創業期の払込資本金額が一万円未満の会社が一七社を占めた。

西頸城郡の中心町の糸魚川に設立された西頸城金融会社のように、一八九五年時点で七万円の資本金を一九〇七年時点で二三万円まで増資し、それが全額払い込まれた〇七年に越後銀行と改称し、その後の増資により一二年時点で資本金五〇万円（払込額三〇万円）と成長した銀行も存在したが、西頸城郡内の各地に点在した地域銀行の大部分は、一二年時点でも資本金額三万円以下の零細銀行で、その資本金額が伊藤家の推定資産額に及ばなかった。

伊藤家は、こうした銀行に役員参加することはなく、地元経済への関与に消極的であったかにみえるが、実際はこれらの銀行が設立される以前から、伊藤家は地域の人々に資金貸付を広範に行っていた。表4-18をみよう。伊藤家の「大福帳」は一八七八〜八〇年のものしか残されていないが、八〇年の「大福帳」より、伊藤家の貸付金残額を地域別に整理した。貸付金残額の最も多かったのは新潟の貸付先であるが、西頸城郡全域に幅広く資金貸付が行われていた一方で、廻船業の取引相手であった小樽・大阪をはじめ日本海沿岸各地の廻船問屋への貸付はほとんどみられなかった。新潟の貸付先も、小川皆五郎・高橋治七郎・岸田屋忠五郎は伊藤家廻船の取引相手であったが、それ以外の相手へ資金貸付が行われた部分も大きく、全体として伊藤家の金銭貸付は、廻船業と無関係に地元の資金需要をまかなうために行われていたと考えられる。

表 4-18　1880年伊藤家貸付金残額一覧

（金額の単位：円）

地　域	貸付先	金　額	備　考
別　口	起業公債	797	
	政府拝借	591	
	四十四銀行	500	金沢支店か
	鬼舞校出資	350	
	その他とも6軒小計	2,451	
鬼舞村	風間三郎右衛門	1,300	北前船主
	その他とも16軒小計	2,103	
鬼伏村	5軒小計	320	
木浦村	五味川吉雄	905	木浦銀行専務取締役
	磯谷健治	900	木浦村村長
	岩崎徳右衛門	465	
	その他とも23軒小計	3,650	
中　尾	4軒小計	181	
浦本村	14軒小計	926	
梶屋敷村	井上半重郎	1,500	北前船主
	大島和三郎	700	大土地所有
	その他とも4軒小計	2,311	
谷根村	片山佐忠治	650	
早川谷地域	加藤喜四郎	600	
	その他とも4軒小計	755	
糸魚川町	内山長之助	500	
	八木三郎右衛門	490	
	内山長治郎	300	
	その他とも15軒小計	2,368	
寺　島	3軒小計	414	
能生町	7軒小計	286	
西能生村	伊藤徳平治	4,245	戸　長
	宮路喜左衛門	571	
	小竹甚之丞	△ 569	
	その他とも4軒小計	4,272	
中能生村	1軒小計	10	
南能生村	2軒小計	72	
四ヶ所村	久保田八重郎	800	戸　長
	池亀弥平	499	大土地所有
	その他とも3軒小計	1,499	
名立町	2軒小計	110	
松ノ郷村	竹田確太郎	1,000	
有間川村	1軒小計	150	
大豆新田村	1軒小計	100	
直江津町	石塚六三郎	2,167	廻船問屋
寺泊町	神林津右衛門	1,000	
新　潟	小川皆五郎	2,282	廻船問屋
	栗林重三郎	1,500	
	磯辺惣三郎	956	
	高橋治七郎	700	
	岸田屋忠五郎	600	廻船問屋
	赤坂長吉	500	
	その他とも9軒小計	6,865	
酒　田	佐賀佐次平	1,815	
小　樽	牧口徳太郎	500	
大　阪	1軒小計	200	
不　明	2軒小計	17	
合　計	132軒	36,192	

出所）明治13年「金銀大福帳」（伊藤家文書，史料番号あ-2581，あ-2653）より作成。

注記）地域は1890年代の行政区分をもとに示したが，鬼舞は別記した。よって，能生町には能生小泊，西能生村には大平寺・桂，中能生村には平，南能生村には溝尾・川詰，四ヶ所村には筒石・徳合が含まれる。早川谷地域は，東早川・西早川・北早川・南早川村を含む範囲を示す。金額は，300円以上の残貸（残借）になっている相手は別記し，それ以外は地域ごとにまとめて小計金額を示した。近世来の両・貫匁・貫文単位の残貸分は省略した。備考欄は相手の職種等を示した（渋谷隆一編『明治期日本全国資産家地主資料集成』第3巻，柏書房，1984年，能生町史編さん委員会編『能生町史』下巻，1986年，近代編，等を参照）。

特に、鬼舞・木浦・鬼伏・浦本など近隣の村々への貸付を合計すると、五八軒に対して六、九九九円で、そのうち船持商人の風間家への貸付金を除くと五七軒に対して五、六九九円となり、一軒当たり約一〇〇円の比較的規模の小さい貸付が広く行われていた。一八八〇年はまだ西頸城郡で銀行が全く設立されていなかった時期で、伊藤家は銀行設立以前から地域向けの金融業者の役割を果していた。しかし、西頸城郡で各地に点在して銀行が設立された一八九〇年代に、伊藤家は銀行経営に関与しなかった。その背景には、第二節で述べたように一八九〇年代前半における伊藤家廻船経営の転換があったと考えられる。

すなわち、伊藤家は一八九〇年代に、小樽本店の設置、廻船経営の買積から運賃積への転換、日本型帆船から西洋型帆船への転換、小樽での精米所設置を相次いで進めた。小樽本店建設に約二二〇円かかり、西洋型帆船三隻の新造に約七、五〇〇円かかり[67]、前述のように精米所設置・開業に概算費用で約一五、〇〇〇円が見込まれ、また一八八〇年代後半から九〇年代前半にかけてかなり土地所有規模を拡大したことを併せて考えると（前掲表4-15を参照）、この間の収益は、土地購入、西洋型帆船新造、小樽本店や精米所の建設・開業でほとんど費やされ、地元企業への出資にむかう資金的余裕は残されていなかったと思われる。

その小樽での精米所経営も前述のように定着せず、一九〇四年に伊藤家は小樽を撤退したが、その時点では西頸城郡では各地に点在して銀行が設立されており、伊藤家が新たに会社設立に関わる余地は少なかったと考えられる。そして伊藤家は、その後農業に力を入れ、農業面で地元産業に貢献するに至ったと言えよう。

伊藤家ばかりでなく、西頸城郡の北前船主は概して、地元の企業勃興への参画はほとんどみられなかった。表4-1に戻ろう。西頸城郡は平野が少なく、大土地所有者は少ないかわりに、廻船業が発達し、鬼舞・糸魚川《いといがわ》などは多くの北前船主を輩出した[68]。その代表例が鬼舞の伊藤家・田中家・小林家、梶屋敷《かじやしき》の井上家、糸魚川の寺崎家・多田家であった[69]。表4-1の一八八八年の所得額をみても、伊藤家に及ばないものの、井上家が一、一五一円、寺崎家が七六四円、田中家が七一五円、多田家が六三三円、小林家が六一五円を示していずれも表4-1に含まれ、それ以外に糸魚川の山本家、寺島の杉本家などが、北前船主として表4-1に名を連ねた。

このなかで、井上家は積善銀行の専務取締役として、地元銀行の設立に中心的に関わったが、それ以外の北前船主はほとんど地元企業の役員になっておらず、企業勃興との関わりは弱かった。一方、これらの北前船主はいずれも伊藤家には及ばないものの、ある程度の規模の土地を所有し、伊藤家のように農業面で地元経済と関わっていた。

北前船主以外の西頸城郡の地方資産家も、大和川村の岩崎家・田原家、竹ノ花村の金子家など少数の事例を除くと、概してみな会社役員になっておらず、西頸城郡の企業勃興は、上位階層の資産家よりは、各村の中位の地主層や糸魚川町・能生町の諸営業者層が中心的担い手となったと考えられる。例えば公益銀行は、平村の地主笠原弥平次と槇村の地主小笠原与平太らが中心となり一八八五年に設立された能生谷一円公益会社をもとにしており、同社は能生谷地方における中小地主の金融業的機能をもって誕生したとされた。また能生銀行は、能生町の商人加藤善治郎（機業）と伊藤善六（雑貨商）が設立の中心になったとされ、能生町の医師村田喜与松も役員として加わった[70]。それゆえ、金子甚吉が頭取を務めた大和川貯蓄銀行や岩崎徳五郎が頭取を務めた越後銀行のように有力資産家が積極的に関与した銀行は、資本金がかなり増大したが、それ以外の諸会社の資本金規模は零細なまま推移した。

第5章　石川県船主の海運・不動産経営
――加賀国湊・熊田屋熊田家の事例――

はじめに

本章では、遅くとも一八世紀末には、所有した廻船で日本海航路の遠隔地間交易に乗り出し、一九世紀中葉に廻船数を増大させ、近代以降も一九二〇（大正九）年前後まで買積経営を展開した加賀国（現石川県中南部）湊の熊田屋熊田家を取り上げる。序章の研究史でも触れたように、加賀国は、近世期から大規模な北前船主の輩出地として知られ、北前船の代表的研究者の牧野隆信が、加賀国南部の大聖寺藩領域の北前船主を総合的に研究したことで、北海道へ早期に進出し、北海道産物の取引で多額の蓄積を進め、一九世紀末以降には、汽船経営に転換したり、北洋漁業へ進出した大聖寺藩領域の北前船主の経営展開が、その典型と考えられてきた(1)。

一方、加賀国北部の金沢藩領域では、大藩であった金沢藩の御用を引き受けて多額の蓄積を進め、一八世紀後半～一九世紀前半に大規模船主となった北前船主が存在しており、その代表的存在の木屋（木谷）藤右衛門家や銭屋五兵衛家の研究も進んだ(2)。木屋や銭屋は、北海道への進出よりも藩米輸送に力を入れ、藩権力との距離が近かった点で、大聖寺藩領域の船主と異なり、藩の政争に巻き込まれて、木屋も一時的に断絶の危機を迎え、銭屋は結果的に取り潰された。そうした御用を重視した経営展開は、近代初頭の廃藩置県により、事業機会を失うこととなり、近代以降に木屋などは、海運経営を発展させ得なかった。

こうして旧加賀国出身の北前船主は、近代前期に海運から撤退した旧金沢藩領域の船主と海運を発展させた旧大聖寺藩領域の船主に大きく二分されたかにみえる。しかし、二〇世紀初頭の「船名録」をみると、[3] 旧加賀国域でも旧大聖寺藩領域だけでなく旧金沢藩領域の船主で多くの帆船を所有した北前船主が存在しており、その代表的存在である熊田源太郎家は、前掲表2-1にみられるように、一九世紀末において、旧大聖寺藩領域の瀬越・塩屋・橋立の北前船主や前述の木屋（木谷）家と並ぶ有力資産家であった。そこで本章では、従来はあまり注目されなかった熊田家を検討することで、石川県船主と地域経済の関連を考察することとした。

熊田源太郎家の本家は、近世期に加賀国湊で村役人を務めていた熊田屋八郎兵衛家で、八郎兵衛家は、遅くとも一九世紀初頭には、手船（自己所有船）で日本海航路の遠隔地間交易に乗り出していた。[4] 加賀国湊は金沢城下から南西二〇キロメートル程に位置し、後背地の主要生産物は米で二〇世紀に入ると製糸業・絹織物業が発達した。[5] 八郎兵衛家は一八二〇年代から手船数を増大させ、五〇年代にかけて少なくとも和船五隻を所有するに至り、八郎兵衛家の雇船頭であった八右衛門が、八郎兵衛の娘と結婚してその頃に分家したと思われる。八右衛門家（後に源次郎家）も和船を所有して遠隔地間交易に乗り出し、多数の船を所有し、表5-1に示したように一八七六（明治九）年時点で、八郎兵衛家が和船七隻、源次郎家が和船七隻、源次郎の息子の忠次郎が和船二隻を所有した。

八郎兵衛家は、一八五〇年代から比較的大規模な北前船主となったが、前述の木屋に比べれば経営規模は小さかったと考えられ、四四（弘化元）年に金沢藩が藩領内の富商に御用金を負担させた際にも、木屋が銀三〇〇貫匁、銭屋が銀二〇〇貫匁を負担したのに対し、熊田屋は銀一〇〇貫匁の負担に止まった。[6] また、熊田屋は御用輸送を積極的に

表 5-1　熊田一族手船の動向

	1876年時点				1893年時点		1901年末時点	
八郎兵衛家	千年丸	689石積	神勢丸	486石積	永宝丸	永春丸		
	永宝丸	666石積	永春丸	412石積	神勢丸	神孝丸		
	大徳丸	510石積	加徳丸	237石積				
	永乗丸	506石積						
源次郎家	永昇丸	621石積	福寿丸	484石積	＊吉廣丸	正直丸	＊吉廣丸	106トン
（→源太郎）	永寿丸	615石積	大吉丸	460石積	＊長寿丸	大吉丸	＊長寿丸	102トン
	正直丸	579石積	三吉丸	437石積	＊同福丸	三吉丸	＊正直丸	102トン
	長徳丸	529石積					大吉丸	682石積
忠次郎家	永命丸	450石積	多福丸	337石積	喜保丸		喜保丸	546石積

出所）明治9年「航海船御鑑札扣」（熊田家文書，財団法人呉竹文庫蔵，以下熊田家文書はいずれも呉竹文庫蔵なので所蔵先は省略），柚木学編『近代海運史料』清文堂出版，1992年，359-360頁，明治35年「日本船名録」（国立公文書館蔵）より作成。

注記）1893年・1901年末の源太郎家手船の＊印は西洋型帆船を示す。なお西洋型帆船は登簿トン数を示し，和船10石分が西洋型帆船およそ1トンとの換算がある（明治41年『大日本帝国港湾統計』復刻版雄松堂出版，1994年の凡例を参照）。

行った形跡はなく、瀬戸内産の塩や越後産米の買積経営を主に行っていた（後述）。

　近代になると湊村は能美郡に属し、熊田屋は姓を熊田とし、分家源次郎家が、本家の経営規模を凌いだ。源次郎の後を継いだ源太郎は、[7] 和船を西洋型帆船へ転換させて海運経営をさらに発展させ、土地を取得して石川県域で最大級の地主となり、鉱山経営にも進出した。二代源太郎は、さらに経営の多角化を進め、北海道での漁業経営や農場経営、石川県小松・寺井での倉庫業や運送業へと展開し、金沢で石川貯蓄銀行が設立された際に頭取となった。そして、これらの様々な事業を分割して既存の会社に譲渡したり、新たに会社を設立したりして、それらの会社に経営者として加わった。その意味で熊田家は、従来研究が進められた旧大聖寺藩領域の北前船主より地域経済に積極的に関与したと言える。

　また、序章の研究史整理で述べたように、旧大聖寺藩領域の北前船主の船を北前船の典型とした牧野隆信に対し、柚木学は但馬国（現兵庫県北部）の北前船主の存在を指摘して北前船の定義の再考を求めたが、熊田家にみられたような北前船主と地域経済の関係は、但馬国でもみられたので、本章のまとめでは但馬国の代表的北前船主であった津山屋瀧田家の経営展開を検討して熊田家の経営展開と比較し、地域経済との関係を考察する。

一　北陸重視から北海道重視への海運経営

近代以降の熊田家は、源次郎家から分家した忠次郎家も含め、本家八郎兵衛家、分家源次郎家（後に源太郎家）、分家忠次郎家の三家から構成されたため、[8]この三家を併せて海運経営を検討する。表5-2をみよう。この表で、熊田八郎兵衛家の廻船が越後国出雲崎湊に入津した記録を示したが、八郎兵衛家は、一八一〇年代に和船三隻、二〇年代に和船四隻、三〇年代に和船五隻と、次第に手船数を増大させ、その後五〇年代まで和船五隻の経営規模を維持したと推定できる。当初毎年のように登場した雇船頭の八右衛門の名前が一八二二（文政五）年以降はみられなくなったが、八右衛門は熊田八郎兵衛の娘と結婚して分家したと思われ、独立して北前船主となったと考えられる。八右衛門の子が源次郎で、前述のように源次郎は所有船を増大させ、本家に匹敵する大規模和船所有者となった。

ただ表5-2では、八郎兵衛家の廻船しか判明しなかったため、八郎兵衛家廻船の特徴を考察する。まず経路が、一八二〇年代までは出雲崎近隣の寺泊行きが多く、畿内・瀬戸内方面から下関を廻って日本海を辿った廻船の終着地が寺泊などの越後諸湊であったと考えられる。積荷は、瀬戸内産の塩が中心で、やはり瀬戸内地域で買い入れられたと思われる生蠟や砂糖類も載せられていた。これらの商品は越後諸湊で販売されたと考えられ、越後諸湊では、一八四一（天保一二）年の事例で米買い積み（積み入れ）とあったことからみて、越後産米を買い入れてそれを瀬戸内・畿内へ運んで販売したと考えられる。また、一八三四年以降になると、二〇反帆以上の船も所有するようになり、船体規模が拡大するとともに、秋田行き・松前（北海道）行きと越後諸湊よりもさらに北方を終着地とする廻船がみら

表 5-2　熊田屋八郎兵衛家廻船の出雲崎湊への入津状況一覧

年	船名	船頭名	入津	出津	経路	積荷等	備考
1814		八右衛門	5月 6日	5月12日			
1815		八　蔵	3月 2日	3月 7日			
		勘左衛門	4月 1日	4月 3日			
		八右衛門	4月20日	4月25日	寺泊廻り		6月3日再入津，寺泊廻り
1816		八右衛門	5月12日	5月13日	寺泊行き		6月10日再入津
		長左衛門	8月24日				
		勘左衛門	閏8月 1日	閏8月 3日	寺泊行き		
1817		八　蔵	4月20日	4月21日			
1818		八右衛門	7月24日	7月26日	寺泊行き	三田尻（塩）・大浜（塩）600俵他	
1819		長左衛門	閏4月20日	閏4月22日			
1820	永楽丸	長左衛門	6月 4日	6月12日	寺泊行き	立ケ浜塩600俵，生蠟13叺，玉砂糖12丁他	
1821		八右衛門	6月 2日	6月 3日	寺泊行き	三田尻（塩）1,900俵余，鯨・鰹・玉砂糖他	8月21日再入津，寺泊行き
1822		六兵衛	6月 5日	6月 8日		綿23本，三島（米）1,000俵余	
1823	永徳丸	仁左衛門	3月27日			塩，蠟，蜜，玉砂糖	
1824		八　蔵	3月 4日				
1825	(16)	六兵衛	4月 7日		寺泊より	干鰯買付	
	永命丸(15)	五左衛門	5月12日	5月14日	下り出帆	生蠟，椎茸，（鰹）節，唐津（焼）	
	永宝丸	長三郎	5月12日	5月14日	下り出帆	備中（綿）60本，生蠟	
1827		五左衛門	閏6月 5日			波止浜（塩），綿102本	
1828	永宝丸(18)	長三郎	4月18日	4月18日		塩他	
	永寿丸(17)	仁左衛門	4月18日	4月18日		竹原（塩）他	
1829		長左衛門	4月 5日		加茂破船		
	(17)	円右衛門	5月15日		石見下り	半紙，中保	
	(16)	徳　蔵	7月26日			大浜（塩）680俵他	
	(16)	五左衛門	8月 8日			大浜塩，蠟他	
1830	(16)	五左衛門	2月29日	3月 1日	寺泊行き	松永（塩），蠟，砂糖他	閏3月26日再入津，下り出帆
	永幸丸(16)	徳　蔵	6月21日			塩600俵余他	
1831	永命丸(16)	五左衛門	5月 9日	5月11日		塩，綿，砂糖他	
	永昌丸(18)	円右衛門	5月11日			立ケ浜（塩）480俵，綿65本他	
1832	栄泰丸(18)	五左衛門	4月17日		柏崎買舟	三田尻塩，綿，生蠟他	
1833	(18)	五左衛門	4月 6日			塩，綿，蠟	
1834		五左衛門	1月22日		下筋下り		
		円右衛門	1月22日		下筋下り		
	永吉丸(17)	長三郎	2月10日	2月12日	秋田行き	綿50～60本，蠟少し	3月26日再入津
	永幸丸(16)	吉　助	3月15日	3月17日		米子（綿）70本余，鉄50個余	

	永命丸(16)	七三郎	9月 4日			小松塩，白玉 20 本，玉（砂糖）30 丁他	
1835	永昌丸(18)	円右衛門	2月21日	3月 1日		塩 900 俵，蠟他	5月19日再入津，寺泊行き
	永寿丸(21)	吉　助	3月 7日			芋，橙	8月2日再入津，積荷（塩・綿他）
	永泰丸(18)	五左衛門	(5月19日)		柏崎行き	大浜塩他	8月2日再入津，積荷（塩他）
	永福丸(20)	九兵衛	6月15日			竹原塩，備中綿 130 本他	
	永命丸(16)	七三郎	閏7月 4日	閏7月 5日	下り出帆	塩 700 俵，綿 70 本，生蠟他	
1836	永福丸(20)	九兵衛	3月23日			芋，鰹節，砂糖	
	(16)	七三郎	4月13日	4月17日	柏崎行き	赤穂塩 730 俵，生蠟 20 叺，玉砂糖 15 丁他	
	永泰丸(18)	五左衛門	4月13日			赤穂塩 1,100 俵，生蠟 50 叺，玉（砂糖）25 丁他	
1838	永徳丸	徳兵衛	3月23日			芋 260～270 俵，橙他	
	永鳳丸(17)	栄　蔵	4月17日	4月20日		立ケ浜塩	
	(18)	吉　助	6月14日	6月21日	下り出帆	古浜塩 1,100 俵，米 100 俵余	
	永命丸(16)	谷　蔵	8月13日	8月28日		大浜塩 760 俵，大豆	
1840	永幸丸(19)	吉　助	7月 2日			野崎塩 1,000 俵，綿 30 本	
1841	永吉丸(17)	吉太郎	5月23日	5月27日		米 330 俵積み入れ	
	(17)	七三郎	5月26日	6月 8日		米 800 俵買い積み	
1847	永鳳丸(17)	栄　蔵	3月 3日			芋，下り物	
1849		吉　助	4月 1日			芋，生蠟 15 叺	
1850		徳次郎	1月21日	2月14日	当所船買		
1851	永慶丸(17)	八兵衛	7月27日			立ケ浜（塩）300 俵，綿他	
1852	永福丸(16)	七三郎	4月29日	5月 3日	下り出帆	大浜（塩）700～800 俵，綿 30 本，生蠟他	
1853	宝勢丸(20)	吉　助	5月 4日	5月12日	松前行き	小松塩 800 俵，綿 40 本，玉砂糖他	
	(20)	徳次郎	7月 4日	7月 5日	下り出帆	大浜（塩）1,200 俵，綿 100 本，太白 50 丁他	
1854	(19)	徳次郎	4月16日			古浜（塩），下り物他	
	宝勢丸(20)	吉　助	5月11日	5月23日		冨浜塩他，干鰯積み入れ	6月5日再入津，菜種・大豆買積
1855	永亀丸(22)	徳兵衛	4月21日			大浜塩，七嶋，太白他	
	永寿丸(20)	徳次郎	4月27日			野崎塩他	
	宝勢丸(20)	七兵衛	5月27日			出雲綿 105 本余，木綿他	
	永幸丸(18)	七三郎	5月27日			塩，綿，紙他	
	永歓丸(22)	吉太郎	6月15日			古浜（塩），綿他	
1856	永幸丸(18)	七三郎	2月28日			木綿，生蠟，玉砂糖他，米 1,100 俵買積	
1857	久徳丸(18)	金　平	7月 7日			大浜塩 800 俵，綿 30 本	
1872	三吉丸(20)	徳三郎	7月24日			塩 600 俵，綿 20 本，生蠟 20 叺，半紙	
1876	永命丸(20)	半　蔵	10月21日			黒砂糖 100 丁，白砂糖 50 丁，半紙 25	

出所）出雲崎町教育委員会編『出雲崎町史』海運資料集（1・2），1995・96 年，所収の熊木屋「御客上下帳」より作成。

注記）出雲崎湊の廻船問屋熊木屋の客船帳に記載された熊田屋八郎兵衛家の船の動向を示した。船名欄の括弧内は，船の帆の反数。積荷は，産地名などしか記載されていないものは括弧書きで商品名を推定して示した。1 年に複数回入津した船は，再入津を備考欄に示した。

れ、熊田家廻船は北海道へも進出するようになった。ただし、積荷の内容からみて北海道産物を主に扱っていたとは思われず、松前行きの記載も一例に止まるため、熊田家廻船の北海道進出は、近世期は限定的であったと言えよう。

しかし、近代以降その様相は大きく転換し、熊田家廻船の主要取扱品が北海道産物となった。まず、熊田家廻船の隻数と船体規模を確認しておく。表5-1に戻ろう。前述のように一八七六（明治九）年時点で、源次郎家は本家八郎兵衛家に匹敵する大規模北前船主となっており、その後和船の西洋型帆船への転換を進め、九三年時点では、源太郎家は西洋型帆船三隻・和船三隻を所有した。一八九三年時点でも八郎兵衛家も依然として和船四隻を所有していたが、西洋型帆船の所有はなく、また忠次郎家は七六年時点で和船二隻の所有が九三年時点で和船一隻の所有に減少し、一九〇一年末では、源太郎家は西洋型帆船三隻・和船一隻を所有し、忠次郎家も和船一隻を所有していたが、八郎兵衛家は船を所有していなかった。

ただし、熊田家の諸家の所有和船はいずれも大きくても六〇〇石積台で、船体規模は中程度であった。むろん西洋型帆船は、和船よりも船体規模は大きく、一九〇一年末での源太郎家の帆船三隻・和船一隻の登簿トン数は、表注の換算（和船の一〇石を一トン）で合計三七八トンになり、石数に逆算すればおよそ四隻で三、八〇〇石積と、最大六〇〇石積台の和船時代に比べて船体規模はかなり大きくなった。

以下、熊田源太郎家を中心として、熊田家の海運経営を検討するが、熊田家の史料では、個別の廻船の商品売買を示した史料は少なく、長期間の推移は廻船が積荷を廻船問屋に預けたり、買入を約して資金を前渡しした分など次年度繰越分しか判明しなかった。そこで、表5-3で、源太郎家廻船が扱った北海道産物の一八八六～九六年の次年度繰越分を示した。この時期には、源太郎家の全ての廻船が北海道へ赴き、北海道産物を買い入れてそれを北陸・瀬戸内・畿内諸港で販売しており、それが同家廻船の利益源泉となっていた。表では出身地元での取引も時々みられたが、大部分は畿内・瀬戸内諸港で販売され、それも大阪での販売は少なく、瀬戸内では鞆港、畿内では兵庫と貝塚港

表5-3　1886～96年熊田源太郎家廻船北海道産物売買次年度繰越額一覧

（単位：円）

	年度末	1886	1887	1888	1889	1890	1891	1892	1893	1894	1895	1896
買入港	利尻									3,500	3,500	
	寿都				3,039	1,197	987	263		36		
	島牧									3,020	2,577	3,418
	江差									6,175		
	不明								1,124			
	計				3,039	1,197	987	263	1,124	12,731	6,077	3,418
販売港	（国元）		415				5,570					
	三国										1,588	
	下関							25				
	鞆				42		4,338	218	636		1,357	8,723
	玉島	105	137			330			135		771	
	下津井				125							
	兵庫	334		26	126	487		60	137	7,305	14,697	
	大阪	304		57				235	131			865
	貝塚			182			7,375	125	228	1,330	2,155	
	不明			811			11,303	80				
	計	743	552	1,076	293	817	28,586	743	1,267	8,635	20,568	9,588

出所）明治13年「大宝恵」，明治26年「中荷金調大宝恵」（いずれも熊田家文書）より作成。
注記）史料の性格上，次年度繰越分しか買入・販売状況が判明しないためそれを示した。また商品名が不明の分は除いた。したがって売買の全体像を示すわけではない。販売港の（国元）は，熊田家の出身地元のこと。

と、特定の港の廻船問屋と長期にわたって継続的に取引していた。

第1章で述べたように、旧大聖寺藩領域の北前船主を中心として一八八七年に北前船主の共同組織である北陸親議会が設立され、共通の取引慣行を定めて共同歩調をとりつつ、太平洋航路の汽船運賃積を利用する近代的巨大資本に対抗しようとしたが、熊田家は北陸親議会に加盟せず[9]、北陸親議会加盟船主の最大の取引相手が大阪の北海産荷受問屋であったため、熊田家は大阪を避けて、北陸親議会加盟船主がそれほど進出していない大阪湾岸や瀬戸内諸港で継続的に取引することで商圏を確保したと言える。

そこで次に、熊田家の瀬戸内諸港での取引として広島県鞆港を、大阪湾岸諸港での取引として大阪府貝塚港を取り上げて検討する。まず広島県鞆港について表5-4をみよう。広島県鞆港は、近世期は備後国福山城下の外湊として栄え、後背地は広島県でもかなり生産性の高い棉作地域であり、鞆港では鍛冶業が盛んであった[10]。鞆港の主要移入品は、米・大豆、後背地向け

廻船の販売額一覧

（単位：円）

1894年	1895年	1896年	1897年	1898年	1899年	1900年	1901年	1902年	1903年
3,413			234				1,540		
191			10,572		2,902			694	
2,318	3,760	748	12,594	1,620	6,091		1,357	11,428	
2,632		8,752	10,153	5,031	3,190	1,840		1,169	
	5,015	1,109				2,852	5,397	8,233	8,002
8,554	8,775	10,609	33,553	6,651	12,183	4,692	8,294	21,524	8,002
	米，他		鯡粕 胴鯡	鯡粕	鯡粕 胴鯡		鯡粕	鯡粕 胴鯡	
3,567			783		1,142				
3,567			783		1,142				

料館保管）より作成。
家へ約1,133円販売したが，船名が不明のためこの表では示さず，数値は熊田源太郎家の合計に加えた。

の北海道産鯡魚肥や鍛冶業の原料となる洋鉄で、主要移出品は繰綿や鉄製品であった。熊田家の鞆港での主要取引先は、廻船問屋の片山家で、八郎兵衛家・源次郎（源太郎）家・忠次郎家のいずれも片山家と取引した。なお、廻船業者が港の廻船問屋と取引した際に、廻船問屋が売買を仲介するのみの場合もあるため、廻船問屋を廻船の販売・買入先とみなすことに留意が必要であり、その点については序章注(89)による。

熊田一族のうち特に、源太郎家が継続的に多額の取引を行い、一八八〇年前後は北海道産鯡魚肥と秋田産米穀の両方を販売したが、九〇年代以降は、専ら北海道産鯡魚肥を販売した。前述のように一八九〇年代～一九〇〇年代初頭の源太郎家の手船数は四～六隻であったので、源太郎家手船の過半がその間片山家と取引したと言える。忠

表5-4　片山家への熊田家

	船　名	1878年	1880年	1881年	1889年	1890年	1891年	1892年	1893年
源次郎家 →源太郎	永昇丸	475	254		長徳丸	4,459			
	正王丸	374			福寿丸	55			
	大吉丸		5,059	7,855	3,416	3,352		1,941	1,350
	三吉丸				3,703		1,267	5,322	
	長寿丸				397	4,548	1,089	1,551	1,483
	正直丸					3,644		1,114	488
	吉廣丸						663	1,041	1,319
	同福丸						550	1,054	
	計	849	5,313	7,855	7,516	16,058	4,702	12,023	4,640
	主要販売品	秋田小豆 秋田種粕	鯡粕 胴鯡	秋田米 胴鯡	鯡粕 胴鯡	鯡粕 胴鯡	鯡粕 胴鯡	鯡粕 胴鯡	鯡粕
忠次郎家	永命丸		4,044	4,347	3,262	4,524			
	喜保丸					4,661			2,131
	計		4,044	4,347	3,262	9,185			2,131
	主要販売品		鱒 鱒粕	秋田米	鯡粕 胴鯡	鯡粕 胴鯡			鯡粕 胴鯡
八郎兵衛家	嘉徳丸		3,886				永宝丸	2,915	2,188
	神勢丸				3,110	1,689	2,118		
	永春丸						957	2,061	88
	計		3,886		3,110	1,689	3,075	4,976	2,276
	主要販売品		鯡粕 胴鯡			鯡粕 胴鯡	鯡粕 胴鯡	鯡粕 胴鯡	鯡粕

出所）明治10年「金銭受渡証」，明治22年「御客判取帳」（いずれも片山家文書，片山家蔵，鎌ヶ谷市郷土資
注記）船名が史料に記載されていない場合は，船頭名より船名を推定した。ただし，1891年は船頭定吉が片山

次郎家も連年ではないものの一八九〇年代末まで片山家と取引したが、八郎兵衛家は、九四年以降片山家との取引がなく、前述のように一九〇二年時点で船を所有しておらず、一八九〇年代中葉に海運経営から撤退したと考えられる。

表5-5をみよう。一八八〇年代の熊田源太郎家手船の純損益は、乱高下が激しく、その要因は破船の際の損失額の多さであった。特に一八八九年度は、破船しなかった廻船は一、〇〇〇円前後の純益を計上したものの、福寿丸と永昇丸の破船で約五、〇〇〇円の純損失を計上し、全体の純損益は損失となった。帆船であれば破船のリスクはある程度高いため、順調に航海した廻船の利益で破船の際の損失を補う必要があり、熊田家はより地域間価格差の大きい北海道産魚肥取引へ専念するようになったと考えられる。

表5-5　1880年代熊田源太郎家手船純損益一覧

（単位：円）

年度	正直丸	大吉丸	三吉丸	長徳丸	福寿丸	永昇丸	永寿丸	長寿丸	合　計
1881	1,571	788	△ 18	△ 89	865	553	△ 2,464		1,206
1883	288	777	△ 1,097	310	365	19		180	840
1884	1,708	756	156	37	750	778		245	4,431
1885	1,342	△ 288	358	348	△ 521	221		32	1,491
1886	556	324	389	337	1,025	436		1,189	4,256
1887	458	514	△ 213	129	△ 416	254		△ 50	676
1888	201	586	239	92	△ 121	108	同福丸	6	1,112
1889	1,601	1,007	143	875	△ 2,428	△ 2,565	84	847	△ 435
					幸福丸				
1890	△ 531	△ 79	393	259	△ 444		△ 320	490	△ 233
1891	1,950	1,185	1,079	△ 3,219	△ 1,719		921	756	952

出所）明治13年「大宝恵」（熊田家文書）より作成。
注記）粗利益から船の経費等を引いた純損益を示した。無印は利益，△印は損失。

源太郎家の片山家との取引額は、インフレ期の一八八〇年前後よりも松方デフレ後の九〇年代の方が相対的に多く、熊田家廻船が北海道産物を専ら扱うに至ったのと並行して片山家との取引の比重が拡大したと考えられる。もっとも、一九〇〇年代になると瀬戸内海航路の和船から汽船への転換が急速に進み[11]、鯡魚肥が汽船でも輸送されるようになり、また山陽鉄道が鞆を通らず福山を経由して大阪・兵庫と広島県尾道港を結んだため、一九〇三年に山陽鉄道会社により開設された尾道—多度津間汽船定期航路に代表されるように、広島県東部では尾道を中心として本四連絡海運網が形成された。そのなかで、鞆港への船舶入港数は一九〇〇年代に激減し、片山家も一九〇〇年代半ばには廻船問屋経営を廃業したと考えられる[12]。

片山家という有力な取引先を失った熊田家であったが、大阪府貝塚港との取引はその後も続いた。大阪府貝塚は[13]、近世期は寺内町で、その後背地が棉作・綿織物の産地として発達していたため、飯米や魚肥の移入湊として栄えた。貝塚湊では一八三五年に廻船問屋を開業した廣海家が、その後貝塚港最大の肥料問屋となり、熊田家も廣海家と継続的に取引した。表5-6をみよう。熊田家と廣海家との取引は、一八七七年に開始されたと考えられ、八〇年代前半までは熊田家廻船の積荷であった秋田米の廣海家への販売であった。一八八〇年代中葉に八郎兵衛家の廻船が廣海家と取引したが、それ以外は全て源太郎家が廣海家と取引した。なお、廻船問屋の役割として前述のように売買を仲介するのみの場合もあるが、廣海家は近代以降は廻船の積荷を自ら買い取る自己勘定取引を盛んに行うようになり、熊田家廻船から預かった積荷もほぼ全て廣海家が買い取って後背地の商人に販売した(14)。

表 5-6　熊田家と貝塚の廣海家との取引額一覧

（単位：円）

年	取引額	廻船名もしくは取引形態	主要取引商品	
			秋田米	鯡　粕
1877	897	正王丸	650 俵	
1878	10,000	長徳丸，永昇丸，作太郎	6,111 俵	
1879	8,116	永昇丸，大吉丸，作太郎	2,057 俵	305 本
1880	7,404	長徳丸	2,168 俵	
1883	1,470	三吉丸，神勢丸	1,297 俵	
1884	3,584	正直丸	2,579 俵	
1886	5,230	正直丸，永昇丸，三吉丸，大吉丸他	3,423 俵	
1887	2,684	長徳丸，永昇丸	1,502 俵	145 本
1888	1,405	長徳丸		300 本
1890	1,284	長徳丸，正直丸		59 本
1891	7,402	長徳丸，正直丸		1,795 本
1892	3,483	同福丸，吉廣丸		817 本
1893	3,775	同福丸，吉廣丸		742 本
1894	1,502	吉廣丸		262 本
1895	8,216	吉廣丸		1,338 本
1896	2,507	吉廣丸	胴　鯡	395 本
1898	3,084	吉廣丸，三吉丸，長寿丸	50 束	429 本
1899	4,603	長寿丸，大吉丸	262 束	365 本
1900	14,009	長寿丸，大吉丸，吉廣丸	3,442 束	1,237 本
1902	8,105	吉廣丸，正直丸		1,083 本
1904	7,029	吉廣丸		646 本
1905	5,755	正直丸		514 本
1909	23,935	熊田商業部小樽出張店（共同買付）		2,435 本
1911	21,277	熊田商業部小樽出張店（仲介）		1,928 本
1912	76,349[1)]	熊田商業部小樽出張店（仲介・売買）		5,893 本
1913	10,837	熊田商業部小樽出張店（売買）		885 本

出所）各年度「仕切帳」「万買帳」（廣海家文書，廣海家蔵，貝塚市教育委員会保管）より作成。

注記）1905年までは熊田家廻船が，廣海家に荷揚げした商品の価額とその量，1909年からは，熊田商業部小樽出張店が廣海家と行った取引を示した。船名は，史料に記載されていない場合は船頭名より推定。表で示した他に，1886年には，福寿丸・永春丸と取引したと推定される。1878・79年の船頭作太郎の場合は，船名が推定できなかったので，船頭名を示した。船名のうち，神勢丸・永春丸は熊田八郎兵衛家の船で，それ以外はいずれも熊田源次郎（→源太郎）家の船。小樽出張店と廣海家の取引のうち，共同買付は，小樽出張店と廣海家が共同で北海道の漁民等より魚肥を買い付けた場合，仲介は，廣海家店員が北海道で直接漁民等より魚肥を買い付けた際に，小樽出張店が仲介した場合で，売買は，廣海家が小樽出張店から魚肥を買い入れた場合。

注1）うち69,226円分は仲介で，7,123円分は売買。

前述の片山家との取引は、一八八〇年代は不明の時期が多かったが、廣海家との取引からみて、熊田家廻船の中心的取扱品は八〇年代中葉に、秋田米から北海道産鯡魚肥へ転換したと考えられる。前掲表序-9より一八八〇年代の大阪・新潟・小樽の米価を比べると、大阪の北陸米価格は八〇年代前半に新潟の米価を下回ることがあったが、小樽の米価は、北海道開拓の進展に伴う米穀需要の急増から、八三年以降ほぼ安定して新潟の米価を上回り、八〇年代には日本海沿岸産米を高い輸送コストを負担して瀬戸内・畿内へ運んで販売しても、利益はあまり上がらなくなっていた。一方、大阪と小樽の鯡魚肥価格を比べると、前者が後者の一・五倍程度で、熊田家廻船は一八八〇年代後半から専ら北海道へ進出して、北海道産鯡魚肥を扱うに至ったと考えられる。ただし、片山家に比べると廣海家と取引した源太郎家船の数は少なく、毎年特定の一～二隻が貝塚に寄港して廣海家に積荷の鯡魚肥を販売した。

そこで、一九〇〇年代の源太郎家廻船の全体的動きを表5-7で把握する。一九〇〇年代初頭までは、同家廻船の鯡魚肥販売港として、鞆・貝塚・兵庫港の比重は高かったが、一九〇〇年代になると大きく転換した。まず鯡魚肥の買入先として、一九〇二年までは、函館・小樽といった汽船の寄港地を避けて、島牧という北海道南部の漁村で直接産地商人や漁民から買い入れたが、〇四年は浜益・厚田、〇六年は留萌と小樽よりもさらに奥地の漁村で買い付け、〇七年には最奥地の樺太から買い付けた。より産地に近い場所で買い付けることでより安価に積荷を仕入れるためと考えられるが、買入額はそれ以上に減少し、量的にも鯡魚肥扱いは一九〇〇年代後半に減少したと言える。

鯡魚肥の販売先も、一九〇〇年代になると鞆港での取引がなくなり、下関・尾道・下津井など分散して瀬戸内諸港で販売されたが、一九〇〇年代後半になると、販売額の減少とともに、敦賀港での販売の比重が増大した。また、一九〇七年に樺太で買い付けた鯡魚肥の小樽港での販売や、〇八年に函館港での鯡魚肥の買入などがみられ、源太郎家廻船が定期汽船航路の発達した大規模港を利用するようになり、海運網の近代化への同家の模索の跡が窺われる。それが、後述するように一九〇九年の小樽出張店の開店につながった。

表 5-7　1897～1908 年熊田源太郎家廻船北海道海産物買入販売額一覧

（単位：円，利益率は％）

	年	1897	1898	1899	1900	1901	1902	1904	1905	1906	1907	1908
買入港	樺太										25,877	
	利尻		5,556						留萌	18,907		
	浜益・厚田							26,817				
	小樽							9,044			2,557	
	美国									6,605		1,833
	島牧	5,796	13,376	12,003	13,271	5,995	6,581	15,985		6,901		7,383
	江差							7,830				7,497
	函館											13,682
	不明	52,059	28,689	49,730	63,113	64,681	70,613	19,176	28,376		6,916	6,390
	買入額計	57,854	47,621	61,733	76,384	70,675	77,194	78,852	28,376	32,413	35,350	36,785
販売港	小樽										12,060	
	土崎・本荘									1,736	411	2,180
	（国元）	6,986	7,116	6,927	5,576	14,857	7,350				678	
	三国			13,081	15,151		6,904			7,492	975	
	敦賀			8,671	7,153[5]			5,484			12,992	15,021
	下関			4,582[4]		5,607		16,789		17,835		2,032
	柳井		6,579[2]				7,462[7]					
	岩国	5,678									御手洗	3,133
	尾道	5,543[1]	2,754[3]			9,389	16,997	19,988				
	鞆	27,765	16,126	15,891	6,659	14,542[6]	19,479					4,477
	玉島			7,307[1]	6,548[1]		6,593	多度津	8,916			
	下津井		4,096[1]			689	6,836	17,979				2,646
	兵庫	13,265	9,971	9,745	19,446	11,418	7,228	14,806	8,305			4,347
	大阪	287				3,880	385[7]	5,025				
	貝塚	5,515	9,286	5,308	19,743	12,339		5,571	5,319	1,213		
	不明		37						7,827		11,324	1,043
	販売額計	65,039	55,965	71,513	80,277	72,720	79,235	85,642	30,367	28,276	38,440	34,878
差引利益		7,185	8,344	9,780	3,893	2,045	2,041	6,790	1,991	△ 4,137	3,090	△ 1,907
利益率		12.4	17.5	15.8	5.1	2.9	2.6	8.6	7.0	△ 12.8	8.7	△ 5.2
船数		5	5	5	5	5	5	5	5[8]	4	4[9]	4

出所）明治 30 年「船算用之帳」，明治 37 年「船利益勘定之帳」（いずれも熊田家文書）より作成。

注記）△印は損失を示す。販売港の（国元）は，熊田家の出身地元のこと。利益率は差引利益額／買入額。

注 1）鞆港での販売分を含む。2）三田尻港での販売分を含む。3）岩国港での販売分を含む。4）貝塚港での販売分を含む。5）美川・三国港での販売分を含む。6）尾道港での販売分を含む。7）尾道・鞆港での販売分を含む。8）うち 3 隻は北海道海産物を売買せず。9）うち 1 隻は北海道海産物を売買せず。

なお、鯡魚肥取引の利益率を確認すると、一八九〇年代末までは北海道と瀬戸内・畿内の地域間価格差がある程度残され、買入額を分母にした粗利益率は一〇％台を示したが、一九〇〇年代は海運網・電信網の発達とともに地域間価格差は縮小（前掲図序-2）、北海道産鯡魚肥取引でも粗利益率は数％に減少し、一九〇〇年代後半には、粗利益でも損失を計上する年がみられた。その結果、源太郎家廻船の数はそれほど減らなかったが、同家廻船には北海道産鯡魚肥を扱わない船もみられ始め、それらの船は従来の塩・米の他に、材木・石灰など新たな積荷を扱うことで利益を確保しようとした。[15]

表5-8をみよう。この間の源太郎家手船の利益を確認する。さきほどの表5-7で示した利益は、北海道海産物に限定したが、この表ではその他の積荷の売買利益や運賃積を行った際の運賃収入も含めた全ての手船損益を示した。一八九〇年代後半の源太郎家廻船は瀬戸内の多様な諸港で取引することで（表5-7）、かなりの純利益を確保したが、前述のように北海道産鯡魚肥取引の利益率の低下とともに、手船経営全体の収支は一九〇〇～〇二年度にかけて悪化し、〇一年度は純損益で損失を計上した。しかし、取扱商品を多様化することで、一九〇四～〇七年度の手船収支はある程度改善し得た。一九〇四年度の収支改善は、表5-7にみられるように鯡魚肥取引での利益回復が大きかったと思われるが、〇六年度には鯡魚肥取引での損失をカバーしつつある程度の利益を上げるほど他商品取扱で利益を上げ、〇八年度にも鯡魚肥価格の下落により鯡魚肥取引で大きく損失を計上したものの、その損失を小さくするように他商品取扱で利益を上げていた。むろん鯡魚肥以外に当時の源太郎家廻船が主に扱った米・塩は北海道での需要が増大しており、北海道での取引の比重が低下したわけではないが、北海道内の石炭輸送や瀬戸内海の石炭輸送で運賃収入を得るなど、北前船経営にこだわらない多様な海運経営で同家は手船利益を確保した。[16]

その点を表5-9で確認する。源太郎家廻船の運賃積は、一九〇五年より本格的に行われ始め、北海道産石炭の輸送で主に行われたが、〇八年度には北洋漁業者への仕込品をサハリン・沿海州へ運ぶ運賃積が源太郎家廻船の収益の大部分を占めた。その一方、従来の熊田家廻船の収益源泉であった登り荷売買の利益は次第に減少し、北海道産魚肥のみでなく、板・材木なども扱うに至った。また、下り荷売買では、従来通り米・塩・砂糖などの売買で比較的安定した利益を上げており、多様な収益基盤が熊田源太郎家の手船経営の維持に寄与した。

表 5-8　1892〜1908 年度熊田源太郎家手船損益一覧

（単位：円）

年度	長寿丸		吉廣丸		正直丸		三吉丸		大吉丸		同福丸		合計	
	粗損益	純損益	粗損益	純損益	粗損益	純損益	粗損益	純損益	粗損益	純損益	粗損益	純損益	粗損益	純損益
1892	1,133	241	961	392	1,098	484	1,091	462	659	△ 57	1,339	274	6,281	1,796
1893	1,795	1,166	983	376	52	△ 1,144	746	184	1,445	786	447	180	5,468	1,548
1894	1,972	1,329	2,141	1,391	1,269	△ 467	2,345	1,414	1,196	652			8,923	4,319
1895	2,559	1,671	2,143	1,171	1,921	892	1,406	733	1,770	960			9,799	5,427
1896	1,847	842	1,935	1,030	1,960	1,201	1,182	415	984	425			7,908	3,913
1897	3,390	2,311	2,807	1,457	2,262	1,386	2,137	1,210	2,503	1,332			13,099	7,696
1898	416	△ 610	1,244	△ 30	3,170	2,219	959	△ 69	1,079	38			6,868	1,548
1899	2,210	898	2,206	1,064	2,958	1,897	1,794	975	2,644	1,548			11,812	6,382
1900	1,564	398	1,244	577	1,404	533	658	△ 426	489	△ 486			5,359	596
1901	1,926	△ 249	1,317	285	924	△ 126	1,081	△ 704	1,839	176	神徳丸		7,087	△ 618
1902	1,177	△ 172	1,185	△ 97	1,548	752	640	△ 228			1,289	126	5,839	381
1904	1,447	377	1,637	863	2,368	1,314	1,254	△ 172			2,492	1,337	9,198	3,719
1905	2,738	1,648	2,475	1,099	1,655	749	976	△ 50	春日丸		289	△ 447	8,133	2,999
1906	3,089	1,677			2,278	667	1,063	△ 230	1,377	60			7,807	2,174
1907	2,678	914			2,106	732	595	△ 473	2,597	927			7,976	2,100
1908	1,850	115			1,476	257	689	△ 2,440	2,028	909			6,043	△ 1,159

出所）明治 25 年「中荷金等利運無量記」，明治 30 年「船算用之帳」，明治 37 年「船利益勘定之帳」（いずれも熊田家文書）より作成。
注記）粗利益は，売買利分で，そこから船の経費等を引いたものが純損益。無印は利益，△印は損失。

表 5-9 1904〜08 年度熊田源太郎家手船粗損益内訳の推移

（金額の単位：円）

年度	船 名	下り利	主要商品	登り利	主要商品	運 賃	商品（区間）
1904	神徳丸	656	三田尻塩，秋田白米，砂糖	2,063	〆粕，胴鯡		
	正直丸	852[1]	三田尻塩，敦賀筵，砂糖	1,516	板，〆粕，胴鯡		
	長寿丸	68	白米，筵，縄	1,379	〆粕，胴鯡		
	吉廣丸	464	三田尻塩，加茂米，七尾筵	1,173	〆粕，胴鯡		
	三吉丸	101	秋田白米，塩，酒，砂糖	1,097	〆粕，胴鯡		
1905	長寿丸	880[1]	砂糖，酒，塩，筵，白米	1,357	〆粕，胴鯡	509	石炭（留萌→舞鶴）
	正直丸	717[1]	砂糖，石灰，筵，白米	728	〆粕，胴鯡，コークス	253	石炭（留萌→小樽・新潟），（新潟→小樽）
	三吉丸	507	砂糖，酒，塩，白米	354	板	130	材木（下関→岡山），米（岡山→大阪）
	吉廣丸	984	三田尻塩，砂糖，石灰	1,504	板，材木	86	石炭（若松→大阪）
1906	長寿丸	689	砂糖，塩，玄米	1,835	〆粕，胴鯡	566	石炭（留萌→小樽），石炭（若松→大阪）
	春日丸	736	三田尻塩，砂糖，板，材木	521	生鯡，塩	110	石炭（小樽→大阪）
	正直丸	730	砂糖，塩，石灰	1,443	板，〆粕，胴鯡	97	石炭（小樽→大阪）
	三吉丸	834	三田尻塩，砂糖，白米，材木	229	胴鯡		
1907	長寿丸	940	砂糖，石灰，筵，白米	1,736	樺太粕		
	正直丸	326	三田尻塩，石灰	471	板，塩鱒		
	三吉丸	133	敦賀筵	462	〆粕，胴鯡，塩鱒		
	春日丸	349	三田尻塩，石灰	454	板		
1908	長寿丸	724	砂糖，塩，石灰，筵，白米	△ 1,304	鯡類	2,425	サハリン行き運賃
	正直丸	185	筵，縄，白米	△ 18	鯡類，塩鱒	1,940	サハリン行き運賃
	春日丸	213	筵，縄	△ 84	塩鱒，雑粕	1,897	石油（新潟→三国），沿海州行き運賃
	三吉丸	514	三田尻塩，石灰，白米	175	〆粕，胴鯡		

出所）明治 37 年「船利益勘定之帳」（熊田家文書）より作成。
注記）下り利は下り航路での売買粗損益額，登り利は登り航路での売買粗損益額を示した。
注 1）運賃金も若干含む。

二　商業部設立後の多角経営

ただし、地域間価格差の縮小による北前船経営の困難さは一九〇〇年代後半に強まり、それを克服するための様々な方策を、熊田源太郎家は一〇（明治四三）年前後に取った。まず、一九〇九年に熊田家は小樽出張店を開設した。この出張店の主任は、熊田忠次郎の養子であった次太郎で、次太郎は一八九八年より源太郎家の所有船長寿丸の船頭を務めたが、(17)〇七年からは船を離れて独自の裁量で商品売買を行っており、これが小樽出張店の開店につながったと考えられる。小樽出張店は、海陸物産委託売買を業とし、(18)具体的には北海道外の商人の委託を受けて北海道産物を買い付けて委託主へ送って手数料を得たり、自ら北海道産物を購入して北海道外の商人へ販売したと思われる。

表5-6に戻ろう。大阪府貝塚の廣海家との取引で熊田家は、一九〇九年以降は熊田家廻船が貝塚に赴いて取引するそれまでの方法ではなく、小樽出張店が廣海家と直接取引した。一九〇九年は共同買付として、熊田家と廣海家がそれぞれ資金を出し合って共同で北海道産魚肥を買い入れる方法で行われたが、かなりの損失を出し、損失の責任を分担して負った。(19)そのため、一九一〇年は両家の取引はなく、一一年は廣海家店員が北海道で直接魚肥を買い付ける場合の仲介を熊田家小樽出張店は行った。一九一二（大正元）年は、熊田家の仲介取引の部分が多かったが、熊田家小樽出張店が直接魚肥を買い入れてそれらを廣海家に直接販売する方式も行われ、一三年の熊田家と廣海家との取引では専らその方法が取られた。熊田家の仲介を受けるとはいえ、廣海家店員が北海道各地の産地商人・漁民からの買付のリスクを全面的に負うのは、情報が少なかったため危険すぎたと思われ、結果的に熊田家小樽出張店から直接買い付ける方法を廣海家は選択したと考えられる。ただし、廣海家店員が直接北海道に赴いて北海道の商人から北海道産魚肥を買い入れる場合も、かなり高コストとなり、(20)結果的に廣海家は産地に店員を派遣して直接買い付けること

は、一九一四年で止め、それとともに熊田家と廣海家の取引関係は終了した。

一方、小樽出張店を開店後、熊田家は漁業経営へ乗り出し、一九一〇年には石川県橋立の北前船主であった西谷庄八と共同経営で、日露戦後に日本の領土となった樺太での漁業経営を開始し、一一年には小樽よりやや北にある浜益郡の漁場も借り受けた。そのうち、一九一〇年四月に熊田次太郎と西谷庄八（代理人新井五郎右衛門）が結んだ漁業共同経営契約公正証書によれば[21]、熊田次太郎と西谷庄八が共同して樺太東海岸第五三号において漁業を経営し（第一条）、熊田次太郎が漁業権と動産・不動産（五、〇〇〇円分）を、西谷庄八が現金（五、〇〇〇円分）を出資し（第二条）、営業より生ずる利益は折半配当し（第七条）、漁獲物の全部を熊田次太郎が一手に委託販売する（第九条）とされた。漁獲物の販売を熊田家が一手に引き受け、樺太の共同漁業経営は熊田家の主導のもとに行われたと言える。

また、浜益郡では、木村円吉や種田儀助から漁場を借り受けて、山田徳次郎と共同経営の形で漁場経営を行ったが[22]、山田徳次郎の経営方法に若干問題があったため、一九一六年には、熊田家小樽出張店から、浜益郡で借り受けた漁場を全て熊田家の直営として、山田徳次郎は熊田家漁場の支配人として雇うべきとの意見書が熊田源太郎に出された。いずれにしても、熊田家が漁場経営に積極的であったことが窺われる。

こうして、小樽出張店の地歩を固めた熊田家は、本店の組織も一九一一年に改編し、熊田商業部を設立した。その規約によると[23]、熊田商業部の出資者と出資金は、熊田源太郎（一一、〇〇〇円）、熊田次太郎（四、〇〇〇円）、熊田八太郎（四、〇〇〇円）、廣瀬才次郎（二、〇〇〇円）、荒尾伝三郎（一、〇〇〇円）で、八太郎の続柄は不明だが、熊田各家が出資して熊田商業部を設立したと考えられる。むろん、源太郎家が最大の出資者で、廣瀬才次郎と荒尾伝三郎はいずれも源太郎家廻船の雇船頭であったので[24]、基本的には源太郎家の家業として熊田商業部は設立された。

規約の第二条では、営業内容として物品販売業・倉庫業・運送業・問屋業・金銭貸付業の五つが挙げられ、石川県小松町に本店、石川県根上《ねあがり》村に支店が置かれた（第三条）。根上村の支店は、一九一三年に官営鉄道北陸線の寺井駅が新設されたことで、寺井駅前に移転し、寺井支店と寺井支店運送部が開設された。商業部は組合組織と考えられていたようで、出資者は本組合を脱退することはできないとされたが、出資者が営業者や他の出資者（あるいは営業者・出資者全員が異議のない人）に出資金を譲渡することは認められた（第七条）。

表5-10をみよう。熊田商業部は当初はそれほど多くの純益を上げられなかったが、第一次世界大戦による一九一七年以降のインフレにより、商品利益が名目額でかなり増大した。ただし、運送費・給料・利息などの名目額も同時に上昇したため、一九一八年度の当期純益額は増大したとは言えず、逆に一九年度には名目額として増大した純益額を処分する際に、回収の見込みのない多額の債権を償却するために多額の引当金が計上された。

一方、表5-11より熊田家小樽出張店の損益をみると、設置当初は手数料収入が商品売買収益を上回ったが、第一次世界大戦期は商品売買収益が収益の中心となり、一九一七年以降のインフレ期は商品売買収益の名目額は急増した。むろん、インフレ期は経費も急増し、特に銀行借入金を利用して取扱量を増大させたと思われ、利子支払いと蔵敷料支払いがかなり増大し、戦後ブームの一九一九年を除き、実質ではそれほど純利益は上がっていなかった。

また、商業部と並行して一九一三年に北海道名寄に農場が開設され[25]、小樽出張店の管轄となった。その結果商業部時代の熊田家は、小松本店・寺井支店・寺井支店運送部を管轄して、売買・倉庫・運送・金銭貸付と流通局面全般にわたって展開した商業部に加え、漁業部と農場を管轄して、北海道各地に出張所を開設した小樽出張店を持ち、その他に富山県伏木の出張店や数隻の帆船を所有する多角的経営展開を遂げた[26]。

表 5-10　熊田商業部損益の動向

（単位：円）

項目		1912年度	1914年度	1915年度	1916年度	1917年度	1918年度	1919年度
①損益計算	商品利益		9,701		36,858	62,787	75,783	
	徳　米		16		13	11	17	
	仮受金						1,285	
	伏木利益					690	1,140	
	通信費		△ 555		△ 889	△ 1,079	△ 1,750	
	旅　費		△ 217		△ 557	△ 1,022	△ 1,837	
	交際費		△ 43		△ 151	△ 330	△ 1,034	
	賄　費		△ 413		△ 324	△ 539	△ 873	
	公課金		△ 616		△ 463	△ 533	△ 1,332	
	蔵敷料		184		△ 159	△ 239	△ 683	
	貸家・借地料				63	15	△ 145	
	手数料		419		485	805	719	
	運送費		△ 5,831		△ 18,530	△ 32,697	△ 42,984	
	給　料		△ 948		△ 2,912	△ 2,427	△ 2,265	
	利　息		△ 368		△ 8,011	△ 12,908	△ 19,336	
	株式・配当						57	
	雑損益		△ 141		57	△ 317	1,138	
	雑　費		△ 512		△ 1,081	△ 1,241	△ 1,161	
	当期損益		676		4,397	10,978	6,739	
②純益金処分	前期繰越			0		1,801	2,157	2,021
	当期純益	2,147		3,559		6,412	6,739	14,197
	積立金引下							5,000
	合　計	2,147		3,559		8,213	8,896	21,218
	積立金	300		1,200		1,800	2,000	
	配当金	1,200		2,100		3,000	3,000	5,400
	引当金							13,561
	店員賞与	200		200		1,246	1,395	2,121
	手当・基金						479	136
	合　計	1,700		3,500		6,046	6,874	21,218
	次期繰越	447		59		2,167	2,022	0

出所）各年度「貸借対照表」「損益計算書」（いずれも熊田家文書）より作成。

注記）損益計算欄の無印は利益，△印は損失。1914・16年度は，損益計算に史料上は前期繰越が含まれていたが，それ以降の年の計算方法に合わせて除いて計算した。1916年度の商品利益は，24,000円の期末利益を含む。1917・18年度の雑費は，会費・計算費・修繕費を含む。

表 5-11　熊田家小樽出張店の損益勘定

（単位：円）

項目＼年月日	1911.4.20	1912.3月末	1913.4.5	1914.3.5	1915.4.30	1916.4.20	1917.3.10	1918.2.10	1919.2.9	1919.12.16
商品利益	2,640	3,649	6,333	11,586	5,136	5,172	12,109	6,513	13,069	39,755
手数料	2,907	6,423	6,296	3,114	1,262	1,034	2,457	2,570	3,721	8,479
保険料		7	230	465	738	70	△ 317	△ 236	477	1,021
蔵敷料		64	1	41	193	3	△ 1,354	△ 1,176	△ 1,434	△ 2,360
利　子	1,879	690	4,340	1,484	△ 283	42	609	△ 532	△ 2,463	△ 4,498
樺太漁場損益		△ 241	9,000							
雑損益	98	△ 49	279	92	60	179	37	△ 38	193	34
店費（雑費）	△ 312	△ 490	△ 575	△ 632	△ 1,026	△ 964	△ 895	△ 984	△ 1,617	△ 1,877
営業費							△ 25	△ 302	△ 682	△ 834
労　力		△ 208	△ 344	△ 34	△ 44	45	△ 324	△ 365	△ 697	△ 1,694
運搬費		△ 246	△ 206	332	183	26	△ 341	△ 1,100	△ 1,647	△ 3,151
諸組合費		△ 110	△ 110	△ 124	△ 57	△ 22	△ 17	△ 25	△ 59	△ 59
通信費	△ 355	△ 391	△ 450	△ 499	△ 494	△ 509	△ 454	△ 581	△ 654	△ 889
家事費（賄費）	△ 369	△ 389	△ 434	△ 336	△ 355	△ 429	△ 453	△ 658	△ 1,458	△ 1,528
借地料（地費）	△ 172	△ 158	△ 172	△ 176	△ 201	△ 187	△ 144	△ 186	△ 216	△ 155
給　料	△ 1,061	△ 1,886	△ 1,784	△ 1,752	△ 564	△ 52	△ 1,383	△ 1,392	△ 1,675	△ 3,291
旅費・交際費	△ 907	△ 992	△ 1,499	△ 1,051	△ 930	△ 1,078	△ 1,213	△ 1,330	△ 2,500	△ 4,646
税　金	△ 75	△ 129	△ 168	△ 232	△ 215	△ 119	△ 124	△ 117	△ 142	△ 273
不動産評価減	△ 356									
前期繰越	△ 526	3,393	1,300	354	518	1,793				
当期損益	3,393	8,938	22,040	12,635	3,921	5,002	8,166	60	2,217	24,036

出所）各期「損益計算表（小樽出張店）」（熊田家文書）より作成。

注記）年度末の「損益計算表」が残されていた場合はそれを，それが残されていない場合は，それ以前で年度末に最も近い時期のものを示した。無印は利益，△印は損失を示す。1913年4月5日欄の雑損益には90円の三吉丸損益を含む。1919年2月9日欄の雑損益には90円の家賃収入を含む。1919年12月16日欄の雑損益には5円の留萌地所賃貸料を含む。店費欄は，1912年3月末欄以降は雑費，家事費欄は，12年3月末欄以降は賄費，借地料欄は11年4月20日欄は地費を示す。

三　多様な収益基盤と不動産経営

その結果、熊田源太郎家は多様な収益基盤をもつに至った。表5-12をみよう。この表は、熊田源太郎家が所得税支払のために所得を申告したもので、実収入を正確に示すものではないが、全体的傾向は読み取れる。一九〇〇年代の源太郎家は、主要な収益基盤は土地経営で、それ以外に海運経営や貸金経営から主に収益を得ていたが、一八九三年に共同経営として開始した大谷鉱山の経営は損失続きで[27]、結局一九〇七年に大谷鉱山を売却して鉱山経営からは撤退した。また海運経営も一九〇八年以降はあまり収益が上がらず、一一年に商業部を開設したことで、商業部門の収益が拡大するようになった。一九〇九〜一一年の商業部の欄は、「営業」の項目で挙げられた数値を示し、廻船経営にあたると考えられるが、商業部設立後は、商業部・小樽出張店・伏木出張店ともにある程度の収益は上がり、漁業部も上下が激しかったものの、収益の上がった年は小樽出張店の店舗部門に匹敵する収益を上げた。

熊田源太郎家の主要な収益基盤であった土地経営については表5-13をみよう。源太郎家は、一八八二〜一九〇九年の約三〇年間に地元の能美郡と石川郡で一七〇町歩以上の土地を取得したが、取得時期は大きく三つの波があった。最初は一八八四〜八七年で、当時松方デフレのもとで多くの自作農が土地を失い、これら手放された耕地を熊田家は取得したと考えられる。次は一八九一〜九五年で、松方デフレからの回復による物価上昇で、熊田家廻船が北海道産魚肥を専ら扱いつつ比較的大きな利益を上げた時期と考えられる。そして最後が一九〇〇年代で、量的にはそれほど大規模ではないが毎年数町歩を着実に取得し続けており、この時期は熊田家廻船の利益率が減少し、その他の部分で収益を補わざるを得なかったため、土地経営への傾斜が強まったと考えられる。その結果熊田源太郎家の納税額からみた推定地価は[28]、一八九〇年時点では約四万円で石川県下最大であり、九七年時点でも約四万円で石川県下第三

表 5-12 熊田源太郎家所得内訳一覧

(単位：円)

年度	田 畑	船 舶	貸 金	貸宅地	鉱 山	給 料	営業・商業部	小樽店	漁 業	倉 庫	運 送	配 当	合 計
1903	[5,490]	[1,100]	[920]	[112]	[△ 860]								[6,762]
1904	[5,645]	[1,100]	[920]	[70]	[△ 860]								[6,875]
1905	[5,645]	[900]	[270]		[△ 860]								[5,955]
1906	[6,450]	[850]	[270]		[△ 1,350]								[6,220]
1907	[6,600]	[1,030]	[250]										[7,880]
1908	[8,041]	[245]	[600]	[229]		[30]							[9,145]
1909	[6,600]		[250]	[180]		[30]	[240]						[7,300]
1910	[7,200]	貸 船	[500]	[200]		[30]	[200]						[8,130]
1911	[7,400]	100	[1,000]	[200]	伏木店	[30]	[300]						[9,030]
1912	9,185	65	1,100	200	0	67	1,366	1,500	1,500	41	0	0	15,024
1913	10,879	65	1,312	230	240	157	2,029	1,500	700	33	22	36	17,203
1914	9,710	0	1,256	230	240	748	2,983	500	700	33	45	79	16,010
1915	8,740		1,234	133	240	941	2,354	500	0	33	50	43	13,983
1916	7,124		1,134	210	150	639	2,710	660		33	144	174	12,978
1917	7,704		1,057	230	1,000	639	4,347	800	1,000	33	70	107	16,966
1918	11,053		1,448	330	1,600	639	3,893	1,231	800	13	98	105	21,210
1919	17,179		貸預金	322		968	4,263[1)]					105	22,837
1920	24,087		5,366	381		1,570						2,951	34,355
1921	24,593		3,589	11		2,550						6,390	37,274[2)]
1922	12,175		1,432			3,697						4,543	21,847
1923	10,421		55			2,870						4,211	17,357[3)]

出所）明治37年「[所得申告関係書類綴]」，大正10年「所得申告資料」（いずれも熊田家文書）より作成。

注記）[ ] 内は申告額，それ以外は決定額。△印は損失額を示す。営業・商業部欄の1909～11年は営業，12年からは商業部として。貸宅地には貸家も含む。給料には賞与を含む。家族名義の所得が若干あったが，内訳が不明のため除いた。

注1）商業その他として。2）その他として141円を含む。3）保険料控除として200円を差し引いた額。

表 5-13　熊田源太郎家土地新規取得面積の推移（1882〜1909 年）

（単位：反）

年	湊村域	寺井野村域	板津村域	根上村域	その他能美郡	能美郡計	石川郡計	合　計
1882	17.5					17.5		17.5
1884	28.7		7.4	108.4	49.1	193.6	202.3	395.9
1885	20.9			32.7	48.2	101.8	24.5[5)]	126.3[5)]
1886	5.0	31.7			0.0	36.7		36.7
1887	55.2[1)]	16.8		2.4	237.0	311.4[1)]		311.4[1)]
1888	1.5	5.0			0.0	6.5	16.9	23.4
1889	4.1	7.3			1.0	12.4		12.4
1890	0.3	1.0	40.0		15.2	56.5		56.5
1891		63.4	7.1		146.4	216.9		216.9
1892	28.1[2)]	8.8	4.6	5.3	24.9	71.7[4)]	56.3[6)]	128.0[4)]
1893	0.2	66.6	25.5	1.4	20.0	113.7		113.7
1894			5.3	1.4	0.0	6.7	0.5	7.2
1895				17.4	37.4	54.8		54.8
1896	7.2			0.2	0.0	7.4		7.4
1897			1.7		0.0	1.7		1.7
1899	3.4		4.8		0.0	8.2		8.2
1900		2.2		小松町域	6.0	8.2		8.2
1902	0.6			42.4[3)]	1.1	44.1		44.1
1903	0.8				0.0	0.8	15.7	16.5
1904	0.8	6.6			20.2	27.6		27.6
1905	8.6			1.7	2.4	12.7	3.2	15.9
1907			3.5		5.6	9.1	23.7	32.8
1908		37.9	7.2		0.0	45.1		45.1
1909		4.2			0.0	4.2	14.3	18.5
合計	182.9	251.5	107.1			1,369.3	357.4[7)]	1,726.7

出所）明治 17 年「地所買請簿」（熊田家文書）より作成。

注記）熊田家がそれぞれの年に新たに取得した土地の面積を示した。個々の買い請け事例の面積の 15 歩以上は 1 畝に切り上げ，14 歩以下は切り捨てて畝の単位まで示した。地域は，1907 年の町村合併による町村域を遡及して示した。湊村・寺井野村・板津村・根上村・小松町域はいずれも能美郡の地域。その他能美郡で多かったのは，1884・85 年は吉田村域，87 年は山上・中海村域，91 年は山上・粟津・久常・白江村域，92 年は白江村域，93 年は山上村域，95 年は国府村域であった。

注 1）うち 45.9 反は新開地。2）新開地。3）その他に 868 坪。4）うち 28.1 反は新開地。5）うち 14.7 反は新開地。6）江沼郡として。7）うち 56.3 反は江沼郡。

表 5-14　熊田源太郎会社役員の推移

（資本金の単位：万円）

会社名	所在	資本金	1897年	1902年	1907年	1912年	1916年	1922年	1926年	1931年
済海社	小松		取締役		加州銀行（金沢，275.0）			監査役		
石川県農工銀行	金沢	50.0		取締役			監査役	監査役		
能美銀行	小松			取締役	石川県物産館（金沢，3.8）			取締役	取締役	
加賀実業銀行	小松				取締役	取締役	取締役	アサヒ自動車商会（金沢）		取締役
共栄社	小松				取締役		取締役	金沢合同運送（金沢）		取締役
加賀貯金銀行	小松	12.5[1)]				監査役	頭取	頭取[1)]	頭取[1)]	頭取[1)]
温泉電軌	山代	75.0					取締役	取締役	取締役	取締役
熊田商事	小松	12.5						代表取締役		
西出商事	函館	70.0						取締役	取締役	取締役
越中運送	伏木	5.0						取締役	取締役	社長
金沢倉庫運輸	金沢	5.3						取締役		
小松運輸倉庫	小松	15.0						取締役		
加賀製陶所	寺井野	20.0						取締役		
宇都宮書店	金沢	15.0						取締役		

出所）由井常彦・浅野俊光編『日本全国諸会社役員録』第2・6・11・16巻，柏書房，1988・89年，および大正5・11・15・昭和6年版『日本全国諸会社役員録』商業興信所，1916・22・26・31年より作成。

注記）各年1月頃のデータと考えられる。資本金は1922年初頭の払込資本金額。欄の途中の会社名の後の括弧内は，所在と1922年初頭の払込資本金額，アサヒ自動車商会と金沢合同運送は所在のみ括弧で補足。

注1）石川貯蓄銀行（所在：金沢）として。

位であり、一九一八年時点では約五五、〇〇〇円で石川県下第二位であった。

　また源太郎は、一九一三年に設立された温泉電軌株式会社の取締役など、[29]役員としていくつかの会社に関わるとともに給料収入も増大し、貸金・貸家経営でも安定した収益を得るに至った。そして、前述の名寄農場の開設の効果もあり、土地経営でも一九一〇年代は、全体として一九〇〇年代より収益は増大した。

　ただし、第一次世界大戦末期のインフレ期は、土地経営の収入は増大したが、一九一九年時点の小樽出張店と伏木出張店を含めた商業部門全体の収益は、北海道産魚肥の生産量が減少したこともあって約四、〇〇〇円に過ぎず、[30]北前船経営に限界がみられた。そこで源太郎家は、一九二〇年前後に再度経営組織を再編し、多様な自家の営業の大部分を法人化した。すなわち、源太郎家はまず所有船を一九一九年に北海道函館で設立された西出商事株式会社（資本金一〇〇万円、払込額七〇万円）に売却し、代わりに西出商事の株式を取得し、源太郎が西出商事の取締役となり、[31]二〇年に熊田商業部を廃業して熊田商事株式会社（資本金五〇万円、払込額一二万五、〇〇〇円）を設立し、熊田商業部の小松本店・寺井支店・小樽出張店の商業部門や貸家部門と北海道の地所を熊田商事に譲渡した。同年に、熊田商業部の小松本店と寺井支店の運送部門と倉庫部門を継承して、小松運輸倉庫株式会社（資本金六〇万円、払込額五〇万円）も設立し、熊田商事と小松運輸倉庫の社長に源太郎が就任した。また、伏木出張店の運送部門を一九二〇年に設立された越中運送株式会社（資本金二〇万円、払込額五万円）に譲渡して源太郎が越中運送の取締役となった。

その結果、表5-12の一九二〇年の欄のように、源太郎家の所得のうち配当と給料が占める比重が高まり、二〇年代初頭に源太郎家は所有地所をかなり売却して田畑所得が減少したため、源太郎家の所得に占める配当と給料の比重はさらに高まった。

本節の最後に、一九二〇年代以降の源太郎家の動向を簡単にまとめる。(32) 表5-14をみよう。源太郎は一九二二年時点で、前述の温泉電軌・西出商事・熊田商事・小松運輸倉庫・越中運送以外に、石川県物産館・金沢運輸倉庫・加賀製陶所・宇都宮書店など多くの会社の取締役を兼ね、同年に金沢に設立された石川貯蓄銀行（資本金五〇万円、払込額一二万五、〇〇〇円）の頭取になった。熊田商事は、一九二三年に改組されて小樽に合資会社熊田商店が設立され、北海道で海産物や雑穀を扱うこととし、源太郎は、二七（昭和二）年に設立された金沢合同運送株式会社の取締役に就任し、三〇年代初頭には越中運送の社長に就任した。

おわりに――津山屋瀧田家との比較

冒頭で述べたように、北陸地方以外の北前船主として研究史では、山陰地方東側の丹後・但馬国の船主の存在が指摘されてきた。[33]そのなかで近代期の資産状況が比較的明らかな瀧田家の動向を検討して熊田家と比較する。津山屋瀧田家（津居山屋とも称した）は、但馬国東端の豊岡藩の城下で廻船問屋兼北前船主を営んだが、史料上で問屋仲間の一員として登場したのは最幕末期で、[34]船主として成長したのは一八六〇年代以降であった。そのため、藩から多額の御用金調達を命ぜられた形跡はなく、経営の自立性はある程度保てたと考えられる。表5-15をみよう。越後国出雲崎湊と石見国浜田湊への瀧田家廻船の入津状況より、一八六〇年代の瀧田家廻船は、畿内・瀬戸内から北陸・北海道方面への下りでは主に、瀬戸内・畿内で塩・砂糖を購入し、米子で綿を購入し、それらを越後・東北へ運んで販売し、逆の登りでは主に、秋田・庄内で米を購入し、それを瀬戸内・畿内へ運んで販売したと考えられる。近代以降は、下り荷で綿の取扱が減少し、塩が大部分となったことから、北海道産海産物の加工原料の塩を北海道へ運んで販売し、北海道産物を瀬戸内・畿内へ運んで販売するようになったと推定される。

瀧田家は近代以降も積極的に北前船経営を展開し、表注からみて一八八九（明治二二）年時点でも和船四隻を所有していた。山陰地方では、近代期に鉄道の開通が遅れ、大型定期汽船航路の寄港地も、境など島根半島に限られていたため、[35]近代前期に帆船輸送が発展したと考えられ、瀧田家も一八九〇年前後まで北前船経営を展開した。

北前船経営で得た商業的蓄積を瀧田家は、土地取得と銀行設立へ向けた。前掲表序-12にみられるように、一八八九年時点で瀧田家の所有地価は約二八、〇〇〇円を示し、一九二四（大正一三）年時点で六二町九反の土地を所有した。瀧田家は豊岡町に居住したため、取得した土地は田畑のみでなく貸家経営を行うための宅地も多かったと考えられ、一九二四年時点の瀧田家所得内訳で、田畑所得が九、五二六円に対し、貸家所得も八、九七六円あった。

一方、瀧田家は近代に入り一八七八年に貸金会社として新栄社を設立し、[36]その目的は、瀧田家の「財産永世維持ノ法」として「金銭貸付ノ一社」を起こすとあり、社員は瀧田家の分家・親族など当初二七名であった。社員は入社献金として一〇円以上を出資し、預金は社員とその家族のものが原則で、一般から預からない方針とされ、貸金による

表 5-15　津山屋瀧田家廻船の動向

①出雲崎湊への入津				②浜田湊への入津			
年月日	船　名	反数	主要積荷	年月日	船名	経路	備　考
1861. 4.22	(又兵衛)	17	空　船	1858.10.23	大聖丸	登入津	大豆・綿売
1861. 9. 9	(又兵衛)		三田尻他塩 1,400 俵，白砂糖，綿				
1862. 5.25	(市兵衛)		米子綿 50 本	1862. 2. 5	真徳丸	入　津	
1963. 3.18	元徳丸	18	米子綿 150 本	1863. 2.24	入徳丸	下入津	2 月 28 日出津
1863. 6.21	元徳丸	17	塩 500 俵，米子綿 130 本，鉄 240 束				
1864. 3.14	元徳丸	18	玉砂糖 90 丁，白砂糖 6 丁，半紙，鰹節	1864. 4.24	立徳丸	秋田登	米　売
1864. 4.27	元徳丸	18	綿 10 本，木綿 1,000 反，鉄 50 束	1864. 5.16	入徳丸	入　津	
1864. 6.21	元徳丸		木綿 16 箇，鉄 62 束，古手 45 箇	1864. 8.10	永徳丸	本庄登	
1865. 3.15	入徳丸	20	米子綿 130 本，木綿 10 箇，塩 1,000 俵	1864. 8.17	真徳丸	庄内登	
1865. 3.27	真徳丸	17	鉄 100 本，米子綿 25 本，生蠟 20 叺	1864. 9. 8	立徳丸	庄内登	米　売
1965.閏5. 3	真徳丸	17	塩 200 俵，米子綿 74 本，白砂糖 4 丁	1864. 9.18	真徳丸	入　津	
1865. 6.10	元徳丸	18	昆布 200 石と 700 抱，笹目 400 束，身欠	1866. 2.18	元徳丸	下入津	
1867. 3.24	永徳丸		鉄 400 束，木綿 10 箇	1867. 5.12	元徳丸	入　津	
1871. 2.28	元徳丸		古手，鉄，種油，筵	1868.10. 2	立徳丸	入　津	
1871. 3.28	(林太郎)	17	塩 2,300 俵，桐油 70 樽，生蠟 6 叺	1869. 5.15	豊徳丸	入　津	
1872. 8.10	(小左衛門)	17	塩 1,800 俵	1871. 9.20	元徳丸	登入津	種油売，扱芋買
1875. 9.13	豊徳丸		塩 1,800 俵，綿 70 本，玉砂糖 70 丁	1875. 6.28	豊徳丸	登入津	
				1877. 8.12	真伝丸	登入津	
				1878. 6.15	真徳丸	登入津	
				1878. 9.24	真徳丸	下入津	
				1878.10.23	長徳丸	下入津	
1885. 4.24	真徳丸	22	塩 6,000 俵，石油 100 箱	1885. 4.12	盛徳丸	登入津	4 月 18 日出津
				1885.10.21	盛徳丸	下入津	10 月 24 日出津

出所）出雲崎町教育委員会編『出雲崎町史』海運資料編(3)，1997 年，柚木学編『諸国御客船帳』下巻，清文堂出版，1977 年より作成。

注記）船名の括弧書きは，船名が不明のため船頭名を示した。反数は船の帆の反数。表で示した他に，浜田湊に，1869 年 8 月 13 日（豊徳丸），80 年 7 月 18 日（立徳丸），85 年 4 月 28 日（元徳丸），85 年 11 月 16 日（真徳丸），87 年 8 月 14 日（立徳丸・真徳丸），88 年 7 月 17 日（真徳丸），89 年 3 月 17 日（立徳丸・豊徳丸・元徳丸），89 年 3 月 23 日（真徳丸），90 年 4 月 6 日（元徳丸），90 年 6 月 16 日（豊徳丸）が入津したことが出所資料から判明する。経路欄の例えば「秋田登」とは，秋田を出発地として浜田湊に入津したことを示すと考えられる。

表5-16　瀧田家会社役員の推移

（資本金の単位：万円）

会社名	資本金	1897年	1902年	1907年	1912年	1917年	1922年	1926年	1931年
新栄銀行	20.0	行主	行主	行主	頭取	頭取	頭取	頭取	
豊岡貯金銀行		副頭取1)	頭取	頭取			但馬合同銀行		取締役
山陰物産		取締役1)			浜坂銀行（12.5）		取締役	取締役	
豊岡銀行	62.5		監査役			取締役	取締役	取締役	
豊岡電気	362.8				取締役	取締役	取締役2)		
但馬貯蓄銀行	12.5						頭取	頭取	頭取

出所）由井常彦・浅野俊光編前掲『日本全国諸会社役員録』第2・6・11・16巻，前掲大正6・11・15年度・昭和6年度『日本全国諸会社役員録』より作成。

注記）家族の複数が同一会社の役員になっていた場合は，そのうちより重要な役職についた役職で代表させた。会社の所在は，浜坂銀行（所在浜坂）以外はいずれも豊岡。資本金は1922年初頭の払込資本金額。浜坂銀行の後の括弧内は1922年初頭の払込資本金額。役職の無印はいずれも瀧田家当主清兵衛。1902年以降は真市が清兵衛を襲名したと考えられる。

注1）真市（資料では熊一と記載，後の清兵衛）として。2）三丹電気として。

利益は主に耕地買入代金に充てられ、買い入れた耕地の作徳米が「社員保護料」として出資額に応じて分配された。この時点では、瀧田家に地域振興の志向性はなく、家業・家産志向性が強くみられ、家産維持・運用機関として新栄社は位置付けられた。その意味で、前述の瀧田家の土地取得と新栄社の設立は密接に関連していた。

しかし、松方デフレ後の本格的企業勃興期になると、新栄社も社会的資金を受け入れ始め、一八九三年に資本金二七、〇〇〇円の合資会社に再編され、九六年に新栄銀行と改称し、一九一一年に資本金二〇万円の株式会社となった。表5-16をみよう。瀧田家は新栄銀行以外に、豊岡銀行と豊岡貯金銀行の経営にも携わり、豊岡銀行は一八八七年に豊岡で最初に設立された本格的銀行（資本金一〇万円）で、瀧田家もその設立に関与した。豊岡貯金銀行は一八九三年の貯蓄銀行条例公布に基づき、零細な資金を動員する必要から設立され、一九一二年に新栄銀行と合併してその貯金部となった。その後、一九二一年の貯蓄銀行条例の改正とともに、新栄銀行貯金部を独立させる形で資本金五〇万円の但馬貯蓄銀行が設立され、瀧田家が頭取を務めた。

銀行業以外では、一九一〇年に瀧田家など豊岡町の有力者が発起人となり、豊岡電気会社を設立し[37]、豊岡電気は一七年に京都府の両丹電気と合併して三丹電気と改称し、資本金一〇〇万円となり、瀧田家も同社の取締役となった。ただし、三丹電気は一九二〇年恐慌で打撃を受けて二二年に東京の帝国電燈に買収されており、豊岡地域では銀行以外の大規模会社の存続は困難であった。実際、豊岡町が属した城崎《きのさき》郡で、一九二二年初頭に払込資本金一〇万円以上の株式会社（銀行を含む）は一〇社存在したが、そのうち八社が銀行で、残りが三丹電気と城崎温泉土地建物会社であり[38]、瀧田家の地域経済との関係は、銀行業にほぼ限定された。

もっとも前掲表序-12にみられるように、瀧田家の一九二四年の所得内訳で、配当所得が約三四、〇〇〇円と過半を占め、新栄銀行株の配当がかなりの比重を占めたと考えられる。敦賀の大和田家や三国の森田家も同様に、個人銀行を設立した北前船主は、銀行業を中心として地域経済に関与し、六〇〜七〇町歩の土地も所有したが、個人銀行株の所有比率が多かったことからいずれも一九二四年時点の所得内訳で配当所得が過半を占めることとなった。

本章で取り上げた熊田家も銀行経営に携わったが、個人銀行を設立したわけではなく、運輸・倉庫・商業などの家産や家業を法人化することで様々な会社経営に関わった。そのため逆に、前掲表2-1のように、一九二〇年代の熊田家の資産額は低く計上され、三〇（昭和五）年頃の資産家番付に熊田源太郎の名前はみられなかった。前掲表2-1にみられるように、熊田源太郎家の一九一七年頃の国税納付額は三、七六三円であったが、二四年頃の国税納付額は一、九二七円となり、二四年頃の調査では、源太郎家の資産額は三〇万円とされた。しかし、熊田家の資産や家業は、西出商事・越中運送・金沢合同運送などに継承され、それらの会社経営を通して、熊田家は石川・富山県や北海道の地域経済に大きな貢献をしたと言える。

熊田家の北前船経営の特徴は、大聖寺藩領域の北前船主のように、北海道に集中しすぎることはなく、また金沢藩領域の大規模御用商人船主のように、藩権力に近づきすぎることもなく、地元でも取引しつつ北海道と瀬戸内・畿内間の遠隔地間交易も行うというそのバランス感覚にあったと考えられる。その結果、近代以降も長期間にわたって北前船経営を継続するとともに、北海道と地元の両方に拠点を置き、両方で大規模に土地を所有するとともに営業活動を行い、最終的に地域経済に深く関与した。瀧田家も、藩権力から相対的に自立し、多様な特産物を扱い、土地経営にも展開したが、北海道に拠点を置くことはなく、熊田家に比べれば、地域志向性が強かったと言える。

本章の最後に、石川県の地域経済の展開に地域の有力資産家の経営志向性が与えた影響を考察する。近代初頭において、地域経済の担い手となり得る有力資産家として旧加賀国では、大規模北前船主が想定できるが、旧加賀国南部の北前船主は第2章で論じた酒谷家のように北海道と大阪に拠点を設けて専ら北海道産物を扱い、地元経済とのつながりは薄かった。一方、旧加賀国北部の金沢藩領域では、第7章で取り上げる木谷家のように近世来の御用有力北前船主が主導して一八七〇年代に会社設立が進められたが、彼らが関与した会社や家業に松方デフレが負の影響を与え、その打撃の大きさゆえに彼らは、その後の企業勃興期に会社経営に積極的に関わらなかった（関われなかった）[39]。

それに対し熊田家は、近世期は、木谷家ほどの大規模北前船主ではなく、金沢藩からの御用金負担も木谷家よりも少なく、近代初頭に会社設立への関与を地域社会からそれほど強く期待されることもなかったがゆえに、近代期に北前船経営を発展させることが可能であった。しかも、酒谷家のように大集散港で主に取引するのではなく、北海道では函館を避けて島牧、瀬戸内・畿内では大阪・兵庫を避けて広島県鞆・大阪府貝塚など産地・集散地のなかで比較的中規模の港で継続的に取引することで商圏を拡大していった。

そのため熊田家は、三井物産のような巨大商社とは正面から競争せずに、酒谷家のように商業収益を北前船経営の維持につぎ込むのではなく、北前船経営の利益で一八八〇・九〇年代に地元で土地取得を進めた。地元での土地取得の結果、地元所有の耕地で利用する魚肥を熊田家廻船で北海道から地元へ運ぶ必要が生じ、熊田家は、酒谷家と異なり、熊田家廻船の積荷（北海道産魚肥）の一定割合を地元で販売した。それが地元での店舗開設につながり、小松に本店、寺井に支店を置く熊田商業部が一九一一年に開設された。その一方で熊田家は、小松・寺井に鉄道で魚肥を輸送するための海陸連絡港であった伏木や北海道の小樽にも拠点を設けて[40]、流通面での多角的経営展開を進めた。

同時に熊田家は、地元銀行や鉄道会社の経営に関与して、最終的には家業をそれぞれ地元会社に譲渡して地元経済の進展に寄与することとなった。その意味で、結果的に旧加賀国地域の企業勃興に最も貢献した北前船主は、旧大聖寺藩領域の大規模北前船主ではなく、旧金沢藩領域の大規模御用北前船主でもなく、熊田家のような旧金沢藩領域の中規模北前船主であったと考えられる。ただし、そこには中規模性と会社経営への志向性の両面で熊田家の限界もみられ、資産規模の面では、熊田家は近代初頭の木谷家に及ばず、二〇世紀に入っても旧大聖寺藩領域の北前船主に及ばなかった。また会社経営への志向性では、熊田家が経営に関与した会社はいずれも、商業・銀行・鉄道・運輸・倉庫と自らの家業に関連する流通部門の諸会社に止まり、製造業諸会社への展開はみられなかった。

実際、一九二二年初頭の能美郡では、払込資本金額一〇万円以上の製造業諸会社として、小松製作所（払込資本金額五〇万円、以下同様）、小松合同織物（五〇万円）、北国機業（一二五万円）、加賀製陶所（二〇万円）、小松鉄工（一四万円）が存在したが、熊田家が経営に関与したのは加賀製陶所のみであった[41]。このような会社設立・経営の担い手となるべき地域有力資産家の経営志向性のゆえに、旧加賀国地域の企業勃興は銀行・運輸・商業などを中心に進み[42]、工業諸会社の設立は遅れるに至ったのである。

第II部補論　東岩瀬・高岡地域北前船主の複合経営と富山県経済

はじめに

第II部では、それぞれ青森・新潟・石川県の北前船主のなかで、北海道と出身地元の両方に拠点をもって複合経営を行い、地域経済の展開に大きな影響を与えた船主の事例を検討した。ただし、石川県と並んで北前船主の輩出県となった富山県についての検討がまだ行えていないので、補論で富山県域の北前船主と富山県経済の関連を検討する。

序章の表序-13に戻ろう。富山県（越中国）域で近代期に有力資産家となった北前船主を輩出したのは、富山市の北方に位置し、富山市の外港の役割を果たした東岩瀬と、富山県西部の商品流通の中心地であった高岡であり、本補論では、東岩瀬・高岡地域の北前船主を取り上げる。また、東岩瀬に隣接した西水橋の有力北前船主と同様の経営展開を示したので、本補論では西水橋も東岩瀬地域に含めて考察する。

表補II-1をみよう。東岩瀬地域の北前船主のうち近代期に最初に会社経営に積極的に関与したのは道正屋馬場家で、この表の北前船主のなかでかなり早くから海運業へ進出し、近世期は富山藩の御用も務め、一八三〇年代から遠隔地間交易に積極的に展開して七九（明治一二）年に和船一四隻を所有する大規模北前船主となった(1)。その後、馬場家は地元汽船会社を経営して汽船経営への転換を進め、一九世紀末には帆船買積経営から撤退したが、富山県下の多様な会社の経営に携わり、土地も大規模に所有して富山県最大の資産家となった。

馬場家と同様に、近世期からの船主で、近代以降も地元会社の経営に携わり、土地を大規模に所有した船主として

主要北前船主の経営動向

（資産額・土地面積の単位：万円・町歩）

1900年代 会社主要役員	1910年代 会社主要役員	1920年代 会社主要役員
[高岡共立銀行]，[越中商船] [岩瀬銀行]，[岩瀬汽船] [馬場合資]（東岩瀬）	[越中商船]，[岩瀬銀行]，高岡共立銀行 [馬場合資]，岩瀬漁業，富山電気軌道 能越汽船（七尾），富山県農工銀行（富山）	岩瀬銀行3)
[第四十七銀行]，[岩瀬汽船] [北陸人造肥料]（伏木），富山日報社	[第四十七銀行]，[北陸人造肥料] 富山日報社，岩瀬鉄工所	[第四十七銀行]，岩瀬鉄工所
岩瀬銀行，岩瀬汽船 [米田商店合名]（東岩瀬）	岩瀬銀行，岩瀬鉄工所 [米田商店合名]，加藤組（富山）	[岩瀬銀行]，岩瀬鉄工所 富山信託，富岩鉄道（富山）
[岩瀬商会合名]，岩瀬汽船	[岩瀬漁業] 加藤組 岩瀬鉄工所 伏木銀行	岩瀬漁業，北陸木材（東岩瀬），加藤組 岩瀬鉄工所，越中銀行（富山） 千代田商会（富山），[宮一醤油店]（東岩瀬） 林運送店（豊田），越中物産（東岩瀬）
岩瀬銀行，岩瀬汽船	岩瀬銀行，岩瀬鉄工所 [畠山合名]（東岩瀬） 伏木銀行，北洋商船（七尾） 加藤組，愛本温泉（内山）	[岩瀬鉄工所]，[加越鉄道]（福野） 中越電気工業（富山），大越電力（富山） 加藤組，伏木銀行，[畠山合名] 中越水電（富山），日本海電気（富山）
[岩瀬商行合資]，[岩瀬水産合資]	[岩瀬商行合資]，[岩瀬水産合資]	岩瀬水産，湊灘醸造（新湊）
		岩瀬銀行，[富岩鉄道]
		水橋海運，水橋米肥，水橋商事，林運送店
[岩瀬水産合資]，岩瀬汽船	[岩瀬水産合資]	岩瀬銀行，岩瀬鉄工所，岩瀬米肥，岩瀬水産
		林運送店
	水橋銀行，水橋海運	水橋銀行，水橋海運，水橋米肥，水橋商事
高岡銀行，高岡新報社，高岡貯金銀行 高岡紡績，[高岡電燈]，越中海運（伏木） 大東セメント（藪田），北陸土木（金沢） 高岡打綿，中越鉄道，北一合資（高岡）	[高岡貯金銀行]，高岡打綿，北陸土木，北一 [高岡紡績]，[高岡電燈]，温泉電軌（山代） [高岡銀行]，中越運輸（伏木），[高岡合板] 高岡理化学工業，高岡鉄工所，高岡新報社	[高岡銀行]，[高岡電燈]，北陸信託（高岡） [高岡商業銀行]，越中倉庫 高岡打綿，[高岡合板]，温泉電軌 富山合同貯蓄銀行（富山），北一
[高岡共立銀行] 高岡貯金銀行 高岡電燈 北陸人造肥料 高岡魚業	高岡共立銀行，[高岡新報社]，高岡電燈 高岡貯金銀行，高岡魚業，高岡鉄工所 [高岡実業銀行]，[高岡理化学工業] [砺波電気]（高岡），越中電化（富山） 越中倉庫（伏木），富山県農工銀行 北陸人造肥料，新湊鉄工所，高岡打綿 [中越運輸]，立山水力電気（富山）	高岡共立銀行，[高岡銀行] 高岡貯金銀行，[砺波電気] 高岡打綿，高岡鉄工所，高岡電燈 立山水力電気，[北陸信託] 高岡商業銀行，高岡産業，石動電気 伏木板紙，富山県農工銀行 [高岡理化学工業]，越中倉庫
[高岡貯金銀行]，[越中製綿]（佐野） [高岡魚業]，高岡電燈，高岡共立銀行	高岡貯金銀行，[高岡魚業]，高岡実業銀行 [越中製綿合資]，高岡共立銀行，高岡電燈	

4巻，柏書房，1984年，渋谷隆一編『大正昭和日本全国資産家地主資料集成』第1巻，柏書房，1985年，由井
国諸会社役員録』商業興信所，1913〜26年，昭和4年版『銀行会社要録』東京興信所，1929年，明治35年

所有欄は，1920年代に所有した土地面積を示した。会社主要役員欄は，主要役員となった会社名を示し，[　]
初に登場した際に所在地を括弧書きで示した。なお，資産額は活字資料の数値を示したので，その家の実際の

継続。

表補 II-1　東岩瀬・高岡地域

氏名（代替わり）	住　所	帆船所有開始	船数	1916 年頃資産額	1930 年頃資産額	北洋	土地所有	1890 年代会社主要役員
馬場道久（大次郎）	東岩瀬	1820 年代	1(1)	500	2,000		207	[高岡共立銀行] [越中商船]（伏木）
森正太郎	東岩瀬	1850 年代	3(1)		70[1)]	○		[第四十七国立銀行] （富山）
米田元吉郎	東岩瀬	1850 年代	3	70	400		252	
宮城彦次郎	東岩瀬	1870 年代	5		100	○	125	
畠山小兵衛	東岩瀬	1870 年代	1	50	70	○	145	
米田六三郎	東岩瀬	19 世紀初	1			○	145	
橋爪竹次郎	東岩瀬	18 世紀末					14[2)]	
梶栄次郎	東岩瀬	20 世紀初			45[1)]	○		
佐藤与三松（与一郎）	東岩瀬	1830 年代	3					
佐藤与兵衛	東岩瀬	1860 年代	2			○		
石金長四郎	西水橋	1870 年代	3		80	○	59	
菅野伝右衛門	高　岡	1870 年代	2	70	105[1)]		168	[高岡銀行] [高岡紡績] [高岡貯金銀行] 中越鉄道（高岡）
木津太郎平	高　岡	1870 年代		50			149	[高岡共立銀行] 高岡貯金銀行 [高岡肥料合資] 北陸海上保険（高岡）
平能五兵衛	高　岡	1870 年代	1	50				高岡貯金銀行 [高岡魚業]
正村平兵衛	高　岡	1860 年代						[高岡銀行]

出所）高瀬保『加賀藩の海運史』成山堂書店，1997 年，渋谷隆一編『明治期日本全国資産家地主資料集成』第
常彦・浅野俊光編『日本全国諸会社役員録』全 16 巻，柏書房，1988〜89 年，大正 2〜15 年版『日本全
「日本船名録」（国立公文書館蔵），北海道各郡「免許漁業原簿」（北海道立文書館蔵）などより作成。

注記）船数は 1901 年末で，括弧内は内数で汽船所有数。北洋欄は，北洋漁業を行った家に○印を付けた。土地
は頭取・社長・専務に就任した会社。会社は取引所を除き，会社名から所在地が判明しない会社は，最
資産額とズレがある。

注 1）1925 年時点の数値。2）1904 年時点の数値。3）1919 年に当主死去に伴い，分家の久蔵が取締役として

森家と米田元吉郎家があり、一方、近代期に北前船主となり、二〇世紀以降に北洋漁業に積極的に進出することで資産を蓄積し、地元会社の経営に携わるようになった船主として、宮城家・畠山家・梶家・石金家があった。こうして、新旧の有力北前船主がそれぞれ海運・漁業・農業・銀行経営など複合経営を行い、いずれも富山県を代表する資産家となったところに東岩瀬地域の北前船主の特徴があった。

一方、高岡地域では、北前船主のうち菅野家と木津家が多くの会社経営に関与し、特に菅野家が一八九〇年代〜一九〇〇年代の同地域の企業勃興を牽引した。

そこで、まず東岩瀬地域については、近世・近代前期における道正屋馬場家の海運経営を、続いて一九世紀末〜二〇世紀初頭の宮城家・石金家の複合経営を、そして二〇世紀以降の畠山家の株式投資を検討する。高岡地域については、菅野家の会社経営を、さらに高岡の外港で富山県最初の臨海工業地帯となった伏木港の産業化の過程を検討する。そして最後に富山県経済の展開に東岩瀬・高岡地域の北前船主の果たした役割を考察する。

（1）道正屋馬場家の海運経営

東岩瀬は、(2) 神通川が日本海に注ぐ河口に発達した湊町で、近世期は金沢藩領域に属したものの、対岸の西岩瀬は富山藩領域で、神通川沿いに位置した富山藩城下の外湊の役割も担ったため、富山藩とのつながりが深かった。また、後背地の新川《にいかわ》地方は、近世期の木綿産地として著名であり、道正屋は遠隔地間の海運経営を行うと同時に、地元では金沢藩領域の繰綿の集散地である越中国高岡から繰綿を仕入れ、それを新川地方の綿屋に販売する綿商人としての活動を行った。道正屋の海運経営の実態が判明するのは一八三〇年代以降で、それを表補II-2に示した。それぞれ石見国浜田湊の廻船問屋と越後国出雲崎湊の廻船問屋の客船帳に記載された道正屋廻船の入津状況を整理した。

浜田湊への入津状況をみると、一八五〇年代まで北陸方面から下関を廻って瀬戸内・畿内へ向かう登り航路での入

表補 II-2　道正屋馬場家廻船の動向

①浜田湊入津						②出雲崎湊入津			
年月日	船名	備考	年月日	船名	備考	年月日	船名	規模	積荷
1832. 3. 7	福寿丸	越中登	1874. 5. 4	恵久丸	越中登	1859. 4.18	永久丸		生蠟
1839. 9. 1	富寿丸	下り	1874. 6.26	恵久丸	登り	1864. 9.23	長久丸		大浜塩 1,600 俵
1842. 4. 7	福寿丸	越中登	1875. 3.30	栄福丸	下り	1866. 3.13	宝久丸	24 反帆	冬買積入
1843. 6.14	福宝丸	岩瀬登	1875. 5. 9	悠久丸	下り	1868. 4.20	通久丸	24 反帆	
1847. 3.11	福宝丸	越中登	1875. 5.13	定吉丸	越中登	1868. 9.19	長久丸	26 反帆	富浜（塩）1,300 俵，玉砂糖 100 丁，綿 70 本
1851. 3.12	長久丸	越中登	1875. 6. 8	通久丸	登り	1870. 4. 5	長久丸	22 反帆	空船
1857. 5.21	栄福丸	下り	1875. 9.10	恒久丸	松前登	1870. 8.26		25 反帆	塩 1,200 俵，綿 800 本，玉砂糖 15 丁，生蠟 4 叺
1858. 6.28	歓久丸	越中登	1877. 8.12	長久丸	登り	1870. 9.12	長久丸	22 反帆	三田尻塩 1,700 俵，綿 25 本
1859. 3.28	永久丸	越中登	1877. 8.19	大平丸	登り	1871. 7.13	栄福丸	22 反帆	塩 2,000 俵，蜜 10 丁，鰹節 2 樽，半紙 10
1860. 3.16	安全丸	下り	1877. 8.29	悠久丸	下り	1872. 2. 1	長久丸	22 反帆	大浜（塩）700 俵，玉砂糖 110 丁，生蠟 15 叺
1861. 1.28	恵久丸	下り	1878. 5. 3	神通丸	登り	1872. 4.29	悠久丸	25 反帆	富浜（塩）1,000 俵，綿 80 本
1862. 9.15	久成丸	下り	1878. 5. 3	栄福丸	登り	1872. 6. 3	通久丸	24 反帆	三原塩 2,100 俵
1865. 4. 9	久成丸	登り	1878. 8.29	栄福丸	登り	1873. 5.14	恵久丸	20 反帆	中浜（塩）1,000 俵，白砂糖 5 丁，七嶋 30 束
1866. 4.19	通久丸	下り	1880. 9.19	久照丸	登り	1873. 7. 2	栄福丸	22 反帆	塩 400 俵
1869. 3.29	久成丸	登り	1882. 9. 6	今長久丸	松前登	1873. 8.24	久成丸	24 反帆	大浜（塩）1,200 俵，綿 300 本，生蠟 10 叺
1869. 8.22	通久丸	登り	1882. 9.14	久照丸	松前登	1876. 3.18	神通丸	19 反帆	三田尻・大浜（塩）1,600 俵，綿 15 本，玉砂糖 15 丁
1873. 6.30	悠久丸	下り	1882. 9.30	長吉丸	松前登	1876.11.16	神通丸	18 反帆	吉和塩 1,400 俵，繰綿 50 本，白砂糖 9 丁
1873. 9. 9	長吉丸	松前登	1890. 7. 6	長吉丸	下り	1882. 5. 3	長吉丸	22 反帆	

出所）柚木学編『諸国御客船帳』下巻，清文堂出版，1977 年，439–441 頁，出雲崎町教育委員会編『出雲崎町史』海運資料集(2)，1996 年，189–336 頁より作成。

注記）それぞれ石見国浜田湊の清水家所蔵「客船帳」と越後国出雲崎湊の熊木屋「客船帳」に記載された道正屋馬場家の廻船の入津を示した。出雲崎湊への入津は積荷が判明するが，産地名のみの積荷は商品の種類を括弧書きで補った。浜田湊入津の備考欄の，登り（入津）は，北海道・北陸方面から浜田湊への到着を，下り（入津）は，畿内・瀬戸内方面から浜田湊への到着を示し，地名はその出発地を示す。例えば「松前登（入津）」は北海道（松前）を出発地とした船の入津を意味する。

津の全てが地元越中を出発地とした。また一八三九（天保一〇）年の越中国の廻船調査では、道正屋（久兵衛）の三〇〇石積廻船は、その年に大坂へ往来したことが記され、一九世紀中葉までの道正屋廻船は、主に越中国と瀬戸内・畿内を結んだと考えられる。(3) その後、最幕末期の一八六〇年代には浜田湊での客船帳には登り入津の出発地はあまり記載されなくなる一方で、出雲崎湊での客船帳に道正屋廻船が登場するようになったので、地元越中国よりもさらに北の越後国と瀬戸内・畿内を結ぶようになったと言える。そして、近代に入ると北海道（松前）を出発地とする登り入津が浜田湊で散見されるようになり、一年間に入津する船の数も増大し、特に一八八二（明治一五）年には多くの馬場家廻船が北海道交易を行った。したがって、馬場家が本格的に北海道交易に乗り出したのは近代以降であり、近世期は主に北陸と瀬戸内・畿内を結んで活動したと言える。

道正屋廻船が北陸から瀬戸内・畿内へ運んだのは、富山藩が大坂廻米を道正屋に依頼したこともあり、(4) 米が中心であったと推定でき、瀬戸内・畿内から北陸へ運んだのは、出雲崎湊での客船帳に記載された積荷から判断して、塩・綿・砂糖が中心であった。前述のように、もともと道正屋は綿商人として新川地方への繰綿の供給を行い、北前船経営でも近世期までは北海道産物よりも、米・塩・綿などを主に扱ったと言える。ただし、越中国の金沢藩領域への繰綿の独占的販売権を高岡綿場が獲得しており、(5) 道正屋廻船が直接畿内で仕入れた繰綿を新川地方の綿屋に販売し得たかどうかは史料的には判別し得ない。

ただし、近代期になると、序章で示したように、米や砂糖の地域間価格差が縮小し、開港後に綿糸布の輸入が増大して、国内の棉花生産が減少するなかで、馬場家廻船は、北海道と瀬戸内・畿内を結ぶ北海道交易に比重を移した。第6章で取り上げる越中国放生津の北前船主綿屋宮林家も、近世期は畿内で仕入れた綿を越中国伏木湊に運んで販売することを海運経営の中心に置いていたが、近代期に北海道交易に比重を移しており、こうした輸送手段をもった越中国の綿商が、綿取引から輸入綿糸取引へ転換することなく、北海道交易に転換したことが、新川木綿産地が輸入綿

表補 II-3　馬場家・宮城家・畠山家会社役員の推移

	会社名	所在	1897年	1902年	1907年	1912年	1917年	1922年	1926年	1931年
馬場家	高岡共立銀行	高岡	頭取[1]	取締役[1]	取締役[1]	取締役[1]	取締役[1]			
	北陸生命	富山	監査役[1]	監査役[1]	富山電軌（富山）		監査役[1]			
	北陸商業銀行	富山	監査役[1]		能越汽船（七尾）		取締役[1]			
	岩瀬銀行	東岩瀬		頭取[1]	頭取[1]	頭取[1]	頭取[1]	取締役[3]	取締役[3]	取締役[3]
	越中商船	伏木		社長[1]	社長[1]	社長[1]				
	十二銀行	富山		監査役[1]	監査役[1]	監査役[1]	監査役[1]			
	馬場合資	東岩瀬			社員[2]	社員[2]	社員[1]			
	富山県農工銀行	富山			監査役[1]	監査役[1]	監査役[1]			
	北越政報社	富山			監査役[1]					
	岩瀬漁業	東岩瀬				取締役[2]	取締役[1]			
宮城家	岩瀬銀行	東岩瀬		監査役	監査役	監査役			取締役	取締役
	岩瀬商会合名	東岩瀬		社員				伏木商業銀行（伏木）		取締役
	岩瀬漁業	東岩瀬				社長	取締役		取締役	社長
	千代田商会	富山						取締役	取締役	
	伏木銀行	伏木						監査役	監査役	
	越中物産	東岩瀬						取締役	富岩鉄道（奥田）	監査役
	岩瀬鉄工所	東岩瀬						取締役	中越無尽（東岩瀬）	取締役
	林運送店	豊田							取締役	取締役
	黒田製材所	東岩瀬							監査役	監査役
	宮一醤油店	東岩瀬							代表取締役	
	富山工船漁業	富山								監査役
畠山家	岩瀬銀行	東岩瀬		取締役	取締役	取締役	対岸貿易（富山）		監査役	
	伏木銀行	伏木					取締役	取締役	取締役	
	越中銀行	富山					監査役	監査役		
	畠山合名	東岩瀬					社員			社員
	七尾倉庫	七尾					取締役	黒部川電力（富山）		取締役
	能越汽船	七尾					監査役	日本海電気（富山）		取締役
	能登商工	羽咋						取締役	取締役	取締役
	能越石灰	金沢						監査役	取締役	取締役
	加越鉄道	福野						取締役	社長	
	中越水電	富山						取締役	取締役	
	岩瀬鉄工所	東岩瀬						社長	小松電気（小松）	取締役
	日本ゼラチン工業	矢田郷						取締役	国産肥料（道下）	取締役
	四ツ屋商会	富山						監査役		
	岩瀬漁業	東岩瀬							監査役	監査役

出所）由井常彦・浅野俊光編前掲『日本全国諸会社役員録』第2・6・11・16巻，大正6・11・16・昭和6年度『日本全国諸会社役員録』商業興信所，1917・22・26・31年より作成。

注記）途中の会社名の後の括弧内は所在。各年とも1月現在の状況と考えられる。宮城家は当主の彦次郎，畠山家は当主の小兵衛が就任した役員を示し，馬場家は家族の複数が同一会社の役員になった場合は，最も重要な役職の1名で代表した。1）道久。2）大次郎。3）久蔵。なお，1917年時点の道久は，大次郎が襲名した道久。久蔵は馬場家分家当主。

糸導入に遅れた大きな要因になったと考えられる。[6] むろん、馬場家や宮林家の側からみれば、輸入綿糸は主に横浜港に輸入されたので、そこから本州の反対側の富山県まで輸入綿糸を運んで販売するメリットは少なく、より利益率の大きい北海道交易に転換したのは合理的な選択であろう。[7]

その後、馬場家は北海道交易で得た高蓄積をもとに、後背地の土地取得を大規模に進め、伏木港を拠点とした汽船会社設立にも関与し、乱立した地元汽船会社が過当競争の後に合同して越中商船会社を設立した際に、当主がその社長となった。[8] 表補II-3をみよう。馬場家当主は地元東岩瀬でも岩瀬銀行の頭取を務めたが、高岡でも高岡共立銀行の頭取を務め、前述の伏木の越中商船も含め、一九〇〇年代に地元以外の地域でも富山県の主要会社に経営参加した。個人でも大型汽船を所有し、北海道と本州・九州・四国各地を結び、富山県域ではとび抜けた資産家となり、地元財界の中心人物となった。しかし、当主と若当主が一九一〇年代後半に相次いで死去し、新当主が幼少のため、二〇年代の馬場家は会社経営にほとんど関与せず、二〇年代は宮城家・畠山家らが地元財界の中心となった。

（2）宮城家・石金家の複合経営

馬場家に代わって東岩瀬財界の中心となった宮城家は、[9] 最初は馬場家廻船の雇船頭を務め、近代初頭に独立して北前船経営を開始し、一八九五（明治二八）年には帆船六隻を所有して当時の東岩瀬最大の帆船船主となった。表補II-4をみよう。一八九五年時点の宮城家廻船は、いずれも東岩瀬港を拠点とし、地元産米を北海道（増毛・小樽・積丹《しゃこたん》）へ運んで販売し、北海道産魚肥を北海道から東岩瀬や瀬戸内諸港（柳井・玉島・尾道）へ運んで販売した。六隻のうち三隻は塩を扱い、いずれも三田尻で買い入れた塩を東岩瀬に運んで販売した。

宮城家廻船が、瀬戸内諸港に北海道産魚肥を販売した際に、それと併せて三田尻で塩を買い入れて東岩瀬に戻り、宮城家廻船は、各港の価格をみながら有利な港で販売するのではなく、東岩瀬に必要な魚肥と塩をそれぞれ北海道と三田尻から買い入れて運び、東岩瀬で販売し、その対価として地元産米を北海道と三田尻で販売する東岩瀬中心の活動をしていた。第4章で触れたように、一八九〇年代には、日本海航路で地域間価格差の残された商品と地域は、北陸—北海道間の米、瀬戸内—北陸間の塩、北海道—北陸・瀬戸内・畿内間の魚肥などかなり限定されつつあり、価格

表補 II-4　宮城彦次郎家廻船運航状況

年	船　名	船体規模	航　路
1895	快旋丸	115トン積	[函館・増毛]→(鯡)→柳井・三田尻→(塩)→東岩瀬→(米)→[小樽]→(鯡)→東岩瀬→(米)→[函館]
1895	安全丸	620石積	東岩瀬→(米)→[増毛]→(鯡)→三国→東岩瀬→(米)→三田尻→(塩)→東岩瀬
1895	和合丸	592石積	東岩瀬→(米)→[増毛]→(鯡)→東岩瀬→(米)→[増毛]→(鯡)→玉島・三田尻→(塩)→東岩瀬
1895	正運丸	454石積	東岩瀬→(米)→[積丹]→(鯡)→東岩瀬→(米)→[積丹]→(鯡)→東岩瀬
1895	清栄丸		東岩瀬→(米)→[小樽・積丹]→(鯡)→東岩瀬→(米)→[小樽・積丹]→(鯡)→尾道・三田尻→(塩)→東岩瀬
1895	日悦丸		東岩瀬→(米)→[増毛]→(鯡)→東岩瀬→(米)→[増毛]→(鯡)→東岩瀬
1901	清栄丸	690石積	東岩瀬→能登小木→[増毛]→[利尻]→境→敦賀→下関→三田尻→下関→小福良→隠岐→三国→東岩瀬
1901	和合丸	592石積	東岩瀬→氷見→能登小木→[増毛]→[焼尻]→敦賀→東岩瀬→[小樽]→敦賀→東岩瀬
1904	神速丸	508石積	東岩瀬→能登小木→[積丹]→東岩瀬→飛島→[小樽]→[積丹]→下関→東岩瀬
1905	神速丸	508石積	東岩瀬→佐渡→[積丹]→敦賀→東岩瀬→氷見→[増毛]→[小樽]→[留萌]→[余市]→東岩瀬
1906	神速丸	508石積	東岩瀬→水橋→能登小木→[奥尻]→[積丹]→東岩瀬→[小樽]→[積丹]→小木→東岩瀬
1907	神速丸	508石積	東岩瀬→[奥尻]→[積丹]→佐渡→東岩瀬→[小樽]→東岩瀬
1908	神速丸	508石積	東岩瀬→滑川→能登小木→[余別]→佐渡→能登宇出津→伏木→東岩瀬→[小樽]→[増毛]→東岩瀬
1909	神速丸	508石積	東岩瀬→能登小木→[余市]→伏木→東岩瀬→[小樽]→伏木→東岩瀬
1910	神速丸	508石積	東岩瀬→[余別]→伏木→東岩瀬→[小樽]→東岩瀬
1911	神速丸	508石積	東岩瀬→[積丹]→伏木
1914	第二喜宝丸	473石積	[礼文]→佐渡→輪島→敦賀→東岩瀬
1915	第二喜宝丸		東岩瀬→能登小木→[積丹]→伏木→[増毛]→[利尻]

出所）高瀬保前掲『加賀藩の海運史』266頁，元木登美子「廻船問屋宮城家所有船の航海日誌(1)～(4)」（『富山史壇』第111～114号，1993・94年）より作成。

注記）港と港の間の括弧内は輸送品。［ ］は，北海道の港を示す。余別は積丹郡の港。

動向をみながら多様な商品を多様な港で取引するより、航路と扱い品を限定して、速やかに複数往復して利益額の獲得を目指す方が有利な状況となっていた。そして一九〇〇年代になると宮城家廻船の瀬戸内—北陸間の動きがなくなり、専ら東岩瀬・伏木の富山県諸港と北海道の積丹・小樽・増毛などを年に複数回往復するに至り、地元産米の北海道販売と、北海道産魚肥の地元販売に特化したと言える。(10)

その場合、宮城家は出身地元の後背地に水田地帯が広がっており、そこで土地を取得して生産された米を販売することは利にかない、その所有耕地で利用されることも考慮して魚肥を北海道で買い付けて地元に運んで販売したと考えられる。第4章の伊藤家、第5章の熊田家も、後背地が米作地帯の地主船主であり、やはり地元産米の販売に力を入れており、熊田家は北海道で買い付けた魚肥をある程度地元に運んで販売した。宮城家はそれを極端な形で進めたといえ、このような東岩瀬の北前船主の活動もあり、東岩瀬港の移出入品は一八九七・一九一六（大正五）年ともに、最大の移出品が米で最大の移入品が肥料であった。(11)

宮城家の廻船経営と同様の方法をとったのが西水橋の石金家で、その取引動向を表補II-5で検討する。石金家は、(12)西水橋を拠点に一九世紀中葉は近隣に魚行商を行っていたが、近代初頭に船主となり、北海道交易に乗り出した。表の最初の辰年は、一八八〇もしくは九二年と推定できるが、北海道で魚肥を買い入れ、それをおそらく富山県で販売し、西水橋の自家で米を積んで北海道に運んで販売した。自家で積んだ米は、石金家の所有耕地から取得した作徳米と考えられ、一九二四年時点で同家は約五九町歩の土地を所有していた（前掲表補II-1）。

表補II-5の辰年には、北海道産魚肥を西水橋で販売しているが、水橋での取引は通常と記載が異なり、積み入れ・荷揚げとのみ記され、取引相手が記載されていないため、水橋での取引は石金家自身が自家廻船に販売あるいは自家廻船から購入したと考えられる。同様に、一九〇三年七月と一六年四月にも石金家廻船が、石金家（石金商店・石金長四郎）から米・筵を積み入れたことが史料から判明する（表補II-5）。そして一九一六年の石金家廻船加徳丸

表補 II-5 石金家廻船商取引の動向

（金額の単位：円）

年月日	買入先	所在	金額	内容	年月日	販売先	所在	金額	内容
					辰年		北海道	2,284	米 423 石
辰年		北海道	2,727	〆粕 428 本，胴鯡 543 束他	辰年		（富山県）	2,993	〆粕 389 本，胴鯡 543 束
辰年		西水橋	1,298	米 140 石	辰年		北海道	1,292	米 380 俵，筵 125 束他
辰年		北海道	1,151	胴鯡 2,355 束，〆粕 10 本他	辰年		西水橋	1,283	胴鯡 2,688 束，〆粕 11 本他
1889 年	（石金家）	西水橋	1,157	米 235 石，筵 593 束他	1889 年	亀井英七	増毛	913	米 399 俵
1889 年	亀井英七	増毛	1,196	胴鯡 3,995 束，笹目 122 本他	1889 年	堀田善右衛門	伏木	485	胴鯡 1,943 束
1889 年	（石金家）	西水橋	1,784	米 281 石，筵 60 束他	1889 年	渡邊三蔵	（小樽）	708	米 284 俵
1889 年	渡邊三蔵	（小樽）	1,337	胴鯡 5,000 束					
1900. 9. 1	輪島谷豊吉	小樽	720	〆粕 26 本，身欠 70 本他	1900. 9. 1	輪島谷豊吉	小樽	699	石油 50 函，石灰他
1901. 9.21	永田伊之助		5,582	胴鯡他	1901. 8.30	藤野清蔵	小樽	2,706	米，筵，砂糖他
					1902. 8. 7	西田与七郎	（三国）	5,507	胴鯡他
1903. 7.12	石金商店	西水橋	4,535	米 579 俵，筵 860 束					
1903. 9.11	輪島谷豊吉	小樽	6,233	胴鯡 12,309 束	1903. 9.11	輪島谷豊吉	小樽	3,943	米，縄，種，他
1904. 6. 3	小林福治郎	増毛	5,829	胴鯡，笹目他	1904. 6. 3	小林福治郎	増毛	4,352	米，筵，縄類他
1904. 9. 8	國谷忠治	余市	2,123	胴鯡 4,960 束，〆粕他	1904. 9.12	後藤弥吉	余市	709	荒物他
1904. 9.12	後藤弥吉	余市	4,396	胴鯡他	1904.10.10	伏木問屋合資	伏木	611	胴鯡 840 束
1905. 8.12	渡邊三蔵	（小樽）	458	胴鯡 700 束					
					1907. 7. 8	堀田善右衛門	伏木	451	胴鯡 550 束
1907. 9.12	今井平五郎	古平	718	胴鯡 860 束	1907.10.26	堀田善右衛門	伏木	985	胴鯡 1,080 束
1908. 6.17	小林福治郎	増毛	567	胴鯡 1,000 束	1908. 6. 5	小林福治郎	増毛	422	筵 254 束，縄 516 丸他
					1908. 9.30	國谷忠治	余市	1,651	白米，縄等
1910. 8.17	渡邊宗作	古平	1,041	胴鯡 1,707 束					
1911 年	（越野）	（増毛）	7,547	胴鯡 6,844 束，笹目 321 本他	1911 年	滑川米肥会社	小樽	4,936	米 713 俵
1911. 8. 6	滑川米肥会社	小樽	530	胴鯡 2,000 束	1911 年	滑川米肥会社	小樽	2,209	米 285 俵
1911. 8. 6	越野弥三松	増毛	6,361	胴鯡 9,423 束					
1912 年 5 月	越野	（増毛）	3,494	胴鯡 4,389 束，笹目 78 本他	1912 年 5 月	越野	（増毛）	3,928	米 378 俵，筵 273 束他
1912 年 5 月	西川与八	（増毛）	2,389	胴鯡 2,964 束，笹目 53 本他	1912 年 5 月	西川与八	（増毛）	2,018	米 142 俵，筵 800 束等
1912 年 5 月	中川		462	胴鯡 2,000 束	1912 年 5 月	中川		476	
1912 年 5 月	富山為之助	（増毛）	860	胴鯡 1,292 束					
1912 年 8 月	後藤弥吉	余市	8,792	胴鯡 11,963 束	1912 年 8 月	後藤弥吉	余市	3,388	米 301 俵
1912 年 8 月	小林	小樽	613	鰈粕 67 本	1912 年 8 月	後藤弥吉	余市	1,015	筵 1,313 束
1912 年 8 月	後藤弥吉	余市	1,449	胴鯡 1,830 束	1912. 8.18	後藤弥吉	余市	589	筵 806 束，縄 539 丸
1916. 4.10	石金長四郎	西水橋	4,931	米 830 俵，筵 857 束他					

出所）「売仕切」「買仕切」（石金家文書，水橋郷土史料館蔵）より作成。

注記）1 回の商取引の最終的な仕切金額が 400 円以上のもののうち，取引商品が判明したもののみを示した。よってこの表が石金家廻船の取引の全体像を示しているわけではない。相手先・所在欄の括弧内は推定。西水橋での買入先の石金家（石金商店・石金長四郎）は，史料では「積入目録」として挙げられた。1889 年の西水橋での買入先名は不明だが，「積入目録」として挙げられたので石金家との取引と推定した。

は[13]、年二回日本海航路を往復し、一回目は水橋で米を積み、それを北海道古平へ運んで販売し、そこで魚肥を買い入れ、一部を伏木で販売し、残りを水橋に荷揚げした。二回目も水橋で米を積み、それを北海道余市《よいち》へ運んで販売し、そこで魚肥を買い入れ、それを水橋に荷揚げした。自家廻船から北海道産魚肥を購入した石金家は、それらを一般向けに小売するとともに、所有耕地の小作人へ販売したと思われ、石金家の廻船経営と土地経営は密接に関連していた。西水橋以外では、北海道で専ら小樽・増毛・余市で米の販売と魚肥の買い入れを行い、主に福井県三国か富山県伏木で魚肥を販売した。

その後一八九九年に官営鉄道が、敦賀方面から富山まで開通し、それが延伸して一九一三年に富山―直江津間が全通するとともに、北海道産魚肥の物流が一層鉄道と汽船を介して行われるようになると[14]、宮城家や石金家は買積経営から北洋漁業への転身を図った[15]。宮城家は、一九〇一年に西洋型帆船十日丸を黒龍江に出漁させ、その漁獲は伏木港に水揚げされ、日露戦争後の一九〇七年以降は樺太・沿海州に出漁し、カムチャッカ・北千島へも進出した。石金家も、一九一〇年に水橋の浜田康太郎と東岩瀬の梶栄次郎と共同で購入した第二八幡丸で、二〇年より北洋漁業に従事し、同船は三二年に伏木の森喜太郎に売却された。

表補II-3に戻ろう。宮城家は海運経営から農業・漁業へ展開し、一九一〇年代に当主が地元岩瀬漁業会社の社長となったが、二〇年代になると馬場家が当主交替で会社経営から手を引いた間隙を埋めるように、宮城家当主が様々な東岩瀬の会社の役員を担った。複合経営の方向は醬油醸造業へも向けられ、一九二〇年代に宮一醬油店として法人化され、また林業（北陸木材）、工業（岩瀬鉄工所）など多様な地元会社への経営参加としても展開された。

石金家当主も一九一〇年代から地元水橋銀行・水橋海運・水橋商事などの役員を務め（前掲表補II-1）、滑川銀行・十二銀行・第四十七銀行・富山電気・越中電力・富山県織物模範・立山製紙・立山温泉・北陸人造肥料・富岩鉄道・富山工船漁業等多くの富山県域の会社へ投資した[16]。

（3）畠山家の株式投資

表補Ⅱ-3に戻ろう。宮城家以上に一九二〇年代に幅広く会社経営に参加した東岩瀬の北前船主は畠山家であった。畠山家も近代期に北前船経営を開始し[17]、当初は肥料仲買商で、北海道産魚肥を求めて船を所有して北海道へ進出した。北海道交易と併せて一九一〇年代に北洋漁業も行い、肥料販売を通して後背地の土地取得を進め、二〇年代には宮城家をしのぐ土地所有面積を示した（前掲表補Ⅱ-1）。一九三〇年代も土地所有面積は若干増加し、小作人の数は、二九（昭和四）年二五カ村一一九人、三五年二七カ村一七五人、四〇年二六カ村一九二人と増大した。

宮城家当主は主に東岩瀬の会社の役員となったが、畠山家は隣の石川県能登半島の会社も含めて第一次世界大戦期から積極的に会社経営に携わった。注目すべきは加越鉄道で[18]、もともと富山県西南部の砺波《となみ》地方と官営鉄道北陸線を結ぶ砺波鉄道会社が、金沢と砺波地方を結ぶ鉄道計画が加わったことで社名変更し、畠山家当主はその社長となった。金沢と直接結ぶ計画は挫折したが、砺波地方の庄川開発に加越鉄道が大きな役割を果たし、畠山家は電力事業に深く関与するに至り、一九二〇年代は中越水電の役員を務め、三〇年代に日本海電気・黒部川電力・小松電気など富山・石川県域の電力会社の役員を兼任した。

畠山家は会社経営に積極的に関与するとともに、有価証券投資も盛んに行い、一九一六（大正五）年時点で地元会社株の所有状況は不明だが、中央の株式市場で取引される株のうち、東洋汽船四〇〇株、北海道炭礦汽船三〇〇株、日本郵船一二〇株、京阪電鉄一〇〇株と海運・鉄道会社株を所有した[19]。また、一九四一年時点の同家所有株式が詳しく判明するのでそれを表補Ⅱ-6で示した。一九四一年時点で、畠山家が所有した新株払込額は約五〇万円で、同家は同年に約三三万円の株式を売却し、約二二万円の株式を買い入れた。一九四一年までに多くの株式を所有したのは、不二越鋼材、日本海共同運輸、日本海産業、能登鉄道、日曹人絹パルプ、日本海電気など富山県・石川県の会社が多く、株式所有の内訳では地元会社株が中心であった。ただし、一九四一年にはこれら地元会社株の多くを売却

表補 II-6　1941年時点畠山家株式所有動向

（金額の単位：円）

会社名	所　在	株　数	金　額
①新株払込額			
不二越鋼材工業	上新川郡	2,900	72,500
日本海共同運輸		2,530	50,600
日本海産業	富　山	1,010	50,500
能登鉄道	羽　咋	1,350	45,000
日曹人絹パルプ	富　山	1,500	37,500
日本海電気	富　山	2,438	30,475
王子製紙	東　京	800	30,000
三菱鉱業	東　京	400	20,000
寿繊維産業		600	16,500
満州電信電話	満　州	600	16,250
日本窒素肥料	大　阪	750	15,000
日立製作所	東　京	525	13,125
南満州鉄道	満　州	1,140	11,400
北海道炭礦汽船	東　京	720	9,000
大日本製糖	東　京	200	8,400
日満アルミニューム	東　京	200	7,500
帝国繊維	東　京	500	7,500
満州電業	満　州	700	7,000
第三信託	金　沢	502	6,275
十二銀行	富　山	502	6,275
岩瀬倉庫	東岩瀬	200	5,000
三菱商事	東　京	200	5,000
三菱社	東　京	200	5,000
国際電気通信	東　京	200	4,410
北陸セメント		260	3,900
鐘淵実業	東　京	101	3,788
東京火災保険	東　京	300	3,750
日本製鉄	東　京	180	2,250
秩父セメント	東　京	100	2,000
その他11社		638	10,678
計		22,246	506,575

会社名	所　在	株　数	金　額
②1941年売却株			
不二越鋼材工業	上新川郡	1,900	109,735
北陸合同電気	富　山	1,820	63,543
日本窒素肥料	大　阪	600	38,970
日曹人絹パルプ	富　山	1,200	30,375
帝国繊維	東　京	350	28,140
日立製作所	東　京	300	18,735
鐘淵紡績	東　京	100	13,860
南満州鉄道	満　州	140	9,702
大日本製糖	東　京	200	8,160
北樺太石油	東　京	150	6,375
中越無尽	富　山	100	5,060
日本海電気	富　山	96	2,362
日本海共同運輸		30	750
大日本工業会		5	500
計		7,341	336,267
③1941年買入株			
日本窒素肥料	大　阪	600	37,830
三菱社	東　京	200	24,069
満州電業	満　州	700	20,451
南満州鉄道	満　州	930	18,856
満州電信電話	満　州	500	17,709
日本製鉄	東　京	300	17,409
帝国製麻		200	16,213
寿繊維産業		600	13,560
帝国繊維	東　京	350	11,699
三菱商事	東　京	200	10,360
日立製作所	東　京	300	10,028
日本通運	東　京	150	9,277
住友金属工業	大　阪	100	9,067
国際電気通信	東　京	40	661
計		5,170	217,189

出所）高瀬保前掲『加賀藩の海運史』280–283頁より作成。
注記）会社の所在は，昭和11・17年版『銀行会社要録』東京興信所，1936・42年を参照した。

し、代わりに三菱のような財閥系企業の株式や満州関係の企業の株式を購入した。

その結果、一九四一年を境に、畠山家の株式所有の内訳が地元会社中心から中央や植民地会社中心へと大きく転換したと考えられる。前述のように畠山家は、一九二〇年代以降に主に地元電力会社の経営に関与するようになり、電力会社株を多数所有したと推定されるが、戦時経済下に電力会社の合併が政策的に進められるなかで[20]、日本海電気や高岡電灯など富山県の有力電力会社は四一年に北陸合同電気に大合併され、翌四二年には北陸配電会社として事実上の国家管理を受けるに至った。畠山家当主は、一九三六年時点でも日本海電気の取締役を務めており[21]、同社が国家管理体制に取り込まれたなかで、地元会社の経営から手を引き、所有地元会社株の多くを手放したと考えられる。

とはいえ、一九三六年時点で、畠山家当主は日本海電気取締役の他に、能登商行取締役、小松電気取締役、大正製麻取締役、国産肥料取締役、綾羽紡績取締役など主に地元会社の役員を兼任しており[22]、三〇年代まで富山県・石川県経済に大きな足跡を残した。

（4）菅野家の多角的会社経営

富山県西部の高岡地域は[23]、近世期は金沢藩領に位置し、越中国東部の新川地方の木綿産地への原料綿の流通中継地として藩が政策的に綿場を高岡に設定したことで、商品流通が発達した。高岡綿場には綿を独占的に扱う綿商人が株立てされており、一方、高岡綿場への綿の移入は、主に高岡の北方に位置する伏木湊を経由して行われたと考えられ、伏木湊でも廻船問屋が株立てされた。したがって、高岡地域では、高岡町の綿場商人と伏木湊の廻船問屋が有力商人として挙がり、一九世紀中葉になって伏木湊や伏木湊に隣接する放生津湊で北前船主の成長がみられ、彼らが畿内から綿を伏木湊に運ぶ役割を担ったことで、海岸部の北前船主、伏木湊の廻船問屋、高岡綿場商人が綿流通をめぐってその利益を分け合う構造となった。また、高岡の後背地には広い砺波平野が広がり、年貢米は伏木湊・放生津湊から移出されたが、高岡町には蔵宿が設けられ、地払米が取引された。こうして綿と米を媒介として高岡は、金沢藩領域でもかなり有力な商品集散地となった。

近代になると高岡綿場がなくなり、高岡町での綿場商人の経済的地位が後退したため、近代初頭に高岡地域で経済的に大きな地位を占めたのは、綿と米取引から本格的に北海道産物取引に転換した伏木港や放生津港の北前船主であった。その代表例が、伏木港の藤井家と放生津港の宮林家であり[24]、彼らや近世来の御用北前船主によって近代初頭の金沢藩領域の銀行設立や汽船会社設立が進められた。しかし、早すぎる会社設立が結果的に裏目となり、松方デフレで彼らが経営した銀行・会社が大打撃を受け、彼らが私財を投じて負債返還に当たったことで、高岡地域では藤井家・宮林家の経済的地位は急速に低下し、高岡地域の企業勃興は頓挫することとなった。それに代わって経済的地位を上昇させたのが、近代初頭に船を所有して北前船経営に進出し、巨利を得た新興の北前船主であった。

藤井家と宮林家に関しては、第6章で取り上げるため、ここでは、彼らに代わって一八九〇年代から高岡地域の企業勃興を牽引した新興の北前船主である菅野家を取り上げる。幕末期の菅野家は[25]、飴の行商を行い、飴屋を屋号としたが、近代初頭に北前船経営に進出して巨利を得て、一八八九（明治二二）年の国税納付額では、東岩瀬の馬場家に次いで、富山県下で第二位の多額納税者となった。一九〇二年時点の資産家番付では、菅野家の資産額は五〇万円とされた。菅野家の経営の特徴は、北海道産物以外にも多様な産物を店舗で扱ったことで、一八八〇年代と推定される時期の菅野家店舗を表した版画には、「売薬営業・船荷営業・堂島紡績製糸売捌・大阪紡績製糸売捌」ののれんがみえ、菅野家の紹介に「紡績糸・洋糸・綿・蠟・和洋砂糖類商」の肩書が記されていた[26]（第III部扉参照）。それゆえ、菅野家は他地域の北前船主の多くが、銀行・運輸業の会社を設立したのに対し、様々な業種に関与することとなった。

表補II-7をみよう。菅野家の企業勃興への最初の参画は[27]、一八八九年の高岡銀行設立で、高岡綿場商人の系譜を引く北前船主の正村家と協力し、初代頭取は正村平兵衛が就任し、二代頭取に菅野家当主が就任した。その後の展開で注目すべきは、一八九三年の高岡紡績の設立で、菅野家当主が社長となったことである。菅野家はもともと大阪の紡績会社製造の紡績糸を扱っていたが、自前での製造を目指し、高岡紡績は、資本金三〇万円で一万錘の綿紡績機を備えた近代工場を新設した。富山県下では近代工場の最初と言えるが、この時期の一万錘規模の紡績工場は、本州の日本海沿岸地域では例がなく、北陸地方の産業革命の端緒となる可能性があった。

表補 II-7　菅野家会社役員の推移

会社名	所在	1894年	1897年	1902年	1907年	1912年	1917年	1922年	1926年	1931年
高岡紡績	横田	社　長	社　長	取締役	社長[1)]	社長[1)]	富山合同貯蓄銀行（富山）			頭　取
高岡銀行	高岡	取締役	取締役	取締役	取締役	頭　取	頭　取	頭　取	頭　取	取締役
高岡貯金銀行	高岡		頭　取	取締役	取締役	頭　取	取締役			
中越鉄道	高岡		取締役		取締役	高岡商業銀行(高岡)		頭　取	頭　取	頭　取
北一合資	高岡			社　員	取締役	社　員	北一	取締役	取締役	取締役
高岡電灯	高岡				社　長	社　長	社　長	社　長	社　長	社　長
北陸土木	金沢				取締役	取締役	取締役			
高岡新報社	高岡				取締役	取締役		金沢電軌（金沢）		取締役
越中海運	伏木				取締役	北陸信託（高岡）		取締役	取締役	取締役
三越セメント	藪田				監査役	北陸送電（富山）		監査役	監査役	
中越運輸	伏木					取締役		大日川電気(金沢)		代表取締役
高岡打綿	高岡					取締役	取締役	取締役	取締役	取締役
高岡合板	高岡						社　長	社　長		
温泉電軌	山代						取締役	取締役	取締役	取締役
越中倉庫	伏木						取締役	取締役	取締役	
高岡理化学工業	高岡						取締役			
高岡鉄工所	高岡						取締役			

出所）由井常彦・浅野俊光編前掲『日本全国諸会社役員録』第1・2・6・11・16巻，前掲大正6・11・15・昭和6年度『日本全国諸会社役員録』より作成。

注記）途中の会社名の後の括弧内は所在。各年とも1月頃の状況と考えられる。菅野家当主の伝右衛門の役員就任を示した。

注1）合名会社となり社長。

しかし、一八九六年の水害に一九〇〇年の大火と災害が相次ぎ、また新川木綿産地が一八八〇年代に衰退していた段階では、高岡紡績会社産の紡績糸の需要先は限られ、結局一九〇四年に高岡紡績株式会社は解散し、資本金を一〇万円に減額して合名会社として再出発した。菅野家当主は高岡紡績合名の社長となり、一九〇〇年代後半に好業績を上げたが、第一次世界大戦勃発に伴う不況で経営が悪化し、高岡紡績合名は一五（大正四）年に日清紡績に売却されて日清紡績高岡工場となった。

菅野家の始めた事業でもう一つ重要なのが電力業で[28]、その出発は高岡紡績による電灯事業兼営計画であった。紡績工場の動力用蒸気機関の余力を利用して発電し、電灯を供給する計画で、一九〇〇年に高岡紡績電灯会社として工事の認可を得て、架線設置を完了したところで高岡町の大火が発生し、配電設備は全焼して計画は挫折した。

その後、高岡の電灯会社設立計画は一九〇三年に再開し、業績の悪化した高岡紡績から独立して高岡電灯が設立された。菅野家当主は設立時に社長となり、以後一貫して社長を務め続けた。高岡電灯はその後順調に発展し、富山県の自然条件が水力発電に有利であったこともあり、立山水力電気と受電契約を結んで第一次世界大戦期の電力不足を乗り切り、神通川電気を合併して発電所を獲得すると、一九二〇年代後半以降近隣の電力会社を次々と合併した。特に、一九二八（昭和三）年の能州電気合併で石川県域の電力会社を初めて合併し、二九年に金沢の北陸共同電気を合併、三〇年から金沢電気軌道の取締役に菅野家当主がなり（表補II-7）、三二年に菅野家当主が金沢電気軌道の社長となるなど、高岡電灯の勢力は石川県域に広がった。前述の畠山家も富山・石川両県の電力会社の経営に参画したが、北前船主が富山・石川県域の電力会社の設立とその後の展開に大きな役割を果たした。

以上のように菅野家は、北前船経営による商業的蓄積をもとに、銀行・紡績・電力と産業化の中軸となるべき業種の企業勃興を進めたが、新川木綿の衰退後に大規模な紡績工場を設立したため、紡績業を十分に定着させられず、高岡の工業化は不十分に終わった。

（5）伏木地域の工業化と棚田家

高岡の工業化は不十分に終わったが、一九一〇年代後半の第一次世界大戦期より富山県では、伏木港周辺で工場設立が進み、臨海工業地帯が形成されるに至った。その端緒は、一九〇八（明治四一）年に伏木で設立された北陸人造肥料会社（資本金一〇〇万円）で[29]、それまで富山県で主に利用された北海道産魚肥の生産量が北海道で減少し（前掲図序-3）、それに代替可能な中国東北部産大豆粕の輸入が日露戦争で一時途絶したこともあり、それを補うための人造肥料製造ブームのなかで、北陸でも人造肥料を自給し、富山県農民の北海道移住傾向に歯止めをかけるため、米の反収を増加させようとの発想で設立された。設立の際に、富山県知事の強力な指導と補助もあり、県下の大地主を糾合して設立されたが、設立メンバーの中心は肥料取引に従事してきた北前船主で、初代社長に東岩瀬の北前船主の森正太郎が就任し、高岡の北前船主の木津家や伏木の北前船主の堀田家も取締役として参加した。

北陸人造肥料会社工場は、当時の県下最大規模で、その後の富山県化学工業発展の魁となったが、第一次世界大戦によるヨーロッパからの重化学工業製品の輸入途絶は、日本で重化学工業が本格的に開始される契機となり[30]、一九一七（大正六）年に東京で設立された電気製鉄会社は、一六年から大規模な水力発電の電源開発を進めて余剰電力を抱えた富山電気会社から安価な電力を得られたため、設立と同時に伏木に大規模な工場を建設した。この工場は、一九一九年から日本鋼管電気製鉄所となり、合金鉄生産の国内トップメーカーとなった。安価な電力の確保は、電力を大量に利用するメーカーには魅力的であり、一九一七年に資本金一〇〇万円の北海電化工業が設立され、北陸人造肥料の隣に工場立地して人造肥料を製造し、一八年に資本金三〇〇万円の北海曹達が設立され、北海電化の隣に立地して塩の電気分解で様々な化合物を製造した。化学工業のみでなく、電気と工業用水を大量に利用する製紙工場も伏木に立地し、一九一八年に資本金一〇〇万円で伏木製紙が、一九年に資本金一〇〇万円で北海工業が設立されてそれぞれ伏木に工場を建設し、新宮商行も伏木木材工業所を設立した。

これらの諸会社には、伏木の資産家のみでなく東京・大阪や富山県各地の資産家が出資したり経営に参画したが、そのなかで伏木の資産家層の交代がみられ、堀田家や八阪家のような近世来の北前船主は、伏木銀行など銀行経営は維持し得たものの、近代的製造業の経営には展開できずに、一九二〇年代になると二〇世紀に入り成長した資産家が伏木の近代化を実質的に担っていくこととなった。その事例として棚田家を取り上げる。

棚田長助はもともと北前船の雇船頭であったと言われるが、一九〇〇年時点に伏木港で船荷扱業棚田商店を経営していた[31]。棚田家の飛躍のきっかけは、高岡（守山）の橘家と砺波の佐藤家の協力を得て、一九一八年に資本金二〇万円で北海木材会社（一九年より北海商行）を設立したことであった。橘家は[32]、近代初頭は米の仲買商で、その関係で伏木の廻船問屋とつながり、汽船経営に進出するとともに、前述の北陸人造肥料・北海電化・北海曹達・北海工業な

表補 II-8　1925 年時点棚田家資産内訳

（金額の単位：円）

①株　式			金額（時価）
会社名	所在	株数	
中越銀行	出町	170	6,000
高岡銀行	高岡	100	6,000
第四十七銀行	富山	100	4,250
伏木銀行	伏木	102	4,182
両砺銀行	福野	35	1,400
十二銀行	富山	10	500
北海商行	伏木	213	10,650
北陸人造肥料	伏木	190	9,000
伏木劇場	（伏木）	330	8,071
共立運送	伏木	400	5,000
伏木石灰	伏木	97	4,365
伏木新倉庫	伏木	76	3,268
北海曹達	東京	100	2,500
越中倉庫	伏木	30	765
中越冷蔵製氷	伏木	50	625
大阪商船	大阪	10	580
川崎造船所	神戸	10	540
北洋商船		15	450
北海電化工業	東京	10	200
小　計		2,048	68,346

②銀行定期	金　額	金　額
第四十七銀行		1,867
③公債・債券	（額面）	（時価）
四分利公債	9,600	7,200
五分利公債	5,400	4,590
県債・社債	3,000	2,850
勧業債	600	510
小　計	18,600	15,150
④抵当貸付金		5,783
⑤地　所	面　積	
富山県	3,444 坪	111,280
樺　太	64,581 坪	3,100
小　計		114,380
⑥建　物	793 坪	51,713
⑦売掛金等		5,194
⑧瓦工場仕送金		4,632
⑨商品残・船代金		3,999
総　計		271,062
＊借入金		△ 28,341
差引計		242,722

出所）大正 14 年「資産時価内訳表」（棚田家文書，棚田家蔵）より作成。
注記）所在は，前掲大正 15 年版『日本全国諸会社役員録』より。所在の括弧内は推定。

どの設立に関係し、第二次世界大戦期に伏木港所在の回漕業者を統合して現在の伏木海陸運送の原型になる会社を設立した。佐藤家は、近代期は土木請負業を家業とし、水力発電工事を手がけ、一九三〇（昭和四）年に家業を資本金二〇〇万円の佐藤工業に転換し、三六年から黒部川第三水力発電所の建設を担った富山県を代表する土木請負業者である。

北海木材は、[33] 設立時の四、〇〇〇株のうち、橘家が一、五〇〇株、棚田家が九〇〇株、佐藤家が五〇〇株を所有し、橘林太郎が社長、棚田長造が常務取締役、佐藤家が監査役となったが、重役会議録をみる限り、経営方針の提案は棚田常務から出され、役員賞与金の分配も棚田長造が三〇〇円に対し、橘林太郎は六〇円で、実質的経営者は棚田長造であったと言える。営業目的は、木材売買業・製材業・山林伐採製炭業・金物売買業・海運業・石炭売買業・土地建物賃貸借業とそれに関連する総ての請負業を経営し、それに附帯する事業に投資することとされた。木材を中心に、橘家の海運業と棚田家の問屋業と佐藤家の請負業を組み合わせて、建築資材の北海道・樺太での調達・輸送・販売あるいは建設請負を一手に担う垂直統合経営を行うことで、伏木臨海工業地帯の建築需要に対応する会社であった。

ただし、その後北海木材（北海商行）は棚田家の家業の性格が強まり、佐藤家が手を引き、資本金が減額されて棚田家の所有比率が強まり、一九二八年には経営目的に、土木建築請負業・株式有価証券売買業・金銭貸付業・瓦製造販売業・諸物品売買並びに委託売買業が追加された。表補II-8をみよう。これらの事業は棚田家が家業として行っていたことでもあり、一九二五年時点の棚田家の資産には、有価証券の他に、貸付金・土地・建物・瓦工場などが含まれていた。一九三〇年からは、橘家も所有株をかなり手放したと考えられ、株主総会決議録への署名は議長の棚田長造と株主の棚田竹次郎・棚田太悦のみとなった。

棚田家の所有有価証券内訳をみると、銀行株は富山県各地の銀行株を所有したが、銀行以外では北海商行も含め伏木の会社の株の所有比率が圧倒的で、北海曹達・北海電化工業は東京の会社とはいえ、いずれも伏木に工場を設立していた。その意味で、棚田家は地元伏木への志向性が強く、また所有地所も田畑ではなく伏木周辺の宅地が多く、そこに建てた倉庫を賃貸していた。その一方で、樺太に広い山林を所有し、建築資材を確保するとともに家業の棚田商店は建築土木業を行う請負部を部門としてもっていた。

棚田家や橘家のように、廻船経営を基盤に垂直統合経営を行い、その収益を地元伏木の会社に投資する新興商家が、近世来の北前船主（堀田家など）と投資先を分担しつつ、投資資金の循環をつなげたことで伏木の工業化は定着し、富山県内陸部の農業と、臨海部の工業がバランスのとれた発展を示したと言え、その過程を次節でまとめる。

おわりに

第II部補論のまとめとして、近代期の富山県経済の展開に北前船主が果たした役割を考察する。そこでまず、近代

表補 II-9　富山県産業別生産額の推移

（単位：千円，反当たり量は石）

年	農産物	内　米	反当たり量	水産物	鉱産物	工産物	内 食料品	内 紡織	内 化学	内 金属	内 機械
1894	10,625	9,712	2.00	861	—	2,856	(722)	(1,215)	(956)	(185)	
1899	14,670	13,201	1.82	1,740	—	8,619	(2,128)	(5,407)	(1,281)	(320)	
1904	20,490	19,442	2.23	1,342	—	6,962	(1,309)	(3,032)	(1,954)	(275)	
1909	23,092	19,538	2.06	2,206	25	[6,424]	[263]	[3,542]	[2,214]	(1,088)	[173]
1920	84,399	70,924	2.14	12,494	62	[36,387]	[2,304]	[16,712]	[12,637]	(1,960)	[1,866]
1926	61,773	47,446	1.93	8,426	1,695	[55,185]	[3,852]	[21,281]	[23,138]	[2,276]	[574]
1935	53,590	43,804	2.04	6,112	7,009	[116,237]	[3,262]	[62,819]	[35,544]	[7,761]	[2,721]
1939	91,848	79,070	2.44	9,317	78,980	[329,290]	[13,917]	[113,151]	[75,993]	[82,061]	[30,211]

出所）富山県編『富山県史』近代　統計図表，1983 年，92，93，97，120，210-226 頁より作成。
注記）反当たり量は，米の 1 反当たりの収穫量。［　］内は，通商産業大臣官房調査部編『工業統計 50 年史』資料編 I，1961 年による工業生産額とその内訳を示した。（　）内のうち，食料品欄は酒類，紡織欄は織物＋蚕糸類，化学欄は売薬，金属欄は銅器の生産額を示した。表の項目の他に，出所資料では，畜産と林産の項目があったが少額のため省略した。

期富山県の産業構造を検討する。表補II-9をみよう。一九〇〇年代までの富山県は県全体の生産額のうち農業生産額が圧倒的位置を占め，農業生産額のなかでは米生産が大部分を占めた。工業生産額は一九一〇年代から急速に増大したが，それが農業生産額を凌駕したのは，二〇年代後半以降と考えられ，比較的農業と工業のバランスが保たれつつ生産額は増大した。水産物価額は，一九一〇年代に北洋漁業の発達とともに急増し，二〇年代に一定の比重を占めたが，三〇年代は鉱山業の発達がみられ，全体に占める農林水産業の比重は低下した。工業生産の内訳では，近世来の富山県の伝統産業として，新川地方の木綿業，富山の売薬業，高岡の銅器製造業，砺波地方の麻織物業が挙げられ[34]，近代期の富山県の統計書では，それらの生産額が示されたが，新川木綿は一八八〇年代に衰退しており，七四（明治七）年時点の工産物価額の内訳で染織部門が約八七万円，化学部門が約三八万円であったのに比べ（後掲表終-14），九四年時点の紡織生産額の比重は小さくなった。

もっともその後、富山県では蚕糸業・絹織物業と綿織物業が発展したため、[35]紡織部門の比重は増大したが、一九一〇年代〜二〇年代前半に人造肥料工業を中心に化学工業が急速に成長し、二六（昭和元）年時点では紡織部門の生産額を化学部門の生産額が凌駕した。一九二〇年代後半以降は、大紡績工場が富山市で設立されたことで、再び紡織部門が発展し、三〇年代には金属・機械工業の発展がみられたことで、富山県の工業は、繊維・化学・金属・機械の各部門のバランスが比較的とれた産業構成となった。

このような富山県の産業化に対し、北前船主の経営展開は、一九一〇年代までの動向に関して、大きな影響を与えたと言える。すなわち、近世来の大規模北前船主であった東岩瀬の馬場家や放生津の宮林家は、新川木綿の原料となる繰綿の越中国への移入や新川木綿産地への供給で大きな役割を果したが、近代に入りまだ新川木綿の生産量がかなり維持されていた七〇年代からより地域間価格差の大きい北海道交易へ全面的に展開した。そのことが、新川木綿が一八八〇年代に衰退する一因を成しており、逆に七〇年代に新たに北海道交易に参入した新興の北前船主の活動も併せて、富山県経済は、生産した米を北海道に移出し、米生産を拡大するために北海道から魚肥を移入することで、北海道と結びついて一九〇〇年代まで展開した。その局面では、宮城家や石金家のように富山県域で大規模に土地を取得し、富山県と北海道を専ら結ぶ海運経営を行った北前船主の果たした役割が大きく、実際、一九二四（大正一三）年時点の富山県で五〇町歩以上の大地主五〇軒のうち、旧北前船主が九軒、港で問屋・倉庫業を営んだものが四軒を占めた。[36]そのことが、その後の富山県経済において農業が工業に差をつけられることなく、バランスをとって発展し得たことにつながった。

また、日露戦争で日本が南樺太を領有し、北方海域に大きな事業機会が生まれると、買積経営に限界を感じていた富山県の新興北前船主は積極的に北洋漁業に進出し、一九一〇年代に富山県の漁獲高は飛躍的に増大した。それにより富山県の第一次産業は農業一辺倒ではなく、水産業もある程度の比重を占めることとなった。

工業に関しては、表補II-10をみよう。富山県の企業勃興は銀行と運輸部門が先行し、一八九八年時点で主要製造会社は高岡紡績のみで、その設立を主導した北前船主の菅野家の功績は大きいが、前述のように新川木綿産地衰退後という時期の悪さから紡績糸の需要が少なく近代的紡績工場は定着しなかった。富山県では藤井家や宮林家ら近世来の有力北前船主の銀行・会社設立への参画が松方デフレ以前で、彼らの関与した銀行・会社が松方デフレで打撃を受け、彼ら自身が資産をかなり失い、一八八〇年代後半の第一次企業勃興期に彼らが会社設立に加わらなかった（第6章）。その時期に彼らが紡績工場設立に動けば、新川木綿産地の回復につながった可能性もあるが、菅野家ら新興の北前船主は一八八〇年代後半時点では、企業勃興を主導する資金力はまだなかったと思われ、富山の企業勃興に一時的空白が発生し、高岡紡績設立が九三年に遅れたことが富山県の紡織工業展開の遅れにつながった。

その一方で、富山の伝統産業として配置売薬業が盛んで、化学工業部門に含まれる売薬生産は順調に成長したが[37]、化学工業部門が一九一〇年代に飛躍的に成長した契機は、前述のように〇七年の北陸人造肥料の設立であった。表補II-10の一九〇八年時点をみると、当時の北陸人造肥料の払込資本金額二五万円は、富山県下の製造会社としては最大で、高岡紡績が減資をして払込資本金額一〇万円の合名会社となっていたのと対照的であり、北陸人造肥料の設立に北前船主の商業的蓄積は大きな役割を果たしたと考えられる。

その後一九一〇年代を通して多数の会社が設立され、一九〇〇年代までと見違えるようになり、北前船主の会社経営への参画の比重は減ったが、富山県の会社設立の特徴は、富山・高岡のような都市部に限定されずに、農村部も含めて様々な地域でバランスよく会社が設立されたことであった。実際、一九二〇年時点の銀行以外の諸会社で払込資本金額一〇〇万円以上が七社あったが、富山市二社、高岡市一社で残りの四社は農村部の町場であった。しかも、設立された会社の業種が、特定の業種に偏らず、軽工業と化学工業と電力業と運輸業でバランスよく会社設立が進められた。もっとも一九三〇年代になると、昭和恐慌を経て銀行合同や企業合併が進展し、銀行では十二銀行と高岡銀行

表補 II-10　富山県主要会社の動向

（払込資本金の単位：万円）

時点	会社名	創業	払込	所在	主要役員氏名	時点	会社名	創業	払込	所在	主要役員氏名
①一八九八年時点	十二銀行	1877	150	富山	中田清兵衛，田中清次郎，大間知喜一郎	②一九〇八年時点	十二銀行	1877	200	富山	中田清兵衛，阿部初太郎，山田信昌
	第四十七銀行	1878	38	富山	[森正太郎]，宇津善吉，田中善三郎		高岡銀行	1889	78	高岡	正村義太郎，荒井荘蔵，[菅野伝右衛門]
	高岡銀行	1889	30	高岡	[正村平兵衛]，[菅野伝右衛門]，荒井荘蔵		第四十七銀行	1878	75	富山	[森正太郎]，金井久兵衛，古川小三郎
	高岡共立銀行	1896	18	高岡	[木津太郎平]，[馬場道久]，高廣次平		高岡共立銀行	1896	72	高岡	高廣次平，[馬場道久]，[平能五兵衛]
	中越銀行	1894	18	出町	岡本八平，桜井宗一郎，安念次左衛門		富山橋北銀行	1896	45	富山	浅尾清太郎，大間知圓兵衛，山田善蔵
	伏木銀行	1896	11	伏木	[堀田善右衛門]，[八坂金平]，[秋元伊平]		中越銀行	1894	41	出町	岡本八平，安念次左衛門，小幡直次
	新湊銀行	1895	10	新湊	[南嶋間作]，[金木喜三]，[湊屋清次郎]		富山県農工銀行	1898	40	富山	内山松世，[藤井能三]，谷順平
							岩瀬銀行	1900	30	東岩瀬	[馬場道久]，[馬場粂次郎]，[畠山小兵衛]
	高岡紡績	1893	30	横田	[菅野伝右衛門]，正村義太郎，荒井荘蔵		中越鉄道	1895	70	下関	正村義太郎，志摩長平，高廣次平
	中越鉄道	1896	30	高岡	大矢四郎兵衛，正村兵太郎，[菅野伝右衛門]		北陸人造肥料	1907	25	伏木	[森正太郎]，[木津太郎平]，[堀田善右衛門]
	中越汽船	1888	17	高岡	筏井甚造，筏井甚吉，筏井儀四郎		中越汽船	1888	23	下関	筏井甚造，筏井壽夫，石黒準太郎
	北陸生命保険	1894	8	富山	中田清兵衛，三田勝俊，田中清次郎		北一合資	1897	15	高岡	室崎間平，[菅野伝右衛門]，本間常吉
	北一合資		8	高岡	室崎間平，[菅野伝右衛門]，本間常吉		高岡紡績合名	1904	10	横田	荒井荘蔵，[菅野伝右衛門]，室崎間平
	北越汽船	1893	6	魚津	関口彦三，田村惟昌，菅野新作		富山電気	1898	9	富山	金岡又左衛門，牧野平五郎，古川小三郎
	北陸海上保険	1893	5	高岡	高廣次平，志摩長平，[木津太郎平]		北陸生命保険	1894	8	富山	小澤武雄，鈴木廣，中村新之介
	高岡肥料合資		5	高岡	[木津太郎平]，松沢元吉，四津谷仁右衛門		戸出物産	1896	7	戸出	吉田養五郎，尾崎伊右衛門，永森宇右衛門
	中越煉瓦合資		5	薮波	柴田久一郎，金田芳吉，堀井仁右衛門		立山酒造	1906	7	中野	菊野久太郎，岡本八平，林太郎右衛門
③一九二〇年時点	十二銀行	1877	500	富山	中田清兵衛，馬瀬清三郎，山田信昌	④一九三一年時点	十二銀行	1877	1,315	富山	中田清兵衛，山田信昌，馬瀬清九郎
	中越銀行	1894	350	出町	岡本八平，安念次左衛門，佐藤助九郎		高岡銀行	1920	953	高岡	[木津太郎平]，正村六之助，[菅野伝右衛門]
	高岡共立銀行	1896	270	高岡	高廣次平，[木津太郎平]，[平能五兵衛]		中越銀行	1894	425	出町	根尾宗四郎，岡本八平，佐藤助九郎
	高岡銀行	1889	248	高岡	[菅野伝右衛門]，梶村宇平，[宮林彦九郎]		第四十七銀行	1878	255	富山	[森正太郎]，井上清孝，金井久兵衛
	第四十七銀行	1878	210	富山	[森正太郎]，古川小三郎，金井久兵衛		富山銀行	1896	238	富山	安田善四郎，中島武寛，堀二作
	富山銀行	1896	190	富山	浅尾清太郎，大間知圓兵衛，山田善蔵		越中銀行	1913	150	富山	浅野武雄，栗山武，最上久平
	富山県農工銀行	1898	130	富山	内山松也，高廣次平，[木津太郎平]		岩瀬銀行	1900	135	東岩瀬	百塚庄太郎，[米田元吉郎]，[宮城彦次郎]
	砺波銀行	1894	125	城端	荒木文平，野村理兵衛，久保理平		新湊銀行	1895	102	新湊	渡邊八三郎，卯尾田兵次郎，[宮林彦九郎]
	越中銀行	1913	100	富山	内野信一，浅野長保，川除甚吉		滑川銀行	1882	100	滑川	神保芳郎，斎藤仁右衛門，中屋静二
	岩瀬銀行	1900	88	東岩瀬	[米田元吉郎]，赤祖父牛知，[馬場久蔵]		氷見銀行	1896	100	氷見	本川藤三郎，湊嘉平次，絹野彦左衛門
	共通銀行	1907	86	戸出	桜井宗一郎，大井長平，瀬尾四平		永守銀行	1906	90	四方	永守兵太郎，佐伯庄治，平井嘉之
	神澤銀行	1918	83	出町	神澤新右衛門，金田眉丈，渡邊八三郎		神澤銀行	1918	83	出町	金田眉丈，渡邊八三郎，神澤新右衛門
	滑川銀行	1882	75	滑川	竹中孝逸，早川久之丈，山淵久平		魚津銀行	1896	75	魚津	高野由次郎，廣川周造，寺崎邦太郎

	会社名	創業	払込	所在	主要役員氏名
	氷見銀行	1896	75	氷見	本川藤三郎，湊嘉平次，笹森理八
	両砺銀行	1899	75	福野	山田正平，小幡宗平，西能源四郎
	新湊銀行	1895	60	新湊	松原次吉郎，鷲山良三郎，[南島間作]
	伏木銀行	1896	60	伏木	[堀田善右衛門]，[畠山小兵衛]，[秋元伊平]
③一九二〇年時点	富山電気	1898	300	富山	金岡又左衛門，古川小三郎，澤田金太郎
	中越鉄道	1895	176	下関	高廣次平，正村義太郎，岡本八平
	共同綿糸	1914	125	福野	柴田東作，森田茂兵衛，林芳太郎
	戸出物産	1896	100	戸出	吉田仁平，中村太四郎，中村利三郎
	日本電気工業	1910	100	魚津	山口達太郎，山口政治，本間新作
	立山水力電気	1917	100	富山	橘林太郎，[木津太郎平]，正村六之助
	東洋海運	1918	100	高岡	橘林太郎，大坪宮次郎，荻布宗太郎
	北陸人造肥料	1907	75	伏木	橘清治郎，児島秀吉，志摩長平
	日本水電	1919	63	井波	阿由葉鎗三郎，斎藤平治，小野寺道夫
	石動電気	1910	59	石動	藤田久信，吉田作助，相川久太郎
	富山鉄道	1913	55	富山	佐藤助九郎，松浦勝太郎，安井文雄
	戸出織物	1902	50	戸出	林太郎左衛門，林常信，新明喜太郎
	富山県織物模範	1908	50	富山	高桑安次郎，内野信一，米澤与三次
	中越電気工業	1918	50	富山	池上健二，[南嶋間作]，[畠山小兵衛]
	城端織物	1918	50	城端	藤田治作，保院安太郎，木村左太郎
	高岡打綿	1907	38	高岡	室崎間平，桜井岩次郎，[菅野伝右衛門]
	立山製紙	1918	38	五百石	金山従革，香川保忠，佐藤助九郎
	富山電気軌道	1913	35	富山	佐藤助九郎，高廣次平，内山松世
	越中織物	1916	35	福野	森田茂兵衛，平野勇作，林梅次郎
	立山鉄道	1912	30	西加積	金山従革，有澤大助，加藤甚右衛門
	加越鉄道	1912	30	福野	高橋庄之助，野村重正，[畠山小兵衛]
	小川温泉	1913	30	泊	伊東祐賢，米澤与三次，脇坂静之助
	東洋絹織物	1918	28	五百石	佐伯敬一郎，筒井助右衛門，浅尾清太郎
	高岡電燈	1903	25	高岡	[菅野伝右衛門]，[木津太郎平]，[平能五兵衛]
	北陸電気工業	1917	25	滑川	橘林太郎，児島秀吉，志摩長平
	北海工業	1918	25	伏木	時岡鶴吉，大森治三郎，吉冨磯一
	大岩電気	1913	20	上市	荒木甚助，有澤大助，竹島吉次郎
	高岡鉄工所	1916	20	高岡	島田七郎右衛門，般若清助，[木津太郎平]

	会社名	創業	払込	所在	主要役員氏名
	泊銀行	1929	75	泊	米澤与三次，島端幸次郎，中川寛治
	水橋銀行	1897	66	東水橋	石黒七次，尾島伝次，[石金長四郎]
	伏木商業銀行	1929	62	伏木	[宮城彦次郎]，[秋元伊平]，[棚田竹次郎]
④一九三一年時点	日本海電気	1898	1,968	富山	山田昌作，新田与一，[畠山小兵衛]
	黒部川電力	1923	675	富山	山田昌作，福田俊，[畠山小兵衛]
	高岡電燈	1903	591	高岡	[菅野伝右衛門]，吉田作助，[木津太郎平]
	立山水力電気	1917	313	富山	増田次郎，澤田健二，米澤与三次
	第一ラミー紡績	1917	200	山室	須田藤次郎，浅尾清太郎，蓮沼友次郎
	戸出物産	1896	150	戸出	吉田仁平，中村利三郎，富田友治
	富山県織物模範	1908	150	富山	碓井栄太郎，米澤与三次，斎藤友太郎
	越中鉄道	1923	126	富山	石原正太郎，杉山安造，卯尾田毅太郎
	日本拓業	1930	125	富山	加藤金次郎，[橋爪竹次郎]，[米田元吉郎]
	高岡土地	1928	99	高岡	橘林太郎，須田藤次郎，藤井諭三
	加越鉄道	1912	93	福野	有川哲四郎，平野増吉，綿貫栄
	北陸電気工業	1917	88	滑川	橘林太郎，藤森龍磨，石川一郎
	飛越電気	1922	75	富山	吉田作助，石原正太郎，小泉勝喜
	樺太木材紙料	1925	70	能町	利光小三郎，矢口計吉，坂口茂次郎
	富山鉄道	1913	65	富山	佐藤助九郎，安井文雄，牧野平五郎
	紀越漁業	1925	62	氷見	大西驚示，大西亮三，山下清助
	立山鉄道	1912	60	西加積	佐伯宗義，青山和一，佐伯静
	荻布海商	1920	60	高岡	荻布宗太郎，荻布みよ，荻布与三次郎
	富岩鉄道	1923	60	奥田	加藤金次郎，[橋爪竹次郎]，[米田元吉郎]
	越中織物	1916	51	福野	蓑島宗平，中篠弥太郎，林梅次郎
	荻布合名	1917	50	伏木	荻布宗四郎
	野積川水力電気	1919	50	富山	平野三次，前川加久，橘林太郎
	伏木板紙	1923	50	伏木	浅野総一郎，石川七兵衛，[木津太郎平]
	灘浦漁業	1927	50	藪田	大西篤示，堀埜与右衛門，大西亮三
	富山製茶	1922	49	山室	吉本理八郎，飯倉平兵衛，谷野亮二
	大岩電気	1913	48	上市	穴田仁七郎，和田喜一，[宮林彦九郎]
	橘	1925	45	守山	橘直治，橘林太郎，橘むと
	高岡打綿	1907	44	高岡	室崎間平，室崎間佐七，[菅野伝右衛門]

高岡合板	1916	20	高岡	[菅野伝右衛門]，金森伊平，桜井岩次郎
高岡製針	1917	20	下関	扇谷与三九郎，扇谷良一，竹内依
越中製軸	1917	20	新湊	真木覚太郎，[米田六四郎]，[宮林彦九郎]
加越鉱業	1918	20	富山	内田正徳，高見憲治，高田久蔵
中越製布	1918	20	出町	神田七次郎，神田孝一，小幡駒太郎
福光麻布	1919	20	福光	片村嘉市，瀬能源四郎，谷村兵太郎
富山工船漁業	1929	40	富山	[八島庄太郎]，[袴信一郎]，[佐渡伝二]
北陸汽船	1920	38	富山	石原正太郎，稲山嘉太郎，橘林太郎
中越無尽	1915	35	富山	金岡又左衛門，廣田伝次郎，吉田清平
小川温泉	1913	30	泊	伊東祐賢，米澤与三次，脇坂静之助
北陸信託	1920	30	高岡	[木津太郎平]，[菅野伝右衛門]，荒井捷三
伏木合同運送	1927	30	伏木	[堀田善一郎]，中村彬，[棚田竹次郎]

出所）由井常彦・浅野俊光編前掲『日本全国諸会社役員録』第3・12巻，大正9・昭和6年版『日本全国諸会社役員録』商業興信所，1920・31年より作成。

注記）銀行については，払込資本金額が，1898年時点は10万円，1909年時点は30万円，20・31年時点は60万円以上のもの，それ以外の諸会社については，払込資本金額が，1898年時点は5万円，1908年時点は7万円，20年時点は20万円，31年時点は30万円以上のものを挙げた。合名銀行・合資銀行・取引所は除いた。創業欄は創業年，払込欄は払込資本金額，主要役員氏名欄には，取締役以上の役員を挙げ，頭取・副頭取・社長・副社長・専務・常務などの氏名は必ず含め，それ以外の取締役のうち北前船主であったものが入っていた場合は優先して示した。（旧）北前船主かどうかは，柚木学編『諸国御客船帳』（上・下）清文堂出版，1977年，柚木学編『近代海運資料』清文堂出版，1992年，明治35・40年「日本船名録」（国立公文書館蔵）などを参照し，（旧）北前船主および雇船頭の家は［　］で示した。会社名の「富山県織物模範」は，株式会社富山県織物模範工場の略。所在は本社所在地で，いずれも富山県下の市町村名。

が、諸会社では電力会社四社が払込資本金額で圧倒的比重を占め、富山と高岡の都市部への集中が強まった。それでも、銀行では払込資本金額一〇〇万円前後の銀行が農村部の町場にかなり残り、それと対応して払込資本金額が六〇万円前後の諸会社が農村部の町場にかなり残された。

こうした富山県のバランスのとれた産業化の進展に、北前船主は、土地経営、魚肥移入、北洋漁業への進出、人造肥料工業への展開などを通して大きく貢献したと言えよう。

第III部
地域社会と北前船主

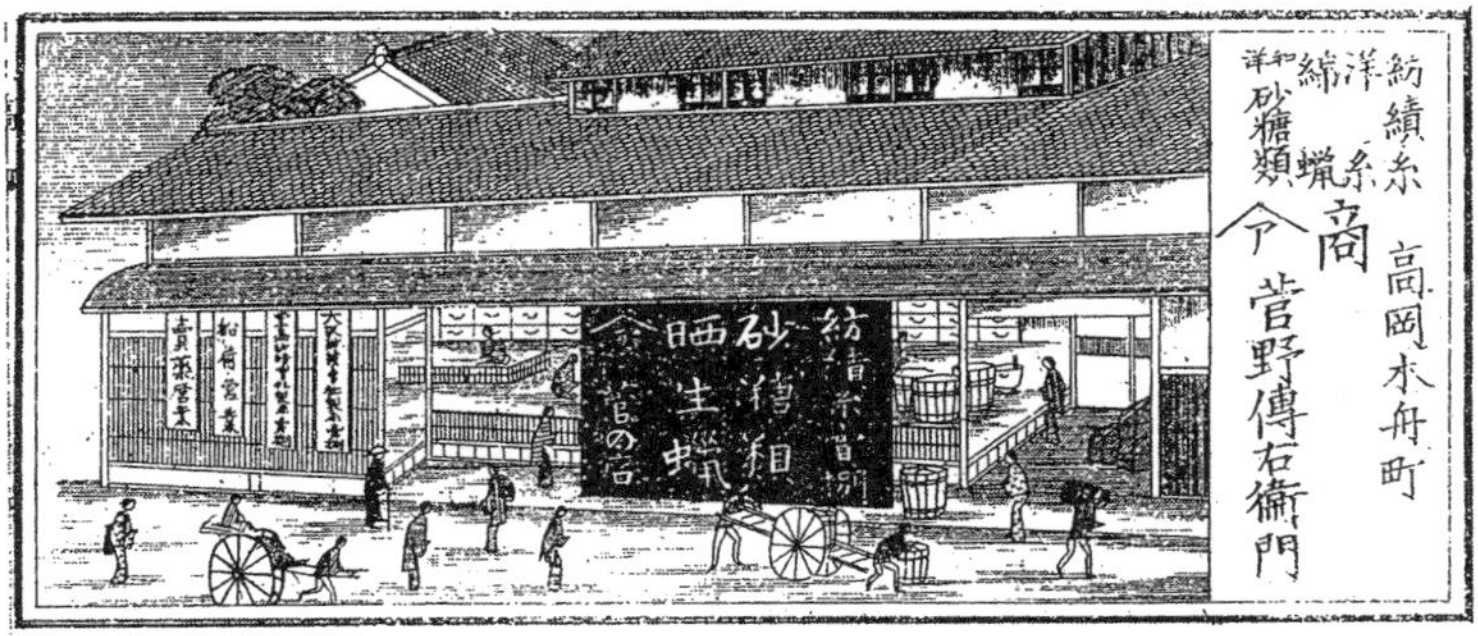

船荷商の店舗を描いた版画（明治前期）。
(『中越商工便覧〔高岡市関係〕』復刻版高岡市立中央図書館，1999 年)

はじめに――御用重視の経営と制度転換

第III部では、地域社会の視点から、支配権力との距離の取り方と制度変革の問題を考えたい。第II部の北前船主は、一九世紀中葉に有力廻船業者となり、御用金負担などで支配権力と関係をもったが、御用輸送・御用商売はあまり担わなかった。一方、御用輸送・御用商売を積極的に担うことで商業的蓄積を進めた北前船主もあり、彼らを第III部で取り上げる。御用を重視した北前船主の共通性は、藩米の流通拠点や城下の外湊に位置する湊に本拠を構えたことで、いずれも大藩の領域を出身とし、御用を受ける利益が大きかった。

ただし、彼らの商業的蓄積は、支配権力の保護を基盤とするもので、その対価として支配権力への多額の御用金負担が資産蓄積への制約要因となった。御用金には、支配権力への贈与となる献（上）金と、支配権力から返済を受ける可能性のある調達金があったが、調達金は負担者の貸倒れとなった場合が多く、両者ともに資産蓄積の制約要因と考える。また、支配権力の保護を失うことが経営破綻に直結するリスクもあり、経営面での不安定性を常にもち続けた。とはいえ、封建的支配権力の恣意性の強い前近代社会においては、大規模な経営拡大を図る条件として支配権力との結び付きは多かれ少なかれ必要であり、資産蓄積の制約要因と経営破綻のリスクは負わざるを得なかった。

制度転換を経た近代社会でも、その両者は残されたが、その質は大きく異なった。近代社会で所有権の確定と法的整備が進められ、資産蓄積の制約要因は、生産手段や輸送手段の所有と法的規制となり、支配権力の恣意性ではなく市場動向によって経営が左右されるに至った。封建的支配権力との距離が近すぎた北前船主にとってその転換への対応は難しく、第6章の宮林家のように、近世期から商業的蓄積を土地取得へ向けて多くの土地を保有した北前船主は、土地所有権の確定によって近代期に地主経営に展開し得たが、第7章の古河家のように、御用金負担という資産蓄積の制約要因のため、土地保有の少なかった御用北前船主は、制度転換による御用喪失の打撃のなかで、商業的蓄積を失った。

一方、近世社会から近代社会への制度転換は、御用と無関係な多様な事業機会の可能性を各地方に開き、銀行設立や鉄道敷設など地域振興をめぐり地域間が競争するに至ったが、近世期における御用北前船主の地位の高さゆえに、地域住民が地域振興への期待を近世来の御用北前船主に向ける傾向が強く、実際、彼らが地域社会の政治的・経済的・文化的要職を担った。地域住民の期待と彼らの経済的実情との乖離は、松方デフレ期に彼らの家業や彼らが出資した会社が打撃を受けることでより明確となり、近世期の御用北前船主の多くは、松方デフレ期に家産の多くを失うとともに、海運業を撤退した。

それは、彼らの資産力に期待した地域社会にも大きな打撃となり、地域社会の産業化が遅れる要因となった。むしろ近世期の御用商人が、松方デフレ期に打撃を受けたことは、北前船主の輩出地に限らず、日本各地で見られたと考えられるが、近代期の工業化が急速に進展した東京・横浜や大阪・神戸では、新政府の御用を基盤に商業的蓄積を進めた新興商人や、開港による貿易品を扱うことで商業的蓄積を進めた新興商人が、近代初頭に成長したことで、地域社会の振興が一方的に近世来の御用商人に担われることはなく、新旧の諸勢力が組み合わさって松方デフレ下の経済的危機を乗り越えたと考えられる。

それに対し、日本海沿岸地域では、近代初頭の市場拡大を活かして成長した新興北前船主が存在したものの、彼らは新政府の御用や開港によるメリットを得たわけではなく、東京・横浜・大阪・神戸の新興商人に比べれば、その成長に限界があり、松方デフレ期にはまだ近世来の御用北前船主に代わって地域社会の企業勃興を担う資産力はもち得なかった。

近世後期から地域社会の諸役を務め、地域社会とのつながりが強かった第III部の北前船主が、その延長線上で近代初頭の会社設立に関わったために松方デフレ期に大きく家産を失ったり、または近世後期の御用金負担で松方デフレ以前にかなり家産を失っていたことで、彼らは地域経済の展開には十分に寄与できず、第I部の北前船主が出身地元経済にあまり関与しなかったことと、第II部の北前船主が出身地元の会社設立に積極的に関与したのが二〇世紀以降であったことも併せて、一八九〇年代の本格的企業勃興期に日本海沿岸地域では、東京・大阪に会社設立と工業化の面で大きく差をつけられることとなったことを念頭において、以下の記述を進める。

第6章　旧金沢藩有力船主と地域経済・社会の展開
――越中国放生津・綿屋宮林家の事例――

はじめに

本章では、近世後期に金沢藩の有力廻船業者として御用輸送に従事し、幕末期の金沢藩領域を代表する北前船主となった越中国（現富山県）放生津の綿屋宮林家を取り上げる。綿屋宮林家は[1]、日本海沿岸の主要湊であった伏木湊に隣接した放生津の網元として一八世紀には大規模に鰤漁を行っていた。その後一九世紀前半に和船を所有して金沢藩・富山藩の領主米輸送に携わり、一八四〇年代以降に村役人を務め、幕末期から土地取得も進めた。

領主米輸送を担っていた宮林家に、明治維新とそれに伴う廃藩置県は、ある程度の打撃を与えたと考えられ、近代初頭に宮林家の海運経営は縮小し、一八八〇年代前半の松方デフレ期に海運経営から撤退したと推定される。その一方で、土地取得は近代以降も着実に進め、近代初頭から地元での銀行・会社設立に積極的に関わったが、関係した銀行や会社が松方デフレの打撃で倒産したため、その損失補塡で土地を含めた家産をかなり失い、その後の企業勃興期は会社経営に関わらなかった。とはいえ、放生津ではかなりの資産家であり続け、一九一〇（明治四三）年の同家資

・高岡市域有力資産家一覧

（単位：円，土地面積は町歩）

1924年頃資産額	1924年頃国税納付	1924年所得額とその内訳				1926年頃国税納付		1930年頃資産額
		合　計	田畑・山林	配　当	給与・賞与	地　租	所得税	
1,000万円		434,953	40,414	360,781		343	83,516	2,000万円
105万円	4,797	52,718	17,216	17,252	11,345	190	6,186	
						93	76	
400万円	9,864	102,760	6,180	34,905		153	13,308	400万円
75万円	2,999	41,785	12,653	21,165	6,963	41	3,984	
井上塩六（高岡）		42,440	768	11,745	250	22	1,874	70万円
						2	19	
荒井健三（高岡）		40,720	1,156	35,891	3,482	16	4,114	
105万円	2,897					725	2,289	50万円2)
120万円	5,095	56,711	24,090	29,226	2,585	234	3,477	70万円
70万円	3,761	34,422	9,151	5,380	1,700	455	2,400	
58万円	2,263					303	2,289	
300万円	6,644	75,191	20,692	22,867	17,475	888	12,460	200万円
170万円	6,162	92,309	22,980	54,434	12,150	32	8,213	100万円
40万円	2,861	33,929	13,703	14,572	705	35	2,672	70万円
		50,752	21,530	22,575		185	5,386	100万円
70万円	4,708	51,513	3,465	16,974	1,050	37	6,360	
45万円	1,895					533	997	
70万円	2,540					595	949	
27万円	1,931					310	1,118	
141万円	1,904					861	966	
35万円	2,140					679	1,414	
25万円	1,785					486	1,314	
55万円	2,703					43	1,555	
55万円	1,724						2,844	
50万円	1,732					653	1,449	
45万円	1,964						1,125	
43万円	1,710					715	916	
40万円	3,220					39	2,452	70万円
35万円	1,866						453	
30万円	3,510	35,097	2,031	2,739	240	4	1,785	70万円
30万円	3,426	38,834	2,524	8,015	340	142	1,982	

本全国資産家地主資料集成』第1・3・4巻，柏書房，1985年，渋谷隆一編『都道府県別資産家地主総

有地価で20,000円以上，1916年頃の資産額で50万円以上，1924年頃の国税納付額が1,700円以上，
示した。氏名欄の→は代替わりを示すが，出所資料の前後関係より推定した場合がある。氏名を途中の
その他も含む。

表 6-1　射水郡・上新川郡

氏名	住所	1889年頃国税納付	1897年頃国税納付		1898年頃所有地価	1910年頃国税納付	1916年頃資産額	1924年頃土地面積
			地租	所得税				
馬場道久→正治	東岩瀬	1,982	2,530	902	48,536	7,888	500万円	206.8
菅野伝右衛門	高岡	1,287	2,111	63	13,000	5,621	70万円	168.0
正村義太郎	高岡	1,063			15,002			
米田元吉郎	東岩瀬	942	1,341	69			70万円	252.1
木津太郎平	高岡		1,039	28	11,337		50万円	148.5
平能五兵衛	高岡		1,031	34	10,470	3,766	50万円	
南嶋間作	新湊		840	663				
岩城隆直	大廣田				21,084			
高堂三郎	新保				19,041			78.2
畠山小兵衛	東岩瀬				11,811	2,979	50万円	145.0
森正太郎	東岩瀬				11,625			
貴堂伝四郎	山室				10,797			
金岡又左衛門	新庄					3,474		87.8
橘清治郎→林太郎	守山					2,937	100万円	150.0
金田眉丈	高岡							174.5
宮城彦次郎	東岩瀬							125.0
荒野権四郎	高岡							64.6
南林仁十郎	高岡							60.6
片口安太郎	小杉							58.5
中西清八	海老江							57.9
竹島寛	奥田							56.0
岩脇孫八	牧野							53.7
宮林彦九郎	新湊							46.1[1)]
井上東策	高岡							
木下市三郎	高岡							
堀二作	高岡							
梶栄次郎	東岩瀬							
堀　豊	高岡							
片岡若太郎	高岡							
般若伊平→覚兵衛	高岡							
八島八郎→庄太郎	新湊							
袴信一郎	新湊							

出所）渋谷隆一編『明治期日本全国資産家地主資料集成』第4巻，柏書房，1984年，渋谷隆一編『大正昭和日覧』富山・石川・福井編，日本図書センター，1997年より作成。

注記）1888年頃の国税納付と1897年頃の国税納付は出所資料に掲載されたものを，それ以外に1898年頃の所1924年頃の所得が40,000円以上のいずれかの条件を満たした資産家を取り上げて，表の項目について欄で示した場合の氏名の後の括弧書きは住所。1924年の所得額内訳は表で示した以外にもあり，合計は

注1）宮林家文書（宮林家蔵）より，1922年の数値を示した。2）1933年頃の数値。

産額は約一〇万円で、二二（大正一一）年頃の資産額は約三七万円であった（後掲表6-10を参照）。

近代期の富山県では、富山湾中央部の射水郡・上新川郡が大規模な北前船主を多数輩出し、また最大の港湾であった伏木港とその内陸を含む高岡市域も、近世期から金沢藩の商品流通の拠点として栄え、多くの北前船主を輩出した。[2] そこで、射水郡・上新川郡・高岡市域の近代期の有力資産家を表6-1でまとめた。同地域で一九世紀末に登場した有力資産家は、岩城・高堂・貴堂を除きいずれも北前船主であり、それら北前船主はいずれも大地主となった。第II部補論で検討したように、富山市の外港であった東岩瀬は有力資産家となった北前船主が多く、特に馬場家は、[3] 近代以降に和船所有数を急速に拡大し、一八七九年に和船一四隻を所有し、八九年から汽船経営へ積極的に展開し、地元の銀行・海運会社設立に関わり、資産額を拡大した。馬場家以外にも、米田・畠山・森・宮城・梶家など近代期に成長した東岩瀬の北前船主は、[4] 地元で地主経営を行い、地元産米を北海道で販売し、北海道産魚肥を東岩瀬に運んで販売するなど地元・北海道間の交易を展開し、畠山・宮城・梶家などは北洋漁業へも進出した。

近代以降の放生津は新湊と呼ばれ、宮林家以外では、南嶋家が北前船主として大きく、[5] 南嶋家は一八九〇年に大型汽船を購入後は汽船経営へ積極的に展開し、銀行頭取や保険会社役員にも就任した。ただし、第一次世界大戦後の一九二〇年恐慌で南嶋家が倒産すると、八島家や袴家などが有力資産家となった。八島家と袴家はいずれも北前船主であったが、[6] 一九〇〇年代までの規模は小さく、〇八年以降に北洋漁業に進出することで資産を蓄積した。

高岡市域では、近世期に多くの有力北前船主を輩出した伏木港で近代期に有力資産家がみられず、菅野・木津家など近代期に北前船主として成長した家が有力資産家となった。[7] そして菅野・木津家などが一八九〇年代後半に積極的に会社設立に動き、高岡地域は富山県で最も企業勃興が進んだ地域となり、例えば一九〇〇年時点の富山県で払込資本金額一〇万円以上の会社が一二社存在し、そのうち七社が新湊・伏木を含めた高岡地域で設立された。[8]

近世来の北前船主が近代期に有力資産家となった東岩瀬と、近世来の北前船主に代替して、近代期に成長した北前船主が有力資産家となった高岡市域とが対照を成すなかで、近世後期から有力な御用廻船業者であった宮林家は、近代初頭に会社設立に積極的に関わったことが裏目となり、松方デフレ期に家産をある程度失ったものの、有力資産家の地位を一九三〇年代まで維持し続け、一〇年代以降に再び新湊や高岡の銀行・諸会社に役員として関わった。また、近世後期から村役人として地域社会と深く関わった宮林家は、近代初頭の地域社会の近代化にも深く関与した。その過程を、近世期の海運経営、近代初頭の会社設立への参画と松方デフレ後の農業経営への転換、一九一〇年代以降の有価証券投資と収益構造の変容の順に検討する。そして、宮林家と同様に近世後期から有力な御用廻船業者であり、近代初頭に宮林家とともに地域の会社設立へ参画し、教育・医療などの面でも地域社会の近代化に深く関与した越中国伏木の藤井家の経営展開を、宮林家と比較しつつ検討することで、近世来の有力北前船主が地域社会の近代化に果たした役割を考察する。

一　海運経営と金沢藩御用

近世期の越中国は[9]、ほぼ現在の富山市域とその周辺が富山藩領域でその東側と西側が金沢藩領域であった。周知のように金沢藩は一〇〇万石以上の大藩で、その領域は加賀・能登・越中の三カ国にまたがっていた。綿屋が拠点とした放生津は金沢藩領に属し、後背地の射水地域の領主米の移出湊とされ、蔵宿が設置された。綿屋は、一八一九（文政二）年に富山藩蔵米五〇〇石、金沢藩蔵米五〇四石の輸送にあたり[10]、この時期から領主米輸送を担いつつ遠隔地間の交易も行ったと考えられる。石見国浜田湊の廻船問屋の「客船帳」に記載された綿屋廻船をみると、一八四〇年代後半から綿屋の廻船数は増大し、五〇年代初頭には少なくとも五隻の和船を所有するに至ったと推定される[11]。なお、一八二一年に綿屋船頭の彦次郎が兵庫の廻船問屋であった北風家の廻船の雇船頭であったことを示す史料が残されているが[12]、先ほどの「客船帳」では、二〇年に彦次郎船が浜田湊に入船しており、彦次郎は畿内での営業を行い易くするため、北風の名義を借りたと思われる。

綿屋の法事関係史料には、法事に参列した雇船頭の名前が記され、その数から推定して、綿屋の所有船数は、一八五〇（嘉永三）年前後に六隻、五〇年代後半が七〜八隻、最幕末期が六〜七隻で、明治維新後の七〇（明治三）年に四隻に減少し、七六年に三隻となったと考えられる[13]。綿屋の北前船主としての最盛期は一八五〇年代と考えられるが、それ以前の四四（弘化元）年に、金沢藩が江戸城本丸炎上修復のための幕府からの割当献上金八万両を調達するために、領内の富商・船主に対して借銀を行った際に綿屋は、木屋藤右衛門（銀三〇〇貫匁）・嶋崎徳兵衛（銀二五〇貫匁）・銭屋五兵衛（銀二〇〇貫匁）について、銀一五〇貫匁を負担した[14]。そして一八四〇年代の状況を示すと推定される加賀・能登・越中三カ国の長者番付では、綿屋は、左方の関脇に位置し、勧進元に位置した木屋藤右衛門や差添人に位置した嶋崎徳兵衛を大関より上位に位置付けても、綿屋は上位から五〜六番目に位置した[15]。

表6-2をみよう。一八五〇年前後の綿屋廻船は、綿を畿内で買い付けて伏木に運んで販売する買積経営が中心であった。金沢藩領域では越中国東部の新川地域で近世期から木綿生産が盛んであったが[16]、そこへ原料の綿を独占的に供給する権利を高岡町が与えられ、高岡綿場で取引された。高岡綿場へは遠隔地から綿が移入されたが、高岡町を流れる千保川と小矢部川の河口に伏木湊があり、伏木まで北前船で運ばれて伏木で荷揚げされ、それが川舟で高岡綿場まで運ばれたと考えられる。そして綿屋は、その屋号からも判るように、高岡町の持つ特権的綿流通に沿って商圏を拡大した。

最幕末期になると、綿屋廻船は地元で払い渡された領主米を兵庫や赤間関に運んで販売した。金沢藩の領主米輸送は[17]、一八世紀まで上方船に依存したが、一九世紀に入ると綿屋船など地元金沢藩領の船主の船が利用され始め、最幕

表6-2　幕末期綿屋宮林家廻船商取引の動向

年月日	買入先	所　在	金　額	内　容	年月日	販売先	所　在	金　額	内　容
1848．8．4	酒屋長八	酒　田	500両	蔵米1,365俵					
1848．8.15	藤屋伝兵衛	酒　田	800両	御米2,198俵					
(1849)．4.5-6	藤屋伝兵衛	酒　田	49両3分	蔵米120俵	(1849)．3.28	北国屋与左衛門	赤間関	20両1分2朱	綿1本
					(1849)．3.28	長田屋嘉助	赤間関	20両1分2朱	綿1本
(1850)．1.28	具足屋伝七	堺	1貫137匁	綿3本					
(1850)．2.13	木屋市郎兵衛	大　坂	3貫397匁	綿9本					
(1851)．1.22	紺屋与三兵衛	放生津	15両	綿1本	(1851)．3．5	太田屋宗吉	伏　木		綿6本
1851．2．8	高岡屋弥左衛門		28両1分	綿5箇	(1851)．4.16	太田屋宗吉	伏　木		
(1851)．2.12	木屋市郎兵衛	大　坂	1貫440匁	綿3本	(1851)．9.18	北国屋与左衛門	赤間関	16両1分	綿1本
(1851).10．7	木屋市郎兵衛	大　坂	15両1分1朱	綿3本	(1851).12．5	太田屋宗吉	伏　木		綿1本
(1851).12．7	忠岡屋清兵衛	堺	1貫10匁	綿3本	(1851).12月	市場屋善左衛門			綿
(1851).12.14	布屋三郎兵衛		1貫10匁	綿3本					
(1851).12月	木屋市郎兵衛	大　坂	1貫10匁	綿3本					
(1852)．2．3	木屋市郎兵衛	大　坂	16両2分	綿3本					
					1862．4.8	油屋七兵衛	赤間関	57貫278匁	米485石
					1862．4.15・晦日	北風荘右衛門	兵　庫	197貫650匁	米1,500石
					1862．5.8	北風荘右衛門	兵　庫	114貫400匁	米800石
					1862．6.7	松屋武兵衛	堺	69貫485匁	米975俵
					1862．7.14	北国屋与左衛門	赤間関	46貫404匁	米835俵
					1862．8.2・19	北風荘右衛門	兵　庫	151貫490匁	米3,000俵
					1862．8.22	油屋七兵衛	赤間関	47貫49匁	米972俵
					1862．9.3	油屋七兵衛	赤間関	48貫665匁	米1,177俵
					1864．3.24	油屋七兵衛	赤間関	82貫960匁	蔵米1,600俵
					1864．3.28・29	北風荘右衛門	兵　庫	148貫443匁	米2,230俵
					1864．3.晦日	松屋武兵衛	堺	63貫632匁	米970俵
					1864．4.27	北国屋与左衛門	赤間関	85貫280匁	米1,600俵
					1864．5.20	北国屋与左衛門	赤間関	72貫113匁	蔵米1,400俵
					1864．6.27・29	北国屋与左衛門	赤間関	108貫572匁	蔵米2,274俵
					1864．7．7	豊後屋吉左衛門	室　積	82貫157匁	蔵米1,620俵
					1864．7.14	油屋七兵衛	赤間関	48貫413匁	蔵米996俵

出所）「[仕切綴]」，文久2年「当年御渡瑞浦売御米代金本勘並欠升等書上申帳」，元治元年「当年瑞浦売御米兵庫等売仕切状写」，元治元年「当年別口瑞浦売御米兵庫等売仕切状写」（以上宮林家文書，史料番号L-38，L-39，宮林家蔵）より作成。

注記）仕切書のうち残されていたものを示したので，取引の全体像を示すわけではない。年の括弧内は推定。仕切書に「売仕切」「買仕切」の区別がない場合は，内容より買入か販売かを推定した。金額は金（両）か銀（貫匁）で，手数料を差し引いた最終の仕切金額を示した。なお，買入先・販売先が廻船問屋の場合は，買入や販売を廻船問屋が仲介するのみで，本当の買入先・販売先が別に存在した可能性もあるが，本章では買仕切・売仕切を交わした相手を買入先・販売先とみなして表を作成した。以上いずれも以下の各表とも同じ。1862・64年の販売内容には宮林家廻船5隻の内容が含まれ，米の産地銘柄からみていずれも金沢藩・富山藩領域米と考えられる。

末期には、地元で領主米が売却された。近世期の綿屋廻船も北海道交易へ進出し、江差湊の廻船問屋関川屋の「間尺帳」に一八二五年以降継続的に綿屋廻船の江差湊への入津が記されたが、入津した廻船は年間一～二隻で綿屋廻船の一部にすぎず、[18]諸藩の御用を引き受けて日本海沿岸各地に支店を設け、北海道交易へ本格的に進出した銭屋五兵衛の経営志向性と異なり、[19]綿屋はあくまで地元経済に密着した経営志向性を示した。その背景には、もともと綿屋が網元で、一八四五年に漁場方裁許、十村格を命ぜられ、[20]地域社会のまとめ役を金沢藩から担わされたことがあろう。

その結果、明治維新による特権の廃止は、綿屋に少なからず打撃を与え、前述のように近代初頭に綿屋宮林家の所有船数は半減した。しかし、同時に宮林家廻船は積極的に北海道交易に進出し、活動範囲は西廻り航路全域に拡大した。表6-3をみよう。一八七七・七八・八一年時点の宮林家廻船の主要扱い品は、北海道産魚肥と地元加賀・越中国産米であった。序章で示したように、一八七〇年代後半は北海道・大阪間の北海道産魚肥の価格差はかなりあり、七七年の福寿丸は、北海道で一、〇七三円にて買い入れた魚肥を、兵庫県と大阪で一、七八七円にて販売し、七八年の神速丸は、北海道で三、一〇三円にて買い入れた魚肥を、大阪で三、九三一円にて販売し、八一年の観喜丸は、北海道で四、九四五円にて買い入れた魚肥を、大阪で六、〇七五円にて販売した。したがって宮林家は、所有船数は減少したものの一隻当たりの売買利益は、北海道交易に進出することでかなりの額を維持したと考えられる。

そして、こうした商業的蓄積を活かして、宮林家は近代初頭の旧金沢藩領域の会社設立に関与することとなった。例えば、[21]明治政府は政府発行の太政官札を流通させるため、一八六九年に通商司を設置し、その指揮・監督の下に全国八カ所に為替会社を設置したが、金沢藩も藩主導で官金運用を図るべく金沢為替会社を六九年に設置した。その際、藩御用商人の資金力が頼られ、七一年時点で為替会社総棟取の七名に宮林家当主彦九郎も名を連ねた。

金沢為替会社は一八七一年の廃藩置県後も存続し、官金の取り扱いと士族層の預金の増大で次第に経営規模が拡大し、七七年に金沢で第十二国立銀行が設立された際も、士族の小幡が頭取になった以外は、副頭取・取締役は全て金

表 6-3　1877〜81 年宮林家廻船商取引の動向

（金額の単位：円）

月　日	買入先	所　在	金額	内　容	月　日	販売先	所　在	金額	内　容
① 1877 年の福寿丸の事例									
					5. 8	新屋吉左衛門	広島県御手洗	2,458	加賀米 1,120 俵
5. 8	新屋吉左衛門	広島県御手洗	101	塩 500 俵	5.29	石塚六三郎	新潟県今町	132	塩 500 俵
6.14	藤屋伝兵衛	山形県酒田	536	米 300 俵	7.28	丸山林治	北海道美国	607	庄内米 300 俵
7.28	丸山林治	北海道美国	169	胴鯡 1,605 束	9.29	藤屋長左衛門	兵庫県室津	294	胴鯡 1,605 束
7.28	丸山林治	北海道美国	904	鯡粕 451 本	10 月	木屋市郎兵衛	大　阪	820	鯡粕 227 本
					10 月	木屋市郎兵衛	大　阪	303	数の子 79 本
					11. 2	北風荘右衛門	兵　庫	673	鯡粕 200 本
					11. 2	北風荘右衛門	兵　庫	189	数の子 50 本
② 1877 年の観喜丸の事例									
					6. 1	北風荘右衛門	兵　庫	625	加賀米 300 俵
					6. 3	北風荘右衛門	兵　庫	2,244	加賀米 1,100 俵
					6 月	冨村三郎吉	大阪府堺	481	米 400 俵
8.14	大宗屋彦三	北海道小樽	2,035	鯡粕 1,017 本	11.14	米屋七右衛門	香川県多度津	350	鯡粕 91 本
8 月	大宗屋彦三	北海道小樽	54	胴鯡 520 束	11.24	松浦仲蔵	兵庫県高砂	2,272	鯡粕 546 本
③ 1878 年の神速丸の事例									
3.18	三原屋為左衛門	福岡県田ノ浦	74	竹 356 束	4. 9	堀田善右衛門	富山県伏木	124	竹 1,055 束
					5.26	北風荘右衛門	兵　庫	5,217	加賀米 1,952 俵
					5.28	藤田七郎右衛門	兵　庫	69	放生津米 27 俵
6. 5	米屋七右衛門	香川県多度津	70	塩 200 俵	7.14	畠喜三郎	秋田県能代	99	塩 200 俵
7.14	畠喜三郎	秋田県能代	445	玄米 303 俵	8.14	千葉幸吉	北海道歌棄	406	秋田米 303 俵
8.16	千葉幸吉	北海道歌棄	2,063	胴鯡 8,926 束	10.28	大三輪与一郎	大　阪	856	胴鯡 3,000 束
					10 月	木谷市郎兵衛	大　阪	1,195	胴鯡 4,240 束
					11.20	大三輪与一郎	大　阪	501	胴鯡 1,686 束
8.16	千葉幸吉	北海道歌棄	1,040	鯡粕 242 本	12 月	木谷市郎兵衛	大　阪	1,375	鯡粕 242 本
12 月	木谷市郎兵衛	大　阪	256	締綿 15 本					
④ 1881 年の観喜丸の事例									
						北風荘右衛門	兵　庫	6,103	越中米 1,559 俵
					6.24–27	藤田七郎右衛門	兵　庫	934	放生津米 241 俵
8.20	猪俣安之丞	北海道余市	32	数の子 5 本	10.29	栗村与三吉	大　阪	44	数の子 5 本
8.21	猪俣安之丞	北海道余市	983	胴鯡 3,349 束	10 月	大三輪与一郎	大　阪	1,273	胴鯡 3,345 束
8.20	猪俣安之丞	北海道余市	3,962	鯡粕 770 本	11. 5	大三輪与一郎	大　阪	2,548	鯡粕 370 本
					11 月	木谷市郎兵衛	大　阪	1,408	鯡粕 200 本
					11 月	一森清八	大　阪	843	鯡粕 135 本

出所）「[仕切綴]」（宮林家文書，史料番号 L-38，L-39，M-42，M-45，M-46，宮林家蔵），高瀬保『加賀藩の海運史』成山堂書店，1997 年，250-251 頁より作成。

注記）1877 年 11 月 2 日の北風荘右衛門への販売は，観喜丸の可能性もある。所在欄は，大阪・兵庫以外は現道府県名を補った。金額は手数料を差し引きした後の最終的な仕切金額。1878 年の神速丸と 81 年の観喜丸の事例は，出所記載の高瀬保書 250-251 頁の表をもとにし，その表の誤りを宮林家文書で訂正して示した。1881 年の北風荘右衛門への販売月日は，史料欠損のため不明だが，綴の順番からみて 6 月 24 日の少し前と推定される。胴鯡は羽鯡とも記されたが胴鯡で統一。

表 6-4　宮林家土地所有の推移

（単位：反）

年	下牧野	三日曽根	四日曽根	法出寺	大白石	その他	合　計
1873						0.0	255.7
1876	313.3		6.4	115.4		0.0	435.1
1886	334.6	119.1	6.4		220.4	312.2	992.7
1887	334.6	134.7	6.4		220.4	0.0	696.1
1890	333.9	134.8	6.4		220.4[1)]	0.0	695.8
1898	333.9	134.8	6.4		東老田	0.0	475.1
1902	232.1	136.4	6.4	7.9	9.2	22.6	414.6
1922	257.5	185.1	6.4		9.7	1.3	460.0

出所）明治 6 年「地券御渡方奉願候書附」（史料番号 B-36），明治 9 年「地価取調帳」（史料番号 B-7〜10，B-15〜22），「所得調一件」（史料番号 B-63），明治 35 年「土地明細帳」（史料番号 H-7），「会計元簿」（史料番号 K-87），（以上いずれも宮林家文書，宮林家蔵）より作成。

注記）地域区分は 1880 年代の行政町村をもとに示した。その他の 1886 年の内訳は，今開発 125.8 反，寺塚原 48.1 反，西老田 44.2 反，大江 42.2 反，八講開 24.4 反，摺出寺 21.4 反，長徳寺 6.1 反で，1902 年で多かったのは，野々上 16.0 反であった。

注 1）分家した宮林伴二郎名義。

沢為替会社の役員であった。宮林彦九郎も、金沢為替会社と第十二国立銀行の両方の取締役となった。

宮林家は、銀行のみでなく、地元で設立された海運会社にも参画し、一八八一年四月に富山県で最初の汽船会社である越中風帆船会社の設立に際して一万円を出資し(22)、同年九月の北陸通船会社の設立に際しても主要株主となった。なお越中風帆船会社は、伏木に寄港して北海道から太平洋・瀬戸内海を廻る日本一周航路を開設して三菱会社と競争し、一八八二年に東京風帆船会社・北海道運輸会社と合併して半官半民の共同運輸会社が設立された。

しかし、これら宮林家が関与した銀行・海運会社は、一八八一年以降の松方デフレのなかで次第に経営が苦しくなった。金沢為替会社は(23)、主要預金層の士族の衰退が顕著で、経営が悪化し、一八八三年に役員層が私財を提供して増資し、北陸銀行（現在の北陸銀行とは別）と改称したものの八四年に休業し、八六年に解散した。その結果、宮林家を含め、北陸銀行の役員層は北陸銀行破綻を回避するために投入した私財を失った。

第十二国立銀行は(24)、旧金沢藩主の前田家と旧金沢藩御用北前船主層の出資で設立されたが、松方デフレが深刻になるにつれ前田家が第十二国立銀行への出資金を引き揚げたため、前田家出資分を北前船主層が負担し、頭取であった士族の小幡が退き、一八八三年末時点で、木谷藤十郎（木谷本家）が頭取、嶋崎徳兵衛が副頭取、藤井能三・宮林彦九郎・木谷豊松が取締役となった。しかし北陸銀行の役員を兼ねていた第十二国立銀行の役員は、北陸銀行の破綻回避の努力で手いっぱいで、第十二国立銀行の経営意欲が減退しており、一八八四年に金沢第十二国立銀行は富山第百二十三国立銀行と合併して、富山第十二国立銀行となり、本店は富山に置かれた。そして一八八五年に宮林彦九郎も含め、旧金沢第十二国立銀行の役員は全て退陣した。また、北陸通船会社も[25]、伏木を拠点として越後地方と能登半島を結ぶ航路を開設したが、松方デフレのなかで一八八五年に解散した。

宮林家は、近代初頭から金沢・伏木などの銀行・諸会社に経営参加や出資したが、それらがいずれも松方デフレによる経営悪化で解散あるいは合併され、その負債の返済のために家産をかなり失うこととなった。表6-4をみよう。宮林家は一八七〇年代に北海道交易へ進出することで得た商業的蓄積を土地取得に運用したと考えられ、土地所有面積は急増し、一八八六年に約一〇〇町歩を示した。しかし、ここで土地を売却してその代金を破綻した会社の負債返済に充てたと考えられ、一八八七年に土地所有面積は約七〇町歩に急減した。そして、それ以後一九〇〇年代まで、宮林家は会社経営に全く関与しなかった[26]。

二　農業経営への展開

一八八六（明治一九）年に銀行業から手を引き、その前後の時期に海運経営から撤退した宮林家は、その後土地経営を専ら行うこととなった。表6-4に戻ろう。一八八七年に土地所有面積を大きく減少させた宮林家であったが、それ以降は一九二〇年代まで同程度の土地所有規模を維持したと考えられる。一八九〇〜九八年に約二二町歩ほど土地所有面積が減少したが、大白石村の分でこれは宮林伴二郎を分家した際に分与した分と考えられ、土地を売却したわけではなかった。表6-5をみよう。幕末期以降の宮林家所有地の石高からみて、同家は一九世紀中葉にすでにかなりの土地を保有しており、一八六六（慶応二）〜七五年に下牧野村で、七九〜八三年に三日曽根村で大規模に土地を取得したことが判る。なお、一八八三年と八八年の間の石高の変化が不明のため、この表では、八三〜八六年の土地取得と八七年の土地売却の局面は現れない。

宮林家が主に土地を所有した下牧野村・三日曽根村はいずれも居住地に隣接した村で、宮林家自身も一九世紀中葉以来手作経営を行っており、在村耕作地主の性格を持っていた。そのこともあり、契約で決められた作徳米高よりも作柄をみて決定された作徳米高は、一八九五・一九〇二年ともに低く、その後それが減租分として考慮されるようになり、一九二七（昭和二）・二九年の恐慌期には減租分が考慮されて作徳米の決定高は契約高をかなり下回った。

もっとも一九三〇年代には、昭和恐慌からの回復過程のなかで、宮林家は減租分を減らして、作徳米の決定高を契約高に近づけた。ただし、実納高は決定高を下回ることが多く、昭和恐慌の打撃が農村で大きく、三五年までは農村の恐慌からの回復が図られていなかったことが推測できる。[27] 宮林家の地主経営が一九二七年以降は順調ではなくなってきており、土地所有面積は一九二七〜二九年にかけてかなり減少し、三五〜三八年にかけて若干減少した。

一方、土地収入は、一八八〇年代後半から一九〇〇年代にかけて宮林家の収入のほとんどを占め、表6-6で示したように、一八八六〜九三年度までは申告した所得全てが土地から得た所得であった。所得額は比較的安定して申告されたが、一八九六年度のみ落ち込んでおり、先ほどの表6-5で九五年が作徳米の契約高よりもかなり低い水準で作徳米量が決定されたので、九五年は不作と考えられ、その影響が九六年度の所得に反映されたと思われる。

なお、所得申告において一八八六〜九〇年は伴二郎と彦九郎の両方の名前でそれぞれ挙げられたが、伴二郎は当主彦九郎の養弟で、[28] 八八年に当主に息子（後の当主）が生まれたことで、八九年に前述の大白石村の土地を分与されて分家した。その後当主彦九郎は一八九二年に亡くなったが、新当主が幼少であり、そのことが、宮林家が会社経営に

表6-5　綿屋宮林家所有地石高の推移

（単位：石）

項　目	下牧野	四日曽根	三日曽根	内 手作分	東老田	法出寺	その他
1857年以前石高	319.2	15.0	15.8	9.6			
1857年石高	342.2	15.0	15.8	9.6			
1862年石高	336.3	15.0	15.8	9.6			
1866年石高	344.7	15.1	16.3	9.6			
1871年石高	372.7	15.1	23.3	9.6			
1875年石高	420.2	15.1	27.3	9.6			
1879年石高	420.2	15.1	56.2	9.6			
1883年石高	420.2	15.1	152.9	9.6			
1888年石高	420.2	10.1	164.8	9.7			
1891年石高	429.6	10.1	166.9	9.7			
1894年石高	429.6	10.1	167.0	9.7			
1895年作徳米高	402.5	8.3	160.4	9.3			
1895年決定高	361.4	6.7	153.6	9.3			
1902年石高	305.2	10.1	166.0	9.7	11.3		
1902年作徳米高	285.4	8.3	159.3	9.3	9.0		
1902年決定高	271.0	7.4	155.8	9.3	8.1		
1922年石高	334.7	10.8	225.6		11.3		
1927年石高	311.8	10.8	222.6	9.6	11.3	9.4	
1927年作徳米高	291.2	8.3	213.7	9.2	9.0	9.0	17.5
1927年決定高	271.4	6.4	200.9		9.3	9.0	
1927年実納高	274.2	6.3	200.1		8.2	8.8	34.3
1929年石高	199.6		208.9	9.6			
1929年作徳米高	186.6		200.5	9.2			10.7
1929年決定高	168.9		189.0				
1929年実納高							1.5
1931年石高	199.1		219.1	9.6			
1931年作徳米高	185.9		210.4	9.2			11.3
1931年決定高	181.8		197.8				
1931年実納高	166.5		196.7				2.0
1933年石高	199.1		219.1	9.7			
1933年作徳米高	185.9		210.3	9.3			11.0
1933年決定高	183.0		198.6				
1933年実納高	179.4		201.2				8.3
1935年石高	199.1		219.1	9.7			
1935年作徳米高	185.9		207.0	9.2			10.3
1935年決定高	183.0		211.2				
1935年実納高	144.4		194.7				8.9
1938年石高	194.0		209.1	9.7			
1938年作徳米高	181.1		199.8	9.2			7.8
1938年決定高	174.9		193.6				
1938年実納高	176.7		189.6				7.6

出所）明治28・35・昭和2・4・6・8・10・13年「小作米取立帳」（史料番号A-6，A-11～13，A-25，A-36，A-58，A-67），「［メモ］」（「会計元簿」〔史料番号K-87〕に挿入），（以上いずれも宮林家文書，宮林家蔵）より作成。

注記）1894年以前石高は，1895年時点に宮林家が土地を所有していた下牧野・四日曽根・三日曽根についてのみ判明したので，それを示した。1927年以降の決定高は，減租分等を差し引いた作徳米決定高を示す。手作分は，宮林家が自ら自作した部分。

表 6-6　1880 年代後半～1900 年代前半の宮林家所得申告額

（単位：円）

年　度	総収入	税　金	雑　費	総所得	内 田畑	内 利息
1886（伴二郎）	1,502	864	77	562	562	
1887（伴二郎）	770	441	18	310	310	
1887（彦九郎）	547	279	25	243	243	
1888（伴二郎）	1,329	716	53	560	560	
1889（彦九郎）	1,901	960	105	837	837	
1889（伴二郎）	758	428	26	304	304	
1890（彦九郎）	1,923	948	107	867	867	
1890（伴二郎）	752	404	36	312	312	
1891	1,953	978	104	871	871	
1892				868	868	
1893				950	950	
1894				968	956	12
1895				973	961	12
1896				888	873	15
1897				997	982	15
1898				999	954	45
1899				1,094	1,039	56
1900				1,059	1,009	50
1901				1,255	1,015	240
1902				1,302	1,154	148
1903				1,498	1,364	134
1904				1,569[1)]	1,371	62
1905				1,406	1,294	112

出所）「所得調一件」（宮林家文書，史料番号 B-63，宮林家蔵）より作成。
注記）1886～90 年は，部分的に伴二郎が当主彦九郎の代理をしていたと考えられ，伴二郎は当主彦九郎の財産の一部を分与され，91 年に分家した（「系図」〔宮林家文書，史料番号 K-88，宮林家蔵〕）。利息所得は，預金利息と貸金利息の合計。
注 1）田畑所得，利息所得以外に報酬所得が 36 円あり。

再び関与するようになるまでにかなりの空白期間が生じた背景にあったと思われる。

その後一八九四年度から利息収入がみられ、一九〇〇年代に入ると土地所得には全く及ばないものの、公債利子がある程度の収入源となった。表6-7をみよう。宮林家は一八八六年に会社経営から身を引き、有価証券保有はほとんどなくなったが、一九〇〇年代後半から再び有価証券所有が増大し始めた。ただし、国庫債券への出資がまず増大し、一九〇七年に高岡銀行株が購入された後、〇九年に岩脇銀行に一万円出資された。岩脇家は新湊（牧野村）の有力地主で[29]、個人で行っていたと思われる金融業を株式会社組織として一九〇九年に開設しており、開設の際に、同じ地域の有力地主であった宮林家に出資を求めたと考えられる。宮林家では、当主彦九郎がその頃に成人したと考えられ、これに応じたと思われ、

表6-7　1890年代後半～1900年代前半宮林家主要貸借勘定一覧

（単位：円）

項目＼年	1895	1896	1897	1898	1899	1900	1901	1902	1903	1904	1905	1906	1907	1908	1909	1910
軍事公債	400	400	400	400	400	400	400	400	400	400	400	400	400	400	400	0
国庫債券										6,375	6,375	6,375	6,375	6,550	2,950	1,825
五歩利公債												900	2,050	2,700	1,450	1,100
勧業債券						120	180	180	380	380	380	380	410	410	410	390
貯蓄債券										10	10	25	25	25	25	25
高岡銀行株式													2,000	2,500	2,500	2,500
新湊銀行株式													250	300	1,380	1,500
南満州鉄道株式												20	20	20	20	20
岩脇銀行株式															10,000	10,000
高岡電灯株式																1,125
新湊貯蓄銀行株式																200
新湊貯蓄銀行預金													200	1,250	1,250	1,250
新湊銀行預金													160	70	200	1,587
高岡銀行（伏木）預金														1,100	1,100	1,100
氷見貯蓄銀行預金														50	50	0
伏木銀行預金														0	80	80
宮林七之助						600	483	399	329	261	199	199	220	327	0	0
亀田市太郎				350	350	350	350	350	350	350	350	350	350	350	350	350
山谷幸吉母									200	200	200	200	60	60	60	60
矢野鉄次郎												80	60	60	50	100
東田四郎平													250	0	0	0
宮林種					△250	△250	△250	△250	△250	△250	△250	△250	△250	△250	△250	△250
三日曽根町							100	81	66	52	52	52	33	19	4	4
下牧野村									200	150	150	150	150	59	0	0
公債小計	400	400	400	400	400	400	400	400	400	6,775	6,775	7,675	8,825	9,650	4,800	2,925
金融債小計						120	180	180	380	390	390	405	435	435	435	415
株式小計												20	2,270	2,820	13,900	15,345
銀行預金小計													360	2,470	2,680	4,017

出所）「会計元簿」（宮林家文書，史料番号K-87，宮林家蔵）より作成。

注記）各年末時点の貸借残額を示した。無印は宮林家の貸し，△印は宮林家の借り。個人相手の貸借は残額が100円以上になった相手を1895～1910年について示した。

同時に彦九郎が岩脇銀行の取締役となることで再び会社経営に関与するようになった。[30] それとともに銀行預金額も次第に増大し、宮林家の多面的な資産運用が再び始められた。

ただし、収益基盤は一九〇七年以降も土地経営から得た作徳米の販売収入であった。表6-8をみよう。一八九五～一九〇六年は株式投資や銀行預金が行われておらず（表6-7）、その間作徳米の販売収入は、繰り越されて一九〇

表 6-8　1907～10 年度宮林家収支一覧

（単位：円）

項目		1907 年度	1908 年度	1909 年度	1910 年度
①収入	前年末繰越	14,228	5,645	1,682	1,056
	払米代	5,065	6,238	6,089	8,199
	利子・配当収入	972	1,057	483	540
	網方収入	7		銀行借入	1,587
	地所売却			160	
	公債売却・償還			4,757	1,845
	雑収入	372	1,748	32	489
	収入計	20,644	14,688	13,203	13,715
②支出	公債買入	982	2,050		
	株式買入・払込	3,251	550	3,864	3,558
	地所買入	1,244		116	1,484
	建築費	1,845			
	器具費	290	255	142	432
	保険料	112	473	488	524
	頼母子費	50	120	111	131
	修繕費	58	260	59	70
	被服費	1,170	1,552	1,041	694
	交際費	36	42	35	19
	教育費	17	5	0	0
	図書費	35	31	25	38
	臨時費	627	1,497	522	759
	医薬費	64	27	33	257
	雑品費	134	107	59	88
	薪炭費	61	106	98	83
	雑　費	102	143	108	117
	賃　銀	291	316	198	158
	小　払	235	240	250	240
	諸　税	3,102	3,153	3,745	3,233
	通信費	130	51	63	56
	小間物・食料品費等	781	1,780	609	558
	網方支出	44	貸金償却	157	
	義捐金	180	208	370	382
	神仏費	158	41	54	31
	支出計	14,999	13,007	12,147	12,910
差引計		5,645	1,682	1,056	805

出所）明治 40 年度「出納仕訳帳」（史料番号 A-72），明治 41～43 年度「年度末収支計算簿」（史料番号 A-75）（いずれも宮林家文書，宮林家蔵）より作成。

注記）1907 年度の前年末繰越と差引は，07 年度の収支と 08 年度の前年繰越額より推計して示した。

七年初頭時点では約一四、〇〇〇円の繰り越しが残されていた。それがこの年に株式買入・地所買入・建築費などでかなり支出され、それ以後前年末の繰越金は減少した。ただし作徳米の販売収入は毎年継続して五、〇〇〇円以上計上され、一九〇九年度は国庫債券の売却でかなりの収入を得て、それを岩脇銀行への出資に向けたと考えられる。その意味でも、一九〇九年は宮林家の有価証券所有の公債中心から株式中心への転換点でもあった（表６-７）。なお一九〇七年に網方支出があり、宮林家はこの頃まで網元であり続けたが、同年の網方収入は七円にすぎず、その翌年から網方収支が全くみられなかったので、この時点で一八世紀以来の家業の漁業から完全に撤退したと言える。

三　有価証券投資と収益構造の変容

（1）資産額の推移と収益構造の転換

一九〇九（明治四二）年の岩脇銀行設立に際し、多額の出資をして同銀行の取締役となった宮林家は、一〇年代になると本格的に株式投資を開始した。表６-９をみよう。一九一〇年時点の宮林家の株式所有残額は約一万円であったが、二二（大正一一）年頃では約八万円に増加した。一九二〇年恐慌による株価下落で[31]、二二年頃には株式購入価格と時価にかなり差があったと考えられ、宮林家も含み損益を計算しており、その合計が約二万円の含み損であったので、一〇年代末には株式投資残額は約一〇万円に達していたと推測できる。

この間に、主に購入されたのは高岡銀行株と新湊銀行株であった。この両銀行とも宮林彦九郎が取締役となり、彦九郎は銀行経営にも直接関与した（後掲表６-14）。高岡銀行への積極的な投資は、宮林彦九郎の妻が菅野家出身で[32]、彦九郎が高岡銀行頭取の菅野伝右衛門と義兄弟の関係にあったことが大きいと考えられる。また新湊銀行は、新湊の

表 6-9　1910・22 年頃宮林家資産内訳

（金額の単位：円）

項目	内　訳	金額	備　考		内　訳	金　額	備　考		
	1910 年				1922 年頃				
土地		78,653			牧野村	133,862			
					三日曽根村	112,790			
					四日曽根村	3,240			
					東老田村	3,380			
	石高 605 石 204				その他とも計	258,117	石高 626 石 734		
株式	岩脇銀行	3,767	200 株	額面 10,000 円	高岡銀行	24,120	500 株	6,380 円益	取締役
	高岡銀行	3,200	100 株	2,500 円払込	新湊銀行	20,697	405 株	1,283 円損	取締役
	高岡電灯	1,350	45 株	1,125 円払込	化学工業	11,550	190 株	2,550 円損	
	新湊銀行	782	46 株	1,380 円払込	北　一	8,000	300 株	6,000 円損	
	新湊貯蓄銀行	400	10 株	200 円払込	越中製軸	5,400	100 株	4,200 円損	取締役
	南満州鉄道	40	1 株	20 円払込	横浜正金銀行	4,271	20 株	670 円損	
					新湊運送	3,630	130 株	1,280 円損	取締役
					高岡打綿	3,315	37 株	1,500 円損	
					北陸信託	3,000	200 株	600 円損	
					高岡電灯	2,977	60 株	1,323 円益	
					金沢市街鉄道	2,555	50 株	405 円損	
					東洋汽船	2,245	10 株	1,895 円損	
					その他	7,069	230 株	4,275 円損	
	小　計	9,539	402 株		小　計	79,139	2,232 株	20,812 円損	
預金		4,017				344			
貸金		452				1,747			
債券	国　債	2,925			勧業債	310			
	その他とも計	3,340			その他とも計	330			
保険					日本生命	4,488	1908 年より	契約 10,000 円	彦九郎
					明治生命	607	1908 年より	契約 1,000 円	母
					日本生命	601	1891 年より	契約 1,000 円	母
					仁寿生命	414	1908 年より	契約 1,000 円	彦九郎
					横浜生命	370	1909 年より	契約　500 円	立作
					大正生命	303	1919 年より	契約 1,000 円	彦九郎
					その他とも計	7,421		契約 4,600 円	
家具・道具						15,000			
建物						10,000			
計		96,001				372,098			

出所）明治 43 年度「年度収支計算簿」（史料番号 A-75），「会計元簿」（史料番号 K-87）（宮林家文書，宮林家蔵）より作成。

注記）1910 年の金額は評価額で，1922 年頃の株式の損益は，購入価額と時価評価額との差額と思われる。1922 年頃の株式の備考欄の取締役は宮林家当主がその会社の取締役であったことを示す（大正 11 年度『日本全国諸会社役員録』商業興信所，1922 年を参照）。1910 年の土地・株式・債券は「年度収支計算簿」，預金・貸金は「会計元簿」より。保険の備考欄の人名は被保険者と考えられ，彦九郎は当主で立作は当主の義弟。

中心的金融機関として一八九五年に創業し、新湊の有力資産家が役員となっており[33]、前掲表6-7にみられるように宮林家は一九〇七年に株式投資を再開した後に少しずつ投資額を増やした。

それ以外の銘柄では、高岡化学工業など製造会社への投資もみられたが、それ以外の高岡の諸会社（北一、高岡打綿、高岡電灯）はいずれも菅野家が関与し[34]、菅野家との縁で宮林家が出資したと思われる。越中製軸・新湊運送は地元新湊の会社で[35]、取締役として経営にも関与したが、中央の株式市場で取引される銘柄の購入は少なく、横浜正金銀行株と東洋汽船株を併せても一九二二年頃の評価額で約六、五〇〇円に過ぎなかった。

また一九二二年頃には銀行定期預金額や公社債資産額も少なく、動産のほとんどが株式資産で、それに続く資産として保険料が計上され、当主彦九郎が成人したと考えられる〇八年より高額の生命保険金が彦九郎に掛けられた。

第一次世界大戦を挟んだ一九一〇年と二二年頃で宮林家の資産は約一〇万円から約三七万円へ急増した。資産増大の要因として株式投資の増加もあったが、地価の上昇が最も大きく、土地所有面積はそれほど変化がなかったにも関わらず、地価評価額は一九一〇年の約八万円から二二年頃の約二六万円に増大した。第一次世界大戦期に日本全体で重化学工業化がある程度進んだが、富山県では伏木港を中心とする臨海部で重化学工業関係の大工場が建設された[36]。宮林家が所有した土地は、前述のように同家が居住した新湊市街に隣接した村々にあり、伏木臨海部の工業化が、新湊地域の地価上昇をもたらしたと考えられる。

したがって宮林家の有価証券投資が進んだ一九二〇年代においても同家の収益基盤は不動産であった。表6-10をみよう。第一次世界大戦期の株式投資により配当収入は次第に増大したが、第一次世界大戦期の米価上昇に伴い、作徳米販売収入が一九一七〜一九年に急増しており、一七年に多額の有価証券投資が行われて配当収入が増大した一八年時点をみても、配当・利息収入が約三、〇〇〇円に対し、作徳米売却収入は約一一、〇〇〇円に上った。もっとも、一九一七年の有価証券投資は、約三万円の買入・払込に対して、約二一、〇〇〇円の売却・償還があり、株式売買利

表6-10　1911〜30年宮林家収支内訳

（単位：円）

年	作徳米売却等	配当・債券利息	報酬	土地売却	土地買入	土地売買差引	有価証券売却・償還	有価証券買入・払込	有価証券取引差引	金銭出入合計
1911	6,418	586	6	3,939	0	3,939	457	△ 2,056	△ 1,598	9,351
1913	5,257	566	15	6	△ 4,253	△ 4,247	3,515	△ 1,370	2,145	3,735
1914	6,086	503	0	0	0	0	1,116	△ 1,115	1	6,589
1915	3,155	1,231	106	5,460	△ 418	5,042	605	△ 318	287	9,821
1916	6,229	1,505	100	0	△ 250	△ 250	179	△ 4,836	△ 4,658	2,926
1917	8,259	1,618	166	0	△ 1,012	△ 1,012	21,155	△ 30,450	△ 9,295	△ 265
1918	11,295	3,464	235	0	△ 95	△ 95	1,329	△ 10,233	△ 8,904	5,994
1919(1〜6月)	15,489	907	287	0	0	0	2,302	△ 9,181	△ 6,879	9,804
1928(1〜6月)	8,708	3,310	1,730	55,227	0	55,227	0	△ 200	△ 200	68,775
1928(7〜12月)	6,339	3,283	1,570	71,622	0	71,622	0	△ 7,527	△ 7,527	75,287
1929(1〜6月)	3,616	3,772	1,620	0	0	0	0	0	0	9,008
1930(1〜6月)	3,498	3,381	1,140	0	0	0	0	△ 2,475	△ 2,475	5,544

出所）明治44・大正2・4・7年「金銭出納帳」（史料番号A-68〜71），「累年出納簿」（史料番号C-18）（宮林家文書，宮林家蔵）より作成。

注記）作徳米売却等には，作徳料金納分を含む。金銭出入合計は，作徳米売却等，配当・債券利息，報酬，土地売買差引，有価証券売買差引をそれぞれ合計して計算しており，その他の雑収入は含めていない。無印は入金，△印は出金を示す。1919・29・30年は1〜6月の合計のみ判明。

益獲得目的の投資もあったと考えられ、配当収入をそれほど重視はできないが、一九一七〜一九年まで有価証券の売却・償還額より、買入・払込額がかなり上回り、その原資を全体としては作徳米販売収入がまかなったと言える。

また、投資収益率としてみた場合、一九一〇年時点の土地資産七八、六五三円に対し、同年の作徳米収入が、八、一九九円であったので、土地投資収益率は約一〇%であり、同年の有価証券資産一二、八七九円に対し、利子・配当収入は五四〇円であったので、有価証券投資収益率は約四%であった（表6-8・6-9）。むろん作徳米が年度を越えて売却されることがあり、有価証券投資も投資時期と利子・配当獲得時期に時間差があるため、これらの投資収益率は目安にすぎないが、一九一〇年時点では、土地投資収益率が有価証券投資収益率をかなり上回った。一方、一九二二年時点の土地資産額約二六万円を一八年時点の土地資産額、二二年時点の株式資産額に評価損益を逆算して加えた約一〇万円を一八年時点の株式資産額とみなして、一八年時点の投資収益率を推定すると、土地投資収益率が約四%に対し、株式投資収益率は約三・五%であった（表6-9・6-10）。一九一〇年と一八年で有価証券投資収益率はそれほど変わらなかったが、地価上昇率が米価上昇率をかなり上回ったため、土地投資収益率は急減して有価証券投資収益率にかなり近づいた。もっとも一九一〇年代に宮林家は土地売買をそれほど大規模に行っていないため（表6-10）、地価上昇は宮林家資産の含み益となり、一八年時点の土地投資収益率は実質的にはもっと高かったと考えられる。しかし一九二七（昭和二）年以降の恐慌のなかで、前述のように作徳米の取得が予定量よりも減少したこともあり、二八年に宮林家はかなりの土地を売却した。表6-5に戻ると、一九二七年の同家所有地の石高が約五九〇石に対し、二九年の石高が約四三〇石なので、石高で全体の約二七％にあたる土地を二八年に売却したと推定できる。その結果として、米価の下落もあり、表6-10をみると、一九二九年一～六月の作徳米販売収入は約三、六〇〇円に止まり、二八年一～六月の作徳米販売収入が約八、七〇〇円であったので、土地経営から上がる収益がかなり減少した。

一方、配当収入は昭和恐慌下でもそれほど減少せずに得られ続け、会社役員報酬も併せると、一九二九年以降は株式配当と役員報酬の合計が土地経営の収入を上回るようになった。

（2）有価証券投資の展開

そこで、一九一〇年代以降の有価証券投資の内容を詳しく検討する。表6-11をみよう。宮林家は新湊銀行に当座勘定口を設け、そこから現金を引き出して株式買入や払込に応じ、株式配当や公債の償還があればそれを直ちに、新湊銀行の当座勘定口に入れた。一九一三（大正二）年から史料では、「銀行当座」との記載となったが、同じ新湊銀行の当座勘定口と考えられる。なお表では、一九一一（明治四四）年一月～一九年六月の動向を示したが、一二年二～一二月と一四年二～九月と一五年八～一二月は不明である。

第一次世界大戦前の一九一一～一三年で注目されるのは、岩脇銀行株が売却されて高岡打綿会社株が新たに購入されたことである。一九一三年一二月三一日に売却された一〇〇株の銘柄は不明だが、当時宮林家が一〇〇株を所有し

表 6-11　1910 年代宮林家有価証券関係主要収支一覧

年月日	内容	金額	備考
1911. 1.24	高岡銀行株配当	113 円入	同日一部新湊銀行へ預入
1911. 5.25	新湊貯蓄銀行 13 株買入	587 円出	同日同額新湊銀行より借入
1911. 5.29	第 3 回公債償還	429 円入	同日同額新湊銀行へ預入
1911. 5.30	高岡電灯株払込	563 円出	同日同額新湊銀行より借入
1911. 7.21	高岡銀行株配当	105 円入	同日同額新湊銀行へ預入
1911.12.11	新湊銀行 3 株買入	105 円出	同日同額新湊銀行より借入
1911.12.14	高岡打綿 100 株申込	250 円出	同日同額新湊銀行より借入
1911.12.31	帝国水産株買入	150 円出	同日同額新湊銀行より借入
1912. 1.22	高岡銀行株配当	112 円入	同日同額新湊銀行へ預入
1912. 1.31	高岡打綿 100 株払込	1,870 円出	同日同額新湊銀行より借入
1913. 1.23	新湊銀行 10 株買入	316 円出	同日同額銀行当座より借入
1913. 3.16	岩脇銀行 50 株売却	920 円入	翌日一部銀行当座へ預入
1913. 3.17	乙号国債償還	1,400 円入	同日同額銀行当座へ預入
1913. 5.31	高岡打綿配当	125 円入	同日一部積立貯金
1913. 9.17	帝国水産 17 株払込	170 円出	9 月 20 日同額銀行当座より借入
1913. 9.30	温泉電軌鉄道 50 株申込	625 円出	同日同額銀行当座より借入
1913.11.28	高岡打綿配当	125 円入	同日同額新湊銀行当座へ預入
1913.12.31	100 株売却	1,195 円入	同日同額銀行当座へ預入
1914. 1.31	新湊銀行 60 株払込	450 円出	
1914.10.15	温泉電軌鉄道株払込	625 円出	同日同額銀行当座より借入
1914.12. 3	高岡打綿配当	125 円入	同日同額銀行当座へ預入
1914.12.12	特別公債売却	990 円入	同日同額銀行当座へ預入
1915. 1.22	高岡銀行 200 株配当	405 円入	同日一部銀行当座へ預入
1915. 3.11	南満州鉄道 3 株売却	278 円入	同日同額銀行当座へ預入
1915. 3.11	捕鯨会社 10 株売却	149 円入	同日同額銀行当座へ預入
1915. 4.30	帝国水産 8 株売却	110 円入	同日同額銀行当座へ預入
1915. 6. 1	高岡打綿配当	125 円入	同日同額銀行当座へ預入
1915. 6. 8	新湊銀行 7 株買入	263 円出	同日同額銀行当座より借入
1915. 7.20	新湊銀行 65 株配当	111 円入	同日同額銀行当座へ預入
1917. 6.28	南海鉄道 20 株売却	1,720 円入	同日同額銀行当座へ預入
1917. 7. 5	高岡銀行 300 株払込	5,220 円出	同日同額銀行当座・割手で借入
1917. 7.12	高岡化学工業 30 株買入	1,965 円出	同日同額新湊銀行割手で借入
1917. 7.20	新湊銀行株配当	156 円入	
1917. 7.21	高岡化学工業 30 株買入	2,025 円出	同日同額銀行割手で借入
1917. 7.21	南海鉄道 5 株売却	450 円入	同日同額銀行当座へ預入
1917. 7.23	高岡銀行株配当	441 円入	同日同額銀行当座へ預入
1917. 7.24	高岡打綿 60 株売却	10,114 円入	同日同額割手返済・小口預金
1917. 7.25	高岡化学工業 30 株買入	2,025 円出	同日同額新湊銀行割手で借入
1917. 7.26	南国産業 200 株証拠金	500 円出	同日同額銀行当座より借入
1917. 8.30	南国産業 16 株払込	238 円出	
1917. 8.30	南国産業株残余金	262 円入	同日一部銀行当座へ預入
1917. 9. 5	東洋汽船 30 株買入	5,115 円出	
1917.10. 9	日本海電気 50 株払込	375 円出	同日同額銀行当座より借入
1917.10.11	東洋汽船 30 株配当	263 円入	同日同額銀行当座へ預入
1917.11.28	中越製紙出資分	300 円出	同日同額銀行当座より借入
1917.12.22	新湊運送出資分	275 円出	同日同額銀行当座より借入
1918. 1.20	新湊銀行株配当	193 円入	
1918. 1.22	高岡銀行株配当	615 円入	同日同額銀行当座へ預入
1918. 2.18	新湊運送出資分	275 円出	同日同額銀行当座より借入
1918. 2.28	高岡化学工業株払込	2,375 円出	同年同額新湊銀行より借入
1918. 3.15	高岡銀行 300 株払込	2,250 円出	同年同額銀行当座より借入
1918. 3.15	製針会社出資分	100 円出	同年同額銀行当座より借入
1918. 4. 9	東洋汽船 30 株配当	375 円入	
1918. 5.13	南国産業 18 株払込	135 円出	同日同額銀行当座より借入
1918. 5.30	新湊運送出資分	138 円出	
1918. 6.28	高岡化学工業株配当	475 円入	同日同額銀行当座へ預入
1918. 7.20	新湊銀行株配当	211 円入	同日同額銀行当座へ預入
1918. 7.22	高岡銀行株配当	680 円入	
1918. 8. 1	新湊銀行 40 株（売却）	1,075 円入	

1915. 7.22	高岡銀行200株配当	405円入	同日同額銀行当座へ預入
1916. 1.20	新湊銀行65株配当	111円入	同日同額銀行当座へ預入
1916. 1.20	高岡銀行200株配当	405円入	同日同額銀行当座へ預入
1916. 2.18	東洋海上保険5株売却	179円入	同日一部銀行当座へ預入
1916. 2.25	高岡化学工業100株払込	1,250円出	同日同額銀行当座より借入
1916. 7.20	新湊銀行株配当	114円入	同日同額銀行当座へ預入
1916. 7.22	高岡銀行200株配当	405円入	同日同額銀行当座へ預入
1916. 8. 5	高岡化学工業株払込	1,250円出	同日同額銀行当座より借入
1916. 9.13	南海鉄道25株買入	2,255円出	同日同額銀行当座より借入
1916.12. 1	高岡打綿株配当	163円入	同日同額銀行当座へ預入
1916.12.21	高岡化学工業100株配当	175円入	同日同額銀行当座へ預入
1917. 1.19	新湊銀行株配当	114円入	
1917. 2. 1	高岡打綿100株払込	1,250円出	前日同額銀行当座より借入
1917. 2. 5	高岡銀行200株払込	1,000円出	同日同額銀行当座より借入
1917. 2.17	新湊銀行8株買入	480円出	同日一部銀行当座より借入
1917. 2.20	新湊銀行77株払込	963円出	同日同額銀行当座より借入
1917. 5.15	高岡銀行300株証拠金	750円出	同日同額銀行当座より借入
1917. 5.29	高岡打綿株配当	313円入	同日同額銀行当座へ預入
1917. 5.31	高岡打綿100株売却	8,825円入	同日同額銀行へ返済・預入
1917. 6.15	高岡打綿30株買入	4,050円出	同日同額高岡銀行割手で借入
1917. 6.16	高岡打綿30株買入	4,140円出	同日同額高岡銀行割手で借入
1917. 6.21	高岡化学工業100株配当	125円入	同日同額銀行当座へ預入
1918.10. 3	東洋汽船30株配当	375円入	同日同額銀行当座へ預入
1918.10.10	公債買入	500円出	同日一部銀行当座より借入
1918.11. 1	岩脇銀行50株払込	250円出	同日同額銀行当座より借入
1918.11. 2	東洋汽船10株売買益	254円入	
1918.11.20	新湊銀行新株割当	950円出	同日同額銀行当座より借入
1918.12.10	新湊銀行292株払込	2,928円出	同日同額銀行当座より借入
1918.12.11	新湊運送出資分	172円出	同日同額銀行当座より借入
1918.12.25	高岡化学工業株配当	356円入	
1919. 1.10	味噌会社株払込	100円出	同日同額銀行当座より借入
1919. 1.22	高岡銀行500株配当	720円入	同日同額銀行当座へ預入
1919. 2. 2	高岡電灯10株買入	1,202円出	
1919. 2. 7	高岡電灯10株買入	3,165円出	同日同額銀行当座より借入
1919. 2.21	味噌会社解散	125円入	
1919. 3. 4	高岡電灯株払込	188円出	同日同額銀行当座より借入
1919. 3. 7	高岡電灯株払込	125円出	
1919. 4.29	南国産業18株払込	135円出	同日同額銀行当座より借入
1919. 6. 2	横浜正金銀行10株買入	3,022円出	同日3,000円銀行割手で借入
1919. 6. 4	岩脇銀行株払込	500円出	同日同額銀行当座より借入
1919. 6.10	東京電灯20株買入	600円出	同日同額銀行当座より借入
1919. 6.30	岩脇銀行50株売却	2,177円入	同日同額新湊銀行へ預入

出所）明治44・大正2・4・7年「金銭出納帳」（宮林家文書，史料番号A-68～71，宮林家蔵）より作成。
注記）1911年1月～19年6月の宮林家有価証券関係収支のうち100円以上の金銭出入りがあった項目を示した。金額欄の「出」は，宮林家からの出金で「入」は宮林家への入金。備考欄は出入り金銭の調達もしくは運用を示した。項目の会社名は，略称で示されていた場合は，史料の前後関係などから推定して示した。

ていたのは、岩脇銀行と高岡銀行と高岡打綿で、高岡打綿株は一九一三年下半期と一四年下半期の配当金が同じで、この間に株が売却されたとは思われず、高岡銀行株は次第に買い増しして、一五年初頭で二〇〇株を所有していたので、この一〇〇株売却は岩脇銀行株と考えられる。それと一九一三年三月一六日の五〇株売却分と併せ、宮林家は一〇年時点で所有していた岩脇銀行株二〇〇株のうち一五〇株を一三年に売却した。岩脇銀行との関係は、設立の際の支援のみに止め、岩脇銀行取締役も彦九郎は一九一一年には退任しており、それに代わって同年に彦九郎は新湊銀行の取締役に就任した[37]。

第一次世界大戦が始まり、一九一六年に高岡化学工業株の払い込みが二、五〇〇円行われた。もっとも新規購入時期はこれ以前と考えられるが、同社株の配当が計上されたのは一六年末が最初なので、史料上で数値の不明な一五年後半期に同社株が新規に購入され、一六年にその払い込みが行われたと推測できる。第II部補論で検討したが、富山県の重化学工業化は、農業での肥料需要拡大を背景とした人造肥料製造業の成長に代表されるように、一九一〇年代から化学工業を中心として進展し、宮林家は化学工業に将来性を見出したと思われ、一七年に高岡化学工業株を新たに九〇株購入し、一六・一八年の払込金と併せて、約一一、〇〇〇円を一六〜一八年に高岡化学工業に投資した。

一方、一九一七〜一八年に最も売買が行われたのは高岡打綿株であった。製綿業を営む高岡打綿会社は[38]、合資会社として一八九七年に設立された後に、一九〇七年に株式会社化されて室崎家・菅野家などの有力資産家の資金が入れられた。第一次世界大戦期には好景気に乗って資本金が一〇〇万円に増資され、この時期は大阪・ウラジオストック・天津に支店が設けられてかなりの高配当が続けられた。宮林家は、高岡打綿株の株価上昇を見越して、一九一七年五月にいったん所有していた一〇〇株を売却し、六月に新たに約八、二〇〇円で六〇株を購入し、その六〇株を翌月に約一〇、〇〇〇円で売却した。一七年五月の一〇〇株の売却益も併せて、高岡打綿株の売買で宮林家は短期間にかなりの利益を得た。もっとも高岡打綿会社そのものは、一九二〇年恐慌で大打撃を受け、支店を全て閉鎖して半額減資をした。そのため宮林家の一九二二年頃の高岡打綿株の所有は約三、〇〇〇円に止まった（表6-9）。

このように短期間に多額の株式を売買するには、新湊銀行の当座勘定残額では不足するようになり、一九一七年六月の高岡打綿株の購入は、高岡銀行から割引手形で借り入れた資金で行われた。その後、新湊銀行からも割引手形での借り入れが行われ、一九一七年七月の高岡化学工業株の購入と一八年二月の同社株の払い込みは、その方法で行われた。一九一七年は家全体の損益で、有価証券買入・払込額が相当に上って、作徳米販売収入では賄えなくなり（前掲表6-10）、この年は家全体の収支でみても銀行借入による株式投資が行われた。もっとも、割引手形での銀行借入がみられたのはこの時期のみで、宮林家の収支では、毎月のように作徳米販売が行われ、その代金が新湊銀行の当座勘定に入れられ、配当収入や株式売却収入も当座勘定に直ちに入れられたため、有価証券関係収支で、支出が収入をかなり上回った一九一八年でもほとんどの株式投資は、当座預金勘定からの引き出しで賄われた。

なお、一九一七・一九年には中央の株式市場で取引される大企業の株式（いわゆる中央株）の新規購入がみられ、一九一七年九月に約五、〇〇〇円で東洋汽船株三〇株が、一九年六月に約三、六〇〇円で横浜正金銀行株一〇株と東京電灯株二〇株が購入された。しかし前掲表6-9に見られるように、一九二二年頃でも中央株の所有がこれ以上進んだ形跡はなく、宮林家の株式所有は一貫して地元会社株中心であった。特に、一九一九年二〜三月に高岡電灯株の買入・払込が約五、〇〇〇円行われ（前掲表6-11）、二二年頃では高岡電灯株の所有残額は減っていたが、購入額と時価との違いでは高岡電灯株は評価益を示し、その後二〇年代に高岡電灯株がかなり購入された。

その点を表6-12から検討する。金融恐慌から昭和恐慌にかけての宮林家は、恐慌の影響もあり、株式買入・払込をほとんど行わず、一九二八（昭和三）年に同家はかなり土地を売却し、相当の現金を取得したが（前掲表6-10）、それを株式投資に運用した形跡はなく、銀行当座勘定にそのまま預けた。しかし、一九二二年頃に六〇株しか所有していなかった高岡電灯株を、二八年時点では六四五株所有しており、この間に高岡電灯株を買い進めた。一九二〇年代は[39]、都市化にともない電力需要の増大とともに電力業界は全体として好況で、特に高岡電灯は、二四年に神通川電気、二八年に能州電気、二九年に石動電気と北陸共同電気を合併して、富山県と石川県に大きく電力供給範囲を広げて北陸地方の中核的な電気事業者となった。そして前述のように当時宮林彦九郎の義兄弟であった菅野伝右衛門が高

表 6-12　1928〜30 年宮林家有価証券関係主要収支一覧

年月日	内　容	金　額	備　考
1928. 1. 5	東京電灯 20 株配当	40 円入	
1928. 1.21	新湊銀行株配当	837 円入	同日同額銀行当座へ預入
1928. 1.26	高岡銀行株配当	1,125 円入	同日同額銀行当座へ預入
1928. 1.28	新湊運送会社株配当	68 円入	
1928. 3.31	北一会社 100 株配当	66 円入	
1928. 6. 9	高岡打綿 18 株配当	41 円入	
1928. 6.11	国際製薬 2 株払込	200 円出	同日同額銀行当座より借入
1928. 6.26	高岡電灯 645 株配当	1,048 円入	同日同額銀行当座へ預入
1928. 6.26	北陸信託 100 株配当	64 円入	
1928. 7.20	新湊銀行株配当	996 円入	同日同額銀行当座へ預入
1928. 7.23	新湊運送株配当	81 円入	
1928. 7.25	高岡銀行株配当	1,125 円入	同日同額銀行当座へ預入
1928.11.24	高岡打綿 18 株配当	33 円入	
1928.12. 1	新湊銀行 100 株買入	4,152 円出	同日同額銀行当座より借入
1928.12. 1	高岡電灯 450 株払込	3,375 円出	同日同額銀行当座より借入
1928.12.27	高岡電灯 645 株配当	968 円入	同日同額銀行当座へ預入
1928.12.27	北陸信託 100 株配当	64 円入	同日一部銀行当座へ預入
1929. 1.20	新湊銀行株配当	1,161 円入	同日同額銀行当座へ預入
1929. 1.21	横浜生命株配当	23 円入	
1929. 1.24	新湊運送株配当	108 円入	
1929. 1.25	高岡銀行株配当	1,125 円入	同日同額銀行当座へ預入
1929. 3.30	北一会社株配当	63 円入	
1929. 5.30	高岡打綿株配当	21 円入	
1929. 6.27	高岡電灯株配当	1,161 円入	
1929. 6.27	北陸信託株配当	64 円入	
1929. 6.27	帝国鉱業(社債)利息	22 円入	
1929. 7. 3	東京電灯株配当	40 円入	同日同額銀行当座へ預入
1930. 1.21	新湊銀行株配当	1,093 円入	同日同額銀行当座へ預入
1930. 1.24	新湊運送株配当	108 円入	同日同額銀行当座へ預入
1930. 1.24	高岡銀行株配当	1,063 円入	同日同額銀行当座へ預入
1930. 7. 1	東京電灯株配当	25 円入	
1930. 7.20	新湊銀行株配当	1,093 円入	同日同額銀行当座へ預入
1930. 8.30	高岡銀行 50 株買入	2,475 円出	同日同額銀行預金より引き出し

出所)「累年出納簿」(宮林家文書，史料番号 C-18，宮林家蔵) より作成。
注記) 1928 年 1 月〜29 年 7 月，30 年 1〜8 月の宮林家有価証券関係収支のうち 20 円以上の金銭出入りがあった項目を示した。金額欄の「出」は宮林家からの出金で,「入」は宮林家への入金。備考欄は出入り金銭の調達もしくは運用を示した。項目の会社名は，略称で示されていた場合は，史料の前後関係などから推定して示した。

岡電灯の社長であったことも、宮林家が高岡電灯株を買い進めることを後押ししたと思われる。

恐慌下でも新湊銀行・高岡銀行・高岡電灯など宮林家の所有株式の主要銘柄は、高配当が行われ、一九二九・三〇年ともに半期で各社から一、〇〇〇円以上を宮林家は受け取り、これら三社の株式の追加購入や払込は、配当収入で

表6-13　20世紀前半宮林家会社役員報酬の推移

（単位：円）

年	新湊銀行	高岡銀行	岩脇銀行	高岡電灯	大岩電気	新湊運送	北　一
1911	6						
1913	15						
1915		106					
1916		100					
1917		156	10				
1918	15	200	20				
1919（1〜6月）	37	240	10				
1928	300	1,400		1,100	360	40	100
1929（1〜6月）	150	650	飛越電気	550	200	20	50
1930（1〜6月）	150	400	100	350	120	20	北陸信託
1938（7〜12月）		650		1,100	1,500[1)]	20[2)]	50

出所）明治44・大正2・4・7年，昭和13〜15年「金銭出納簿」，「累年水納簿」（以上宮林家文書，史料番号A-68〜71，C-18，D-11，宮林家蔵）より作成。
注1）解散慰労金（手当）を含む。2）新湊商行として。

賄えた。しかし、それ以外の会社株の配当収入は少なく、宮林家の株式投資は次第に特定の銘柄に集中した。

そして、新湊銀行・高岡銀行・高岡電灯からは宮林家は配当収入のみでなく役員報酬もかなり得た。表6-13をみよう。前述のように、一九一一年に岩脇銀行取締役を退任して新湊銀行取締役になって以降、ほぼ継続して彦九郎は新湊銀行役員を務め続けた。高岡銀行の役員も、一九一五年から三〇年代まで継続して務め、高岡電灯の役員も、一九二八年以降は継続して務めたと考えられる。その他彦九郎は、飛越電気・大岩電気などの役員を務めたが、これらは高岡電灯系列の電力会社でありその関係で就任したと考えられる[40]。そして地元新湊では、新湊銀行の他に、新湊運送・新湊商行など流通関係の会社の役員を務めたが、これらの会社の配当金は少なく、配当収入よりもむしろ経営参加の色合いが強かった。

このように一九三〇年代に、宮林家は当主が多くの銀行・諸会社役員を兼ねることで、かなりの役員報酬を得た。一九三八年五〜一二月の宮林家の収入は、配当債券利息が九、四八二円、報酬が四、五九〇円、作徳米売却収入が二、四三五円であった[41]。配当債券利息収入が多いが、報酬もかなりの比重を占め、その意味で、一九二〇年代後半以降の彦九郎は、資本家としてのみでなく会社経営者としても活動したと言える。しかし、翌一九三九年の宮林家の収入では、配当債券利息が三、〇八一円、報酬が一、四四〇円に対し、作徳米売却収入が一〇、五四〇円あり[42]、依然として家の収入に占める作徳米販売収入の比重は高く、資本家・経営者・地主の三つの側面を持ち続けた。そして、株式投資の大部分が地元会社であったこと、経営参加した会社が全て高岡か新湊の会社であったことも併せ、それは、在村耕作地主として地域社会と密接につながって家の存続を図ってきた宮林家の経営展開の地域志向性の表れであった。

おわりに——能登屋藤井家との比較

表6-14をみよう。綿屋宮林家の海運経営進出後から一九三〇年代までの経営展開は、大きく四つの時期に区分できる。最初は一九世紀初頭の海運経営進出から明治維新までの金沢藩の御用商人として活躍した時期、次が明治維新から一八八六（明治一九）年までで、金沢もしくは伏木を中心として地域社会の企業家として銀行・会社設立に積極的に関与した時期である。ところが松方デフレで関与した銀行・会社が倒産し、家業の海運業も打撃をうけて一八八五・八六年に銀行・会社の全ての役員から手を引き、その頃に海運経営からも撤退した。一八八六年から一九〇〇年代までが第三の時期で、その間の宮林家は松方デフレで失った家産を、専ら土地経営で回復させることに努めた。そして一八八〇年代後半の第一次企業勃興期は、家産を失った後遺症から会社設立に全く関与せず、また九二年に当主が亡くなり、新当主が幼少であったため、九〇年代後半の第二次企業勃興期も、会社設立に全く関与しなかった。

宮林家は、新当主が成人した頃の一九〇七年から会社経営や株式投資を再開し、〇九年に地元岩脇銀行の設立に協力出資して取締役となった。その後一九三〇年代までが第四の時期で、この間の宮林家は、地元の新湊地域の在村耕

表 6-14　宮林彦九郎会社役員の推移

会社名	所在	1878 年	1884 年	1911 年	1916 年	1922 年	1926 年	1931 年	1936 年
第十二国立銀行	金沢	取締役	取締役			飛越電気(富山)		監査役	監査役
金沢為替会社	金沢	副棟取	取締役[1]			北陸信託(高岡)		監査役	監査役
新湊銀行	新湊			取締役	監査役	取締役	取締役	取締役	取締役
高岡銀行	高岡				取締役	取締役	取締役	取締役	取締役
新湊運送	新湊					取締役	取締役	取締役	
越中製軸	新湊					取締役	大岩電気(上市)		取締役
北　一	高岡						監査役	監査役	
高岡電灯	高岡							監査役	取締役

出所）北陸銀行調査部百年史編纂班編『創業百年史』株式会社北陸銀行，1978 年，由井常彦・浅野俊光編『日本全国諸会社役員録』第 15 巻，柏書房，1989 年，大正 5・11・15・昭和 6 年版『日本全国諸会社役員録』商業興信所，1916・22・26・31 年。昭和 11 年版『銀行会社要録』東京興信所，1936 年より作成。

注記）1911 年以降は，各年 1 月頃のデータと考えられる。欄の途中の会社名の後の括弧内は所在。各社の払込資本金額は，本書第 II 部補論の表補 II-10 を参照。

注 1）金沢為替会社は，1883 年に（旧）北陸銀行に改編されており，（旧）北陸銀行として。

作地主でありつつ、新湊や高岡の会社の資本家かつ経営者でもあった。特に、一九三〇年代に多くの銀行・諸会社の取締役や監査役を務め、第一次世界大戦以降の新湊・高岡地域の産業化に宮林家は大きな役割を果たしたと言える。

しかし地域社会との関連では、宮林家や伏木の藤井家、そして金沢外港の粟ヶ崎の木谷家など近世来の旧金沢藩御用北前船主の積極的な企業家活動で、近代初頭から一八八〇年前後までに金沢や伏木で銀行や海運会社が設立されたことが重要で、[43]それが松方デフレ後の本格的企業勃興の時期ではなく、松方デフレ以前であったことが先進性と同時に時期の悪さにつながった。そのため、一八八〇年前後までに彼らが設立した銀行・諸会社はいずれも松方デフレの打撃を受けて、倒産か他の銀行への合併を余議なくされ、家産をかなり失った彼らは、その後遺症から第一次企業勃興期に会社設立にほとんど関与せず、全体として旧金沢藩領域の企業勃興の遅れにつながり、富山県の旧金沢藩領域では、企業勃興はそれ以後伏木や新湊ではなく、新興の北前船主が登場した高岡を中心として進められた。[44]

ここで重要なのは、宮林家・藤井家・木谷家などが積極的に企業家活動を行った一八八〇年前後までは、まだ商法の成立以前であり、株式会社は存在していたものの、有限責任制はまだ広く認知されてはいなかったことである。[45] それゆえ彼らは、株式会社設立に際して、自らの出資金以上のリスクを負っており、会社破綻の場合は、自らの家産を犠牲にして損害を補塡した。その意味で、広く社会的資金を集めた株式会社制度が定着するためには、一八九〇年の商法の公布による株式会社の有限責任制の認知が必要であり、それ以前の段階で積極的に会社経営に関わらざるを得なかった旧金沢藩の有力御用船主の地域社会への経済的貢献は、近世期の御用金負担と同様にかなり重い負担であったと考えられる。

ただし、経済面では地域社会への貢献に一度は挫折した宮林家や藤井家であったが、経済以外の教育・医療などの側面で彼らが地域社会の近代化に果たした役割は大きく、それが一九世紀末以降に彼らが再び、地域財界で重責を担うようになる背景にあった。その過程を宮林家と藤井家を比較しつつ検討する。表6-15をみよう。宮林家の経営展開は本論で詳論したので、ここでは藤井家の活動を中心に考察する。

綿屋宮林家の出身の放生津と能登屋藤井家の出身の伏木は、近世期からいずれも高岡地域の主要湊として高岡後背地農村の年貢米が移出された。[46] 能登屋は、[47] 伏木の北前船主兼廻船問屋として、一八世紀末から遠隔地間交易を行ったと推定され、一八一一（文化八）年に伏木湊の特権的船問屋の一員に挙げられた。その後能登屋は、一八二三（文政六）年に金沢藩の御調達方御用を引き受け、二八年から金沢藩が江戸に送る産物の海上輸送を担い、有力御用商人となった。一八三〇年代に波除方・御普請方主附として、地域社会の公共事業を担う立場に立ち、三七（天保八）年に、綿屋と連名で六〇〇両の調達金を負担した。前述した一八四〇年代のものと推定される加賀・能登・越中三カ国の長者番付で、能登屋は綿屋と並んで関脇（左右の上位二番目）に位置し、[48] また、一八四四（弘化元）年に金沢藩が江戸城本丸炎上修復のための幕府からの割当献上金八万両を調達するため、領内の富商・船主に対して借銀を行った際に、能登屋も綿屋と同額の銀一五〇貫匁を負担し、[49] 高岡地域ではこの両家が代表的御用商人と認識されていた。

それゆえ明治維新後に、藩主導で金沢為替会社が設立されると、藤井家当主の能三が宮林彦九郎とともに惣棟取

表6-15　19世紀における綿屋宮林家・能登屋藤井家の御用・社会活動

①公　職

年　月	宮林家	藤井家
1820年	放生津町算用聞役	
1823年	御調達方御用	御調達方御用
1830年代	波除方主附	波除方・御普請方主附
1854. 7	苗字御免	苗字御免
1865. 5	御扶持人	御扶持人
1868. 4		15人扶持
1870. 12	商法・為替・廻漕会社惣棟取	商法・為替・廻漕会社惣棟取
1873. 1		新川県学務掛
1874. 6	石川県金銭出納為替方	石川県金銭出納為替方
1875. 2		第12番中学区取締補助
1876. 11	金沢博物館執事	金沢博物館執事
1877. 8	富山病院新築用掛	
1878. 5		石川県会・伏木村会議員
1879. 5	下新川郡為替方	下新川郡為替方
1884. 2		射水郡備蓄米購求委員
1889年		伏木町会議員
1889. 11		日本赤十字社富山県委員
1896年		射水郡名誉職参事会員
1897. 7		射水郡教育会会長
1898. 10		大日本私立衛生会地方委員

②調達金・寄付金

年　月	内　容	宮林家	藤井家
1837. 8	調達金負担	300両	300両
1844年	調達金負担	150貫匁	150貫匁
1856. 1	海防方冥加金	4貫300匁	2貫150匁
1868. 4	調達金負担	1,000両	
1868. 4	凶作外国米輸入寄付金		2,000貫文
1871年	旧金沢藩主東京移住旅費	1,250両（複数家で）	
1873. 1	伏木小学校設立費		481円73銭
1876. 3	伏木小学校新設経費不足金		153円25銭
1876. 6	医学教師雇継給料補助	50円	50円
1876年	藤井女学校開校		自宅提供
1878年	富山病院新築費	50円	50円
1878. 5	米価騰貴貧窮民救助金	15円・150石	
1878. 10	伏木港灯明台新設費		費用支弁
1878. 11	伏木・高岡間新道費		100円
1879. 3	高岡町火災救助金		100円
1879. 5	伏木村火災救助金	10円	30円
1879. 9	放生津町火災救助金	5円	
1879. 11	伏木村火災救助金		20円
1880. 1	高岡警察署伏木分署新築費	50円	15円
1880. 1	新聞縦覧所設置（放生津町）	費用支弁	
1880. 3	富山病院射水郡出張所新築費	150円	150円
1880. 4	天田越新道開削費	300円	300円
1880. 4	伏木村火災救助金	50円	200円
1880. 7	西南戦役戦死者記念碑設立費	200円	
1880. 12	金沢明治記念標設立費	200円	200円
1881年	越中義塾創設（高岡・中等教育）		協　力
1881. 5	氷見町火災救助金		30円
1881. 8	石川県私立変則学校設立費	100円	
1881. 11	放生津町火災救助金	130円	20円
1881. 12	金沢明治記念標保存費	20円	
1881. 12	射水郡役所新築費		50円
1884. 3	高岡病院新築費	100円	100円
1888. 6	伏木共有灯明台を藤井家へ譲渡		譲り受け
1888. 10	高岡警察署放生津分署新築費	12円	
1890年	伏木町貧民救助金		164円42銭
1891. 7	伏木町空堤工事費		250円
1893. 6	伏木測候所新築費		133円
1895. 10	伏木町火災救助金		150円
1896年	伏木本町小学校校舎新築費		800円

出所）宮林家文書（石川県立歴史博物館・富山県立図書館蔵），「藤井能三氏履歴書」（藤井家文書，高岡市立伏木図書館蔵），石川県編『石川県史』第2編，1928年，993頁，より作成。

注記）1837年8月の調達金は，綿屋（宮林家）と能登屋（藤井家）の両家で600両であったので，半分の300両ずつを記した。1871年の旧金沢藩主東京移住旅費は，有力御用商人複数家で1,250両で，宮林家と藤井家もそれに含まれると考えられる。1878年5月の宮林家の貧窮民への支援は，15円の他に米150石を含む。調達金額の両は金，貫匁は銀，貫文は銭の単位。

（計七名）として名を連ね、一八七七年に金沢で設立された第十二国立銀行にも宮林彦九郎と並んで藤井能三が取締役として経営に参加した[50]。藤井能三は[51]、伏木の経済的発展にも力を尽くし、一八七五年に三菱会社と交渉して三菱汽船の定期航路を伏木に誘致し、家業の廻船問屋では、一八八〇年に東京に支店を設けて廻米問屋として営業し、同年には東京風帆船会社の発起人にも名を連ねた。三菱との関係は、三菱汽船が地元北前船主の競争相手となったこともあり、諸条件をめぐって次第に対立するようになり、藤井能三は独自の地域海運会社をもつべきとの考えに至って、一八八一年に越中風帆船会社を設立して取締役となり、同年に宮林家や東岩瀬の北前船主の馬場家の協力を受けて北陸通船会社を設立して社長に就任した。

前述のように越中風帆船会社は、一八八二年に東京風帆船会社・北海道運輸会社と合併して共同運輸会社となり、藤井能三の手を離れたが、能三は松方デフレまでの金沢や伏木の会社設立の牽引車であったと言える。しかし、松方デフレは金沢為替会社に大きな打撃を与え、同社は一八八三年に増資して北陸銀行（現在の北陸銀行とは別）と改称したが、八六年に同銀行が破綻すると、藤井は家産を同銀行の債務返済に充てるため家業の廻船問屋を閉店し、海運業から撤退した。家産をほぼ完全に失った藤井能三は、伏木町会議員などの公職を務めたが、経済的活動はしばらく休止し、一八九三年に東京火災保険会社伏木代理（弁）店を開店して以降、再び伏木を含む高岡地域の企業勃興に関与するようになった。近代期の藤井家は、家業の発展よりも地域社会の発展を優先させた点で、家業志向性よりも社会志向性が強く、宮林家と同様に地域志向性も強くみられた。

その藤井家の社会志向性は、教育・医療・災害復興面で強くみられた。前掲表6-15の近代期の宮林家と藤井家が地域社会に行った寄付金の内容をみると、近代初頭の地域社会では、地域の資産家は学校設立・病院設立・災害復興に関して貢献が期待されていたことが窺われる。特に藤井能三は、まず教育に力を入れ[52]、一八七二年に学制が発布されると大聖寺藩の著名な学者であった東方元吉と会い、その門弟の吉田五十穂に伏木への来任を要請してそのまま同伴して伏木に戻ると、一切の費用を自ら負担して小学校新設の申請をした。当時、高岡地域は新川県に属していたが、新川県も藤井に期待し、学務掛に任命して伏木小学校の設立を許可した。伏木小学校の敷地も藤井家が所有地を提供しており、設立に際して藤井家が支出した経費は約六三五円に上り、また各地の小学校設立に際し、必要な書籍の代金一、七〇〇円も藤井家が一時的に立て替える提案もした。さらに藤井能三は、女児はその特性に応じた学校が必要との考えで一八七六年に藤井家自宅を校舎として藤井女学校を開校し、中等教育に関しては、一八八一年に中学校教則大綱が発表されると、大橋十右衛門らが提唱した高岡での越中義塾の設立に協力した。

学校に続いて地域社会で必要とされたのが病院で、特に近代初頭の日本では一八七七・七九年に大規模なコレラ流行がみられ[53]、七八年に富山病院が新築される際に、藤井家は宮林家とともに五〇円ずつを寄付した。富山病院はその後一八七九年のコレラ流行への対応からか八〇年に射水郡出張所を新築し、その際も藤井家は宮林家とともに一五〇円ずつを寄付し、八四年に高岡病院新築の際も、藤井家は宮林家とともに一〇〇円ずつを寄付した。

コレラ流行と並んで地域社会に大きな打撃を与えたのが大規模な火災で、火災の際の貧窮民を救うための支援金を、藤井家も宮林家もたびたび寄付した。また西南戦争の戦死者の追悼記念碑や金沢公園の明治記念碑にも両家は寄付したが、藤井家は伏木港の廻船問屋でもあり、伏木港の近代化には非常に力を注いだ。例えば、一八七八年一〇月には自費で伏木港に灯台を設置し、九三年にその灯台に測候所を設置する際も、多額の費用を寄付した。そして一八九一年の伏木港の堤防工事の費用もかなり負担した。

このような藤井家の家業の発展よりも地域社会の振興を優先させる姿勢は、地域住民の共感を得て、前述した松方デフレの打撃で破綻した北陸銀行の負債を自分の財産で返済したため、家産をほぼ完全に失った藤井家に対し、伏木町は町の共有資産の伏木港灯台を藤井家に譲渡し、灯台の使用料収入で藤井家の生計が成り立つようにした。その結果、藤井家は伏木に留まることができ、伏木町会議員にも選出され、その後も貧民への救助金・堤防工事費・測候所新築費・小学校校舎新築費などの寄付活動を継続した。

前述のように、藤井家は一八九三年に東京火災保険会社伏木代理（弁）店を開店し、経済活動を再開したが、その後の藤井能三と企業勃興との関連に簡単に触れると、[54]能三は一八九三年に中越鉄道会社発起人、九四年に伏木肥料外二品取引所理事長となり、九七年に伏木煉瓦会社専務取締役となった。さらに一八九八年の富山県農工銀行設立とともに取締役、九九年に中越鉄道会社の監査役となった。宮林家は当主の交替があり、会社経営への復帰がかなり遅れたが、藤井能三は一八九〇年代後半の第二次企業勃興期には、それなりに会社設立に関わった。しかし家産を大きく失った藤井家は松方デフレ以前のように会社設立を主導する立場にはもはやなく、第一次企業勃興期に藤井家と宮林家が投資活動を停止したため、高岡地域で新たな企業勃興が起こるまでに一時的な空白ができた。

高岡地域の新たな企業勃興は、[55]一八八九年の高岡銀行の設立に始まり、近世来の北前船主の正村平兵衛が頭取となったが、副頭取の菅野伝右衛門がその後の高岡地域における会社設立の牽引車となった。前述のように菅野は主に近代以降に廻船業で財を成した新興北前船主で、一八九三年に高岡紡績設立時に社長に就任した。

高岡紡績は、銀行・運輸業の会社設立が多い日本海沿岸地域の企業勃興のなかで、[56]近代的製造業の勃興の点で異彩を放つが、近代初頭に商業的蓄積の大きかった宮林家や藤井家が松方デフレで打撃を受け、家産をかなり失ったため、その後の会社設立の有力な出資者と成り得ず、高岡紡績に続いて設立された紡績会社はなかった。また、第II部補論で検討したように、松方デフレ以前に宮林家や藤井家に匹敵する資産を保有していたと考えられる北前船主の馬場家は、汽船経営に力を注ぎ、高岡共立銀行、岩瀬銀行、越中商船会社の経営を担ったが、[57]リスクを負って近代的製造業に展開する志向はなかった。

このように、地域社会の産業化に会社設立の担い手となるべき有力資産家の経営展開が大きな影響を与えており、高岡地域の企業勃興は、有力資産家たる北前船主の資金力と経営志向性の点で大きな限界を抱えていたと言える。ただし、有力資産家の地域社会への貢献を、企業勃興の側面から評価し過ぎることも問題で、北陸銀行の負債返還のために家産を大きく減らした宮林家や藤井家が、かつての地位ではないものの、再び地元財界の担い手の一人に復帰し得た背景には、経済面以外も含めた両家の地域社会への貢献により地域住民が両家を信頼し続けたことがあろう。

特に藤井能三の地域社会振興にかける熱意は、地域住民の強い支持を得て、地域住民は家産を失った藤井家を逆に支えた。その結果、藤井家の資産額は、一八九〇年代後半に、見積額で約五五、〇〇〇円まで回復した。[58] 藤井能三は、その後伏木築港事業に全力を投入し、[59] 富山県で最も整備された港湾となった伏木港は、第II部補論で述べたように、一九一〇年代以降臨海工業地帯として展開し、高岡市内に代わって富山県の工業化を主導した。

経済面では、私財を投じて地域社会の振興に尽くし、名誉を得ようとする（得た）ものが「名望家」と考えられるが、[60] その活動に際し、家業の発展のために地域社会からの見返りを期待した場合もかなり含まれる。しかし、少なくとも藤井能三にはその要素はみられず、その行動様式に社会志向性が強く現れた。その背景には、個人的資質や育った環境があろうが、結果的に藤井能三の社会志向性の強さが、伏木の経済発展の基盤となった点で、能三は自身が一八九六年になった射水郡名誉職参事会員に最も相応しい人物であった。

第7章　旧小浜藩有力船主と地域経済・社会の展開

——若狭国小浜・古河屋古河家の事例——

はじめに

本章では、一八世紀後半から小浜藩の有力廻船業者として御用輸送に従事し、一九世紀前半に石高約一一万石の小浜藩領域を代表する北前船主となった若狭国（現福井県南部）小浜の古河屋古河家を取り上げる。なお、小浜は海沿いの城下の町方と隣接する漁湊の西津地域と内陸の竹原地域からなり、それぞれ近代期は小浜町、西津村、雲浜《うんぴん》村となり、一九三五（昭和一〇）年にこの三町村が合併して新小浜町となった。(1) 古河屋は西津に居住し、厳密には小浜城下商人ではなかったが、西津は城下の町方と海沿いに隣接する湊で、古河屋は町方の米手形役所頭取を務めたので、小浜の北前船主と位置づける。なお古河屋は、後述のように一七九三（寛政五）年に藩から許され、古河を姓としたので、本章は、古河家で統一して記述する。

古河家の家史については、古河嘉雄がかなり詳しくまとめ、それによると、当主嘉太夫は、初代が一七二七（享保一二）年に廻船業を始めてから、四五（延享二）年、八四（天明四）年、九二年、一八〇二（享和二）年、一七（文化一四）年、三四（天保五）年、七四（明治七）年に代替わりし、その次の当主教成が八三年に亡くなり、その後成一が一九三六年まで当主を務めた。[2]また新井建一は、[3]店卸関係帳簿を分析して、古河家の資産動向を解明し、そこでは、古河家の廻船業収益の不安定性に対し、調達金（藩への貸付金）をはじめとする貸付資本の利子収入がそれを補ったが、幕末期になると際限のない調達金の存在が古河家の資産運用を困難にし、調達金が事実上の献金となったため資産内容がかなり悪化したことを解明した。調達金に関する新井の理解は的を射ていると考えられるが、廻船業収益の不安定性は、廻船経営そのものを検討した上で評価する必要があり、その点を含めて本章では古河家の経営展開を廻船業撤退後の近代期まで視野に入れて検討する。

まず、小浜を含む福井県の有力北前船主の動向を概観する。前掲表序-11では、現福井県域の若狭・越前国における一九世紀の大規模北前船主として、小浜の古河家の他に、越前国河野の右近家・中村家、越前国三国の室屋・戸口屋・木屋・森田家が挙げられた。戸口屋・木屋は幕末期にすでに廻船経営を撤退したので、残りの五家の近代以降の廻船経営をみると、一八八〇年代に廻船経営から撤退した古河家・室屋内田家・森田家と、二〇世紀以降まで廻船経営を継続し、近世期よりも近代期に廻船経営を発展させた右近家・中村家に分けられた。

古河家・内田家・森田家は、[4]小浜は小浜藩、三国は福井藩という大藩の主要湊に居住し、藩の御用輸送に携わったと考えられるが、右近家・中村家は、[5]漁村の浦である河野の出身で、一八世紀から荷所船主として北海道・敦賀間の輸送に従事し、その後買積経営に転換して、御用ではなく主に北海道産物の遠隔地間交易で商業的蓄積を進めた。

また、小浜湊・三国湊でも、一八世紀前半から廻船業を開始して、御用輸送を積極的に担った古河家や内田家と、一九世紀中葉に廻船業を開始して、藩とのつながりが古河家や内田家より少なかった森田家では、近代以降の展開は異なり、古河家や内田家が多額の御用金負担から幕末期に資産額を減少させたのに対し、森田家はむしろ近代初頭に急激に進めた商業的蓄積をもとに、土地経営と銀行業に展開して近代期の三国を代表する資産家となった。

表 7-1　福井県有力資産家一覧

（税額・地価・所得額の単位：円，土地面積の単位：町歩）

氏名	住所	1897 年頃 地租	1897 年頃 所得税	1898 年頃 所有地価	1910 年頃 国税総額	1916 年頃 資産額	1924 年頃 土地面積	1924 年頃 資産額	1924 年頃 国税総額	1924 年頃 所得額	1933 年頃 資産額
山田欽	高椋	1,091	43	43,651	2,753	65 万円	140.7	200 万円	4,966	32,777	150 万円
斎藤与三郎	鯖江	765	36	29,057	2,592	50 万円	79.4	170 万円	3,727	35,592	60 万円
山西太右衛門	吉野	677	30	22,456			51.8	渡辺平右衛門（志比谷）		48,640	
森田三郎右衛門	三国	652	141	23,336	1,428	80 万円	64.8	450 万円	5,297	98,314	300 万円
山本伝兵衛	敦賀	641	31	26,894	1,673	50 万円	69.6	30 万円	3,425		
大和田荘七	敦賀	600	92	24,190	5,465	125 万円	70.3	500 万円	16,191	99,423	500 万円
山田卓助	福井	568	41	18,340		久保仁吉（勝山）		45 万円	1,147		
藤野市九郎	本荘	565	22	22,581	1,452	西野藤助（岡本）		40 万円	7,406	49,798	80 万円
福島文右衛門	鯖江	528	27		1,560			86 万円	2,260		50 万円
青山庄兵衛→荘	東郷	503	25		1,354		50.2	75 万円	1,723		70 万円
小林季太郎	高椋	497	19	18,689		志水源兵衛（小浜）		40 万円	1,109		
増田所之丞→祐	東藤島	462	16	18,493				30 万円	952		
森廣三郎	国高	441	21	10,145	1,417		57.4	84 万円	3,539	33,160	150 万円
丹尾頼馬	豊	402	10	15,387		吉岡佐敏（東藤島）		40 万円	1,078		50 万円
樫尾長右衛門	神山	384	13	11,841		松島長松（福井）		40 万円	1,020		
野村勘左衛門	兵庫			20,668			75.5	150 万円	2,350		70 万円
坪田仁兵衛	大石			16,510			50.4	150 万円	1,128		
高島茂平	立待			12,599				80 万円	1,414		
久保九兵衛	福井			11,548			66.0	70 万円	2,544		50 万円
宇野三右衛門	敦賀			10,786		60 万円	59.6			42,117	80 万円
岩堀嘉三郎	神山			10,611		50 万円	70.7	80 万円	3,050		
高島七郎右衛門	立待			10,114	1,436			150 万円	2,009		80 万円
右近権左衛門	河野				6,103	500 万円		2,000 万円	27,864	171,399	1,000 万円
五十嵐佐市	和田				1,850	岡崎利市（春江）		40 万円	1,018		
高島仲右衛門	立待				1,582		71.7	100 万円	2,087		
宮崎相吉	敦賀				1,567			5 万円	2,492		
中村三之丞	河野				1,377	100 万円		800 万円	8,101	91,311	
松平康荘	福井					1,000 万円				121,525	300 万円

喜多村謙吉	敦　賀					60 万円		30 万円	3,425		
田中長次郎	小　浜					50 万円		50 万円	4,245		80 万円
杉田定一	鶉						63.6				
飛島文吉	福　井							300 万円	18,652	98,976	500 万円
西野市兵衛	岡　本							100 万円	7,234	67,301	300 万円
中村俊蔵	河　野							100 万円	4,435		
斎藤俊蔵	鯖　江							100 万円	1,892		
金岩修次郎	小　浜							100 万円	1,489		
田辺与平	吉　野							85 万円	2,289		
吉田金右衛門	鶉							85 万円	1,598		70 万円
西岡甚平	吉　野							65 万円	1,043		
中西吉之進	神　山							60 万円	1,223		
池田七郎兵衛	酒　生							60 万円	1,754		
黒田与八	福　井							56 万円	1,155		
八十島五郎右衛門	木　部							55 万円	1,684		
山田仙之助	中　河							55 万円	1,509		
酒井伊四郎	鯖　江							54 万円	4,318	34,691	
山本甚三郎	武　生							50 万円	4,897	44,073	60 万円
大和田正吉	松　原							50 万円	3,768	37,812	
西畠順策	春　江							50 万円	2,958		
坪田鶴吉	春　江							50 万円	2,337		
西畑庄太郎	春　江							50 万円	1,710		
中島近	春　江							50 万円	1,604		
加藤勝康	武　生							50 万円	1,029		
山田庄右衛門	栗田部							50 万円	1,022		
杉原半四郎	岡　本							50 万円	1,002		50 万円
佐々木安五郎	福　井							48 万円	1,548		

出所）渋谷隆一編『明治期日本全国資産家地主資料集成』第 4 巻，柏書房，1984 年，渋谷隆一編『大正昭和日本全国資産家地主資料集成』第 1・3・4 巻，柏書房，1985 年，渋谷隆一編『都道府県別資産家地主総覧』富山・石川・福井編，日本図書センター，1997 年より作成。

注記）1897 年頃の地租と所得税額，1910 年頃の国税総額，1916 年頃の資産額，1924 年頃の土地所有面積が出所資料に掲載，もしくは，1924 年頃の資産額が 40 万円以上かつ国税総額が 1,000 円以上のもの，あるいは 1924 年頃の所得額が 40,000 円以上のものを取り上げ，それぞれについて表で挙げた項目を示した。氏名欄の→は代替わりを示すが，前後関係より推定した場合もある。欄の途中の氏名の後の括弧書きは住所。宇野三右衛門は政次郎・泰三に代替わり。

表7-1をみよう。近代期の福井県有力資産家の一覧に古河家や内田家は登場せず、一九一六（大正五）年頃の資産額で、右近家が五〇〇万円、中村家が一〇〇万円、森田家が八〇万円を示した。一、〇〇〇万円の松平家は旧大名家で、一二五万円を示した敦賀の大和田荘七も北前船主であり、福井県の民間資産家の最上層は、旧北前船主が占めたと言える。敦賀は、(6) 小浜・三国と並んで、近世期から若狭・越前地域の主要湊で小浜藩領に属した。敦賀でも、一八世紀に御用輸送で活躍した天屋は、幕末期に経済的地位を低下させており、それに代わり幕末期に北前船主として成長した桶屋大和田家が、近代期の敦賀を代表する資産家となった。

したがって、若狭・越前地域の近世後期の有力北前船主は、古河家・内田家や天屋のように、一八世紀後半から御用輸送で商業的蓄積を進めながら、幕末期に御用金負担で資産額を減少させ、近代期に有力な資産家になり得なかった家と、森田家や大和田家のように、幕末期に北前船主として成長し、支配権力とのつながりが相対的に少なかったため、御用金負担も少なく、近代期に有力な資産家となり得た家と、右近家・中村家のように廻船業は一八世紀から始めたものの、早期に北海道産物交易に進出し、地元藩の御用とのつながりがほとんどなく、北海道産物交易で急速に商業的蓄積を進めて、福井県を代表する資産家となった家に大きく分けることができる。その中で、右近家・中村家は、垂直統合経営を進めたタイプとして第I部補論で取り上げ、内田・森田・大和田家は、第III部補論で取り上げることとし、本章では、御用を基盤に経営展開した古河家を主に論じつつ、最後に北陸地域の大藩の金沢藩の御用を基盤に経営展開した加賀国（現石川県中南部）粟ヶ崎の木谷家との比較を行うこととする。

一　資産規模の推移と収益構造

古河家の資産規模の推移は、前述の新井の研究で示されたが、ここで再確認する。表7-2をみよう。古河家の帳簿体系では、貸借対照と損益計算が未分離で、資産負債や損益が部門ごとに集約されて店卸帳にまとめられた。よって、この店卸規模が古河家の大まかな資産規模を示すと思われる。なお、古河家の店卸は、当該年度の店卸帳簿が翌年度に作成され、前述の古河嘉雄や新井健一の研究では、帳簿作成年を基準に表が作成されたが、本表では帳簿内容年度を基準に作成した。よって、先行研究で作成された表と、年の表記が一年ずれることとなった。

古河家の店卸規模は、一七八〇年代に急増し、九〇年代以降増加率は緩やかになったものの、一八〇〇年代まで比較的順調に増大した。しかし、一八一一（文化八）年度をピークとして減少に向かい、一〇年代前半にかなり減少し、その後は約三万両前後で横ばいとなった。一八二四（文政七）年以降は収益の内訳が判明し、廻船経営の収益を別に示したが、廻船経営の損益は、損失を計上した年はあったものの、一〇年に一回程度であり、利益額の変動は大きかったが、ほとんどの年に利益を上げた点で、古河家の重要な収益源であった。その結果、貸付金利子も含めた利上金は一七九〇年代と同様の額を一九世紀前半通して上げており、総店卸額が横ばいとすれば、それを相殺する損金が毎年生じたことを考える必要がある。

そこで表7-3で、損金の内容を検討する。まず、資産蓄積を制約したとされる上納金であるが、一七九〇年代に連続して上納金が要請され、九三（寛政五）～一八〇〇年で約八、〇〇〇両の支出がみられた。ただし、表7-2に戻ると、この間の店卸額は約二五、〇〇〇両から約三〇、〇〇〇両に増大しており、上納金を上回る収益を上げた。一七九六年頃に古河家は船を三隻新造し(7)、廻船経営の拡大期のため、上納金を賄う廻船収益を確保し得たと思われる。そ

表 7-2　1782～1857 年度古河家店卸一覧

（単位：両）

年度	利上高	損　金	差　引	店卸高
1782				7,319
1783			1,355	8,674
1784			2,846	11,520
1785			666	12,186
1786			1,151	13,337
1787			2,303	15,640
1788			2,119	17,758
1789			1,597	19,355
1790			△73	19,282
1791			2,848	22,130
1792			2,225	24,355
1793	1,874	△ 1,000	874	25,228
1794			2,266	27,494
1795	2,485	△ 2,500	△ 15	27,479
1796	1,777	△ 1,166	611	28,090
1797	2,049	△ 1,042	1,007	29,097
1798	2,110	△ 1,097	1,013	30,110
1799	2,466	△ 1,007	1,459	31,569
1800	3,314	△ 4,067	△ 753	30,816
1801	953	△ 491	462	31,277
1802	1,883	△ 1,517	366	31,643
1803	2,332	△ 932	1,400	33,043
1804	2,309	△ 1,532	777	33,820
1805	2,488	△ 1,750	738	34,558
1806	2,687	△ 959	1,728	36,286
1807	3,662	△ 4,462	△ 800	35,486
1808	4,311	△ 842	3,470	38,956
1809	2,971	△ 1,458	1,514	40,469
1810	3,156	△ 1,151	2,005	42,474
1811	3,393	△ 1,608	1,785	44,259
1812	181	△ 9,786	△ 9,606	34,653
1813	1,195	△ 737	458	35,111
1814	846	△ 1,898	△ 1,051	34,060
1815	406	△ 3,227	△ 2,821	31,239
1816	926	△ 1,293	△ 367	30,872
1817	475	△ 1,239	△ 765	30,108
1818	934	△ 154	781	30,888
1819	2,481	△ 756	1,726	32,614
1820	850	△ 2,675	△ 1,825	30,789
1821	1,783	△ 1,430	352	31,141
1822	1,826	△ 2,250	△ 424	30,717
1823	1,124	△ 1,675	△ 552	30,165

年度	利上高			損　金	差　引	店卸高
	内 船勘定	内 本家	その他とも計			
1824	845	733	1,577	△ 853	724	30,889
1825	976	607	1,583	△ 1,549	34	30,923
1826	△ 558	781	223	△ 990	△ 767	30,156
1827	1,110	659	1,768	△ 1,103	665	30,821
1828	1,724	657	2,381	△ 2,212	169	31,010
1829	△ 433	617	184	△ 1,056	△ 872	30,138
1830	1,472	649	2,264	△ 1,042	1,222	31,360
1831	603	538	1,141	△ 601	540	31,900
1832	557	520	1,077	△ 1,578	△ 502	31,399
1833	925	493	1,673	△ 1,222	451	31,850
1834	794	458	1,251	△ 1,480	△ 229	31,621
1835	1,568	508	2,271	△ 1,995	276	31,897
1836	1,504	600	2,105	△ 995	1,110	33,007
1837	1,975	834	2,810	△ 2,777	33	33,040
1838	2,081	875	2,956	△ 2,855	101	33,140
1839	△ 1,547	△ 948	△ 2,495	△ 978	△ 3,473[1)]	31,667
1840	440	1,034	1,525	△ 2,237	△ 713	30,955
1841	3,728	1,424	3,746	△ 1,677	2,069	33,023
1842	2,665	819	2,676	△ 2,741	△ 66	32,958
1843	3,585	628	2,582	△ 1,837	746	33,703
1844	612	492	2,136	△ 2,031	105	33,808
1845	684		1,295	△ 4,367	△ 3,072	30,736
1846	△ 302	998	1,114	△ 1,631	△ 516	30,220
1847	1,774	641	2,444	△ 835	1,608	31,828
1848	973	718	1,692	△ 761	932	32,760
1849	2,335	597	3,119	△ 3,592	△ 473	32,287
1850	3,853	566	4,420	△ 2,085	2,335	34,623
1851	△ 1,573	1,680	107	△ 4,451	△ 4,344	30,279
1852	1,109		2,688	△ 1,349	1,340	31,619
1853	666	592	1,257	△ 3,885	△ 2,627	28,992
1854	201	510	711	△ 2,394	△ 1,684	27,308
1855	909	122	1,031	2,815	3,846	31,154
1856	2,376	499	2,876			
1857	2,339	949	3,289			31,050

出所）「年々店おろし覚」，各年度「店おろし勘定書」（以上古河家文書，マイクロフィルム版『近世の廻漕史料』雄松堂アーカイブス所収，以下本章で用いた古河家文書は，いずれもマイクロフィルム版『近世の廻漕史料』所収なので，所蔵先を省略）より作成。

注記）無印は古河家の利益もしくは資産，△印は古河家の損失もしくは負債。

注 1）うち△ 2,000 両分は店卸より除く。

表 7-3　1793～1855 年度古河家店卸損金内訳一覧

（単位：両）

年　度	上納金	家内入用	寄　進	普請入用	船新造等	破船処理	貸方償却	両替違損	分家入用	諸家入用	その他とも計
1793	1,000										1,000
1795	2,500										2,500
1796	530	636									1,166
1797	520	209	334								1,042
1798	490	607									1,097
1799	450	557									1,007
1800	2,450	560		518	470						4,067
1801		132					107	252			491
1802	334	419			108			222			1,517
1803		278					381	90			932
1804		366				788	378				1,532
1805		398			137		396	820			1,750
1806		388					570				959
1807	1,059	246					54		3,103		4,462
1808		327					380		134		842
1809		583			154		480				1,458
1810		431					720				1,151
1811		706					179		1,011		1,608
1812	9,178	319			64		191				9,786
1813		459					278				737
1814		340	買物座		471	540	175	160	140		1,898
1815	400	419	10	1,021	40		460	43	732		3,227
1816		418	161	15			586	63			1,293
1817		438	131		370			△ 22	249		1,239
1818	200	392	173					△ 611			154
1819		549	88				120				756
1820		598	61		615		96	1,058			2,675
1821		534	56				67	606	86		1,430
1822	335	681	88	153	300		23	367	149		2,250
1823		547	55		145			498	430		1,675
1824		493	45			354		△ 118	81		853
1825		422	33		653	290	102		49		1,549
1826		419	65	309	195		25	△ 107	86		990
1827		382	50			200	6	104	67		1,103
1828	1,000	466	21		517	80	53	△ 135	159		2,212
1829		542	35				35	135	233		1,056
1830	190	533	26		100		23		170		1,042
1831		493	54		441	178		△ 652	88		601
1832	102	541	76		165			483	161		1,578
1833	68	535	155				200		89		1,222
1834		588	152	留保分	299		98	208	92	23	1,480
1835		547	30	1,000			161		132	20	1,995
1836	103	535						196	141	20	995
1837		617	500	1,500					140	20	2,777
1838		619		2,000				140	215	20	2,855
1839		709		△ 2,000		1,547	948		186	48	978
1840		579			1,178	187			161	20	2,237
1841	559	579			170			199	151	20	1,677
1842	1,136	583	55	普請入用	187		86	475	88	20	2,741
1843	607	711	23	203			43		56	20	1,837
1844	635	631			699				23	20	2,031
1845	633	619	39	109	890	1,937	47		12	20	4,367
1846		596	61	32	225	601	53		43	20	1,631
1847		640	21	38					11	20	835
1848	25	568	42	40				30	12	20	761
1849	2,058	665	31	38			430			20	3,592
1850		785	54	63		431	35	183	128	20	2,085

年　度	上納金	家内入用	買物座	普請入用	船新造等	破船処理	貸方償却	両替違損	分家入用	諸家入用	その他とも計
1851		720	71	361	186	1,727	2,429	66		20	6,024
1852		635		62	499					20	1,349
1853		619		82	691		789	855	805	30	3,885
1854		561		384	656		21	559	33	40	2,394
1855	400	511	2	232	289			246			△ 2,815

出所）「年々店おろし覚」（古河家文書）より作成。
注記）無印は古河家の支出，△印は古河家の収入。買物座は寄進・合力を含む。普請入用は家買代を含む。船新造代は船買代を含む。破船処理は，預物損を含む。留保分は，「年柄ニ付預」とされた。史料では，銀（貫匁）と金（両）が併用されたが，史料上の換算で金単位に統一した。

の結果として、古河家は一七九九年に小浜藩が米手形役所を開設した際に、その頭取に任命され、古河家が代々それを継承した。この時期は家業の発展と御用金の負担が齟齬しない関係にあった。

しかし、一八一二年度の上納金九、一七八両は、古河家にとって大きな転換点になった。この時、藩財政の悪化を受けて、藩の要請から古河家は上納したが[8]、それがそのまま損金の大部分を占め、この年に総店卸額が約一万両も急減するに至った（表7-2）。ただし、その後の上納金は表でみる限り、一八五五（安政二）年までそれほど高額の支出はなく、例えば損金合計で三、二二七両を計上した一五年度は普請入用が大きく、四、三六七両を計上した四五（弘化二）年度は破船処理が大きく、六、〇二四両を計上した五一（嘉永四）年度は貸方償却が大きかった（表7-3）。

それゆえ、一八一〇年代後半以降の店卸額の停滞の要因を、上納金からのみ説明することはできず、複合的な要因が関係したと言える。その要因として、まず船の新造費用や破船処理費用など船に関する特別支出を検討する。船の新造は、それが収益を上げる資産となるので、必ずしも新造費用は負の支出とは言えないが、破船処理は、金額も大きく資産額を減少させる大きな要因となった。古河家は一八二四～二八年に連続して破船処理費を計上したが、この時期の破船処理費はそれほど多額ではなく、表7-2の船勘定利益を相殺するほどではなかった。一方、一八二〇年代～三〇年代前半は、毎年のように船の新造・改修などの費用を計上して、廻船の更新をしたものの、三〇年代前半に船勘定利益があまり上がらなかった。

序章で触れたように、一八三〇年代前半は、北陸・大坂間の米価の価格差が前後の時期に比べ縮小しており（表序-8）、当時廻船経営で主に米を扱っていた古河家にとって不利な時期であった（古河家の廻船扱い品は後述）。しかし、一八三〇年代後半以降、古河家は北海道産魚肥取引を拡大することで、三〇年代後半〜四〇年代はかなりの船勘定利益を計上した（表7-2）。この間は、多額の破船処理費を計上した一八三九（天保一〇）・四五・四六・五一年度は、船勘定損益でも損失を計上したり、利益額が急減したが、全体としては、四〇年代前半の船の新造・改修費用にみられる船の更新が、船勘定利益につながったと考えられる。

しかし、一八五〇年代前半は、船の新造・改修を進めたものの、あまり船勘定利益は上がらず、五五年度に積立金を取り崩して損金を補填して利益金とすることで、名目上の店卸額は五五年度に増大したが、実質は、五〇〜五五年にかなり店卸額が減少した。そこでは、船勘定利益以外に、貸金の滞貸分の償却、金銀比価の変動に伴う両替違損など複合的要因が、店卸額減少の要因となっていた（表7-2・7-3）。一八五八年以降の店卸額の動向は不明であるが、後述するように六〇年代に古河家は巨額の御用金負担をしており、その局面では御用金負担がかなり資産額を目減りさせたと考えられる。

以上のように推移した店卸額の内訳を表7-4で検討する。古河家の経営組織は、大きく分けて本店と出店等（支店）と船からなり、本店は廻船問屋としての商取引の他に、金銭貸付、武士・使用人に対する扶持米取引を行った。古河家の多角経営に関わる分家として[9]、古河屋久太夫家（一七六三〔宝暦一三〕年設立、出店）、三嶋孫右衛門家（六八〔明和五〕年設立、大蔵小路）、古河屋久右衛門家（七五〔安永四〕年設立、新町）、古河屋宗七家（推定一八四二年設立、新建）があり、本家（嘉太夫家）は、久太夫家に設立と同時に酒造業を分与して営業させ、その後宗七家設立時に、久太夫家の酒造経営を宗七家に譲らせ、宗七家に酒造業を、久太夫家に醤油醸造業を営業させた。また、本家は孫右衛門家に油問屋と米問屋を営業させ、久右衛門家に酒造業と問屋業を営業させた。これらの分家の店卸は一八三

表 7-4　1824～57 年度古河家店卸勘定内訳一覧

（単位：両）

年度	買帳	貸帳	頼母子帳	御扶持方帳等	船勘定帳	水揚帳	当座帳船覚帳	年賦帳	大福帳	出店等	金銀帳	出入帳	その他とも計
1824	6,748	200	635	325	1,779	893	102	6,112	6,778	11,062	1,782	114	30,889
1825	1,460	294	691	△ 230	2,917	433	113	5,028	7,774	10,043	2,309	91	30,923
1826	2,200	274	704	185	2,644	263	103	4,937	4,747	12,724	1,283	86	30,156
1827	2,237	222	749	212	1,567	140	150	4,724	5,452	11,751	3,505	137	30,821
1828	1,619	542	727	△ 412	2,432	1,022	158	4,850	5,767	10,950	3,159	59	31,010
1829	1,217	448	793	△ 2,636	3,844	1,509	127	4,647	4,703	14,032	1,351	107	30,138
1830	299	305	896	△ 93	4,059	65	176	4,472	5,584	13,773	1,862	124	31,360
1831	90	301	963	356	3,591	742	186	4,415	5,121	14,753	1,246	132	31,900
1832	2,042	323	988	369	3,805	120	175	3,912	5,763	11,937	1,884	81	31,399
1833	1,468	205	549	393	4,211	90	160	3,858	8,207	10,297	2,333	80	31,850
1834	1,440	222	572	859	3,680	403	201	4,149	6,592	12,063	1,366	74	31,621
1835	1,001	274	604	939	3,519	977	134	3,771	6,822	11,453	2,317	86	31,897
1836	3	668	606	573	3,953	241	86	3,667	5,545	11,174	3,737	31	33,007
1837	559	202	605	404	3,106	663	140	3,359	7,575	12,508	3,752	197	33,040
1838	566	142	710	374	3,644	2,352	221	3,028	5,560	11,765	4,709	70	33,140
1839	1,192	126	799	424	3,376	1,587	149	3,740	6,844	12,176	1,180	73	31,667
1840	1,054	188	914	404	4,854	1,976	150	3,650	5,942	9,152	2,626	47	30,955
1842	1,556	348	994	392	2,415	1,367	377	3,552	12,197	6,824	2,869	61	33,023
1843	1,931	456	564	367	2,187	2,276	759	3,322	12,594	6,279	2,899	98	33,703
1844	818	575	348	160	2,876	3,977	960	3,296	12,503	6,856	1,327	69	33,808
1845	1,666	547	354	151	2,230	3,206	937	2,840	11,625	4,814	2,289	74	30,736
1846	2,197	495	385	137	1,630	1,147	792	1,623	12,804	5,232	3,682	92	30,220
1847	1,345	516	463	90	2,391	2,300	660	1,982	14,085	5,779	2,144	71	31,828
1848	1,722	584	490	229	1,913	2,742	636	1,716	14,559	6,002	2,061	101	32,760
1849	1,780	616	552	152	1,521	2,749	1,326	303	16,607	5,538	1,868	153	32,287
1850	741	796	606	522	5,139	3,114	1,334	486	13,881	5,465	2,079	113	34,623
1851	930	985	721	291	1,279	2,411	945	312	14,298	5,828	2,151	124	30,297
1855	1,113	773	685	143	7,460	2,511	307	7,326	10,581	1,039	2,334	22	31,154
1857	4,172	897	865	87	8,543	433	860	7,653	11,122	945	3,138	98	31,050

出所）各年度「店おろし勘定書」（古河家文書）より作成。

注記）無印は古河家の資産，△印は古河家の負債。御扶持方帳等の項目は，廻帳・御作事屋帳・御蔵米帳・美味酒帳を含む。当座帳の項目は 1842 年以降は万覚帳。出店等の項は古河家の各分家も本家と合同で店卸をしたことを示し，項目名としては，出店店卸・薬師小路帳・大蔵小路帳・新町帳からなる。金銀帳の項目は土蔵有金銀も含む。出入帳の項目は店金銀出入帳と店銭出入帳の合計。史料では，銀（貫匁）と金（両）が併用されたが，史料上の換算で金単位に統一した。

〇年代まで本家の店卸の帳簿に併せて記載され、合同の資産額として計上されたが、次第に分離独立して店卸が行われるようになり、本家との関係は大福帳の項目での貸借関係に変化した。

店卸の内訳では、これら分家関係の資産が一万両強を占めており、古河一族全体の資産額約三万両の三分の一を占めた。本家の店卸額のうち、船勘定が約三、〇〇〇両を占め、それ以外では貸金残高が大部分を占めた。もともと本家は、一八世紀中葉に廻船業・問屋業・酒造業など多角経営を行っていたが、一七六〇年代〜七〇年代に分家を設立し、醸造業・問屋業を行わせてリスク分散を図るとともに、八三（天明三）年度から本家・出店・新町の三家が、九四年度から大蔵小路も含めた四家が合同で決算を行う形態をとり、店卸額の増加分の配当分配率を決めておき、各分家はその権利を代々相続していくこととした。(10)

むろん、実際には表7-4で示したように、その後各分家の決算の分離独立傾向がみられたが、名目上は近世期に本分家一体の資産運用が続けられた。そして分家は本家から資本金や不動産を貸与されてそれを使用して営業する形態が取られ、近代初頭に本家が各分家に不動産などを分与し、以後各分家は独立して醸造業などを経営した。

貸付面では、通常の貸付の返済が滞ると、年賦返済の形態に改められて年賦帳に記載されたと考えられる。年賦貸分は、表で示した期間に次第に整理され、一八五五年に大福帳のなかの滞貸分が年賦形態に改められて年賦帳に転記されたと考えられ、五五年に年賦貸が急増した。船関係では、船の資産と損益を示した勘定帳、陸揚げした船の積荷の売買損益を示した水揚帳、船関係の金銭出入を示した船覚帳などの集計額が示され、一八四〇年代に水揚帳や船覚帳の額が増大し、廻船経営規模が拡大したことが推測できる。しかしその一方で、船勘定帳の金額は一八四〇年代に停滞しており、廻船経営規模の拡大は、廻船収益の拡大に直接には結びつかなかった。そこで、次節では、古河家の海運経営を詳しく検討する。

二　海運経営と小浜藩御用

初代古河嘉太夫は[11]、一七一九（享保四）年頃に雇船頭となり、二七年に独立の廻船業を営んだとされ、独立直後は秋田・酒田・新潟と小浜を結んだとされる。一八世紀中葉に大坂へ赴くようになったとされ、一九世紀に入ると本格的に北海道へ赴くようになった。手船（自己所有船）数は、一八世紀前半は二隻程度と考えられるが、一八世紀後半から手船数が増加し、一八世紀末には六〜七隻を所有するに至ったと推定できる。表7-5をみよう。一八二四〜五七（文政七〜安政四）年度は店おろし帳の各項目から計算して手船損益が判明する。一九世紀の古河家の手船数は、一八二〇年代後半〜三〇年代までほぼ九隻で推移し、四四（弘化元）〜四六年は一一隻で最大となり、その後若干減少して、五〇年代は八隻で推移した。前掲表序-11で示したように、一〇隻以上船を所有した北前船主は大変少なく、古河家は、一九世紀中葉には加賀国粟ヶ崎の木屋、加賀国銭屋に続くグループに位置する大規模北前船主であった。

手船数が多いため、毎年のように船の買い替えや改修が行われ、その費用もかなりに上った。ただし、船の純利益は、七〜八年に一回程度赤字の年があったが、全体として安定して上げられ、複数の船が破船した一八四五年を除くと、破船の損失が他の船の利益でカバーされ、一八四七年や五〇（嘉永三）年など一隻のみの破船の年は、合計損益はかなりの黒字となった。しかし、表7-5に破船損失を計上していない年があり、表7-3と表7-5を比べると、一八三九（天保一〇）年や五一年の船の損失は、表7-5に記載されなかった破船処理によると思われる。ただし、一八三九年は、破船した船のみでなく、ほとんどの船が損失を出し、地域間価格差の変動を読み間違えて、取引そのもので損失を出したと考えられ、二六・二九・四六年も同様に、取引での損失がほとんどの船で生じた。

遠隔地間の買積経営は、輸送している間に物価変動が生じ、例えば、物価下落傾向の際には、産地の北海道が集散

表 7-5 1824〜57 年度古河家手船損益一覧

（単位：両）

年度	久宝丸	久徳丸	伊勢丸	嘉徳丸	栄宝丸	嘉納丸	嘉明丸	寿福丸	幸福丸	嘉伝丸	朝日丸	小計	新造・修善	破船損失	その他とも計
1824	2	166	119	87	63	52	76	102	91			758			845
1825	5	79	206	171	△ 11	★ 26	219	73		153		921			976
1826	△ 53	6	23	△ 152	△ 15	△ 182	31			△ 33	★△ 17	△ 392			△ 558
1827	[46]	★ 120	46	[335]	54	[161]	157			88	[187]	1,194	△ 88		1,110
1828	127	138	356	377	[32]	248	153			165	131	1,727			1,724
1829	△ 66	61	31	★△ 91	△ 95	[△ 145]	[△ 90]			△ 45	△ 42	△ 482			△ 433
1830	143	214	175	263	★ 64	[169]	[235]			89	[224]	1,576	△ 170		1,472
1831	[135]	153	★ 84	203	8	[157]	26			[23]	△ 5	784	△ 441		162
1832	△ 33	[△ 59]	[△ 44]	165	[42]	192	[159]			[121]	[15]	558	△ 550		391
1833	126	△ 45	★ 81	451	156	[231]	30			△ 26	188	1,192			925
1834	△ 65	50	94	493	50	327	131			★△ 34	△ 3	1,043	△ 539		494
1835	170	43	267	396	73	349	104			227	220	1,849	△ 150		1,568
1836	345	114	169	593	★△ 2	446	465			266	★ 526	2,922	△ 707		1,504
1837	122	△ 30	[236]	559	238	517	5			43	219	1,909			1,975
1839	★△ 34	△ 99	57	△ 380	△ 424	△ 111	△ 21			△ 256	△ 93	△ 1,361			△ 1,584
1840	157	161	＊	111	124	124	2	度会丸		7	35	721	△ 292		440
1841	376	327		★ 568	149	623	355	★ 684		342	302	3,726			3,728
1842	326	191		643	137	500	★ 473	437		114	481	3,382	△ 216		2,665
1843	229	★ 219	嘉昌丸	1,196	18	[814]	437	430	嘉福丸	367	504	4,214	△ 620		3,585
1844	[252]	[107]	★ 17	[289]	[△ 14]	261	[4]	[114]	★△ 349	161	△ 199	643			612
1845	407	7	△ 77 ＊	434	81	[137]	[99]	△ 45	[△ 39] ＊	[△ 137]	△ 83 ＊	784		△ 1,937[2)]	684
1846	17	5	★△ 91	211	△ 71	[136]	[△ 460]	279	★△ 98[1)]	△ 60 ＊	[△ 169]	△ 301		△ 250	△ 552
1847	193	141	△ 14 ＊	588	★ 100	[442]	405	274			210	2,339	△ 300	△ 243	1,774
1848	△ 43	44	★ 8	[368]	121	239	317	402			[81]	1,537	△ 525		973
1849	89	82		334	164	448	576	483		★ 215	477	3,868	△ 500		2,335
1850	475	711		572	227 ＊	664	1,048	1,014		272	416	5,399	△ 1,268	△ 431	3,422
1851	★△ 709	68		52		265	△ 544	△ 1,082		△ 120	8	△ 2,062	△ 286		△ 2,428
1852	97	166		469			301	197		62	★ 103	1,395	△ 224		1,109
1853	195	71		489		★ 248	△ 141	111		118	△ 7	1,084	△ 357		666
1855	39	154		327		407	73	386		★△ 108	54	1,332	△ 357		908
1856	105	151		578		758	105	304		274	154	2,429			2,376
1857	344	202		901		501		839		106	577	3,470	△ 1,054		2,339

出所）各年度「店おろし勘定書」（古河家文書）より作成。

注記）各船の水揚高より入用高を引いて各船ごとの損益を示した。入用のうち船の修繕に関する入用は，右欄に別に集計したが，それが分離して記載されていなかった場合は，そのまま各船ごとの損益に含めて［ ］で示した。無印は利益で△印は損失。★印は新造もしくは新船の年を示し，＊印は破船の年を示す。破船の際の損失は，別記してある場合が多く，右欄に別に集計した。史料では，銀（貫匁）と金（両）が併用されたが，史料上の換算で金単位に統一した。

注 1）新造船名は嘉貞丸。2）店卸勘定で差し引きされ，合計に含めず。

地の大坂よりも物価が安かったとしても、輸送している間に集散地価格が下落し、経費を差し引いた純損益では、損失が生ずることはある程度みられた。しかし、遠隔地間の買積経営の純益は平均して大きく、船の新造・修繕コストを加味しても、古河家の廻船経営は、重要な収益源であり続けた。

古河家の廻船の大きさは、[12]一八世紀は三〇〇石積前後で、遠隔地間交易は行えるものの、中規模船であり、北海道から大坂までの長距離海運には適していなかった。しかし一九世紀に入り、文字通りの千石船を所有するようになり、船体価格もかなり増大した。そして一九世紀初頭までは、大型船は大坂、中型船は小浜と建造地が分けられたが、その後四〇〇両以上の船価の大型船も小浜で建造されるようになった。

店おろし帳の船勘定の項目に、次年度繰越分が記載され、その内容からある程度の古河家廻船の取引相手と取引地が判明するので、それを表7-6でまとめた。前述のように一九世紀前半の古河家廻船は、大部分が五〇〇石積以上の大型船と考えられ、北海道・北東北と大坂・兵庫を結んだ。一八二〇年代後半は、北東北での秋田米・津軽米の買い入れが多く、三〇年代は北海道（松前）での鯡類の買い入れが増大した。もっとも、次年度繰越分のみであり取引の全体像を示すわけでないことに留意する必要がある。

また、古河家は船によって航路に専門性があり、例えば、嘉徳丸はほぼ毎年北海道で取引したのに対し、度会丸はほぼ毎年津軽国（鰺ヶ沢も津軽国）で取引し、久宝丸は北海道へは赴かず、秋田・酒田で主に取引した。さらに北海道での取引も、松前城下（福山湊）で主に取引した嘉徳丸・嘉納丸に対し、箱館・江差湊で主に取引した久徳丸、一八三〇年代までは松前城下で主に取引したが、四〇年代は箱館での取引が増大した朝日丸など、船によって主要取引湊を変えていた。さらに取引相手も継続性があり、松前城下では阿部屋・山形屋、鰺ヶ沢では竹屋、秋田では岩城家、酒田では尾関家、兵庫では北風家、大坂では一八三〇年代までは近江屋、四〇年代は丹波屋と主に取引した。

そこでその取引形態を表7-7で検討する。表では次年度繰越金額の大きかった取引を示したが、一八三〇年代前半までは敦賀の網屋と兵庫の北風家との北海道産鯡類の取引が大口の取引であった。一八三〇年代後半以降になると松前城下での阿部屋・山形屋との場所（帆用）取組が大口取引としてみられるようになり、特に四七年以降は、木綿取引が大口化し、大坂の丹波屋から木綿を買い入れ、それを秋田・津軽・松前城下などで販売した。

第1章でも触れたように、松前城下での場所（帆用）取組は、[13]北海道の場所請負制に伴う独特の取引形態であり、蝦夷地場所での独占的交易権を保持した場所請負人から場所産物を青田買いするために、蝦夷地場所と松前城下の間を北前船主が運賃積輸送を行い、北前船主が蝦夷地場所から松前城下へ運んだ積荷を、松前城下でそのまま場所請負人から買い入れる取引であった。この背景には、近世北海道の封建的領主であった松前藩が、本州方面との取引湊を松前城下と箱館湊と江差湊の三湊に限定し、北前船が蝦夷地場所などへ赴いてそこで直接取引することを禁止したことがあり、北前船は三湊で必ず売買しなくてはならず、一方、船を所有していない場所請負人は船を雇って蝦夷地場所から三湊まで運んでそこで北前船に場所産物を販売しなくてはならなかった。そこに、積荷を早めに確保したい北前船主と販売先を早めに確保したい場所請負人の利害が一致して、場所（帆用）取組という取引形態が北前船主と場所請負人の間で広く行われることとなった。

もっとも、場所（帆用）取組が盛んに行われた日本海沿岸場所の請負商人はほとんどが松前城下の商人で、場所（帆用）取組がいったん結ばれると、三湊での取引に排他性を持つため、この取引が広く行われて以降に新規参入者が松前城下で新たに取引相手をみつけることは困難であった。古河家は、一九世紀初頭に所有船の大型化を進めるとともに比較的早くから松前城下に進出し、場所（帆用）取組を利用して松前城下での商権を確保した。

その一方、北海道産物を専ら扱うのではなく、津軽米・秋田米・庄内米など東北日本海岸の産米も大規模に扱い、畿内・瀬戸内方面から日本海沿岸への下り荷では最初は主に塩を、その後一八三〇年代以降は木綿を主に扱うようになった。その点で、多数の船を所有した利点を活かして、多種商品を扱うことでリスク分散を図ったと考えられる。

相手・取引地の動向

嘉伝丸	嘉明丸	嘉納丸	朝日丸	取扱商品
				菜種（久宝丸），津軽米・大豆（嘉明丸・久宝丸）
岩城（秋田） （下関）	竹屋（鯵ヶ沢）	（兵庫）		津軽米(嘉明丸・嘉徳丸・久宝丸)，津軽大豆(嘉明丸・久宝丸) 秋田米(栄宝丸・嘉伝丸)，能代米(嘉明丸)，小豆(伊勢丸)
	網屋（敦賀） （大坂・兵庫）	（松前）	網屋（敦賀）	秋田米（伊勢丸），庄内米（久宝丸） 鯡類（朝日丸），昆布（栄宝丸）
（津軽）		（敦賀）		秋田米(久徳丸・伊勢丸)，小豆(久徳丸)，鯡類(久宝丸)
（津軽・大坂 ・兵庫）	（箱館・津軽・ 大坂・兵庫）	（大坂）	（大坂）	秋田米（伊勢丸・久宝丸・久徳丸） 鯡類（栄宝丸），昆布（嘉明丸）
竹屋（鯵ヶ沢） （下関）	（江差・箱館・ 大坂・兵庫）	（松前・敦賀・ 大坂・兵庫）	（松前・大坂 ・兵庫）	津軽米（嘉明丸），秋田米（嘉徳丸・久宝丸・久徳丸），大豆（栄宝丸） 鯡類(久徳丸)，鰊粕(伊勢丸)，塩(朝日丸・嘉伝丸)
油屋（下関）	白鳥（箱館） 近江屋（大坂） 薩摩屋（大坂）	網屋（敦賀） 近江屋（大坂） 北風（兵庫）	（松前・秋田 ・大坂）	鯡類(嘉徳丸・栄宝丸・嘉明丸・嘉納丸)，鰯油(嘉伝丸) 昆布(朝日丸)，生蠟(朝日丸)，糠(朝日丸)
竹屋（鯵ヶ沢） 北風（兵庫）	（津軽）	阿部屋（松前）	大越屋（尾道）	秋田米（久宝丸），塩（久徳丸），大豆（嘉明丸）
西村屋（津軽） 北風（兵庫）	北風（兵庫）	関屋（三田尻） （敦賀・大坂）	網屋（敦賀） 近江屋（大坂）	鯡類（栄宝丸・嘉納丸・朝日丸） 塩（久徳丸・栄宝丸・嘉徳丸・嘉納丸）
（津軽）		北風（兵庫） （松前・大坂）	阿部屋（松前） 山形屋（松前）	塩(久宝丸・栄宝丸)，木綿(久徳丸)，庄内米(栄宝丸)
北風（兵庫） （敦賀）		岡田（松前）	尾関（酒田） 北風（兵庫）	庄内米（朝日丸），木綿（久徳丸），塩（朝日丸） 鯡類（久徳丸・朝日丸），鰊粕（嘉伝丸），大豆・小豆（久宝丸）
白鳥（箱館）	（箱館）	（兵庫）	尾関（酒田） 沖崎屋（松前）	庄内・秋田米(久宝丸)，九州米(嘉伝丸)，塩(久徳丸) 木綿(栄宝丸)，砂糖(嘉明丸)，筵(嘉伝丸)
	近江屋（敦賀）	嶋屋（大坂）	関東屋（松前） 中村屋（松前）	酒（久徳丸・朝日丸），昆布（伊勢丸・朝日丸） 鯡類（嘉明丸），色物（久宝丸）
関屋（大坂）	（松前）	大和屋（松前） 大越屋（尾道）	山形屋（松前） （敦賀）	鯡類（嘉徳丸・嘉納丸・朝日丸），米（久宝丸），油（栄宝丸） 昆布（伊勢丸・嘉伝丸），木綿（嘉徳丸・朝日丸），鉄（久徳丸）
（松前） （江差）	湊屋（大坂） （酒田）	北風（兵庫） （松前・大坂）	（松前・敦賀）	庄内米（久宝丸・栄宝丸），木綿（久宝丸・嘉徳丸） 鯡類(嘉納丸・朝日丸)，昆布(伊勢丸・嘉明丸)，大豆(栄宝丸)
村上（江差） 尾関（酒田）	近江屋（大坂） 北風（兵庫）	沖崎屋（松前） 山形屋（松前）	山形屋（松前） 近江屋（大坂）	菜種・小豆（久宝丸），鰊粕（久徳丸），塩（嘉伝丸），木綿（嘉伝丸） 鯡類（栄宝丸・嘉伝丸），秋田米（久宝丸），庄内米（栄宝丸）
山形屋（松前）	（箱館）	山形屋（松前） 北風（兵庫）	白鳥（箱館） （兵庫）	
	（松前）	丹波屋（大坂）	白鳥（箱館） 近江屋（大坂）	鯡類（久徳丸・栄宝丸・嘉伝丸・嘉徳丸・嘉明丸・嘉納丸） 秋田米（久宝丸），大豆（度会丸），小豆（久宝丸）
	（大坂）	嶋屋（大坂） （三田尻）	（大坂・兵庫）	秋田米（久宝丸・嘉納丸），津軽米（嘉伝丸・度会丸），大豆（嘉明丸） 鯡類（嘉徳丸・嘉納丸・嘉明丸・久徳丸・朝日丸），塩（嘉納丸）
	（松前・室津 ・大坂）	山形屋（松前） （三田尻）	岩城（秋田） 大和屋（大坂）	秋田米（久宝丸・嘉昌丸），木綿（久宝丸），塩（嘉納丸），鰯（嘉徳丸） 鯡類（嘉徳丸・嘉伝丸・嘉明丸・嘉福丸・栄宝丸），綿（度会丸）
丹波屋（大坂）	（庄内）	山形屋（松前）	本間（酒田）	秋田米（朝日丸・久宝丸），津軽米（嘉徳丸），鯡類（久徳丸）
	岩城（秋田）	大津屋（松前）	（松前・大坂）	秋田米（久宝丸），鯡類（栄宝丸），塩（嘉納丸）
			北風（兵庫）	鯡類（久徳丸・栄宝丸・嘉納丸・久宝丸），矢島米（嘉明丸）
伊勢屋（大坂）	田保（敦賀）	丹波屋（大坂）		秋田米（嘉伝丸・嘉明丸），鯡類（嘉明丸・栄宝丸・嘉徳丸・久宝丸）
	岩城（秋田）	宮川屋（松前）	白鳥（箱館） 大津屋（松前）	秋田米(嘉明丸)，津軽米(嘉徳丸)，野辺地大豆(嘉伝丸) 鯡類(嘉伝丸・嘉納丸・嘉明丸・朝日丸・久徳丸)
	岩城（秋田）	丹波屋（大坂）	若狭屋（箱館） 大和屋（大坂）	秋田米（栄宝丸・嘉伝丸），庄内米（朝日丸・久宝丸），生蠟（嘉明丸） 鯡類（嘉伝丸・嘉徳丸），木綿（嘉徳丸・嘉納丸・度会丸）
				秋田米（嘉明丸），庄内米（嘉徳丸） 鯡類（久宝丸・嘉納丸・嘉徳丸）
	白鳥（箱館） 網屋（下関）	川口（秋田） 宮上屋（石脇）	（大坂）	津軽大豆（度会丸），亀田米（嘉納丸），鰹節（朝日丸） 敦賀蔵入鯡類，昆布（嘉明丸），酒（久徳丸）
加賀屋（福浦） 北風（兵庫）		近江屋（敦賀） 丹波屋（大坂）		秋田米(嘉納丸・嘉伝丸)，木綿(嘉納丸・嘉徳丸・度会丸) 塩(度会丸)，酒(久徳丸・嘉徳丸)，醤油(嘉納丸)，鉄(度会丸)

全ての取引相手を示したわけではない。括弧内が取引地で，前後関係より補足した場合がある。取引地の松前全体像を示したわけではない。

表 7-6　古河家廻船取引

年度	嘉徳丸	幸福丸	寿福丸	久宝丸	久徳丸	栄宝丸
1824	北風（兵庫）	（松前・大坂・兵庫）	（松前），北風（兵庫）			
1825				丹波屋（大坂）	丹後屋（秋田） 本間（秋田）	網屋（敦賀） （大坂）
1826	阿部屋（松前）	伊勢丸			岩城（秋田） 石野屋（秋田）	（箱館） （大坂）
1827		北風（兵庫）		（秋田）		
1828	阿部屋（松前） （下関）					（江差） （敦賀）
1829		（兵庫）			（敦賀）	
1830	網屋（敦賀） 北風（兵庫） 薩摩屋（大坂）	大越屋（尾道）			網屋（敦賀）	村上（江差） 網屋（敦賀）
1831	網屋（敦賀） 北風（兵庫）					白鳥（箱館） 近江屋（大坂）
1832	（下津井） （敦賀）	根布屋 （尾道）		根布屋 今津屋（室積）	（敦賀・玉島）	北風（兵庫）
1833	阿部屋（松前） 北風（兵庫）	（津軽）			白鳥（箱館） 山本（江差）	尾関（酒田） 金　子
1834	（松前・敦賀）	大越屋（尾道） （津軽）		尾関（酒田）	村上（江差） 近江屋（敦賀）	近江屋（敦賀）
1835	（大坂）	西国屋（玉島） 北風（兵庫）		岩城（秋田） 佐　藤	白鳥（箱館）	阿部屋（松前） 根布屋
1836	沖崎屋（松前） 山形屋（松前）	竹屋（鰺ヶ沢），西村屋（津軽），（箱館）		丹後屋（秋田） 尾関（酒田）	関東屋（松前） 中村屋（松前）	
1837	沖崎屋（松前） 山形屋（松前）			佐　藤	（兵庫）	
1838	阿部屋（松前） 近江屋（大坂）	白鳥（箱館），福島屋（箱館），油屋（下関）			三国屋（箱館）	
1839	山形屋（松前） 近江屋（大坂）		度会丸		近江屋（大坂） （兵庫）	近江屋（大坂） 北風（兵庫）
1840	薩摩屋（大坂） （兵庫）	尾関（酒田）	福島屋（松前） 竹屋（鰺ヶ沢）		（江差）	
1842	酒田屋（松前）		竹屋（鰺ヶ沢） 西村屋（津軽）	岩城（秋田）		（箱館）
1843	岡田（松前） 丹波屋（大坂）			（秋田）	近江屋（大坂）	（箱館）
1844	山形屋（松前）		大越屋（尾道） （大坂）	岩城（秋田） 丹波屋（大坂）	（江差）	嘉福丸 （兵庫）
1845			北風（兵庫），（箱館）			阿部屋（松前）
1846	（大坂）		竹屋（鰺ヶ沢）			
1847	山形屋（松前）		竹屋（鰺ヶ沢）		丹波屋（大坂）	
1848			塩　屋		村上（江差）	
1849	山形屋（松前） 淡路屋（大坂）		竹屋（鰺ヶ沢） 西村屋（津軽）			
1850	山形屋（松前） 丹波屋（大坂）		丹波屋（大坂） 伊勢屋（大坂）			
1851	長崎屋（松前）		竹屋（鰺ヶ沢）		（大坂・兵庫）	
1855	松屋（岩内），網屋（下関），菅原屋		油屋，岐阜屋（兵庫）			
1857			竹屋（鰺ヶ沢） 近江屋（敦賀）	竹屋（鰺ヶ沢）	丸屋（江差） 竹屋（鰺ヶ沢）	

出所）各年度「店おろし勘定書」（古河家文書）より作成。

注記）船勘定の項に記載された次年度繰越項目より，取引相手もしくは取引地が判明したものを示したので，
は松前城下の福山湊と考えられる。取扱商品は水揚帳の項に記載された次年度繰越項目を示したので，

表 7-7　古河家船勘定の主要内容

（金額の単位：両）

年度	船名	金額	内　容
1824	嘉徳丸	657	北風（兵庫）正月切
1825	栄宝丸	395	網屋（敦賀）預け物
1830	伊勢丸	325	大紺屋（尾道）延売代
1831	嘉徳丸	344	網屋（敦賀）正・2・3 月切
1831	嘉納丸	315	北風（兵庫）延売代
1831	朝日丸	309	大紺屋（尾道）延売代
1832	朝日丸	451	網屋（敦賀）預け物鯡類
1833	朝日丸	523	北風（兵庫）延売代
1834	久徳丸	464	北風（兵庫）延売代
1834	嘉伝丸	643	北風（兵庫）預け鰊粕代
1834	朝日丸	641	北風（兵庫）預け鯡粕代
1835	伊勢丸	303	北風（兵庫）正月切
1835	嘉徳丸	852	阿部屋・沖崎屋（松前）大坂角清分共
1836	久徳丸	400	中村屋・関東屋（松前）
1836	嘉徳丸	900	阿部屋（松前）場所取組
1836	嘉徳丸	710	北風（兵庫）延売代
1836	嘉明丸	378	近江屋（敦賀）預け鯡 622 個代
1836	朝日丸	726	関東屋・中村屋（松前）場所引当
1838	伊勢丸	525	福島屋（箱館）三石昆布取組
1838	嘉納丸	413	北風（兵庫）正月限外割鯡代
1839	久徳丸	760	近江屋（大坂）預け鰊粕 546 代
1839	伊勢丸	332	津軽様調達並預け置残り
1839	嘉徳丸	433	近江屋（大坂）預け物
1839	嘉伝丸	475	北風（兵庫）預け正月切
1839	嘉伝丸	414	近江屋（大坂）預け物
1839	嘉明丸	434	近江屋（大坂）延売正月切
1839	嘉納丸	567	近江屋（大坂）延売正月切
1839	朝日丸	631	近江屋（大坂）延売正月切
1840	嘉納丸	353	北風（兵庫）預け鯡代
1842	朝日丸	518	近江屋（大坂）預け正月切
1844	嘉徳丸	600	山形屋（松前）場所取組
1844	嘉納丸	400	山形屋（松前）場所取組
1844	朝日丸	500	岩城（秋田）9 月切の分
1844	朝日丸	318	大和屋（大坂）預け昆布・布海苔代
1845	嘉徳丸	525	山形屋（松前）場所取組
1845	嘉納丸	425	山形屋（松前）取組貸
1845	朝日丸	665	本間（酒田）様荷物改残
1846	嘉徳丸	550	山形屋（松前）場所取組
1846	嘉納丸	519	阿部屋（松前）延売
1846	嘉納丸	450	山形屋（松前）取組貸
1846	嘉納丸	368	山形屋（松前）預け物
1847	久徳丸	418	近江屋・丹波屋（大坂）延売代
1847	嘉徳丸	700	山形屋（松前）帆用取組
1847	嘉徳丸	319	丹波屋（大坂）延売代
1847	朝日丸	1,247	北風（兵庫）延売正月切
1847	度会丸	585	竹屋（鰺ヶ沢）御米延売分
1847	度会丸	420	竹屋（鰺ヶ沢）白木綿代
1848	嘉徳丸	520	山形屋（松前）帆用
1848	度会丸	747	塩屋利右衛門分改め預け
1849	嘉徳丸	700	山形屋（松前）帆用取組
1849	嘉徳丸	619	山形屋（松前）預け木綿 3,507 反代
1849	度会丸	460	竹屋（鰺ヶ沢）・西村屋冬買約定貸
1850	嘉徳丸	500	山形屋（松前）帆用取組
1850	嘉納丸	550	山形屋（松前）場所取組
1850	嘉納丸	690	丹波屋（大坂）木綿 3,801 反預け
1850	度会丸	460	丹波屋（大坂）木綿代渡し
1851	嘉徳丸	976	阿部屋（松前）買置粕他残り預け
1851	嘉徳丸	550	山形屋（松前）帆用取組
1851	度会丸	2,152	津軽様調達 2,000 反並借換利共
1851	度会丸	1,520	津軽様買置並竹屋・西村屋貸
1851	度会丸	△ 2,000	丹波屋（大坂）可渡分の内買帳預り
1855	嘉徳丸	△ 410	丹波屋（大坂）可渡分延売に付き借
1855	嘉明丸	473	大和屋・丹波屋（大坂）預け昆布代
1855	度会丸	520	竹屋（鰺ヶ沢）延売代買置米預け物
1855	度会丸	△ 600	丹波屋（大坂）可渡分米取組延売代
1855	嘉納丸	750	宮上屋（石脇）亀田米買付渡し
1855	嘉納丸	961	岩城（秋田）延売預け物仕切違共
1857	嘉徳丸	400	山形屋（松前）場所取組
1857	嘉徳丸	443	丹波屋（大坂）延売代貸
1857	嘉徳丸	△ 681	丹波屋（大坂）木綿代未渡し預り
1857	嘉伝丸	553	北風（兵庫）正月切秋田米 1,660 俵
1857	嘉納丸	650	宮上屋（石脇）亀田米買入代渡し
1857	嘉納丸	373	岩城（秋田）預け木綿 1,673 反他代
1857	嘉納丸	△ 496	丹波屋（大坂）木綿代 35 貫目借り

出所）各年度「店おろし勘定書」（古河家文書）より作成。

注記）古河家の廻船の次年度繰越内容のうち，史料上の換算比率で，金（両）単位に換算して 300 両以上の金額の貸借を示した。取引相手の後の括弧内に，史料より判明した所在を示した。無印は古河家の貸，△印は古河家の借。

さらに古河家は、小浜藩の御用を請け負うことで、商圏を拡大した[14]。前掲表7-6は買積経営を示したもので御用輸送は不明であるが、一七九三（寛政五）年の飢饉の際に、酒田・新潟方面から米三、〇〇〇俵を廻送して小浜藩領民の危急を救ったことで、古河屋は「古河」の苗字御免となり、九五年の飢饉の際も、小浜藩主の命で酒田から庄内米二、〇〇〇俵と新潟から米九〇〇俵を小浜へ廻送し、その功績で四〇人扶持を小浜藩から賜った。そして一八三七年の飢饉の際に、御救済米の買い付けと廻送を古河家と小浜の木綿屋源兵衛が命ぜられ、赤間関（現下関）で九州産の米五六二俵・大豆七九三俵・大麦三七〇俵を買い付けて小浜へ廻送した。ただし、これらの御用輸送は、無運賃で行われることが多く、海運経営の収益にはつながらなかったが、その対価として扶持米が加増されたことが家全体の収益増につながった。小浜藩に止まらず、古河家は日本海沿岸諸藩の御用を引き受け[15]、例えば、丹後国田辺藩には、度々御用金を負担したことで、一八〇二（享和二）年に一五人扶持、〇七年には知行一〇〇石を賜り、御家中の待遇を受けた。また、一八三四年に弘前藩蔵米五〇〇石の兵庫への廻送を引き受け、三八年に秋田藩米二、〇〇〇石の払い下げを古河家は引き受けた。その後、一八五一年に古河家の度会丸が弘前（津軽）藩の依頼を受けて木綿を大坂で調達して津軽に運んだ（表7-7）。

そして古河家の最大の小浜藩御用は、米手形役所頭取の拝命であった[16]。小浜藩は一七九九（寛政一一）年に米手形役所を設置し、一種の藩札である米手形を発行し、それを正金銀と引き換えて正貨を蓄積することで藩の借財返済資金の獲得を目指した。設置に際し、米手形役所の役人一五名が選任され、そこに本家の古河嘉太夫と分家の古河屋久右衛門が入り、古河嘉太夫が頭取と定められた。米手形役所は近代初頭まで存続して古河家当主が代々頭取を継承し、最終的に古河家は一八六〇（万延元）年前後に永代一〇〇人扶持に加増された。

このように古河家は、明治維新まで小浜藩御用を引き受け続け、藩と密接な関係を保った。それにより扶持米は加増され、様々な特権を得たが、その対価としての御用金負担も相当の額に上り、藩との密接なつながりは古河家の経営にとって両刃の剣であった。

三　醸造経営と多店舗化

古河家の北前船経営は、北海道・北東北と大坂・兵庫を結ぶ遠隔地間交易が中心で、御用輸送を除けば、地元経済にそれほど関係はなかった。むしろ古河家が兼営した醸造業が、地元経済と関連し、近代になって古河家が海運経営から撤退した後も、分家の経営で醸造業は継続され続けた。本節では、古河家の醸造経営の展開とそれに伴う多店舗化を検討する。古河家の醸造経営の開始は、一七四七（延享四）年にさかのぼるとされ、廻船経営の不安定性を補うための副業として酒造業が始められた。[17] その後、一七六〇年代～七〇年代に古河家の経営を安定させるためいくつかの分家が設立された際に、酒造業が分家の家業とされた。すなわち、一七六三（宝暦一三）年に古河家当主は末子を分家させて久太夫を名乗らせて酒造業を行わせ、また七五（安永四）年に古河家当主が隠居して分家久右衛門家を設立し、新当主の娘婿に久右衛門家を継がせるとともに、酒造業と問屋業を行わせた。その後一九世紀に入り、一八四二（天保一三）年に古河本家当主の娘婿に分家宗七家を設立させ、久太夫家が主宰した酒造業を宗七家に行わせ、久太夫家には代わりに醬油醸造業を行わせた。それによって、本家の他に酒造業を営む店が二つ、醬油醸造業を行う店が一つ設立されたこととなった。

それ以外に本家の事業を分担した分家として、近世期には一七六八（明和五）年に設立された（三嶋）孫右衛門家と一八〇六（文化三）～〇八年頃に設立された（河）治左衛門家があり、前者は本家より油問屋業を譲られ、後者も本家より問屋業を譲られた。久右衛門家は酒造業とともに問屋業も譲られ、久太夫家も領主御用や扶持方商売を本家に協力して行い、一〇人扶持を受け、近世期には本家以外に四軒の問屋（商）店を古河一族で営業していた。扶持方商売として古河家は[18]、御用を務めた見返りとして得た扶持米を販売したり、藩が藩士や使用人に俸禄や給金を扶持米で支払う際の受け渡しを請け負って、場合によっては扶持米を貨幣に換え、手数料を割り引いて渡すことで、一種の金融業務を行った。そして入手した扶持米を藩領の農村で売却する営業が附米商売で、このような米の取扱に伴う利益が、貸借損益である利息収支と並んで古河本家の重要な収益源であった。

本家は、分家に酒造業を営業させた後も酒造業を自ら営業し続けたが、扶持方商売に比べると収益は安定せず、一八三三〜四五（弘化二）年に損失を計上した年がみられ、その後四六〜五三（嘉永六）年は酒造業を休業したか、営業しても収益は非常に少なかった[19]。第3章の野村家の酒造業の事例でも、一九世紀前半は飢饉の際に酒造米を確保するのが困難なため酒造経営は安定せず、灘地域や知多半島などの大規模酒造地帯ではない地方の酒造家にとり、飢饉がよく生じた一九世紀前半は、経営が困難な時代であったと思われる[20]。

そのことは、分家久太夫家の酒造経営にもあてはまり、久太夫家の勘定は一八二四（文政七）〜二九年度と五五（安政二）年度しか判明しないが、それを示した表7-8によれば、造石高は年によってかなり差があった。久太夫家の粗収益の中心は、質業および本家と協力して行った扶持方商売で、酒造業は一八二四〜二六年度に粗利益を計上できず、粗利益を計上した二七〜二九年度も全体に占める酒造粗利益は少なかった。全体の差引損益でこの間久太夫家はほとんど利益を上げられず、一八四二年に本家が新しく分家宗七家を設立して久太夫家が行ってきた酒造業をそこに行わせた背景には、久太夫家の酒造業の不採算性があったと考えられる。一方、久太夫家は一八四二年以降新たに醤油醸造業を行うこととなり、その営業規模は五五年度の勘定をみると酒造業時代よりかなり大きくなった。その結果粗利益もある程度上がったが、雇人の給銀や諸入用もかなりかかり、差引損益では損失を計上した。

したがって、近世期の古河家の経営では、醸造経営は古河家全体の資産蓄積に寄与できるほどの収益を上げること

表 7-8　古河家出店（久太夫家）店卸と損益

（単位：両，造石高は石）

① 店卸の項	1824 年度	1825 年度	1826 年度	1827 年度	1828 年度	1829 年度	1855 年度
御扶持方帳	507	502	503	452	448	575	484
貸帳・大福帳	856	777	749	703	812	733	△ 158[1)]
調達金等	158	298	185	183	220	213	
講・無尽	435	452	438	446	468	480	182
質　物	523	574	653	523	552	560	274
蔵米等	71	30	38	22	27	52	
醸　造	210	206	215	148	175	258	1,950
（造石高）	(137.6)	(130.0)	(186.5)	(152.4)	(138.0)	(207.1)	
有金銀	62	33		53	50	73	
その他とも計	2,806	2,962	2,845	2,617	2,833	3,010	2,733
内　役所預ケ置分	427	585	480	592	682	985	
差　引	2,379	2,342	2,366	2,024	2,151	2,025	
② 損益の項							
扶持方損益	37	55	55	49	44	51	37
貸帳・大福帳損益	31	43	30	26	24	22	32
代人米代	13	14	13	10	13		33
扶持方入用損益	15	17	17	15	19	22	22
調達金等	13	16	13	14	13	14	
醸造損益				19	15	18	102
質物損益	52	49	56	49	51	51	
その他とも収入計	174	198	202	193	190	205	459
給銀・雇人							△ 105
飯　米	△ 31	△ 44	△ 41	△ 34	△ 36	△ 42	△ 69
諸入用	△ 116	△ 110	△ 122	△ 125	△ 172	△ 161	△ 272
役所預ケ置店引	△ 20	△ 27	△ 33	△ 34	△ 28	△ 33	
その他とも支出計	△ 172	△ 235	△ 196	△ 193	△ 236	△ 274	△ 511
差引損益	2	△ 37	6	0	△ 46	△ 69	△ 52

出所）各年度「店おろし勘定書」（古河家文書）より作成。

注記）史料上は，正札（匁）単位で示された項目が多かったが，それを史料上の換算比率で，正札（匁）を銀（匁）に，さらに銀（匁）を金（両）に換算して金（両）単位で示した。無印は出店（久太夫家）の貸もしくは収入，△印は出店（久太夫家）の支出もしくは借を示す。

注 1）うち 599 両は本家よりの借りの分で，それを除くと 441 両の出店の貸となる。

はできなかったと考えられ、古河家の資産蓄積は廻船経営・扶持米収益・貸金利息を中心として図られたと言える。ただし、廻船経営は破船のリスクが大きく、また扶持米収益は御用金負担と抱き合わせであり、貸金利息も藩の調達金の利息支払いが滞る可能性は高く、いずれも資産蓄積方法としては弱点をはらんだ方法であった。

その結果、古河家は最幕末期の一八六〇年代に大きく資産を減少させた。表7-9をみよう。小浜藩などの要請に従い、古河家が諸藩に献金した額を示したが、一九世紀に入り、小浜藩の財政悪化に伴い、一〇年に一回程度の頻度で同藩に巨額の献金を行った。古河家の資産蓄積の基盤が藩の御用と密着した扶持米関連収入にある以上、これを断れず、同家はこれに応じたが、一八六八（明治元）年の「調達金覚帳」には[21]、五二年以降の調達金（藩への貸金）として約二万両が上げられ、この金額が五二年以降の調達金のなかで藩より返済されなかった分と考えられるので、古河家は調達金貸倒れ分と献金とを併せて、一八五〇〜六〇年代に藩へ約五二、〇〇〇両を献上したこととなる。前掲表7-2で、一八五〇年代の古河家の店卸総額は約三万両であったので、最幕末期のインフレで名目価格が上昇したことを考慮に入れたとしても、同家は最幕末期にほぼ全資産を小浜藩に献上したこととなろう。実際、一八六八年の二万両の献金は古河家が所有船全てを大坂で売却して得た資金でまかなっており、また明治維新後の六九年に米手形役所が閉鎖されて頭取を免ぜられるとともに、近世期の一〇〇人扶持が取り消されて家禄二四石と改められたことで[22]、古河家の資産蓄積の三つの柱である廻船収益と扶持米関連収入と貸金（調達金）利子収入は全て失われた。

ただし、古河家が近世期に多くの分家を設立して多店舗化を図っていたことが、近代以降の経営展開に有効に機能した。古河家は、所有船と流動資産は失ったものの、醸造場や店舗などの不動産はそのまま残り、それを各分家に資産分与することで、分家が問屋業・醸造業で近代期も経営を継続し、特に久太夫家・宗七家そして本家の問屋業を最終的に引き継いだ勘三郎家が、後に小浜地域の企業勃興に関与することとなった。その後古河本家も一八六九年に、大阪で和船三隻を購入して廻船経営を再開し、当主の弟の勘三郎が問屋経営を担ったが、七九年に当主が亡くなった

表 7-9　古河家の職・身分と献金一覧

年	職・身分	献金額	備　考
1764	町肝煎		
1770	3 人扶持	100 両	藩入費
1793	10 人扶持，苗字御免	1,000 両	軍備御用意
1795	40 人扶持，帯刀御免	2,500 両	軍備御用意
1796		450 両	軍備御用意
1797	寄合組格	450 両	軍備御用意
1798		450 両	軍備御用意
1799	米手形役所頭取	450 両	軍備御用意
1800	米手形役所頭取職として 3 人扶持	4,700 両	軍備御用意，御勝手向逼迫
1801	永代 50 人扶持	2,000 両	(丹後田辺藩へ献金)
1802	15 人扶持（丹後田辺藩）	316 両 3 分	貴船神社修復手伝
1802	米手形役所頭取職として 5 人扶持		
1807	知行 100 石（丹後田辺藩）	1,000 両	若狭洪水救済金
1808	永代 55 人扶持		
1812		9,000 両	調達金，雪害救済金
1814		800 両	御勝手向逼迫
1818		100 両	御勝手向逼迫
1822		米 1,000 俵	御勝手向逼迫
1826	永代 58 人扶持		
1828	永代 68 人扶持	3,600 両	御勝手向逼迫
1832		170 両	御勝手向逼迫
1839		10,000 両	御勝手向逼迫
1854		73 両	藩主日光御名代
1856		6,000 両	江戸大地震
1862	知行 100 石・10 人扶持（丹後田辺藩）		
1864		6,000 両	蛤御門の変に際し御用
1865		銀 3 貫匁	軍船用銀
1868		20,000 両	軍備御用意
1869	家禄 24 石，小浜藩生産司		
1870		1,350 両	旧藩軍務局等移転費
1870		3,000 両	(秋田藩へ献金)
1873	第 5 大区小 5 区副戸長		
1876	第 2 大区 18 小区副戸長		
1877	家禄返還，金禄公債（940 円）受取	40 円	学校費
1878		100 円	学校費
1909	西津郵便局長		

出所）「古河家譜」（其一，其二）（古河家文書），古河嘉雄『海商古河屋』若狭学術振興会，1971 年，177-180 頁より作成。

注記）特に注記しない限り，職・身分は近世期は小浜藩，近代期は小浜地域での動向で，献金先も，特に注記しない限り近世期は小浜藩，近代期は地方行政府。

表 7-10　古河一族会社役員の推移

氏　名	会社名	1897年	1902年	1907年	1912年	1917年	1922年	1926年	1931年
古河久太夫	小浜貯蓄銀行	頭　取	小浜銀行	監査役	監査役	監査役	監査役		
	若狭銀行		頭　取	頭　取	頭　取	頭　取	頭　取	頭　取	
古河宗七	小浜貯蓄銀行	取締役							
	若狭銀行		取締役	取締役	取締役	取締役	取締役		
	若狭漆器		取締役						
古河勘三郎	小浜貯蓄銀行	監査役		古河久一	若狭醤油製造		社　長	社　長	取締役
	小浜汽船		取締役						
	若狭漆器		専　務						

出所）由井常彦・浅野俊光編『日本全国諸会社役員録』第2・6・11・16巻，柏書房，1988・89年，大正6・11・15年度『日本全国諸会社役員録』商業興信所，1917・22・26年，昭和6年度『銀行会社要録』東京興信所，1931年より作成。

注記）古河久一は久太夫家。会社の所在地は，小浜貯蓄銀行・若狭漆器・若狭醤油製造は西津村，小浜銀行・小浜汽船は小浜町，若狭銀行は小浜旧城内であった。

ことを機に、分家した勘三郎に問屋業を譲り、古河本家は諸事業から完全に撤退した[23]。

古河本家の諸事業を引き継いだ久太夫家（醤油醸造業）・宗七家（酒造業）・勘三郎家（問屋業）は、いずれもその後は順調に営業を拡大したと考えられ、一八九八年時点の「日本全国商工人名録」で[24]、回漕業として古河勘三郎が挙げられ、営業税納入額は約一四円であり、一九〇七・〇八年時点の「日本全国商工人名録」で[25]、醤油醸造業として古河久太夫が挙げられ、営業税納入額は約三三円、酒造業として古川（河）宗七が挙げられ、営業税納入額は約一八円とされた。一九一三（大正二）年時点の「日本全国商工人名録」でも[26]、酒造業として古河宗七が営業税納入額約五三円として挙げられ、一九〇七・〇八年時点より営業規模は大きくなっており、醤油醸造業の古河久太夫の他に、海陸運送業として古河運送店も挙げられた。

これら三家は、経営規模がある程度大きくなった一九〇〇年前後から小浜地域の企業勃興に関与した。表7-10をみよう。彼らの最初の銀行経営への参加は、一八九六年五月に設立された小浜貯蓄銀行（九七年時点資本金三万円、払込高七、五〇〇円）で[27]、地元西津村に設立され、頭取に古河久太夫が、取締役に古河宗七が、監査役に古河勘三郎が就任し、古河一族が地元銀行の設立に積極的に関わったと言える。

その後、小浜貯蓄銀行は一八九九年に若狭銀行に発展したと考えられ、やはり古河久太夫が頭取、古河宗七が取締役となった。若狭銀行は雲浜村に設立され[28]、設立時の資本金は一二万円（払込高三万円）で、西津村に支店、小浜町に出張所が設けられ、一八七八年設立の二十五銀行（本店小浜町、九九年時点資本金五〇万円、払込高三一五、〇〇〇円）、八六年設立の小浜銀行（本店小浜町、九九年時点資本金一五万円、払込高一〇万円）、九五年設立の若狭商業銀行（本店小浜町、九九年時点資本金一〇万円、払込高五万円）とともに小浜地域の有力銀行となった。若狭銀行は、一九二〇年代まで古河久太夫が頭取を務め続け、二六（昭和元）年時点では資本金五〇万円、払込高三一万円に成長したが[29]、二七年からの金融恐慌のなかで経営が苦しくなり、福井県下の三方銀行に合併された[30]。

若狭銀行以外では、古河勘三郎が、一九〇〇年に設立された小浜汽船会社に取締役として経営参加し、同年に設立された若狭漆器合資会社に監査役として加わり[31]、その後まもなく株式会社になった際に専務取締役となった。小浜地域では[32]、製糸業が近代以降の新産業の中心的位置を占めたが、近世来の伝統工芸品の若狭塗も、一八九七年に若狭塗漆器同業組合が設立された前後から西津村での生産が活発となり、古河各家はその動きを支えるべく、若狭塗漆器の製造販売会社の経営に、勘三郎が専務取締役、宗七が取締役としてあたった。

醸造業では[33]、宗七家は一九二二年まで酒造業を継続したが、当主が亡くなったことを契機に廃業し、久太夫家は家業の醬油醸造業を二〇年に法人化して若狭醬油醸造株式会社（資本金一〇万円、払込高二五、〇〇〇円）を設立し[34]、久太夫の息子久一が社長となった。その他、久太夫が、一八九六年の小浜鉄道会社創立の際に、発起人として参加するなど[35]、古河各家は様々な形で地域の企業勃興に関わった。

おわりに――木屋木谷家との比較

古河家は、買積経営からの収益、御用輸送の対価としての扶持米の加増、調達金（藩への貸付金）や藩士への貸付金の利息収益などを基盤として、資産蓄積を図ったが、藩に密着した収益基盤に依拠した結果、多額の御用金負担を断り切れず、最幕末期には船や金銀などの動産をほとんど失うことになった。ただし、同家は近世後期から収益基盤の拡大を図るために多くの分家を設立し、本家の事業を分担して行わせたため、それらの店舗や醸造場は近代以降も残された。もっとも、近世後期には分家の醸造経営ではそれほど収益が上がったとは思われず、多角化そのものは家全体の経営には収益面で貢献しなかったが、生産手段や店舗を資産として残したことに意味があり、近代期にそれらを分与して各分家が経営を維持したことで、古河一族は全体として地域社会のなかで重要な位置を占め続けた。

ただし、財産を分与する立場の本家が、最幕末期に動産をほとんど失ったため、各分家の資金力には限界があり、また本家の不動産も各分家に分散相続させたため、冒頭で示した表7-1には、近代期の福井県の有力資産家として古河各家は挙がらなかった。そこでは小浜地域として志水源兵衛・田中長次郎・金岩修次郎の三家が挙げられたが、志水源兵衛は近世来の北前船主で、田中長次郎も廻船問屋として日本海交易で収益を上げた家であった。

志水家は[36]、近世期は木綿屋を称し、石見国浜田湊の廻船問屋の客船帳に一八二〇年代から船主として登場し、古河家と同様に秋田・北海道まで下って遠隔地間交易を行った。同家は、近世期に小浜の町年寄を務め、前述のように一八三七（天保八）年の飢饉の際に、御救済米の買い付けと廻送を古河家とともに命ぜられ、赤間関で九州産の米・大豆・大麦を買い付けて小浜へ廻送した。志水家は、幕末期に古河家と並ぶ小浜の有力北前船主であったと考えられるが、海運経営から一八八〇年代に撤退したと推定され、九八（明治三一）年の「日本全国商工人名録」では[37]、営業税額が約六一円の海産物商兼肥料石油販売商として志水源兵衛が挙げられた。田中長次郎家は、近代期に廻船問屋として経営拡大した家と考えられ、一八九八年の「日本全国商工人名録」では、営業税額約四四円とされた。

志水家・田中家は、[38]一八九〇年代に小浜地域の製糸会社の経営に関わり、志水家は一八九二年設立の上中井製糸合資会社の社長に、一族と思われる志水源三がなり、その後志水源兵衛が社長となった。また、田中長次郎は一八八九年の雲浜蚕糸会社設立に関わったと推定され、九四年時点で副社長となっていた。その後、製糸業は近代の小浜地域の基幹産業となり、[39]北前船主らの商業的蓄積が活かされたが、銀行経営への彼らの積極的な関与は二〇世紀に入ってからで、一九〇三年から志水源兵衛が小浜銀行頭取、田中長次郎が取締役となり、その後志水源兵衛に代わって一二（大正元）年から田中長次郎が小浜銀行頭取となった。

最後に、北陸地域最大の藩であった金沢藩で最大の御用商人船主であった木屋（木谷家）の事例を取り上げて、古河家の経営展開と比較する。木谷家は、[40]金沢の外湊にあたる粟ヶ崎で一七世紀に材木問屋を開業したとされ、金沢藩御作事材木御用方となった。一八世紀前半に金沢藩の大坂廻米の差配を行うようになり、和船を所有するとともに、一八世紀後半には度々金沢藩の御用金を負担し、侍格を取得して所有船数も一七八六（天明六）年時点で二九隻に上った。一九世紀前半には福井藩・富山藩など近隣の諸藩へも融資したが、それが焦げ付くなど経営に陰りがみられ、一八三〇年代には和船所有数は八隻まで減少した。

しかし、一八四四（弘化元）年に金沢藩が藩領域内の富商に御用達金負担を求めた際に、木屋一族は本家藤右衛門家が銀三〇〇貫匁、分家次助家と孫太郎家がそれぞれ銀一五〇貫匁の合計銀六〇〇貫匁を負担した。[41]これに続く金額を負担したのが、加賀国粟ヶ崎の嶋崎徳兵衛の銀二五〇貫匁、加賀国宮越の銭屋（五兵衛・喜太郎）の銀二〇〇貫匁で、木屋一族が領内で最大の御用達金を負担した。その後も木谷家は藩からの調達金を度々負担し、例えば、一八六一（文久元）年に銀三六貫匁、六二年に銀二〇貫匁、六三年に金一、四〇〇両と連年御用金を負担し、[42]幕末まで金沢藩最大の御用商人の地位を保った。

表7-11をみよう。木屋廻船は、一九世紀前半は北海道産物を扱ったが、一九世紀中葉以降は、登り荷として越後・庄内地域の産米を専ら扱い、それらを瀬戸内で販売し、下り荷として塩・蠟などを扱い、新潟や津軽国鰺ヶ沢で販売した。津軽国鰺ヶ沢での取引は、弘前藩と木屋との結び付きを深め、弘前藩の調達金を木屋が納める代わりに、弘前藩の年貢米の払い下げを木屋は受けた[43]。弘前藩以外にも木屋は、日本海沿岸諸藩の調達金に応ずる代わりに諸藩の蔵米を扱っており、その範囲は、弘前・秋田・富山・金沢・大聖寺・丸岡・福井藩に及んだ[44]。特に福井藩へは相当額の調達金を負担しており、例えば一八六七年時点では福井藩への調達金の差引で、七、二〇〇両が藩から返済されないまま残されていた[45]。

このように、東北・北陸地域の各藩と広く調達金と蔵米取引で関与していた木屋は、近代に入っても、地域の産業化への関与が求められ、金沢為替会社が一八六九年に設立されると総棟取となり[46]、七七年に第十二国立銀行が金沢で設立されると、その副頭取となった。木谷家は銀行経営に力を注ぐ一方で、諸藩による保護のなくなった北前船経営を縮小させ、一八八一年に船を手放して海運業から撤退した。そして、銀行経営の方も、一八八〇年代前半の松方デフレのために苦しくなり、金沢為替会社は八三年に北陸銀行（現在の北陸銀行とは別）と改称したものの、八六年に北陸銀行が倒産して、木谷家は約七万円という大きな損失を被った。

もっとも、第6章で取り上げた藤井家と異なり、それによって木谷家が破産したわけではなく、前掲表2-1の一八八八年頃の調査では、木谷家の所得額は三、〇〇〇円で、熊田源太郎家の二、九六三円、酒谷長平家の二、〇五六円、酒谷長一郎家の九九〇円を上回った。しかし、近世期のように木谷家が石川県域の北前船主のなかでずば抜けた存在であったわけではなく、一八八六年の北陸銀行倒産の打撃で、その後の石川県の企業勃興に木谷家はほとんど関与しなかった。その後、一八九四年に木谷家は貨物抵当貸付業を開業するが九七年に止め、八一年から経営した美濃国畑

表 7-11　木屋木谷家廻船商取引の動向（19 世紀）

年月日	買入先	住所	金　額	内　容	年月日	販売先	住所	金　額	内　容
1825. 7. 25–29	白鳥宇右衛門	箱　館	394 貫 897 文	小鯡粕 100 本，鰯粕 9 本	1818. 4. 5	当銀屋善平	新　潟	226 両	三田尻塩 2,974 俵
1825. 7 月	佐藤屋重左衛門	箱　館	373 貫 945 文	鯡粕 114 本	1818. 5. 2	竹屋伝八郎	鯵ヶ沢	2 貫 223 匁	半切紙 19 丸
1825. 7 月	中村屋新三郎	箱　館	154 貫 254 匁	鰯粕 76 本					
1828. 3 月	野村兵右衛門	野辺地	423 両 2 朱	南部大豆 1,710 俵					
1847. 8. 19–23	大津屋茂吉	箱　館	501 貫 657 文	鯡粕 75 本	1849. 4. 19	江尻屋七左衛門	宮　津	131 両 2 朱	津軽米 326 俵
1850. 7. 7	川口・長左衛門		145 両	米 530 俵	1850. 4. 23	船屋久右衛門	福　山	90 貫 475 文	白砂糖 5 挺
1850. 7 月末	当銀屋善平	新　潟	16 両	数の子 20 本					
1857. 3. 15	当銀屋善平	新　潟	270 両	柴田米 695 俵	1859. 9. 18	当銀屋善平	新　潟	148 両	繰綿 50 本
1857. 4. 25	最上屋市右衛門		17 両	作徳米 100 俵	1860. 1 月	油屋清助	鯵ヶ沢	3 貫 265 匁	長持 13 本
1858. 8. 19	長沢長左衛門	加　茂	366 両	五歩一米 550 俵	1860. 7 月	油屋清助	鯵ヶ沢	23 貫 254 匁	綿 8 本，玉砂糖 10 挺
1858. 8. 23	当銀屋善平	新　潟	1,583 両	柴田米 1,900 俵	1860. 7. 22	丸屋清作	下津井	30 貫 775 匁	柴田御大豆 400 俵
1859. 5. 20	尾関・長沢	加　茂	1,306 両	［米］2,074 俵	1860. 9 月	大津屋茂吉	箱　館	102 文	濡米 40 俵
1859. 9. 18	当銀屋善平	新　潟	552 両	柴田御米 680 俵	1861. 11 月	油屋清助	鯵ヶ沢	14 貫 570 匁	半紙 34 菰
1860. 閏 3. 24	長沢長左衛門	加　茂	428 両	五歩一米 570 俵	1862. 8. 22	当銀屋善平	新　潟	14 両	半切紙 5 箇
1860. 7 月	油屋清助	鯵ヶ沢	3 貫 9 匁	備後表 50 束	1862. 9. 9	丸屋清作	下津井	63 貫 561 匁	庄内御蔵米 1,400 俵
1860. 8. 27	当銀屋善平	新　潟	195 両	柴田御米 200 俵	1864. 9. 29	当銀屋善平	新　潟	122 両	生蠟 19 叺
1860. 9. 12	当銀屋善平	新　潟	558 両	舘村・村上御米 750 俵	1964. 10. 1	当銀屋善平	新　潟	25 両	生蠟 4 叺
1862. 3. 5	当銀屋善平	新　潟	66 両	三田米 100 俵	1964. 10. 3	当銀屋善平	新　潟	447 両	三田尻塩 1,500 俵
1863. 3. 29	長沢長左衛門	加　茂	13 両	五歩一米 20 俵	1865. 3 月	油屋清助	鯵ヶ沢	77 両	篠巻綿 30 本
1863. 9. 16	当銀屋善平	新　潟	139 両	黒川御米 695 俵	1865. 3 月	油屋清助	鯵ヶ沢	46 両	切糸 2 個
					1865. 3 月	油屋清助	鯵ヶ沢	19 両	国分 190 本入 3 樽
					1865. 3 月	油屋清助	鯵ヶ沢	16 両	富士半紙 5 菰

出所）北西弘編『木谷藤右衛門家文書』清文堂出版，1999 年より作成。

注記）木谷家文書に残される仕切状のうち，19 世紀の分を表で示した。買入分については，買入先が同じで買入日が近いものは，まとめて示した。金額欄の貫文は銭，貫匁は銀，両朱は金の単位。廻船問屋相手の売買は，廻船問屋が売買を仲介するのみの場合もあったと考えられるが，その場合の取引先が不明のため，この表では仕切状を交わした相手を売買先とみなして示した。

佐鉱山経営も損失を残して一九〇二年に止め、もう一つの家業の醤油醸造業を木谷醤油株式会社として法人化し、その社長となって家を継続させた[47]。ただし、それ以外の会社経営には関与せず、地元経済とのつながりは醤油醸造業に止まった。

なお木谷家の分家吉次郎は[48]、本家がかなり出資したと推定される神戸の日本精米株式会社の専務取締役に一八九二年以降就任し、神戸に居住して同社の経営を担った。日本精米は、神戸の貿易商のE・H・ハンターと兵庫の近世来の主要廻船問屋であった北風家が共同で一八八七年に設立した会社で、北風家が近世来の取引関係のあった木谷家に出資を求め、木谷家がそれに応じたと考えられる。同社は神戸の代表的精米会社として軍用米を扱い、着実に業績を上げたが、日露戦争終結が転機となり、吉次郎は一九〇七年に同社から手を引いた。吉次郎は神戸の日本毛織株式会社の一八九六年の設立に際しても発起人として出資し、一九〇四年から監査役となり、日本精米から手を引いた後は、日本毛織の株式所有を急増させた。一九〇八年時点の吉次郎家の株式所有額（時価）は、日本毛織三三、一七五円、神戸電灯一七、七四五円、大阪紡績一〇、〇〇八円、山陽鉄道五、六一〇円、神戸桟橋四、四〇〇円、木谷醤油三、六三二円、加州銀行三、二五〇円などで、貸借対照表からみて純資産額は、時価で約八六、〇〇〇円であった。

古河家と木谷家は、ともに大藩の御用北前船主として出身藩のみでなく取引先の諸藩の調達金も負担し、その対価として得た御用商売が収益基盤になると同時に、調達金負担がその収益をかなり目減りさせ、幕末に向かうに従って資産蓄積は頭打ちになった。特に古河家は、小浜藩から最幕末期に巨額の御用金負担を求められた結果、本家の流動資産はほとんど失われたと考えられ、近代期は分家がそれぞれ相続した店をもとに経営を維持したが、本家は資産家の地位を失った。木谷家はそこまで巨額の御用金負担を金沢藩から求められなかったため、近代期に資産をある程度維持し、近代初頭の金沢での銀行設立に参画することを求められ、北前船経営から銀行経営へ転換したが、松方デフレで銀行経営は破綻し、それ以後会社経営への参画に消極的となり、家業の維持に専念した。

もっとも近代初頭の有力資産家が地域社会から期待された役割は、第6章でも論じたように銀行・会社設立に止まらず、古河家も近代初頭に地域の学校費の寄付を行った（前掲表7-9）。しかしその金額は、近世後期に古河家が小浜藩に献金した額に比べて非常に少なく、最幕末期の御用金負担で古河家がかなり資産を減少させたことがその背景にあろう。とはいえ、古河家の分家が近代期に問屋業や醸造業で営業を継続したこともあり、古河家が地域社会で忘れられたわけではなく、古河本家当主は、一九〇九年に地元西津郵便局長となった。

木谷吉次郎も[49]、一九二〇年に神戸から粟ヶ崎に戻って以降は、学校・教育支援を積極的に行い、二三～二七（昭和二）年に地元粟崎小学校の校舎増改築に二二、七〇〇円余を寄付した。その他金沢医大・金沢中学校・石川県立中央図書館・結核予防協会等へ多額の寄付を行った吉次郎は、一九三二年に村会から請われて粟崎村長に就任した。

なお、古河家と木谷家はともに醸造業に展開した点で共通性があり、北前船主の商業的蓄積が必ずしも銀行・運輸業のみでなく製造業にも投入された例となる。しかし、彼らは大規模な製造会社を設立して大量生産を行う機械製大工業へ進出する志向性はもたず、それは志水家・田中家など製糸業の定着に力を入れた小浜地域の資産家の経営にもあてはまった。福井県や石川県で近代的紡績会社の設立や重化学工業の成長が遅れた背景には、こうした地方有力資産家の経営志向性があったと言えよう。

第III部補論　三国・敦賀湊北前船主の御用と福井県の産業化

はじめに

第III部で取り上げた北前船主は、宮林・藤井・古河・木谷家ともに金沢藩・小浜藩という大藩の船持御用商人で、御用商売・輸送を基盤として商業的蓄積を進めた。第III部補論では、北陸三県（富山・石川・福井県）地域で、もう一つの大藩であった福井藩のある越前国（現福井県北部）の船持御用商人を取り上げ、その経営展開と福井県地域社会・経済の関係を検討する。

表序-12に戻ろう。幕末・維新期の越前国の大規模北前船主は、三国・河野・敦賀に存在したが、河野の北前船主は、北海道に早期に進出して垂直統合経営を進め、かつ御用との関係は薄かったので第I部補論で取り上げ、本補論では三国・敦賀湊の北前船主を取り上げる。三国湊は[1]、福井城下の北北西約二〇キロメートルに位置し、九頭龍川の河口にあって福井藩・丸岡藩の外湊として栄えた。前掲表序-11に挙げた三国湊の北前船主はいずれも御用を引き受け、多額の御用金を負担した。なかでも、室屋（内田）惣右衛門家は、一七六〇（宝暦一〇）年に御札所元締に任命され、それ以降三国湊御用商人のなかで最大の御用金を負担した[2]。敦賀湊は[3]、若狭湾の東端に位置し、小浜藩の年貢米移出湊であったが、御用輸送は城下の小浜湊を経由して行われることが多く（第7章）、古河家など城下に有力な御用北前船主が存在したため、敦賀湊の北前船主は御用から相対的に自立していた。

そこで、まず室屋内田家の幕末・維新期の経営展開を検討し、次に、近世来の三国の北前船主で唯一近代期に有力地方資産家となり得た森田家の経営展開を検討する。それに続いて、敦賀の北前船主で近代期に敦賀最大の資産家となった大和田家の経営展開を検討し、最後に第7章の古河家の事例も含めて、これら四家の経営展開が近代以降の福井県主要港（三国・敦賀・小浜港）の動向と福井県の産業化に与えた影響を考察する。

（1）室屋内田家の海運経営

室屋が藩の御用を受けたのは前述の一七六〇（宝暦一〇）年が最初で、[4]八八（天明八）年に御内御用達を命ぜられ、一八〇四（文化元）にも改めて御内御用達を命ぜられて五人扶持が与えられ、苗字帯刀が許された。よって以下内田家で統一して示す。内田家は一八世紀前半から廻船経営を行ったと推定され、一八一〇年には表補III-1で示したように和船七隻を所有した。最幕末期でも和船五隻を所有し、近代初頭のインフレ期の七〇年代に手船（自己所有船）数を増大させ、七七（明治一〇）年に和船一〇隻を所有した。船体規模は、一八一〇年時点は四五〇石積の中型船が多く、七〇年代に、六〇〇石積以上の大型船と二〇〇～三〇〇石積台の相対的に小型の船とを組み合わせて所有し、航路に応じて使い分けたと考えられる。ただし、一八八〇年代前半の松方デフレ期に買積経営が苦しくなったなかで、手船を売却して八四年に廻船経営から撤退した。

表補III-2をみよう。近世期の内田家廻船は、瀬戸内・畿内に到着する登り航路では、秋田・越後・三国を出発地として石見国浜田湊に入津した船が多く、北海道にはあまり赴かなかったと思われる。実際、一八六六（慶応二）年に内田家は、森家とともに米三五、〇〇〇俵の兵庫への廻送を一任されており、[5]領主米廻送の拠点であった三国湊の船問屋として、近世期の内田家は米を中心に扱っていたと考えられる。しかし、近代に入り廃藩置県により、藩の御用輸送がなくなるとともに、内田家廻船の活動の中心は北海道交易へ移った。

例えば、一八七八年に内田家廻船の晨風丸が、鯡魚肥一、一二〇石を積んで江差を出発し、八二年に内田家廻船の

表補III-1　室屋内田惣右衛門家手船の動向

（単位：石積）

1810年		1860年	1871年	1875年		1877年		その後の動向
一陽丸	450	一陽丸	晨風丸	晨風丸	1,120	晨風丸	1,120	買替の後，1883年12月売却
長生丸	450	長生丸	永保丸	永保丸	1,068	永保丸	1,068	買替の後，1883年10月売却
長寿丸	450	永保丸	第一丸	第一丸	780	第一丸	788	1883年10月売却
慶栄丸	450	第一丸	千秋丸	一陽丸	674	太陽丸	750	買　替
常盤丸	450	幸神丸	末広丸	千秋丸	650	一陽丸	674	1878年破船により廃船
朝日丸	450			末広丸	380	千秋丸	656	1877年12月売却
第一丸	400			松寿丸	333	慶雲丸	627	買替の後，1883年6月売却
				万金丸	315	安祥丸	506	1884年2月売却
				安祥丸	253	万金丸	351	1883年12月売却
						安禄丸	251	1877年9月廃船

出所）三国町史編纂委員会編『三国町史料――内田家記録』三国町教育委員会，1970年より作成。
注記）太陽丸が最終的にいつ処分されたかは不明だが，1883年までには売却されたと考えられる。その後の動向として，1880年3月に運昇丸373石積を購入したが，83年6月に売却した。

晨風丸・永保丸・慶雲丸がそれぞれ一、六八七石・一、三五六石・八五三石の鯡魚肥を積んで坂井（三国）港に入港し、八三年に内田家廻船の第一丸・永保丸がそれぞれ九一三石・一、三二一石の鯡魚肥を積んで坂井（三国）港に入港した(6)。序章で触れたように、一八七〇年代以降は米の地域間価格差がかなり縮小し、より大きな価格差の残された北海道交易に移ったことは経営合理性があったと言える。実際、第6章の宮林家廻船も、近世期は米や藩の特産物の原料となる綿を主に扱ったが、近代期に入ると北海道交易に展開した。

内田家は、北海道交易に力を入れるとともに、大阪で北海道産物の荷受問屋兼米穀問屋を開業して経営多角化を進めた(7)。そして一八八〇年時点の内田家の諸営業高は、船荷卸業が四、二〇〇円、麹業が五〇〇円、酒類販売が三七五円、問屋手数料が二五〇円、倉庫業が五〇円、質業が二五円であった(8)。ただし、宮林家と同様に内田家も、松方デフレの打撃が大きく、廻船を売却して海運経営から撤退した。そして一八八四年に借入金の担保に入っていた自宅を売却してより小さな家に移り、八五年に回漕業・船荷卸業・麹業の廃業届を役所へ提出した(9)。

松方デフレの打撃により内田家が資産をほぼ全て失った背景には、近世期の御用金負担が極めて重く、近世期の商業的蓄積が不十分なまま近代期に経営を拡大したことがあった。表補III-3をみよう。内田家は最

表補 III-2　室屋内田惣右衛門家廻船の浜田湊への入津状況

船　名	入津年月日（出発地・売買等）
勢　丸	1818年6月6日秋田登
末広丸	1824年4月16日秋田登，34年9月22日越後登，74年9月23日三国登
大和丸	1831年4月20日下り，35年8月3日登り
万代丸	1833年2月14日下り，34年3月3日下り
第一丸	1840年7月29日下り，55年4月18日白砂糖売・半紙買，57年8月21日，63年8月21日登り，75年8月21日三国登・米売・扱苧買，75年10月17日下り
長寿丸	1849年8月16日，59年3月14日，62年8月16日登り，67年3月20日下り
一陽丸	1854年8月29日，57年8月14日，63年9月14日，65年6月6日登り，65年6月16日，67年4月1日下り，69年9月14日登り
永保丸	1863年3月20日，64年5月17日，66年3月20日下り，68年5月17日登り
永福丸	1863年8月26日登り
栄　丸	1864年3月23日登り，66年2月18日，66年8月22日，68年2月29日下り，71年5月7日下り
長生丸	1864年5月17日，65年4月12日，69年4月28日下り，71年5月17日下り
晨風丸	1865年3月22日下り・扱苧買，76年6月7日
松寿丸	1867年9月13日登り，70年10月4日下り・白砂糖売・半紙・扱苧買
永年丸	1868年4月9日三国登・米買
承慶丸	1869年8月21日登り
千秋丸	1874年3月24日，79年10月15日
慶雲丸	1874年10月4日松前登，76年9月19日登り
万全丸	1876年9月19日下り，79年8月27日登り
安禄丸	1876年5月8日下り，76年11月29日下り
安祥丸	1877年3月28日下り・素麵売・焼物買

出所）「諸国御客帳」（住田正一編『海事史料叢書』第4巻，巌松堂書店，1929年），柚木学編『諸国御客船帳』下巻，清文堂出版，1977年，柚木学編『近代海運史料』清文堂出版，1992年，より作成。

注記）浜田湊の3冊の「客船帳」より，船名・船頭名より室屋内田惣右衛門家の廻船と考えられるものの内容を示した。年月日の後の「秋田登」とは，秋田を出発地として登り航路で浜田湊に入津した意味。「永保丸」は，史料では「栄宝丸」となっていたが，内田家の史料に従って「永保丸」とした。

初の御用を受けた一七六〇年以来数年おきに巨額の御用金を負担し、一八〇三（享和三）～六四（元治元）年までの御用金負担額を合計すると約一七万両にも上った。御用金のみでなく、領内で飢饉の際に窮民を救うための援助金を、内田家を含む三国湊の有力商家が負担した。特に、一八三〇年代前半の飢饉の際には、米価が高騰し、難儀人へ米を安く別売りしてその損銀約九貫匁を内田家ら有力商家で負担した[10]。そして窮民救助に関して内田惣右衛門は、「難儀している諸人に慈悲をかけると、その金はだんだんもとへ戻ってくる。（中略）大飢饉は人間の一生のうちで一度ぐらい、長命であれば二度くらいはあろう。思いきりが大事だ」と述べ、非常の際の救恤の途を

表補 III-3　室屋内田惣右衛門家御用金（近世期）・寄付金（近代期）負担の動向

年	御用金額	備　考	年	御用金額	備　考
1760	約 600 両	御札所加入金（初めての御用）	1828	20,000 両	
1768	600 両	後に元利とも返済される	1829	3,500 両	
1788	1,500 両	御内御用達を命ぜられる	1831	9,600 両	
1791•92	銀 22 貫 300 匁		1835	300 両	
1794	5,300 両		1842	銀 2 貫匁	
1803	1,000 両	内田平右衛門と 2 名で 2,000 両	1845	12,000 両	
1812	900 両		1863	2,100 両	
1814	約銀 396 貫匁	手形米代金借り上げ（2 名で）	1864	3,400 両	
1819	5,400 両		年	寄付金額	備　考
1820	600 両		1872	100 円	坂井港郷学所接続基金
1821	銀 130 貫匁	内田平右衛門と 2 名で銀 260 貫匁	1874	100 円	小学校校舎新築
	1,105 両	内田平右衛門と 2 名で 2,210 両	1877	278 円	別院類焼の節（調達金）
1822	600 両		1878	50 円	火災見舞金（問屋 3 軒で）
1824	22,348 両		1880	100 円	出張官慰労金（6 軒で）
1825	13,095 両		1881	50 円	坂井郡役所新築費
1826	14,719 両		1882	60 円	福井県庁舎新築費
＊ 1803～26 年合計 121,000 両（内田家手記による）			1882	30 円	火災見舞金（問屋 3 軒で）

出所）印牧邦雄編『三国町史』三国町教育委員会，1964 年，446-457 頁，前掲『三国町史料――内田家記録』86，90 頁，福井市編『福井市史』資料編 6 近世四下，1999 年，457-460 頁より作成。
注記）近世期は福井藩への御用金負担。近代期は政府・自治体への寄付金。

忘れなかったとされた[11]。

この御用金負担や救民費負担は、近代以降も地域社会の様々な局面での寄付金負担として継続しており、内田家は一八七二～八二年も学校・役所の建築費や火災見舞金などを度々負担した。また、内田家は、森田家・橋本家・津田家など北前船主らとともに、一八七六年に水害対策として九頭龍川河口の防波堤工事を発注しており[12]、社会的活動も活発に行った。内田家は、近世期の社会的地位の延長で、一八七〇年代～八〇年代初頭に坂井商法会議所会頭、桜谷町外一五町連合会議員、船荷問屋組合惣代、桜谷神社氏子惣代、坂井公立病院委員惣代など様々な地域社会の役職を務め[13]、これらの寄付金を負担するのはやむを得なかったと思われるが、近世期の御用金負担と近代期の寄付金負担が内田家の経営に重荷になったことは推測できる。実際、内田家は家業の廃業届を出す以前の一八八三年にこれらの役職すべての辞職届を役所に提出した[14]。このように、三国湊最大の御用商人であった内田惣右衛門家は、御用や地域社会とのつながりが強すぎた故に、家業をうまく展開することができなかった。

(2) 森田家の複合経営

内田家と同様に、中屋橋本家や茶屋津田家など三国湊の近世来の有力北前船主も松方デフレで大きな打撃をうけて家産を減らしたが[15]、そのなかで森田家のみが、北前船主から銀行家に転身して三国地域最大の資産家となった。森田家は一九世紀中葉から和船を所有したが、当初は内田家より経営規模は小さく、御用金負担は内田家よりかなり少なかった。例えば、一八六三（文久三）年に福井藩が三国湊の富商に一万両の御用金を割り当てた際に、内田惣右衛門の負担額二、一〇〇両に対し、森田家（三郎右衛門）は四五〇両を負担した[16]。

このような御用金負担の少なさが、幕末期の森田家の資産蓄積を可能とし、同家は内田家以上に一八七〇年代に和船所有数を拡大し、七五（明治八）年頃に一六隻の和船を所有するに至った[17]。そのなかには、内田家廻船のように積石数で一、〇〇〇石を超える超大型和船はなかったものの、八〇〇石積が四隻、七〇〇石積が四隻、五〇〇〜六〇〇石積台が三隻と、その大部分が、遠距離航海が可能な大型和船であった。とはいえ、森田家もやはり松方デフレによる打撃を受け、一八八三年頃に海運経営から撤退したと考えられるが（前掲表序-11）、醬油醸造業を兼営していたこともあり、海運経営から撤退後も十分な資産を残し、九四年に個人銀行として森田銀行を資本金一〇万円で開業した[18]。森田銀行は三国港最初の近代的金融機関であり、一八九七年に設立され、森田家当主が頭取を務めた三国貯金銀行（一九〇七年より森田貯蓄銀行と改称）とともに順調に成長した。

ただし、設立当初の森田銀行は三国港をめぐる商取引に関する金融を中心に行ったと考えられ、個人銀行の域を出なかった。森田銀行が飛躍する契機となったのは倉庫業への進出で、一九〇三年に資本金五〇万円の株式会社として資本金を充実させた森田銀行は、〇五年に福井倉庫を買収して資本金五万円の株式会社森田銀行倉庫部とした[19]。

さらにこれを一九〇八年に森田銀行倉庫運送部として運送業にも展開した後、〇九年に福井駅前の内国通運会社支店を買収して、森田銀行倉庫運送部の本店を福井駅前に移した。[20] こうして、森田家は三国港の廻船問屋から鉄道輸送を扱う倉庫運送業へ転身し、特に一九二〇年代に倉庫運送部・銀行ともに資本金を増加して経営規模を拡大した。例えば、[21] 倉庫運送部は、一九二二（大正一一）年に三国町の大家倉庫会社を買収して資本金を二〇万円に増額し、森田貯蓄銀行は、二五年に資本金を五〇万円に増加して、福井・金沢・武生《たけふ》・敦賀・小浜など石川・福井県の主要地に支店を設け、森田銀行は二八（昭和三）年に金沢の加賀銀行を合併して資本金一〇〇万円となった。さらに森田銀行は二九年に勝山の野村銀行を買収して、大野・勝山・丸岡・松岡に暫次支店を設けて、福井県の有力銀行の一角を占めた。しかし同年の昭和恐慌のなかで、一九三〇年に県下第一の福井銀行と合併した。

このように森田家は、金融・倉庫・運送など流通部門に多角化し、醬油醸造業に加えて一九二四年時点で約六五町歩の土地を所有するなどの複合経営を行い（前掲表序-12）、三国町では他と隔絶した資産家となった（前掲表7-1）。森田銀行以外にも三国では、[22] 橋本利助・亀田喜八など北前船主によって三国商業銀行が一八九九年に設立されたが、三国港の衰退もあって銀行以外の諸会社は三国では一九〇〇年代までほとんど設立されず、三国商業銀行も一四年に破綻休業した。ただし、醬油醸造業はそのなかで成長し、醬油醸造業を行ったことが森田家の資産拡大の一因となった。森田家は『日本全国商工人名録』で、一八九八年時点でも一九〇七・〇八年時点でも、醬油醸造業者として挙げられ、一八九八年時点の営業税額は約一〇九円、一九〇七・〇八年時点のそれは約六四円であった。[23]

（3）桶屋大和田家の複合経営

一方、旧小浜藩領域で、小浜と並ぶ主要湊であった敦賀では、[24] 冒頭で述べた大和田家を始め新興の北前船主が一八九〇年代から敦賀での銀行経営に積極的に関わり、それらの銀行は第一次世界大戦を経て、小浜地域の銀行の経営規模をかなり上回った。近代期に小浜より敦賀が経済的に成長した背景には敦賀港が定期汽船航路の寄港地として発展し、一八八四（明治一七）年に敦賀―長浜間の鉄道が開通し、八九年にそれが東海道線と連絡したことによる近代的交通網の整備があったが、北前船主ら敦賀の資産家の経営行動の役割も大きかった。

そのうち敦賀を代表する資産家となった大和田家は近世期に桶屋を称し、[25]石見国浜田湊の廻船問屋の客船帳からみて、本家庄兵衛家と分家庄七家がいずれも一八五〇年代に船主であったことが判明する。そのうち分家庄七家は一八六〇年代に和船四隻を所有したと推定され、その後近代期に銀行業・鉱山業に展開して敦賀を代表する資産家大和田荘七となった。敦賀湊は、第1章で述べたように、近江商人で北海道に進出した両浜組商人に定雇された荷所船主の航路の発着地として一八世紀から廻船問屋が発達し、敦賀出身の荷所船主も存在した。[26]一八世紀末以降に両浜組商人の北海道での特権が削減されたなかで、両浜組商人と荷所船主の定雇契約が不安定となり、荷所船主が両浜組商人に雇われることを止めて買積経営を行い始め、敦賀出身の北前船主も登場するに至ったが、大和田家は一八世紀末から廻船問屋を営んだと言われるものの、北前船主としての活動開始は一九世紀中葉以降と遅く、特に庄七家は分家設立が一八五三（嘉永六）年で、その後すぐに船主となったものの、敦賀のなかでは新興の北前船主であった。[27]

大和田庄兵衛家の資産額は、[28]一八五三年度末に約一万四千両で、そのうち三、六三三両が御用調達金残貸分であり、六二年度末の資産額は約二万両で、そのうち四、六二五両が御用調達金残貸分であった。庄兵衛家は、その四、六二五両のうち三千両を藩への献金として処理したため、その後一時的に資産額は減少したが、最幕末期のインフレの影響もあり、一八六七年度末の資産額は約二万一千両に回復し、そのうち御用調達金残貸分は六〇〇両にすぎなかった。それゆえ庄兵衛家は、藩への滞貸金をほとんど近代期へもちこさず、一八七一年度末の資産額は二万六千両となった。もっとも、後述のように荘兵衛家の所有船が一八七四年に沈没したことで、それ以降資産額は目減りして七六年度末に約一万八千円となった。分家庄七家の御用金負担額も少なく、庄兵衛家が一八六二年度に三千両を献金して藩への滞貸金を償却した際に、庄七家は百両を献金したに過ぎなかった[29]。

その意味で、大和田家の御用金負担は古河家や内田家に比してはるかに少なく、買積経営で得た商業的蓄積をほとんど失うことなく明治維新を迎えたと考えられる。維新後の一八六九年に敦賀為替会社が設立され[30]、大和田荘兵衛・荘七両家もそこに資本参加し、その他山本家・荻原家など近世来の北前船主が資本参加して敦賀為替会社の活動は開始された。しかし為替会社の金券発行高に制限がなかったため過剰発行になりやすく、政府は為替会社に代わる近代的金融機関の設立を意図して一八七二年に国立銀行条例を公布したことで、敦賀為替会社は解散することとなった。むろん、敦賀為替会社に資本参加した大和田両家や山本家らは、国立銀行設立を目指したが、同時期に小浜でも士族層を中心として国立銀行設立が目指され、国立銀行券発行の抵当として金録公債が使用できたため、商人層主体の敦賀での国立銀行設立よりも、士族層主体の小浜の国立銀行設立が有利となり、結果的に小浜で第二十五国立銀行が設立されたものの、敦賀での国立銀行設立は認められなかった。

しかしそのことが、敦賀の北前船主らには幸いであったと考えられる。第6章で触れたように、旧金沢藩領域でも有力な御用北前船主を中心に金沢為替会社と第十二国立銀行が設立されたが[31]、一八八〇年代前半の松方デフレで大きな打撃を受けて、旧金沢藩の有力北前船主はいずれも松方デフレ期に資産をかなり失うこととなった。一方、敦賀では一八八〇年代には第二十五国立銀行支店・第六十四国立銀行支店・三井銀行支店などが設置されたものの[32]、敦賀に本店をおく銀行はなく、松方デフレ期の打撃は敦賀の北前船主には相対的に少なかったと考えられる。もっとも、敦賀の北前船主のなかでも、荻原家は一八六八・六九年に、大和田荘兵衛家は一八七四年にそれぞれ所有船が沈没し、大損害を受けたため海運経営から撤退し、一八九〇年代以降の敦賀の企業勃興は大和田荘七家、山本家、山下家などの北前船主によって担われることとなった。

敦賀の北前船主らは、国立銀行設立に失敗したものの汽船会社設立に成功し[33]、大和田荘兵衛を中心として敦賀で敦

表補III-4　大和田荘七家会社役員の推移

（資本金の単位：万円）

会社名	資本金	1897年	1902年	1907年	1912年	1917年	1922年	1926年	1931年
大和田銀行	170.0	行主	行主	行主	行主	行主	社長	頭取	頭取
久二貯金銀行	12.5	頭取	頭取	頭取	頭取	頭取	代表取締役	頭取	頭取
敦賀貿易汽船			社長	社長	敦賀電燈（60.0）		監査役[2]	監査役[2]	
敦賀用達			社長[1]		敦賀中央倉庫(4.0)		監査役[2]	監査役[2]	監査役[2]
敦賀対北				社長	取締役	敦賀築港倉庫		社長	社長
大和田炭礦	10.0				社長	取締役	取締役	太陽製紙	代表取締役[1]
敦賀艀合同					取締役			東邦乾餾	取締役[1]
日鮮土地	12.0						代表取締役[1]	代表取締役[1]	専務[1]

出所）由井常彦・浅野俊光編『日本全国諸会社役員録』第2・6・11・16巻，柏書房，1988・89年，大正6・11・15・昭和6年度『日本全国諸会社役員録』商業興信所，1917・22・26・31年より作成。

注記）基本的に当主荘七の役職を示したが，家族の複数が同一会社の役員になっていた場合は，そのうちより重要な役職についた役職で代表させた。会社の所在は，いずれも敦賀。久二貯金銀行は，1917年は大和田貯金銀行，22年以降は大和田貯蓄銀行として。各年の1月時点の状況を示すと考えられる。資本金は1922年初頭の払込資本金額で，敦賀電燈・敦賀中央倉庫の後の括弧内は1922年初頭の払込資本金額。

注1）弥七として。2）正吉として。

賀汽船会社が、元丸岡藩士の前田閑を中心として三国で三国汽船会社が設立され、この両社が一八七五年に合併して敦賀・三国汽船会社となった。その後、三菱が定期航路網を日本海側にも開いて敦賀に寄港し、一八八四年に敦賀―長浜間の鉄道が開通すると、敦賀が物流の海陸連絡の拠点として発展することとなり、敦賀を中心とする近海航路の汽船会社が乱立したため、敦賀・三国汽船会社の経営は苦しくなり、前田閑が九〇年に県会議員となったことと九一年に大和田荘兵衛が亡くなったことを契機として同社は解散した。

表補III-4をみよう。松方デフレ後の本格的企業勃興期になると、[34]大和田荘七が一八九二年に資本金一〇万円を全額出資して大和田銀行を設立し、第二十五国立銀行が士族層主体の経営でサービスが悪かったのに対し、商家としてのサービスの良さを活かして大和田銀行は次々と顧客を開拓し、その他の北前船主らも九四年に敦賀銀行を設立して、北前船主の山本伝兵衛と山下五右衛門が頭取と取締役となった。大和田銀行はその後越前地域の輸出向け絹織物業者への金融を拡大して地域経済の発展に寄与し、[35]特に第一次世界大戦期の好景気の際に大和田・敦賀両行とも積極的に増資し、一九二二（大正一一）年時点で、小浜地域の諸銀行の払込資本金額は、二十五銀行が約四一万円、小浜銀行が約三三万円、若狭銀行が約二二万円に対して、敦賀では大和田銀行が一七〇万円、敦賀銀行が約八八万円となった。[36] 大和田荘七家は、[37] 銀行業以外にも一九〇〇年に敦賀貿易汽船会社を設立して貿易業へ進出するとともに、北海道で硫黄鉱山を借り受け、北海道留萌で買収した炭鉱も併せて一九〇八年に大和田炭鉱会社を設立し、留萌炭鉱の鉱区を約一八一万坪まで拡大した。

古河家・内田家ら御用北前船主と比べ、大和田荘七家が船主となった時期は一八五〇年代と遅く、[38] 六三（文久三）年に小浜藩の御用達となったが、その収益基盤は御用ではなく米穀・北海道産物取引であった。大和田銀行も設立後まもなく一八九〇年代後半に、支店網を大阪・武生・金沢へ広げ、大和田家は北海道での炭鉱経営を拡大するなど、地域志向性と同時に広域志向性も強く示した。むろん大和田銀行は、越前地域への織物金融を積極的に行うことで、地域経済にも貢献し、遠隔地での収益を地元経済に還元する経路を作り上げた意味で、本書第II部の北前船主らと同様に、大和田荘七家は地域の産業化に最も貢献し得た北前船主となった。

おわりに

補論のまとめとして、福井県主要港の地位の変化に内田・森田・大和田・古河家ら北前船主の経営展開が与えた影響を考察する。表補III-5をみよう。福井県下の主要港として坂井（三国）・敦賀・小浜の三港が挙げられるが、近世期の地位をある程度反映していた一八七八（明治一一）年時点では、三港のうち坂井港が最大の移出入額を示した。この背景には、一八七〇年代に内田家・森田家など有力北前船主が所有船数を増大させて積極的に北海道交易に乗り出したことがあり、七八年時点の坂井港移出額の最大は米で、そのうち二五%が北海道向けの移出であった。[39] また一八七八年時点の坂井港移入額の最大は北海道産物で移入額全体の約四〇%を占めた。そして同年の内田家廻船が扱った北海道産物価額は二一、四一四円で、それは坂井港北海道産物移入額一三五、五〇〇円の約一六%を占めた。[40]

このように一八八〇年前後の坂井港の高い地位は、北前船主の北海道交易によるところが大きかったが、松方デフ

表補III-5　福井県主要港湾移出入額と船舶入港隻数の推移

（単位：千円・隻・トン）

年	坂井（三国）港		敦賀港		小浜港		坂井（三国）港			敦賀港			小浜港		
	移出	移入	移出	移入	移出	移入	帆船	汽船	登簿トン	帆船	汽船	登簿トン	帆船	汽船	登簿トン
1878	336	344	42	283	165	266	800	3		402	5		1,398	0	
1881	812	775	815		239	230	15,591	926	73,950				557	0	
1886	507	293	1,055	938	78	93	1,477[1)]	246[1)]	11,783[1)]	287[1)]	332[1)]	31,540[1)]	971[1)]	1[1)]	563[1)]
1890	689	430	2,366	2,386	71	77	3,079	352	19,360	856	366	57,600	1,451	53	1,219
1895	3,128	2,663	7,420	7,530	671	886	2,333	402		2,411	406		510		
1900	3,927	5,197	23,388	16,735	370	905	2,900	54	20,335	257	402	226,211	298	400	36,200
1906	558	551	3,454	15,465	367	312	160	83	42,998	1,383	606	538,253	1,136	955	66,590
1912	881	503	1,911	8,810	1,017	1,191	1,075	63	50,400	837	609	225,400	1,754	1,694	98,689
1920	1,277	1,347	615	18,934	572	680	1,672	22	20,100	473	446	663,512	270	1,083	32,440
1928	386	1,844	2,577	16,525	247	973	1,301	39	21,785	6,681	779	434,409	233	15	5,352
1935	583	2,205	3,291	14,548	156	1,204	1,432	32	28,022	3,310	796	606,562	1,514	11	13,164

出所）「二府四県采覧報文」（商品流通史研究会編『近代日本商品流通史資料』第1巻，日本経済評論社，1979年），福井県編『福井県史』資料編17　統計，1993年より作成。

注記）1878年は開拓使が調査した「二府四県采覧報文」，81年以降は『福井県統計書』『福井県勧業年報』などによる。登簿トン数欄は，入港汽船の登簿延トン数を示す。帆船入港数のうち石数船は基本的に50石積以上を集計した。

注1）1885年時点の数値。

レの打撃により内田家・森田家など三国の有力北前船主が海運経営から撤退したことで、坂井港の地位は八六年時点では敦賀に抜かれてかなり差をつけられた。この背景には、一八八四年に長浜から敦賀まで鉄道が開通したことによる、海陸連絡港としての敦賀の地位上昇があった[41]。その結果、汽船定期航路網が坂井でなく敦賀を寄港地として整備され、坂井と敦賀は汽船入港数ではそれほど遜色はなかったが、入港汽船の登簿延トン数をみると、敦賀港への入港汽船の規模がかなり大きく、例えば一八八五年時点の坂井港の入港汽船は平均登簿トン数が約四八トンで、福井・石川県の諸港を結ぶ小汽船が多かったと考えられる。その傾向は、敦賀と鉄道で結ばれた官営東海道線が全線開通した一八八九年以降になるとより顕著となり、九〇年時点では八六年時点と比べて坂井港に入港した汽船の平均登簿トン数はそれほど変わらなかったものの、敦賀港に入港した汽船の平均登簿トン数は九五トンから一五七トンに増大し、大型汽船の寄港地としての敦賀港の性格はさらに強まった。

そして敦賀から鉄道が延伸して一八九六年に福井、九七年に石川県小松まで開通すると、坂井港の入港汽船数が激減した。とはいえ、登簿延トン数は減少しておらず、入港汽船の平均登簿トン数はかなり増大したので、坂井港への入港汽船として遠隔地航路の大型汽船の入港が少なくなりながらも若干残り、近隣の港湾と結んだ小蒸気船の入港が鉄道輸送に代替されてなくなったと思われる。その結果として、三国港における船問屋の需要はかなり減少し、それを背景として森田家は、鉄道を利用する運送・倉庫業への転換を図り、前述のように森田銀行倉庫運送部の本店を鉄道の福井駅前に移した。それは、三国港の北前船主が海商から陸商に転換したことを象徴する出来事であった。

逆に、大型汽船の定期航路の主要寄港地となった敦賀の北前船主は、北前船経営から撤退したものの、大和田荘七が敦賀貿易汽船・敦賀対北の社長となり、汽船航路を利用した貿易業に転換し、海運との関係は持ち続けた。古河家など主要北前船主が近代前期に海運経営から撤退した小浜港では、敦賀港との近距離輸送を担う小汽船の増大で、一九〇〇年代に汽船入港数が増大したが、一八（大正七）年の敦賀・小浜間の鉄道開通後は[42]、その間の輸送の多くが鉄道に代替されたと思われ、二〇年代の小浜港の入港汽船数は激減した。

最後に、第I・II部補論や第6・7章の検討とあわせ、福井県の産業化と北前船主の関係をまとめる。福井県では、近代期に敦賀において比較的早期に汽船と鉄道の連絡ルートが形成され、敦賀を中心として遠距離の汽船輸送と、近距離の帆船輸送との分化が速やかに進み、遠隔地間交易を行う北前船の活躍の余地は一八九〇年代後半になくなったと考えられる。しかも、富山県のように米作が発達したわけではなく、一八九〇年代以降は絹織物業が発達したため[43]、近代期の北前船主の主要扱い荷であった北海道産魚肥の需要は伸びなかった。その結果、拠点を北海道と大阪に移して垂直統合経営を行った河野の右近家や中村家を除き、近世来の主要北前船主はいずれも一八八〇年代に海運経営から撤退し、富山県のように近代期に北前船経営に進出した新興船主が活躍することもなかった。

ただし、海運経営から撤退した主要北前船主には、近世期に御用と密接に結んで商業的蓄積を進めた小浜湊の古河家や三国湊の内田家と、近世期は経営規模が相対的に小さかったため、御用金負担が少なくて幕末維新期に急速に経営規模を拡大し得た三国湊の森田家や敦賀湊の大和田家では、近代期の地域社会との関わり方は異なり、内田家が家業志向性よりも社会志向性が強く、近代初頭に多くの公職を務め、また古河家が社会的資金を集めて株式会社形態で地場銀行を設立し、若狭漆器などの伝統産業の振興に努めたのに対し、森田家・大和田家は家業志向性が強く、森田銀行・大和田銀行として株式会社ではなく個人銀行を設立した。ただし醸造経営との複合経営を行った森田家は地域志向性が強く、森田銀行が倉庫運送部も併せて専ら福井県内を活動範囲としたのに対し、汽船経営に展開した大和田家は広域志向性も強く、北海道で炭鉱経営を行ったり、福井・石川県で発達した絹織物業への金融を契機に大和田銀行は大阪や石川県域にも活動範囲を拡大した。

福井県の産業化は、製糸業と絹織物業で急速に進んだが、北前船主のそれへの貢献は銀行を通した中小経営への金融に止まり、富山県のように北前船主が近代的紡績会社や人造肥料会社を直接設立することはなかった。そのことが、同じ北陸三県のなかで、産業化の形態に違いをもたらしたが、その点は、終章で展望することとしたい。

終　章　日本の産業化と北前船主

一　北前船主の多角化戦略の特質

本書では、地方資産家の多角的経営展開が、地域の産業化の特徴を性格付けてきた過程を、資本主義生成期の日本海沿岸地域の代表的地方資産家であった北前船主を事例として考察した。その場合、北前船主は船という輸送手段を所有したため多様な経営展開が可能で、その経営志向性は、序章で整理したように、展開範囲からみた地域志向性と広域志向性、展開目的からみた社会志向性と家業・家産志向性、展開方法からみた低リスク志向性と高蓄積志向性の強弱から特徴付けられる。そこで、表終-1で、本書で取り上げた北前船主の各家の経営志向性をまとめた。

全体として、本書第I部で取り上げた北前船主（西川・藤野・酒谷・右近・西村家）は、海運経営を積極的に展開した時期は、地域志向性より広域志向性が強く、社会志向性より家業・家産志向性が強く、低リスク志向性より高蓄積志向性が強かった。もっともこのような経営志向性は、経営展開の過程で変化することはあり得、第2章で取り上げた酒谷家の場合は、海運経営撤退後の資産運用の側面では、学習効果から高蓄積志向性が弱まって低リスク志向性が強まり、また西村家の場合は、大阪から撤退して、出身地の能登に経営拠点を移して後は、能登地域の会社経営に関

表終-1　主要北前船主の経営志向性

家　名	形　態	地域⇔広域		社会⇔家業(産)		低リスク⇔高蓄積	
西　川	垂直統合	△	○	○→△	○	△	○
藤　野	垂直統合	△	◎	△	○	△	◎
酒　谷	垂直統合	×	○	△	○	△→○	◎→△
右　近	垂直統合	×	○	△	○	△	○
西　村	垂直統合	×→△	◎	△	○	×	◎
野　村	複　合	○	△	○	○	○	△
伊　藤	複　合	○	○	△	○	○	△
熊　田	複　合	○	○	○	○	○	△
大和田	複　合	○	○	○	○	○	△
宮　城	複　合	○	○	○	○	△	○
馬　場	複　合	◎	△	○	○	○	△
秋　野	複　合	◎	×	○	○	◎	△
瀧　田	複　合	◎	×	○	○	◎	△
斎　藤	複　合	◎	×	◎	○	○	△
菅　野	複　合	◎	×	◎	○	○	△
宮　林	御　用	◎	×	○	△	○	△
古　河	御　用	◎	×	○	△	○	△
木　谷	御　用	◎	×	○	△	○	△
内　田	御　用	◎	×	○	△	○	△
藤　井	御　用	◎	△	◎	×	○	△

注記）形態欄の垂直統合・複合・御用は，それぞれ経営形態の主要な特徴として，垂直統合経営・複合経営・御用重視がみられたことを意味する。それらの含意については本文を参照。地域志向性は地元への密着度，広域志向性は支店・生産拠点の設置状況，社会志向性は地域経済への関与の度合，家業（産）志向性は自家経営への執着度，低リスク志向性は土地・公債への傾斜度，高蓄積志向性は漁業・中央株への傾斜度などから判断した。→のある場合は，19世紀までと20世紀で志向性が転換した家。◎が最も志向性が強く，◎→○→△→×の順に志向性は弱くなる。

与して地域志向性がみられた。

本書第II部で取り上げた野村・伊藤・熊田家は、出身地元に経営拠点を置きつつ北海道にも経営拠点を設けた点で、地域志向性と広域志向性のバランスがとれ、出身地元で土地を大規模に取得して出身地元経済にも関心が強かった点で、家業・家産志向性と社会志向性のバランスもとれていた。出身地元で銀行経営を行いつつ北海道で炭鉱経営を行った大和田家もこれに類すると言える。また、第II部で取り上げた北前船主には、馬場・秋野・斎藤・菅野家のように北海道に経営拠点を設けず、地元のみに拠点を置いた船主も多く、いずれも地元で大規模に土地を所有し、地元会社経営に参加しており、地域志向性が強く現れたが、家業・家産志向性と社会志向性のバランスもとれていた。地元で土地経営と銀行経営を行った瀧田家もこれに類すると言える。そして、第II部で主に取り上げた北前船主は複合経営を行った点で、高蓄積志向性より低リスク志向性が強かったと言えるが、宮城家など富山県の新興北前船主には、二〇世紀初頭に北洋漁業に進出した船主も多く、彼らは北前船経営撤退後も高蓄積志向性を維持したと言える。

本書第Ⅲ部で取り上げた宮林・藤井・古河・木谷・内田家は、地元支配権力の御用を重視したため、出身地元のみに経営拠点を置いた点で、広域志向性より地域志向性が強く、それゆえ地域社会との関わりが深く、家業・家産志向性より社会志向性が強かった。なかには、藤井家のように、家業・家産の維持より、地域社会の振興・維持を優先させた家も存在し、全体的に高蓄積志向性より低リスク志向性が強くみられた。

これらの経営志向性は、経営の展開形態としての専業志向と兼業志向に集約され、最も高蓄積の可能な経営部門とその関連部門に専ら展開した専業志向の強い第Ⅰ部の北前船主の経営展開は、遠隔地間の輸送手段を所有したことを最も有効に活用すべく生産から消費地の販売までを全て行う垂直統合経営として進められた。また相対的に低リスクを重視する第Ⅱ・Ⅲ部の北前船主の経営展開は、地域の有力資産家であることを活かし、商業取引の拠点と居住地である地元の複数の経営拠点を利用して商業以外に不動産・醸造・銀行業などへ複合的に進出する形で進められた。

ただし、本書で取り上げた北前船主はいずれも近世期から活動しており、その経営展開には、近世日本における支配権力である幕藩権力により一定の規制を受けることとなった。それに対して、北前船主のなかには積極的に支配権力と結んで、御用輸送・御用商売を担うことで商業的蓄積を進めたものもいれば、支配権力とは距離をおいて、御用金などは負担しつつも、御用と無関係な自己の裁量で展開し得る商取引に専ら商業的蓄積の基盤を置くものもあった。御用の質的差異による支配権力との距離の取り方の相違は、支配権力の支配地である地元の地域社会との距離の取り方の相違につながり、近代以降の経営展開にも影響を与えることとなった。

そこで、終章ではまずこうした北前船主の多角化戦略の特質を、垂直統合経営と複合経営の視点から、そして支配権力や地域社会との距離の取り方の視点からまとめる。

（1）垂直統合経営と複合経営

第Ⅰ部で取り上げた酒谷・右近家など石川県橋立・瀬越・福井県河野の船主や、西川家など近世北海道の場所請負人は、近世期より出身藩の産物よりも北海道産物取引を重視し、北海道と大坂などの集散地の双方に経営拠点を設け、生産・輸送・集散地での販売の面で垂直統合する志向が強かった。そのため必然的に経営のなかで海運を重視し、出身地元での企業勃興への関与は小さく、会社役員になったのは経営拠点のあった北海道や大阪の会社であった。また、垂直統合経営から上がる商業利益が大きいため資産額も多く、北前船経営撤退後の一九一〇年代から有価証券投資を積極的に行って大規模株主や社債所有者となり、資本市場を通して資本主義に貢献した。このタイプの北前船主はあまり土地を所有せず、近世期に出身地域の領主へ御用金を負担しつつも、御用商売にあまり携わらず、近代期にも地域経済への関与は弱かった。前掲表序-12で西川・大家家は大規模に土地を所有したが、その大部分が経営拠点のあった北海道・兵庫で、出身地元ではなかった(1)。

一方、第Ⅱ部で取り上げた野村・伊藤・熊田家は、近世期は出身地元の特産物も含めて米穀や西廻り航路沿いの特産物を扱い、出身地元での取引を重視したが、一八八〇年代以降に北海道産物取引重視へ転換し、出身地元と北海道の両方に拠点をもった。そして商業的蓄積で出身地元の土地を取得したり、地元会社へ出資したりした。その結果、野村家なら廻船業と出身地元での酒造業と農牧業と銀行業、伊藤家なら廻船業と出身地元での農業、熊田家なら廻船業と出身地元での農業と運輸業と複合経営を行った。第Ⅱ部補論で取り上げた富山県東岩瀬の船主も、出身地元で大規模な土地所有を行い、地元会社へかなり出資しつつ、一八八〇年代以降に北海道産物取引を積極的に行った。

これらの北前船主が、垂直統合経営に向かうか複合経営に向かうかの分岐点は、近世期の北海道への進出時期と進出形態にあったと考えられる。

第Ⅰ部で取り上げた西川・酒谷・右近家は、いずれも一八世紀から北海道産物取引が商業的蓄積の基盤であり、それぞれ両浜組商人あるいは荷所船主として、その利益基盤が支配権力により保護されていた。もっとも、その対価として支配権力へのかなりの御用金を負担する必要があったが、近世北海道の封建領主であった松前藩は、一八世紀には北海道産物の生産・流通を商人に委ねて、運上金や沖の口口銭の形態で、間接的に収益の一部を取得する支配形態を採用したため、北海道産物の生産・流通の中心的担い手であった両浜組商人や荷所船主が直接御用輸送・御用商売を担う必要はなく、彼らの商業的蓄積は、支配権力による規制の範囲内での自由な商取引に基盤を置いていた。

それゆえ、一八世紀末以降江戸系商人の北海道進出とともに、両浜組商人や荷所船主の特権は失われたが、場所請負を行った両浜組商人は自ら船を所有して場所経営を拡大することで、また荷所船主は買積経営に転換することで、それぞれ経営危機を乗り切り、大坂など本州の集散地と北海道との地域間価格差を活かして商業的蓄積を進めた。

一九世紀初頭に場所請負に進出した藤野家を含め、これらの北前船主にとっては、すでに近世期から地域間価格差を活かして北海道産物を専ら取り扱うことが、商業的蓄積の中心的基盤となっており、支配権力との経済的関係は、御用金を負担するか否かのみの関係に集約され、廃藩置県により、封建的支配権力が消滅しても、その経営形態を転換する必要はなかった。しかも一八八〇年代に米・綿・砂糖などそれまで北前船主が主に扱った産品の地域間価格差が縮小するなかで（前掲表序-9）、北海道産物では、依然として北海道・畿内間でかなりの地域間価格差が残されたため、彼らは近世期と同様の垂直統合経営を近代期も継続した。幕末期に雇船頭から自立した西村家は、成長期が一八八〇年代であり、北海道産物を専ら扱い、北海道と大阪の両方に経営拠点を設け、垂直統合経営を展開した。

そのため、三井物産のような近代的巨大資本が北海道産物市場に参入した際に、西川・酒谷・右近家らは自らの商権を守るために団結し、北陸親議会を中心として商取引と輸送をめぐって近代的諸勢力と争った。その結果彼らは、一八九〇年代も北海道産物取引でかなりの商業的蓄積を上げたが、競争相手の三井物産が北海道産物市場から撤退した後は、団結するインセンティブがなくなり、またさらなる汽船網・通信網の整備とともに、地域間価格差が縮小したため旧荷所船主の北前船主は、汽船経営に転換したり、海運経営から撤退した。そして、旧場所請負商人の北前船主は、北海道での漁業経営に専念するようになった。

一方、第II部で取り上げた北前船主は、北海道産物取引への進出がいずれも一九世紀中葉以降と考えられ、その時点では、北海道産物の商権を第I部の北前船主らが握っていたため、北海道産物よりむしろ米・木綿・綿・砂糖など出身地元市場と深く関係する多様な商品を主に扱った。それゆえ、近世期より地域経済とのつながりが強く、幕末期にある程度の土地を出身地元で取得していた。近代に入り、彼らは北海道産物も取引するようになり、前述のように米・木綿・綿・砂糖などの地域間価格差が一八八〇年代に縮小すると、八〇年代後半から北海道産物取引を主に行った。とはいえ、北海道産物・米・塩・砂糖などの地域間価格差は七〇年代にはかなり残されたと思われ、特に七〇年代後半のインフレ期に相当の商業利益を上げた。その商業的蓄積が、一八八〇年代の土地取得の原資となり、彼らは商業上の拠点を北海道に設けつつ、出身地元でも大規模な地主となった。

その結果彼らは、北海道産物を専ら扱った一八九〇年代でも、出身地元市場と深く関わり、例えば野村家・伊藤家は地元産の米を北海道へ運んで販売し、熊田家は北海道産魚肥を地元へ運んで販売した。このような土地経営や地元市場を介する地域経済との深いつながりが、彼らの複合的経営展開の背景にあり、家業の商業の他に、野村家は地元で土地経営・酒造経営・銀行経営を行い、伊藤家は地元で金銭貸付業や農業経営を行い、熊田家は地元で土地経営や運輸・倉庫業を行った。そして秋野・斎藤・瀧田家や東岩瀬の船主も地元で土地経営・銀行経営などを行った。

その意味で、近世期の経営展開が、近代期の経営展開に大きな影響を与え、近世期と近代期の連続性をみてとれる。しかし、それは経営形態や経営志向性の連続性であり、商業的蓄積の連続を意味するものではない。確かに、三井・住友家など、近世の巨大都市商人で近代以降も政商として活躍し、その後財閥に発展した商家は存在したが、三井家ですら、最幕末・近代初頭に商業的蓄積がかなり失われたことが解明されており(2)、本書で取り上げた北前船主でも、最幕末期は名目では資産額は増加したが、インフレによる影響が大きくて実質資産額では目減りした家が多かった。その後、第Ⅰ・Ⅱ部で取り上げた北前船主の多くは、一八七〇年代後半にかなりの純利益を上げていた。

そして、北前船主の近世来の経営志向性が、一八七〇年代後半の商業的蓄積を原資として、八〇年代に展開させられたと考えられる。ただし、第Ⅱ部で取り上げた北前船主が進めた資金蓄積は、遠隔地間の商取引が中心であったとはいえ、それだけでなく土地経営、醸造経営、金銭貸付など、複数の利益源泉によっており、その意味で、日本の地方資産家の多角化志向が地方の産業化を進める大きな起動力となっていた。序章で触れたように、斎藤修は、日本の農家の兼業志向に日本の経済発展の特徴を見出したが[3]、こうした日本の有力商家の兼業志向にも、日本の経済発展の特徴を見出すことはできよう。

（2）支配権力と地域経済・地域社会

一方、近世期に封建的支配権力と密接につながり、御用輸送・御用商売を重視したことで、相当の商業的蓄積を上げた北前船主も存在し、それらを本書第Ⅲ部で取り上げた。

ただし、御用輸送・御用商売を中心的利益源泉とした北前船主は、明治維新による封建的支配権力の消滅で利益源泉を失い、経営面で大打撃を受けた。とはいえ、彼らは近世期に得た商業的蓄積で土地を取得し、近世期から地域社会とのつながりが強く、近代初頭に地域社会が近代化を目指すための担い手として彼らの資金力が期待された。

表終-2をみよう。この表では幕末期～企業勃興期に三隻以上の船を所有したと考えられる北前船主のうちその家の当主が近代期に会社役員（監査役は除く）になった家を示したが、第Ⅲ部で取り上げた宮林家、藤井家や木谷家は、本格的企業勃興が始まる以前の一八七〇年代後半から地元銀行設立に積極的に関わったものの、地元銀行が松方デフレで打撃を受け、その損失補塡で家産をかなり失い、廻船業・銀行業から撤退し、本格的企業勃興の時期は会社

の会社役員（監査役は除く）

1900年代	1910年代	1920年代
新栄銀行(主),豊岡貯金銀行(頭)	新栄銀行(主),豊岡電気(取),豊岡銀行(取),三丹電気(取)	新栄銀行(頭),但馬貯蓄銀行(頭),豊岡銀行(取),浜阪銀行(取),三丹電気(取)
若狭銀行(古河久太夫が頭取)	若狭銀行(古河久太夫が頭取)	若狭銀行(古河久太夫が頭取)
大和田銀行(主),大和田炭鉱(社),久二貯金銀行(頭),敦賀貿易汽船(社)	大和田銀行(主),大和田炭鉱(社),敦賀対北(取),敦賀艀合同(取),大和田貯金銀行(頭)	大和田銀行(頭),大和田貯金銀行(頭),敦賀築港倉庫(社),大和田炭鉱(取)
表補I-1を参照	表補I-1を参照	日本海上保険(社),日海興業(社),右近商事(社)
表補I-1を参照	表補I-1を参照	日本海上保険(取),日海興業(取)
森田銀行(頭),三国貯金銀行(頭)	森田銀行(頭),森田貯蓄銀行(頭)	森田銀行(頭)
表補I-1を参照	表補I-1を参照	三十四銀行(取),共同火災保険(取),廣海商事(取)
表補I-1を参照	表補I-1を参照	大聖寺川水電(取),大家商事(社)
表補I-1を参照	表補I-1を参照	大聖寺川水電(社),西出商事(取),大和汽船(取)
表補I-1を参照	表補I-1を参照	大聖寺川水電(取),久保合名(社員)
表補I-1を参照	表補I-1を参照	大聖寺川水電(取),千代盛商会(取),大和汽船(取)
表補I-1を参照	表補I-1を参照	
石川県農工銀行(取),能美銀行(取),共栄社(取)加賀実業銀行(取)	加賀貯金銀行(頭),温泉電軌(取),共栄社(取),加賀実業銀行(取)	石川貯蓄銀行(頭),加賀製陶所(取),小松運輸倉庫(取),西出商事(取),越中運送(取),温泉電軌(取),熊田商事(取)
美川銀行(頭→取),石川県農工銀行(取)	美川銀行(取→頭),石川県農工銀行(取)	美川銀行(頭),石川県農工銀行(取)
木谷醤油(社),金沢倉庫(取)	木谷醤油(社→取)	
廣業銀行(取),北陸セメント(取),北洋汽船(取)	廣業銀行(取),北陸漁業(取),能登倉庫(取)	
七尾銀行(頭),中島商業銀行(取)	七尾銀行(頭),中島商業銀行(取),津田銀行(社員)	
伏木銀行(頭),北陸人造肥料(取),硫曹商会(社員)	伏木銀行(頭),伏木貯蓄銀行(取),硫曹商会(社員)	伏木銀行(頭)
富山県農工銀行(取),中越運輸(社員),伏木煉瓦(専)	富山県農工銀行(取),中越運輸(社員)	
岩脇銀行(取)	高岡銀行(取),新湊銀行(取)	高岡銀行(取),越中製軸(取),新湊銀行(取),新湊運送(取)
	新湊銀行(取),中越電気工業(取)	新湊銀行(取),大北産業(取)
表補II-1を参照	表補II-1を参照	表補II-1を参照
表補II-1を参照	表補II-1を参照	表補II-1を参照
表補II-1を参照	表補II-1を参照	表補II-1を参照

表終-2　近代期主要北前船主

氏　名	出身	1870年代～80年代前半	1880年代後半～90年代前半	1890年代後半
宮下仙五郎	但馬安木			美含銀行(頭),山陰物産(取)
瀧田清兵衛	但馬豊岡	新栄舎(主)	新栄舎(主)	新栄銀行(主),山陰物産(取)
西川貞二郎	近江八幡	八幡銀行(頭)	八幡銀行(取)	八幡銀行(取)
古河嘉太夫	若狭西津			小浜貯蓄銀行(古河久太夫が頭取)
大和田荘七	越前敦賀		大和田銀行(主)	大和田銀行(主),久二貯金銀行(頭)
右近権左衛門	越前河野	河野・敦賀海陸運送(役)	第四十二国立銀行(頭)	四十二銀行(取),大阪商業銀行(頭),日本海上保険(取)
中村三之丞	越前河野			
森田三郎右衛門	越前三国			森田銀行(主),三国貯金銀行(頭)
廣海二三郎	加賀瀬越			日本海上保険(社)
大家七平	加賀瀬越			日本海上保険(取),大阪瓦斯(取)
西出孫左衛門	加賀橋立	第八十四国立銀行(役)	小樽倉庫(取)	小樽倉庫(取),函館銀行(取)
久保彦兵衛	加賀橋立	第八十四国立銀行(役)	第八十四国立銀行(取)	八十四銀行(取),石川県農工銀行(取)
久保彦助	加賀橋立			
増田又右衛門	加賀橋立			大阪火災保険(取)
熊田源太郎	加賀湊			石川県農工銀行(取),能美銀行(取),済海社(取)
永井正三郎	加賀美川			美川銀行(頭),,石川県農工銀行(取)
木谷藤右衛門	加賀粟ヶ崎	第十二国立銀行(頭),(旧)北陸銀行(頭)		
西村忠左衛門	能登一ノ宮			北陸セメント(取)
津田嘉一郎	能登七尾	日要社	日要社(社),七尾銀行(専)	七尾銀行(専→頭)
堀田善右衛門	越中伏木			伏木銀行(頭)
藤井能三	越中伏木	第十二国立銀行(取),北陸通船(社),越中風帆船(取),(旧)北陸銀行(頭)		富山県農工銀行(取)
宮林彦九郎	越中放生津	第十二国立銀行(取),北陸通船(役),(旧)北陸銀行(取)		
南嶋間作	越中放生津			新湊銀行(頭),新湊貯蓄銀行(取),新湊汽船(専),日本海上保険(取)
平能五兵衛	越中高岡			高岡貯金銀行(取),高岡魚業(社)
菅野伝右衛門	越中高岡		高岡銀行(副),高岡紡績(社)	高岡銀行(頭),高岡紡績(社→取)中越鉄道(取),高岡貯金銀行(頭)
馬場道久	越中東岩瀬	北陸通船(役)		高岡共立銀行(頭),越中商船(社)

1900年代	1910年代	1920年代
表補II-1を参照	表補II-1を参照	表補II-1を参照
表補II-1を参照	表補II-1を参照	表補II-1を参照
表補II-1を参照	表補II-1を参照	表補II-1を参照
表補II-1を参照	表補II-1を参照	表補II-1を参照
新潟商業銀行(専),新潟貯蓄銀行(取),越佐汽船(社),新潟硫酸(取)	新潟商業銀行(専),新潟貯蓄銀行(取),斎藤合資(社員),新潟硫酸(取),新潟銀行(頭),越佐汽船(取),新潟汽船(社)	新潟銀行(頭),新潟貯蓄銀行(取),新潟興業貯蓄銀行(取),斎藤(取),新潟汽船(取),新潟硫酸(取)
青森県農工銀行(頭),野村銀行(頭)	青森県農工銀行(頭),上北銀行(頭),野辺地電気(取),七戸水電(取),野村銀行(頭),噴火湾汽船(取)	青森県農工銀行(取),上北銀行(頭),七戸水電(取),東奥製糸(取),野村銀行(頭),五戸銀行(取),和田醤油(取)
小樽倉庫(専),北海電気(取),松前造林(社員)	小樽倉庫(専),札幌水力電気(取),北日本汽船(取),小樽商船(社),松前造林(社員)	札幌水力電気(取),北日本汽船(取),北海道製綿(取),北海ホテル(取),小樽倉庫(専),小樽信託(取),大信社(取)
百十三銀行(頭),北海道共同(取),函館貯蓄銀行(頭)	百十三銀行(頭),函館貯蓄銀行(頭)	
	栖原商店(社員)	栖原商店(社員),千島汽船(取)

『日本全国諸会社役員録』商業興信所，北陸銀行調査部百年史編纂班編『創業百年史』株式会社北陸銀行，1990年，新潟市史編さん近代史部会編『新潟市史』通史編3近代（上），1996年，山形県編『山形県史』第4の出所資料より作成。
副＝副頭取，社＝社長，専＝専務，取＝取締役，社員＝合名・合資会社の社員，役＝役職名不明の役員。表補

設立にほとんど関与しなかった。また古河家は、御用輸送・御用商売の対価としての御用金負担が最幕末期に急増して、家産をかなり失い、一八七〇年代末に廻船業から撤退し、本格的企業勃興の時期は会社設立にほとんど関与しなかった。そして第III部補論で取り上げた内田家は、御用金負担で家産をかなり失った上に、近代期にも地域社会への貢献を果たすために寄付金を度々負担し、松方デフレによる打撃で家産をほぼ全て失った。

　こうしたリスクを伴う会社設立などに対して北前船主に向けられた期待は、第6章で述べたように、商法が未成立で株式会社の有限責任制の認識が一般化されていない段階では、かなりの負担となり、それを引き受けられる地方資産家層は近世来の御用商人などその時点での上層の地方資産家に限られたと考えられる。それゆえ地方での企業勃興が、新興の地方資産家の出資も得て広範に定着したのは、商法が公布された一八九〇年以降であったと言えよう（第II部補論および後掲の表終-5を参照）。

　むろん北前船主の資金力が地域社会から期待された役割は、会社設立以外に、学校・病院設立や災害時の救済

氏　名	出身	1870年代～80年代前半	1880年代後半～90年代前半	1890年代後半
森正太郎	越中東岩瀬		第四十七国立銀行(取)	第四十七銀行(頭)
米田元次郎	越中東岩瀬			
畠山小兵衛	越中東岩瀬			
宮城彦次郎	越中東岩瀬			
牧口荘三郎	越後荒浜	柏崎厚信社(頭)	柏崎銀行(頭),日本石油(取),直江津商会(取)	日本石油(取),直江津商会(取)
斎藤喜十郎	越後新潟	新潟川汽船(役)	新潟川汽船(役),越佐汽船(社)	新潟商業銀行(専),北越鉄道(取)
秋野直吉	羽前加茂	廣益社(役)	廣益社(役)	鶴岡銀行(取)
野村治三郎	陸奥野辺地		伊東商会(社)	青森県農工銀行(取)
山本久右衛門	渡島福山			
田中正右衛門	渡島函館	第百十三国立銀行(取),北海道共同商会(社)	第百十三国立銀行(役),北海道共同商会(役),函館汽船(社)	百十三銀行(頭),函館汽船(取),北海道共同(取),函館貯蓄銀行(頭)
栖原角兵衛	武蔵江戸			

出所）由井常彦・浅野俊光編『日本全国諸会社役員録』全16巻，柏書房，1988・89年，大正5・11・15年度
1978年，豊岡市史編集委員会編『豊岡市史』下巻，1987年，市史編さん委員会編著『柏崎市史』下巻，
巻近現代編上，1984年，函館市史編さん室編『函館市史』通説編第2巻，1990年，および表序-11・12
注記）代替わりは表序-12を参照。出身地の前半は旧国名。括弧内は役職を示し，主＝行主・社主，頭＝頭取，
I-1，表補II-1も参照。

など大きく、寄付などで積極的にそれらに応えて得た地域住民との信頼関係をもとに、宮林家・藤井家・古河家はいずれも一九〇〇（明治三三）年前後より地元会社の役員として復帰した。ただし全体として第I部で取り上げた北前船主らが地元の企業勃興に消極的であったことに加え、第III部で取り上げた北前船主らが地元の本格的企業勃興に十分に貢献し得なかったことが、北陸地域の企業勃興の不十分性の背景にあった。

本書で取り上げた北前船主は、いずれも近世期から複数の廻船を所有する有力船主であり、近世期の封建的支配権力とある程度の関係を持ち、その規制の範囲内での営業の自由を確保するために、いずれも御用金を負担していた。しかし、それと家業の商業との関係性でそれぞれの北前船主の経営志向性が現れ、その後の地域経済との関係では、御用に対して背を向けた第I部の北前船主も、御用に密着した第III部の北前船主も、最終的には地域経済に十分には貢献し得ず、相対的に地域経済に貢献し得たのは、商業の自立性と御用のバランスを保った野村・秋野家や、新興の北前船主のため支配権力への依存

の度合がそれほど強くなく、御用もほとんど引き受けないかわりに御用金負担が少なく済んだ伊藤・斎藤・熊田・瀧田・大和田家であった。そして、複合経営で多様な収益基盤を確保した彼らや東岩瀬・高岡の北前船主が、商業的蓄積を出身地元の地域経済に還元する経路を形成した。

ただし、そのことは支配権力から自由な非特権的勢力が、近代以降の地域経済の中心的担い手になったことを意味しているわけではない。近世期においては、封建的支配権力の規制のなかで大規模な経営を展開するためには、御用金負担は必然の対価であり、その意味では、近世期の大規模北前船主はいずれもある程度の特権性は保持しており、その経営規模が、彼らが一八七〇年代後半に急速に商業的蓄積を進めることができた前提となった。

それゆえ表終-2のように、最終的には幕末・維新期の大規模北前船主が近代以降の会社経営の中心的担い手になった意味で、日本海沿岸地域経済の担い手の近世期と近代期の連続性は指摘し得る。むろんこの連続は単純ではなく、前述のように商業的蓄積が大きく進んだのは近世期よりもむしろ一八七〇年代であり、また近世期は、支配権力の規制の下で与えられた役割分担の色合いが強かったのに対し、近代期は、営業の自由の下での家業展開の側面と、地域社会の期待に応えるべく自発的に企業勃興に参画した側面の組み合わせで展開された。

(3) 北前船再考——北陸地方と山陰地方の帆船船主

このように北前船主の多様な経営展開を確認すると、これまで主に、北海道に進出した買積船としてイメージされた「北前船」を、日本経済の歴史的文脈のなかで位置付け直す必要がある。序章で述べたように、北前船に関して、出身地・船型・輸送形態の三つの側面で諸説が交わされてきた。このうち出身地は、やや広めに捉えて、日本海沿岸地域に経営拠点をおく船主と捉えればよいと考えられるが、輸送形態については再考の必要がある。

むろん、北前船の利益基盤として、買積が重要な位置を占めたことは否定し得ないが、本書で示したように、西川家・右近家・野村家・古河家と大規模な北前船主が近世期に運賃積輸送を担っており、買積品と運賃積品の混載も行われていた。特に、北海道では、買積と運賃積の中間形態の帆用取組が広く行われ、運賃収入が買積経営の利益の乱高下を抑える働きを示した。そして近代以降も、地域間価格差が縮小した二〇世紀初頭に、熊田家廻船のように買積と運賃積の併用がみられ、買積経営の損失を運賃収入で補う面もあった。

その意味で、多様な輸送形態を同時に行えたことが北前船の特徴で、荷所船や菱垣廻船や樽廻船のような特定の廻船集団に属するのでなく、個々の船主の独自の裁量で活動し得たことでそれが可能となった。むろん多様な輸送需要に対応するため、大型和船の少数所有よりは、中型和船の多数所有が有利であり、中型でありながら輸送力が大きく、機動力を増すための帆走性能を増した改良型和船として、「北前型弁財船」が登場した。(4)

かくして、多様な輸送形態を担う改良型和船が日本海沿岸各地の船主の間で普及することで、一九世紀の日本海海運が「北前船」時代を迎え、北前船主は、近世後期から一八七〇年代までは、北海道産物に限定せずに、多様な特産物流通を担うとともに特産物生産を支える飯米流通にも大きな役割を果した。特に、近世社会から近代社会への制度変革に伴う市場流動化のなかで、北前船主は多様な輸送需要に対応して商品流通を活発にし、地域分断的性格の強かった近世市場の近代化へ一定の役割を果した。

しかし、開港による流通構造の変容や汽船・鉄道など近代的輸送形態の登場に加え、北前船主の活動の活発化自身が、地域間価格差を縮小させる作用もあり、北前船主の活動は、自らの経営基盤を掘り崩しながら展開した。そのため、松方デフレが生じた一八八〇年代以降は、北前船主は廻船業から撤退するか、もしくは比較的大きな地域間価格差が残された北海道産物を専ら扱うに至り、商品市場の近代化に果した役割は限定的に止まった。

ただし、注目すべきは、汽船による国内遠距離海運網の発展が、地域内あるいは地域間の海運市場を各地に創出し、帆船輸送の活動領域を拡大した面があったことである。本書では、北前船主として北海道から兵庫県までの日本海沿岸地域の帆船船主を取り上げたが、鳥取・島根県の帆船船主は視野に入らなかった。ところが、山陰地方では一九世紀末の国内定期汽船網の整備と連動して、それら大型汽船寄港地と沿岸諸港を結ぶ地域内海運が発達し、北陸地方の和船業者の進出や鳥取・島根県の新たな帆船船主の登場がみられた(5)。

表終-3をみよう。島根県浜田港の廻船問屋の「客船帳」より近代以降に浜田港に入港した回数の多い船主を示した。それらは、大阪の井上家・滋賀県の岡田家・石川県の岡部・三谷家・富山県の堀川家のように、一八七〇年代まで浜田港に入港したが、その後松方デフレ期に海運業から撤退したと考えられる船主、岡山県の山本家・石川県の廣海・久保・西村家のように、近代初頭から入港がみられ、一九世紀末～二〇世紀初頭まで海運業で活躍し、西洋型帆船経営も行った船主、一八九〇年代から海運業に進出したと考えられ、和船あるいは西洋型帆船一隻を所有して、山陰沿岸での交易を主に担った鳥取県の船主に分類される。

最初のグループと二番目のグループは、北前船主として近世後期から浜田湊に入津して遠隔地間交易を担い、その後、本書で論じたように、松方デフレ期に海運業から撤退したグループと、西洋型帆船・汽船経営に展開して二〇世紀初頭まで海運業を維持したグループに分かれたことを示すが、最後のグループの鳥取県の船主は、個人船主にとっての西洋型帆船（和船改良船）の適性である、汽船より船体価格・運航経費が安価、和船より安全で船体規模が一回り大きいわりに、第4章で示したように新造費用が割安、などの特性に基づき、一九世紀末に西洋型帆船を新たに購入して海運業に参入し、山陰沿岸輸送を主に行った。例えば、鳥取県橋津《はしづ》の清水留吉は、西洋型帆船一隻の所有ながら一八九一～一九〇七年の一七年間に三六回浜田港に入港し、そのうち二九回が出発地未記載の登り入港で、ほとんどが米を販売して瓦・焼物を買い入れた(6)。清水は、鳥取県と浜田港のピストン輸送を行い、鳥取県産米を浜田で販売し、浜田地方の特産物を買い入れて鳥取県で販売したと考えられる。

そして山陰沿岸交易を行う西洋型帆船は、朝鮮半島との交易も行った。表終-4をみよう。浜田港は一八九六年に

表終-3　島根県浜田港廻船問屋「客船帳」近代期主要客船主

船主	出身	和船			西洋型帆船		
		船数	入港数	期間（年）	船数	入港数	期間（年）
西村忠兵衛	石川県一の宮	9	45	1868～96年	4	15	1874～96年
清水留吉	鳥取県橋津				1	41	1891～1907年
山本治八	岡山県玉島	6	32	1869～96年	1	1	1895年
岡部又三郎	石川県大念寺	8	25	1868～79年			
西澤重兵衛	滋賀県	11	22	1868～83年	1	3	1881～83年
八阪金兵衛	富山県伏木	5	24	1868～88年			
堀川半左衛門	富山県古府	4	23	1868～80年			
西川貞二郎	北海道福山	5	19	1868～81年			
岡田太四郎	石川県宮腰	6	12	1872～87年	3	7	1881～86年
井上仁平	大阪府大阪	8	18	1868～83年			
忠谷久五郎	石川県橋立	6	14	1869～86年	2	4	1881～86年
久保彦兵衛	石川県橋立	6	17	1870～81年	1	1	1897年
嶋崎久四郎	鳥取県橋津				1	18	1892～1907年
天野屋兵右衛門	徳島県撫養	7	17	1868～88年			
津向屋嘉兵衛	石川県七尾	4	17	1875～89年			
三谷理助	石川県冨木	5	16	1868～84年			
中村善右衛門	鳥取県賀露	1	6	1898～1900年	1	10	1900～1907年
岩田金蔵	北海道福山	5	15	1868～97年			
松井吉左衛門	石川県七尾	2	5	1876～78年	4	9	1880～88年
浜本治左衛門	鳥取県橋津	1	14	1897～1905年			
押村為三郎	鳥取県泊り宿				1	14	1897～1907年
田中喜代造	鳥取県青谷	2	7	1899～1902年	3	7	1903～08年
井上半十郎	新潟県梶屋敷	4	13	1868～84年			
廣海二三郎	石川県瀬越	4	10	1875～81年	2	3	1898～1908年
船田亀治郎	鳥取県逢束	1	13	1892～1906年			
石原甚治郎	鳥取県橋津				1	13	1892～1907年

出所）柚木学編『近代海運史料』清文堂出版，1992年より作成。

注記）島根県浜田の梶ヶ瀬家所蔵の「客船帳」より近代以降（1868年以降）について集計した。船数は「客船帳」にでてきた船名数。ただし延船名数なので同時にそれぞれの船を所有したわけではない。入港数は，「客船帳」に記載された分を集計し，それが13回以上の船主を表で示した。期間は「客船帳」に記載された期間。出身は史料上の記載にしたがい，現道府県名を加えた。

表終-4　1896〜1907年島根県浜田港入港船による朝鮮国との交易

船名	船主	出身	入港年月日	出発・仕向地	浜田港での取引，前後の動き
*君ヶ代丸	高瀬商店	静岡県清水	1896. 8.15	朝鮮登入津	
*永徳丸	中田太郎吉	岡山県下津井	1896. 8.15	朝鮮登入津	
*第一妙松丸	溝田松二郎	山口県下関	1897. 6.15	朝鮮登入津	白米売，白炭積入，6.22 出帆
済州丸	大沢藤十郎	島根県刺鹿	1897. 7.10	朝鮮登入津	大豆売，7.17 出帆
済州丸	大沢藤十郎	島根県刺鹿	1897. 8.18	朝鮮登入津	白米・玄米売，8.31 出帆
済州丸	大沢藤十郎	島根県刺鹿	1897.10.10	朝鮮登入津	大豆売，10.11 出帆
日吉丸	三原吉三郎	島根県久手	1898. 1.31	朝鮮登入津	大豆売，2.3 出帆
久昌丸	平井久吉	福井県小浜	1898. 9.11	朝鮮行入津	9.21 出帆
*住幸丸	河合坂太郎	山口県安下ノ庄	1900. 3.11	朝鮮登入津	鯵売，松板買，3.25 出帆
*宝盛丸	左海崎蔵	大阪西区	1903. 6.23	元山登入津	
*宝穂丸	広沢治一郎	鳥取県賀露	1904. 1. 1	朝鮮登入津	白米他売，焼物・瓦他買，1.12 出帆
*大永丸	渡部半次郎	鳥取県賀露	1904.11.18	朝鮮登入津	大豆売，瓦買，11.22 出帆
吉祥丸	吉田吉左衛門	石川県吉原釜屋	1905. 1. 2	韓国行入津	1.15 出帆，8.5 入津
*明神丸	中浜芳三郎	鳥取県青谷	1905. 4.29	朝鮮行入津	5.8 出帆
*九重丸	岩田忠平	和歌山県池田	1905.12.24	元山登入津	11.8 下入津，11.22 出帆
*宝生丸	雲津安太郎	鳥取県賀露	1906. 4. 2	仁川登入津	大豆売，4.5 出帆
*九重丸	岩田忠平	和歌山県池田	1906. 4.26	元山登入津	大豆売，3.4 下入津，瓦・竹買，3.28 出帆
*幸運丸	中村鶴蔵	鳥取県賀露	1906. 8.14	元山行入津	8.15 出帆
*幸運丸	中村鶴蔵	鳥取県賀露	1906. 9.19	仁川行入津	9.20 出帆
*幸運丸	中村鶴蔵	鳥取県賀露	1907. 6. 4	仁川行入津	焼物買，6.5 出帆

出所）柚木学編前掲『近代海運史料』より作成。
注記）島根県浜田の梶ヶ瀬家所蔵の「客船帳」に記載された浜田港入港船のうち，朝鮮国を出発地とした船や朝鮮国へ向かう船を示した。船名欄の＊は西洋型帆船，無印は和船。「朝鮮登入津」とは，朝鮮国を出発地とした浜田港への入港，「朝鮮行入津」とは，朝鮮を目的地とする船の浜田港への入港，「下入津」とは，瀬戸内方面から来た船の浜田港への入港をそれぞれ示す。

特別輸出入港に指定され、九〇年代後半以降に帆船船持商人が朝鮮と浜田港との貿易を担ったが[7]、それはおもに鳥取・島根県の船主であり、彼らは朝鮮半島南岸の釜山、西岸の仁川、東岸の元山と浜田を結び、朝鮮から米・大豆を運んで浜田で販売し、浜田で地元産の材木・焼物・瓦・竹を買い入れて朝鮮へ運んだ。例えば、一八九七年の済州丸は、約一カ月の期間で何回も朝鮮と浜田を往復し、一九〇五〜〇六年の九重丸も、下関方面と浜田港との航海と朝鮮と浜田との航海を組み合わせて何回も往復した。

このような鳥取県・島根県の帆船船主の行動は、最初は日本海沿岸地域の特産物を扱いつつも、遠隔地間交易にこだわり、近代以降は最終的に地域間価格差がかなり残された北海道産物取引に集中していった北陸地方の北前船主とはかなり方向性が異なる。その意味で、北陸地方の帆船船主と鳥取県・島根県の帆船船主を同じく「北前船」の範疇で捉えることには問題が残るが、北陸地方の北前船主の多くが二〇世紀初頭に北洋漁業に進出したことと、同じ二〇世紀初頭に鳥取県・島根県の帆船船主が朝鮮半島との貿易に進出したことにより、日本海沿岸の帆船船主の活動範囲はこの時期に文字通りの「日本海」になった。

むろん国家間の貿易は、開港場を通してのこととなるため、日本海沿岸の帆船船主の活動範囲の拡大の背景には、一八八〇年代から順次開港場が拡大され、九〇年代に日本海沿岸でも新潟・函館の他に、新たに小樽・伏木・敦賀・宮津・境・浜田が開港場となったことがあり[8]、実際、巻頭地図2の注に記したように、北前船主の大家七平は、日本の日本海沿岸と日本海対岸のロシア・朝鮮とを結ぶ日本海一周定期汽船航路を二〇世紀初頭に開設した。そして貿易量全体では、日本海対岸との貿易でも汽船定期航路によるものが大部分を占めたと考えられる[9]。しかし不特定多数の荷主と輸送品を相手とする汽船定期航路や鉄道等の輸送網の定着には、ある程度まとまった輸送品が恒常的に存在することが必要で、輸送量がそこまでいかない段階では、取引相手と積荷をある程度限定し、代わりにより高い利益率を追求する買積経営が経済合理的な場合もあった。実際、鉄道網が未発達な一九世紀末の鳥取県・島根県では、新たな船主は、汽船運賃積経営より西洋型帆船による買積経営を志向した[10]。また市場の急激な拡大期には、定期輸送網の輸送力はそれに弾力的に対応できない場合もあり、商人・商社が取扱商品を自己所有汽船や借用汽船で輸送することは多々あった[11]。

その意味で、海運網の近代化を、旧来の担い手による和船買積から新たな担い手による汽船運賃積への転換とみなすと、実態を十分に説明できず、流通構造の多様性も見失うこととなる。それゆえ、近代以降の北前船の活動も、山陰沿岸や瀬戸内海での帆船輸送の根強い存在と併せ[12]、日本全体の帆船輸送の動向のなかで評価する必要がある。

そして北前船主が日本経済の歴史的流れに果たした役割は、商品市場に止まらず、金融市場面では、銀行制度が定着するまでの商業金融あるいは地元の地域金融への原資を北前船主が提供した。また、一八七〇年代から銀行経営に進出した北前船主が、経営した銀行が松方デフレで大打撃を受け、全体として北前船主家は九〇年代の企業勃興に十分には貢献し得なかったが、廻船経営撤退後も彼らは資産をある程度維持し続け、富山・石川・福井県（越中・能登・加賀・越前・若狭国）では一九〇〇年代以降（旧）北前船主家が地方銀行の担い手となった。一方、新潟県（越後国）では、廻船業撤退後の旧北前船主家の経営は土地経営に向かい、銀行経営への参画はあまりみられなかった。

さらに資本市場面での北前船主の貢献をみると、北前船主の会社設立への参画は、金融・流通部門以外であまりみられず、会社経営者としてではなく、廻船業撤退後の一九一〇年代から株主や社債所有者として主に資本市場に深く関与するに至り、二〇年代の所得が判明する旧北前船主家の場合は、かなりの部分を配当収入が占めた（前掲表序-12）。もっとも第4章で示した伊藤家の事例のように土地経営に最も力を入れた家もあり、表序-12の所得内訳でも田畑・貸家の不動産収入を合わせるとかなりの比重を占めた家も多く、廻船業撤退後の旧北前船主家の主要な収益源として不動産と有価証券を挙げることができる。

二　資産家商家と日本の資本主義化

前述のように、資本主義生成期には、北前船主など商業的蓄積を進めた地方有力商家が、各地域の会社経営者・株主となり、彼らの経営展開・投資行動が、各地域の産業化の特徴を規定したと考えられ、本節で有力商家と日本の資本主義化の関連を考察する。

ここでの資本主義化は、狭義には、多数の出資者から出資を得ることで、大規模経営を可能にする資金を得るのに相応しい株式会社形態が、各経営体の経営形態の中心になることで、社会階層として会社の出資者、会社の経営者、会社の被雇用者が形成されることを意味する。[13] むろん、会社の被雇用者の多くは、自営業者ではなく広い意味で賃金労働者であるが、高等教育を受けることで近代的新技能を身に付けた中間階層の給料生活者と、徒弟制的な技能形成を経た工場労働者では、賃金体系が異なっており、また、会社に正規雇用されずに雑業で日銭を得る日雇い労働者も多数存在していた。そして、株式会社形態が社会に広く浸透しても、大規模経営になじまない小規模商店、町工場や農業経営では、自営が根強く残され、株式会社形態の浸透は、それまで広く行われた自営経営を分解させつつも、結果的に、資本家・経営者・給料生活者・工場労働者・日雇労働者・農民・商工自営業者などの多様な社会階層からなる社会を、身分制社会に代わる社会として形成するに至った。したがって、広義の資本主義化を考える場合は、非会社形態をとった工場生産の普及などによる会社雇用ではない賃労働者層の形成を視野に入れる必要がある。

こうした近代以降に大規模に展開した非会社形態の工場生産の代表例が織物生産で、北前船主を輩出した福井・石川県は、その産地として一九世紀末以降に工業生産が急増した。しかし福井県・石川県の北前船主らは、非会社形態の工場生産として醸造業を営んだ事例はみられたが、織物生産・流通には直接にはほとんど関与しなかった。

その意味で、北前船主の非会社形態の産業化への貢献は、漁場・土地経営と米穀・肥料取引を介した農業・水産業への影響と家業としての醸造経営などが中心で、工業化への貢献は、会社経営と有価証券投資、銀行経営を通した金融など、主に銀行・会社を通じて行われた。よって、本節では、北前船主の銀行・会社を通じた資本主義化への影響を検討し、産業化全体への影響については、次節で北陸三県の産業構造とも関わらせて検討する。

近代日本では、一八八〇年代〜九〇年代に日本各地で会社設立ブーム（企業勃興）が生じて株式会社形態が浸透したので、まず北前船主を輩出した日本海沿岸地域と日本で最も民間主導で進んだと考えられる大阪の企業勃興を比較し、それらへの北前船主や大阪の商家の関わり方を会社経営と有価証券投資の側面から検討する。

（1）日本海沿岸地域と大阪の企業勃興の概観

近代日本の「企業勃興」現象は、一八八六（明治一九）～八九年と九五～九九年の二回生じたと言われ、それぞれ第一次・第二次企業勃興期と呼ばれるが、第一次企業勃興期に、従来会社企業が未発達であった東北・北関東・山陰などの地域で多くの企業が設立され、八六年段階で中央に集中していた会社企業が、企業勃興の過程で地方へ拡散したことが明らかにされた。[14] ただし、第一次企業勃興期以前にも、一八七六年の国立銀行条例改正に伴い、七六～八二年に銀行・銀行類似会社の簇生として初期企業勃興がみられ、八一年から企業勃興期以降の産業革命や第一次世界大戦後の時期まで含め、[15] 表終-5で日本海沿岸地域諸道県の会社数とその資本金額の推移を企業勃興の主要業種である商業・工業・運輸業・金融業について示した。この表では、北海道・東北日本海側三県・北陸四県・山陰二県を挙げ、九州日本海側は、福岡県が会社企業の地域分布で上位にあり、他の日本海沿岸地域と傾向が異なるので外した。[16] また、日本の工業化の中心となった東京府・大阪府を、比較のため表の末尾に加えた。

表では、一八八一・八二年が初期企業勃興、九〇・九一年が第一次企業勃興、一九〇〇年が第二次企業勃興の終了時の状況を示し、産業革命後の状況として一一年、第一次世界大戦後の状況として二一年、昭和恐慌後の状況として三二年を併せて示した。表の一八八一・八二年の数値は集計上の脱落など不備があるが、他に代替可能な資料がないため示した。なお、参考までに表の出所資料（『日本帝国統計年鑑』）の会社統計が最初に整備された八七年一二月時点の日本海沿岸道県の会社資本金額が全体に占める比率は、商業会社一八・六％、工業会社（鉱業会社含む）一八・〇％、銀行一〇・三％であった。[17]

商業会社では、日本海沿岸地域で第一次・第二次企業勃興の結果、会社数はかなり増大したが一社当たりの資本金額は低下し、他方、大阪では会社数と資本金額の増大が一八九〇年代にみられ、日本海沿岸道県の商業会社の全国に占める地位は一八九〇年代に相対的に低下し、その後一九一〇年代にさらに低下した。工業会社（鉱業会社含む）でも、日本海沿岸道県で第一次・第二次企業勃興の結果、会社数は増大したが、資本金額の伸びが全国に比して少なく、東京・大阪で工業会社資本の大規模化が進み、資本金額で日本海沿岸道県の工業会社が全国に占める比重は、前述の一八八七年の比重と比べ、第一次企業勃興期に低下した。その比重は一八九〇年代にも若干低下したが、一九〇〇年代は北海道・新潟県の工業会社資本金額の急速な伸びで、その比重を若干増加させた。しかし表の一九一一年までの数値には、工業会社に鉱業会社を含み、その内容を確認する必要がある。[18]

北海道では、一九〇〇年時点で運輸会社に分類されたと考えられる北海道炭礦鉄道の鉄道部門が〇六年に国有化され、同社は北海道炭礦汽船と社名を変更し、一一年時点は工業会社に分類されたことが大きかった。新潟県では、石油業開発の影響が大きく、一二年初頭の状況で日本石油・宝田石油という二大石油会社が存在した。したがって、北海道・新潟県ともに鉱業会社の急速な資本金額増加で、工業会社の資本金額の増加はそれほどではなかった。そして第一次世界大戦を経て、東京・大阪で工業会社の資本大規模化がさらに進むと、払込資本金額で日本海沿岸道県の工業会社が全国に占める比重は六・〇%まで低下した。

運輸会社では、一八八二年時点で、日本海沿岸道県が会社数で全国の約二二%、資本金額で全国の約四〇%とかなりの比重を占めた。運輸会社設立の中心は新潟県であったが、[19]大阪商船・日本郵船・山陽鉄道など巨大運輸会社が大阪・東京・神戸等で設立されると、日本海沿岸道県の運輸会社の全国に占める比重は、特に資本金額で急激に低下し、一八九〇年時点で約一三%になった。北海道は、一九〇〇年時点でもかなりの資本金額を示したが、その大部分が北海道炭礦鉄道（北炭）分と考えられ、同年の北炭の払込資本金一、〇一三万円分を除くと、日本海沿岸道県の運輸会社の全国に占める比重は、資本金額で約四%であった。そのため前述のように、一九〇六年に北炭の鉄道部門が国有化され、同社が運輸会社扱いでなくなると、日本海沿岸道県の運輸会社の資本金額の全国に占める地位は、一一年時点で三・三%となり、その後新潟県・石川県の鉄道資本の大規模化で若干その比重は増加した。[20]

大阪府の会社数と資本金額の推移

(会社数・資本金額の単位：社，万円)

	1911年12月時点				1921年12月時点				1932年12月時点			
銀行	商業	工業	運輸	銀行	商業	工業	運輸	銀行	商業	工業	運輸	銀行
14	242	151	65	14	950	508	179	15	1,467	678	366	8
436	1,289	2,564	162	747	6,266	4,899	1,483	1,999	8,851	6,439	3,478	2,090
28	106	37	5	30	125	112	27	31	335	167	74	16
302	594	86	10	514	1,604	1,072	162	1,353	2,822	1,584	418	1,600
17	128	58	17	16	202	243	31	17	374	274	64	6
187	413	176	24	260	1,454	2,141	354	726	1,874	1,959	730	954
27	92	41	11	29	141	141	10	32	311	236	65	21
315	604	140	7	459	1,730	1,530	45	1,333	2,269	2,189	436	1,351
87	226	104	32	92	331	176	41	80	441	296	147	19
1,133	2,555	3,412	148	2,326	5,561	2,758	712	4,674	7,080	7,770	1,025	4,568
44	194	94	30	44	288	247	56	44	456	305	93	25
606	1,220	231	139	1,026	4,681	2,675	280	4,062	5,835	5,269	903	4,533
44	179	82	25	44	281	315	50	42	470	323	75	20
244	474	357	41	369	2,142	2,243	611	1,538	2,541	2,281	1,266	1,280
27	78	29	6	27	146	149	18	22	212	155	53	8
319	388	97	6	328	1,608	1,734	93	1,081	1,731	2,441	865	1,032
9	70	37	9	10	111	126	19	12	300	199	59	5
61	141	88	6	93	1,056	1,369	70	616	1,575	1,212	223	682
23	108	31	6	26	132	101	23	20	272	155	58	5
191	365	48	15	287	1,052	982	192	839	1,193	1,983	536	698
320	1,423	664	206	332	2,707	2,118	454	315	4,638	2,788	1,054	133
3,792	8,043	7,198	557	6,408	27,152	21,403	4,002	18,219	35,770	33,157	9,878	18,789
183	1,004	540	69	167	1,570	1,446	110	171	6,247	4,102	389	34
9,509	26,399	32,069	5,203	17,062	139,378	130,957	14,881	49,448	251,312	243,786	38,740	55,440
106	352	344	56	58	1,523	1,384	157	61	4,132	3,048	333	32
2,651	5,898	7,129	3,809	3,419	82,857	59,295	17,502	22,866	126,659	98,472	35,488	14,640
2,272	7,783	3,921	905	2,138	15,620	12,951	2,227	2,014	35,315	22,575	5,083	649
34,192	73,575	62,954	16,666	51,605	408,921	355,121	82,649	169,147	599,410	558,406	152,706	163,388
14.1	18.3	16.9	22.8	15.5	17.3	16.4	20.4	15.6	13.1	12.3	20.7	20.5
11.1	10.9	11.4	3.3	12.4	6.6	6.0	4.8	10.8	6.0	5.9	6.5	11.5

代わりに1891年時点の銀行数とその資本金額を示した。1890年までは，米商会所・取引所はこの表に含めず。
会社に銀行と取引所が含まれたため，この表の1900年の商業欄は，それ以前との比較のため，銀行を除いた
の会社数には会社形態の個人企業を含むと思われる。1911年までの工業会社は鉱業会社を含む。1882・91年
浜正金銀行を含む。1900年以降の銀行は，政府系銀行・農工銀行・普通銀行・貯蓄銀行の合計。1882年の北
日本銀行・横浜正金銀行，1900年以降の全ての会社の資本金額は払込資本金額で集計した。小計欄は，北海道
県は含むが植民地は含まず。1932年の銀行のうち，農工銀行の所在地と払込資本金額は，出所資料では不明の

表終-5　日本海沿岸道県と東京・

道府県	1881年6月時点		1882年12月時点			1890年12月時点			91年	1900年12月時点		
	商業	工業	運輸	銀行	諸金融	商業	工業	運輸	銀行	商業	工業	運輸
北海道	9[1]		4	3	—	19	41	14	3	66	28	18
	24[1]		31	43	—	173	369	716	43	198	433	1,182
青森県	5	—	4	8	3	7	20	1	11	32	11	4
	5	—	3	44	2	8	6	1	48	24	12	4
秋田県	1	—	34	3	13	21	18	6	1	16	13	5
	0	—	1	18	20	40	229	5	10	20	13	15
山形県	11	—	69	9	15	7	62	2	11	28	21	5
	11	—	20	60	28	20	35	201	85	45	63	6
新潟県	26	1	15	9	63	89	37	18	73	126	147	41
	24	0	142	137	244	195	71	26	403	70	630	459
富山県			24		41	23	30	8	35	72	48	14
			6		46	26	51	11	143	49	77	96
石川県	36[2]	7[2]	20	54[2]	67	25	43	4	65	105	63	23
	43[2]	13[2]	1	137[2]	133	24	28	406	112	43	87	81
福井県	10	5	9	7	13	17	58	1	16	36	29	6
	6	2	2	54	22	22	25	0	55	23	33	6
鳥取県	6	—	1	2	3	11	36	—	4	21	23	4
	6	—	0	22	3	9	17	—	24	9	18	3
島根県	49	2	—	11	9	26	52	2	8	38	38	6
	32	1	—	36	7	25	55	0	43	19	27	6
小計(A)	144[3]	15[3]	180	106	227	245	397	56	227	540	421	126
(B)	126[3]	17[3]	205	549	505	540	886	1,365	967	500	1,392	1,856
東京府	48	5	13	35	17	128	169	28	50	284	241	48
	241	12	96	2,713	161	1,360	2,606	4,108	4,135	1,376	4,738	8,302
大阪府	44	5	32	31	29	60	272	10	31	187	217	40
	151	33	42	401	172	273	1,244	359	444	573	2,608	1,314
全国計(C)	669[3]	78[3]	814	758	1,215	1,201	2,284	346	1,066	2,925	2,554	627
(D)	1,200[3]	143[3]	514	7,235	2,918	3,609	7,753	10,363	9,683	4,713	15,885	22,873
A/C(%)	21.5	19.2	22.1	14.0	18.7	20.4	17.4	16.2	21.3	18.5	16.5	20.1
B/D(%)	10.5	11.8	39.9	7.6	17.3	15.0	11.4	13.2	10.0	10.6	8.8	8.1

出所）各年度『日本帝国統計年鑑』より作成。
注記）各欄の上段は会社数，下段は資本金額。1890年12月時点の銀行数とその資本金額が不明のため，その
商業・工業・運輸・農業・銀行・諸金融の分類は出所資料に従ったが，出所資料では1896年より商業
商業会社分（取引所を含む）を示し，銀行は別掲した。1893年に旧商法が一部施行されたが，それ以前
の銀行は，国立銀行・私立銀行・銀行類似会社の合計で，82年は横浜正金銀行，91年は日本銀行と横
海道欄は，函館県と札幌県の合計。1881・82年の—は，数値が不明と思われる。1891年の国立銀行・
～島根県の10道県の合計。1900年までの全国計欄からは沖縄県分が不明のため除き，11年以降は沖縄
ため，昭和8年版『銀行会社要録』東京興信所，1933年で補った。
注1）1882年時点で，商業会社と工業会社を合算。2）現富山県域分を含む。3）開拓使分は不明のため除く。

銀行・諸金融会社では、一八八二年時点で、日本海沿岸道県の銀行はそれほど多くなかったが、小規模の諸金融会社が多く設立されており、八七年時点で[21]、銀行類似会社を含む銀行数で全国の約二二%を日本海沿岸道県が示した。ただし、資本金額では一八八七年に全国の約一〇%を占めるにすぎず、日本海沿岸道県の銀行や銀行類似会社の規模は相対的に小さく、一八九〇年代にそれらが淘汰されるなかで、銀行数でも全国に占める比重は低下した。

初期企業勃興期に日本海沿岸道県では、金融業・運輸業を中心に、東京・大阪に匹敵する会社設立がみられ、その局面では、日本海海運に基づく北前船主の資金蓄積が活かされ、近世後期の日本海沿岸地域における経済成長が継続した。しかし、その後松方デフレの影響で、特に金融諸会社の多くが業績悪化のため一八八〇年代後半にかけて淘汰され、例えば新潟県の銀行類似会社は、八五年まで増加して八一社になったが、そこから減少に転じて九二年に三四社になった[22]。そして第一次企業勃興期に、日本海沿岸地域は、東京・大阪など大都市圏に、会社設立の資本金額と業種の広がりの両面で遅れを取り、第二次企業勃興期の会社設立が工業部門にあまり向かわず、東京・大阪との格差は回復し得なかった。

このような第一次企業勃興期の差異は、インフラ整備の差異と地域有力資産家の資金力と経営志向性に起因していたと考えられる。地域有力資産家の資金力と経営志向性については次項で論ずるので、ここではインフラ整備の問題を汽船網・鉄道網から考察する。

近代的汽船網の形成が日本海沿岸地域より太平洋沿岸地域が早かったのはよく知られているが、一八八〇年前後の国内汽船網の焦点は北海道航路で、太平洋沿岸の汽船航路をほぼ独占した三菱に対し、日本海沿岸地域でも北海道運輸会社や越中風帆船会社のように三菱に対抗する運輸会社が設立された[23]。しかし、東京風帆船会社と北海道運輸・越中風帆船会社が合併して共同運輸会社が設立されると、汽船航路網の競争は三菱対共同運輸という東京資本同士の争いに還元され、そこに日本海沿岸地域の諸勢力が介在する余地がなくなった。

そして一八八四年に瀬戸内の小規模船主が大合同して大阪商船会社を設立し、瀬戸内海・九州海域の汽船航路網を整備し、八五年に三菱の海運部門と共同運輸が合併して日本郵船会社が設立され、国内汽船網を大阪商船と二分すると、日本海沿岸地域は汽船網の中心から取り残されてしまった。むろん、汽船網が定着するにはまとまった貨物需要が定期的に必要で、それまで多種多様な商品が輸送されて和船買積経営に適合的であった日本海沿岸地域に、汽船網がすぐに定着するとは考えにくいが、(24)大規模生産を行う近代産業が定着するには大量輸送に適した汽船網は必要なインフラ整備であったと考えられる。

陸の交通網としての鉄道では、明治政府が当初日本海沿岸と太平洋沿岸を結ぶ鉄道を重視したため、比較的早くから鉄道敷設計画が日本海沿岸地域で企画された。その代表例が、富山と敦賀近辺を結ぶ一八八一年の東北鉄道会社構想であり、(25)資本金四五〇万円が予定され、旧金沢藩主や旧福井藩主など沿線の旧藩主家が発起人となり、旧藩の御用商人を軸に資金調達が進められた。旧金沢藩領域では、木谷・藤井・宮林ら北前船主が株式を募集したが、福井—伏木間への変更を政府から要請され、メリットを失った福井県の発起人が離脱し、結果的に計画は挫折した。その間太平洋沿岸では着々と鉄道敷設が進み、(26)一八八七年に日本鉄道上野—仙台—塩釜間が開業し、八九年に官営鉄道東京—神戸間が全通し、九一年に日本鉄道上野—青森間が全通した。

北陸地方では一八八八年に富山と官営鉄道が開通していた敦賀を結ぶ北陸鉄道会社が発起され、富山県で九三名、石川県で八五名、福井県で六〇名が発起人に名を連ね、その中に、馬場道久（三万円出資予定、以下同様）、久保彦兵衛（一万七千円）、菅野伝右衛門（一万円）、森正太郎・八阪金平・西出孫左衛門（以上六千円）、久保彦助・増田又右衛門・酒谷長平（以上五千円）、米田元吉郎・堀田善右衛門・平能五兵衛・宮林彦九郎・南嶋久七・木谷吉次郎・熊田源太郎・邑井喜良久・津田嘉一郎・森田三郎右衛門・亀田喜八（以上三千円）と、当時の富山・石川・福井県で有力な北前船主は、既に大阪に拠点を移していた右近・大家・廣海家を除いてほぼ全て含まれた。(27)ただし、発起人間の利害調整が複雑で、それに手間取る間に構想が挫折し、結果的に福井・石川・富山県への鉄道は官営で敷かれ、金沢は一八九八年、富山は九九年に鉄道が開通した。しかしその時点では、すでに第二次企業勃興期も終わっていた。

このような日本海沿岸地域の企業勃興状況に対し、前掲表終-5にみられるように大阪の企業勃興は順調に進展した。日本海沿岸地域と大阪との会社設立の格差が拡大したのは、一八九〇年代であった。すなわち、日本海沿岸一〇道県と大阪府の設立会社の資本金額を比較すると、一八九〇・九一年では、商業・銀行部門ともに、前者が後者の二倍以上を示したのに対し、一九〇〇年時点では、商業・銀行部門ともに後者が前者を上回った。また工業部門では、一八八〇年代から一貫して後者が前者を上回り、一九〇〇年時点では後者が前者の二倍となった。その後は、前述のように北海道・新潟県の鉱業会社の発展で、一九一一年時点では日本海沿岸道県と大阪府の工業会社の払込資本金額

（払込資本金額の単位：万円）

1907年時点		
会社名	払込	主要役員
大阪商船	1,375	中橋徳五郎，［田中市兵衛］
藤田組	600	（藤田伝三郎），（藤田平太郎）
南海鉄道	518	［田中市兵衛］，（大塚惟明）
三十四銀行	412	小山健三，［竹尾治右衛門］
大阪瓦斯	309	片岡直輝，渡邊千代三郎
大阪電燈	300	土居通夫，渡邊修
北浜銀行	300	岩下清周，（藤本清兵衛）
鴻池銀行	300	［鴻池善右衛門］，原田二郎
浪速銀行	290	野元驍，山中隣之助
大阪紡績	290	山辺丈夫，（阿部房次郎）
日本紡績	200	［竹尾治右衛門］，［亀岡徳太郎］
大阪合同紡績	180	谷口房蔵，土居通夫
大阪硫曹	169	（阿部市三郎），西川虎之助
百三十銀行	163	安田善三郎，（高橋長秋）
内外綿	156	［中野太右衛門］，（阿部彦太郎）
近江銀行	148	（前川善三郎），池田径三郎
摂津紡績	140	［竹尾治右衛門］，菊池恭三
日本綿花	125	［田中市太郎］，（野田吉兵衛）
毛斯綸紡織	113	（松本重太郎），瀧村竹男
第五十八銀行	100	（高橋長秋），揚井佐兵衛
大阪アルカリ	100	藤江章夫，［田中市太郎］
住友銀行（個人）	100	［住友吉左衛門］
山口銀行（個人）	100	［山口吉郎兵衛］
日本火災保険	75	藤田四郎，［田中市太郎］
日本海上火災保険	75	（右近権左衛門），岸本五兵衛
明治製煉	75	桑原政，矢野荘三郎
大阪汽車製造（資）	75	井上勝，平岡熙
泉尾土地	71	清水芳吉，野口邦次郎
摂津製油	63	［志方勢七］，巽市郎
大成紡績	63	渾大防芳造，（藤本清兵衛）
日本冷蔵	63	森本六兵衛，中原孝太
福島紡績	51	（藤本清兵衛），渾大防芳造
日本フラン子ル	50	（安宅弥吉），井上静雄
京阪電気鉄道	175	渡邊嘉一，岡崎邦輔
高野鉄道	150	伊藤喜十郎，松山与兵衛
岸和田紡績	76	寺田甚与茂，寺田元吉
五十一銀行	56	川井為己，寺田甚与茂
宅合名	50	宅徳平
堺紡績	35	柴谷武次郎，尼崎熊吉
河南鉄道	30	（野田吉兵衛），［阪上新治郎］
堺銀行	25	（藤本清七），西野眞太郎
柴谷合名	20	柴谷三次郎，柴谷武次郎
貝塚銀行	13	廣海惣太郎，種子島源兵衛
堺煉瓦	10	竹内四郎，佐野幸助
岸和田煉瓦	10	山岡伊方，寺田甚与茂
大西銀行（資）	10	大西五一郎，柴谷武次郎

以上，1901・07年時点では，払込資本金額50万円以
払込資本金額10万円以上の会社を示した。（資）は合
2名を示し，［ ］内は，近世来の大坂商家のもの，
為政編『商業資料』復刻版新和出版社，1973年，『明
ター，1987年などを参照し，特に，紡績会社関係者の

表終-6　大阪の主要会社一覧

1895年時点			1901年時点		
①大阪市中および隣接郡（西成・東成・住吉郡）					
会社名	払込	主要役員	会社名	払込	主要役員
大阪鉄道	275	田部密，［竹尾治右衛門］	大阪商船	550	中橋徳五郎，杉山孝平
大阪商船	194	河原信可，［金澤仁兵衛］	南海鉄道	384	（松本重太郎），鳥井駒吉
大阪紡績	120	（松本重太郎），山辺丈夫	北浜銀行	300	渡邊洪基，岩下清周
金巾製織	81	阿部周吉，（阿部市太郎）	浪速銀行	253	野元驍，山中隣之助
摂津紡績	75	［平野平兵衛］，［金澤仁兵衛］	三十四銀行	218	小山健三，［竹尾治右衛門］
日本紡績	72	［金澤仁兵衛］，［亀岡徳太郎］	鴻池銀行（資）	200	［鴻池善右衛門］，［鴻池新十郎］
大阪アルカリ	70	（久原庄三郎），（松本重太郎）	西成鉄道	165	桜井義起，唐崎恭三
浪華紡績	65	俣野景孝，大森敏寛	百三十銀行	164	（松本重太郎），［井上保次郎］
大阪電燈	52	土居通夫，［亀岡徳太郎］	日本紡績	140	［竹尾治右衛門］，［亀岡徳太郎］
第十三国立銀行	50	［鴻池善右衛門］，永田彦作	大阪紡績	130	山辺丈夫，宅徳平
井上銀行（資）	50	［井上保次郎］，内藤為三郎	大阪電燈	122	土居通夫，（野田吉兵衛）
天満紡績	45	［岡橋治助］，中村利七郎	大阪アルカリ	100	木村静幽，藤江章夫
阪堺鉄道	40	（松本重太郎），鳥井駒吉	金巾製織	100	（阿部市太郎），阿部周吉
第三十四国立銀行	38	［岡橋治助］，（野田吉兵衛）	住友銀行（個人）	100	［住友吉左衛門］
第三十二国立銀行	36	［平瀬亀之輔］，甲谷権兵衛	山口銀行（個人）	100	［山口吉郎兵衛］
日本海陸保険	36	片岡直温，［田中市兵衛］	岡橋銀行（個人）	100	［岡橋治助］
大阪保険	36	増田信之，木谷伊助	大阪合同紡績	100	（藤本清兵衛），谷口房蔵
大阪製銅	32	増田信之，日野九右衛門	日本精糖	90	（松本重太郎），（野田吉兵衛）
第百四十八国立銀行	30	山口仁兵衛，代田種蔵	明治紡績	85	土居通夫，谷口房蔵
大阪共立銀行	30	［金澤仁兵衛］，［田中市太郎］	大阪汽車製造（資）	83	井上勝，平岡熙
中立銀行	30	［木原忠兵衛］，［岡橋治助］	近江銀行	80	小泉新助，島郁太郎
平野紡績	30	［金澤仁兵衛］，末吉勘四郎	毛斯綸紡織	80	（松本重太郎），河瀬芳三郎
第四十二国立銀行	25	［田中市兵衛］，［金澤仁兵衛］	摂津紡績	75	［竹尾治右衛門］，菊池恭三
第五十八国立銀行	25	椿本荘助，［今井勢兵衛］	日本海上保険	75	（右近権左衛門），岡崎藤吉
第百三十国立銀行	25	（松本重太郎），内藤徳兵衛	明治炭坑	70	桑原政，（野田吉兵衛）
近江銀行	25	小泉新助，（伊藤忠兵衛）	内外綿	69	（阿部彦太郎），［中野太右衛門］
福島紡績	25	鈴木勝夫，（藤本清兵衛）	日本繊糸	69	（阿部市三郎），宮川彦一郎
内外綿	25	（阿部彦太郎），（松本重太郎）	第五十八銀行	63	（宮津賢次郎），［今井勢兵衛］
浪速鉄道	25	福井精三，［鴻池新十郎］	藤田組（合名）	60	（藤田伝三郎），（久原庄三郎）
大阪時計製造	24	（野田吉兵衛），石原久之助	大阪運河	56	（松本重太郎），七里清介
朝日紡績	23	日野九右衛門，（今西林三郎）	平野紡績	50	［金澤仁作］，末吉勘四郎
大阪硫曹	23	［浮田桂造］，（阿部市郎兵衛）	日本綿花	50	［田中市太郎］，（野田吉兵衛）
第七十九国立銀行	20	古畑寅造，安田太四郎	日本海陸保険	50	土居通夫，椿本荘助
第百二十一国立銀行	20	竹田忠作，貴田孫治郎	井上銀行（資）	50	［井上保次郎］，内藤為三郎
明治紡績	20	土居通夫，（今西林四郎）	藤本銀行（資）	50	（藤本清兵衛），（藤本清七）
日本綿花	20	［田中市兵衛］，［竹尾治右衛門］	大阪三商銀行	50	（中村惣兵衛），芦田芳蔵
大阪毛糸	20	門田猪三郎，（今西林三郎）			
日本火災保険	20	［平瀬亀之輔］，［金澤仁兵衛］			
②それ以外の大阪府下					
泉州紡績	50	河盛利兵衛，高田年太郎	高野鉄道	150	東尾平太郎，北田豊三郎
大阪麦酒	25	鳥井駒吉，宅徳平	大阪麦酒	76	鳥井駒吉，宅徳平
岸和田紡績	25	寺田甚与茂，岸村徳平	泉州紡績	50	（藤本清兵衛），高田富士太郎
堺銀行	18	太田平次，前川通徳	岸和田紡績	44	寺田甚与茂，寺田元吉
堺紡績	15	川端三郎平，辻本安七	五十一銀行	35	川井為己，寺田甚与茂
第五十一国立銀行	10	川井為己，寺田甚与茂	堺銀行	35	太田平次，（藤本清七）
堺酒造	10	宅徳平，鳥井駒吉	堺紡績	35	柴谷武次郎，尼崎熊吉
岸和田銀行	10	宇野四一郎，村田清治郎	河南鉄道	26	小山玄松，［阪上新治郎］
別途（合資）	8	大塚三郎平，大塚和三郎	岸和田銀行	25	宇野四一郎，金納源十郎
堺電燈	5	南英三郎，金田伊兵衛	宅合名	20	宅徳平
富田林銀行（資）	5	田守三郎平，杉山健三	柴谷合名	20	柴谷三次郎，柴谷武次郎
			大阪窯業	10	磯野良吉，辻忠右衛門
			貝塚銀行	10	廣海惣太郎，信貴孫次郎
			大西銀行（資）	10	大西五一郎，柴谷武次郎

出所）由井常彦・浅野俊光編前掲『日本全国諸会社役員録』第1・5・11巻，より作成。

注記）払込欄は払込資本金額を示し，大阪市中および隣接郡については，1895年時点は払込資本金額20万円
上，それ以外の大阪府下については，1895年時点は払込資本金額5万円以上，1901・07年時点では，
資会社の略。主要役員欄は，頭取・社長名が判明したものはそれを最初に記し，それを含めて主要役員
（　）内は，近代以降に大阪に拠点（支店を含む）を設けた商家のものを示した。商家の系譜は，永江
治人名辞典』II，上・下巻，日本図書センター，1988年，『大正人名辞典』上・下巻，日本図書セン
系譜は，社史編纂委員会編『ニチボー75年史』ニチボー株式会社，1966年を参照した。

はほぼ同じであったが、出所資料で鉱業会社が工業会社から分離された二一年時点では、後者は前者の三倍近くなり、三二年時点も同様であった。

このように大阪の企業勃興は全国的にみてまず工業部門で先行し、九〇年代に商業・銀行等の流通部門でも東京府とともに他地域を圧倒する地位を占めたと言える。初期企業勃興期に、地方からの移転を含めて大阪で国立銀行が一四行、私立銀行が一〇数行設立されたが、松方デフレの影響で一八八二〜八五年に国立銀行が二行、私立銀行も五行が閉店し、一八八四〜九一年は大阪では銀行の新規設立はほとんどみられなかった。[28] 一方、工業部門では官営工場の造幣局と砲兵工廠が大きかったが、民間でも一八七九年に硫酸製造所、八一年に大阪鉄工所、八二年に大阪紡績会社と、近代的技術の工場が設立され、その後会社組織となり、特に大阪紡績会社の成功に触発され、八〇年代後半に多くの紡績会社が大阪で設立された。[29]

表終-6をみよう。一八九五・一九〇一・〇七年時点について大阪で払込資本金額の多い会社を示したが、大阪商船・大阪鉄道などの運輸部門の大会社を別にすると、一八九五年時点では、大阪の大規模会社の多くを紡績会社が占めた。それら紡績会社の主要経営者は、金澤仁兵衛・平野平兵衛・岡橋治助などの近世来の大阪商家の当主であり、近世来の大阪商家の商業的蓄積が第一次企業勃興期の会社設立に大きな役割を果たしたと考えられる。

一方、一九〇一年時点では、大阪の大規模会社の多くを銀行が占め、それらは専門経営者が担った株式会社形態の銀行と、近世来の両替商などの商家が設立した個人銀行から構成された。銀行以外では、紡績・紡織など繊維関係の大会社がやはり多かったが、全体として個人銀行以外の大会社の経営者として近世来の大阪商家は退き、松本重太郎・阿部彦太郎・阿部市太郎など近代期に大阪に拠点を設けた商家が多くの会社の経営に関与した。

そして一九〇七年時点では、払込資本金額五〇万円以上の会社数が大阪市で減少したものの、全体的に会社規模の大規模化が進み、大阪市以外の大阪府下でも、鉄道会社や岸和田紡績・五十一銀行のように大規模化が進んだ会社が存在していた。また、後景に退いたかにみえた近世来の大阪商家の当主が、竹尾治右衛門・田中市兵衛（市太郎）など依然として大会社経営に携わっており、近世来の大阪商家・近代以降に大阪に拠点を設けた近代大阪商家・官僚出身などの専門経営者がバランスよく組み合わされて[30]、大阪の企業勃興は進められた。

なお、設立された会社の資本家としても、表終-7のように、新旧の大阪商家がバランスよくその担い手となって

表終-7　19世紀末大阪市有力動産所有者

（単位：千円）

氏　名	職　業	1894年	1901年	備　考
［住友吉左衛門］	銀行主	1,198	3,077	200万円
［鴻池善右衛門］	銀行主	720	1,975	300万円
［田中市兵衛］	肥料仲買	621	669	25万円
［山口吉郎兵衛］	銀行主	530	1,240	60万円
（松本重太郎）	洋反物商	489	1,995	20万円
［岡橋治助］	木綿卸	320	1,355	20万円
（阿部彦太郎）	米穀卸	257	1,135	
［井上保次郎］	銀行主	250	800	
［平瀬亀之輔］	金融業	250	262	70万円
［廣岡久右衛門］	銀行主	250	213	60万円
前田伊之助		250		
高楷覚太郎		250	0	
［殿村平右衛門］	貸金業	230[1]	503	60万円[1]
（川上左七郎）	銀行主	230	92[3]	
外山修造	銀行役員	220	621	
木村作五郎		220	6	
（藤本清兵衛）	米穀商	214	565	
瀬尾喜兵衛	木綿卸	210	559	25万円
（芝川又右衛門）	貸金業	190	286	60万円
［金澤仁兵衛］	肥料仲買	190	194	25万円
［浮田桂造］	売薬製造	182	335	
［木原忠兵衛］	銀行主	180	420	30万円
（橋本伊兵衛）	米小売	180	0	
（野田吉兵衛）	呉服商	163	251	20万円
［高田久右衛門］	紅花商	160	194	
山口虎次郎	道具卸	150	0	
［竹尾治右衛門］	呉服卸	100	436	
（浜崎永三郎）	株式仲買	90	329	
（藤本清七）	米穀卸	63	345	
（三和市蔵）	株式仲買	60	391	
（藤田伝三郎）	鉱　業	40[2]	488	60万円
（下郷伝平）	紙製造		666	
西田仲右衛門			529	
（川喜田久太夫）	木綿卸		356	
（阿部市太郎）	麻布卸		323	
（芝田大吉）	株式仲買		318	

出所）「大阪商人動産所有見立」（永江為政編『商業資料』復刻版新和出版社，1973年，明治27年9月10日号），「大阪市京都市神戸市名古屋市商工業者資産録」（渋谷隆一編『都道府県別資産家地主総覧』大阪編1，日本図書センター，1991年）より作成。

注記）1894年時点の大阪商人の動産所有額からみた見立番付で，15万円以上として挙げられた家と，1901年時点の大阪市の有力資産家の資産内訳調査から，有価証券資産30万円以上を所有した家について，それぞれ1894年時点の動産所有額と1901年の有価証券所有額を示した。また，備考欄に参考として1888年発行の資産家番付に記載された資産額を示した（渋谷隆一編『明治期日本全国資産家地主資料集成』第4巻，柏書房，1984年所収）。百円の位を四捨五入して示したので，1901年の調査で有価証券所有額が500円未満の場合は，0円と示した。氏名欄の［　］内は，近世来の大阪商家，（　）内は近代以降に大阪に拠点（支店）を設けた商家を示し，商家の系譜は，表終-2の注に示した資料を参照した。職業欄は，出所資料によるが，1901年の調査で会社員とあったものは，もう一方の出所資料の『商業資料』で職業を補足した。

注1）殿村えつとして。2）金額が少なすぎると思われるがそのまま示した。3）川上利助として。

おり、初期企業勃興期に銀行設立の担い手となった近世来の大阪商家（両替商を含む）が、松方デフレのなかで会社設立に消極的になったなかで、近代期に大阪に拠点を設けた米穀・織物関係の商人が近世来の大阪商家に代わって会社設立の担い手となり、その成功を受けて再び近世来の大阪商家が一八九〇年代後半に銀行を設立したり、会社経営に参画することで、大阪では株式会社がスムーズに定着したと考えられる。

こうした大阪市内の動向は、大阪近郊に広がり、泉州紡績・堺銀行・河南鉄道などに大阪市内の商家が経営参画する一方で、大阪府南部の岸和田では、岸和田紡績・五十一銀行など大阪市内の諸会社とそれほど遜色のない大規模会社が地元資本で経営された。[31] このように大阪の企業勃興は周辺に波及し、大阪湾岸地域の産業化が進展した。

（2）主要北前船主の会社経営と有価証券投資

続いて、北前船主が企業勃興にどのように関わったかを検討する。表終-2に戻ろう。幕末維新期の大規模北前船主のなかで、初期企業勃興期に国立銀行設立に関与したのが、木谷・藤井・宮林など旧金沢藩の御用船持商人で、彼らは第十二国立銀行の経営を担うと同時に、石川県の官金を扱った金沢為替会社の経営も担った。[32] その後金沢為替会社は、松方デフレの影響で経営が行き詰まり、一八八三（明治一六）年に増資して北陸銀行（現在の北陸銀行とは別）と改称し、木谷・藤井・宮林は頭取や取締役となったが、八六年に北陸銀行が破綻すると、その債務返済のため家産が打撃を受け、彼らが第一次企業勃興期に会社経営に参画することはなかった。また、打撃が相対的に小さく海運経営を維持し得た石川県塩屋・瀬越・橋立・福井県河野の有力北前船主らは、本書第Ⅰ部で論じたように、一八八七年に北陸親議会を結成し、汽船運賃積を利用する新たな勢力に共同して対抗し、従来の買積経営にこだわり、例えば橋立の北前船主の酒谷家は、商業的蓄積を商業の営業資金に全面的に投入し、企業勃興期に株式投資をほとんど行わなかった。

また、久保・西出ら石川県橋立の北前船主は、松方デフレの影響で経営が悪化した第八十四国立銀行へ出資して救済に努めたが、同行の業績が改善されず、結局東京の資本に救済を依頼して手を引き、その後彼らは第一次企業勃興期に会社経営に参画しなかった。そして、後に第二次企業勃興の担い手になった富山県高岡の菅野ら新興の北前船主は、第一次企業勃興期には、まだ積極的に会社設立を進めるだけの資金力を備えていなかった(33)。

こうした状況が組み合わされて、表終-2のように、有力北前船主が第一次企業勃興期に会社経営に積極的に関わることは、北海道を除いてほとんどみられなかった。末永國紀は、松方デフレ期に商業経営が悪化した商人が、それを契機に商業的蓄積を他部門に向けたとして、商人の資金蓄積の企業勃興への貢献を評価したが(34)、日本海沿岸地域では、第一次企業勃興期にそれと逆の現象が生じた。かくして、本書第Ⅲ部で取り上げた北前船主に対する松方デフレの打撃の強さと、本書第Ⅰ部で取り上げた有力北前船主の家業・家産志向性の強さが、日本海沿岸地域での企業勃興における、旧勢力と新興勢力との連携を困難にし、特に第一次企業勃興期において、日本海沿岸地域では商業的蓄積による「企業勃興」現象は不十分に終わった。むろん、松方デフレは農家経済に打撃を与え、大地主が登場する契機ともなり、日本海沿岸地域でも地主の会社経営への参加は地域差があったものの広くみられた。前掲表終-5では、第一次企業勃興期に日本海沿岸地域道県の商業・工業会社数はそれなりに増え、地主的蓄積の他部門への転換の意義が大きかったと考えられる(35)。ただし、一社当たりの資本金額は、第一次企業勃興の過程で東京・大阪とかなりの格差が生じ、その意味で地主の資金蓄積の企業勃興への貢献にも限界があった。

表終-2に戻ろう。その後第二次企業勃興期になると、石川・富山県の有力北前船主が会社経営に積極的に参加するようになった。ただし、石川県と富山県では、かなりその様相が異なり、石川県では廣海・大家・西出・久保らが大阪・函館に進出して、大阪・函館の会社経営に参加するようになったのに対し、富山県では、東岩瀬・高岡地域の新興北前船主が地元会社の経営に積極的に参加した（第Ⅰ・Ⅱ部補論）。その結果、富山県ではある程度「企業勃興」

現象が生じたものの、石川県ではそれが不十分に終わったと言える。

福井県では、敦賀の大和田と河野の右近が、初期企業勃興期から運輸会社の経営に関わったが、右近家はその後大阪に拠点を移して福井県の企業勃興に関与せず、大和田家は、個人銀行の大和田銀行を設立したが、株式会社への経営参加はあまりみられなかった。三国の森田も個人銀行の森田銀行を設立したが、株式会社への経営参加はあまりみられず、資金力のあった有力北前船主が家業の維持と発展に力を注ぎ、社会的資本の集中による株式会社設立に消極的で、福井県の「企業勃興」現象も不十分であった（第Ⅲ部補論）。

新潟県では、企業勃興への北前船主の積極的関与は、新潟市の斎藤、荒浜の牧口など少数に限られ、新潟県南部の大規模北前船主であった鬼舞の伊藤や梶屋敷の井上は、会社経営にほとんど関与しなかった（第4章）。伊藤家・井上家は、一九〇一年の調査でそれぞれ所有地価が約一二、〇〇〇円、約八、〇〇〇円の有力地主として挙げられたが、大株主としては挙げられず[36]、新潟県の企業勃興に北前船主の果たした役割は、新潟市に限定された。

山陰・東北地方の日本海沿岸地域には、もともと有力北前船主は少なかったが、兵庫県豊岡の瀧田、兵庫県安木の宮下、青森県野辺地の野村など有力北前船主が銀行経営を行った。ただし、瀧田や野村はいずれも個人銀行を設立し、福井県の大和田・森田と同様に、社会的資本を集中しての株式会社設立には消極的であった（第3・5章）。

北海道では、北前船主の役割は比較的大きく、特に函館で[37]、田中正右衛門が初期企業勃興期から第百十三国立銀行の設立に深く関与し、その後北海道共同商会頭取や函館汽船会社社長となり、石川県の北前船主が北海道に進出して函館・小樽での会社経営に積極的に参加したこともあり、北海道ではある程度「企業勃興」現象がみられた。

（3）近畿有力商家の会社経営と有価証券投資——田中家・阿部家・廣海家の事例

前述のように大阪の企業勃興は、近世来の大阪商家の商業的蓄積と、近代以降に大阪に拠点を設けた大阪商家の企業家精神がうまく組み合わされて軌道に乗り、二〇世紀に入ると、それが大阪湾岸地域にも波及した。そこで本項では、近世来の大阪商家、近代以降に大阪に拠点を設けた商家、大阪湾岸地域の有力商家からそれぞれ事例を取り上げて、その会社経営と有価証券投資の動向を検討することで、大阪の企業勃興の成功の要因を検討する。

近世来の大阪商家として、初期企業勃興期に第四十二国立銀行に積極的に株式投資をして当主が同銀行の頭取となり、第二次企業勃興期に当主が大阪商船・日本綿花などの社長となった田中市兵衛家を、近代以降に大阪に拠点を設けた商家として、滋賀県能登川に本店を構え、大阪に支店を設置して大阪と滋賀県の多くの会社経営に関わった阿部市太郎家を取り上げる。大阪湾岸地域の有力商家として、大阪府南部の貝塚で近世来の廻船問屋として商業的蓄積を進め、近代期は有力肥料商として貝塚とそこに隣接した岸和田の会社経営に関わった廣海惣太郎家を取り上げる。

田中市兵衛家は、近世後期から大坂で、肥料仲買を家業とした。[38] 前掲表終-6で示したように、一八九五（明治二八）年時点で紡績会社経営に重要な役割を果たした金澤仁兵衛、一九〇七年時点で摂津製油会社の社長であった志方勢七も肥料仲買であり、肥料市場では、問屋よりも仲買がその後の企業勃興の担い手となり得る商業的蓄積を進めたと思われる。近世期の大坂肥料市場では、問屋は大坂に入津した廻船の積荷を扱ったが、仲買は、大坂以外の大坂湾岸地域の諸湊に荷揚げされた肥料をその湊の問屋から仕入れることを慣習として認められており、仲買に経営拡大の可能性が高かった。[39]

表終-7に戻ろう。田中家も仲買として順調に商業的蓄積を進めたと考えられ、一八九四年の大阪商人の見立番付では、動産所有額で住友吉左衛門、鴻池善右衛門に次いで三番目に位置付けられた。そして田中家は一九〇一年でも約六七万円の有価証券を所有していた。表終-8をみよう。田中市兵衛は、銀行・保険業などで会社経営に参画し、第二次企業勃興期に大阪商船・日本綿花など大阪を代表する会社の社長となった。その後四十二銀行が消滅したことで、二〇世紀初頭に息子の市太郎に日本綿花の社長を譲って会社経営の一線から引いたが、一九〇七年時点では田中

表終-8　田中家・阿部家・廣海家会社役員の推移

会社名	所在	1893 年	1897 年	1902 年	1907 年	1912 年	1917 年	1922 年	1926 年	1931 年
① 田中市兵衛・市太郎・市蔵・貞蔵										
第四十二国立銀行	大　阪	頭　取	頭　取			摂陽銀行（大阪）		頭　取[2]	頭　取[2]	
大阪共立銀行	大　阪	取締役	取締役			安治川土地(大阪)		副社長[2]	副社長[2]	取締役[3]
日本海陸保険	大　阪	取締役	取締役		近江屋商会合名（大阪）			社　員[2]	社　員[2]	社　員[2]
摂津製油	大　阪	取締役	取締役[1]	取締役[1]	取締役[1]			三十四銀行(大阪)		取締役[2]
大阪露油合資	大　阪	取締役	副社長[1]				大阪海上火災保険（大阪）			取締役[2]
大阪商船	大　阪		社　長	取締役	取締役				取締役[2]	
日本綿花	大　阪		社　長	社　長[1]	社　長[1]					
浪華紡績	大　阪		社　長							
大阪製燧	大　阪		社　長							
大阪衡器合資	大　阪		社　長							
日本貯金銀行	大　阪			取締役	取締役					
南海鉄道	大　阪				社　長					
日本火災保険	大　阪				取締役[1]					
大阪アルカリ	大　阪				取締役[1]					
大成紡績	大　阪				取締役[1]					
大阪セメント	大　阪				取締役[1]					
② 阿部市太郎・一樹・（房次郎）										
金巾製織	大　阪	取締役	社　長	社　長	大阪製麻（大阪）		取締役			
近江麻糸紡織	大　津			取締役		阿部市商店(大阪)		取締役	取締役	社　長
近江帆布	八　幡			取締役	取締役	取締役[4]		取締役	取締役	取締役
阿部製紙合資	大　阪			社　員			江商（大阪）		社　長	取締役
近江銀行	大　阪			取締役[5]	取締役[5]	取締役[5]	取締役[5]	取締役[5]	取締役[5]	
近江製油	神崎郡			取締役[5]			豊国土地（大阪）		取締役	取締役
大阪紡績	大　阪				常　務[5]	常　務[5]		又一（大阪）		社　長
日本メリヤス	大　阪						取締役[5]	湖東紡績（大阪）		取締役[5]
東洋紡績	大　阪							副社長[5]	副社長[5]	社　長[5]
日本カタン糸	神崎郡							取締役[5]	取締役[5]	
近江紡績	犬上郡							取締役[5]		
東津農業	大　阪								取締役[5]	社　長[5]
③ 廣海惣太郎・益十郎										
貝塚銀行	貝　塚		頭　取	取締役	頭　取	頭　取	頭　取	頭　取	頭　取	頭　取
岸和田煉瓦	岸和田		取締役	取締役	取締役	取締役	取締役	取締役	取締役	取締役
貝塚煉瓦	貝　塚		取締役[6]				泉醤油（貝塚）		取締役	
本辰酒造	今　津						取締役	取締役		取締役

出所）由井常彦・浅野俊光編前掲『日本全国諸会社役員録』第1・2・6・11・16巻，大正6・11・15・昭和6年度『日本全国諸会社役員録』商業興信所，1917・22・26・31年より作成。

注記）田中市兵衛家の市太郎・市蔵・貞蔵はいずれも当主の子供。阿部市太郎家の一樹は当主の隠居名で房次郎は当主の娘婿。廣海惣太郎家の益十郎は前当主の子供。田中家については，大阪府の会社，阿部家については，大阪府と滋賀県の会社，廣海家については全ての会社のうち，取締役以上の役員となった会社役員を示した。途中の欄の会社名の後の括弧内は所在。

注1）田中市太郎として。2）田中市蔵として。3）田中貞蔵として。4）阿部一樹として。5）阿部房次郎として。6）廣海益十郎として。

表終-9　田中市兵衛家株式関係収支

売買		配当	
① 1879年6月15日〜81年4月15日			
第四十二国立銀行	12,403円出	第四十二国立銀行	7,079円入
大阪製銅	840円出	銀行頭取賞与	350円入
横浜正金銀行	800円出	第三十二国立銀行	119円入
大阪株式取引所	692円出	大阪株式取引所	101円入
第三十八国立銀行	668円出	横浜正金銀行	45円入
第七十三国立銀行	500円出	第七十三国立銀行	37円入
大阪紡績	50円出	硫酸製造所	9円入
会社名不明	2,792円出	会社名不明	650円入
合　計	18,745円出	合　計	8,389円入
② 1881年6月3日〜83年9月18日			
鹿児金山	3,326円出	第四十二国立銀行	14,082円入
日本銀行	3,000円出	田舎社	2,481円入
第四十二国立銀行	2,238円出	第三十八国立銀行	356円入
関西貿易	2,090円出	第三十二国立銀行	278円入
東京馬車鉄道	1,513円出	第七十三国立銀行	225円入
大阪製銅	850円出	東京馬車鉄道	151円入
大阪紡績	810円出	大阪製銅	125円入
共同運輸	750円出	横浜正金銀行	90円入
第二十二国立銀行	576円出	第二十二国立銀行	78円入
八幡銀行	495円出	関西貿易	63円入
(大阪) 製革	463円出	八弘社	51円入
第七十三国立銀行	400円出	八幡銀行	49円入
硫酸製造所	125円出	硫酸製造所	38円入
千成社	50円出	蔡倫社	5円入
八弘社	40円出		
会社名不明	1,053円出		
合　計	17,778円出	合　計	18,071円入

売買		配当	
③ 1884年7月31日〜87年2月17日			
大阪商船	4,324円出	第四十二国立銀行	12,499円入
阪堺鉄道	2,310円出	大阪商船	1,752円入
八弘社	1,306円入	硫曹製造	1,128円入
共同運輸	750円出	日本銀行	596円入
大阪製銅	627円出	第三十八国立銀行	495円入
鹿児金山	500円出	東京馬車鉄道	487円入
大阪硫曹	249円出	銀行賞与	322円入
東亜貿易	125円出	太湖汽船	308円入
		共同運輸	222円入
		第三十二国立銀行	203円入
		八弘社	179円入
		第二十二国立銀行	157円入
		第七十三国立銀行	151円入
		硫酸製造	104円入
		八幡銀行	85円入
		鹿児金山	77円入
		阪堺鉄道	73円入
		大阪桟橋	32円入
会社名不明	1,425円出	会社名不明	368円入
合　計	9,004円出	合　計	19,236円入

出所）明治12・13・15・16・17・18年「金銭出入帳」（田中家文書，大阪大学大学院経済学研究科経済史・経営史資料室蔵）より作成。
注記）各期間の株式関係の金銭出入を，会社ごとにまとめて示した。出は田中家の支出で株式買入・払込，入は田中家の金銭受け取りで株式売却や配当収入を示す。いずれも円未満は四捨五入した。

市兵衛が南海鉄道の社長、そして市太郎が多くの会社の役員となった。その後、一九〇八年に市太郎が、一〇年に市兵衛が相次いで死去したため[40]、一九一〇年代に田中家は会社経営から離れたが、市蔵の代になって摂陽銀行の頭取として会社経営に復帰し、田中家は長期にわたり大阪の様々な会社の経営を担い続けた。

表終-9をみよう。田中家の有価証券関係収支の動向が一八七九〜八七年にかけて判明するが、その間有価証券関係収支が途切れたり、史料がなかった時期があり、それを境い目におおよそ、①松方デフレ以前の初期企業勃興期、②松方デフレ期、③松方デフレ後の第一次企業勃興期として示した。初期企業勃興期に田中家は第四十二国立銀行を始めとして銀行に積極的に投資し、銀行頭取賞与を得ていたのでこの時期から第四十二国立銀行頭取であったと考えられる。この時期は配当収入よりも投資金額がかなり上回り、商業的蓄積が銀行株の購入と払込に向けられた。松方デフレ期にも田中家は株式投資を進めたが、松方デフレ下では商業純益は低下したと思われ、家計全体としてこの時期の株式投資を支えたのは、多額に上った第四十二国立銀行の配当収入であったと考えられる。

ただし、松方デフレ期の田中家の株式投資は、やはり銀行株が中心で、新たに大阪で設立された硫酸製造所や大阪紡績など工業部門の諸会社にも投資されたもののその額は少なかった。その後の大阪の企業勃興の先駆けとなった大阪紡績会社の設立に主に関わった大阪商家は、松本重太郎や藤田伝三郎など近代以降に大阪に拠点を設けた新興商家で[41]、金澤仁兵衛・平野平兵衛など近世来の大阪商家は、大阪紡績の設立にはそれほど関与せず、大阪紡績の成功をみて、第一次企業勃興期に摂津紡績・日本紡績・平野紡績など大阪紡績に続く紡績会社の設立に積極的に関与した[42]。

そのため松方デフレ期の田中家の株式投資は、株式投資額が配当収入額を下回り、第四十二国立銀行からの多額の配当収入が、銀行・鉱山投資に向けられた。松方デフレ後は、大阪商船株や阪堺鉄道株に積極的に投資し、最終的に市兵衛が大阪商船と南海鉄道（阪堺鉄道の後身）の社長を務めることとなった。この時期には、有価証券投資額をかなり上回る配当収入を得ており、その後、田中家は家業の肥料商活動を縮小して[43]、会社経営に力を入れた。配当収入は、さらなる有価証券投資資金と不動産の購入に充てられたと考えられ、一九〇一年時点の資産調査では、田中家の有価証券資産が約六七万円（前掲表終-7を参照）、宅地・家屋資産が約一一万円、田畑・山林資産が約四〇万円であった[44]。

一九〇一年時点で約一二〇万円に達したと推定される田中家の資産額は、その後順調に増大し、一六（大正五）年の調査で資産額三八〇万円、二六（昭和元）年の調査で資産額五〇〇万円、三三年の調査で資産額約五〇〇万円と推定された。(45) 田中家の所得基盤は、配当と会社役員報酬と宅地・貸家収入で、一九二四年時点の所得調査では、年間約一一万円の所得のうち、配当収入が約六万円、宅地・貸家収入が約三万円、俸給・賞与が約二万円であった。(46)

阿部市太郎家は、一八世紀から近江国能登川を本拠に手広く麻布を売買していた阿部市郎兵衛家から一九世紀前半に分家して麻布商に従事した。(47) 阿部市郎兵衛家からは、他にも市次郎家（後の彦太郎家）が分家し、阿部市郎兵衛家と彦太郎家は、近代初頭に大阪に本拠を移して米穀肥料商を営んだ。さらに能登川に本店を置き続けた市太郎家も大阪に支店を構え、また市太郎家からその娘婿の房次郎が分家し、市郎兵衛家・市太郎家・彦太郎家・房次郎家はそれぞれ協力して大阪と滋賀県の企業勃興に重要な役割を果たした。

表終-8に戻ろう。この表では、市太郎家が務めた会社役員の推移として、市太郎家とそこから分家した房次郎家を併せて示した。一九世紀の間は、市太郎は大阪で市郎兵衛家と市太郎家が協力して設立した金巾製織会社の役員を務めるのみであったが、二〇世紀に入ると、滋賀県で設立された織物関係の諸会社の経営に携わり、近江商人らが大阪で設立した近江銀行の役員や大阪紡績の経営者に房次郎がなった。一九二〇年代になり、家業の麻布商売を法人化するとともに、市太郎は近江商人が協力して設立した商社の江商の社長となり、(48) また房次郎は大阪紡績の後身である東洋紡績の社長となるなど大阪財界の中心的担い手の一人となった。

市郎兵衛家・彦太郎家もそれぞれ大阪の主要会社の役員を務めており、例えば、市郎兵衛家は、表終-6にも登場した金巾製織会社や大阪硫曹会社の社長を務め（市三郎は市郎兵衛の襲名前の名前）、彦太郎家は、内外綿会社の頭取や大阪商船会社・豊国火災保険の取締役など多くの会社の役員を務めた。(49) 特に彦太郎家は、資産家としてかなりの地位を占め、一九〇一年時点で約一一四万円の有価証券を所有し（前掲表終-7）、同年の資産調査で他に約一八万円の宅地・家屋と約二七六万円の田畑・山林を所有し、総資産額は四〇〇万円を超えた。(50)

表終-10　阿部市太郎家株式所有残額一覧（1877〜92年末）

（単位：円）

年末	第一国立銀行	大阪株式取引所	日本銀行	大阪紡績	横浜正金銀行	共同運輸	近江麻糸紡織	大阪製麻	関西鉄道	金巾製織	阿部製紙所	九州鉄道	その他とも計	配当	店方勘定
1877	3,450												3,450	210	
1878	4,997												5,497	650	18,546
1879	4,997												5,497	746	18,388
1880	4,997												5,497	746	20,904
1881	4,997												5,497	791	4,943
1882	4,997	4,059	3,000										12,056	1,502	△ 24,937
1883	4,997	6,588	6,000										17,585	1,686	△ 15,212
1884	4,997	6,773	7,500	3,650	2,800	1,500	1,000						28,220	2,160	△ 6,953
1885	4,997	6,773	7,500	3,850	2,800	2,500	1,000						29,420	2,753	△ 12,986
1886	6,110	0	5,000	4,510	2,800	2,500	750						21,670	4,231	5,580
1887	10,430	0	1,875	7,156	2,800		1,200	150	100				24,261	7,642	23,823
1888	10,430	0	1,875	34,808	2,800		2,600	2,500	2,500	2,400			60,050	3,898	3,673
1889	10,430	0	1,875	48,333	2,800	摂津紡績	4,000	5,500	5,500	19,800			96,825	8,915	8,931
1890	10,430	0	平野紡績	33,533[1]	泉州紡績		11,750	8,060	8,060	29,700	13,800		112,078	7,732	△ 33,610
1891	10,430	1,300	4,414	26,733[1]		7,485	13,250	4,940	4,940	30,036	34,091	29,880	175,035	9,563	△ 6,806
1892	10,430		8,663	27,733[1]	3,120	8,105	13,250	3,420	3,420	33,344	34,091	30,710	187,207	16,815	14,747

出所）明治8・17年「[公債・株式書上帳]」（阿部家文書，東近江市能登川博物館蔵）より作成。

注記）表で示した期間のなかで各年末時点の株式所有残額が2,500円以上を示した銘柄について，表で示した期間全体について示した。空欄は各年末時点ではその銘柄の株式を所有していないことを示す。右欄の配当は，所有する全ての銘柄の株式のその年度の配当金の合計。所有残額は取得額と払込額の合計を示した。右欄の店方勘定は，市太郎家の「店方勘定帳」（阿部家文書，東近江市能登川博物館蔵）より，前年度と当年度の店卸の差額で損益を求めたものを示し，各年の差引尻が8月であり，例えば1877年9月〜78年8月勘定を78年欄に記した。店方勘定欄の無印は利益，△印は損失。

注1）売買が株数のみ示されていたので，1株100円の額面を売買額とみなして示した。

市太郎家も彦太郎家ほどではないが、前掲表終-7で一九〇一年時点の有価証券所有額が約三二万円として挙げられ、かなりの有価証券投資を行ったことが推測できる。表終-10で、市太郎家の一八九二年までの株式所有内容を示した。前述の田中市兵衛家が初期企業勃興期から積極的に銀行への投資を行ったのに対し、阿部市太郎家が株式投資を拡大したのは一八八八年以降であった。その中心は、大阪紡績・摂津紡績・平野紡績など紡績会社であり、市太郎家は一八八四年に大阪支店を開店したが[51]、その年から大阪紡績株を所有し始めた。また市太郎家は、阿部一族が中心となって設立した金巾製織会社や阿部製紙所にも多額の投資を行い、滋賀県の会社であった近江麻糸紡織会社にもかなり出資してその取締役となった（前掲表終-8）。全体として市太郎家の株式投資は大阪の企業への投資が中心で、日本銀行株・横浜正金銀行株を一八八〇年代後半に所有したものの、いずれも八〇年代末までに全て売却しており、銀行よりはむしろ繊維関係の製造会社に集中して投資したのがその特徴であった。

表終-10の株式所有合計額の各年の差を仮にその年の株式投資額とみなして各年の配当収入と比べると、一八八二～八四年と八八～九一年にその年の株式投資額が配当収入を上回り、表の右欄の店方勘定をみると、市太郎家は一八七八～八〇年に約六万円、八六～八九年に約四万円の純益を得ていたので、その間の商業的蓄積が、八二～八四年と八八～九一年の株式投資の原資になったと考えられる。ただし、松方デフレ期や一八九〇年の恐慌の際には、店方勘定で多額の損失を計上しており、市太郎家が常に安定して商業的蓄積を行えたわけではなく、増大した配当収入が九〇年代以降は株式投資の原資として重要な役割を果たしたと考えられる。実際、一八九二年には一六、八一五円の配当収入を得ており、それはその年の株式投資推定額約一二、〇〇〇円を上回った。その後、市太郎家は一九一八年に大阪に株式会社阿部市商店を設立し[52]、本家の市郎兵衛家も大阪に本拠を移した後も能登川に支店を残し、麻布取引を継続したと考えられ、二五年に能登川に株式会社阿部市郎兵衛商店を設立した。市郎兵衛家の商取引は一九二〇年代もかなり活発に行われたと思われ、二四年時点の所得調査で、市郎兵衛家の所得内訳は、不動産所得が二、七八四円、配当等の所得が二五、〇二六円、俸給・賞与等の所得が一、一五六円、商工業所得が八八、七一七円であった[53]。

阿部一族は、商業の他に、有価証券投資や会社経営でも順調に資産を増大させ、一九一五～一六年の資産額調査で、彦太郎家が六〇〇万円、市太郎家が二五〇万円、市郎兵衛家が一五〇万円、房次郎家が七〇万円として挙げられ、三〇年の資産額調査で、彦太郎家が七〇〇万円、房次郎家が五〇〇万円、市太郎家が四〇〇万円、市郎兵衛家が四〇〇万円として挙げられた。[54] その所得基盤は、市郎兵衛家は前述のように家業の商業と考えられるが、彦太郎家は、一九二四年時点の所得調査で[55]、不動産所得が約五万円に対して配当等の所得が約三二万円、俸給・賞与等の所得が約三万円とされ、同家の場合は配当収入であった。

阿部房次郎家は、一九二四年時点の所得調査で、不動産所得はあまりなく、配当等の所得が約八万円、俸給・賞与等の所得が約一〇万円とされたので、東洋紡績副社長を始めとする会社経営者・株式所有者としての地位が所得の源泉であった。そして市太郎家は、二四年時点の所得調査で、不動産所得が約二万円、配当等の所得が約一万五千円、俸給・賞与等の所得が約三万円とされ、比較的バランスのとれた収入源を確保していた。

廣海惣太郎家は、一八三五（天保六）年に和泉国貝塚で廻船問屋を開業し、近代期には貝塚最大の肥料商として活躍した。[56] 表終-8に戻ろう。廣海惣太郎は、一八九六年に地元貝塚銀行が設立されるとその頭取となり、当主が交替した一時期を除き、一九三〇年代まで同家当主が頭取であり続けた。また貝塚に隣接する岸和田の煉瓦会社設立に関与し、一九三〇年代まで取締役であり続け、親族が家業を法人化した本辰酒造の取締役も務めた。

廣海家は一八七〇年代後半のインフレ期に年間五、〇〇〇円前後の商業純益を上げ、剰余金の積立金勘定を設置し、その蓄積をもとに八〇年代から有価証券投資を開始した。[57] 岸和田の寺田甚与茂の勧誘を受けて、廣海家は一八八〇年代に岸和田の諸会社の設立に関わったが、株式投資の収益面では必ずしも成功したとは言えず、九〇年恐慌の影響で投資先が解散したり、減資した場合もあった。そのため、一八八〇年代は廣海家の収益基盤の中心は依然として商業部門で、それを不動産収益と配当収入が補う状況であった。第二次企業勃興期に廣海家の株式投資は本格化し、一八九四年の貝塚煉瓦、九五年の貝塚織物、九六年の貝塚銀行と地元貝塚の企業設立に関わり、南海鉄道株を中心として株式投資も急増した。表終-11をみよう。一八九三年時点で約一万三千円であった廣海家の株式投資残額は、九〇年代末に五万円近くに増大し、この時期に廣海家の収益基盤が商業部門から配当収入に転換した。投資先は地元会社株が大部分で、一九〇〇年代は貝塚銀行・岸和田煉瓦・南海鉄道株が中心であった。

しかし、第一次世界大戦中・戦後の株式投資ブームのもとで廣海家の株式投資の傾向は大きく転換した。地元会社関係では、南海鉄道株の所有額が減少し、かわりに岸和田紡績・岸和田煉瓦綿業・貝塚織物など繊維関係の製造会社への株式投資が急増し、大阪湾岸地域への工業化の拡大を反映する株式所有構造となった。また、尼崎紡績・摂津紡績・朝鮮銀行・川崎造船所・大阪商船など大都市の株式市場で取引されるいわゆる中央株を、廣海家は大量に購入した。そのなかには、購入後に短期間の所有で売却し、キャピタル・ゲイン獲得目的と考えられる銘柄もあったが、急激に買い進めた尼崎（大日本）紡績株は、紡績株の収益性を見越し、配当収入を得るためと考えられ、銀行からの借入金で購入された[58]。

この時期、中央株の所有残額は地元会社株の所有残額を上回ったが、ブーム期に高い市場価格で購入した中央株の配当収益率が第一次世界大戦後の一九二〇年恐慌で低下したため、二〇年代は再び廣海家の株式投資は地元会社株主体となり、頭取として経営に携わった貝塚銀行と、岸和田紡績など地元の繊維関係の製造会社、そして南海鉄道への株式投資が増大した。その後、一九二九年以降の昭和恐慌で企業の収益性が低下したため、多くの所有株式が売却され、特に廣海家の中央株の所有残額は減少した。

一方、廣海家は、地元会社に創立時から関わり、地元会社株の多くを払込額で取得し得たため、市場による株式購入に比べて取得価格が低く、中央株に比べて配当収益率は高かった[59]。それゆえ、地元会社株保有を根強く志向した廣海家は安定した配当収入を得られ、廣海家の資産額は、一九一五年時点の調査で三五万円とされたが、三〇年時点の調査で二〇〇万円とされた[60]。一九二〇年代の廣海家の収益内訳で八〇％以上を株式配当収入が占め、同家の積極的な地元会社への投資は、岸和田・貝塚地域の工業化に大きな役割を果たした。

以上、田中家・阿部家・廣海家の株式投資と会社役員参加の状況を踏まえると、大阪の企業勃興は以下のプロセス

主要株式所有額一覧

（単位：円）

尼崎紡績	摂津紡績	朝鮮銀行	東洋汽船	大同電力	台湾銀行	川崎造船所	大阪商船	その他とも非地元株計	総計
								3,551	12,960
								8,572	39,990
								3,734	46,435
								2,355	47,324
								8,924	58,601
								2,971	81,992
		5,440						8,786	97,674
3,000		25,689						36,028	137,425
59,335	26,550	25,689	10,850			24,564	44,415	205,621	343,971
246,859	大日本麦酒	36,388	280	5,603	12,431			348,200	587,997
218,495		37,500	日本窒素	8,381	8,750	日本生命	三菱銀行	297,047	645,364
206,175	32,976	18,750		10,000	6,103			298,707	721,888
138,086	23,346	18,750	25,300	24,268	2,100	32,520	10,000	307,265	724,272
16,920	13,201		47,625	24,268			5,800	152,698	499,409

中西聡編『産業化と商家経営』名古屋大学出版会，2006 年）186–187 頁の表 4–6，194–195 頁の表 4–7，207–

が 10,000 円を越えた株式を示した。表で示した以外に，1920 年末時点で日本綿花株 20,060 円を所有。岸和
績は 1918 年 6 月に尼崎紡績と合併して大日本紡績となり，1918 年末以降の尼崎紡績欄は大日本紡績のこ
変更。地元株は地元企業の株のことで，地元企業とは，泉南郡の企業および次の①から④に該当する企
郡内と推定されるが未確定の非上場企業，④廣海家と姻戚関係にある家の同族企業（本辰酒造）。

を経たと考えられる。まず初期企業勃興期に、鴻池家や田中家など近世来の大阪商家を中心として銀行が設立されたものの、松方デフレによる銀行経営の苦況のもとで近世来の大阪商家は会社経営に消極的になった。それに代わり松本重太郎・藤田伝三郎など近代以降に大阪に拠点を設けた商家を中心として大阪紡績など工業中心の会社設立が進み、その成功に刺激されて金澤仁兵衛・平野平兵衛など近世来の大阪商家が第一次企業勃興期に新たな紡績会社を設立した。さらに第二次企業勃興期に、近世来の大阪商家が鴻池・住友・山口・岡橋銀行など個人銀行を設立し、阿部一族など近代以降に大阪に拠点を設けた商家が、繊維関係を中心として諸会社の経営を担うようになった[61]。

銀行・繊維関係以外の諸会社では、大阪では運輸・保険・電気・ガス部門で大会社が設立され、前掲表終-6をみると、それらは商家系譜でない専門経営者に担われるようになったが、出資者としての商家の役割は依然として重要で、例えば、田中市兵衛（後に市蔵）・阿部彦太郎はいずれも一八九〇年代から第二次

表終-11　廣海惣太郎家

年末	貝塚銀行	五十一銀行	岸和田銀行	岸和田紡績	岸和田煉瓦	貝塚織物	南海鉄道	和泉紡績	本辰酒造	その他とも地元株計
1893		3,406	1,875	2,365	1,660		30			9,409
1896	2,400	5,175	11,000	2,500	4,978		2,340			31,418
1899	7,954	900	7,547	2,700	5,183		17,543			42,701
1902	7,954	6,819		2,700	5,701		20,271			44,969
1905	9,474	5,319		2,205	6,773		23,382			49,677
1908	13,161	4,041		2,205	16,723	4,000	28,117			79,021
1911	14,521	2,541		3,150	16,723	10,700	33,922			88,888
1914	22,191	4,677		8,284	16,723	10,700	29,062	1,750		101,397
1917	32,721	4,677		27,969	16,723	10,700	21,730		17,500	138,350
1920	59,241	8,802	和泉貯蓄銀行	29,931	32,970	39,750	15,618		30,000	239,796
1923	68,996	10,989		72,734	46,360	58,512	30,945	15,818	30,000	348,317
1926	67,641	10,989	11,466	78,836	57,950	64,280	45,688	27,988	30,000	423,181
1929	66,631	3,750	11,466	78,836	57,950	70,040	45,688	27,988	32,775	417,006
1932	67,131	3,750	11,466	68,659	57,950	31,820	45,688	11,177	32,775	346,711

出所）中村尚史「明治期の有価証券投資」および花井俊介「大正・昭和戦前期の有価証券投資」（石井寛治・
208頁の表5-1，表5-2より作成。

注記）金額はいずれも廣海家史料での各年末時点の株式評価額で，主要株式としてこの表で示した年に所有額
田銀行は1902年に五十一銀行と合併。貝塚織物は，1910年まで合資会社で11年から株式会社。摂津紡
と。岸和田煉瓦は1920年1月に岸和田煉瓦綿業に社名変更。貝塚織物は1920年3月に貝塚紡織に社名
業を指す。①泉南郡と密接な関係を有する企業（南海鉄道），②泉南郡に近接した非上場企業，③泉南

世界大戦期にかけて大阪商船の上位一〇位に入る主要株主であり、旧北前船主の廣海二三郎は一九二三年末・三三年末時点で大阪商船の最大の株主であった[62]。

また、二〇世紀になると大阪市中の企業勃興が大阪湾岸地域に拡大し、そこでは廣海家のように地元資産家の積極的な投資行動が重要な役割を果たすとともに、藤本清兵衛・藤本清七のように大阪市中の商家が堺の銀行・紡績会社の経営を担うこともあった。その結果、岸和田紡績のように大阪市中の紡績会社に遜色ない規模の会社が大阪湾岸地域に誕生し、また一九一〇年代以降は、廣海家のように大阪湾岸地域の資産家が大阪の大企業に大規模に出資するようになり、第一次世界大戦期の大阪の工業発展を資金面で支えた。

日本海沿岸地域の企業勃興でも、近世来の旧御用商人が初期企業勃興期に銀行を設立し、松方デフレによる銀行経営の苦況のもとで彼らが会社経営に消極的になったのは大阪と同様であったが、大阪では、近代以降に大阪に拠点を設けた商家が、近世来の大阪商家に代わって松方デフレ期から企業勃興の担い手となった

のに対し、日本海沿岸地域では新興商家が量的にも資金的にも育っておらず、旧御用商人に代わる企業勃興の担い手にすぐにはなれなかった。また、御用から相対的に自立していた近世来の北前船主が、商業的蓄積を家業である商業に集中的に投入して、企業勃興期に株式投資をあまり行わなかった。

そのことがその後の北陸地方の製造業部門での会社設立および定着の不十分性となって現れた。例えば一九〇九年時点で、石川県で資本金五万円以上の会社は七一社あったが、製造業部門は一〇社にすぎず、富山県でも資本金五万円以上の会社は七四社あったが、製造業部門は六社にすぎなかった。[63] むろん前述のように、近代日本の産業化は、非会社形態の工場生産の拡大による部分も大きく、会社形態でみると製造業部門の企業勃興の全体像はとらえきれないので、その点は次節で検討するが、一九〇〇年代までの石川県・富山県では大阪の紡績工場のように近代的な会社形態をとる大規模な工場はほとんど設立されなかった。

大阪では、近代以降に大阪に拠点を設けた商家は、創業リスクの大きい段階から工業部門の株式投資に積極的で、その成功が一時会社経営に消極的になった近世来の大阪商家が再び会社経営と株式投資に積極的となる契機となった。また前述のように、商法が未成立で有限責任制の認識が一般化されていない段階では、株式会社制度の定着には困難が伴ったと考えられるが、大阪府は、一八八六年に合資結社営業取締規則を制定し、会社設立に際して有限責任か無限責任か、また有限責任の場合はその範囲を明確にすることを義務付け、有限責任制の普及に努めた。[64] こうした大阪府の制度的支えもあり、資金力のある近世来の資産家と企業家としての気質に富む新興の資産家の組み合わせで、大阪は日本の産業革命の中心地となった。むろん、本書第II部補論で取り上げた菅野家など、日本海沿岸地域にも企業家としての気質に富む新興の資産家は登場し、彼らによって日本海沿岸地域でもある程度会社設立が進んだが、失敗時の損失リスクの大きい工業会社の設立は進まなかった。

そしてこのような地域の有力商家の資金力と経営志向性が、最終的に日本海沿岸地域と大阪の企業勃興の成否に大きな影響を与えており、その影響下で日本の産業構造の地域間の差異が形成された。その意味において日本の資本主義化に、近世来の有力商家の経営展開が大きな役割を果たしていたと言えるであろう。

三　近代日本の地域格差と「農工連関」型産業化

前節では、北前船主による銀行・会社を通じた資本主義化への影響を検討したが、非会社形態の工場生産を含めた産業化全体でも、各地でその進展度に差異が生じ、生産格差から最終的に所得格差の問題につながった。ただし、非会社形態の工場生産は、北陸地域でかなり進展しており、前節で検討した大阪と北陸地域の比較でも、産業化全体でみた場合、会社設立ほどの地域間「格差」は生じていなかったと言える。そこで、今後の展望として、近代日本の地域格差状況を検討し、最後に北陸地域の産業化の歴史的意義を考察する。

（1）工業生産額・産業構成・人口・所得の地域比較

日本海沿岸地域の産業化の限界として工業部門での企業勃興の不十分性を前節で指摘したので、工業生産額の地域別分布をまず確認する。表終-12をみよう。一八七四（明治七）年時点では、東北・北陸地方の工業生産額は日本全体の約一八％を占めたが、九一年時点で約一四％、一九〇九年時点で約八％と、二〇世紀初頭までに急速に減少し、南関東・東海・近畿臨海地方との大きな工業化格差が企業勃興とそれに続く産業革命の中で形成された。この間に形成された地域間の工業化の展開の差異は、関東・近畿のなかでもみられ、関東地方内部では、近世来の織物産地を多く含む北関東の工業生産額の全国に占める比重が一八七四年には高かったが、東京の企業勃興の進展とともに、東京

表終-12　工業生産額の地域別分布

（単位：％）

地　域	1874 年	1891 年	1909 年	1919 年	1928 年	1935 年	1942 年
北海道	0.1	3.2[1)]	1.3	2.0	2.4	2.6	2.8
東　北	8.2	7.9	2.9	2.7	2.8	2.2	3.0
北関東	12.4	8.2	5.5	5.0	5.1	4.0	4.5
南関東	4.2	8.8	15.9	17.0	19.1	21.4	28.3
東　山	4.7	5.3	5.8	4.6	3.9	1.5	1.4
北　陸	9.5	6.4	4.9	5.4	4.6	4.7	5.5
東　海	11.5	9.5	12.6	13.2	13.9	13.3	11.8
近畿内陸	13.5	9.0	5.6	4.3	4.3	3.8	2.7
近畿臨海	11.1	22.4	31.6	30.4	28.4	27.5	22.4
山　陰	1.8	1.3	0.6	0.5	0.7	0.5	0.6
山　陽	8.3	5.1	4.5	4.6	4.5	4.7	3.9
四　国	6.8	3.3	2.7	4.0	3.2	2.7	1.9
北九州	3.8	3.9	4.6	4.3	5.0	9.3	9.7
南九州	4.1	4.2	1.5	2.0	2.2	1.8	1.5

出所）石井寛治「国内市場の形成と展開」（山口和雄・石井寛治編『近代日本の商品流通』東京大学出版会，1986 年）17 頁，第 5 表，梅村又次・高松信清・伊藤繁『長期経済統計 13　地域経済統計』東洋経済新報社，1983 年，第 3 表，通商産業大臣官房調査統計部編『工業統計 50 年史』資料篇 1，1961 年，および同解説編，1963 年，33 頁，第 7 図，157 頁，第 13 表より作成。

注記）全工業生産額のうち，地域別に占めた比率を示した。北関東は，茨城・栃木・群馬・埼玉県，南関東は，東京府・千葉・神奈川県，東山は，長野・山梨県，北陸は，新潟・富山・石川・福井県，近畿内陸は，京都府・滋賀・奈良県，近畿臨海は，大阪府・和歌山・兵庫県，北九州は，福岡・佐賀・長崎県，南九州は，大分・熊本・宮崎・鹿児島県。沖縄県は，1874 年が不明のため表に示さなかったが，参考までに 1891 年には全体の 1.0％を占めた。また植民地も，1874・91 年は存在していないため，この表全体から除いた。1874 年は工産物の産額の比率を示し，表で示したその他の年と府県の名称と範囲が異なったが，各地域に可能な限り合うようにまとめた。ただし，1874 年の飛騨地方（岐阜県北部）は東山，但馬地方（兵庫県北部）は近畿内陸に含まれ，74 年の足柄県は東海に含めた。

注 1）水産食料品・魚肥を除くと 0.5％。

府を含む南関東が全国に占める比重が急増し、一九〇九年には北関東と南関東の地位が完全に逆転した。また近畿地方内部でも、近世期に加工業が発達していた京都を含む近畿内陸が、大阪を含む近畿臨海を上回る工業生産額を示していたが、第一次企業勃興期を経た一八九一年時点では、大阪の工業生産額の急増により、近畿臨海が近畿内陸をはるかに上回る工業生産額を上げ、その傾向は一九〇九年時点ではさらに強まった。こうして、東京と大阪を頂点とする地域間の工業化格差の構造は、一九〇九年時点にはほぼ形成され、それ以後その構造が三〇年代まで継続した。

しかし、一九〇九年時点の工業生産額の地域別分布が三〇年代まで継続したことは、見方をかえれば一〇～三〇年代は、関東・近畿・東海地方と同様のペースで東北・北陸地方でも工業生産額が増大したことを意味する。特に、北陸地方では、一九〇九～一九（大正八）年に工業生産額が全国に占める比重は、四・九％から五・四％に増大し、会

表終-13　大阪府と北陸3県の工場数の推移

（単位：カ所）

年	大阪府		福井県		石川県		富山県	
	総計	内 紡織	総計	内 紡織	総計	内 紡織	総計	内 紡織
1894	573		176		108		215	
1902	786	228	303	284	269	239	183	155
1909	2,327	599	1,445	1,160	1,018	745	412	209
1919	5,264	1,464	1,348	1,101	984	553	384	142
1928	7,733	1,884	1,171	949	1,130	557	515	133
1935	12,580	2,197	2,549	2,055	1,641	956	608	158

出所）通商産業大臣官房調査統計部編前掲『工業統計50年史』資料篇1，解説編，後藤靖解題『工場通覧』第1巻，復刻版柏書房，1986年より作成。

注記）1894・1902年は職工10人以上の工場数，1909年以降は職工5人以上の工場数。1902年は，染織（紡織＋染色）工場の分類名であったので，それを紡織欄で示した。

社設立動向からみた企業勃興現象に止まらず、産業構造全体を視野に入れて地域比較をする必要がある。

そこで、前節でも取り上げた大阪府と北前船主の輩出県であった福井・石川・富山県を取り上げて、地域間の産業化の比較を試みる。表終-13をみよう。工業生産は、会社形態を採用する機械制大工業のみでなく、中小規模の工場生産や家内生産も広く行われた。特に、福井・石川県では一八九〇年代より輸出向け絹織物業が発展し、それら絹織物業者が一九〇〇年代に力織機工場化を進めたことで、福井・石川県の工場数は飛躍的に増大した[65]。その結果、一九〇二年時点で、大阪府と福井・石川県の紡織工場数はほぼ同じであったものの、〇九年時点では、福井・石川県の紡織工場数は大阪府のそれをはるかに上回った。

その後、福井・石川県の工場数は伸び悩み、一九一九年時点では大阪府が紡織工場数でも福井・石川県を上回ったが、二八（昭和三）年～三五年に福井・石川県の紡織工場数は再び急増し、福井県は三五年時点の紡織工場数で再び大阪府に匹敵するに至った。もちろん、工場の規模が異なるので、工場数の比較には限界があるため、表終-14で、大阪府と福井・石川・富山県の農業生産額と工業生産額を比較した。一九〇〇年の工業生産額は『日本帝国統計年鑑』に収載された品目の合計なので、全体の数値は前後年と非連続であるが、個々の品目をみると、織物生産では、福井県が大阪府を上回っており、一八九〇年代に福井・石川県で絹織物業が発展した様子が窺われる。一九〇九年時点では、大阪の染織部門に会社形態の機

表終-14　大阪府と北陸３県の農業生産額と工業生産額

（単位：千円）

年		1874	1890	1900	1909	1914	1920	1928	1935
大阪府	農　業	6,482[1]		16,737[4]	20,467	24,783	90,919	51,586	46,328
	内　米	4,184[1]		11,699[4]	14,007	17,483	63,351	32,573	29,430
	工　業	8,035[1]	39,307	(12,034)	139,208	251,680	995,251	1,278,504	1,848,247
	内　染織	1,598[1]	5,545	(8,344)	61,247	118,599	435,426	467,532	530,834
	内　機械	678[1]	19,514		23,640	44,230	225,631	171,939	297,201
	内　化学	1,348[1]	4,677	(2,676)	26,096	43,074	175,484	185,943	275,141
福井県	農　業	4,013[2]		9,744[5]	13,543	15,672	47,295	34,762	35,275
	内　米	3,011[2]			9,039	11,583	36,319	26,061	28,482
	工　業	2,612[2]	4,057	(13,636)	14,304	21,154	79,070	91,745	128,608
	内　染織	679[2]	1,628	(12,813)	12,429	19,004	71,395	84,558	114,840
	内　機械	109[2]	2		77	45	621	512	1,078
	内　化学	363[2]	356	(603)	473	850	3,878	3,119	7,052
石川県	農　業	3,749		13,785	18,883	18,219[6]	63,609	41,318	42,410
	内　米	2,923		9,925	12,403	14,100[6]	53,312	30,257	34,125
	工　業	2,176	3,818	(6,863)	9,309	13,919	64,241	91,284	103,357
	内　染織	350	1,351	(5,374)	6,952	10,970	47,705	70,881	73,617
	内　機械	70	4		80	422	2,633	1,663	5,257
	内　化学	315	439	(156)	461	1,233	4,639	2,400	2,668
富山県	農　業	4,590[3]		14,918	23,092	22,158	84,399	56,073	53,590
	内　米	3,789[3]	11,491	13,742	19,538	16,981	70,924	43,735	43,804
	工　業	2,275[3]	4,051	(3,603)	6,424	7,991	36,387	60,365	116,237
	内　染織	871[3]	988	(2,883)	3,542	3,331	16,712	23,623	62,819
	内　機械	65[3]	1,260		173	388	1,866	692	2,721
	内　化学	379[3]	637	(188)	2,214	3,381	12,637	25,055	35,544

出所）明治７年「府県物産表」（藤原正人編『明治前期産業発達史資料』第１集，明治文献資料刊行会，1959年），梅村又次・高松信清・伊藤繁前掲『長期経済統計 13　地域経済統計』，明治 33 年度『日本帝国統計年鑑』，明治 36・42・大正３年度『大阪府統計書』，福井県編『福井県史』資料編 17　統計，1993年，明治 33・42 年度『石川県統計書』，富山県編『富山県史』近代　統計図表，1983 年，大正４・８年度『農商務統計表』，昭和３・10 年度『農林省統計表』より作成。

注記）1874 年は，明治７年「府県物産表」より，農業生産額として，穀類，園蔬類，種子類，果実類，菌蕈類，蚕卵紙類，繭類，綿類を集計し，工業生産額として，まず染織（生糸類，真綿類，麻類，木綿糸類，縫織物類，縫裁類），機械（諸器械類，船舶類），化学（薬種類，製薬類，油類，蠟類，染料類，塗具類，魚肥以外の肥料類，飼料類，紙類）を取り上げ，その他金属箔類，金属細工類，陶器類，硝子細工類，戸障子指物類，籐竹莨器類，桶樽類，竹木類（桑葉を除く），図書製本類，穀質澱粉類，醸造物類，飲料類，食物類，煙草類，氈席類，皮革羽毛類，化粧具類，文房具類，膠漆類，漆器類，網縄類，履物類，雑貨玩物類を含めて集計した。また 1900 年の工業生産額は，『日本帝国統計年鑑』に収載された工業製品についてのみ分類して集計したため全体を示すわけではなく，括弧書きで示した。収載されたもののうち，前後の年の分類と連続させるために，織物を染織工業，製紙，油類，蠟類，製藍，革類，樟脳（油）類を化学工業と分類した。それ以外に，陶磁器，漆器，青銅器，畳表，莫蓙，摺附木，麦稈眞田が収載された。その他の時期の工業生産額の内訳の染織は，紡織の場合があり，機械は機械器具として分類。

注１）堺県分を加えた。２）敦賀県として。３）新川県として。４）1903 年。５）1902 年。６）1915 年。

械制大工業であった綿紡績生産が含まれたため、大阪府は福井・石川県をかなり上回る染織工業生産額を示したが、その後福井・石川県の織物生産は、大阪府の染織工業生産額と同様のペースで増大し、福井・石川県では織物工業が県全体の工業生産額の大部分を占めることとなり、それらは主に非会社形態の力織機工場で主に担われた。

一方、富山県は一九〇〇年代に化学工業部門の生産が拡大し、一〇～二〇年代は染織工業と化学工業が工業生産の中心となった。富山県の化学工業は、北陸人造肥料など会社形態をとる機械制大工場生産もあったが、近世来の伝統産業であった配置売薬生産も多く、そこでは会社形態をとる工場生産とともに、近世来の家内生産も広く行われた[66]。その化学工業の生産額も染織工業の生産額も一九〇九年以降は大阪府と同様のペースで増大し、非会社形態の生産も含めた場合、北陸三県の工業化はそれなりに進展したことが確認し得る。

しかも、北陸三県の場合、工業生産とともに農業生産も順調に成長したことにも着目すべきであろう。近世期に大阪を中心とする畿内で農民的商品生産が発達したことは周知のことであるが[67]、それを反映して、一八七四年時点では現大阪府域（大阪府＋堺県）の農業生産額は北陸三県それぞれの農業生産額をかなり上回った。しかし、企業勃興期とその後の産業革命期に北陸三県では大阪府以上のペースで農業生産額が増大し、一九〇九年時点では、富山県は大阪府を上回る農業生産額を上げ、石川県の農業生産額も大阪府のそれに匹敵するに至った。むろん、この背景には、幕末維新期の大阪府域の代表的商業的農業であった棉作が、一八九〇年代に衰退したことがあるが[68]、農業生産の中心であった米作でみても、この期間に富山・石川県は大阪府を上回るペースで生産額が増大していた。

つまり北陸地方の産業化は、第II部補論や第7章で検討したように、富山県の人造肥料製造業の発展が農業生産の拡大に寄与し、石川・福井県の絹織物業の発展が北陸三県の製糸・養蚕業の発展を促したように、農工間の産業連関を比較的保った産業化であった。そして、企業勃興とその後の産業革命のなかで、大阪府では工業主導の会社設立が進んだ結果、工業生産が急成長して、農業生産額と工業生産額の不均衡が顕著に拡大したが、北陸三県では、農業生

表終-15　人口の地域別分布

（単位：%，総計は万人）

地　域	1876 年	1887 年	1895 年	1903 年	1913 年	1920 年	1935 年
北海道	0.4	0.8	1.5	2.2	3.3	4.2	4.4
東　北	10.6	10.6	10.8	10.7	10.4	10.4	10.1
北関東	5.1[1)]	8.6	8.8	8.8	8.6	8.5	8.0
南関東	10.8[2)]	9.1	9.1	10.1	10.5	11.4	14.1
東　山	3.9	3.9	3.9	3.9	3.8	3.8	3.4
北　陸	7.0	9.4	9.0	8.2	7.6	6.9	6.1
東　海	10.9	9.4	10.7	10.5	10.4	10.3	10.4
近畿内陸	5.6	5.1	5.0	4.8	4.7	4.5	4.4
近畿臨海	8.4	8.5	8.5	9.0	9.7	10.1	11.7
山　陰	2.9	2.7	2.6	2.4	2.2	2.1	1.8
山　陽	8.7	8.2	7.9	7.6	7.3	6.8	6.2
四　国	7.4	7.1	6.7	6.4	6.0	5.5	4.8
北九州	6.8	6.3	6.3	6.7	6.8	7.1	6.8
南九州	8.1	8.0	7.9	7.7	7.7	7.4	6.9
沖　縄	0.5	0.9	1.0	1.0	1.0	1.0	0.9
総　計	3,434	3,951	4,305	4,854	5,513	5,596	6,925

出所）各年度『日本帝国統計年鑑』より作成。

注記）地域は，表終-12 の分類に沖縄を加えた。1876 年は旧国単位の人口で地域の範囲が1887 年以降と若干異なるが，できるだけ近い範囲を示した。1876 年は本籍人口と思われるが，87 年以降は現住人口で，1903・13 年は甲種現住人口。1920・35 年は国勢調査人口。

注 1）埼玉県域を除く。2）埼玉県域を含む。

産の拡大と非会社形態の農村工業生産の拡大が併せて生じた結果、農業と工業のバランスのとれた成長が一九二〇年代まで続くこととなった。

農工間の産業連関を比較的保った産業化は、他の農村部でも程度の差はあれ生じたと考えられ[69]、農村部での就業機会が確保され続けており、人口の地域別分布は、工業生産額の地域別分布とかなり異なる様相を示した。表終-15をみよう。近代日本における人口分布は、東京を含む南関東（東京府・千葉県・神奈川県）と大阪を含む近畿臨海（大阪府・兵庫県・和歌山県）に特に人口集中が進んだわけではなく、第一次世界大戦前は、近代初頭の地域別人口分布がほぼそのまま維持された。第一次世界大戦以降に、東京・大阪の巨大都市化が進んだなかで[70]、南関東・近畿臨海の全国に占める人口比率は若干増加したが、前掲表終-12で示した工業生産額の地域別偏差に比べれば人口の地域別偏差ははるかに小さかった。

むろん、南関東や近畿臨海地方の内部で、大都市部への人口集中は進んだと考えられるが、本書で問題とした日本海沿岸地域と大都市圏との地域比較の視点では、東北地方の全国に占める人口比率は一八七六年から一九三五年までほとんど変化がなく、北陸地方は企業勃興期に一度人口比率が増大して、それから徐々に人口比率が低下した。一八九五年以降の北海道の人口比率の増加と北陸地方の人口比率の減少が同じペースで進み、北海道の人口増加は、北陸・東北日本海沿岸からの流入が中心であったと考えられる。[71] また、山陰地方の全国に占める人口比率もそれほど減少せず、山陽・四国地方の方の人口比率が減少しており、その部分がおそらく大阪・神戸を含む近畿臨海地方への人口移動となったと考えられる。

このように工業生産額の南関東・東海・近畿臨海地方への集中が、必ずしも同地方への人口集中につながらず、やはり工業生産額の格差のみで地域間の経済格差を計ることはできないであろう。松本貴典が指摘するように、生産額の面からは把握するのが困難な、商業・サービス業からの収益も含めて地域間の経済格差を考える必要があり、その点で、松本が示した産業連関表に基づく県民所得の推計は、地域間の経済格差の研究に大きな示唆を与える。[72] 表終-16をみよう。現代の社会問題の視点からみても、産業化の進展度による経済格差の最終的

表終-16　日本海沿岸10道県と県民所得の多い10府県の1人当たり県民所得（推計）の推移

（単位：円）

	府県名	1905年	1920年	1935年
①日本海沿岸10道県	北海道	178.7	141.4	115.5
	青森県	67.8	90.5	60.6
	秋田県	79.3	105.4	79.4
	山形県	74.7	96.9	73.2
	新潟県	69.0	103.6	116.6
	富山県	105.9	151.9	158.8
	石川県	105.3	130.6	166.5
	福井県	110.2	137.7	153.1
	鳥取県	71.9	109.3	103.1
	島根県	70.1	109.4	121.7
②県民所得の多い10府県	東京府	323.1	503.8	681.1
	神奈川県	195.2	254.9	251.7
	愛知県	158.5	210.1	240.7
	京都府	179.0	334.9	349.3
	大阪府	233.9	412.1	540.8
	兵庫県	168.2	263.4	396.4
	岡山県	99.9	151.6	155.0
	広島県	100.2	156.8	201.5
	山口県	101.5	142.2	200.1
	福岡県	139.7	152.4	203.7
全　国		120.6	179.1	221.7

出所）松本貴典「近代日本の地域経済発展」（松本貴典編『生産と流通の近代像』日本評論社，2004年）74頁，表1-4より作成。

注記）この表では，松本貴典が地域産業連関表から計算した1人当たり県民所得を示した。出所文献では，47道府県全てについて示されたが，ここでは，日本海沿岸10道県として表終-5で示した道県と，それと比較するために，1935年時点で，その10道県以外に，1人当たり県民所得が155円以上を示した10府県について示した。

な局面は地域間・階層間の所得格差に行きつくこととなるが、日本海沿岸一〇道県の一人当たり推定県民所得と、県民所得の多かった一〇府県の一人当たり推定県民所得を比較すると、一九〇五〜二〇年には、東京府・京都府・大阪府の三大都市圏の急激な所得増大が生じ、二〇〜三五年には、兵庫・広島・山口・福岡県などの瀬戸内地域の所得増大が生じたことで、東海道・瀬戸内地域と日本海沿岸地域との所得格差が形成された。

日本海沿岸地域でも一九〇五〜二〇年はある程度の所得上昇がみられ、二〇年時点は、日本海沿岸一〇道県と瀬戸内地域の所得格差はそれほど顕在化しなかったが、昭和恐慌後の三五年時点は、東北地方や鳥取県で二〇年時点より所得が下がり、北陸地方は横ばいであった。その結果、一九〇五年時点で富山・石川・福井の北陸三県が岡山・広島・山口の山陽三県よりいずれも推定県民所得が多かったが、三五年時点では、広島・山口県の一人当たり推定県民所得が二〇〇円を越える一方、北陸三県はいずれも一六〇円前後に止まり、日本海沿岸地域で相対的に産業化が進んだと考えられる北陸地方でも、所得面で瀬戸内地域との格差が生じた。

ただし、工業生産額の地域間格差の拡大の時期が一八八〇年代後半〜一九〇〇年代であったのに対し、三大都市圏以外も含めて全体として東海道・瀬戸内地域と日本海沿岸地域との所得格差拡大の時期は一九二〇年代〜三〇年代前半と考えられ、その時期的なズレに留意すべきである。日本全体の産業構造として工業の比重があまり高くなかった第一次世界大戦前までは、第一次産業や第三次産業の収益も併せて富山・石川・福井県は東京・大阪府以外の東海道・瀬戸内地域の県とはそれほど遜色のない県民所得を示し[73]、そのため前述の人口の地域別分布でも近代初頭の分布が第一次世界大戦期までほぼそのまま継続された。むろん第一次産業従事者は、自然を相手とした生産で、生産手段を持って移動するのは困難なため、簡単に移動できるわけではないが、第一次世界大戦期以降の重化学工業化の進展とともに、工業生産額の地域間格差が所得の地域間格差に直結するに至ったと考えられる。

（2） 近代日本における二つの産業化

本書で論じたように、北前船主は近代初頭に多額の商業的蓄積を進め、日本海沿岸地域の企業勃興の担い手となるべき存在であった。しかし彼らは、商権の維持に商業的蓄積を専ら投入したり、会社設立に関わっても銀行・運輸など流通局面に集中したため、日本海沿岸地域の工業部門での会社設立は、南関東・東海・近畿臨海地域に比してかなり遅れた。一方、近畿臨海の商家は積極的に工業部門の会社設立に関与し、こうした商家系譜の地方資産家の経営志向性が、地域間の経済格差をもたらし、生成期日本資本主義の特質を形成した点で、商家は大きな役割を果たした。

それに関連し、地方資産家の地域別・職業別構成を検討した渋谷隆一の結論を要約する。[74] 地域別構成では、資本主義の発達に伴い、第一次世界大戦前に大資産家数は急増したが、大都市では少数の資産家に巨額の資産が集中する傾向があり、農村地域では資産が拡散して資産家数が増加し、農村地域でも近畿・四国・中部などでは周辺大都市への転居がみられて資産家数は停滞したものの、北海道・東北では土地利回りの有利性から農村地域に止まる傾向が強く、資産家数が増大した。職業別構成では、一九〇一（明治三四）年時点で資産家総数の四三・三％を商業が占め、農業・地主も含めて資産家の職種として在来職種が近代的職種を上回ったが、三〇年代にかけて市街地地主・貸家や持株会社役員などの職種が上昇し、資産家総数のうち商業の占める比率は三三年時点で三二・〇％に低下した。

このように、企業勃興期の資産家層の大部分が商家系譜であったことが、渋谷の分析から窺われるが、資産家調査に載せられた職業は、あくまで家業であり、その資産家の主要な所得源泉を示しているわけではない。そこで資産家の所得調査から、資産家の地域別特徴を考察したい。表終-17をみよう。近代日本の資産家の所得調査のうち、現時点でデータを得られる最も詳細なものは、一九二〇年代に税務署が行った多額納税者の所得内訳調査と思われる。そこでは、所得金額年間三万円以上の世帯についてその所得の内訳が調査され、そのうち、東北地方と近畿・北陸地方（新潟県は除く）の分が判明するので、六つの地域を設定してそれぞれのうち所得額が一〇万円以上・五万円以上一

表終-17　1920年代有力資産家所得内訳

（単位：千円，括弧内は%）

管轄税務署	所得基準	軒	田畑	貸家	商工業	配当	俸給等	その他とも計
大阪市中（東・西・南・北）	10万円以上	85	190 (1.2)	2,282 (13.9)	3,475 (21.2)	8,124 (49.6)	1,599 (9.8)	16,376
	5万円以上〜10万円未満	193	129 (1.0)	2,262 (17.3)	4,074 (31.1)	4,407 (33.6)	1,347 (10.3)	13,101
	3万円以上〜5万円未満	346	180 (1.4)	3,160 (24.1)	4,761 (36.3)	3,084 (23.5)	738 (5.6)	13,107
堺・岸和田	10万円以上	10	19 (1.2)	36 (2.4)	113 (7.5)	892 (59.0)	446 (29.5)	1,513
	5万円以上〜10万円未満	17	28 (2.4)	36 (3.1)	228 (19.6)	737 (63.2)	76 (6.6)	1,165
	3万円以上〜5万円未満	23	32 (3.8)	64 (7.5)	177 (20.7)	371 (43.3)	163 (19.0)	857
明石・加古川・姫路	10万円以上	6	122 (8.0)	101 (6.6)	253 (16.5)	511 (33.4)	260 (17.0)	1,531
	5万円以上〜10万円未満	12	94 (11.8)	56 (7.0)	127 (16.0)	389 (49.1)	80 (10.1)	792
	3万円以上〜5万円未満	32	210 (17.5)	108 (9.0)	278 (23.2)	393 (32.9)	76 (6.3)	1,196
滋賀県域	10万円以上	16	40 (1.5)	54 (2.1)	1,378 (52.8)	916 (35.1)	183 (7.0)	2,607
	5万円以上〜10万円未満	24	64 (3.8)	37 (2.2)	703 (42.0)	736 (44.0)	100 (6.0)	1,674
	3万円以上〜5万円未満	34	60 (4.8)	84 (6.7)	438 (34.8)	526 (41.8)	81 (6.4)	1,258
北陸3県域（富山・石川・福井）	10万円以上	8	133 (9.0)	269 (18.1)	147 (9.9)	855 (57.5)	82 (5.5)	1,486
	5万円以上〜10万円未満	26	241 (13.9)	145 (8.4)	421 (24.2)	660 (38.0)	121 (7.0)	1,737
	3万円以上〜5万円未満	41	347 (22.5)	101 (6.6)	183 (11.9)	529 (34.4)	137 (8.9)	1,539
東北6県域（青森・岩手・宮城・福島・秋田・山形）	10万円以上	14	1,224 (59.7)	77 (3.7)	27 (1.3)	719 (35.1)	79 (3.9)	2,049
	5万円以上〜10万円未満	71	2,223 (47.1)	294 (6.2)	614 (13.0)	1,156 (24.5)	190 (4.0)	4,718
	3万円以上〜5万円未満	182	3,261 (47.7)	458 (6.7)	1,250 (18.3)	1,231 (18.0)	234 (3.4)	6,836

出所）大正13年分「第三種所得大納税者所得金額調」（渋谷隆一編『都道府県別資産家地主総覧』近畿編，日本図書センター，1991年），昭和3年分「第三種所得税個人営業収益税大納税者調」（渋谷隆一編『都道府県別資産家地主総覧』東北編，日本図書センター，1995年）より作成。

注記）東北6県については，1928年時点の所得内訳，それ以外は24年時点の所得内訳。出所資料では，大納税者として所得金額が3万円以上の家が取り上げられたので，それらの家を所得範囲ごとに3ランクに分類して所得内訳を集計した。俸給等には，賞与・年金も含む。数値の下の括弧書は，比率。

〇万円未満・三万円以上五万円未満の三つの階層に区分して、それぞれの所得内訳を合計して示した。

まず大阪中心部の大資産家は、数でも他地域に比べてかなり多かったが、その所得内訳は、全体として田畑所得が少なく、貸家・商工業・配当所得が中心であった。特に、所得額一〇万円以上の大資産家層では、配当所得が半分近くを占めたが、所得階層が下がるにつれ、貸家・商工業所得の比重が高まった。俸給等の占める比重はいずれの階層でも少なく、一九二四（大正一三）年時点では、大阪の諸会社の多くは専門経営者に担われ、大株主は配当収入を専ら得て、所有と経営の分離がかなり進んでいたことが判明する。一方、前述の阿部家のように、家業の商工業を継続しつつ有価証券投資を行う資産家が、一九二四年時点でもかなり存在し、所得額三万円以上五万円未満の層では、商工業所得の比重が多かった。

そのことがより明確にみられるのが滋賀県の大資産家で、近江商人の系譜を引く資産家が多く、依然として大資産家の主要な所得源泉は商業であったと考えられる。むろん滋賀県域の資産家の所得内訳では、配当所得も高い比重を占めたが、俸給等の所得の比重がいずれの階層でも低かったように、滋賀県の資産家の株式投資先は、前述の阿部家のように大阪の会社が多く、会社経営に携わるのではなく、所有者に止まる事例が多かった。

一方、大阪府南部の堺・岸和田地域の大資産家の所得内訳では、配当等の所得の比重とともに報酬等の比重も比較的高く、前述の廣海家が貝塚銀行の頭取であったように、大阪府南部の資産家は、株式所有者であると同時に経営者でもあった。俸給等の比重の高さは、明石・加古川・姫路地域の大資産家層でもみられ、大都市の大会社の専門経営者化が進んだのに対し、それ以外の地方都市では大株主が経営者である傾向が強かったと考えられる。

北陸地方の大資産家は、大阪市中の資産家以上に配当等を主要な所得源泉としており、商工業がそれに続く所得源泉であった。そのなかでも、資産額一〇万円以上の大資産家層が、配当所得の比重がかなり高かったのに対し、五万円以上一〇万円未満の資産家層は、商工業所得の比重が高まり、不動産所得・商工業所得・配当所得がバランスのとれた所得内訳となった。また、三万円以上五万円未満の資産家層は、田畑所得の比重が相対的に高まり、田畑所得と配当所得がバランスのとれた所得内訳となった。前掲表序-12で示したように、有力北前船主の所得内訳では、加賀瀬越の廣海家や越中東岩瀬の馬場家のように、巨大資産家の所得内訳で配当所得の比重は高かったが、絶対額でみれば、廣海家や馬場家もそれなりの不動産・商工業所得を得ており、中規模資産家の所得内訳でも配当所得と不動産・商工業所得をバランスよく得ていた北前船主が多くみられた。

東北地方の大資産家の場合は、所得源泉は不動産と有価証券に偏り、第3章の野村家の事例にみられたように、東北地方の大資産家は、中央株を主に所有しており、それら中央株の会社役員にはならなかった。また、北陸地方の大資産家が、配当所得が中心で不動産所得がそれを補ったが、東北地方の大資産家はその逆であり、日本海沿岸地域のなかで北陸地方は企業勃興がある程度進んだ地域であったのに対し、東北地方は企業勃興が低調であった東北地方との違いが、投資機会の差異として大資産家の所得構成に現れた。

このような資産家の所得構成をみると、農業も含めた産業化全体の水準として、北陸地方が大阪府に比して極端に劣ったわけではなく、北前船主は工業部門の会社設立以外の様々な経路で日本海沿岸地域の産業化に寄与したことが窺われる。本書第II・III部の北前船主は、いずれも出身地元で土地経営を行い、自家廻船による地元産米の移出と地元への肥料移入を通して、地元の農業生産の拡大に寄与した。また本書第II部補論でまとめたように、富山県東岩瀬の北前船主は、地元での農業生産のみでなく、漁業や化学工業の成長にも大きく貢献した。第II・III部で取り上げた北前船主のタイプには、青森県野辺地の野村家、石川県粟ヶ崎の木谷家、福井県三国の森田家、福井県小浜の古河家らのように出身地元で醸造業を兼業した家も多く、自ら農村工業の担い手となった場合もあった。近代日本の農村工業の代表例であった織物業に北前船主が直接関わることは少なかったが、出身地元での銀行設立に北前船主も積極的に関与し、大和田銀行に典型的にみられるように、地方銀行による織物金融を通して地域の産業化を支えた側面も指摘し得る。[75]

このように大阪府と北陸三県の産業化の特質を考えると、近代日本の産業化には、大阪府に代表的にみられるような「工業特化」型産業化と、北陸三県に代表的にみられるような「農工連関」型産業化の大きく二つのパターンがあり、その連関の度合によって地域間の多様な産業構造が形成されたと考えられる。ただし、ここでの「農工連関」型産業化は、必ずしも農村という場での工業化を意味しているわけではない。工業の発展が農業の発展を同時に促進しつつ、第一次・第二次産業がバランスのとれた経済成長を辿ることを意味し、例えば、人造肥料工業と農業の並進的成長や、養蚕業と製糸・織物業の並進的成長、あるいは農業機械工業と農業の並進的成長を念頭に置いている。

また、バランスのとれた経済成長の点では、中村隆英の均衡成長論との関係が重要となるが、[76]中村の均衡成長論は、工業内部での近代産業と在来産業の均衡成長に主眼が置かれ、その後、在来産業分析として主に綿織物業・醸造業などが検討された。[77]むろん近代日本の産業構造に占める近世来の在来産業部門の重要性は認められるが、現代までつながる長い産業化プロセスのなかで、在来産業と近代産業の区別はあいまいとなり、在来産業論としての射程が現代にまで直接つながるわけではない。[78]

むしろ、現代社会で大きな問題となっている環境問題や生存力の社会的維持の観点からみれば、地域社会内での第一次産業・第二次産業・第三次産業間のバランスがより大切となっており、その意味でも、環境と社会的生存力の維持に貢献し得る「農工連関」型産業化のメリットは再評価されるべきであろう。その点で、イギリスの産業革命をエネルギーの観点から再検討したリグリィの議論は興味深い。[79]そこでは、有機原料と土地生産に依存する有機経済と鉱物基盤のエネルギー経済という二つの経済成長が措定され、産業革命は前者から後者への転換ではあったが、その変化は必然ではなく、偶然性が高かったとされた。それによりリグリィは、イギリス産業革命の前代との連続性を消極的にとらえ、有機経済の高度化がオランダより遅れたイギリスで、鉱物基盤のエネルギー経済がオランダに先んじて発展したことを説明しようとした。

リグリィの議論は、現代社会の資源問題を意識したユニークなものであるが、本書では、有機経済（主に第一次産業）と鉱物基盤のエネルギー経済（主に第二次産業）を二者択一ととらえるのではなく、混合形態の展開の可能性をみたい。実際、土地生産性を上昇させる肥料についても、二〇世紀前半の日本では、有機肥料か化学肥料かの二者択一ではなく、両者の併用が広く行われた(80)。それにより、リグリィの用語でいう有機経済を残しつつ鉱物基盤のエネルギー経済をある程度展開させたことで、環境維持と「実質所得」のゆるやかな上昇を両立させることが可能となったと考えられる。

その場合、こうした産業間の連関が完全なる社会的分業を通して行われるか、ある程度の兼業を含みつつ行われるかがポイントとなり、生存力の社会的維持の観点からみれば、各世帯が兼業形態を維持し、多様な所得手段を保有していることが重要であろう。北陸地域の場合、農家自身の兼業志向に加え、北前船主の兼業志向が、第一次産業・第二次産業・第三次産業間のバランスのとれた経済成長を支え、その結果として多様な雇用機会が確保され(81)、それらの所得を加味することで、一九二〇年前後までは大都市との生活水準の格差拡大は押し止められたと思われる。

もっとも資産家と労働者、大地主と耕作者との間には、生活水準の格差がもともと存在し、資本主義の発達とともに多くの資産家が有価証券投資や銀行預金などで積極的に資産運用したことで、特に大都市の大資産家への富の集中が進んだ(82)。一般民衆の間でも、第二次世界大戦後に、重化学工業主導の高度経済成長によって大都市の労働力需要が急増し、農村から大都市への人口流出が顕著となり、過疎・過密が社会問題化したが(83)、第二次世界大戦前には、過疎・過密を社会問題化させるほどの一般民衆の生活水準の地域間格差は、まだ生じていなかったと思われる。

その点に、工業生産の拡大のみを追い求めるのではなく、北前船主の家業維持と複合経営の志向性に支えられ、米・海産物そして織物などの生産とその流通・売買という第一次・第二次・第三次産業間のバランスのとれた産業構成で生活の豊かさを目指す道の可能性を北陸地方にみてとれる[84]。また、北前船主家の出身であった堀田善衞が述べたように[85]、北陸地域の近代期の文化水準が、必ずしも東京・大阪より劣ったわけではなく、生活の豊かさは、個々の家計収支バランスに加え、文化の問題をも含めて検討する必要がある。その点を次の機会に論ずることにしたい。

注

序章

(1) 海を分析枠組みとした歴史研究の代表例として、フェルナン・ブローデルの学位論文『フェリーペ二世時代の地中海と地中海世界』アルマン・コラン社、一九四九年、改訂第二版一九六六年(フェルナン・ブローデル『地中海』全五分冊、浜名優美訳、藤原書店、一九九一~九五年)が挙げられる。日本では、海の交易ネットワークを重視したアジア交易圏に関する諸研究があり(例えば、浜下武志『近代中国の国際的契機――朝貢貿易システムと近代アジア』東京大学出版会、一九九〇年、杉原薫『アジア間貿易の形成と構造』ミネルヴァ書房、一九九六年、川勝平太『文明の海洋史観』中公叢書、中央公論社、一九九七年、籠谷直人『アジア国際通商秩序と近代日本』名古屋大学出版会、二〇〇〇年など)、また、海での経済活動を陸での経済活動の延長としてではなく、独自の位置付けを行った網野善彦の海民論がある(例えば、網野善彦『海と列島の中世』日本エディタースクール出版部、一九九二年など)。

(2) 近世日本の資産家番付をみると、大資産家の多くは多数の船を所有していた(中西聡「資産家のランキング」(林英夫・青木美智男編『番付で読む江戸時代』柏書房、二〇〇三年))。

(3) 近代日本の産業化について、政府の政策や国家資本を含めて中央の大資本の役割を重視する見方と、地方で広範に生じた企業勃興を重視する見方がある(石井寛治・原朗・武田晴人編『日本経済史1　幕末・維新期』東京大学出版会、二〇〇〇年などを参照)。

(4) 以下の記述は、桜井英治・中西聡編『新体系日本史12　流通経済史』山川出版社、二〇〇二年をもとにしている。

(5) 中西聡前掲「資産家のランキング」を参照。

(6) 斎藤修『比較経済発展論――歴史的アプローチ』岩波書店、二〇〇八年、第四・八章。

(7) 例えば、後述する高田屋・銭屋はそれぞれ幕府・金沢藩の御用を請け負い、一九世紀前半・中葉を代表する豪商となったが、政治の動きに翻弄され家を取り潰された。

(8) 近代日本における「営業の自由」の実態について、藤田貞一郎『近代日本同業組合史論』清文堂出版、一九九五年が論じている。また、近代前期に各地で生じた銀行や鉄道会社の設立発起人は、近世来の地域有力者が中心となっていたが、鉄道会社設立と地域社会の関係については、中村尚史『日本鉄道業の形成――一八六九~一八九四年』日本経済評論社、一九九八年などを参照。

(9) 近江商人の研究史については、上村雅洋『近江商人の経営史』清文堂出版、二〇〇〇年、序論を参照。

(10) 同右は近江商人の近世期と近代以降の断絶性を強調し、末永國紀『近代近江商人経営史論』有斐閣、一九九七年は、近世期の近江商人と近代期の近江系企業の連続性を強調した。

(11) 北島正元編『江戸商業と伊勢店――木綿問屋長谷川家の経営を中心として』吉川弘文館、一九六二年、林玲子『江戸問屋仲間の研究――幕藩体制下の都市商業資本』御茶の水書房、一九六七年を参照。

(12) 高瀬保『加賀藩海運史の研究』雄山閣出版、一九七九年、第二章。

(13) 高田屋については、柴村羊五『北海の豪商　高田屋嘉兵衛』亜紀書房、二〇〇〇年を参照。

(14) 三木家については、天野雅敏『阿波藍経済史研究――近代移行期の産業と経済発展』吉川弘文館、一九八六年を参照。

(15) 例えば、牧野隆信『北前船の研究』法政大学出版局、一九八九年などを参照。

(16) 政策史的視点として、富永祐治『交通における資本主義の発展――日本交通業の近代化過程』岩波書店、一九五三年など、経営史的視点として、佐々木誠治『日本海運業の近代化――社外船発達史』海文堂、一九六一年など、市場論的視点として、山口和雄・石井寛治編『近代日本の商品流通』東京大学出版会、一九八六年など、技術論的視点として、牧野文夫『招かれたプロメテウス――近代日本の技術発展』風行社、一九九六年などが挙げられる。

(17) 買積とは、海運業者が商業も行い、積荷を自己責任で売買する方式で、運賃積は、海運業者が荷主から運賃を受け取って輸送のみを行う方式である。

(18) 小風秀雅『帝国主義下の日本海運――国際競争と対外自立』山川出版社、一九九五年。

(19) 大島久幸「三井物産会社船舶部の役割」(『専修社会科学論集』第一一号、一九九二年)、および佐々木誠治前掲『日本海運業の近代化』などを参照。

(20) 斎藤善之『内海船と幕藩制市場の解体』柏書房、一九九四年。

(21) 中西聡「国内海運網の近代化と流通構造の変容」(石井謙治編『日本海事史の諸問題　海運編』文献出版、一九九五年)。

(22) 牧野隆信『北前船』柏書房、一九六四年、増補改訂版一九六五年、第二・五章。

(23) 柚木學『近世海運史の研究』法政大学出版局、一九七九年、第一一章。

(24) 中西聡「場所請負商人と北前船」(吉田伸之・高村直助編『商人と流通――近世から近代へ』山川出版社、一九九二年)一八四―一八五頁。

(25) 高瀬保前掲『加賀藩海運史の研究』第二章。

(26) 津川正幸『近世日本海運の諸問題』関西大学出版部、一九九八年、第八章。

(27) 木部和昭「長門・石見の廻船と地域社会」（原直史・大橋康二編『日本海域歴史大系』第五巻近世篇II、清文堂出版、二〇〇六年）、深井甚三『近世日本海海運史の研究――北前船と抜荷』東京堂出版、二〇〇九年。

(28) 志村嘉一『日本資本市場分析』東京大学出版会、一九六九年、第一章、石井寛治「金融構造」（大石嘉一郎編『日本産業革命の研究――確立期日本資本主義の再生産構造』上巻、東京大学出版会、一九七五年）を参照。

(29) 銀行の間接金融の資金源として日本銀行からの借入金を重視する石井寛治『近代日本金融史序説』東京大学出版会、一九九九年、第三章と、預金銀行化のペースの早さを指摘する靏見誠良『日本信用機構の確立――日本銀行と金融市場』有斐閣、一九九一年、第V章がある。

(30) 谷本雅之・阿部武司「企業勃興と近代経営・在来経営」（宮本又郎・阿部武司編『日本経営史2　経営革新と工業化』岩波書店、一九九五年）九七―一一九頁。地方資産家の事業活動（有価証券投資を含む）に関する近年の研究として、白鳥圭志「明治後期から第一次世界大戦期における地方資産家の事業展開」（『経営史学』第三九巻一号、二〇〇四年）などがある。

(31) 石井寛治前掲『近代日本金融史序説』第一一章。

(32) 大石嘉一郎編『近代日本における地主経営の展開――岡山県牛窓町西服部家の研究』御茶の水書房、一九八五年、六七二―六九〇頁。

(33) 地方資産家のなかでの商人層・地主層および地方財閥の位置付けは、渋谷隆一・加藤隆・岡田和喜編『地方財閥の展開と銀行』日本評論社、一九八九年、序章および渋谷隆一・石山昭次郎・斎藤憲「大正初期の大資産家名簿」（『地方金融史研究』第一四号、一九八三年）を参照。

(34) 本書で取り上げる船舶はいずれも商船に限定する。また船主を海運の担い手と考えることには若干の留意が必要である。すなわち船主が必ずしも所有船舶を運航させるとは限らず、傭船者が船主から船を傭い入れて運航させる場合もある。ただし日本の船主の一次史料を管見する限り、一九世紀の帆船では傭船の場合も運航は船主に任されており、特に本書の分析対象とした買積船主の場合は、船主が廻船経営主であった。

(35) 古田良一『河村瑞賢』吉川弘文館、一九六四年、一七―四四頁。

(36) 以下の記述は、柚木學前掲『近世海運史の研究』第一編を参照。

(37) 古川哲次郎編『辰馬海運百五十年経営史』財団法人山縣記念財団、一九七二年、三六頁。

(38) 内田家については、斎藤善之「解題」（『内田佐七家文書目録』日本福祉大学知多半島総合研究所、一九九三年）を参照。また、三菱の定期汽船航路の開設については、小風秀雅前掲『帝国主義下の日本海運』第四章を参照。

(39) 石巻穀船については、渡辺信夫『海からの文化――みちのく海運史』河出書房新社、一九九二年などを参照。

(40) 塩飽廻船については、柚木學前掲『近世海運史の研究』第三編第七章を参照。
(41) 上村雅洋『近世日本海運史の研究』吉川弘文館、一九九四年、第四～六章。
(42) 同右、第一〇章。
(43) 同右、第一二章。
(44) 瀬戸田町教育委員会編『瀬戸田町史』通史編、二〇〇四年、五八九―六一八頁。
(45) 柚木學前掲『近世海運史の研究』第四編第一一章、津川正幸前掲『近世日本海運の諸問題』第八章などを参照。
(46) 小浜は小浜藩約一一万石の城下町の湊、三国は福井藩三二万石の城下町の外湊、宮越は金沢藩約一〇三万石の外湊、そして放生津は金沢藩砺波地方の年貢米の移出湊であった（小浜市史編纂委員会編『小浜市史』通史編上巻、一九九二年、印牧邦雄編『三国町史』三国町教育委員会、一九六四年、高瀬保前掲『加賀藩海運史の研究』を参照)。
(47) 高田屋については柴村羊五前掲『北海の豪商　高田屋嘉兵衛』、銭屋については木越隆三『銭屋五兵衛と北前船の時代』北國新聞社、二〇〇一年を参照。
(48) 例えば、一八四四（弘化元）年に金沢藩の要請で、加賀粟ヶ崎の木屋は一族で銀六〇〇貫匁、加賀本吉の紺屋と越中放生津の綿屋はそれぞれ銀一五〇貫匁、加賀大野の丸屋は二軒で銀一五〇貫匁を納めた（侯爵前田家編輯部編『加賀藩史料』第一五編、一九四三年、六〇八―六一〇頁)。若狭小浜の古河屋と越前三国の室屋が多額の御用金を負担したことは第Ⅲ部を参照。
(49) 「船名録」は刊行年により「船名録」や「日本船名録」とされたが、ここでは「船名録」で統一する。また明治一四年「船名録」は岡田利七、明治一五年「船名録」は松井忠兵衛が編輯兼出版人であった。「船名録」はいずれも国立公文書館所蔵。
(50) 「合ノ子船」については安達裕之「明治の帆船」(『講座・日本技術の社会史8　交通・運輸』日本評論社、一九八五年）を参照。
(51) 第一八回『日本帝国統計年鑑』一八九九年、八五二頁。
(52) 一八九〇年代の「船名録」（国立公文書館蔵）によれば、同期間右近家所有汽船は東京・神戸、廣海家所有汽船は大阪・神戸、大家家所有汽船は大阪に船籍を置いていた。
(53) 汽船運賃は商品によって個別に設定されていたが、一八八八年六月時点の重量トン・容積トン・石・貫匁をそれぞれ単位とする貨物の北海道・本州間の平均汽船運賃（おそらく日本郵船会社運賃）を、一トン（容積）＝一〇石、一、〇〇〇貫匁（重量）＝三・七五トン（重量）の換算比率で、それぞれトンに換算して比較してみると、四つともそれほど大きな差がなかったので（第三回『北海道庁勧業年報』一八九〇年、二五七―二五八頁)、ほぼ各商品とも単位重量・容積の大きさに合わせて運賃設定が行われていたと考えられる。従って全体として単価当たりの重量・容積が大きい商品ほど販売価格の中で運賃コストが占める比重が大きかったと言える。主要国内産品の重量と価格の関係は、中西聡「明治期日本における商船船主」(『経済史研究（大阪経済大学)』第四号、二〇〇〇年）の注三七と四一を参照。

(54) 例えば清酒の主要産地として、兵庫県の灘・福岡県・京都府の伏見・新潟県などが挙げられ、醬油の主要産地として千葉県の銚子・兵庫県の龍野・愛知県・香川県の小豆島などが挙げられた（第二三回『日本帝国統計年鑑』一九〇四年、五六二―五六四頁、一九〇二年の清酒・醬油の製造量の多い府県を挙げ、藤原隆男『近代日本酒造業史』ミネルヴァ書房、一九九九年、林玲子・天野雅敏編『東と西の醬油史』吉川弘文館、一九九九年等で産地を確認）。石灰製造の主要産地は不明だが、一八九一年時点で石灰製造量の多い上位五県は、新潟・福島・大分・福井・栃木である（梅村又次他編『長期経済統計13　地域経済統計』東洋経済新報社、一九八三年、一一五頁）。

(55) 例えば、兵庫県灘の有力酒造家は一八八八年に摂州灘興業株式会社を設立して兵庫・東京間に定期航路を開き（古川哲次郎編前掲『辰馬海運百五十年経営史』五四―五五頁）、徳島県の藍商も、一八八七年に阿波国共同汽船会社を設立して、大阪商船と競争しつつ藍玉輸送を行った（徳島県史編さん委員会編『徳島県史』第五巻、一九六六年、五〇五頁）。

(56) 明治三六年度「鉄道局年報」（野田正穂・原田勝正・青木栄一編『明治期鉄道史資料』第Ⅰ期第一集第八巻、日本経済評論社、一九八〇年）附録：全国鉄道開業明細表を参照。浜崎には下田港、三里には浦戸港があり、下田港は静岡県内、浦戸港は高知県内において、それぞれ一九〇六年時点で、西洋型帆船および和船の出入商船延トン数の第一位を占めた（明治三九年「日本帝国港湾統計」〔商品流通史研究会編『近代日本商品流通史資料』第九巻、日本経済評論社、一九七八年〕前編一八―二二頁、後編二六―二九頁）。

(57) 中西聡前掲「国内海運網の近代化と流通構造の変容」四一二、四一五―四一六頁。

(58) 一九〇五年の林産物生産額を道府県別にみると、和歌山県は第六位、三重県は第九位、宮崎県は第一二位に位置した（第二二次『農商務統計表』一九〇七年、六〇六―六〇七頁）。

(59) 中西聡『近世・近代日本の市場構造――「松前鯡」肥料取引の研究』東京大学出版会、一九九八年、第三章を参照。

(60) 福井県立図書館・福井県郷土誌懇談会編『日本海海運史の研究』福井県郷土誌懇談会、一九六七年。

(61) 小村弌『近世日本海海運と港町の研究』国書刊行会、一九九二年、第一章。

(62) 上村雅洋前掲『近世日本海運史の研究』第一六・一七章。

(63) 中西聡前掲「国内海運網の近代化と流通構造の変容」。

(64) 斎藤善之「流通勢力の交代と市場構造の変容」（斎藤善之編『新しい近世史③　市場と民間社会』新人物往来社、一九九六年）。

(65) 榎森進『北海道近世史の研究』北海道出版企画センター、一九八二年、増補改訂版、一九九七年、第二章。

(66) 和泉清司「近世の流通経済と経済思想」岩田書院、一九九八年、第一篇第二章。

(67) 持田恵三『米穀市場の展開過程』農業総合研究所、一九七〇年。

(68)　久留米絣については、服部之総・信夫清三郎『日本マニュファクチュア史論――秋田木綿と久留米絣の生産形態』育生社、一九三七年、後篇を参照。
(69)　産地間競争については、阿部武司「明治前期における日本の在来産業」（梅村又次・中村隆英編『松方財政と殖産興業政策』国際連合大学・東京大学出版会、一九八三年）を参照。
(70)　日本専売公社編『日本塩業体系　近代（稿）』一九八二年、第七章。
(71)　砂糖輸入については、杉山伸也「一九世紀後半期における東アジア精糖市場の構造」（速水融・斎藤修・杉山伸也編『徳川社会からの展望――発展・構造・国際関係』同文舘出版、一九八九年）を参照。
(72)　以下一九〇六年時点の商品流通については、前掲明治三九年「日本帝国港湾統計」、東京市場をめぐる動きについては、老川慶喜・大豆生田稔編『商品流通と東京市場――幕末～戦間期』日本経済評論社、二〇〇〇年を参照。
(73)　以下に出てくる鉄道輸送については、明治三七年度「鉄道局年報」（前掲野田正穂・原田勝正・青木栄一編『明治期鉄道史資料』第Ⅰ期第一集第九巻、一九八〇年）を参照。
(74)　中西聡前掲『近世・近代日本の市場構造』第八章。また一九〇〇年代以降については、坂口誠「明治後期～第一次世界大戦期における川越地方の肥料市場」（『社会経済史学』第六六巻三号、二〇〇〇年）も参照。
(75)　紡績業の動向は、高村直助『日本紡績業史序説（上・下）』塙書房、一九七一年を参照。
(76)　日本専売公社編前掲『日本塩業体系　近代（稿）』第七章。
(77)　和人雇漁夫の給料年間七～八両に対し、アイヌ雇漁夫の給料で払われた米の代価は、年間二両前後であった（高倉新一郎『新版アイヌ政策史』三一書房、一九七二年、二三二―二三七頁）。
(78)　時期は少し下るが、一八八三年の調査では、大阪に移入された魚肥の八割以上が北海道産魚肥であった（大阪市役所編『明治大正大阪市史』第七巻史料篇、一九三三年、復刻版清文堂出版、一九六六年、七一四―七一五頁）。
(79)　中西聡前掲『近世・近代日本の市場構造』一三五頁の第四-一一表。
(80)　『肥料雑誌』第二巻一七号、一八九九年、一一頁の農事試験場の肥料種類試験による。また同一価格当たりの比較ではないが、一九二六年作とされる大蔵永常「農稼肥培論」（『日本農書全集』第六九巻、農山漁村文化協会、一九九六年）、一一〇―一一三頁でも、鯡魚肥が干鰯よりも肥効が強かったと指摘された。
(81)　中西聡前掲『近世・近代日本の市場構造』一二六頁の第四-九表を参照。
(82)　同右、第四-九表を参照。
(83)　近世期については、小村弌前掲『近世日本海海運と港町の研究』第一章を参照。また、一八七九年の新潟港への北海道からの移入品の最大は鮭で、その次が食用の身欠鯡であった（「東北諸港報告書」〔商品流通史研究会編前掲『近代日本商品流通史資料』第一巻、一九七九年〕九八頁）。

(84)　この背景には、近代期に入って砂糖輸入が増大し、次第に国内砂糖産地が衰退したことがあり、同様に国内棉花生産も一八九〇年代以降の棉花輸入の急増により衰退したため、日本海海運では棉花の輸送も減少した（杉山伸也前掲「一九世紀後半期における東アジア精糖市場の構造」、および武部善人『河内木綿史』吉川弘文館、一九八一年、第三章を参照）。

(85)　三菱と日本郵船による定期汽船網の整備については、小風秀雅前掲『帝国主義下の日本海運』第四章を参照。小樽―天塩・宗谷地方間の汽船網については、笹木義友「交通の発達と人口の推移」（『北海道開拓記念館研究報告』第八号、一九八八年、六一―八二頁）を参照。

(86)　中西聡前掲『近世・近代日本の市場構造』第八章。一九一〇年代の北海道鯡類漁獲量は、北海道庁編『新撰北海道史』第七巻、一九三七年、復刻版清文堂出版、一九九〇年、二〇四―二〇五頁。

(87)　中西聡「近代の商品市場」（桜井英治・中西聡編前掲『新体系日本史12　流通経済史』）二九九頁の図一を参照。

(88)　同右、三〇三頁の図三を参照。

(89)　本書各章で、廻船業者と廻船問屋の取引を検討するが、その際以下のように記述する。船主が自己荷物を扱う廻船の場合、廻船は積荷の売買の際に、廻船問屋に積荷を預けたり、廻船問屋から積荷を受け取ったりする。廻船問屋が自己勘定で廻船主と積荷の売買を行う場合も多いが、港の商人との売買を廻船問屋が仲介するのみの場合もある。後者の場合でも、廻船主の仕切相手は廻船問屋のため、廻船主側の史料では、廻船の本当の売買先は判明しない。一方、廻船問屋側の史料では、近代に入ると廻船問屋の自己勘定取引が一般化したため（例えば、石井寛治・中西聡編『産業化と商家経営――米穀肥料商廣海家の近世・近代』名古屋大学出版会、二〇〇六年）、やや不正確ではあるが、本書では、特に明記しない限り、仕切相手の廻船問屋を廻船主の販売・買入先とみなして記述する。なお、廻船問屋が仲介のみした場合でも、諸掛を差し引いて廻船と廻船問屋が交わした仕切額が、廻船主の販売額・買入額となるため、廻船問屋を販売・買入先とみなしても廻船の収益計算には影響しない。

(90)　以下、宮林・古河家については第6・7章、木谷家については、金沢市史編さん委員会編『金沢市史』資料編八近世六、一九九七年、三七九―三八三頁を参照。

(91)　大聖寺藩は当初七万石で一八二一年に一〇万石となったが、無理をした増石であった（牧野隆信前掲『北前船の研究』を参照）。

(92)　大聖寺藩領の北前船主の御用金負担については、前掲牧野隆信『北前船の研究』第三章を参照。

(93)　産業化にはさまざまな捉え方があり、その点についてはH・ブルーマー著、D・R・メインズ／T・J・モリオーネ編『産業化論再考――シンボリック相互作用論の視点から』片桐雅隆他訳、勁草書房、一九九五年（原著初版一九九〇年）、などを参照。

第1章

(1) 以下の住吉屋西川家の概略については、上村雅洋『近江商人の経営史』清文堂出版、二〇〇〇年、二四―二八、六四、七三頁、および近松文三郎『西川貞二郎』一九三五年を参照。
(2) 北海道の場所請負商人の手船輸送を北前船に含めることについては、中西聡『近世・近代日本の市場構造――「松前鯡」肥料取引の研究』東京大学出版会、一九九八年、七一―七三頁を参照。
(3) 近代期の近江商人の経営展開については、上村雅洋前掲『近江商人の経営史』、および末永國紀『近代近江商人経営史論』有斐閣、一九九七年を参照。
(4) 白山友正『松前蝦夷地場所請負制度の研究』巌南堂書店、増訂版一九七一年。
(5) 田端宏「場所請負制度崩壊期に於ける請負人資本の活動」(一・二)(『北海道教育大学紀要』第一部B、社会科学編第二四巻一・二号、一九七三・七四年)。
(6) 長谷川伸三「幕末期西蝦夷地における場所経営の特質」(地方史研究協議会編『蝦夷地・北海道――歴史と生活』雄山閣出版、一九八一年)。
(7) 上村雅洋「近江商人西川伝右衛門家の松前経営」(滋賀大学経済学部附属史料館『研究紀要』第一八号、一九八五年)、後に上村雅洋前掲『近江商人の経営史』第一章として収録。
(8) 両浜組については、中西聡前掲『近世・近代日本の市場構造』六〇、六五―六七頁を参照。
(9) 荷所船については、同右、六五―七〇頁、および榎森進『増補改訂北海道近世史の研究』北海道出版企画センター、一九九七年、第二部補説一を参照。
(10) 以下の記述は、中西聡前掲『近世・近代日本の市場構造』六一―六七頁を参照。
(11) 老中田沼の北海道開発計画は、「蝦夷地一件」(北海道編『新北海道史』第七巻史料一、一九六九年)三二九―三三一頁を参照。江戸系商人として飛驒屋・栖原屋などが進出した。
(12) 例えば、飛驒屋は松前藩への多額の貸金を蝦夷地の直領五場所を請け負うことで相殺した(安永二年「乍恐以書付奉願上候御事」〔渡辺茂編『根室市史』史料編、一九六八年〕、四八三―四八四頁)。また両浜組商人への免税特権の廃止については、中西聡前掲『近世・近代日本の市場構造』八四頁を参照。
(13) 商場請負については、中西聡前掲『近世・近代日本の市場構造』五九―六一頁を参照。
(14) 商場請負と漁業請負の関係については、海保嶺夫『近世蝦夷地成立史の研究』三一書房、一九八四年、補論を参照。
(15) 「場所請負人及運上金」(松前町史編集室編『松前町史』史料編第三巻、一九七九年)。

(16)「両浜家名控」（西川家文書、滋賀県立大学図書情報センター蔵）によると、一七五八年に三一軒あった両浜組も八〇年代初頭に一五軒に減り、「蝦夷地御用内密留」（前掲『松前町史』史料編第三巻、四五—五二頁）によると、その一五軒のうち九軒が一七八〇・九〇年代に休店した。

(17) 前掲「場所請負人及運上金」を参照。住吉屋請負場所の運上金は、一八三〇年代が忍路二九七両、高島三三〇両二分、歌棄二一〇両、磯谷一九七両、択捉（三家共同）一、〇〇〇両で、幕末までほぼ同様に推移し、六六年に増額され、忍路二、〇一〇両三分、高島一、三四五両二分となった。

(18) 荷所船主の買積経営への転換は、中西聡前掲『近世・近代日本の市場構造』八三—八四頁を参照。

(19) 住吉屋は一七六二・七四年にそれぞれ船を新造し、七九年には和船四隻を所有した。ただし、手船（自己所有船）で本格的に場所産物を積み出すようになったのは一八三〇年代以降と考えられる（「万永代覚帳」〔西川伝右衛門家文書、真崎俊朗氏所有、滋賀大学経済学部附属史料館保管〕、後掲表1-3）。

(20)「為替金」については、田端宏前掲「場所請負制度崩壊期に於ける請負人資本の活動」（一・二）が検討している。

(21) 同右（二）、三三頁。

(22) 中西聡前掲『近世・近代日本の市場構造』一三四—一三五頁。『肥料雑誌』第二巻一七号、一八九九年、一一頁の農事試験場の肥料種類試験で、同一価格当たりの肥効で干鰯より鯡魚肥が勝ったとされ、一九二六年作とされる大蔵永常「農稼肥培論」（『日本農書全集』第六九巻、農山漁村文化協会、一九九六年）一一〇—一一三頁でも、鯡魚肥が干鰯よりも肥効が強かったと指摘された。

(23) 住吉屋の大坂出店は、柚木学編『近代海運史料——石州浜田廻船問屋記録』清文堂出版、一九九二年、二八頁を参照。なおここでの垂直統合は、商品の流れに沿って輸送業兼遠隔地間商人が上流（生産過程）や下流（集散・消費地での販売）に進出することを意味し、現代の経営史研究でよく用いられる巨大製造企業が原料調達過程や輸送過程や製品販売過程へ進出する側面とは意味合いが異なる。巨大製造企業の垂直統合については、アルフレッド・D・チャンドラーJr.『経営者の時代——アメリカ産業における近代企業の成立』上・下、鳥羽欽一郎、小林袈裟治訳、東洋経済新報社、一九七九年（原著初版一九七七年）などを参照。

(24) 帆用取組については、中西聡前掲『近世・近代日本の市場構造』一六四—一六七頁。

(25) 一八世紀末〜一九世紀初頭の幕府による蝦夷地直轄を契機に、蝦夷地と江戸の結び付きが強まり、蝦夷地で獲れた鮭・鱈・鱒が食用として江戸へ運ばれるようになった。その後、松前藩に北海道は復領されたが、鮭類の江戸への移出は続き、一八五五年に幕府が松前地のうち箱館近在と西在八ヶ村および蝦夷地全域を再び直轄領としたことで、北海道と江戸の結び付きはさらに強まった（以上、前掲『松前町史』通説編第一巻下、一九八八年、七四七—七六〇、一一九四—一二〇二、一二三六—一二五〇頁を参照）。

(26) 以下の記述は、北水協会編『北海道漁業志稿』一九三五年、国書刊行会、復刻版一九七七年、四六—四八頁を参照。

(27) 安政六年「両場所勘定帳」(西川家文書、滋賀県立大学図書情報センター蔵)。
(28) 一八五九年時点で忍路・高島場所でそれぞれ二三カ所ずつの出稼ぎ漁民の建網が設置されていた(明治四年「忍路郡諸調」(北海道立文書館蔵)、明治四年「高島郡御請負中諸調書上」(西川家文書、小樽市総合博物館蔵))。
(29) 中西聡前掲『近世・近代日本の市場構造』八七頁を参照。
(30) 忍路場所の出稼ぎ漁民の建網所有数は一八六八年の三三ヶ統から七〇年の四四ヶ統に増加した(前掲明治四年「忍路郡諸調」)。
(31) 一八七一年九月二九日の布達で、「漁場ノ義ハ永住人出稼人ノ差別ナク従前ノ通可心得事」とされ、旧来の状況に応じて漁場は貸し出された(大蔵省編『開拓使事業報告』附録：布令類聚(上)、一八八五年、復刻版北海道出版企画センター、一九八四年、二五六―二五七頁)。
(32) 三菱は、一八七五年二月に東京・函館間に定期航路を開設し、同年に函館支社、八〇年に小樽出張所と根室出張所を設置した(三菱社誌刊行会編『三菱社誌』東京大学出版会、一九七九年、第一巻四一六頁、第二巻八九頁、および日本経営史研究所編『近代日本海運生成史料』日本郵船株式会社、一九八八年、三七頁)。
(33) 三井物産は、一八八〇年に函館支店を設置して本店肥料方を中心に鯡魚肥の集荷を本格的に開始し、八二年以降大阪支店でも鯡魚肥を扱うようになり、八四年に小樽出張所も開設した(『稿本三井物産株式会社百年史 上』日本経営史研究所、一九七八年、一三四、一三六、一四五頁)。
(34) 明治一二年「正算表」(西川伝右衛門家文書、真崎俊朗氏所有、滋賀大学経済学部附属史料館保管)。
(35) 明治一三・一四年「正算表」「勘定帳」(前掲『松前町史』史料編第三巻、一四三二―一四七九頁)。
(36) 上村雅洋前掲『近江商人の経営史』二八―二九頁。
(37) 前掲明治四年「忍路郡諸調」。
(38) 明治二〇年「忍路郡各村鰊鮭建網場実測図」(西川伝右衛門家文書、真崎俊朗氏所有、滋賀大学経済学部附属史料館保管)、「高島郡漁場連絡図」(西川家文書、小樽市総合博物館蔵)。
(39) 明治一九～二二年、各年度「忍路各漁場仕込表」(西川伝右衛門家文書、真崎俊朗氏所有、滋賀大学経済学部附属史料館保管)。
(40) 滋賀県内では敦賀・大阪の肥料問屋による独占的取引の結果、魚肥の品質が悪化して価格も高騰したため、滋賀県知事中井弘は、県内農民が魚肥を魚肥生産者から直接購入することを提唱し、西川家はこれに賛同して共同購買組合とその商品供給を行う商社を中一商会として設立した。中一商会は一八八六年七月に資本金一〇万円で開業し、代理店を通して組合員である農民に魚肥を販売した(水原正亨「明治前期流通機構の再編過程における一例」〔滋賀大学経済学部附属史料館『研究紀要』第一五号、一九八二年〕)。
(41) 日本経営史研究所編『日本郵船株式会社百年史』一九八八年、三一頁。三菱と共同運輸との競争過程は、小風秀雅『帝国主義下の日本海運——国際競争と対外自立』山川出版社、一九九五年、第四章を参照。

(42)「北陸親議会々員及ビ船舶表」（加賀市史編纂委員会編『加賀市史』資料編第四巻、一九七八年）三二八頁。

(43) 以下の記述は、中西聡前掲『近世・近代日本の市場構造』第七章を参照。

(44) 一九〇〇年の北陸親議会船舶表および、和船も含んだ〇一年末の「船名録」のいずれも西川貞二郎の所有船は載っておらず、西川家は一九〇〇年時点で海運業から撤退していたと考えられる（「北海産荷受問屋組合沿革史」〔黒羽兵治郎編『大阪商業史料集成』第六輯、一九四〇年、復刻版清文堂出版、一九八四年〕五〇六—五一〇頁、明治三五年「日本船名録」〔国立公文書館蔵〕）。

(45) 明治二三年「西川支店財産焼失物取調書」（西川伝右衛門家文書、真崎俊朗氏所有、滋賀大学経済学部附属史料館保管）。以下の記述は、上村雅洋前掲『近江商人の経営史』二九頁を参照。

(46)『北海道庁統計総覧』一八九六年、四四六—四四七頁。

(47) 枝幸町史編纂委員会編『枝幸町史』上巻、一九六七年、五六一頁および前掲明治二〇年「忍路郡各村鰊鮭建網場実測図」・前掲「高島郡漁場連絡図」を参照。

(48) 明治二八年「損益勘定明細帳」（宗谷出張所）、明治二七年「損益勘定明細帳」（浜益出張所）、（いずれも西川家文書、小樽市総合博物館蔵）。

(49)「免許漁業原簿　紋別郡」（北海道立文書館蔵）。なお一九〇三年に示された「将来全般之考案」では、「漸次時機見計ヒ財産之処分ヲ行ヒ、負債ノ償却ヲナシ、結局ニ至リ出来得ベケレバ、忍路ニテ弐ヶ所、紋別ニテ弐ヶ所ノ漁場ヲ存置シ、六・七統ヲ実行シテ是ガ資本トシテ六千円及至八千円ヲ別途トナシ、其他ノ余金ハ適当ノ事業ヲ見出ス迄現金ノ積立ヲ為ス事」とされた（明治三六年「中一商会漁場その外将来全般之考案」〔西川伝右衛門家文書、真崎俊朗氏所有、滋賀大学経済学部附属史料館保管〕）。

(50)「免許漁業原簿　枝幸郡」（北海道立文書館蔵）。

(51) 上村雅洋前掲『近江商人の経営史』二九頁を参照。

(52)「免許漁業原簿　紋別郡」「免許漁業原簿　忍路郡」（北海道立文書館蔵）。

(53) 明治二七年「諸願伺届書留」「漁場台帳」（西川家文書、小樽市総合博物館蔵）。

(54) 渋谷隆一編『都道府県別資産地主総覧』北海道編一、日本図書センター、一九九五年、四九頁。

(55) 渋谷隆一編『大正昭和日本全国資産家地主資料集成』第一巻、柏書房、一九八五年、二一七頁。

(56) 大正一一～一四年「貸借元帳」（西川家文書、小樽市総合博物館蔵）。

(57) 以下の記述は、前掲『枝幸町史』上巻、五五七—五五八頁を参照。

(58) 以下の記述は、同右、五五九—五六〇頁を参照。

(59) 同右、五六一頁を参照。

(60) 「藤野家履歴」（北海道大学附属図書館北方資料室蔵）。柏屋出店については、前掲「北海産荷受問屋組合沿革史」一七―二〇頁、前掲「藤野家履歴」および安政五年「日記」（近江商人史料写本　藤野家文書、滋賀大学経済学部附属史料館蔵）を参照。なお、岩﨑奈緒子「近江藤野家の経営について」（平成一五年度〜平成一七年度科学研究費補助金〔基盤研究（B）（2）〕「近世・近代商家活動に関する総合的研究」〔研究代表者：宇佐美英機〕研究成果報告書、平成一八年三月）も参照。

(61) 弘化三年「書状出入日記」、嘉永元年「諸用留」、安政四年「書状船々出入」（以上、近江商人史料写本　藤野家文書、滋賀大学経済学部附属史料館蔵）より。

(62) 開拓使の調査によると、藤野家大阪支店（熊蔵）は、一八七七年九月〜八〇年八月にかけて北海道産物三三、〇〇〇石を扱った（「西南諸港報告書」〔商品流通史研究会編『近代日本商品流通史資料』第二巻、日本経済評論社、一九七九年〕九四一頁）。

(63) 北見四郡全体の漁獲量は、大蔵省編前掲『開拓使事業報告』第三編、四七六―四八二、四九〇―四九六、五〇四―五〇五頁、前掲『北海道庁統計綜覧』四四七、四六二、四六五、四九二、五〇三―五〇四、五〇六―五〇七頁より。藤野家の漁獲量は、明治一七年「水産物功労人名事績調」（北海道立文書館蔵）、北水協会編前掲『北海道漁業志稿』附録：漁業家事績調、藤野喜兵衛の項、「旧事録」（北海道大学附属図書館北方資料室蔵）より。

(64) アイヌの動向は、高倉新一郎『新版アイヌ政策史』三一書房、一九七二年などを参照。

(65) 網走市史編纂委員会編『網走市史』下巻、一九七一年、一四七―一四八頁。

(66) 同右、一五二頁。

(67) 以下の記述は、同右、一五二―一五四、四一五―四一八頁を参照。

(68) 同右、四二〇―四二三頁。

(69) 同右、四二四―四二五頁を参照。

(70) 滋賀銀行五十年史編纂室編『滋賀銀行五十年史』一九八五年、一〇九―一一七頁。

(71) 近松文三郎前掲『西川貞二郎』一一三―一一八、一九三―一九六頁。

(72) 同右、一七九―一八四頁、財団法人日本経営史研究所編『創業百年史資料』大阪商船三井船舶株式会社、一九八五年、一二・四三頁、山口和雄編『日本産業金融史研究』織物金融篇、東京大学出版会、一九七四年、九六六―九六七、九七七頁。

(73) 前掲『滋賀銀行五十年史』一一九、一二一、一二三―一二四、一九一頁。

(74) 山口和雄編前掲『日本産業金融史研究』織物金融篇、九七七―九七八頁。

(75) 上村雅洋前掲『近江商人の経営史』五九―六三頁。

第2章

（1）橋本哲哉『近代石川県地域の研究』金沢大学経済学部、一九八六年、第一・二章、および『石川県江沼郡誌』石川県江沼郡役所、一九二五年、第一〇章を参照。

（2）「角川日本地名大辞典」編纂委員会・竹内理三編『角川日本地名大辞典　17石川県』角川書店、一九八一年、一三三五―一三四四頁。

（3）上位一〇軒のうち、廣海二三郎・大家七平・木谷藤右衛門・熊田源太郎・浜中八三郎・久保彦兵衛・西出孫左衛門・増田又右衛門・久保彦助はいずれも北前船主であった。

（4）廣海二三郎・大家七平・熊田源太郎・浜中又吉・西出孫左衛門・久保彦助・米谷半平・邑井文治・永井正三郎・永井伊助の一〇軒が旧北前船主であった。

（5）荷所船については、中西聡『近世・近代日本の市場構造――「松前鯡」肥料取引の研究』東京大学出版会、一九九八年、六五―六七頁を参照。

（6）両浜組については、同右、六五―六七頁を参照。

（7）加賀市史編纂委員会編『加賀市史』資料編第四巻、一九七八年、二九二―二九八頁。

（8）以下の記述は、中西聡「近世・近代期北前船商人の経営展開」（斎藤善之編『新しい近世史③　市場と民間社会』新人物往来社、一九九六年）三九八頁を参照。

（9）中西聡「場所請負商人と北前船」（吉田伸之・高村直助編『商人と流通――近世から近代へ』山川出版社、一九九二年）二二三―二三一頁。

（10）箱館湊の株仲間問屋については、中西聡前掲『近世・近代日本の市場構造』一六二頁を参照。

（11）明和八年「永代覚日記」（西川伝右衛門家文書、真崎俊朗氏所有、滋賀大学経済学部附属史料館保管）を参照。

（12）斎藤善之『内海船と幕藩制市場の解体』柏書房、一九九四年、第五章。

（13）弘化二年「幸長丸新造買船制帳」、嘉永六年「幸長丸新造買入帳」（以上酒谷長俊家文書、加賀市教育委員会蔵）。

（14）明治一七～三三年の「大福帳（有貨調、資産簿・調帳・原簿・原帳）」（酒谷長蔵家文書、加賀市教育委員会・蔵六園蔵、以下酒谷長蔵家文書は、加賀市教育委員会所蔵分は所蔵先を省略し、蔵六園所蔵分は所蔵先を明記）。

（15）北陸親議会については、中西聡前掲『近世・近代日本の市場構造』二六七頁を参照。

（16）一九六三・六四・六九～七三・七七・七八年の下り品売買利益は合計で六、六九二円、同期間の登り品売買利益は八、七〇七円であった（文久三年「諸品留日記」、明治二年「大宝栄」（酒谷長蔵家文書））。

(17) 明治二年「大宝栄」(酒谷長蔵家文書)。
(18) 同右。
(19) 歩持については、牧野隆信『北前船の研究』法政大学出版局、一九八九年、第四章第七節を参照。
(20) 明治一九〜二二年の「大福帳(有貨調・資産簿)」(酒谷長蔵家文書)。
(21) 「北海産荷受問屋組合沿革史」(黒羽兵治郎編『大阪商業史料集成』第六輯、一九四〇年、復刻版清文堂出版、一九八四年)四九一頁。
(22) 明治二三年「大福帳」・二四年「資産簿」(酒谷長蔵家文書、明治二四年分は蔵六園蔵)。
(23) 明治二六〜三三年の「資産簿(調帳・原簿)」(酒谷長蔵家文書)。
(24) 明治二三年「大福帳」(酒谷長蔵家文書)。
(25) 明治二六年「原簿」(酒谷長蔵家文書)。
(26) 同商会については、小林真人「北海道共同商会について(上・下)」(『新しい道史』第五七・六〇号、一九七三年)を参照。
(27) 北海道共同商会全株式数二、〇〇〇株のうち、岩田金蔵が三〇株、忠谷久蔵が二〇株、久保彦兵衛・久保彦助がそれぞれ一〇株、久保彦三郎・平出喜三郎がそれぞれ五株所有していた(小林真人前掲「北海道共同商会について(上)」二四—二六頁)。
(28) 中西聡前掲『近世・近代日本の市場構造』二七三—二七五頁。
(29) 同右、三三七頁。
(30) この点については、同右、三三九—三四六頁を参照。
(31) 「智来漁場収支決算調」、「曾根漁場漁業経費調書」(酒谷長蔵家文書、「曾根漁場漁業経費調書」は蔵六園蔵)。樺太漁場は一九一三年まで経営されたと思われる。
(32) 明治三三・大正四〜七年「原帳」(酒谷長蔵家文書)。
(33) 合資会社酒谷商店は、一九二二年初頭頃の資本金が二八五、〇〇〇円で、うち酒谷長一郎家の出資は四五、〇〇〇円(表2-13)であったことから、酒谷小三郎が大部分を出資したと考えられ、小三郎の独立(のれん分け)を意味した(大正一一年版『日本全国諸会社役員録』商業興信所、一九二二年、下編、九〇一頁)。
(34) 渋谷隆一編『大正昭和日本全国資産家地主資料集成』第一巻、柏書房、一九八五年、一二八頁、また一九一二年の「貴族院多額納税者議員互選名簿」にも、酒谷長一郎の職業は、「金銭貸付業」とされた(牧野隆信前掲『北前船の研究』二二九—二三〇頁)。
(35) 以下の記述および高利貸経営体の事例研究は、澁谷隆一『高利貸資本の展開構造』日本図書センター、二〇〇〇年、第I部第二章、および渋谷隆一・加藤隆・岡田和喜編『地方財閥の展開と銀行』日本評論社、一九八九年、第九章を参照。

(36) 以下の記述は、中西聡前掲『近世・近代日本の市場構造』第七・八章を参照。
(37) 大正四年「原簿」（酒谷長蔵家文書）。
(38) 一九〇〇年の石川県の普通銀行数は、本店が四〇、支店や出張所が一八で、同年の石川県の普通銀行定期貸付金額は、約八七〇万円であり、一九〇〇年代前半の石川県の銀行定期貸付金年利は、一九〇〇年が一二～一六％、〇二年が一〇～一五％、〇四年が九～一三％と低下した（大蔵省理財局編『銀行営業報告』〔第二五・二七・二九次〕復刻版コンパニオン出版、一九八五年）。
(39) 加藤俊彦『本邦銀行史論』東京大学出版会、一九五七年、第一章を参照。
(40) 寺西重郎『日本の経済発展と金融』岩波書店、一九八二年、七八―一〇一頁。
(41) 朝倉孝吉・西山千明編・立教大学近代経済学研究機構『日本経済の貨幣的分析――一八六八―一九七〇』創文社、一九七四年、七一四頁。麻島昭一「明治末・大正初期の八幡銀行定期預金分析」（『金融経済』第一九〇号、一九八一年）は、滋賀県八幡銀行の定期預金が個人預金者により一九〇〇年代後半以降急増したことを示した。
(42) 本章は、都市銀行を東京・大阪・名古屋・神戸のいずれかに本店を置き、広い営業範囲を持つ大規模銀行と考え、それ以外の普通銀行を地方銀行とする（石井寛治『近代日本金融史序説』東京大学出版会、一九九九年、二六七頁）。
(43) 北陸銀行調査部百年史編纂班編『創業百年史』株式会社北陸銀行、一九七八年、七三―七四頁、牧野隆信前掲『北前船の研究』四二四頁、「安田保善社とその関係事業史」編修委員会編『安田保善社とその関係事業史』「安田保善社とその関係事業史」編修委員会、一九七四年、一六一頁、日本銀行調査局編『日本金融史資料　昭和編』第二四巻、一九六九年、三八〇頁を参照。
(44) 靏見誠良「第一次大戦期金利協定と都市金融市場（下）」（『金融経済』第一八九号、一九八一年）四一―六〇頁。
(45) 同右、五九頁によると、金沢では六大都市にならい定期預金の金利上限が六％であったが、一口一万円以上の大口預金に限り、六・五％とする「特例」が設けられた。
(46) 三井銀行八十年史編纂委員会編『三井銀行八十年史』一九五七年、五七二頁。安田系銀行の大合同の要因については、前掲『安田保善社とその関係事業史』五八一―五九四頁。
(47) 昭和銀行については、山崎廣明『昭和金融恐慌』東洋経済新報社、二〇〇〇年を参照、以下、十二銀行については、前掲『創業百年史』三二八―三三五頁。
(48) 前掲『三井銀行八十年史』五八三―五九四頁、伊藤正直「藤田銀行の破綻とその整理」（石井寛治・杉山和雄編『金融危機と地方銀行』東京大学出版会、二〇〇一年）を参照。
(49) 第一銀行八十年史編纂室編『第一銀行史』下巻、一九五八年、七三―七六頁を参照。
(50) 以下の記述は、麻島昭一『日本信託業発展史』有斐閣、一九六九年、第二編を参照。

(51) 同右、二九二・三二二頁。
(52) 麻島昭一『本邦信託会社の史的研究――大都市における信託会社の事例分析』日本経済評論社、二〇〇一年、第二章を参照。
(53) 麻島昭一前掲『日本信託業発展史』二〇〇―二〇一頁。
(54) 以下の記述は、社団法人公社債引受協会編『日本公社債市場史』社団法人公社債引受協会、一九八〇年、第一章を参照。
(55) 一八八三年の酒谷家所有株式は、函館百十三国立銀行一、二〇〇円のみで、八六年はそれに加能汽船一〇円が加わり、九〇年はそれらに函館汽船一、〇〇〇円と加能汽船一五円分が加わった（明治一六・一九・二三年度「大福帳」（酒谷長蔵家文書））。
(56) 以下の諸会社役員は、由井常彦・浅野俊光編『日本全国諸会社役員録』第四巻、柏書房、一九八八年、八八、三三八―三三九頁。
(57) 関西地方電気事業百年史編纂委員会編『関西地方電気事業百年史』関西地方電気事業百年史編纂委員会、一九八七年、第一・二章を参照。
(58) 「五十年史（伊予鉄道電気株式会社）」（野田正穂・原田勝正・青木栄一編『大正期鉄道史資料』第二集第一七巻、日本経済評論社、一九八三年）第三・四編を参照。
(59) 北陸地方電気事業百年史編纂委員会編『北陸地方電気事業百年史』北陸電力株式会社、一九九八年、五一―五二頁。
(60) 橘川武郎『日本電力業の発展と松永安左ヱ門』名古屋大学出版会、一九九五年、第一章を、また以下の電力諸会社は、前掲『関西地方電気事業百年史』第一～三章、前掲『北陸地方電気事業百年史』一八七頁、函館市史編さん室編『函館市史』通説編第三巻、一九九七年、一二一、四五五―四五六頁を参照。
(61) 函館船具は、一九二〇年代の「諸事仕訳帳」（酒谷長蔵家文書）、伊予鉄道電気は、前掲「五十年史（伊予鉄道電気株式会社）」第三・四編を参照。
(62) 以下の記述で、「電力戦」および京都電灯は、前掲『関西地方電気事業百年史』第四章、八十四銀行は、日本銀行調査局編前掲『日本金融史資料　昭和編』第二四巻、三八〇―三九七頁、百十三銀行は、吉田賢一「金融危機下の北海道金融界と銀行合同」（『地方金融史研究』第三一号、二〇〇〇年）八九―九四頁、大聖寺川水電は、前掲『北陸地方電気事業百年史』一八八頁を参照。
(63) 以下の記述は、前掲『日本公社債市場史』第一・二章・巻末表一・二を参照。
(64) 当時の金融政策当局には、預金金利を低くおさえることで預金から国庫証券に資金をシフトさせ、臨時国庫証券の消化を助けようとの意図があった（靏見誠良前掲「第一次大戦期金利協定と都市金融市場（下）」四三頁）。
(65) 前掲『日本公社債市場史』四一頁。
(66) 同右、五三―五五頁。
(67) 植田欣次「戦間期における『不動産金融』と不動産銀行」（『金融経済』第二二二号、一九八七年）一六六頁。

(68) 志村嘉一『日本資本市場分析』東京大学出版会、一九六九年、二八〇頁を参照。
(69) 以下の記述は、中部電力電気事業史編纂委員会編『中部地方電気事業史』上巻、中部電力株式会社、一九九五年、第二章、前掲『関西地方電気事業百年史』第四章、東京電力株式会社編『関東の電気事業と東京電力』二〇〇二年、第三・四章を参照。一九二五年末に地位が確定したとされる五大電力会社は、東京電灯・東邦電力・大同電力・宇治川電気・日本電力で、その位置付けについては、橋本寿朗「『五大電力』体制の成立と電力市場の展開（一～三）」（『電気通信大学学報』第二七巻二号、第二八巻一・二号、一九七七・七八年）を参照。
(70) 川崎重工業株式会社編『川崎重工業株式会社百年史』一九九七年、二八―三五頁、および日立造船株式会社編『日立造船株式会社七十五年史』一九五六年、一六六―一六七頁。
(71) 服部文一編『藤本ビルブローカー証券株式会社三十年史』一九三六年、一二五―一二八頁。大正一三～一五年度「原簿」（酒谷長蔵家文書）。
(72) 京阪電気鉄道株式会社編『京阪七〇年のあゆみ』一九八〇年、二一―二九頁、および大正一五年版『日本全国諸会社役員録』商業興信所、一九二六年を参照。
(73) 前掲「五十年史（伊予鉄道電気株式会社）」二八―一〇八、六四六―六四七頁。
(74) 松本豊三編『南満州鉄道株式会社三十年略史』一九三七年、六六五―六六六頁。
(75) 四宮俊之『近代日本製紙業の競争と協調――王子製紙・富士製紙・樺太工業の成長とカルテル活動の変遷』日本経済評論社、一九九七年、一八八―一九四頁。
(76) 和田壽次郎編『浅野セメント沿革史』一九四〇年、三八一―三八六頁。
(77) 前掲『川崎重工業株式会社百年史』三五頁、および松尾順介「戦前日本におけるディフォールト社債処理」（『証券経済研究』第七号、一九九七年）七六―七七頁。
(78) 涂照彦『日本帝国主義下の台湾』東京大学出版会、一九七五年、三〇二―三一二頁。
(79) 芦高堅作編『京都電燈株式会社五十年史』一九三九年、二二〇―二二三頁。
(80) 地元大電力会社の一覧とその定義は、橋本寿朗前掲「『五大電力』体制の成立と電力市場の展開（三）」（『電気通信大学学報』第二八巻二号）三四七―三四八頁。
(81) 顕在的な「電力戦」は、一九二三～二四年に中部地方で東邦電力と日本電力、一九二五～一九二九年に関西地方で宇治川電気と日本電力、一九二六～二七年に関東地方で東京電力（東邦電力の子会社）、一九二九～三一年に関東地方で東京電灯と日本電力の間で繰り広げられた。五大電力会社の業績悪化は、前掲『関西地方電気事業百年史』第四章、前掲『中部地方電気事業史』上

巻、二二六―二二七頁、前掲『関東の電気事業と東京電力』三六六―三六八頁。

(82) 金沢電気軌道は、北陸鉄道株式会社編『北陸鉄道の歩み』一九七四年、三八―四三頁、阪神急行電鉄は、茂原祥三編『京阪神急行電鉄五十年史』一九五九年、一一八―一七一頁、京成電軌は、京成電鉄社史編纂委員会編『京成電鉄五十五年史』一九六七年、第八・九章、愛知電鉄は、名古屋鉄道株式会社社史編纂委員会編『名古屋鉄道社史』一九六一年、一六六―一七四頁。

(83) 大正一二～昭和五年度の「原帳（原簿）」（酒谷長蔵家文書、昭和四・五年度は蔵六園蔵）。担保付社債は一九〇五年に制度化されたが発行額は伸びず、二〇年代の社債発行量全体の一〇～二〇％程度であった。しかし昭和恐慌下で無担保社債の償還不能問題が生じ、三二年頃から担保付社債の比率が増大した（志村嘉一前掲『日本資本市場分析』二九〇―二九八頁）。

(84) 以下、西村家の概略は、西村通男『海商三代―北前船主西村屋の人びと』中公新書三七、中央公論社、一九六四年を参照。

(85) 柚木学編『近代海運史料――石州浜田廻船問屋記録』清文堂出版、一九九二年、三九四―三九六頁。

(86) 前掲「北海産荷受問屋組合沿革史」二〇、二三九頁。

(87) 西村通男前掲『海商三代』九五頁。

(88) 同右、九一頁。

(89) 同右、九七頁。

(90) 同右、九八頁。

(91) 以下の記述は、同右、八八―九八、一一四―一二二、一四九―一六二頁を参照。

(92) 中西聡前掲『近世・近代日本の市場構造』六二―六五頁を参照。

(93) 例えば、幕末の黒船来航時に大聖寺藩は軍資金の調達を北前船主らに求め、北前船主一四軒で合計一〇、六〇〇両を負担した（牧野隆信前掲『北前船の研究』六八―六九頁）。

(94) 例えば、久保彦兵衛家は一八四五年に一万両を大聖寺藩に献金して一〇〇俵扶持と侍格を、久保彦助家と酒谷長兵衛家は、六五年に一、〇〇〇両を献上して、六七年にともに年給四〇〇俵の士族格を与えられた。酒谷家は一八七〇年にさらに五、〇〇〇両を献上した（同右、六八―六九頁）。

(95) 日本銀行統計局編『明治以降本邦主要経済統計』復刻版並木書房、一九九九年、七六頁。

(96) 中西聡「近代日本における地方集散地問屋の商業経営展開」（『経済科学（名古屋大学）』第四九巻四号、二〇〇二年）八一頁。また、以下の廣海家に関する内容は、石井寛治・中西聡編『産業化と商家経営――米穀肥料商廣海家の近世・近代』名古屋大学出版会、二〇〇六年を参照。

(97) 明治三二年「諸品留日記」（酒谷長蔵家文書）、由井常彦・浅野俊光編前掲『日本全国諸会社役員録』全一六巻、一九八八～八九年、一九一〇年代～二〇年代前半の各年版および大正一五・昭和六年版『日本全国諸会社役員録』商業興信所。

(98) 加賀市教育委員会編『北前船主酒谷家旧蔵コレクション展　海商の風雅とその遺産』加賀市地域振興事業団、二〇〇二年、八〇頁、大正四年「原帳」および一九〇〇年代～二〇年代の「諸品留日記（諸品附込帳・諸事仕訳帳）」（長作の旅費が記載、以上酒谷長蔵家文書）。

(99) 中西聡前掲「近世・近代期北前船商人の経営展開」四二一―四二四頁。また一九一八年に江沼郡の絹商らは、資本金五〇〇万円の日本絹織株式会社（群馬・滋賀県の絹織物業者と合同で設立、本社東京で江沼郡・群馬・滋賀県に工場）と資本金八五万円の加賀織物株式会社（本社大聖寺）を設立したが、北前船主はいずれの経営にも関与せず、酒谷家は両社の株式を所有しなかった（前掲大正一一年版『日本全国諸会社役員録』上編、七〇、下編、四四九頁）。

第Ⅰ部補論

(1) 「北海産荷受問屋組合沿革史」（黒羽兵治郎編『大阪商業史料集成』第六輯、一九四〇年、復刻版清文堂出版、一九八四年）四八九―五一〇頁を参照。

(2) 渋谷隆一編『大正昭和日本全国資産家地主資料集成』第一巻、柏書房、一九八五年、一七三・二一七頁。林清一家は、加越能開耕会社を設立して開墾を進めた（表補Ⅰ-1を参照）。

(3) 以下の記述は、泉康弘「瀬戸内海水運による阿波藍の流通」（渡辺則文編『産業の発達と地域社会――瀬戸内産業史の研究』渓水社、一九八二年）、上村雅洋『日本近世海運史の研究』吉川弘文館、一九九四年、第一二章、森本幾子「幕末期の中央市場と廻船経営」（『ヒストリア』第一七七号、二〇〇一年）、同「明治前期の商品流通と廻船経営」（薮田貫編『近世の畿内と西国』清文堂出版、二〇〇二年）を参照。

(4) 前掲「北海産荷受問屋組合沿革史」二七二―三〇一頁を参照。

(5) 畿内肥料市場の中心が魚肥から大豆粕へ転換したことについては、中西聡「肥料流通と畿内市場」（中西聡・中村尚史編『商品流通の近代史』日本経済評論社、二〇〇三年）を参照。

(6) 右近家の歴史については、斎藤善之「解題」（日本福祉大学知多半島総合研究所歴史・民俗部編『越前国南条郡河野浦・右近権右衛門家文書目録』河野村、一九九六年）を参照。

(7) 享保一二年「荷所買口帳」（西川家文書、滋賀県立大学図書情報センター蔵）では、右近権左衛門家は少なくとも一七三九～六一年まで連年荷所荷を運送していたことが判明する。

(8) 同右史料によれば、右近権左衛門家以外に河野浦では右近甚七家・山田甚左衛門家・形部家・中村家が荷所船主であった。

（9）福井県編『福井県史』通史編四近世二、一九九六年、四〇九―四二四頁を参照。
（10）例えば、一八四四・四五年に福井藩が課した調達金のうち、三国湊の内田家が一万二千両割り当てられたのに対し、右近家の割り当ては二五〇両であった（福井市編『福井市史』資料編六近世四下、一九九九年、四五二―四六〇頁）。
（11）原直史「北前船と北国・大坂魚肥市場」（日本福祉大学知多半島総合研究所編『北前船と日本海の時代――シンポジウム／第三回・「西廻り」航路フォーラム』福井県河野村、一九九七年）九五―九七頁。
（12）以下の記述は、中西聡『近世・近代日本の市場構造――「松前鯡」肥料取引の研究』東京大学出版会、一九九八年、第五章を参照。
（13）田島佳也「北海道における北前船主・右近家、中村家の活躍と残像など」（福井県河野村編『北前船から見た地域史像――第六回「西廻り」航路フォーラムの記録』福井県河野村、二〇〇四年）八六頁を参照。
（14）明治二二年「郡治類典（増毛郡）」（祭魚洞文庫旧蔵水産史料、国文学研究資料館蔵）。
（15）斎藤善之前掲「解題」二二一―二三頁。一八八八年以降の右近家飾磨支店関係の史料がある。
（16）明治三五年「日本船名録」（国立公文書館蔵）。
（17）斎藤善之前掲「解題」二三頁。
（18）渋谷隆一編前掲『大正昭和日本全国資産家地主資料集成』第七巻、一九八五年、四六頁。

第3章

（1）野村家の家史については、野村勉四郎『回想八十六年――私の歩んだ道』自費出版、一九九七年を参照。
（2）近世期の野村家の概略については、野辺地町史編さん刊行委員会編『野辺地町史』通説編第一巻、一九九六年、および「諸書上物扣」（野村家文書、前掲『野辺地町史』資料編第六集、一九九二年に所収）を参照。
（3）近代期の野村家の概略については、前掲『野辺地町史』通説編第二巻、一九九七年、および前掲「諸書上物扣」を参照。
（4）渋谷隆一編『明治期日本全国資産家地主資料集成』第四巻、柏書房、一九八四年、八六頁、および前掲『野辺地町史』通説編第二巻、一八九頁。
（5）前掲『野辺地町史』通説編第二巻、四六四―四八一頁。
（6）同右、二四〇―二四二頁。
（7）同右、二四〇頁、および野村勉四郎前掲『回想八十六年』三六九―三七〇頁を参照。
（8）前掲『野辺地町史』通説編第二巻、一八三―一八四頁。

(9) 同右、二四二—二四七、三五一—三五二、四〇四—四〇六、四一三—四二〇頁を参照。
(10) 同右、一九二—一九三、二三七—二三八、二四〇—二四一、三六四—三六五頁。
(11) 前掲『野辺地町史』通説編第一巻、三八一—三八二頁。
(12) 同右、三八二頁。
(13) 前掲「諸書上物扣」一三〇頁。
(14) 前掲『野辺地町史』通説編第一巻、三八八—三八九頁。
(15) 同右、三九〇—三九二頁。
(16) 前掲「諸書上物扣」一五四頁。
(17) 渋谷隆一編前掲『明治期日本全国資産家地主資料集成』第四巻、六九頁、渋谷隆一編『大正昭和日本全国資産家地主資料集成』第一巻、柏書房、一九八五年、一二頁、同、第三巻、九四頁。
(18) 渋谷隆一編前掲『大正昭和日本全国資産家地主資料集成』第一巻、一八五頁。
(19) 野村勉四郎前掲『回想八十六年』三六—三七頁、および渋谷隆一編『都道府県別資産家地主総覧』青森編、日本図書センター、一九九五年、九八・一二七頁。
(20) 以下の記述は、前掲『野辺地町史』通説編第一巻、第四編第三章を参照。
(21) 寛政八年「勘定帳」（野村家文書、野辺地町立歴史民俗資料館蔵）。
(22) 一八五八（安政五）年二月購入の太神丸は一、〇八七石積、六〇（万延元）年二月購入の神通丸は一、三〇〇石積であった（前掲『野辺地町史』通説編第二巻、二九三—二九四頁）。
(23) 中西聡「近世・近代日本の市場構造——「松前鯡」肥料取引の研究』東京大学出版会、一九九八年、九七頁の第三-三表によると、大坂米価は六〇年代前半に約二倍、そしてさらに六五〜六七年に約三倍に上昇し、越中米価は六〇年代前半に約一・五倍、そしてさらに六五〜六七年に約二倍に上昇した。
(24) 前掲『野辺地町史』資料編第六集、二六—三四頁を参照。なお運賃積輸送における敷金積については、木越隆三「銭屋五兵衛の材木取引と敷金積」（『地方史研究』第二七二号、一九九八年）を参照。
(25) 問屋の機能については、石井寛治・中西聡編『産業化と商家経営——米穀肥料商廣海家の近世・近代』名古屋大学出版会、二〇〇六年、第三・九章を参照。
(26) 第4章などを参照。
(27) 前掲『野辺地町史』資料編第六集、五—六頁を参照。

(28) 牧野隆信『北前船の研究』法政大学出版局、一九八九年などを参照。
(29) 以下の記述は、第4章、および中西聡前掲『近世・近代日本の市場構造』第二編を参照。
(30) 三菱の北海道進出は、中西聡前掲『近世・近代日本の市場構造』二五〇―二五一頁を参照。
(31) 「東北諸港報告書」（商品流通史研究会編『近代日本商品流通史資料』第一巻、日本経済評論社、一九七九年）三四五―三四六頁。
(32) 日本経営史研究所編『近代日本海運生成史料』日本郵船株式会社、一九八八年、二五五―二五七頁。
(33) 廣海惣太郎家については、石井寛治・中西聡編前掲『産業化と商家経営』を参照。
(34) 同右、一二五頁の表三-二を参照。
(35) 万延二年「願書控」（廣海家文書、廣海家蔵、貝塚市教育委員会保管）。
(36) 一八七〇年代の廣海家の「万覚帳」（廣海家文書、廣海家蔵、貝塚市教育委員会保管）を参照。
(37) 明治二五年版『日本全国商工人名録』北海道の部、一四二八頁。
(38) 北海道での米の移入量は、一八八九年約五五万石、九〇年約七五万石、九一年約八三万石と増大した（『北海道庁統計総覧』一八九六年、六一九頁）。
(39) 神通丸は一八九一年に破船したため、手放したと思われる（石井寛治・中西聡編前掲『産業化と商家経営』三〇〇頁を参照）。
(40) 明治二六～二八年、各年度「万覚帳」（廣海家文書、廣海家蔵、貝塚市教育委員会保管）を参照。
(41) 石井寛治・中西聡編前掲『産業化と商家経営』第三・八章を参照。
(42) 商品流通史研究会編前掲『近代日本商品流通史資料』第三巻、一九七九年、一八七頁。
(43) 前掲『野辺地町史』通説編、第一巻、四七四―四七五頁。
(44) 由井常彦・浅野俊光編『日本全国諸会社役員録』第一巻、柏書房、一九八八年を参照。
(45) 秋野家の概略は、工藤定雄・秋野庸太郎編『加茂港史』加茂郷土史編纂委員会、一九六六年、一〇五―一三一頁を参照。
(46) 阿部英樹『近世庄内地主の生成』日本経済評論社、一九九四年、八一頁。
(47) 同右、二二〇頁。
(48) 以下の記述は、工藤定雄・秋野庸太郎編前掲『加茂港史』五四、五八―六一頁を参照。
(49) 荘内銀行百年史編集室編『創業百年史』株式会社荘内銀行、一九八一年、二二―二三頁。
(50) 同右、一六三―一六五、四五六頁。
(51) 高瀬保『加賀藩海運史の研究』雄山閣出版、一九七九年、牧野隆信前掲『北前船の研究』、中西聡前掲『近世・近代日本の市場構造』などを参照。

(52) 中西聡「近代の商品市場」（桜井英治・中西聡編『新体系日本史12　流通経済史』山川出版社、二〇〇二年）、および谷本雅之『日本における在来的経済発展と織物業——市場形成と家族経済』名古屋大学出版会、一九九八年を参照。

(53) 大正五年版『日本全国諸会社役員録』商業興信所、一九一六年、下編、五九一—六〇六頁。

第4章

(1) 伊藤家の概略は、伊藤信太郎氏が『頸城の星（後に『頸紀』）』（頸紀新聞社）昭和四〇年七月号~昭和五三年一月号に連載した「くびき風土記」で触れた。また原直史が、伊藤家も含めて越後国北前船主による作徳米取引の様相を論じた（原直史「越後巨大地主と流通市場」〔原直史・大橋康二編『日本海域歴史大系』第五巻近世篇II、清文堂出版、二〇〇六年〕）。

(2) 新潟県編『新潟県史』通史編四近世二、一九八八年、第三・四章を参照。

(3) 前掲『新潟県史』資料編一七近代五、産業経済編I、一九八二年、第I部総覧、五九頁。

(4) 小樽本店の資産規模は、後掲の表4-10の資本部分の差引より、大福帳貸付金残額は、後掲の表4-18より。

(5) この点の研究史については、中西聡「地方資産家と地方企業」（経営史学会編『日本経営史の基礎知識』有斐閣、二〇〇四年、九〇—九一頁）を参照。

(6) 企業勃興については、高村直助編『企業勃興——日本資本主義の形成』ミネルヴァ書房、一九九二年、谷本雅之・阿部武司「企業勃興と近代経営・在来経営」（宮本又郎・阿部武司編『日本経済史2　経営革新と工業化』岩波書店、一九九五年）、中村尚史「後発国工業化と中央・地方」（東京大学社会科学研究所編『二〇世紀システム4　開発主義』東京大学出版会、一九九八年）を参照。

(7) 一八八七年の伊藤祐太郎の留学証明書（在米国桑港領事館作成、伊藤家文書、史料番号T-二六二、伊藤家蔵、以下本章で利用した伊藤家文書はいずれも伊藤家蔵なので所蔵先は省略、史料番号は前出の原直史氏や著者を中心として行った整理で付した番号）、一八九一年二月の米国からの手紙の封筒（伊藤家文書、史料番号T-七〇）が残され、伊藤家の取引関係書類に九一年五月頃から伊藤祐太郎の名前がみられ始めた。また、伊藤祐太郎は一八九三年の小樽本店開店後は、小樽本店の決算帳簿は祐太郎名で作成されており（明治二六年「差引勘定書控」〔伊藤家文書、史料番号あ-二八八二〕）、祐太郎が当主になったと考えられる。また、祐太郎死去に関する一八九七年三月の弔電が残されており（伊藤家文書、史料番号T-四〇五）、九七年に祐太郎は死去したと考えられる。そして伊藤家の主要な取引先であった大阪府貝塚の廣海家の一八九九年の顧客名簿（明治三二年「名集帳」〔廣海家文書、廣海家蔵、貝塚市教育委員会保管〕）に、伊藤家小樽本店が伊藤祐市商店と記され、祐太郎死去後は、祐市が新当主となったと考えられる。

(8) 表4-4の事例のように近世後期に北海道へ赴いた伊藤家廻船はあったが、その数は少なかったと考えられ、江差湊の廻船問屋甲屋の「間尺帳」（一八六四—七一年の江差湊入津船のうち甲屋扱い分を記載）に伊藤家廻船が記載されたのは、六四年の伊宝丸の事例のみであった（江差町史編集室編『江差町史』第一巻資料一、一九七七年、七七九頁）。同じ江差湊の廻船問屋関川家の元治元年「間尺帳写」（関川家文書、関西学院大学図書館写真紙焼製本所蔵、原史料は旧檜山爾志郡役所蔵）でも、一八一六〜七〇年の記載のうち、伊藤家廻船の江差湊入津の記載は、四八年の伊福丸、六三年の伊正丸、六六年の伊栄丸の三回のみであった。

(9) この点については、中西聡『近世・近代日本の市場構造――「松前鯡」肥料取引の研究』東京大学出版会、一九九八年、第一・六章を参照。

(10) 近世期については、小村弌『近世日本海海運と港町の研究』国書刊行会、一九九二年を参照。また、一八七九年における新潟港への北海道からの最大の移入品目は鮭で、その次が食用の身欠鯡であった（「東北諸港報告書」〔商品流通史研究会編『近代日本商品流通史資料』第一巻、日本経済評論社、一九七九年〕九八頁）。

(11) この点については、中西聡前掲『近世・近代日本の市場構造』一九八―二〇六頁、中西聡「日本海沿岸地域の企業勃興」（原直史・大橋康二編前掲『日本海域歴史大系』第五巻近世篇II）三八八―三九一頁を参照。

(12) 一八八三年に桂作は伊福丸、八四・八六年に助四郎は伊徳丸、八六年に清太郎は伊久丸の船頭であったことが判明するので（明治一六年「三番上下差引勘定帳」、明治一七年「上下差引勘定帳」、明治一九年「上下差引記」〔以上伊藤家文書、史料番号あ-一四九六、あ-六二、あ-二二六五〕）、八五年時点で、桂作は伊福丸、助四郎は伊徳丸、清太郎は伊久丸の船頭であったと考えられる。

(13) 中西聡前掲『近世・近代日本の市場構造』二二六、二五三―二五八頁、中西聡「近代の商品市場」（桜井英治・中西聡編『新体系日本史12　流通経済史』山川出版社、二〇〇二年）三〇六・三〇九頁を参照。

(14) この背景には、近代期に入って砂糖輸入が増大し、次第に国内砂糖産地が衰退したことがあり、同様に国内棉花生産も一八九〇年代以降の棉花輸入の急増により衰退した（杉山伸也「一九世紀後半期における東アジア精糖市場の構造」〔速水融・斎藤修・杉山伸也編『徳川社会からの展望――発展・構造・国際関係』同文舘出版、一九八九年〕、武部善人『河内木綿史』吉川弘文館、一九八一年、第三章）。

(15) 北海道の人口は、一八七四年の一七万人から、八一年の約二二万人、八八年の約三五万人に増大した（北海道編『新北海道史』第九巻史料三、一九八〇年、七六四頁）。

(16) 明治二三年「売買仕切帳」（伊藤家文書、史料番号あ-二五三九-④）。

(17) 明治二三年「二号伊勢丸荷物帳」（伊藤家文書、史料番号あ-二五三九-①）。

(18) 明治二三年「仕切帳」（伊藤家文書、史料番号あ-二五三九-②）。

(19) 明治二三年「伊吉丸仕切帳」（伊藤家文書、史料番号あ-二五三九-⑤）。

(20) 明治二三年「売買仕切帳」（伊藤家文書、史料番号あ-二五三九-③）。

（21）明治二三年「売買仕切帳」（伊藤家文書、史料番号あ-二四八一）。
（22）牧野隆信『北前船』柏書房、一九六四年、増補改訂版一九六五年、第四章。
（23）明治二三年「売買仕切帳」（史料番号あ-二五三九-①）、明治二三年「二号伊勢丸荷物帳」（史料番号あ-二五三九-④）、明治二三年「売買仕切帳」（史料番号あ-二五三九-②）、明治二三年「伊吉丸仕切帳」（史料番号あ-二五三九-⑤）、明治二三年「売買仕切帳」（史料番号あ-二五三九-③）、明治二三年「売買仕切帳」（史料番号あ-二四八一）、（以上いずれも伊藤家文書）より。
（24）以下の記述は、明治二四年「汽船積仕切差引入」（伊藤家文書、史料番号あ-二七〇五）より。
（25）明治二五年「小樽本店仕訳帳」、明治二六年「仮請払報告」（以上いずれも伊藤家文書、史料番号N-六八、T-三七、T-三八、T-二二五）を参照。
（26）例えば、一八九五年に、一号伊勢丸は新潟―北海道間を七往復、新潟―瀬戸内・畿内間を二往復、二号伊勢丸は新潟―北海道間を五往復、新潟―瀬戸内間を一・五往復、三号伊勢丸は新潟―北海道間を五往復、新潟―瀬戸内・畿内間を二往復していずれも運賃積であった（明治二九年「船舶決算表」〔伊藤家文書、史料番号D-五九〕）。
（27）明治三〇年「船名録」（国立公文書館蔵）。
（28）廣海家の産地商人との直接取引については、石井寛治・中西聡編『産業化と商家経営――米穀肥料商廣海家の近世・近代』名古屋大学出版会、二〇〇六年、一三〇―一三五頁を参照。
（29）例えば、伊藤家廻船の小樽での取引相手であった小樽の田口梅太郎とも廣海家は一八九四年以降直接取引するようになった（同右、一三一頁）。
（30）千代丸は廣海二三郎、摂州丸は摂州灘興業株式会社所有の汽船と考えられる（前掲明治三〇年「船名録」）。廣海二三郎は石川県瀬越に拠点を置く北前船主。
（31）一八九〇年代頃に、吉田三郎右衛門は増毛・苫前郡に一六ヶ統、白鳥永作は高島・浜益・枝幸郡に二八ヶ統の鯡建網場を保有した（中西聡前掲『近世・近代日本の市場構造』二三四頁）。
（32）「［精米所新設概算］」伊藤家文書、史料番号T-三六九-⑨。
（33）精米所設置に関する伊藤家店員からと思われる意見書に、小樽の（米穀）取引所解散の可能性があることに対して、その不便を解消するために精米所を設置すべきと述べられていた（「［精米所設立意見書］」伊藤家文書、史料番号T-三六九-⑧）。
（34）明治三五年「日本船名録」（国立公文書館蔵）。
（35）明治三二年「名集帳」（廣海家文書、廣海家蔵、貝塚市教育委員会保管）。
（36）大坂（阪）の肥後米一石当たり卸売物価でみると、一八三一年に銀八〇匁前後が六八年前半に銀五九〇匁前後となり、六八年後半に六・三円前後が九五年に八・九円前後になったので、六八年前半と六八年後半の米価変動があまりなかったと仮定すれば、三一年から九五年にかけて米価は概算で約一〇倍程度上昇したと考えられる（大阪大学近世物価史研究会『近世大阪の物価と利子』創文社、一九六三年、一二二・一二五頁、大阪大学近代物価史研究会「明治期大阪卸売物価資料(1)」〔『大阪大学経済学』第二九巻一号、一九七九年〕一四七―一四八頁）。

(37) 以下の記述は、天保九年「伊栄丸造立覚帳」（史料番号N-五四）、弘化二年「伊久丸造船覚帳」（史料番号N-二七）、嘉永二年「伊宝丸造立帳」（史料番号N-二四）、嘉永六年「合船覚ノ帳」（史料番号あ-二八二九）、（以上いずれも伊藤家文書）。

(38) 明治一〇年「合船積立帳」（史料番号N-七一）、明治二六年「第一伊勢丸仕立書類入」（史料番号M-一一）、（以上いずれも伊藤家文書）。

(39) 明治二五年「船名録」（国立公文書館蔵）。

(40) 換算比率は、明治四一年『大日本帝国港湾統計』復刻版雄松堂出版、一九九四年の凡例などを参照。

(41) 石井謙治『和船II』（ものと人間の文化史七六-II）法政大学出版局、一九九五年、一一七頁。

(42) 前掲明治三〇年「船名録」。

(43) 「〔精米所設立意見書〕」伊藤家文書、史料番号T-三六九-⑧。

(44) 以下の記述は、『小樽市史』第二巻、一九六三年、二八五―二八六頁を参照。

(45) 同右、三七五頁。

(46) 「〔工場設置費概算書〕」伊藤家文書、史料番号T-三六九-⑩。

(47) 以下の記述は、「角川日本地名大辞典」編纂委員会編『角川日本地名大辞典 15新潟県』角川書店、一九八九年、鬼舞・木浦・鬼伏・磯部・能生谷・能生の各項を参照。

(48) それぞれの地名の位置については、同右、一四六四―一四六六、一九二二―一九二五頁を参照。

(49) 澁谷喜平編『富之越後』新潟新聞社、一九〇三年では、一九〇一年時点で、西頸城郡では伊藤家が最大の土地所有規模（約八一町六反）で、その次が大島家で土地所有規模約五七町歩であった。

(50) 明治二七年「所有地々価合計帳」伊藤家文書、史料番号M-一五〇。

(51) 明治四二年度「小作取立原簿」伊藤家文書、史料番号D-六六。

(52) 能生町史編さん委員会編『能生町史』下巻、一九八六年、三七頁。

(53) 新潟県域の企業勃興については、中西聡前掲「日本海沿岸地域の企業勃興」を参照。

(54) 新潟市史編さん近代史部会編『新潟市史』通史編三近代（上）、一九九六年、一五二―一五三頁。

(55) 以下の記述は、柚木学編『諸国御客船帳』下巻、清文堂出版、一九七七年、四七二―四七三頁、柚木学編『近代海運史料――石州浜田廻船問屋記録』清文堂出版、一九九二年、四六六頁、出雲崎町教育委員会編『出雲崎町史』海運資料集（二）、一九九六年、二八九、二九二頁を参照。
(56) 前掲『新潟市史』通史編三近代（上）、三〇六頁。
(57) 同右、一六八頁。
(58) 以下の記述は、株式会社第四銀行企画部（行史編集室）編『第四銀行百年史』一九七四年、三九―一三二頁、前掲『新潟市史』通史編三近代（上）、一六三頁を参照。
(59) 以下の記述は、前掲『新潟市史』通史編三近代（上）、三七六―三七八頁を参照。
(60) 同右、三八六―三八八頁。
(61) 澁谷喜平編前掲『富之越後』大地主之部、一―三頁、大株主之部、六―七頁。
(62) 由井常彦・浅野俊光編『日本全国諸会社役員録』第一六巻、柏書房、一九八九年、二〇四―二二〇頁。
(63) 尾道の廻船問屋の客船帳に一八〇一（享和元）年四月に伊勢丸入港の記載があり（越後鬼舞伊藤助左衛門とあったが店印は一致していた）、一九世紀初頭から鞍屋廻船は瀬戸内で活動していた（青木茂編『新修尾道市史』第二巻、一九七二年、二六五頁）。
(64) 明治七年「府県物産表」（藤原正人編『明治前期産業発達史資料』第一集、明治文献資料刊行会、一九五九年）一一四頁によれば、一八七四年時点の新潟県で約四四万貫匁（重量）の鰯の漁獲量があり、また七〇年代末の新潟県諸港の移入品については、前掲「東北諸港報告書」を参照。
(65) 小樽本店設置後伊藤家は、小樽本店の他に新潟支配部と鬼舞支店を設置した（明治二六年「諸払差引勘定簿」史料番号T-二二一、明治二九年「歳出入決算簿」史料番号T-三六九-⑤、以上いずれも伊藤家文書）。
(66) 由井常彦・浅野俊光編前掲『日本全国諸会社役員録』全一六巻、一九八八～八九年を参照。
(67) 明治二五年「小樽本店仕訳帳」（史料番号N-六八）、明治二三年「風帆船合船積立帳」（史料番号N-七〇）、明治二五年「新造積立帳」（史料番号N-六九）、明治二六年「第一伊勢丸仕立書類入」（史料番号M-一一）（以上いずれも伊藤家文書）。
(68) 澁谷喜平編前掲『富之越後』では、新潟県全体で一〇〇町歩以上所有の大土地所有者が一三七軒挙げられたが、西頸城郡では一軒もなく、一方、越後国出雲崎湊の廻船問屋泊屋の客船帳では、一八四六（弘化三）～七一年の間に、鬼舞・糸魚川の船主の船がそれぞれ一二回と一三回記された（小村弌前掲『近世日本海海運と港町の研究』三四頁）。
(69) 柚木学編前掲『諸国御客船帳』下巻、柚木学編前掲『近代海運史料』、「諸国御客帳」（住田正一編『海事史料叢書』第四巻、一九二九年）、「間尺帳」（江差町史編集室編『江差町史』第一巻資料一、一九七七年）、佐渡屋「諸国客船帳」（富来町史編纂委員会編

『富来町史』続資料編、一九七六年)、前掲『出雲崎町史』海運資料集(一)〜(三)、などを参照。
(70) 前掲『第四銀行百年史』七九一—七九四頁を参照。

第5章

(1) 牧野隆信『北前船の研究』法政大学出版局、一九八九年。
(2) 木屋については、北西弘『木谷藤右衛門家文書』清文堂出版、一九九九年を、銭屋については、木越隆三『銭屋五兵衛と北前船の時代』北國新聞社、二〇〇一年を参照。
(3) 明治三五年「日本船名録」(国立公文書館蔵)。同資料について、中西聡「明治期日本における商船船主」(『経済史研究』(大阪経済大学)』第四号、二〇〇〇年)が検討している。
(4) 以下、熊田家の概略については、「湊町旧記」(熊田家文書、財団法人呉竹文庫蔵、以下熊田家文書はいずれも呉竹文庫蔵なので所蔵先は省略)および呉竹文庫の説明パネルによる。湊村史編纂委員会編『湊村の歴史』石川県美川町、二〇〇四年、二三七—二六〇頁も参照。
(5) 川良雄編『美川町近代産業史——創立八十年記念』美川町商工会、一九六五年、第二編を参照。
(6) 侯爵前田家編輯部編『加賀藩史料』第一五編、一九四三年、六〇八—六一〇頁。
(7) 以下、熊田源太郎の概略については、前述の呉竹文庫の説明パネルおよび前掲『湊村の歴史』二三七—二六〇頁による。
(8) このうち海運経営を発展させたのは源次郎家(後に源太郎家)で、忠次郎家は、湊村の行政に携わり、一八八九〜九三年と一九〇九〜一一年に熊田忠次郎が湊村村長となった(能美郡役所編『石川県能美郡誌』一九二三年、復刻版臨川書店、一九八五年、一四四六—一四四七頁)。
(9) 「北海産荷受問屋組合沿革史」(黒羽兵治郎編『大阪商業史料集成』第六輯、一九四〇年、復刻版清文堂出版、一九八四年)四八一—五一〇頁を参照。
(10) 「西南諸港報告書」(商品流通史研究会編『近代日本商品流通史資料』第二巻、日本経済評論社、一九七九年)二三二—二四二頁を参照。
(11) 瀬戸内海の海運網については、中西聡「近代輸送体系の形成と港湾の性格変化」(『経済学研究』(北海道大学)』第四八巻三号、一九九九年)を参照。
(12) 鞆港の入港船舶数は、一八九八年の汽船五、四四五隻・西洋型帆船四、二三八隻・和船一〇、二一六隻から、一九〇六年の汽船二、三四〇隻・西洋型帆船八三〇隻・和船七五〇隻に激減した(明治三一年度『広島県統計書』、明治三九年「日本帝国港湾統計」(商品流

通史研究会編前掲『近代日本商品流通史資料』第九巻、一九七八年）。片山家現当主の話では、片山家は一九〇七年頃に鞆港を引き払って大阪へ移ったとのことである。
(13) 貝塚と廣海家については、石井寛治・中西聡編『産業化と商家経営――米穀肥料商廣海家の近世・近代』名古屋大学出版会、二〇〇六年、序章を参照。
(14) 同右、第三・七・九章を参照。
(15) 例えば、一九〇五年の三吉丸は、鯡魚肥を扱わず、石灰・石油などの売買で二七七円の粗利益を上げ、同年の吉廣丸も鯡魚肥を扱わず、秋田で買い入れた材木・板を小倉で売却することを三回繰り返して、一、一七四円の粗利益を上げ、〇七年の春日丸も鯡魚肥を扱わず、石灰の売買で二一九円の粗利益を上げた（明治三七年「船利益勘定之帳」熊田家文書）。
(16) 同右史料によると、一九〇五年の吉廣丸は、若松―大阪間の石炭の運賃積を行って約八六円の運賃収入を得、同年の正直丸は留萌―小樽・新潟間の石炭輸送と滑川までのコークス輸送で二一五円の運賃収入を得た。一九〇六年の長寿丸は、留萌―小樽間の石炭輸送と若松―大阪間の石炭輸送で一六六円の運賃収入を得、同年の正直丸は小倉―大阪間の石炭輸送で九七円の運賃収入を得た。
(17) 明治三〇年「船算用之帳」・明治三七年「船利益勘定之帳」（熊田家文書）。
(18) 熊田家小樽出張店から熊田源太郎宛書簡の差出に「海陸物産委託売買　熊田出張店」とある。
(19) 以下の記述は、明治四三年「万覚帳」および明治四三年～大正二年の各年度「万買帳」（廣海家文書、廣海家蔵、貝塚市教育委員会保管）を参照。
(20) 廣海家の北海道直接買付については、石井寛治・中西聡編前掲『産業化と商家経営』第三・八章を参照。
(21) 「漁業共同経営契約公正証書正本」（熊田家文書）。
(22) 以下の記述は、大正五年一月二八日付「［書簡］」（熊田家文書、熊田出張店より熊田源太郎宛）を参照。
(23) 「熊田商業部規約」（熊田家文書）。
(24) 柚木学編『近代海運史料――石州浜田廻船問屋記録』清文堂出版、一九九二年、三五九頁によると、一八九三年時点で、廣瀬才次郎は正直丸、荒尾伝三郎は大吉丸の船頭であった。
(25) 「熊田商業部に関するメモ」（熊田家文書）に一九一三～一五年の名寄農場の記載あり。
(26) 明治三七年「［所得申告関係書類綴］」（熊田家文書）より判断した。
(27) 「［大谷鉱山売却に関する書類綴］」（熊田家文書）を参照。熊田源太郎は、弟の忠次郎、金沢市の士族安達敬之、湊村の永井九十九と共同で、一八九三年に能美郡金野村の大谷銅山・鳥ヶ谷銅山を購入し、鉱山経営を開始した。大谷鉱山の販売額は、一八九三年八七九円、九五年一、九五五円、九七年三、九七二円と増大したが、排水処理費用の増大で一九〇〇年以降は採掘量・販売額ともに激減し、鳥ヶ谷鉱山も一九〇〇年以降は開坑作業に追われて販売額は計上できなかった（前掲『湊村の歴史』二四六―二四八頁）。
(28) 橋本哲哉『近代石川県地域の研究』金沢大学経済学部、一九八六年、五九―六三頁を参照。
(29) 大正四年版『日本全国諸会社役員録』商業興信所、下編、六七四頁。北陸電気事業百年史編纂委員会編『北陸地方電気事業百年史』北陸電力株式会社、一九九八年、一九〇頁も参照。
(30) 代表的鯡魚肥の鯡粕の北海道製造量は、一八九七年の約八〇万石が最大で一九〇〇年代前半は約五〇～六〇万石、一九〇〇年代後半は約三〇～四〇万石、一〇年代前半は約二〇～四〇万石と推移し、その後約五〇万石まで回復したが、一七・一八年は再び三〇万石前後と減少した（北海道編『新北海道史』第九巻史料三、一九八〇年、八八三・八九一頁、四〇貫匁〔重量〕＝一石で換算）。
(31) 以下の記述は、明治三七年「[所得申告関係書類綴]」（熊田家文書）および大正九・一〇年版『日本全国諸会社役員録』商業興信所、一九二〇・二一年を参照。一九二〇年二月設立の熊田商事の役員は、代表取締役が熊田源太郎で、その他の取締役は熊田八太郎・尾谷吉次郎（熊田商業部主任）・廣瀬才一（熊田商業部店員）と、いずれも熊田商業部の関係者で、営業目的は海陸産物肥料販売・問屋代理金銭貸付および運送倉庫業とされ、小松に本店、根上村と小樽にそれぞれ支店を設けていた（前掲大正一〇年版『日本全国諸会社役員録』下編、四二六頁）。
(32) 以下の記述は、大正一二年版『日本全国諸会社役員録』商業興信所、一九二三年、昭和四年版『銀行会社要録』東京興信所、一九二九年、および呉竹文庫の熊田家に関する説明パネルを参照。
(33) 例えば、真下八雄「幕末・明治前期における丹後海運業について」（福井県立図書館・福井県郷土誌懇談会編『日本海海運史の研究』福井県郷土誌懇談会、一九六七年）、柚木學『近世海運史の研究』法政大学出版局、一九七九年、第一一章、津川正幸『近世日本海運の諸問題』関西大学出版部、一九九八年、第八章などを参照。
(34) 豊岡市史編集委員会編『豊岡市史』史料編上巻、一九九〇年、三六二頁。
(35) 中国地方の汽船・鉄道網の整備については、中西聡前掲「近代輸送体系の形成と港湾の性格変化」を参照。
(36) 以下の記述は、前掲『豊岡市史』下巻、一九八七年、一一七―一一九頁を参照。
(37) 以下の記述は、同右、三三八―三四一頁を参照。
(38) 大正一一年版『日本全国諸会社役員録』商業興信所、一九二二年、上編、六三四―七三四頁。
(39) 木谷家は、一八七〇年代に設立された第十二国立銀行と金沢為替会社の副頭取となり、その後金沢為替会社が北陸銀行に改称してその頭取となったものの、松方デフレの打撃で北陸銀行が破綻し、その債務返済のためかなりの資産を失った（第7章参照）。
(40) 官営鉄道北陸線は、敦賀―長浜間が一八八四年に開通し、九七年に小松、九八年に金沢・高岡まで開通し、一九〇〇年に中越鉄道の高岡―伏木間が開通したことで、富山湾の主要港の伏木と熊田家の地元の小松が鉄道で結ばれた（明治四〇年度「鉄道局年報」附

録：全国鉄道開業明細表〔野田正穂・原田勝正・青木栄一編『明治期鉄道史資料』第I期第一集第一二巻、日本経済評論社、一九八一年〕を参照）。

(41) 前掲大正一一年版『日本全国諸会社役員録』下編、四三七—四六六頁。

(42) この点については、中西聡「日本海沿岸地域の企業勃興」（原直史・大橋康二編『日本海域歴史大系』第五巻近世篇II、清文堂出版、二〇〇六年）を参照。

第II部補論

(1) 馬場家の歴史については、馬場汽船株式会社編『馬場海運史』同社、一九五八年を参照。

(2) 東岩瀬については、同右、一—三頁、新川木綿と道正屋との関係については、谷本雅之『日本における在来的経済発展と織物業——市場形成と家族経済』名古屋大学出版会、一九九八年、一五七—一六〇頁を参照。

(3) 伏木港史編さん委員会編『伏木港史』伏木港海運振興会、一九七三年、八〇六—八一九頁。ただし、北海道江差湊の廻船問屋関川家の元治元年「間尺帳写」（関川家文書、関西学院大学図書館写真紙焼製本所蔵、原史料は旧檜山爾志郡役所蔵）にも、一八二九・四二・五一・六六年にそれぞれ一隻ずつの道正屋廻船の江差湊入津が記されたので、道正屋廻船が一九世紀中葉に全く北海道交易を行わなかったわけではない。

(4) 高瀬保『加賀藩の海運史』成山堂書店、一九九七年、三三三頁。

(5) 高岡綿場については、富山県編『富山県史』通史編IV近世下、一九八三年、一四四—一四八頁を参照。

(6) 谷本雅之前掲『日本における在来的経済発展と織物業』第五章では、幕末開港後の綿織物産地間の競争のなかで、生産の発展と衰退を分けたのは、輸入綿糸の導入や販路開拓など新しい生産条件・市場への対応力の有無であったとされ、新川地方は明確に輸入綿糸の導入が進まないグループに分類された。

(7) 同右、二四八頁で、近代期に新川木綿が衰退した要因として、新川木綿産地では市場情報との接触が限られ、そのことが在地の商人の販路開拓能力の未形成をもたらし、輸入綿糸の導入や販路開拓の面で対応しうる主体が存在しなかったと指摘された。しかし、輸送手段を所有した在地の綿商人は市場情報をかなり得ており、それゆえ綿商売に固執せずに北海道交易に転換して新川木綿の原料としての輸入綿糸導入や販路開拓には向かわなかったとみた方がより実態に即していると思われる。

(8) 以下の記述は、馬場汽船株式会社編前掲『馬場海運史』四四—一二三頁を参照。

(9) 宮城家の歴史については、高瀬保前掲『加賀藩の海運史』二五二—二六八頁を参照。

(10) 放生津の北前船主汐海家の廻船も、一九〇三年までは伏木—北海道—瀬戸内—北海道—伏木という航海であったが、〇四年から瀬戸内へ行かなくなり、〇五年以降は伏木と北海道を二往復するのみとなった（竹内美和子「汐海家文書についての報告」〔『富山史壇』第七三号、一九八〇年〕）。
(11) 前掲『富山県史』近代統計図表、一九八三年、二八三頁。
(12) 以下の記述は、高瀬保前掲『加賀藩の海運史』三〇五―三〇九頁を参照。
(13) 同右、三〇六―三〇七頁を参照。
(14) 北陸地方の鉄道網の整備とその影響は、山口和雄「近代的輸送機関の発達と商品流通」（山口和雄・石井寛治編『近代日本の商品流通』東京大学出版会、一九八六年）を参照。
(15) 以下の記述は、高瀬保前掲『加賀藩の海運史』二六七―二六八、三〇七頁を参照。
(16) 同右、三〇九頁。
(17) 畠山家の歴史については、同右、二七一―二八四頁を参照。
(18) 以下の記述は、前掲『富山県史』通史編Ⅵ、近代下、一九八四年、三四一頁を参照。
(19) 渋谷隆一編『大正昭和日本全国資産家地主資料集成』第五巻、柏書房、一九八五年、四〇頁。
(20) 以下の記述は、北陸地方電気事業百年史編纂委員会編『北陸地方電気事業百年史』北陸電力株式会社、一九九八年、三一二―四一五頁を参照。
(21) 昭和一一年版『銀行会社要録』東京興信所、富山県の部、五―六頁。
(22) 同右、役員録の項の上編、六四頁。
(23) 以下の記述は、高瀬保『加賀藩海運史の研究』雄山閣出版、一九七九年、第五章を参照。
(24) 以下の記述については、第6章で詳述する。
(25) 菅野家の概略は、富山新聞社報道局編『越中百家』下巻、富山新聞社、一九七四年、二〇五―二一〇頁を参照。
(26) 高岡商工会議所百年史編纂室編『高岡商工会議所百年史』同所、一九九七年、五八頁、および高岡市史編纂委員会編『高岡市史』下巻、青林書院新社、一九六九年、増補版一九八二年、五七八―五八六頁を参照。
(27) 以下の記述は、前掲『高岡市史』下巻、五二六、六三〇―六三三頁を参照。また、高岡地域の企業勃興については、二谷智子「商人ネットワークと地域社会」（武田晴人編『地域の社会経済史――産業化と地域社会のダイナミズム』有斐閣、二〇〇三年）も参照。
(28) 以下の記述は、前掲『高岡市史』下巻、六四九―六六一頁を参照。
(29) 以下の記述は、伏木港史編さん委員会編『伏木港史』伏木港海運振興会、一九七三年、三九四―三九九頁を参照。
(30) 以下の記述は、同右、四〇〇―四一六頁を参照。

(31) 正和勝之助『越中伏木湊と海商百家』桂書房、一九九五年、三〇七、五三四頁。
(32) 以下の記述は、富山新聞社報道局編前掲『越中百家』上巻、一九七三年、五五—六〇、二五九—二六四頁を参照。
(33) 以下の記述は、「決議録（北海商行）」（棚田家文書、棚田家蔵）を参照。
(34) 前掲『富山県史』通史編Ⅴ、近代上、一九八一年、二三一—二四一頁。
(35) 以下の記述は、前掲『富山県史』通史編Ⅴ近代上、五五三—五六六頁、同、通史編Ⅵ近代下、一九八四年、二五四—二九九頁を参照。
(36) 渋谷隆一編前掲『大正昭和日本全国資産家地主資料集成』第一巻、一九八五年、二一二—二一三頁。
(37) 前掲『富山県史』近代統計図表、二四〇—二四一頁。

第6章

(1) 宮林家の概略は、高瀬保『加賀藩海運史の研究』雄山閣出版、一九七九年、五四二—五四八頁を参照。
(2) 高瀬保『加賀藩の海運史』成山堂書店、一九九七年、二三九—三三六頁を参照。
(3) 馬場家については、馬場汽船株式会社編『馬場海運史』同社、一九五八年を参照。
(4) 以下の記述は、高瀬保前掲『加賀藩の海運史』二五二—三〇二頁を参照。
(5) 南嶋家については、同右、三三五—三三六頁を参照。
(6) 新湊市史編纂委員会編『新湊市史』近現代、一九九二年、四四七—四四九頁を参照。
(7) 菅野家・木津家については、富山新聞社報道局編『越中百家』下巻、富山新聞社、一九七四年、七九—八四、二〇五—二一〇頁を参照。
(8) 由井常彦・浅野俊光編『日本全国諸会社役員録』第四巻、柏書房、一九八八年、二六三—二六九頁。
(9) 以下の記述は、前掲『新湊市史』（前近代）一九六四年、八二一—八二三頁を参照。
(10) 高瀬保前掲『加賀藩海運史の研究』五四六頁。
(11) 以下の記述は、「諸国御客帳」（住田正一編『海事史料叢書』第四巻、厳松堂書店、一九二九年所収）二四一—二四二頁を参照。なお、同資料では、その客船帳が下関地方の廻船問屋のものと推定されているが、その後、島根県浜田の廻船問屋喜多屋のものと確認された（柚木学編『近代海運史料——石州浜田廻船問屋記録』清文堂出版、一九九二年、五〇一頁を参照）。
(12) 前掲『新湊市史』八一一—八一二頁。
(13) 天保四年「釋智寮信女年回法会記」（史料番号K-四〇）、天保一五年「釋安證居士年回法会記」（史料番号K-三九）、嘉永三年「釋妙證信女年回法会記」（史料番号K-二二）、元治元年「大心院釋安諦居士法会招客献立記」（史料番号K-一九）（いずれも宮林家文書、宮林家蔵）。

(14) 侯爵前田家編輯部編『加賀藩史料』第一五編、一九四三年、六〇八―六一〇頁。

(15) 石川県編『石川県史』第二編、一九二八年、九九三頁。

(16) 新川木綿については、高瀬保前掲『加賀藩海運史の研究』三九〇―四二八頁、および谷本雅之『日本における在来的経済発展と織物業――市場形成と家族経済』名古屋大学出版会、一九九八年、第三章を参照。

(17) 以下の記述は、高瀬保前掲『加賀藩海運史の研究』第二章を参照。

(18) 元治元年「間尺帳写」（関川家文書、関西学院大学図書館写真紙焼製本所蔵、原史料は旧檜山爾志郡役所所蔵）。綿屋廻船と関川屋との関係は、進野義一「松前藩の豪商関川家と越中の北前船について」（『富山史壇』第一一〇号、一九九三年）が論じた。

(19) 銭屋については、木越隆三『銭屋五兵衛と北前船の時代』北國新聞社、二〇〇一年を参照。

(20) 高瀬保前掲『加賀藩海運史の研究』五四六頁。

(21) 以下の記述は、北陸銀行調査部百年史編纂班編『創業百年史』株式会社北陸銀行、一九七八年、四二一―五四、二九六―三〇四頁を参照。

(22) 以下の記述は、前掲『新湊市史』近現代、六四二頁、および高瀬保前掲『加賀藩海運史の研究』五四八頁を参照。

(23) 北陸銀行調査部百年史編纂班編前掲『創業百年史』五三―五四頁を参照。

(24) 同右、二九六―三〇四、三一八―三二〇頁を参照。

(25) 以下の記述は、前掲『新湊市史』近現代、六四三頁、および正和勝之助『越中伏木湊と海商百家』桂書房、一九九五年、二五六頁（折込一）を参照。

(26) 由井常彦・浅野俊光編前掲『日本全国諸会社役員録』全一六巻、一九八八～八九年を参照。

(27) 昭和恐慌の全体像は、大石嘉一郎編『日本帝国主義史2　世界大恐慌期』東京大学出版会、一九八七年を参照。昭和恐慌下の新湊地域については、前掲『新湊市史』近現代、三五四―三六一頁を参照。

(28) 以下の記述は、「系図」（宮林家文書、史料番号K-八八、宮林家蔵）を参照。

(29) 前掲『新湊市史』近現代、四九四頁を参照。

(30) 由井常彦・浅野俊光編前掲『日本全国諸会社役員録』第一三巻、一九八九年、三五七頁。

(31) 一九二〇年恐慌については、武田晴人「恐慌」（一九二〇年代史研究会編『一九二〇年代の日本資本主義』東京大学出版会、一九八三年）を参照。

(32) 富山新聞社報道局編前掲『越中百家』上巻、一六九—一七四頁。高岡銀行については、北陸銀行調査部百年史編纂班編前掲『創業百年史』三七六—四一九頁を参照。
(33) 新湊銀行については、前掲『新湊市史』近現代、四九五—四九六頁を参照。
(34) 一九二二年時点で、菅野伝右衛門は、北一株式会社取締役、高岡打綿株式会社取締役、高岡電灯株式会社社長を務めていた（大正一一年版『日本全国諸会社役員録』下編、商業興信所、一九二二年、四八五—四八六、四九三頁）。
(35) 同右、下編、四九二、四九五頁。
(36) 高岡市史編纂委員会編『高岡市史』下巻、青林書院新社、一九六九年、増補版一九八二年、六八八—六九三頁。
(37) 由井常彦・浅野俊光編前掲『日本全国諸会社役員録』第一五巻、三七八、三八一頁。
(38) 以下の記述は、前掲『高岡市史』下巻、六三五—六三七頁を参照。
(39) 以下の記述は、北陸地方電気事業百年史編纂委員会編『北陸地方電気事業百年史』北陸電力株式会社、一九九八年、一五八—一六〇頁を参照。
(40) 同右、一四六—一四七、一九六—一九七頁。
(41) 明治一三～一五年「金銭出納簿」（宮林家文書、史料番号D-一一、宮林家蔵）。
(42) 同右。
(43) 藤井家については後述、木谷家については第5章の「おわりに」を参照。
(44) 石川県の企業勃興の遅れについては、中西聡「日本海沿岸地域の企業勃興」（原直史・大橋康二編『日本海域歴史大系』第五巻、近世篇II、清文堂出版、二〇〇六年）を、高岡地域の企業勃興については、二谷智子「商人ネットワークと地域社会」（武田晴人編『地域の社会経済史——産業化と地域社会のダイナミズム』有斐閣、二〇〇三年）も参照。
(45) 近代日本における商法の成立については、三枝一雄『明治商法の成立と変遷』三省堂、一九九二年を参照。
(46) 前掲『新湊市史』（前近代）、八二一—八二三頁、正和勝之助前掲『越中伏木湊と海商百家』八三—八九頁。
(47) 以下の記述は、正和勝之助前掲『越中伏木湊と海商百家』四〇五—四〇八頁を参照。
(48) 前掲『石川県史』第二編、九九三頁。
(49) 侯爵前田家編輯部編前掲『加賀藩史料』第一五編、六〇八—六一〇頁。
(50) 北陸銀行調査部百年史編纂班編前掲『創業百年史』四七—五四頁を参照。
(51) 以下の記述は、大正一二年「藤井能三氏履歴書」（藤井家文書、高岡市立伏木図書館蔵）、および正和勝之助前掲『越中伏木湊と海商百家』一八三頁を参照。

(52) 以下の記述は、前掲『高岡市史』下巻、八六〇―八六七、九一五頁を参照。
(53) コレラ流行については、二谷（中西）智子「伝染病の侵入と防疫」（石井寛治・原朗・武田晴人編『日本経済史1　幕末維新期』東京大学出版会、二〇〇〇年）を参照。
(54) 以下の記述は、前掲「藤井能三氏履歴書」を参照。
(55) 以下の記述は、前掲『高岡市史』下巻、五二三―五二七、六三〇―六三二頁を参照。
(56) 中西聡前掲「日本海沿岸地域の企業勃興」を参照。
(57) 由井常彦・浅野俊光編前掲『日本全国諸会社役員録』全一六巻を参照。
(58) 一八九〇年代後半の藤井家資産は、不動産約七町二反、家屋・建物四棟、灯明台一基、株式四八二株および公債で、株式は藤井家が役員として関わった会社の株式がほとんどであった（「所得金高届及営業名及課税標準届」〔藤井家文書、高岡市立伏木図書館蔵〕）。
(59) 藤井能三と伏木築港事業については、伏木港史編さん委員会編『伏木港史』伏木港海運振興会、一九七三年、三五二―三八八頁を参照。
(60)「名望家」の捉え方については、論者により様々である。代表的な先行研究として、石川一三夫『近代日本の名望家と自治――名誉職制度の法社会史的研究』木鐸社、一九八七年、谷本雅之・阿部武司「企業勃興と近代経営・在来経営」（宮本又郎・阿部武司編『日本経営史2　経営革新と工業化』岩波書店、一九九五年）、高久嶺之介『近代日本の地域社会と名望家』柏書房、一九九七年、丑木幸男『地方名望家の成長』柏書房、二〇〇〇年などが挙げられ、地方資産家の「名望家的」行動についての事例研究として、上野山学「明治期における地方名望家の役割と経営」（『経済学論叢（同志社大学）』第五三巻四号、二〇〇二年）、白鳥圭志「明治後期から第一次世界大戦期おける地方資産家の事業展開」（『経営史学』第三九巻一号、二〇〇四年）などが挙げられる。

第7章

(1) 小浜藩の石高については、小浜市史編纂委員会編『小浜市史』通史編上巻、一九九二年、九三五―九三六頁を参照。また、近代期の小浜地域の町村については、同編『小浜市史』通史編下巻、一九九八年、九一―九二、三四二―三四四頁を参照。
(2) 古河嘉雄『海商古河屋――北前船の航跡』若狭学術振興会、一九七一年、二一―四七頁。
(3) 新井建一「近世後期における廻船業資本の経営動向」（林英夫・山田昭次編『幕藩制から近代へ』柏書房、一九七九年）。
(4) 内田家と森田家については、印牧邦雄編『三国町史』三国町教育委員会、一九六四年、四四六―四五七頁を参照。
(5) 右近家と中村家については、日本福祉大学知多半島総合研究所編『北前船と日本海の時代――シンポジウム／第三回・「西廻り」航路フォーラム』福井県河野村、一九九七年、福井県河野村編『地域から見た日本海海運――第五回「西廻り」航路フォーラムの記録』福井県河野村、二〇〇一年、福井県河野村編『北前船から見た地域史像――第六回「西廻り」航路フォーラムの記録』福井県河野村、二〇〇四年を参照。

（6）以下の記述は、敦賀市史編さん委員会編『敦賀市史』通史編上巻、一九八五年、四二三、四七九―四八〇、七八五―七八七頁を参照。

（7）以下の記述は、古河嘉雄前掲『海商古河屋』一二二、一七三―一七六頁を参照。

（8）同右、一七八頁。

（9）以下の記述は、同右、二二〇―二三一頁を参照。

（10）同右、二六、八〇頁を参照。

（11）以下の記述は、同右、二一―二三、一一九―一二二頁を参照。

（12）以下の記述は、同右、一一九―一二七頁を参照。

（13）帆用取組については、中西聡『近世・近代日本の市場構造――「松前鯡」肥料取引の研究』東京大学出版会、一九九八年、一六四―一七二頁を参照。

（14）以下の記述は、古河嘉雄前掲『海商古河屋』二八、一六八―一七〇頁を参照。

（15）以下の記述は、同右、一七〇―一七二、一八三―一八四頁を参照。

（16）以下の記述は、同右、一七三―一七六頁を参照。

（17）以下の記述は、同右、二三、二二〇―二三一頁を参照。

（18）以下の記述は、新井建一前掲「近世後期における廻船業資本の経営動向」一七二頁を参照。

（19）同右、一六七―一六九頁から古河本家の酒勘定をみると、一八三三・三四・三六・三九・四一・四五年に損失を計上し、四八～五〇年は若干の収益を上げたものの、四六・四七・五一～五三年は勘定が記されなかった。なお出所資料では、古河家が店卸を作成した年で表が作成されたが、ここでは店卸の内容年度で説明したので、出所資料の表と年が一つずれる。

（20）一八七四年の酒類生産額を府県別にみると、知多半島を含む愛知県が第一位で、灘地域を含む兵庫県が第二位であった（山口和雄『明治前期経済の分析』東京大学出版会、一九五六年、一七頁）。また、近世期の酒造業については、柚木學『近世灘酒経済史』ミネルヴァ書房、一九六五年を参照。

（21）古河嘉雄前掲『海商古河屋』一七六頁。

（22）同右、四〇―四一頁。

（23）同右、四四、二三一頁。

(24) 渋谷隆一編『都道府県別資産家地主総覧』富山・石川・福井編、日本図書センター、一九九七年、五一五頁。
(25) 明治四〇・四一年版『日本全国商工人名録』商工社、一一八三頁。
(26) 渋谷隆一編前掲『都道府県別資産家地主総覧』富山・石川・福井編、五三八―五三九頁。
(27) 由井常彦・浅野俊光編『日本全国諸会社役員録』第二巻、柏書房、一九八八年、三五六頁。
(28) 同右、第三巻、一九八八年、四八〇頁。
(29) 大正一五年版『日本全国諸会社役員録』商業興信所、一九二六年、下編、三四〇頁。
(30) 前掲『小浜市史』通史編下巻、四三三―四三四頁。
(31) 由井常彦・浅野俊光編前掲『日本全国諸会社役員録』第五巻、一九八八年、二九七頁、第六巻、一九八八年、三〇二頁、第七巻、一九八八年、三一三頁。
(32) 以下の記述は、前掲『小浜市史』通史編下巻、一四五―一五〇、二九五―二九六頁を参照。
(33) 以下の記述は、古河嘉雄前掲『海商古河屋』二二〇、二三〇頁を参照。
(34) 大正一一年版『日本全国諸会社役員録』商業興信所、一九二二年、下編、四二五頁。
(35) 前掲『小浜市史』通史編下巻、三〇一頁。
(36) 以下の記述は、柚木学編『諸国御客船帳』下巻、清文堂出版、一九七七年、二一一―二一三頁、および前掲『小浜市史』諸家文書編一、一九七九年、五一三頁を参照。
(37) 以下の記述は、渋谷隆一編前掲『都道府県別資産家地主総覧』富山・石川・福井編、五一五頁を参照。
(38) 以下の記述は、由井常彦・浅野俊光編前掲『日本全国諸会社役員録』全一六巻、一九八八～八九年を参照。
(39) 以下の記述は、同右、および前掲『小浜市史』通史編下巻、一四五―一五〇頁を参照。
(40) 以下、木谷家については、清水隆久『木谷吉次郎翁――その生涯と史的背景』故木谷吉次郎翁顕彰会、一九七〇年、および北西弘編『木谷藤右衛門家文書』清文堂出版、一九九九年を参照。
(41) 侯爵前田家編輯部編『加賀藩史料』第一五編、一九四三年、六〇八―六一〇頁。
(42) 北西弘編前掲『木谷藤右衛門家文書』六三二―六三六頁。
(43) 同右、二〇〇頁。
(44) 同右、四六―九五頁を参照。
(45) 同右、六四九―六五一頁。
(46) 以下の記述は、同右、北陸銀行調査部百年史編纂班編『創業百年史』株式会社北陸銀行、一九七八年、四七―五四、九〇―九一、

二九六―三〇四頁、および清水隆久前掲『木谷吉次郎翁』四八頁を参照。

(47) 清水隆久前掲『木谷吉次郎翁』、由井常彦・浅野俊光編『日本全国諸会社役員録』全一六巻、柏書房、一九八八〜八九年を参照。

(48) 以下の記述は、清水隆久前掲『木谷吉次郎翁』七三―一一一頁を参照。

(49) 以下の記述は、同右、一七九―一九六、二〇九―二一二頁を参照。

第III部補論

(1) 近世期の三国湊の位置付けについては、印牧邦雄編『三国町史』三国町教育委員会、一九六四年、第四章を参照。

(2) 同右、四四六―四五三頁を参照。

(3) 近世期の敦賀湊の位置付けについては、敦賀市史編さん委員会編『敦賀市史』通史編上巻、一九八五年を参照。

(4) 以下の記述は、印牧邦雄編前掲『三国町史』四四六―四四九頁を参照。

(5) 同右、二六〇頁を参照。

(6) 三国町史編纂委員会編『三国町史料――内田家記録』三国町教育委員会、一九七〇年、二九一、四〇一―四〇四、四〇九―四一〇、四二一―四二四頁を参照。

(7) 同右、二九七頁を参照。

(8) 同右、三七九、三八二、三八六頁を参照。

(9) 同右、四四三―四五〇頁を参照。

(10) 印牧邦雄編前掲『三国町史』四六三―四六四頁を参照。

(11) 同右、四六四頁を参照。

(12) 三国町史編纂委員会編前掲『三国町史料』一七八―一八二頁を参照。

(13) 同右、四一八―四二〇頁を参照。

(14) 同右、四一八―四二〇頁を参照。

(15) 印牧邦雄編前掲『三国町史』六四四―六四五頁を参照。

(16) 同右、四五二頁を参照。

(17) 以下の記述は、同右、六五二頁を参照。

(18) 以下の記述は、由井常彦・浅野俊光編『日本全国諸会社役員録』第一巻、柏書房、一九八八年、三二九頁、同、第三巻、一九八八年、一八九頁、同、第一二巻、一九八九年、三三六頁を参照。

(19) 印牧邦雄編前掲『三国町史』六四七頁を参照。
(20) 同右、六四七頁を参照。
(21) 以下の記述は、同右、六四六—六四八頁を参照。
(22) 以下の記述は、由井常彦・浅野俊光編前掲『日本全国諸会社役員録』第四巻、一九八八年、二五六頁を参照。同書、二五五—二五九頁によれば、一九〇〇年初頭時点で、三国に設立された会社は、銀行以外には三国米塩取引所（払込資本金三万円）のみで、同、第一四巻、一九八九年、三五三—三五七頁によれば、一〇年初頭でも、銀行以外で三国に設立された会社は、南越遠洋漁業（払込資本金二五、〇〇〇円）、三国米取引所（払込資本金一〇二、二五〇円）、三国酒造（払込資本金一二、五〇〇円）のみであった。
(23) 渋谷隆一編『都道府県別資産家地主総覧』富山・石川・福井編、日本図書センター、一九九七年、五〇四頁、および明治四〇・四一年版『日本全国商工人名録』上巻、商工社、一一六六頁。
(24) 以下の記述は、前掲『敦賀市史』通史編下巻、一九八八年、七六一—一一六頁を参照。
(25) 以下の記述は、同右、通史編上巻、一九八五年、七六八—七八七頁を参照。
(26) 荷所船主と両浜組商人と敦賀問屋との関係は、中西聡『近世・近代日本の市場構造——「松前鯡」肥料取引の研究』東京大学出版会、一九九八年、六五—七〇頁を参照。
(27) 前掲『敦賀市史』通史編上巻、七八五—七八六頁。
(28) 以下の記述は、文政二年「棚改帳」（大和田みえ子文書、敦賀市立博物館蔵、敦賀市立図書館所蔵の紙焼資料を利用）を参照。
(29) 文久三年「献金連名扣帳」（大和田みえ子文書、敦賀市立博物館蔵、敦賀市立図書館所蔵の紙焼資料を利用）を参照。
(30) 以下の記述は、前掲『敦賀市史』通史編下巻、九五—一〇三頁を参照。
(31) 北陸銀行調査部百年史編纂班編『創業百年史』株式会社北陸銀行、一九七八年、四七—五四、三一八—三一九頁を参照。
(32) 以下の記述は、前掲『敦賀市史』通史編下巻、一〇二—一〇三頁を参照。
(33) 以下の記述は、同右、一〇四—一一二頁を参照。
(34) 以下の記述は、同右、一五三—一五四頁を参照。
(35) 大和田銀行の織物金融については、山口和雄編『日本産業金融史研究』織物金融篇、東京大学出版会、一九七四年、七〇二—七三四頁を参照。
(36) 前掲大正一一年版『日本全国諸会社役員録』下編、四一八—四二〇頁。
(37) 以下の記述は、前掲『敦賀市史』通史編下巻、一五九—一六一頁を参照。
(38) 同右、一五九—一六〇頁。

(39) 印牧邦雄編前掲『三国町史』六二四―六二七頁を参照。
(40) 同右、六二二―六二七頁を参照。
(41) 以下の北陸三県の鉄道網の整備については、山口和雄「近代的輸送機関の発達と商品流通」（山口和雄・石井寛治編『近代日本の商品流通』東京大学出版会、一九八六年）を参照。
(42) 小浜市史編纂委員会編『小浜市史』通史編下巻、一九九八年、三〇六頁。
(43) 一八八〇年代～一九〇〇年代の福井県の産業構成については、福井県編『福井県史』通史編五、近現代一、一九九四年、第三章第一・二節を参照。

終　章

(1) 西川家については渋谷隆一編『大正昭和日本全国資産家地主資料集成』第一巻、柏書房、一九八五年、二一七頁、大家家の土地所有については、牧野隆信『北前船の研究』法政大学出版局、一九八九年、二二一頁を参照。
(2) 粕谷誠『豪商の明治――三井家の家業再編過程の分析』名古屋大学出版会、二〇〇二年、第一章。
(3) 斎藤修『比較経済発展論――歴史的アプローチ』岩波書店、二〇〇八年、第四章。
(4) 北前型弁才船については、石井謙治『和船Ⅰ』（ものと人間の文化史七六-Ⅰ）法政大学出版局、一九九五年などを参照。
(5) 鳥取・島根県域の廻船業について岩間洋樹は、近世後期以降に山陰地方の地域運送を主とする小型廻船の活動が盛んになったことを示した（岩間洋樹「近世山陰地方の廻船業について」〔『兵庫史学』第七〇号、一九八四年〕）。
(6) 柚木学編『近代海運史料――石州浜田廻船問屋記録』清文堂出版、一九九二年、二三〇―二三一頁。
(7) 島根県編『新修島根県史』通史篇二近代、一九六七年、中西聡「近世・近代の貿易」（桜井英治・中西聡編『新体系日本史12　流通経済史』山川出版社、二〇〇二年）四一五―四一六頁。
(8) 中西聡前掲「近世・近代の貿易」三八六―三八七頁。
(9) 同右、三九四―四二一頁を参照。
(10) 鳥取県・島根県域の鉄道網については、中西聡「近代輸送体系の形成と港湾の性格変化」（『経済学研究（北海道大学）』第四八巻三号、一九九九年）を参照。
(11) 第一次世界大戦期の三井物産は、次々と自社所有汽船や傭汽船を増やし、取扱商品の自己輸送を行った（佐々木誠治『日本海運業の近代化――社外船発達史』海文堂、一九六一年、第二編第三章）。
(12) この点は、中西聡前掲「近代輸送体系の形成と港湾の性格変化」を参照。

（13）資本主義化の論点として、機械制大工業の出現による賃労働者階層の形成に重点を置く見方と、社会的資金を集中して株式会社形態が広範に成立することによる資本家階層の形成に重点を置く見方が可能であるが、北前船主が直接に機械制大工場を経営することはあまりなく、北前船主との関連では後者の視点が中心となる。

（14）中村尚史「後発国工業化と中央・地方」（東京大学社会科学研究所編『二〇世紀システム4　開発主義』東京大学出版会、一九九八年）。近代日本の「企業勃興」現象に関する研究史については、同論文を参照。

（15）「企業勃興」現象とある程度重なりつつ生じた産業革命の時期をここでは一八九〇年代〜一九〇〇年代の約二〇年間と考える。ただし、ここでの産業革命は、近代日本で最初に地域間の産業構成が大きく変化した時期との位置付けであり（後掲の表終-12を参照）、資本＝賃労働関係が社会全体に普及したことを想定しているわけではない。

（16）福岡県の企業勃興については、中村尚史前掲「後発国工業化と中央・地方」を参照。

（17）『日本帝国統計年鑑』の会社統計の問題点については、伊牟田敏充「明治期における株式会社の発展と株主層の形成」（同『明治期株式会社分析序説』法政大学出版局、一九七六年）五頁の補注を参照。一八八七年の数値は、同年度『日本帝国統計年鑑』より計算。ただし、運輸会社は山形県が不明のため示さなかった。

（18）以下の記述は、由井常彦・浅野俊光編『日本全国諸会社役員録』第五・一六巻、柏書房、一九八八・八九年、北海道・新潟県の項を参照。

（19）以下の記述は、同右、第一巻、一一九・一六五・二六五頁、第四巻、三三九頁を参照。

（20）一九二二年初頭の払込資本金額で新潟県に三六〇万円の越後鉄道、石川県に三一五万円の金沢電気軌道が存在した（大正一一年版『日本全国諸会社役員録』商業興信所、一九二二年）。

（21）明治二〇年度『日本帝国統計年鑑』より。

（22）株式会社第四銀行企画部編『第四銀行百年史』一九七四年、一六六頁。

（23）以下の記述は、中西聡「海運会社の発展」（経営史学会編『日本経営史の基礎知識』有斐閣、二〇〇四年）を参照。

（24）中西聡「国内海運網の近代化と流通構造の変容」（石井謙治編『日本海事史の諸問題　海運編』文献出版、一九九五年）を参照。

（25）以下の記述は、正和勝之助『越中伏木湊と海商百家』桂書房、一九九五年、一六九―一七〇頁、中村尚史『日本鉄道業の形成――一八六九〜一八九四年』日本経済評論社、一九九八年、表二-四を参照。

（26）以下の記述は、明治四〇年「鉄道局年報」（野田正穂・原田勝正・青木栄一編『明治期鉄道史資料』第Ⅰ期第一集第一二巻、日本経済評論社、一九八一年）附録：全国鉄道開業明細表を参照。

（27）「私設北陸鉄道会社創立願書」（宮林家文書、石川県立歴史博物館蔵）、および正和勝之助前掲『越中伏木湊と海商百家』一七〇頁。

（28）一八八四～九一年に大阪で新規設立された銀行は、大阪共立銀行、加島銀行、湖亀銀行の三行のみであった（新修大阪市史編纂委員会編『新修大阪市史』第五巻、一九九一年、三二三―三二九頁）。
（29）同右、三四五―三六五頁。大阪の企業勃興の概観は、阿部武司『近代大阪経済史』大阪大学出版会、二〇〇六年を参照。
（30）官僚出身の専門経営者として、大阪電燈・明治紡績社長の土井通夫、日本海陸保険社長の片岡直温、大阪商船社長の中橋徳五郎、三十四銀行頭取の小山健三、大阪瓦斯社長の片岡直輝らが挙げられる（臼井勝美・高村直助・鳥海靖・由井正臣編『日本近現代人名辞典』吉川弘文館、二〇〇一年、二七一、四三六、六九四―六九五、七五六頁および表終-6を参照）。
（31）岸和田市史編さん委員会編『岸和田市史』第四巻近代編、二〇〇五年、二五三―二六七頁。
（32）以下の記述は、北陸銀行調査部百年史編纂班編『創業百年史』株式会社北陸銀行、一九七八年、四七―五四、七三―七四頁を参照。
（33）例えば、一八八四年に高岡米商会所創立が発起され、富山全県から有力商家が出願人となったが、そこに菅野伝右衛門は入っておらず、同会所が八五年に開業した際の頭取は藤井能三で、副頭取が宮林彦九郎であった（高岡市史編纂委員会編『高岡市史』下巻、青林書院新社、一九六九年、増補版一九八二年、五五〇―五五二頁を参照）。
（34）末永國紀『近代近江商人経営史論』有斐閣、一九九七年、第四章。
（35）例えば、新潟県地主の企業勃興期の株式投資については、新潟県編『新潟県史』通史編七近代二、一八八八年、一二七―一三五頁を参照。
（36）澁谷喜平編『富之越後』新潟新聞社、一九〇三年、大地主之部、三八四―三八五頁。
（37）以下の記述は、函館市史編さん室編『函館市史』通説編第二巻、一九九〇年、六七八―六八一、九三〇―九三六、九九〇―九九三頁を参照。
（38）田中市兵衛家の肥料取引については、中西聡『近世・近代日本の市場構造――「松前鯡」肥料取引の研究』東京大学出版会、一九九八年、一四三―一四五、二九一―二九五頁を参照。
（39）同右、一四三―一五〇頁を参照。
（40）臼井勝美・高村直助・鳥海靖・由井正臣編前掲『日本近現代人名辞典』六三五頁。
（41）前掲『新修大阪市史』第五巻、三五八頁。
（42）社史編纂委員会編『ニチボー七五年史』ニチボー株式会社、一九六六年、一〇五―一四二頁。
（43）田中家は、一八九八年時点の「日本全国商工人名録」に肥料問屋もしくは肥料商として名前が挙がっておらず、この時期までに肥料商を廃業したと考えられる（渋谷隆一編『明治期日本全国資産家地主資料集成』第一巻、柏書房、一九八四年、三六一頁）。

(44) 渋谷隆一編『都道府県別資産家地主総覧』大阪編一、日本図書センター、一九九一年、一一九頁。
(45) 渋谷隆一編前掲『大正昭和日本全国資産家地主資料集成』第一巻、一六、三四、一〇八頁。
(46) 渋谷隆一編前掲『都道府県別資産家地主総覧』近畿編、一九九一年、三四頁。
(47) 以下の記述は、渡辺守順編『増補近江神崎郡志稿』近江神崎郡志稿増補覆刻刊行会、一九七二年、五一五―五二一頁、熊川千代喜編『阿部房次郎伝』阿部房次郎伝編纂事務所、一九四〇年を参照。
(48) 江商については、熊川千代喜編前掲『阿部房次郎伝』二一五―二二九頁、兼松株式会社社史編纂室編『KG―一〇〇　兼松株式会社創業一〇〇周年記念誌』兼松株式会社、一九九〇年を参照。
(49) 由井常彦・浅野俊光編前掲『日本全国諸会社役員録』全一六巻、一九八八～八九年を参照。
(50) 渋谷隆一編前掲『都道府県別資産家地主総覧』大阪編一、二四〇頁。
(51) （明治一五～二二年）「京阪差引帳」（阿部家文書、東近江市能登川博物館蔵）。
(52) 以下の記述は、前掲大正一一年版『日本全国諸会社役員録』上編、五四二頁、大正一五年版『日本全国諸会社役員録』商業興信所、一九二六年、下編、一六九頁を参照。
(53) 渋谷隆一編前掲『都道府県別資産家地主総覧』近畿編、三二頁。
(54) 渋谷隆一編前掲『大正昭和日本全国資産家地主資料集成』第一巻、一四、一六、一八、四六―四八頁、および渋谷隆一編前掲『都道府県別資産家地主総覧』大阪編一、三一四頁。
(55) 以下の記述にある一九二四年時点の所得調査は、いずれも渋谷隆一編前掲『都道府県別資産家地主総覧』近畿編、二六、二八、三二、四六頁を参照。
(56) 廣海家の商家経営については、石井寛治・中西聡編『産業化と商家経営――米穀肥料商廣海家の近世・近代』名古屋大学出版会、二〇〇六年を参照。
(57) 以下の記述は、同右、第四章「明治期の有価証券投資」（中村尚史）を参照。
(58) 中西聡「両大戦間期日本における地方資産家の銀行借入と株式投資」（『地方金融史研究』第三九号、二〇〇八年）を参照。
(59) 以下の記述は、石井寛治・中西聡編前掲『産業化と商家経営』の第五章「大正・昭和戦前期の有価証券投資」（花井俊介）を参照。
(60) 渋谷隆一編前掲『都道府県別資産家総覧』大阪編一、三一五頁、渋谷隆一編前掲『大正昭和日本全国資産家地主資料集成』第一巻、五〇頁。
(61) 伊牟田は、一八九〇年前後の大阪の有力出資者とその出資会社の関係を検討し、住友と鴻池を別格として、その他田中市兵衛を中心とするグループ、藤田伝三郎を中心とするグループ、岡橋治助を中心とするグループ、松本重太郎を中心とするグループなど主要な資本グループが協調して出資していたことを示した（伊牟田敏充前掲「明治期における株式会社の発展と株主層の形成」一〇五頁）。このうち、田中グループと岡橋グループは近世来の商家、藤田グループと松本グループは近代以降に大阪に拠点を設けた商家が中心と位置付けられる。大阪の企業家ネットワークに関しては、鈴木恒夫・小早川洋一・和田一夫『企業家ネットワークの形成と展開――データベースからみた近代日本の地域経済』名古屋大学出版会、二〇〇九年、序章も論じている。

(62) 財団法人日本経営史研究所編『創業百年史資料』大阪商船三井船舶株式会社、一九八五年、一二―一三頁。

(63) 由井常彦・浅野俊光編前掲『日本全国諸会社役員録』第一三巻、三四九―三六九頁。

(64) 高村直助『会社の誕生』（歴史文化ライブラリー5）吉川弘文館、一九九六年、一六三―一六七頁を参照。

(65) 福井・石川県の絹織物業の展開は、神立春樹『明治期農村織物業の展開』東京大学出版会、一九七四年、第三・四章を参照。

(66) 北陸人造肥料については、前掲『高岡市史』下巻、六八八―六九一頁を参照。富山売薬の生産構造については、二谷智子「大正期における富山売薬業の「製剤統一」と生産構造の変容」（『土地制度史学』第一六六号、二〇〇〇年）を参照。

(67) 古島敏雄・永原慶二『商品生産と寄生地主制――近世畿内農業における』東京大学出版会、一九五四年などを参照。

(68) 武部善人『河内木綿史』吉川弘文館、一九八一年、第三章を参照。

(69) 近代日本での近世来の在来産業の広範な展開は、中村隆英『戦前期日本経済成長の分析』岩波書店、一九七一年などを参照。近代産業と在来産業の関連も重要な論点であるが、ここでは、自然環境に与えるダメージの度合が相対的に大きいと考えられる第二次産業に対して、第一次・第三次産業がバランスをとって成長し得るかを問題にしている。

(70) 一九二〇年代～三〇年代前半に東京市・大阪市ともに市域を拡張したが、拡張した市域に対応する人口は、大阪市が二〇年の約一七七万人から三〇年の約二四五万人に増大し、東京市が三〇年の約四九七万人から三五年の約五八八万人に増大した（各年度『日本帝国統計年鑑』）。

(71) 北海道への移住戸数の主要県は、一八八六～九六年が多い順に、石川県、青森県、新潟県で、九七～一九〇六年が多い順に、石川県、富山県、新潟県で、〇七～二二年が多い順に、宮城県、青森県、秋田県であった（桑原真人「北海道移民史研究の動向と課題」〔地方史研究協議会編『蝦夷地・北海道――歴史と生活』雄山閣出版、一九八一年〕一七二頁、第三表より）。

(72) 松本貴典編『生産と流通の近代像――一〇〇年前の日本』日本評論社、二〇〇四年、第一章。

(73) 同右、四八―四九頁の表一-二によれば、一九〇五年時点の農林水産業、鉱工業、商業・サービス業のそれぞれ一人当たり生産額は、富山県が約四九円、約四二円、約九九円で、石川県が約四七円、約八六円、約八三円で、福井県が約四九円、約一一五円、約八七円であった。

(74) 以下の記述は、渋谷隆一・加藤隆・岡田和喜編『地方財閥の展開と銀行』日本評論社、一九八九年、一〇―二一頁を参照。

(75) 大和田銀行の福井・石川県の絹織物業者への金融は、山口和雄編『日本産業金融史研究』織物金融篇、東京大学出版会、一九七四年、第四章を参照。

(76) 中村隆英前掲『戦前期日本経済成長の分析』。

(77) 綿織物業は、谷本雅之『日本における在来的経済発展と織物業――市場形成と家族経済』名古屋大学出版会、一九九八年等、醸造業は、林玲子編『醬油醸造業史の研究』吉川弘文館、一九九〇年などを参照。

(78) 宮地英敏『近代日本の陶磁器業――産業発展と生産組織の複層性』名古屋大学出版会、二〇〇八年は、近代産業と在来産業の対置よりも、同一産業内の大経営・中経営・小経営の関係性を問題にすべきとした。

(79) E・A・リグリィ『エネルギーと産業革命――連続性・偶然・変化』近藤正臣訳、同文舘出版、一九九一年（原著初版一九八八年）。

(80) 二〇世紀初頭に日本各地で作成された「郡是」「町村是」資料や、一九二〇年代後半～三〇年代初頭にかけて京都大学が行った「農家経済調査」で、農民の肥料使用状況が判明する。前者は丸善から『「郡是・町村是」資料集成』（マイクロフィルム版）として、後者は不二出版から『農家経済調査簿』（DVD版、マイクロフィルム版）として復刻されている。

(81) 一九二〇年時点の職業別人口で、本業者人口は、富山県が、農業約一九万人、工業約五万人、商業・交通業約五万人、石川県が、農業約二〇万人、工業約六万人、商業・交通業約五万人、福井県が、農業約一七万人、工業約六万人、商業・交通業約四万人であった（大正九年度『国勢調査報告』府県の部、第二七～二九巻）。

(82) 渋谷隆一・加藤隆・岡田和喜編前掲『地方財閥の展開と銀行』一一頁。

(83) 例えば、歴史学研究会編『日本同時代史4　高度成長の時代』青木書店、一九九〇年、一七七―一七九頁などを参照。

(84) 前述の松本の推計によれば、一九〇五年時点の農林水産業、鉱工業、商業・サービス業、それぞれの生産額は、東京・大阪府の合計で、八、三五〇万円、六九、五八〇万円、一三八、三一〇万円に対し、富山・石川・福井県の合計で、一〇、三四〇万円、一六、八一〇万円、一九、二五〇万円であった（松本貴典編前掲『生産と流通の近代像』四八―四九頁）。

(85) 堀田善衛は、その著作のなかで、北前船主であった生家の様子を記している（堀田善衛『若き日の詩人たちの肖像』(上)、集英社文庫、一九七七年、第一部、同「鶴のいた庭」〔『堀田善衛全集』第五巻、筑摩書房、一九七四年所収〕、同「北前船主西村屋の人びと」〔『堀田善衛全集』第一六巻、一九七五年所収〕）。

あとがき

近代および近世期日本の研究を進める上で私は、①「近世・近代日本の商人経営」、②「近世・近代日本の市場構造」、③「近世・近代日本の民衆生活」の三つの研究テーマを設定している。前著（中西聡『近世・近代日本の市場構造――「松前鯡」肥料取引の研究』東京大学出版会、一九九八年）は、その一つめにあたり、本書はその二つめにあたる。前著のあとがきでも記したが、経済史学の課題である人間の経済活動の歴史的展開を解明する場合、まず出発点として経済活動の成果の交換のあり方を分析し、続いてその交換のあり方を変容させる中心的担い手（近世・近代期日本の場合は商家がそれにあたると思われる）の活動を分析し、最後に交換のあり方の変容が人間生活にどのような影響をもたらしたかを分析することで、一つの時代の経済史分析として完結させたいと私は考えている。その上で、現代あるいは中世へと研究を展開させて、新たな歴史理論構築への努力を続けたいと思う。

その場合、私の現時点での主題は、近代日本の「単一でない世界」をいかに描くかであり、それにより、地球規模で統合されつつある情報化社会のなかで、自らの立ち位置を見失いがちな現代に生きる読者に、自分なりの立場を固めるための手がかりを提供できればと考えている。その際のキーワードとして前著では「区分けされた」市場構造を提示し、本書では「工業特化」型産業化に対する「農工連関」型産業化への展望を示した。むろん、本論末尾に記したように、両者の産業化のもとでの生活の豊かさを比較するには、個別の家計分析に踏み込む必要があり、その点は冒頭の三つめのテーマを対象とする次著で検討することとなる。そのための史料の準備はほぼ終えており、遠からずその研究成果を著す予定である。とはいえ、民衆生活の実証的研究にもかなりの労力が必要で、また前著と本書をつなぐ視点である交通網の整備の地域差に関し、本書では十分に論じきれなかったため、当面は交通網の分析のまとめに力を注ぎ、その成果も含めて民衆生活の研究のまとめに取り掛かりたい。

私が本格的に北前船研究に取り組み始めたきっかけは、私が大学院生の時に、石川県橋立の北前船の里資料館と北前船主屋敷蔵六園を訪れたことであった。そこで、本書第2章で取り上げた酒谷家の史料を閲覧させていただき、加賀市が主催する全国北前船セミナーへの参加を勧められた。当時の私は、近世北海道の場所請負商人の経営分析を進めており、場所請負商人の西川家と藤野家の手船（自己所有船）の活動を日本海海運に位置付ける報告を全国北前船セミナーで行った。それが本書第1章の内容にもつながっている。

そして幸運にも、その時の全国北前船セミナーで石井謙治氏と安達裕之氏にお目にかかり、両氏から本書第4章で取り上げた新潟県鬼舞の伊藤家を紹介していただいた。その後、伊藤家の皆様のご厚意で、同家所蔵史料の整理を原直史氏を始め数名の研究者と共同で行うこととなった。一方、その頃の私は、大阪府貝塚の廻船問屋廣海家の共同調査も進めていたが、そこにご参加いただいた松村敏氏から、本書第5章で取り上げた石川県湊の熊田家の史料が財団法人呉竹文庫に所蔵されていることを教えていただき、松村氏のご協力を得て、熊田家文書の調査も行った。

また、本書第3章で取り上げた青森県野辺地の野村家については、前述の廻船問屋廣海家の主要な取引相手であったことから関心を持ち、野辺地町立歴史民俗資料館に所蔵されている野村家文書を閲覧させていただくとともに、同館から史料所蔵者である野村家の紹介を受けて、野村家の皆様のご厚意で同家所蔵文書も閲覧させていただいた。新潟県鬼舞の伊藤家や石川県湊の熊田家も、野村家と同様に貝塚の廣海家の主要な取引相手であり、廣海家を媒介として本書第II部で取り上げた野村家・伊藤家・熊田家がいずれも取引ネットワークでつながるという商家分析ならではの醍醐味を味わうことができた。

さらに日本福祉大学知多半島総合研究所と河野村が中心となって進めた福井県河野の右近家の調査に参加する機会を得て右近家文書を閲覧させていただくとともに、河野村役場主催の「西廻り」航路フォーラムで講演する機会を得た。それらに、私が大学院生の時から史料調査と整理をさせていただいていた富山県放生津の宮林家の史料群と、マイクロフィルム版で発売された福井県小浜の古河家の史料群を加え、本書の骨格となる一次史料群が揃った。

それらの史料群は、いずれもこれまで全般的に利用されたことはなく、先行研究のあった西川家文書に関しても、滋賀大学経済学部附属史料館・滋賀県立大学図書情報センター所蔵分が主に利用され、小樽市総合博物館所蔵の西川家文書の近代期の部分はほとんど利用されていなかった。さらに、伊藤家文書・宮林家文書のように、所蔵者のお宅に未整理のまま残された文書については、その整理を済ませてから分析に着手したため、これらの史料を最初に閲覧してから成果を体系的にまとめるまでに十数年の歳月を要した。

こうした私家文書を利用する際に、私が心がけていることは、つまみ食い的に史料を利用するのではなく、史料群全体に一通り目を通してから分析を始めることと、未整理の史料に関しては他の研究者の閲覧可能性を確保するために整理を行い、他の研究者が当該史料にアプローチできるようにしてから分析を始めることである。本書の場合も、各文書群の主要部分はほぼ全て写真撮影し、その大量のプリントに目を通して分析を進め、また、本書で利用した主要文書に関してはいずれも、機関に所蔵・保管されているものは、その機関に史料目録が備えられ、家に所蔵されているものは、野村家所蔵分を除き、私を含めた共同もしくは私個人で史料整理を済ませ、各史料の対照が可能な状態となっている。史料調査・史料整理にご協力いただいた皆様に厚く御礼申し上げたい。

このように長期にわたる私家文書の実証的研究が可能になったのは、史料所蔵者の皆様と史料所蔵機関のご理解の賜物であり、史料閲覧に際してお世話になった、石金誠一郎氏、伊藤家の皆様、犬山六郎（片山満）氏、棚田梓氏、中越家の皆様、野村家の皆様、廣海家の皆様、真崎俊朗氏、宮林家の皆様、山西家の皆様、および各史料所蔵機関に心より感謝申し上げたい。そして、日本海事史学会の例会で本書の構想を発表する機会を与えていただくとともに、政治経済学・経済史学会、社会経済史学会、経営史学会、史学会の大会や部会および地方金融史研究会で本書の内容に関わる報告をさせていただき、石井寛治氏・安達裕之氏を始め皆様から有意義なコメントを頂戴したこと、さらに現在の職場の名古屋大学で、高等研究院教員を兼務した際に、名古屋大学に良好な研究環境を確保していただいたことにも感謝したい。

最後に、出版事情が厳しいなかで、本書のような実証的な専門書の刊行をお引き受け下さった名古屋大学出版会および直接編集を担当していただいた三木信吾氏に心から感謝の意を表するとともに、私の子供たちの世代が成人して社会の荒波にもまれた際に、その人なりの歴史観を築く上で、本書が多少とも「役に立つ」ことを祈りたいと思う。

二〇〇九年一〇月

中西　聡

《著者略歴》

中《なか》 西《にし》 聡《さとる》

1962 年　愛知県に生まれる
1993 年　東京大学大学院経済学研究科博士課程単位取得退学
東京大学社会科学研究所助手，北海道大学経済学部助教授，名古屋大学大学院経済学研究科教授などを経て
現　在　慶應義塾大学経済学部教授，博士（経済学）

著　書『資産家資本主義の生成──近代日本の資本市場と金融』（慶應義塾大学出版会，2019 年）
『近代日本の消費と生活世界』（共著，吉川弘文館，2018 年）
『旅文化と物流──近代日本の輸送体系と空間認識』（日本経済評論社，2016 年）
『近世・近代日本の市場構造──「松前鯡」肥料取引の研究』（東京大学出版会，1998 年）
『近代日本の地方事業家──萬三商店小栗家と地域の工業化』（共編著，日本経済評論社，2015 年，企業家研究フォーラム賞受賞）
『経済社会の歴史──生活からの経済史入門』（編，名古屋大学出版会，2017 年）
『日本経済の歴史──列島経済史入門』（編，名古屋大学出版会，2013 年）
『世界経済の歴史──グローバル経済史入門』（共編，名古屋大学出版会，2010 年，第 2 版，2020 年）
『産業化と商家経営──米穀肥料商廣海家の近世・近代』（共編，名古屋大学出版会，2006 年）他

海の富豪の資本主義

2009 年 11 月 30 日　初版第 1 刷発行
2022 年 4 月 30 日　初版第 2 刷発行

定価はカバーに
表示しています

著　者　中　西　　聡
発行者　西　澤　泰　彦

発行所　一般財団法人 名古屋大学出版会
〒 464-0814　名古屋市千種区不老町 1 名古屋大学構内
電話(052)781-5027 / FAX(052)781-0697

印刷・製本　亜細亜印刷㈱　ISBN978-4-8158-0626-2
乱丁・落丁はお取替えいたします。

索　　引

1）本文より主要な人名（研究者を含む）・会社名・事項を挙げ，関連項目は主項目に続けて頁順に示した。なお株式会社の株式は省略。→はその先の項目を参照。

2）家名の後の括弧書は屋号・当主名を示し，代替わりの場合は，当主名を複数示した。

3）主項目の後の［　］内は，住所・所在地（会社の場合は本社所在地）を示す。道府県庁所在地はそのまま示し，それ以外の地名は旧国名もしくは道府県名を付記した。住所・所在地は，本文でその項目が登場した際の出所資料を参照し，→でその移動状況を示した。会社本社所在地は，由井常彦・浅野俊光編『日本全国諸会社役員録』全16巻，柏書房，1988-89年，大正6・11・15・昭和6年版『日本全国諸会社役員録』商業興信所，1917・22・26・30年も参照した。住所・所在地の丸括弧は推定。

ア　行

　永保丸　375
　慶雲丸　375
運賃積　6, 69, 149-150, 154, 220, 254
雲浜蚕糸会社［福井県小浜］　368
越佐汽船会社［新潟］　232, 235
越中運送会社［富山県伏木］　266
越中製軸会社［富山県新湊］　323
越中風帆船会社［(富山県伏木)］　314, 336, 410
越中商船会社［富山県伏木］　280
江沼郡［石川県］　89
塩水港製糖会社［台湾］　130
扇屋与兵衛［大坂］　184, 189
王子製紙会社［東京］　129
近江麻糸紡織会社［大津］　425
近江銀行［大阪］　423
近江屋［大坂］　354
大岩電気会社［富山県上市］　331
大阪市電気事業公債　126
大阪商業銀行［大阪］　154
大阪商船会社［大阪］　87, 407, 411, 419, 422-423, 427, 429
大阪鉄工所［大阪府川北］　129, 412
大阪電灯会社［大阪］　123-124
大阪肥料仲買商［大阪］　104
大阪紡績会社［大阪］　412, 422-424, 428
大阪北海産荷受問屋［大阪］　76, 101, 104, 111
大坂松前問屋［大坂］　104, 133
大阪硫曹会社［大阪］　423
大津屋　→田中家
大家七平［石川県瀬越］　154-155, 403
大和田庄（荘）七家［福井県敦賀］　379-381
　大和田銀行　382-383
　大和田炭鉱会社　383
大和田庄（荘）兵衛家［福井県敦賀］　379-381
岡橋治助［大阪］　414
　岡橋銀行［大阪］　428
小川皆五郎［新潟］　236
荻原家［福井県敦賀］　381
尾関家［羽前国酒田］　354
尾去沢鉱山［陸中国鹿角］　173
小樽精米会社［北海道小樽］　228
小樽（米穀）取引所［北海道小樽］　227
小浜汽船会社［福井県小浜］　366
小浜銀行［福井県小浜］　366, 368
小浜港［福井県］　385
小浜貯蓄銀行［福井県小浜（西津）］　365
小浜藩［若狭国］　340, 359, 363
温泉電軌会社［石川県山代］　265

カ　行

貝塚織物会社［大阪府貝塚］　426-427
貝塚銀行［大阪府貝塚］　426-427
貝塚煉瓦会社［大阪府貝塚］　426
買積（船）　6-7
加越鉄道会社［富山県福野］　285
価格連動性　37-38
片山家［広島県鞆］　248-250
金沢為替会社（北陸銀行）［金沢］　312, 314, 334, 336, 369, 416
金沢合同運送会社［金沢］　266
金澤仁兵衛［大阪］　414, 419, 422, 428
金沢電気軌道会社［金沢］　290
金沢藩［加賀・能登・越中国］　240-241, 287, 305, 309-310, 334, 368
金巾製織会社［大阪］　87-88, 423, 425
河南鉄道会社［大阪府富田林］　416
加能合同銀行［金沢］　119
上北銀行［青森県野辺地］　164, 197
上北郡［青森県］　161, 197-198
上中井製糸会社［福井県口名田］　368
亀田喜八［福井県三国］　379
川崎造船所［神戸］　129-130, 427
関西信託会社［大阪］　121
企業勃興　296, 406-416, 431-432
岸田屋忠五郎［新潟］　236
岸和田紡績会社［大阪府岸和田］　414, 416, 427, 429
岸和田煉瓦（綿業）会社［大阪府岸和田］　426-427
北風家（荘右衛門）［兵庫県兵庫］　98, 178, 310, 354-355, 371
北前型弁財船　399
木谷家（木屋，藤右衛門）［石川県粟ヶ崎］　241, 310, 314, 368-372
　次助家　368
　孫太郎家　368
　畑佐鉱山　370-371
　木谷醤油会社　371
　吉次郎　371-372
木津家（太郎平）［富山県高岡］　291
鬼怒川水力電気会社［東京］　128, 130
城崎郡［兵庫県］　270
共済信託（安田信託）会社［大阪］　121

サ　行

タ　行

ナ　行

ハ　行

マ　行

ヤ　行

ラ・ワ行

図表一覧

初出等一覧

［初出一覧］

1．本書で全般的に利用した拙稿

＊それぞれ順に，本書第2・3・4・5章に関連するが，本書各章ともいずれも大幅に改稿しており，そのまま対応するわけではない。その他の章・補論は書き下ろし。

・中西聡「20世紀前半における地方資産家の収益とその運用――石川県橋立村酒谷宗七家の事例を中心として」（『経済科学（名古屋大学）』第50巻4号，2003年）
・中西聡「北東北地域船主の北前船経営――野村治三郎家の事例」（『海事史研究』第65号，2008年）
・中西聡「19世紀における日本海海運の発達と越後出身船持商人の経営――伊藤助右衛門家の事例（上・下）」（『経済科学（名古屋大学）』第55巻2・3号，2007年）
・中西聡「近代日本における旧加賀国出身北前船主の経営展開」（『経済科学（名古屋大学）第56巻2号，2008年）

2．本書で部分的に利用した拙稿

＊主に本書序章・終章・第2章前半執筆の際に部分的に利用。また，第1章執筆の際に，中西聡『近世・近代日本の市場構造――「松前鯡」肥料取引の研究』東京大学出版会，1998年を部分的に利用。

・中西聡「国内海運網の近代化と流通構造の変容」（石井謙治編『日本海事史の諸問題　海運編』文献出版，1995年）
・中西聡「近世・近代期北前船商人の経営展開」（斎藤善之編『新しい近世史③　市場と民間社会』新人物往来社，1996年）
・中西聡「明治期日本における商船船主」（『経済史研究（大阪経済大学）』第4号，2000年）
・中西聡「近代の商品市場」，中西聡「近世・近代の貿易」（以上，いずれも桜井英治・中西聡編『新体系日本史12　流通経済史』山川出版社，2002年）
・中西聡「日本海沿岸地域の企業勃興」（原直史・大橋康二編『日本海域歴史大系』第5巻近世篇II，清文堂出版，2006年）

［著者が研究代表者として受けた研究助成一覧］（本書の内容に関連するもの）
・平成8年度文部省科学研究費補助金奨励研究（A）「19世紀における環日本海交易と日本海沿岸地域経済の研究」（個人）
・平成12・13年度文部省科学研究費補助金奨励研究（A）「旧北海道拓殖銀行による漁業金融からみた北海道・北洋漁業の史的研究」（個人）
・2001年度財団法人全国銀行学術研究振興財団研究助成「戦前期日本における地方資産家の銀行への預金行動の研究」（個人）
・平成15年度財団法人日東学術振興財団研究助成「戦前期日本における産業化と地方資

産家の投資行動」（個人）
- 平成 16 年度財団法人三菱財団人文科学研究助成「北前船商人の多角的経営展開と近代日本資本主義」（個人）
- 平成 17 年度（〜平成 20 年度）名古屋大学高等研究院研究プロジェクト「20 世紀日本の生活様式と社会環境に関する学際的研究」（共同）
- 平成 18〜21 年度日本学術振興会科学研究費補助金基盤研究（B）「近現代日本の生活様式と社会環境からみた都市と農村の比較研究」（共同）

［北前船主家および商家文書所蔵者・所蔵機関一覧］（本書で利用した分）
- 西川伝右衛門家文書：小樽市総合博物館蔵，真崎俊朗氏所有，滋賀大学経済学部附属史料館保管，滋賀県立大学図書情報センター蔵
- 藤野家文書（近江商人史料写本）：滋賀大学経済学部附属史料館蔵
- 酒谷（長俊）家文書：加賀市教育委員会蔵
- 酒谷（長蔵）家文書：加賀市教育委員会蔵，北前船主屋敷蔵六園蔵
- 山西家文書：徳島大学附属図書館蔵
- 右近家文書：右近家蔵，南越前町立河野図書館保管
- 野村家文書：野辺地町立歴史民俗資料館蔵，マイクロフィルム版『近世の廻漕史料』雄松堂アーカイブズ所収
- 伊藤家文書：伊藤家蔵
- 熊田家文書：財団法人呉竹文庫蔵
- 石金家文書：水橋郷土史料館蔵
- 棚田家文書：棚田家蔵
- 宮林家文書：宮林家蔵，石川県立歴史博物館蔵，富山県立図書館蔵
- 藤井家文書：高岡市立伏木図書館蔵
- 古河家文書：マイクロフィルム版『近世の廻漕史料』雄松堂アーカイブズ所収
- 大和田（みえ子）文書：敦賀市立博物館蔵
- 片山家文書：片山家蔵，鎌ヶ谷市郷土資料館保管
- 田中市兵衛家文書：大阪大学大学院経済学研究科経済史・経営史資料室蔵
- 阿部市太郎家文書：東近江市能登川博物館蔵
- 廣海惣太郎家文書：廣海家蔵，貝塚市教育委員会保管